Dieser handliche kleine [illegible]
und künstlerischer Bede[illegible]
tums in Griechenland u[illegible]
museen des Landes. Für die Auswahl der Orte war ein weiteres leitendes Prinzip die Prüfung des Erhaltungszustandes jedes Ruinen- oder Fundplatzes, d. h. die einfache Frage: Wieviel gibt es da noch zu sehen?

Zur Orientierung an Ort und Stelle dienen die den Anteil der Fotoabbildungen übersteigenden Situationspläne im Text, zur Lagebestimmung die Plankoordinaten am Seitenrand, die auf die Übersichtskarten S. 528 ff. verweisen.

Im ersten, dem Festland-Teil des Bandes sind die Artikel nach den im Deutschen gebräuchlichen Ortsnamen alphabetisch geordnet; die Überschrift nennt dazu den modernen Namen in der originalen griechischen Schreibweise, den Nomos (Verwaltungsbezirk) und die Region. Im zweiten Teil folgen die Inseln und auf ihnen jeweils die Ortsartikel, in der Regel ebenfalls nach dem Alphabet. Das Ortsregister am Schluß des Bandes erschließt auch unselbständige Ortsteile und die archäologischen Stätten. Auf Verweise im Haupttext wurde verzichtet, so daß sich in vielen Fällen für das Auffinden eines Ortes der Weg über das Register empfiehlt.

Den größten Anteil am Gesamttext dieses Führers hat Prof. Dr. Peter C. Bol, Frankfurt a. M. Er behandelte den ganzen Denkmälerkreis seit der sog. Dorischen Wanderung und ist der Autor der einschlägigen Teile der Zeittafel und der geschichtlichen Einleitung. Für die Zeit davor hat Dr. Robert Strasser, Stuttgart, in Zusammenarbeit mit dem Lektorat des Verlages die Texte verfaßt. Der Teil über die kretischen Fundorte und Museen geht auf Prof. Dr. Wolf-Dietrich Niemeier, Heidelberg, zurück.

Abkürzungen

Ag.	Agia, Agios, Agioi
amtl.	amtlicher Name
Arch. Mus.	Archäologisches Museum
ca.	circa, um
d. Ä.	der Ältere
d. Gr.	der Große
d. h.	das heißt
d. J.	der Jüngere
ehem.	ehemalig
griech.	griechisch
hellenist.	hellenistisch
Jh.	Jahrhundert
Jt.	Jahrtausend
N	Norden, Nord-
Nat.-Mus.	Nationalmuseum
n. Chr.	nach Christus
O	Osten, Ost-
reg.	Regierungszeit
röm.	römisch
S	Süden, Süd-
s.	siehe
s. o.	siehe oben
sog.	sogenannt
s. u.	siehe unten
u. a.	unter anderem
urspr.	ursprünglich
v. a.	vor allem
v. Chr.	vor Christus
vgl.	vergleiche
W	Westen, West-
z. B.	zum Beispiel
z. T.	zum Teil

Zeittafel

Frühzeit bis zur »Dorischen Wanderung«

5000–3000 v. Chr. Nach einer heute stark angezweifelten Theorie bringt die »Vorderasiatische Kulturtrift« den Fischer- und Jägervölkern in Thessalien und Böotien (»Sesklo-Kultur«) die Kenntnis der Keramik, eine »Nordafrikanische Kulturtrift« die Kenntnis ägyptischer Kultur nach Kreta.

	Griechenland	*Kreta*
3000/2800–2600	Frühhelladische Epoche I	Frühminoische Epoche I
2600–2200	Frühhelladisch II	Frühminoisch II
2200–2000	Frühhelladisch III	Frühminoisch III
2000–1550	Mittelhelladisch	Mittelminoisch I (2000–1800) Mittelminoisch II (1800–1700) Mittelminoisch III (1700–1580)
1550–1500	Späthelladisch I	Spätminoisch I (1580–1450)
1500–1420	Späthelladisch II	Spätminoisch II (1450–1420)
1420–1100	Späthelladisch III	Spätminoisch III (1420–1100)
nach 1100	Submykenisch	Subminoisch

Die Daten der Frühzeit bezeichnen durchweg nur Näherungswerte. Die Zeitangaben zur minoischen Kultur beruhen auf der Epochengliederung von Arthur Evans; der besseren Übersichtlichkeit wegen sind sie hier schematisch angeordnet.

Einwanderer aus dem Donaugebiet begründen noch vor 3000 die thessalische Burg Dimini und bringen Bandkeramik bis auf die Peloponnes und die Kykladen. Beginn der Metallverarbeitung.
Kreta: Beginn der minoischen Kultur (»Vorpalastzeit«).

Auf der Ägäis-Inselgruppe der Kykladen Figurenplastik der »Kykladen-Idole«.

Eindringen der Achäer, griechisch sprechender Stämme.

Kreta: Zeit der »Älteren Paläste« (Knossos, Phaistos, Malia), Beginn einer kretischen Hochkultur.

Um 1700 Zerstörung der Älteren Paläste; Zeit der »Jüngeren Paläste«; Entwicklung der minoischen Silbenschrift Linear A.

Kreta: Um 1450 zerstört unbekannte Katastrophe Kato Zakro, Malia, Phaistos, Agia Triada. Gleichzeitig Invasion der Mykener.

Ab ca. 1350 Ausbau des Palastes von Mykene. Um 1200 die sog., archäologisch nicht zu belegende »Dorische Wanderung«: Einwanderer vom Balkan besetzen Griechenland. Unbekannte Katastrophe zerstört Mykene, Tiryns und Pylos. Untergang von Troja VII A. Linear-B-Schrift einer Frühform der griechischen Sprache, eines »mykenischen« Dialekts.
Kreta: Um 1400? / um 1200? Zerstörung von Knossos.

Die Zeit nach der »Dorischen Wanderung«

vor 1000	Kolonisation der Westküste Kleinasiens
8. Jh.	Geometrischer Stil
	Übernahme der phönikischen Schrift
	Homerische Epen
	Staatsgründung Spartas
	Zusammenschluß Attikas
	Erster Tempelbau auf Samos
776	Beginn der olympischen Siegerlisten
733	Gründung von Syrakus
	Beginn der 2. griech. Kolonisation
Ende 8. Jh.	1. Messenischer Krieg
um 720–620	Orientalisierende Phase der Kunst
gegen 700	Gründung Tarents
	Hesiod, Dichter
683	Abschaffung der Monarchie in Athen
um 650	Beginn des »Dädalischen« Stils. Weihestatue der Nikandre aus Delos (Athen, Nat.-Mus.)
2. Hälfte 7. Jh.	Einführung des Münzgeldes
	2. Messenischer Krieg
	Archilochos von Paros, Dichter. Koloß der Naxier auf Delos
632	Staatsstreich und Ermordung des Kylon in Athen. Verbannung der Alkmaioniden
um 630	Gründung von Kyrene in Nordafrika
621	Gesetzgebung des Drakon in Athen
um 600	Alkaios und Sappho, Dichter
	Gründung von Naukratis in Ägypten und Massalia (Marseille)
	Dipylon-Kuros und Kolosse von Sunion (Athen, Nat.-Mus.). Heraion in Olympia. Artemis-Tempel in Korfu
594/593	Verfassungsreform Solons in Athen
1. Hälfte 6. Jh.	Thales von Milet, Philosoph und Mathematiker
561/560	Staatsstreich des Peisistratos in Athen
um 560	Weihgeschenk des Bildhauers Geneleos auf Samos
Mitte 6. Jh.	Apollon-Tempel in Korinth
nach 548	Apollon-Tempel in Delphi
547/546	Fall von Sardes. Untergang des Lyderreiches. Die griech. Städte Kleinasiens werden von den Persern abhängig

2. Hälfte 6. Jh.	Pythagoras von Samos, Philosoph und Mathematiker
538–522	Polykrates, Tyrann von Samos
528/527	Tod des Peisistratos. Hippias und Hipparch Tyrannen von Athen
um 525	Siphnier-Schatzhaus in Delphi
um 520	Athena-Tempel auf der Akropolis von Athen
520–490	Spätarchaische Koren der Athener Akropolis Übergang vom schwarzfigurigen zum rotfigurigen Stil
514	Ermordung des Hipparch
513/512	Skythenfeldzug des Großkönigs Dareios I.
510	Sturz des Hippias
508/507	Demokratische Verfassungsreform des Kleisthenes in Athen
499–494	Aufstand der Griechen in Kleinasien gegen die Perser
498	Die Griechen nehmen Sardes ein
494	Niederlage der griech. Flotte bei der Insel Lade. Fall Milets
490	Niederlage der Perser bei Marathon
487/486	Demokratische Verfassungsreform in Athen
bis ca. 485	Aphaia-Tempel auf Ägina
482	Beginn des Flottenbaus in Athen
vor 480	»Blonder Kopf« und Kritios-Knabe (Athen, Akropolis-Mus.). Beginn des Strengen Stils
480	Schlachten gegen die Perser bei den Thermopylen, bei Kap Artemision und bei Salamis. Zerstörung der Akropolis von Athen
479	Persische Niederlage bei Plataä. Abfall der Griechen Kleinasiens von den Persern
479/478	Athenischer Mauerbau
478/477	Gründung des Delisch-Attischen Seebundes
472	»Perser« des Aischylos
471	Verbannung des Themistokles aus Athen
um 470	»Wagenlenker« in Delphi
467	Tod des Spartanerkönigs Pausanias »Sieben gegen Theben« des Aischylos
465	Sieg der Athener am Eurymedon und Eroberung der Chersones
464	Eroberung von Thasos
462	Neuerliche demokratische Verfassungsreform in Athen

464–459	3. Messenischer Krieg. Bruch zwischen Athen und Sparta
gegen 460	»Gott aus dem Meer« (Athen, Nat.-Mus.) Geburt des Arztes Hippokrates
460–454	Am Ende erfolglose Operationen der Athener in Ägypten
460–450	»Doryphoros« des Polyklet Beginn der hohen Klassik
458	»Orestie« des Aischylos
bis 456/455	Zeus-Tempel in Olympia
456	Ägina kapituliert vor den Athenern. Höhepunkt der athenischen Macht. Erfolglose athenische Operationen in der Argolis
455	Niederlage der Athener gegen die Spartaner bei Tanagra. Athenischer Sieg über die Böoter bei Oinophyta. Der Feldherr Kimon wird aus Athen verbannt
452	Rückberufung Kimons
451	Verfassungsreform in Athen mit weiterer Demokratisierung
450	Athenischer Seesieg über die Perser bei Salamis auf Zypern. Tod Kimons
449/448	Friedensschluß mit den Persern (»Kallias-Frieden«) Panhellenischer Kongreß von Perikles geplant. Baubeginn des Parthenon und Neugestaltung des Nike-Pyrgos in Athen
447	Niederlage der Athener gegen Böotien
446	Friedensschluß Athens und Spartas
um 440	»Antigone« des Sophokles
440–430	Theseion in Athen
438	»Alkestis« des Euripides »Athena Parthenos« des Phidias für den Parthenon in Athen (vgl. Varvakion-Statuette / Athen, Nat.-Mus.)
bis ca. 430	Geschichtswerk des Herodot
431–404	Peloponnesischer Krieg
431	»Medea« des Euripides
um 430	»Zeus« des Phidias für den Zeus-Tempel in Olympia
430	»König Ödipus« des Sophokles
429	Tod des Perikles während der Pest in Athen
um 425	»Nike« des Paionios (Olympia, Mus.). Tempel von Bassai-Phigalia
425	Landung der Athener bei Pylos. Gefangennahme der

	Spartiaten auf Sphakteria. Die Athener besetzen die Insel Kythera
423	Brand des Hera-Tempels im argivischen Heraion und Beginn des Neubaus mit der Kultstatue Polyklets d. J.
421	»Nikias-Frieden« zwischen Athen und Sparta
	Bau des Erechtheions in Athen
418	Niederlage der Athener und Argiver gegen die Spartaner bei Mantineia
416	Einnahme von Melos durch die Athener
415	»Troerinnen« des Euripides
415–413	Sizilische Expedition der Athener und deren Untergang vor Syrakus
413–404	Dekeleischer Krieg zwischen Athen und Sparta
409/408	Friese des Erechtheions und Nike-Balustrade auf der Athener Akropolis
407	Niederlage der athenischen Flotte bei Notion
406	Tod des Euripides und des Sophokles
404	Kapitulation der Athener
bis ca. 404	Geschichtswerk des Thukydides
404/403	Diktatur der »Dreißig Tyrannen« in Athen und Wiederherstellung der Demokratie
401	Feldzug des Kyros gegen Artaxerxes. Schlacht von Kunaxa
	Postume Aufführung des »Ödipus auf Kolonos« des Sophokles
399	Tod des Sokrates
395	Korinthischer Krieg gegen Sparta
386	»Königsfrieden«
390–380	Tholos in Delphi
380–370	Asklepios-Tempel in Epidauros
380	Isokrates' »Panegyrikos« (panhellenische Idee)
379	Umsturz in Theben
378/377	Gründung des 2. Attischen Seebundes
nach 373	Neubau des Apollon-Tempels in Delphi
371	Niederlage der Spartaner gegen die Thebaner bei Leuktra
um 370	Gründung der Athener Akademie
um 370–360	Tholos in Epidauros. Athena-Tempel in Tegea
369	Gründung eines unabhängigen Messenien
	Weihgeschenke der Arkader und Argiver in Delphi
364	Tod des thebanischen Führers Pelopidas

362	Schlacht von Mantineia. Tod des thebanischen Führers Epameinondas
bis 362	Geschichtswerk des Xenophon
359–336	Philipp II. von Makedonien
357–355	Kämpfe zwischen Athen und Makedonien
356–346	»Heiliger Krieg« gegen Phokis
um 350	»Hermes« des Praxiteles (Olympia, Mus.)
349	Demosthenes' 1. Rede gegen Philipp von Makedonien
348/347	Tod Platons
338	Niederlage der Athener und Thebaner in der Schlacht von Chaironeia
	Philippeion in Olympia. Tempel in Stratos
337	Aufruf zum Rachefeldzug gegen die Perser
336	Ermordung Philipps II., Regierungsantritt Alexanders d. Gr.
335	Zerstörung Thebens
	Lysikrates-Denkmal in Athen
334	Alexanders Übergang über den Hellespont nach Kleinasien
333	Persische Niederlage bei Issos
330	Ermordung des Perserkönigs Dareios III. Kodomannos
327	Alexanders Zug nach Indien
323	Alexanders Tod
	Beginn der Epoche des Hellenismus
323/322	Lamischer Krieg. Niederlage der Athener bei Amorgos
322	Tod des Demosthenes
321	Antipater Reichsverweser
319	Antipaters Tod
319–280	Zeitalter der Diadochen
317	Gesetz gegen den Gräberluxus in Athen
306	Antigonos und Demetrios Poliorketes nehmen den Königstitel an
302	Panhellenischer Bund mit Antigonos und Demetrios als Führern
301	Schlacht von Ipsos. Tod des Antigonos
um 300	Beginn des Wiederaufbaus des Tempels in Didyma bei Milet
	Epikur und Zenon, Philosophen. Komödien des Menander
um 280	Regierungsantritt der Epigonen

280–275	Operationen des Pyrrhos in Unteritalien
280	Gründung des Achäischen Bundes
279	Einfall der Gallier in Griechenland
278	Antigonos II. Gonatas Herrscher der Makedonen
272	Pyrrhos' Tod in Argos
271/270	Tod des Philosophen Epikur
263/262	Tod des Philosophen Zenon
251	Aratos Feldherr der Achäer
241	Verfassungsreform in Sparta
239	Antigonos II. Gonatas stirbt
225	König Kleomenes III. stürzt in Sparta die Ephoren
223	Zerstörung Mantineias durch die Makedonen
222	Niederlage der Spartaner bei Sellasia
215–205	Bündnis Philipps V. mit Hannibal. 1. Makedonischer Krieg
212	Eroberung von Syrakus durch die Römer. Tod des Mathematikers Archimedes
207	Niederlage der Spartaner bei Mantineia
212–206	Kämpfe der Ätoler mit Philipp V.
200–197	2. Makedonischer Krieg der Römer
197	Niederlage der Makedonen bei Kynoskephalai
196	Freiheitserklärung des röm. Feldherrn Flamininus für alle Griechen
189	Die Römer erobern Ambrakia. Friedensschluß mit den Ätolern und Ende des Ätolischen Bundes
um 180	Olympieion von Athen
179	Tod Philipps V.
171–168	3. Makedonischer Krieg
168	Niederlage der Makedonen bei Pydna
	Monument des Aemilius Paullus in Delphi
bis 150	Friese von Pergamon (Berlin, Pergamon-Mus.)
148	Makedonien wird röm. Provinz
146	Achäischer Krieg gegen die Römer. Zerstörung Korinths. Griechenland mit Makedonien zu einer röm. Provinz vereint
bis ca. 140	Geschichtswerk des Polybios
um 133	Sklavenaufstände in Attika
88	Vesper von Ephesos: 80000 Italiker werden ermordet. 1. Mithridatischer Krieg der Griechen gegen die Römer

86	Röm. Siege unter Sulla bei Chaironeia und Orchomenos. Fall Athens
48	Caesar besiegt Pompeius bei Pharsalos
44	Ermordung Caesars
31	Niederlage Marc Antons und Kleopatras bei Actium. Gründung von Nikopolis Ende der Epoche des Hellenismus
seit 31	Erneuerung zahlreicher klassischer Bauten Griechenland unter dem Namen Achaia röm. Provinz
67 n. Chr.	Nero erklärt die griech. Staaten für frei (von Vespasian zurückgenommen)
74	Vespasian weist Philosophen aus Rom aus, garantiert den traditionellen Bildungsinstituten aber besondere Freiheiten
124–132	Kaiser Hadrian mehrfach in Griechenland Vollendung des Olympieions in Athen
um 150–170	»Beschreibung Griechenlands« von Pausanias
177	Tod des Herodes Atticus
um 267	Einfall der Heruler
270	Tod des Philosophen Plotin
284–305	Regierung Diokletians. Aufhebung der inneren Autonomie der griech. Städte
393	Letzte Olympische Spiele
395/396	Einfall der Goten
529	Schließung der Athener Akademie

Geschichte

Der Name »Griechen« leitet sich vom lateinischen »Graeci« ab, dessen griechischer Ursprung »Graikioi« eigentlich nur einen kleinen nordgriechischen Volksstamm um Dodona betrifft. Die Griechen selbst bezeichneten ihr Land als »Hellas«, ein Name, der von einem kleinen Stammesterritorium im Süden Thessaliens schon früh auf alle Gebiete übertragen wurde, in denen man griechisch sprach. Über das heutige Griechenland hinaus galt er im Altertum für große Teile Westanatoliens und für Süditalien mit Sizilien (Magna Graecia).

Von einer einheitlichen griechischen Geschichte kann gleichwohl nicht die Rede sein. Politisch haben diese Länder nie eine Einheit gebildet. Schon die geographische Zerklüftung ihrer Siedlungsgebiete hat die Bildung vieler Kleinstaaten gefördert, die z.T. einzelne Stämme und Stammesverbände, oft aber auch nur das Territorium einer einzigen Stadt (Polis) umfaßten. Auch durch Dialekte voneinander geschieden, standen diese Kleinstaaten in dauernder Rivalität zueinander. So stellt sich die griechische Geschichte über viele Jahrhunderte als die Summe der Geschichte einzelner Staaten dar, mit einer Folge von Kriegen, mit wechselnden Bündnissen und Allianzen, denen oft auch gegensätzliche politische Systeme entsprachen. Aus diesem Pluralismus ergaben sich nicht selten verschiedenartige und widersprüchliche kulturelle Entwicklungstendenzen. Andererseits wirkte die Rivalität zwischen den einzelnen Kleinstaaten auch als Stachel, der allenthalben zu den höchsten kulturellen Leistungen antrieb.

Die mykenische Kultur

Als erste europäische Festlandskultur entfaltete sich die nach ihrem Zentrum in der Argolis genannte mykenische Kultur im spätesten Zeitabschnitt der von etwa 3000 bis 1100 v. Chr. dauernden Bronzezeit. Auf der Grundlage einer bäuerlichen Lebensweise und eines offenen Austausches mit fremden Kulturen, vor allem mit Kreta und den Kykladen, hatte sich innerhalb der seit 4 Jahrhunderten in Zentralgriechenland und auf der Peloponnes ansässigen achäischen Stämme gegen 1600 v. Chr. hin eine höfisch strukturierte Gesellschaft entwickelt.

Wie die Burg- und Siedlungsanlagen in Mykene, Tiryns, Theben, Pylos und anderen Zentren zeigen, waren es Kriegerfürsten, die seit dem 16. Jh. in aufwendigen, befestigten Palästen eines von Kreta abgeleiteten Typs hofhielten und sich mit künstlerischen Erzeugnissen aus Nordeuropa, dem Orient und Ägypten, vornehmlich aber aus Kreta umgaben. Die Beigaben der Fürstengräber in den Schachtgräberrunden von Mykene und dem messenischen Peristeria bestanden aus Gesichtsmasken, Gefäßen und Schmuck in Gold und Silber, aus Halbedelsteinen, Bernsteinketten, Bronzegefäßen und verzierten Waffen meist minoischer oder das Minoische nachahmender Form. Als ein ebenfalls aus dem Minoischen entwickeltes Kulturgut besaß das mykenische Hellas die Schrift, eine wesentliche Voraussetzung für ein funktionierendes Wirtschafts- und Herrschaftssystem.

Schrift, Sprache und Religion verbanden die unabhängigen Fürstentümer, deren Ausstrahlung im 14. und 13. Jh. über das ganze Mittelmeer reichte, nachdem – wohl schon Mitte des 15. Jh. – Kreta erobert worden war. Die einheimische Keramik wurde in die Länder des Nahen Ostens, nach Kleinasien und Ägypten, selbst nach Italien exportiert, im Tausch gegen deren Erzeugnisse und Naturstoffe, von denen Metall der begehrteste war. Die Burgen wurden nach dem Vorbild der kretischen Paläste mit Wandmalereien aus-

gestattet; in ihren Werkstätten entstanden, wieder nach kretischen Mustern, Steinvasen, Metall- und Fayencegegenstände, Schmuck und Elfenbeinschnitzereien.
Gegen Ende des 13. Jh. führte vermutlich das Eindringen nordischer Völker in die Gebiete am östlichen Mittelmeer zu einer Störung des Handels mit dem Osten und zum Auseinanderbrechen des mykenischen Staatenverbands. Schließlich könnten die Zerstörungen und die Aufgabe einiger der großen Zentren eine Folge dieser – von Historikern heute angezweifelten – »Dorischen Wanderung« gewesen sein. Besiedelt blieben Mykene, Tiryns und Midea in der Argolis, Theben in Böotien und Nichoria in Messenien trotz Brandzerstörung, jedenfalls bis zur Mitte des 11. Jh., weshalb durchaus auch ein Naturereignis, ein Erdbeben, den Untergang der mykenischen Burgen herbeigeführt haben kann.
Im 12. Jh. verlagert sich die mykenische Welt. Die Küstenstriche nehmen Flüchtlinge aus dem Landesinneren auf (Teichos Dymaion in Achaia), viele fliehen auf die Inseln der Ägäis, bis nach Zypern. An den Küsten entstehen neue Burgen und Stätten des Handels (Perati in Attika, Lefkandi auf Euböa, Asine und Epidauros Limera auf der Peloponnes) mit den Kykladen, dem Dodekanes und Kreta. Diese Bewegungen schaffen ein Vakuum im Inland, das von nachdrängenden Stämmen aus dem Norden aufgefüllt wird. Schließlich erlischt mit der Aufgabe der neugeschaffenen Handelszentren an den Küsten im 11. Jh. die mykenische Welt völlig.
Ein Kennzeichen der Überlieferung mykenischer Kultur ist das fast völlige Fehlen von Kultbauten, Tempeln oder gebauten Heiligtümern, wie sie andernorts aus allen Epochen nachzuweisen sind. Ihre Funktion und Bedeutung erfüllte sich in den Kulträumen der Paläste. Auch künstlerische Zeugnisse religiösen Brauchtums sind nicht in so zahlreicher Menge und eindeutiger Bestimmung vorhanden, daß sie ein klares Bild ergeben. Die Forschung sucht diesen Mangel unserer Kenntnis durch Vergleiche mit der mi-

noischen Kultur Kretas zu verbessern. Die dort bekannten Kulthöhlen als Opferstätten, Bergheiligtümer, Kapellen sind indessen im mykenischen Bereich nicht oder erst spät nachzuweisen. Belegt sind Kultstätten durch Votivgabenfunde in älteren Heiligtümern, so in Delphi, Eleusis, Amyklai und Epidauros. Auf Gemmen und Siegelringen finden sich erst in der Palastzeit des 14. und 13. Jh. Kulthandlungen an Altären in Naturheiligtümern, mit heiligen Bäumen, Quellen, Steinböcken und Stieren dargestellt. Mit Hörnern versehene Architekturen können als Kultbauten nur vermutet werden. Ausgesprochene Kultstätte ist dagegen das Hauptmegaron eines Palastes, sein Wohn- und Repräsentationszentrum, das den Thron des Herrschers enthält und so sakrale und profane Welt in eins faßt. Ein großer Herd bildet die Mitte, es gibt Altäre; Tische und Bänke sind zur Aufnahme von Opfergaben vorgesehen. Fußbodenrinnen und -ausgußlöcher im Megaron von Pylos sind als Kanäle für Trankopfer gedeutet worden.
In einem Baukomplex des 14./13. Jh. v. Chr. beim Schachtgräberrund A in Mykene wird indessen eine Kultarchitektur vermutet und ihre Verbindung mit der Burg als »Prozessionsstraße« interpretiert. Gestützt wird diese Hypothese durch Altäre in mehreren Gebäuden, Aschengruben und Tieropferreste sowie zahlreiche als Idole gedeutete Tonfiguren. Auch Wandmalereien, darunter ein Fragment mit eselköpfigen Stangenträgern, werden als Belege für diese Annahme genommen, ferner die Funde eines Tabletts mit der Malerei einer Anbetung einer Gottheit (oder Priesterin?), des Kopfs einer Art Sphinx, von Terrakotta-Schlangen, einem männlichen Kopf aus Elfenbein u. a. Offene Schreine in den Höfen mykenischer Palastburgen bezeugen gewiß kultische Handlungen, möglicherweise im Zuge von Prozessionen, wie Wandmalereien annehmen lassen. In vier der mykenischen Großpaläste sind als Prozessionsdarstellungen interpretierte Wandmalereien gefunden worden, die den Zug von Opfergabenträgern schildern.

Schließlich erlauben Funde von Idolen in Privathäusern den Schluß auf die nicht zeremonielle Verehrung uns unbekannter Götter. Diese Idole aus Ton, handgeformt oder teilweise gedreht, sind in einem Typus des 14. Jh. Figuren mit verschränkten Armen, später mit erhobenen Armen. Die Schachtgräberfunde aus früherer Zeit haben wenig Aussagekraft: Die Doppelaxt, das Rhyton, die Taubengöttin sind eindeutig minoisch. Auch läßt sich aus den Darstellungen auf Gemmen und Siegelringen kein Bild über die Art der minoischen Kulthandlungen gewinnen. Die herbeigerufene (?) Gottheit kann in weiblicher Gestalt erscheinen und Opfergaben auf einem Thron oder unter einem Baum sitzend entgegennehmen. Die Opfernden haben anbetend die Arme erhoben oder tanzen vor ihr. Die Opfergaben sind, wie auch auf den Linear-B-Tafeln aus Knossos, Pylos, Mykene und Tiryns eigens genannt: Blumen, Mohnkapseln, Trankspenden, Honig, Wein, Getreide, Öl, Wolle, Gefäße unbekannten Inhalts, auch Waffen, ferner Tiere. Bäume und Pflanzen, dazu die Symbole von Sonne und Mond, bezeugen Natur- und Fruchtbarkeitsmythen. Die Linear-B-Tafeln geben im übrigen interessanten Aufschluß über eine Reihe von später namhaften Göttern Griechenlands. Sie zählen u.a. Zeus, Hera, Poseidon, Artemis, Hermes und Dionysos, dazu eine weibliche Gottheit Potnia, vermutlich auch Apollon und Ares als Empfänger der von Priestern und Priesterinnen dargebrachten Opfergaben auf.
Das als Kult- und Repräsentationszentrum gekennzeichnete Palastmegaron mit dem Opferherd zwischen 4 Säulen inmitten und einem Thron an einer der Wände ist so erstmals in Tiryns zu Beginn der Älteren Palastzeit nachzuweisen. Seine Form und Stellung in einem nach Funktionen gegliederten Gebäudekonglomerat ist kanonisch für die folgenden Palastanlagen. Es bildet das architektonische Zentrum, auf das eine sich steigernde Folge von Höfen, Toren, Vestibülen und anderen Räumen vom Burgeingang her hinführt. Das komplexe Ganze umfaßt alle Bereiche von kombinier-

ten Wohn-, Kult-, Repräsentations-, Verwaltungs- und Produktionseinheiten in einem nur auf den ersten Blick verwirrenden System ohne geometrische Grundrißstruktur, das letzten Endes aus den »labyrinthischen« Palästen Kretas abgeleitet wurde, wie die Anlage von Pylos aus dem frühen 16. Jh. erstmals belegt.
Die Ausstattung der Paläste mit Wandgemälden, gewöhnlich auf Stuck, ist vor dem 15. Jh. v. Chr. nur zu vermuten, nicht zu belegen. Fragmente mit vegetabilen Motiven aus dem 15. Jh. fanden sich in Mykene. Die meisten erhaltenen Fresken im mykenischen Hellas sind Werke des 14. und 13. Jh., also aus der Zeit nach der Eroberung Kretas, das die Vorbilder gab. Obgleich sie gewöhnlich nur in den großen Palästen zu finden sind, weisen manche Privathäuser und Grabanlagen, so in Tiryns und Theben, Ausmalungen auf. Stilistisch läßt sich an ihnen eine mit der Entfernung vom kretischen Vorbild im 13. Jh. zunehmende Erstarrung der Form und des Farbenreichtums konstatieren. Von den Mykenern übernommene minoische Themen sind bestimmte Dekorationsmotive und Landschaftsmuster, Stierspiele, hauptsächlich aber Prozessionsbilder. Jagd- und Kampfszenen sind dagegen eigene Themen (im Minoischen nur in der Glyptik behandelt). Für mehrfigurige Bilderzählungen wurde der Fries als Rahmenform gewählt. Er war das dominierende Feld in der dreiteiligen Wandgliederung, über einem gemalten, Marmor imitierenden Sockel und unter einem Ornamentstreifen. Die Bemalung erfaßte in den Repräsentationsräumen jedes Baudetail mit leuchtender Buntfarbigkeit.

Die minoische Kultur

Erste, spärliche Spuren menschlicher Besiedlung fanden sich seit neolithischer Zeit, etwa dem 6. Jt. v. Chr., auf Kreta. Mit Erzeugnissen einer durchgeformten Gefäßkeramik setzt um

3000 v. Chr. die als frühminoisch bezeichnete Epoche einer eigenständigen kretischen Kultur ein, die dem Seeverkehr, u. a. mit den Kykladen und Nordafrika, anregenden Güteraustausch verdankt. So entstand ein Kunsthandwerk, das von den Ägyptern die Technik des Steinschneidens zur Vasenherstellung gelernt hatte und im ostkretischen Mochlos ein eigenständiges Zentrum der Goldschmiedekunst auf mittelmeerischen und ägyptischen Grundlagen heranbildete. Am Ende des 3. Jt. beginnt sich eine Hochkultur zu formieren, die sich im Bau von Palästen und Siedlungen äußert: Die Zeit der »Älteren Paläste«, die bald nach der Jahrtausendwende in Zentralkreta entstanden, dauerte bis etwa 1700 v. Chr., als unbekannte Katastrophen, möglicherweise Erdbeben, die Anlagen von Phaistos, Knossos, Malia und Kato Zakro in Trümmer legten. Diesen Palästen gemeinsam war eine ungefähre Nord-Süd-Ausrichtung, die Anlage eines rechteckigen Hofes als Zentrum einer verwirrend vielteiligen, »ungeordnet« wirkenden Baudisposition und eine Art Hoffreiheit vor der Westfront. Über ihre Ausstattung ist nichts bekannt. Nahebei bildeten sich städtische Siedlungen.

Ein Wandel zeichnet sich in der Grabkultur dieser mittelminoischen Zeit ab: Hatten die Dörfer bisher größere Gemeinschaftsgräber in Rundbauten, so werden die Toten jetzt einzeln in einem Tonsarg oder Tonpithos mit wenigen Beigaben beerdigt.

Den Gottheiten, die in wechselnder Bedeutung als Schutz-, Fruchtbarkeits- oder Heilgottheit erschienen, opferte man Weihgaben in Naturheiligtümern, zumal auf Bergen. Unter den Tonidolen bzw. Votivstatuen finden sich Tiere und Menschen; die Frauen tragen lange Röcke und die Brust freilassende Jacken, dazu Hüte und kunstvolle Figuren, die Männer nur einen Gurt, in dem ein Dolch steckt. Für die künstlerische Entwicklung der Keramik bedeutet in dieser Epoche der Älteren Paläste die Verwendung der – im Orient seit langem bekannten – drehbaren Töpferscheibe

einen unschätzbaren Fortschritt. Die minoischen Handwerker verstanden es, den Ton in zerbrechlicher Feinheit von wenigen Millimetern Stärke zu drehen und zu brennen. Die Fülle der Gefäßformen und Dekorationen ist stupend. Herausragend die Malerei von Pflanzen, Seetieren, Ornamenten in Weiß und Rot auf dunklem Schlicker, nach einem Fundort im Ida-Gebirge Kamares-Ware genannt. Eine in Phaistos gefundene Tonscheibe (Abb. S. 441) enthält Zeugnisse einer (bisher ungedeuteten) Silbenschrift.
Mit dem Wiederaufbau der Älteren Paläste und ihrer Neugestaltung zu den sog. Jüngeren Palästen, die wiederum nur ungefähr auf die Zeit um und nach 1600 datiert werden kann, beginnt die Ära der minoischen Hochkultur, in der auch Palastgründungen an alten Siedlungsplätzen vorgenommen werden, so in Agia Triada und Gurnia.
Außer dem glanzvollen Wiederaufbau der Paläste und ihrer Ausgestaltung u. a. mit Wandmalereien, die höchsten Rang erreichte, kam es zum Ausbau städtischer Siedlungen wie in Palekastro und Zakros. Die Handelsbeziehungen nach Griechenland und Nordafrika wurden gleicherweise ausgebaut, wobei die kulturelle Einflußbewegung durchaus von Kreta ausging und sich intensiv in den mykenischen Gebieten äußerte. Die Linear-A-Schrift, über die ägäischen Inseln verbreitet, ist herausragende »Erfindung« dieser Zeit. Träger dieser Kultur waren wohl Beamte mit geistlicher und weltlicher Funktion in den sog. Herrenhäusern.
Zwischen 1450 und 1400 kommt es zu einer Katastrophe unbekannter Ursache, welche die großen Paläste und Siedlungen in Schutt und Asche legt. Vieles deutet darauf hin, daß die Zerstörung in einem Zusammenhang mit der Invasion mykenischer Griechen steht. Als Zeichen eines protogriechischen, »mykenischen« Sprachdialekts wird die auf vielen Tontafeln in Knossos gefundene sog. Linear-B-Schrift dieser Zeit gedeutet und damit der Zusammenhang mit dem Festland plausibel gemacht.
In der sog. Nachpalastzeit zwischen 1400 und 1100 erlebte

die Insel eine letzte große Blüte, wenngleich nicht alle Siedlungen und Paläste wieder aufgebaut wurden. Die kulturellen Leistungen Kretas, wie z. B. die Keramik, verlieren an Ausstrahlung in den Mittelmeerkreis. Eine Entwicklung unter dorischem Einfluß setzt ein, welche die Insel immer mehr dem Festland annähert, bis sie in geometrischer und archaischer Zeit mit ihm eine einzige Kulturlandschaft bildet. (Vgl. dazu und zur Gesamtentwicklung Kretas die Überblicksdarstellungen bei den großen Palästen und zum Museum in Iraklion.)

Die griechische Kultur nach der »Dorischen Wanderung«

Die großen Völkerbewegungen, die gegen 1200 v. Chr. weite Gebiete des östlichen Mittelmeers erfaßten, ließen in Griechenland die kretisch-mykenische Kultur zusammenbrechen. Vom nördlichen Balkan wanderten neue griechisch sprechende Stämme nach Süden. Bei dieser »Dorischen Wanderung«, von der der Mythos als von der Rückkehr der Nachkommen des Herakles berichtet, besetzten die »Dorer« den Süden der Peloponnes, die »Nordwestgriechen« deren Nordwesten und den Westen Mittelgriechenlands, während andere griechische Stämme sich in Nord- und Mittelgriechenland niederließen. Die Vorbewohner verschmolzen mit den Einwanderern, wurden unterworfen oder zurückgedrängt, wie auf der Peloponnes nach Arkadien. Andere wichen über die Inseln der Ägäis nach Kleinasien aus (1. griechische Kolonisation), während in Attika die Urbevölkerung den größten Teil ihres Territoriums behauptete.
In den ersten Jahrhunderten des 1. Jt. v. Chr. bildeten sich die griechischen Kleinstaaten heraus und grenzten sich voneinander ab.

Die »Dorische Wanderung« bedeutete keinen völligen Bruch mit der Vergangenheit. Nicht nur der Mythos wahrte die Erinnerung an die Vorzeit. Mit den Namen der Götter und Heroen lebten auch religiöse Vorstellungen fort. Die Einwanderer übernahmen bei vielen alten Heiligtümern den Kultus, begründeten ihn aber andernorts, wie vermutlich in Olympia, auch neu. Zerfallen war jedoch das hochentwickelte Wirtschaftsgefüge der mykenischen Kultur, wie auch die Kenntnis der Schrift verlorenging und das Handwerk zunächst auf einen einfacheren Stand zurückgeworfen wurde.

Die Homerischen Epen geben uns ein Bild von einer einfachen Lebensweise auf der Grundlage der Landwirtschaft. Auf kleineren Adelshöfen wurde alles Wichtige angefertigt. Selbst ein König wie Odysseus schreinerte sich sein Bett selbst. Nur wenige Luxusgüter wurden importiert.

Die Macht lag beim Adel, der sich im Rat des Königs zusammenfand. Dessen ererbte Herrschaft blieb auf kleinere Landstriche beschränkt. Verglichen mit den Palästen der mykenischen Zeit müssen sich die Höfe und die Sitze des Adels sehr bescheiden ausgenommen haben. Die mit Hilfe von Sklaven bewirtschafteten Felder und die Herden trugen jedoch genügend ein, daß der Adel mit Pferd und Streitwagen voll gerüstet in den Krieg ziehen oder zu Piraterie und Raubzügen ausrücken konnte.

Der Lebensweise des Adels entsprechen die Vorstellungen von der Existenz der Götter, wie sie uns Homer und Hesiod im 8. Jh. v. Chr. schildern. Wie der Adel im Männersaal der Könige finden die Götter sich auf dem Olymp zu Gelage und gemeinsamer Beratung zusammen. Obgleich mit höherer Macht begabt, unterliegen auch sie dem Schicksal. Wie der Adel auf seinen Gütern frei schaltete, aber dem König Gefolgschaft schuldete, haben auch die Götter ihre eigenen Bereiche, fügen sich aber, oft unter Widerspruch, der Weisung des Zeus.

In ihren Heiligtümern sind die Götter zunächst in Naturmalen, in Bergesgipfeln, Grotten, Felsen oder Bäumen gegenwärtig. Erst um 800 v. Chr. ist auf Samos der erste, bescheidene Tempel nachzuweisen. In solchen war die Gottheit nun vereinzelt auch in Kultbildern vergegenwärtigt. Votivfiguren zeigen die Götter bewaffnet. Bei weiblichen Götteridolen sind die Geschlechtsteile oft sorgsam angegeben. Andere Votivgaben, vor allem Darstellungen von Pferden und Rindern, aber auch von anderen Haustieren und jagdbarem Wild, Kriegern auf Streitwagen sowie Dreifußkessel, entsprechen nicht nur den wesentlichen materiellen Werten in einer bäuerlichen Gesellschaft, sie verkörpern auch Ideale, bewunderte Eigenschaften und Phänomene der Natur und Umwelt. Entsprechend werden, vor allem seitdem sich die Kunst im 8. Jh. v. Chr. im sog. »geometrischen Stil« zu ihrer ersten Hochblüte entwickelt hatte, bestimmte Wesenszüge überdeutlich hervorgehoben. Bei Pferden charakterisieren die im Verhältnis zum Leib übermächtigen Schenkel deren Schnelligkeit, während z. B. bei Hirschen das Geweih sich übergroß entwickelt.

In der Vasenmalerei dominieren Strich- und Kreismuster, Mäanderbänder und andere abstrakt wirkende »geometrische« Motive, nach denen diese Stilphase bezeichnet wird. Ihre Entwicklung ist vor allem den in der Spätzeit fast mannshohen, im Kerameikos von Athen gefundenen Vasen abzulesen, die dort als Grabmonumente dienten. Neben geometrischen Mustern erscheinen mehr und mehr auch figürliche Szenen, die der Bedeutung dieser Gefäße entsprechen: die Aufbahrung der Leiche, Totenklage, Leichenzug usw.

Wie sich in der geometrischen Plastik die Stile der korinthischen, argivischen oder lakonischen Werkstätten voneinander abheben, treten auch in der Vasenmalerei landschaftliche Unterschiede hervor. Mit den führenden Ateliers in Athen konkurrieren vor allem jene von Korinth.

Trotz vager geographischer Vorstellungen und vieler märchenhafter Züge künden bereits Homers Schilderungen der Irrfahrten des Odysseus von abenteuerlichen Erkundungsfahrten an den Küsten des Mittelmeers. Vor allem seit der 2. Hälfte des 8. Jh. v. Chr. zwang die Überbevölkerung Griechenlands immer häufiger, neuen Lebensraum zu suchen. Bestimmte Städte wie z. B. Korinth, Megara und vor allem Chalkis haben sich als Gründer von Kolonien besonders bewährt und dabei aus allen Gegenden Griechenlands Zulauf erhalten. Vor Auswanderungszügen pflegte man das Orakel in Delphi um Rat anzugehen. Hier liefen auch die Erfahrungen der Kolonisten zusammen, von denen weitere profitierten. Politisch waren die Kolonien von der Mutterstadt unabhängig, fühlten sich ihr aber verbunden und übernahmen häufig deren Sitten, Gebräuche, Feste und religiöse Riten.

Ein weiträumigerer Handels- und Wirtschaftsverkehr brachte Griechenland in engere Beziehung zu den alten Kulturen des östlichen Mittelmeerraums, vor allem mit Ägypten und den späthethitischen Kleinstaaten, die sich nach dem Untergang des hethitischen Großreichs in Südanatolien, Syrien und dem Libanon gebildet hatten. Ihre Kunst hatte einen großen Teil des altorientalischen Bildgutes aufgenommen, das durch sie nun auch Griechenland erreichte. Reliefgeschmücktes Bronzegerät oder figürlich geschmückte Kessel wurden zunächst aus dem Osten importiert, bald aber auch von griechischen Werkstätten nachgeahmt und in eine spezifisch griechische Formensprache umgesetzt. Von den zahlreichen Mischwesen der orientalischen Kunst wurden einige übernommen und in den griechischen Mythos integriert (Greif, Sphinx usw.), andere unter dem Eindruck orientalischer Vorbilder neu geschaffen (Gorgo). Die Bronzegießer übernahmen vom Orient den Hohlguß, den sie vorerst allerdings nur bei kleineren Formaten anwandten, während man größere Figuren zunächst noch aus Blech trieb. Unter dem Eindruck der orienta-

lischen Plastik entwickelten die griechischen Künstler vor allem ein neues Gefühl für plastisches Volumen und organischen Zusammenhang. Auf den Vasenbildern macht der geometrische Dekor figürlichen Bildern, Tierfriesen, aber bald auch mythologischen Darstellungen Platz.
Die 2. griechische Kolonisation ist Ausdruck wirtschaftlicher Not und sozialer Unruhe, die auch in Griechenland selbst zu wesentlichen politischen Veränderungen führte. Die Bedeutung des Königtums nahm ab. Von Randgebieten abgesehen blieb es, im wesentlichen auf die Heerführung beschränkt, auf Dauer nur in Sparta erhalten, wo die Nachkommen des Herakles bis in hellenistische Zeit das Zepter führten. Andernorts dauerte der Königsname offenbar aus religiösen Gründen als Beamtentitel fort. Die Macht des Königtums fiel zunächst an den Adel, der diese rücksichtslos gebrauchte, während die unterdrückte Bauernschaft in Schuldknechtschaft fiel.
Bei der Ausweitung des Handels zu einer großräumigen, nun nicht mehr auf Luxusartikel beschränkten Marktwirtschaft erstarkte vor allem seit der Einführung des Münzgeldes gegen Ende des 7. Jh. v. Chr. in den Städten die Schicht der Kaufleute und selbständigen Handwerker. Wie die in Not geratenen Bauern drängten diese auf politische Reformen, denen der Adel entweder mit Zugeständnissen zuvorzukommen oder die er im Keim zu ersticken suchte.
Der Wandel des Kriegswesens trieb die Entwicklung jedoch unaufhaltsam voran. An die Stelle der adligen Einzelkämpfer, die auf dem Streitwagen und später zu Pferd die Schlachten entschieden hatten, traten die schwerbewaffneten Fußsoldaten, die Phalanx der Hopliten, also das Aufgebot einer breiteren Mittelschicht, die sich nunmehr eigene Rüstungen leisten konnte. Das veränderte zunächst das kämpferische Ethos. Nicht mehr der Einzelne entschied mit seinen Taten die Schlacht, sondern die Masse durch ihr Zusammenwirken, durch ihre gemeinsame Kampfmoral. Diese Erfahrung hat sich unterschiedlich ausgewirkt. In Sparta

führte sie zu einem ausgeprägten Kastengeist mit strengster innerer Disziplin, der sich der Einzelne völlig zu unterwerfen hatte. Sparta wurde zum reinen Militärstaat, der nach einer bis zur Mitte des 5. Jh. v. Chr. reichenden kulturellen Hochblüte letztlich alle seine Kräfte bei der Erhaltung einer verknöcherten Herrschaftsstruktur verbrauchte, sich damit aber für Jahrhunderte als Führungsmacht Griechenlands behauptete, während in Athen die Entwicklung über die Verfassungsreform des Solon zu Beginn des 6. Jh. v. Chr. zur Verwirklichung der absoluten Demokratie im 5. Jh. v. Chr. führte.

In der Literatur der archaischen Zeit dringen diese inneren Spannungen immer wieder durch. Im Gegensatz zu der intakten Adelswelt bei Homer, wo in der Darstellung des Sauhirten Eumaios, der selbst Sohn eines Königs war, dem treuen Sklaven ein Denkmal gesetzt und dagegen der widerspenstige Thersites als häßlicher Krüppel geschildert wird, widerspricht die programmatische und bald sprichwörtliche Behauptung Hesiods, daß Arbeit keine Schande sei, ganz und gar adligem Selbstgefühl. Wenn um die Mitte des 7. Jh. v. Chr. der Lyriker Archilochos schreibt, er habe in der Schlacht den – leicht ersetzbaren – Schild verloren, sei also geflohen, habe dafür aber sein Leben gerettet, verhöhnt er offen das überkommene Adelsethos.

Die Verse des lesbischen Lyrikers Alkaios (um 600) spielen auf Auseinandersetzungen verschiedener Adelsparteien an. In seinen Trinkliedern feiert er dagegen das gesellige Leben der Aristokratie beim Symposion. Ebenso ist auch der Kreis junger Mädchen und Frauen, in dem die Dichterin Sappho Tanz und Gesang pflegte, nur in dieser Adelsschicht denkbar.

Die Plastik der archaischen Zeit ist zunächst noch ganz dem Adel verpflichtet, der allein sich kostspielige Skulpturen leisten konnte. Das Bild des adeligen Jünglings verkörpern insbesondere die »Kuroi«, eine moderne Bezeichnung für

Statuen nackter, aufrecht stehender, unbärtiger junger Männer. Ohne formale Unterschiede können sie Götter, Weihende oder Verstorbene vergegenwärtigen. Ihre Deutung ergab sich für die Griechen allein aus der Inschrift oder dem Standort. Sie folgen einem einheitlichen Schema. Das linke Bein ist jeweils vor-, das rechte zurückgestellt. Dabei ruht das Gewicht gleichermaßen auf beiden Beinen, wie auch beide Füße mit ganzer Sohle auftreten. Das ergibt eine Stellung, die sowohl Stehen als auch Schreiten beinhaltet und somit Ruhe und Bewegung ausdrückt. Die Arme hängen seitlich des Körpers herab. Die geballten Hände liegen an den Schenkeln. Erst in der letzten Phase der archaischen Kunst lösen sie sich mehr und mehr von ihnen und sind endlich nur mehr durch Stege mit den Schenkeln verbunden.

Die Frisur der Kuroi folgt zeitlich und örtlich verschiedenen Moden. Das lange, oft bis zu den Schultern herabfallende Haar ist zunächst horizontal gegliedert, so daß man von einer Etagenperücke spricht. Gegen Ende des 7. Jh. wird es sorgfältiger in Strähnen gelegt. Besonders reiche Frisuren finden wir nach der Mitte des 6. Jh. mit oft verspielt wirkenden Locken und Strähnen. In den letzten Jahrzehnten des 6. Jh. wird die Haartracht dann wieder einfacher. Kurz geschnitten schmiegen sich die Strähnen enger an den Schädel oder bilden kleine Schneckenlocken.

Nach griechischer Tradition war der Künstler Daidalos der erste, der lebendig wirkende Statuen schuf. In seinem Namen, der ja auch mit dem kretischen Labyrinth verbunden ist, sind freilich verschiedenartige Überlieferungen zusammengeflossen. Der heute nach ihm benannte Stil setzt um die Mitte des 7. Jh. v. Chr. in einer Zeit ein, aus der wir die ersten lebensgroßen steinernen Jünglings- und Mädchenfiguren kennen. Nach der Mitte des 7. Jh. v. Chr. entstand der sog. Koloß der Naxier auf Delos. Etwa gleichzeitig oder nur wenig jünger sind die Kuroi von Thera. Vielleicht waren gerade die Werkstätten der Inseln, wo guter Marmor vielfach zur Verfügung stand, an der Ausbildung der Monumentalplastik besonders beteiligt. Die höchsten Maßstäbe haben jedoch die Bildhauer Athens gesetzt, mit Werken wie dem Dipylon-Kuros (Athen, Nat.-Mus.) oder dem Kuros im New Yorker Metropolitan Museum. Etwas jünger sind die monumentaleren Kuroi von Sunion (Athen, Nat.-Mus.). Aber so gut wie alle Landschaften Griechenlands haben den Kuros-Typus übernommen.

Gegenbilder zu den nackten Kuroi sind die Darstellungen bekleideter Frauen und Mädchen, die »Korai« oder »Koren«. In der Flächigkeit der um die Mitte des 7. Jh. von der Naxierin Nikandre geweihten Artemis (Athen, Nat.-Mus.) wirkt das Vorbild früher Brettidole, der sog. »Xoana«, nach, die nicht von Menschenhand geschaffen oder von ihr nur geringfügig menschlicher Gestalt angeglichen »wie vom Himmel gefallen«, unter wunderbaren Umständen gefunden, in der Frühzeit als Kultbilder verehrt wurden.

Aber bereits die nur wenige Jahre später in einer kretischen Werkstatt entstandene sog. Göttin von Auxerre (Paris, Louvre) zeigt ein ausgesprochenes Gefühl für Räumlichkeit und organischen Aufbau. Von größter Feinheit und empfindlichster Modellierung sind die Mädchenfiguren, die in der 1. Hälfte des 6. Jh. ionische Künstler geschaffen haben. In einem großen Denkmal des Bildhauers Geneleos (→ Samos) sind solche mehrfach nebeneinander aufgereiht und mit der Gestalt eines beim Symposion gelagerten Mannes verbunden.

Mit den attischen Koren der letzten Jahrzehnte der archaischen Kunst erreicht das Mädchenbild auch äußerlich seinen größten Reichtum. Das Haar ist kunstvoll geordnet, und über einem Untergewand, dem Chiton, liegt ein reich drapierter Mantel. Das archaische Lächeln, Ausdruck überlegener Anmut, gibt ihnen den Anschein überirdischer Entrücktheit. In der sensiblen Ausarbeitung der Oberfläche bei größter Präzision erreichen sie eine später nie mehr verwirklichte Genauigkeit.

Bereits im 7.Jh. v.Chr. haben sich Bildhauer mit ihrer Signatur stolz zu ihrem Werk bekannt. Im 6.Jh. nimmt das zu, ein Zeichen für das wachsende Selbstbewußtsein des Handwerkers.
In der Tempelarchitektur gewinnt der Steinbau später als die Plastik erst um 600 monumentale Größe. Konnten sich in den Statuen der Kuroi oder Koren einzelne Adlige in Heiligtümern oder Grabanlagen ein Denkmal setzen, gingen steinerne Tempel in der Regel über ihre Möglichkeiten hinaus und verlangten den Einsatz des ganzen Gemeinwesens. Seit dem 7.Jh. v.Chr. waren in mehreren griechischen Staaten Tyrannen zur Macht gekommen, die sich auf die mittleren und unteren Schichten stützen konnten. Diese Tyrannen setzten die Mittel ganzer Staaten für den Bau von Riesentempeln ein (u.a. Polykrates auf Samos, Peisistratos in Athen oder Lygdamis auf Naxos und Paros) und stellten damit ihre Macht und Größe nach außen dar.
Offenbar zunächst in Argos und in Korinth entwickelte sich die »dorische Ordnung«, deren wesentliche Elemente bereits der um 600 v.Chr. erbaute Artemis-Tempel in der korinthischen Tochterstadt Korfu zeigt. Sie war vermutlich in der Holzarchitektur vorgeprägt. Wenigstens ist am Hera-Tempel in Olympia noch nachzuvollziehen, daß die ursprünglich hölzernen Säulen erst nach und nach in Stein umgesetzt wurden und offenbar nie ein steinernes Gebälk trugen.
Die archaisch-dorischen Tempel sind in der Regel, verglichen mit den klassischen, lang gestreckt, eine Eigenart, die als altertümlicher Zug später gelegentlich bewußt aufgegriffen wird.
Die ionische Ordnung folgt von Anfang an stärker geometrischen Ordnungsprinzipien. Schon im 7.Jh. zeigt der samische Hekatompedos (→Samos) einen deutlichen Drang zu axialer Ausrichtung. Um 600 v.Chr. waren die Bauformen der ionischen Ordnung bereits entwickelt. Nachdem die ionische Architektur mit Riesentempeln in Ephesos,

Milet oder auf Samos äußerste Größe und Pracht entwickelt hatte, kommt sie im Osten unter persischem Druck um 500 v. Chr. weitgehend zum Erliegen.
Seit dem frühen 6. Jh. hatte sich im Zentrum der Ägäis auf den Kykladen, vor allem in Naxos und Paros, eine Bauweise entwickelt, die in dieser an Holz armen Region unmittelbar für den Steinbau konzipiert war. Inselionische Bauhütten führten die Tradition der ionischen Architektur fort, die im 5. Jh. auch in Attika aufgegriffen wurde.
Nicht nur mit riesigen Bauten traten die Tyrannen der archaischen Zeit hervor. Ihre Höfe wurden auf allen Gebieten zu Zentren geistigen Lebens.
Wie die Kuroi und Koren spiegeln auch die Vasenbilder das Selbstgefühl und die Ideale des Adels. Sie schildern die Taten der Heroen oder zeigen die Götter gleich vornehmen Herren bei der Ausfahrt ihrer Gespanne. Gelagebilder entsprechen dem geselligen Leben der Oberschicht. Zu Abnehmern werden aber mehr und mehr die Etrusker in Mittelitalien, in deren Grabkammern die meisten und besten griechischen Vasen auf uns gekommen sind.
In der Vasenproduktion behauptet zunächst Korinth die Führung. Hier ist die sog. schwarzfigurige Malweise entwickelt worden: Die Figuren erscheinen schwarz mit eingeritzter Binnenzeichnung auf tonfarbenem Grund. Im Osten, auf Rhodos oder in Kleinasien, ist in Tierfriesen oder Ornamenten der Einfluß des Orients stärker zu spüren. Dagegen werden auf den Kykladen die einzelnen Figuren stärker isoliert und durchgezeichnet. Den größten Reichtum entfalteten die attischen Vasenmaler und Töpfer. Im Laufe des 6. Jh. v. Chr. haben sie fast die gesamte Konkurrenz von den Absatzmärkten verdrängt, und selbst die einst führenden Werkstätten in Korinth mußten mit billigerer Imitation attischer Ware Abnehmer suchen. Stolz haben sich die besten Töpfer und Maler mit Signaturen zu ihren Leistungen bekannt. Attische Vasenmaler waren es auch, die gegen Ende der archaischen Zeit eine neuartige Malweise,

den sog. »rotfigurigen Stil«, entwickelten, wobei die tonroten Figuren aus dem mit Tonschlicker aufgetragenen, nach dem Brand schwarz erscheinenden Grund ausgespart sind.

Um ihre Herrschaft zu behaupten, versicherten sich die Tyrannen gegenseitiger Unterstützung, wie umgekehrt auch die Aristokratie bei ihren Umsturzversuchen mit spartanischer Hilfe rechnete. Nachdem die Tyrannis zwischen 524 und 510 in Samos, Naxos und Athen gestürzt war und damit ihre Hochburgen verloren hatte, suchten vor allem im Osten die Alleinherrscher die Unterstützung der Perser, die mit der Unterwerfung des Lyderkönigs Kroisos (546 v. Chr.) ihr Reich bis zur kleinasiatischen Westküste auch über griechisches Gebiet ausdehnen konnten. Dennoch war für Griechenland die Zeit, in der der Einfluß des Orients dominierte, verflossen. In den griechischen Städten wuchs mit der Zurückdrängung des überregional verflochtenen Adels das Bedürfnis nach innerer Autonomie und Autarkie, das nicht nur die Rivalitäten unter den griechischen Stadtstaaten anheizte, sondern sich nach außen vor allem gegen den wachsenden persischen Einfluß wandte.
Bereits 513 v. Chr. hatte der persische Großkönig Dareios bei einem Feldzug gegen das Reitervolk der Skythen im Donaugebiet seine Macht über Asien hinaus nach Thrakien und Makedonien und damit bis zur Nordgrenze des griechischen Mutterlandes ausgedehnt. Im »Ionischen Aufstand« (499–494) erhoben sich die Griechen Kleinasiens gegen die persische Herrschaft. Die Seeschlacht bei der Insel Lade und die Einnahme Milets beendeten diese Erhebung, in welche die Staaten des griechischen Festlandes zum Teil mit ihren Schiffen eingegriffen hatten. Die Perser gingen deshalb aufs neue gegen Europa vor. Bei einem ersten Unternehmen scheiterte die persische Flotte im Sturm vor den Felsen des Athos, doch rüstete man sofort eine neue Flotte aus, die 490 v. Chr. vor Eretria landete, das nach kurzer Ge-

genwehr fiel. An der Nordküste Attikas wurden die Perser jedoch bei Marathon von Athenern und Platäern völlig geschlagen.
Der Tod des Perserkönigs Dareios (486 v. Chr.) und Aufstände beim Regierungsantritt Xerxes' I. verzögerten eine neue Expedition gegen Griechenland. Die Athener nützten diese Frist zur Verstärkung ihrer Flotte.
Vor allem dem Beispiel Spartas gelang es, die Mehrzahl der Städte Griechenlands gegen die Perser zu vereinen. Der Versuch, deren Landmacht bereits bei den Thermopylen aufzuhalten, scheiterte (480 v. Chr.), und auch ein Seetreffen bei Kap Artemision vor Euböa brachte nicht den gewünschten Erfolg. Ganz Mittelgriechenland mußte aufgegeben werden. In aller Eile befestigte man den Isthmos von Korinth, zu dessen Flankendeckung sich die griechische Flotte vor Salamis legte. Hier erstritt sie einen entscheidenden Sieg. Den Rest seiner Flotte führte Xerxes eilends nach Asien zurück. Sein Landheer erlag im folgenden Jahr bei Platää.
Unter dem Spartanerkönig Pausanias gingen die Griechen daraufhin zum Angriff über. Die Gerusie, der spartanische Ältestenrat, erkannte jedoch, daß Sparta mit seiner kleinen Kriegerkaste solch weitgespannte Unternehmungen in seiner althergebrachten Verfassung nicht würde bestehen können. Man unterstellte, vielleicht nicht zu Unrecht, Pausanias Umsturzpläne, rief ihn nach Sparta zurück, verurteilte ihn und zog sich von weiteren Unternehmungen zurück. Damit fiel Athen die Führung im Kampf gegen die Perser zu.
In Athen hatte man sich schon nach dem Sturz der Tyrannis (510 v. Chr.) eine demokratische Verfassung gesetzt, die nun weiter entwickelt wurde. Mit dem Ausbau seiner Flotte hatte Athen bereits vor Salamis die Hauptlast der Rüstungen getragen. Nach allen Seiten entwickelte es nun einen kühnen Unternehmergeist, der ihm an der Spitze des zum Kampf gegen die Perser gegründeten Attischen Seebundes nicht nur militärischen und wirtschaftlichen Vorrang in der

Ägäis eintrug, sondern ihm auch auf dem Festland Einfluß sicherte. Während Sparta in diesen Jahrzehnten zum sterilen Militärstaat erstarrte, ging Athen seiner höchsten kulturellen Blüte entgegen und zog einen großen Teil der geistigen Kräfte Griechenlands an sich.

Eine der Großtaten attischer Kultur ist die Entwicklung der Tragödie. Ihre Ursprünge liegen in der Peloponnes. Von dort wurde sie unter dem Tyrannen Peisistratos für Athen übernommen. Vermutlich stellte man hier zuerst dem Chor einen Schauspieler gegenüber und schuf so mit der Möglichkeit eines Dialogs eine der grundsätzlichen Voraussetzungen zu dramatischem Spiel. Einen zweiten Schauspieler führte Aischylos (525/524–456/455) ein. Als Sophokles (497/496–406/405) noch einen dritten hinzufügte, war die äußere Entwicklung vom Chorgesang zum Drama abgeschlossen.

In seinen 472 v. Chr. aufgeführten »Persern« hat Aischylos das bewegendste geschichtliche Ereignis seiner Zeit, die Perserkriege, behandelt. Hier erscheint der Fall des Xerxes als Strafe der Götter für seine Hybris. Gleichzeitig weist Aischylos die Athener darauf hin, daß die eigene Erhebung erst den Fall ermöglichte. Aischylos sieht den Menschen durch Schicksal und freien Willen dem Drang zum Handeln unterworfen, bei dem er durch die Gottheit verhängte und selbstgewollte Schuld auf sich lädt. Aus dem Handeln erwachsene Schuld und Leiden bringen dem Menschen die Einsicht in das göttliche Gesetz.

Wie Aischylos, der in den Schlachten von Marathon und Salamis selbst mitkämpfte, nahm auch Sophokles an dem politischen Leben seiner Heimatstadt Anteil. U. a. hatte er zeitweise sogar das Amt eines Strategen (Heerführers) inne, für das ihn nach antiker Überlieferung die Aufführung seiner »Antigone« empfohlen hatte. Überwältigend zeigt sich in seinen Dramen die furchtbare Macht der Gottheit, gegenüber der auch die Frage nach göttlicher Gerechtigkeit zu-

rücktritt. Der Mensch kann darin aber seine Vollendung erreichen, daß er sein Schicksal würdig und ungebrochen annimmt.
Im Gegensatz zu Aischylos' und Sophokles' Weltoffenheit war der jüngste der drei großen attischen Tragiker, Euripides (485/484–407/406), nach innen gewandt und galt bei seinen Zeitgenossen als mürrisch und verschlossen. Bezeichnenderweise hat er auch nie persönlich in das politische Leben Athens eingegriffen. So zeigt seine Lebensart jenen Zug zur Verinnerlichung, der im 4.Jh. v.Chr. immer bestimmender werden sollte. Seine Dramen schildern weniger den Konflikt zwischen göttlichem Verhängnis und menschlichem Handeln als den Widerstreit seelischer Kräfte, den der Mensch mit sich auszutragen hat. Die Götter, auf deren Weisung er handelt, lassen ihn mit seiner Tat allein, so daß er sich nur an den Menschen selbst halten und zu persönlicher Größe finden kann.

In der bildenden Kunst hatten sich in den Jahren vor den Perserkriegen Tendenzen angekündigt, die sich nach 490 durchsetzten. Das Kuros-Schema wird aufgegeben. Dafür entwickeln die Figuren einen komplizierten inneren Aufbau, der das Gegenspiel von Kräften im menschlichen Körper widerspiegelt. Das Gewicht ruht nun nicht mehr in gleicher Weise auf beiden Beinen, sondern verlagert sich ganz auf das »Standbein«, während das »Spielbein« entlastet etwas zur Seite oder zurückgestellt wird. Entsprechend senkt sich die Hüfte leicht zur Spielbeinseite hin. Der Körper bleibt zunächst noch relativ gerade aufgerichtet und der Kopf oft geradeaus gewandt. Dieser Stand, der bei Jünglingsfiguren auf der Akropolis erstmals erscheint, wurde vor allem von Künstlern der nordöstlichen Peloponnes bis gegen die Mitte des 5.Jh. v.Chr. zum sog. »Chiasmus« (nach der Form des griech. Buchstabens X = Chi) weiterentwickelt und hat in dem in mehreren Kopien überlieferten »Doryphoros« (Speerträger) des Polyklet seine gültigste Aus-

prägung erfahren. Das Spielbein ist hier wie im Schreiten zurückgesetzt. Der Senkung der Hüfte entspricht die Gegenbewegung der Schulter. So durchzieht den ganzen Körper ein Schwung bis hin zu dem zur Standbeinseite gedrehten Kopf. Dieses Schema des Aufbaus ist über Jahrhunderte hin immer wieder nachgeahmt und modifiziert worden.
Bei Mädchenbildern verdrängt der einfache peloponnesische Peplos die reiche, als orientalisch empfundene Tracht spätarchaischer Koren. Das »archaische Lächeln« ist einem herben Ernst gewichen.
Zu den drängendsten Anliegen der Freiplastik der frühen Klassik gehörte die Erfassung der Bewegung. So ist bei dem »Diskoswerfer« des Myron (beste Kopie in Rom, Mus. Naz.) der bezeichnendste Moment innerhalb eines Bewegungsablaufs festgehalten. In solch bewegten Skulpturen, die auch ganze Gruppen umfassen können, sind Darstellungsweisen des Reliefs und der Bauplastik weiterentwikkelt. In der selbständigen Freiplastik bleiben sie zunächst auf die Jahrzehnte vor der Mitte des 5. Jh. v. Chr. beschränkt. Erst im Hellenismus begegnen wir wieder dem Bemühen, dramatische Bewegung in rundplastischen Bildern darzustellen. Die plastische Wiedergabe eines Bewegungsmoments ist nur ein Beispiel dafür, wie man sich in der frühen Klassik um neue Ausdrucksformen bemüht, die in der hohen Klassik wieder auf verbindliche Formen eingeschränkt werden. Nach antiker Kunsttheorie haben die Bildhauer der 1. Hälfte des 5. Jh., wie der Athener Myron, Onatas von Ägina, Pythagoras von Rhegion und Samos usw., die Kunst aus dem rauhen Altertum zu höherer Natürlichkeit und Anmut geführt und damit den Weg zur hohen Klassik bereitet. Anders als die archaischen Kuroi und Koren sind uns die in der antiken Literatur gerühmten klassischen Meisterwerke freilich – von Ausnahmen abgesehen – nur in römischen Kopien erhalten. Bereits in den letzten Jahren des 6. Jh. v. Chr. hatte sich der Bronzehohlguß in der Großplastik weitgehend durchgesetzt. Fast alle griechischen Bron-

zestatuen sind in der Spätantike jedoch zerschlagen und eingeschmolzen worden.
In der Reliefplastik der 1. Hälfte des 5. Jh. v. Chr. ist Attisches selten, da die Aufstellung von Grabreliefs im Athen dieser Zeit offenbar gesetzlich unterbunden war. Grabreliefs in Volos, Delphi und andernorts zeigen den starken Einfluß der ionischen Skulptur (vgl. u. a. Werke in Paros und Samos), die in dieser Zeit noch mit der Attikas und der Peloponnes konkurriert, bis nach der Mitte des 5. Jh. v. Chr. Athen alle künstlerischen Kräfte aus dem Gebiet des Attischen Seebundes an sich zieht.
In der Architektur steht der Aphaia-Tempel auf Ägina noch am Übergang von der Archaik zur Klassik. Einen neuen Höhepunkt bedeutet dagegen der bis 456 v. Chr. vollendete Bau des Zeus-Tempels von Olympia, in dem die dorische Ordnung ihre gesetzmäßigste Ausprägung erfahren hat.

Mit dem Bau des Zeus-Tempels in Olympia war um 470 v. Chr. begonnen worden, nachdem die Hauptstadt Elis gegründet worden war und das Land sich nach athenischem Muster eine demokratische Verfassung gegeben hatte. Bis an die Grenzen Spartas wirkten demnach das Beispiel Athens und sein glanzvoller Aufstieg im weiteren Kampf gegen die Perser. Dabei hatte Sparta Athen zunächst den Rücken freigehalten. Es zeugt jedoch von dem tiefen Mißtrauen der Spartaner, daß man schon bald nach den gemeinsamen Siegen von Salamis und Platää gegen die Befestigung Athens und den Bau der Langen Mauern, welche die Stadt mit ihren Häfen verband, Einspruch erhob. Als 464 v. Chr. die Spartaner bei einem Aufstand der Heloten ein athenisches Hilfskorps aus Angst vor der Ansteckungsgefahr demokratischer Ideen zurückschickten, weckte dies in Athen helle Empörung. Athen versuchte nun seine Führungsstellung auch auf das griechische Festland auszudehnen und griechische Landmächte auf seine Seite zu ziehen. Nach Rückschlägen vor allem in Böotien mußte Athen unter der Führung des Perikles jedoch einsehen, daß dies seine Kräfte überstieg. In dem nach dem athenischen Unterhändler benannten »Kallias-Frieden« erreichte man 448 v. Chr. zunächst den Ausgleich mit den Persern, der Athens Seeherrschaft über die Ägäis bestätigte, und 2 Jahre später folgte der Friedensschluß mit Sparta, der einen neuen kulturellen Aufschwung ermöglichte.

Bereits 448 v. Chr. hatte Perikles die Griechen zu einem allgemeinen panhellenischen Kongreß nach Athen berufen, der über den Aufbau der von den Persern zerstörten Tempel beraten sollte. Aus Eifersucht gegenüber dem Führungsanspruch Athens kam dieser Kongreß nicht zustande. Dennoch begann Perikles in Athen ein großzügiges Bauprogramm zu verwirklichen. Auf der Akropolis wurde der Parthenon errichtet und mit anderen Bauten begonnen. Auf der Agora entstand der Tempel der Athena und des Hephaistos, das sog. Theseion, und auf Kap Sunion der des Poseidon.

Den Skulpturenschmuck des Parthenon konzipierte der Bildhauer Phidias, in dem man überdies den ausschlaggebenden künstlerischen Berater des Perikles vermutet. Wie die Kunst seines großen peloponnesischen Zeitgenossen Polyklet geht auch das Wirken des Phidias in die Zeit des Strengen Stils zurück. Schon in den 470er Jahren hatte er 2 große Weihgeschenke für den Sieg bei Marathon geschaffen und zwischen 460 und 450 die über 16 m hohe Bronzestatue der Athena Promachos (Vorkämpferin) auf der Akropolis. Bis 438 schuf er die Goldelfenbeinstatue der Athena im Parthenon, auf die hin der ganze Bau offenbar von Anfang an geplant war. Seinen Ruhm krönte die gleichfalls goldelfenbeinerne Kultstatue des Zeus in Olympia; die ganze Antike hindurch galt sie als Inbegriff klassischer Kunst.

Schon das Altertum sah in den Werken des Phidias und des Polyklet sowie ihrer Schüler den Höhepunkt in der Entwicklung der Bildhauerkunst. Bei aller Pracht, die vor allem die Goldelfenbeinstatuen des Phidias, aber auch die sorgsam ziselierten Bronzestatuen des Polyklet entwickelten, bleiben sie im Ausdruck verhalten, in Bewegung und Umriß gemessen und verkörperten nach antikem Urteil höchste Würde. Sie erreichten dies ohne dramatischen Anspruch, wie noch die Skulpturen des Strengen Stils, und ohne die Entrücktheit, wie die Götterbilder der späten Klassik.

Ihre Haltung, die Gegenbewegung von Stand- und Spielbein, wie auch der Schwung, der den ganzen Körper durchzieht, erscheinen ruhig und bewegt zugleich. Sie blicken dem Betrachter nicht stolz entgegen wie die archaischen Kuroi und Koren, aber auch nicht nach innen wie Götterbilder des 4. Jh. v. Chr. Die Ideale, die sie verkörpern, wurden nicht als gedankliche Begriffe, sondern als wirkende Mächte empfunden. Insbesondere hat man auch die Sorgfalt gerühmt, die nichts unbestimmt ließ. Polyklet hat unter dem Titel ὁ κανῶν (›Das Gesetz‹) auch schriftlich dargelegt, wie bei seinen Statuen selbst kleinste Details strengsten Maßen unterworfen seien und sich jede Einzelheit aus dem Ganzen zu ergeben habe.

Bereits im 6. Jh. v. Chr. hatten Philosophen vor allem in Ionien den Versuch gewagt, den Ursprung der Dinge nicht mehr bei den Göttern, sondern bei den in der Natur nachweisbaren und sichtbaren Kräften zu suchen. In der Auseinandersetzung mit Denkmodellen ohne das Wirken einer Gottheit und der ethischen Forderung, sich in die Gesetzlichkeit kosmischen Lebens einzufügen, waren verschiedene Philosophenschulen entstanden. In Athen gewann zunächst die Lehre der Sophistik große Bedeutung, deren Vertreter nicht mehr nur in kleinem Kreis auftraten und diskutierten, sondern erstmals breiten Schichten Zugang zu philosophischen Gedanken eröffneten.

Im Grunde umfaßt die Bezeichnung recht unterschiedliche philosophische Richtungen, doch verbreitete sich mit ihnen eine allgemeine Gelehrsamkeit, die, nicht auf die Philosophie beschränkt, enzyklopädische Kenntnisse anstrebte. Der aus dem sophistischen Skeptizismus geborene Gedanke, die Redekunst allein könne eine schwache Sache zur stärkeren machen, hat vor allem die Rhetorik stark beeinflußt. Ähnliche Skepsis dringt auch in der Geschichtsschreibung durch. Nach der Mitte des 5. Jh. hatte Herodot im Gegensatz zu einer mythischen Überlieferung eine kritische Geschichtsschreibung begründet. Er stellt die Perserkriege noch als Entscheidung zwischen Sklaverei und Freiheit, aber auch als Folge beiderseitigen Unrechts dar, in der die Macht der Götter für die Menschen undurchschaubar wirkt. Eine Generation später erhebt dagegen Thukydides religionsfern und rationalistisch die Frage nach der Gültigkeit ethischer Gesetze in der Geschichte. Mit seiner persönlichen Distanz und seiner einseitigen Beschränkung auf die politisch unmittelbar relevanten Ereignisse – Kulturelles, wie Werke der großen Dichter und bildenden Künstler, wird nirgends erwähnt – hat er die Geschichtsschreibung bis zum heutigen Tag geprägt. Auch die Vorstellung, daß sich geschichtliche Vorgänge wiederholen und daß man aus der Geschichte lernen könne, geht wesentlich auf ihn zurück. Sein Thema ist der Peloponnesische Krieg, die entscheidende Auseinandersetzung zwischen Athen und Sparta um die Vormacht in Griechenland.

Athen hatte den zum Kampf gegen die Perser gegründeten Seebund mehr und mehr in ein attisches Macht- und Wirtschaftsimperium umgewandelt. Dies traf die Interessen anderer Handelsstaaten, vor allem Korinths, das, Athen allein nicht gewachsen, Sparta zum Kampf aufrief. 431 v. Chr. brach der Krieg offen aus. Die Taktik Athens war, das offene Land preiszugeben, sich hinter die Langen Mauern zurückzuziehen und nur von der See aus immer wieder an verschiedenen Orten anzugreifen. Die erste Phase, den nach dem spartanischen König benannten »Archidamischen Krieg« (431–421 v. Chr.), besiegelte ein von dem athenischen Staatsmann Nikias ausgehandelter Frieden. Beide Seiten hatten hohe Verluste erlitten. In Athen hatte die Pest gewütet und mit vielen anderen den führenden Staatsmann Perikles hinweggerafft, während bei Pylos eine größere Anzahl Spartiaten gefallen oder in athenische Gefangenschaft geraten war.

Der Frieden war nur die Folge allgemeiner Erschöpfung und nicht gegenseitigen Ausgleichs. Athen rechnete mit weiteren Konflikten und suchte dazu seine Machtbasis zu erweitern. Ein ehrgeiziges Unternehmen gegen Syrakus (415–413) mit dem Ziel, ganz Großgriechenland unter attischen Einfluß zu bekommen, führte indessen zu einer Katastrophe. Das ganze Expeditionskorps ging zugrunde oder endete in Gefangenschaft.

Sparta nützte die Gunst der Stunde. Anders als im Archidamischen Krieg fiel es 413 v. Chr. nicht mehr nur im Sommer in Attika ein, sondern besetzte auf Dauer die Grenzfeste Dekeleia, von wo aus man das attische Land bedrohte (»Dekeleischer Krieg«). Ein Abkommen mit Persien brachte Sparta für die Anerkennung der persischen Oberhoheit über die Griechen in Kleinasien persische Subsidien ein, die es in den Stand setzten, Athen auch von der See her zu bekriegen. Das Erscheinen peloponnesischer Schiffe löste vielerorts Aufstände gegen die Athener aus, die sich dennoch zunächst in mehreren Seesiegen behaupteten. Die Vernichtung der athenischen Flotte bei Aigospotamoi auf der Thrakischen Chersones, der Halbinsel Gallipoli, besiegelte jedoch die Niederlage der Stadt, die, zu Wasser und zu Lande eingeschlossen, 404 v. Chr. kapitulieren mußte.

Ganz Griechenland stand damit unter dem Einfluß Spartas, das in vielen Orten oligarchische Marionettenregierungen einsetzte. Gegen die Maßlosigkeit der Spartaner regte sich indessen bald Widerstand, der sich erstmals 395 v. Chr. im »Korinthischen Krieg« unter der Führung Korinths und Thebens entlud. Nach wechselvollen Kämpfen zu See und auf dem Lande, in die auch die Perser immer wieder mit

Subsidien eingriffen, bestätigte der »Königsfrieden« (386 v. Chr.) noch einmal die Vorherrschaft Spartas über Griechenland, das seinerseits die persische Souveränität über ganz Kleinasien anerkannte.

Athen und Sparta hatten mit höchstem Einsatz miteinander gerungen. Aber während Sparta zum sterilen Militärstaat erstarrte, war die kulturelle Kraft Athens und anderer griechischer Stadtstaaten ungebrochen. Auf der Akropolis hatte man sogar die kurze Frist des Nikias-Friedens zu neuen Bauten genutzt und hier in Abwendung von der dorischen Ordnung und mit der Übernahme der in Kleinasien und auf den Kykladen entwickelten Bauformen ein neues »ionisches« Selbstgefühl demonstriert. In Argos ersetzte um 400 v.Chr. ein Neubau den 423 v.Chr. niedergebrannten Tempel der Hera, und noch während des Peloponnesischen Krieges entstand in Arkadien der Tempel von Bassai-Phigalia, bei dem nach attischem Vorbild dorische und ionische Formen miteinander verbunden sind und erstmals auch ein korinthisches Kapitell erscheint (vgl. Abb. S. 308).
Wie in Tempeln des späten 5. und frühen 4. Jh. v. Chr. verschiedene Bauformen sich ergänzen, bemühten sich auch die Bildhauer seit dem ausgehenden 5. Jh., von Phidias und Polyklet entwickelte Stilmittel zu variieren und miteinander zu verbinden. Die von Polyklet aufgestellten Regeln werden dabei abgewandelt und modifiziert, indem man z. B. das Verhältnis von Standbein und Kopfwendung umkehrt. Man sucht auch nach neuen Effekten. So scheint bei Gewandstatuen (z. B. der »Nike« des Paionios in Olympia) das Kleid wie aus dem Wasser gezogen am Körper zu haften, dessen Form und Volumen damit stärker durchdringen. Gelegentlich erinnert man sich sogar des Reizes archaischer Motive und trägt sie mit zeitgenössischen Stilmitteln vor.
Nach der Niederlage Athens knüpft man dort unmittelbarer an Werke aus dessen Glanzzeit an. Götterbilder zeigen wieder den Peplos, der in Wirklichkeit aus der Mode ge-

kommen war. So versuchte man, den Ruhm des attischen Reiches wachzurufen.
Eindringlich beschreibt Thukydides die moralische Krise, als in Athen die Pest wütete und unterschiedslos Gerechte und Ungerechte hinwegraffte. Nach der Niederlage suchte man mit Mitteln der Politik die alte Ordnung wiederherzustellen. Die Hinrichtung des der Gottlosigkeit angeklagten Philosophen Sokrates (399 v. Chr.) gibt davon Zeugnis. Die Aufklärung hatte der alten Religiosität jedoch den Boden entzogen. An ihre Stelle trat mehr und mehr der Glaube an die Macht der Logik. Immer weniger werden daher die Götter als wirkende Mächte empfunden; sie galten nun als Sinnbilder von Begriffen oder auch Eigenschaften, mitunter sogar als Karikaturen menschlicher Charaktere. Entsprechend sind auch Weihgeschenke in Heiligtümern nicht mehr erstrangig Zeugen religiöser Verehrung, sondern drücken immer häufiger und unmittelbarer politischen oder persönlichen Anspruch aus.
Seit etwa 435 v. Chr. werden in Athen wieder Grabreliefs geschaffen. Einige der bedeutendsten entstanden in den Jahren des Peloponnesischen Krieges. Die damals entwickelten Typoi werden auch im 4. Jh. immer wieder aufgegriffen und modifiziert. Auch hier fehlen meist Hinweise auf das Wirken der Gottheit. Die Toten erscheinen im Kreise ihrer Angehörigen, denen sie oft durch Handschlag verbunden sind.

Die nach 404 v. Chr. manchenorts von den Spartanern aufgezwungenen Regime, die sich nur mit Gewalt und Unterdrückung an der Macht halten konnten, erzeugten Staatsverdrossenheit und bewirkten, daß viele sich von der Politik zurückzogen. Überdies hatten wirtschaftliche Krisen während des Peloponnesischen Krieges und danach nicht nur in Athen das alte soziale Gefüge zerstört. Familien waren verarmt, andere zu Geld und Ansehen gekommen. Dies hatte das Vertrauen auf gesellschaftliche Kontinuität gekostet.

Dafür wuchs das Bedürfnis, das Leben nach eigenen Vorstellungen zu leben. Hemmungsloser Ehrgeiz von einzelnen oder von Parteien entlud sich in vielen griechischen Staaten in dauernden Umsturzversuchen und Machtkämpfen, in die dann wieder andere griechische Staaten eingriffen. Die innere politische Situation vieler griechischer Staaten stellte sich zu Beginn des 4. Jh. v. Chr. damit wenig anders dar als die ganz Griechenlands, wo man, ein Jahrhundert nachdem man sich fast geschlossen den Persern entgegengestellt hatte, dieser als Schlichter bedurfte.

Dabei war das Perserreich selbst von inneren Krisen, von Aufständen und Machtkämpfen erschüttert. Einige seiner Satrapen hatten sich zu fast unabhängigen Herrschern aufgeworfen. Für das griechische Selbstgefühl besonders wichtig wurde der Versuch des persischen Königssohnes Kyros, seinen Bruder Artaxerxes zu stürzen. In der Schlacht von Kunaxa (401 v. Chr.) fiel Kyros. Dennoch erzwangen sich seine 10000 griechischen Söldner gegen eine vielfache Übermacht den Abzug durch das persische Riesenreich zum Schwarzen Meer. Diese Leistung bestärkte die Griechen in ihrem Überlegenheitsgefühl. In dieser Einsicht forderte der athenische Redner Isokrates 380 v. Chr. in Olympia die Aussöhnung Athens und Spartas zur gemeinsamen Befreiung der Griechen Kleinasiens. Rivalität und Eifersucht waren jedoch stärker als die »panhellenische Idee«.

Vor allem Sparta suchte seine Macht zu festigen. Als eine spartanische Einheit die Kadmeia, die Burg von Theben, besetzte, überwältigte jedoch die spartanerfeindliche Partei die Regierung, und der spartanische Kommandant mußte abziehen (379 v. Chr.). Athen nützte den Augenblick zur Gründung des 2. Attischen Seebundes (377 v. Chr.), bei der man sich auf Isokrates' panhellenische Proklamation berief und alle außerhalb des Perserreiches lebenden Griechen aufforderte, gemeinsam ihre innere Autonomie gegen spartanische Übergriffe zu schützen. Gegen spartanischen Widerstand wurde Athen wieder zur führenden Seemacht. Spartas

Versuch, seine Vorherrschaft wiederaufzurichten, scheiterte 371 v. Chr. in der Schlacht von Leuktra, wo dem thebanischen Feldherrn Epameinondas erstmals ein spartanisches Heer in offener Feldschlacht unterlag. Von Theben ermutigt, erhoben sich nun allerorts die Demokraten. Nach Jahrhunderten spartanischer Unterdrückung gewann Messenien seine Selbständigkeit zurück. Arkadien schloß sich zu einem Bund zusammen, der sich an Theben anlehnte. Dieses gewann auch auf Thessalien und Makedonien Einfluß. Ein allgemeiner Frieden bestätigte Thebens Vormachtstellung.

Die thebanische Hegemonie dauerte nur kurz. Von Makedonien aus dehnte Philipp II. seine Herrschaft zunächst über Thessalien aus und übernahm den Oberbefehl im sog. 3. Heiligen Krieg gegen die Phoker, die mit einem Söldnerheer jahrelang Delphi besetzt gehalten hatten. Der Friedensschluß (346 v. Chr.) sprach Makedonien auch in Mittelgriechenland erheblichen Einfluß zu, der vor allem in Athen Widerstand weckte. Hier rief der Redner Demosthenes unentwegt zum Kampf gegen Philipp auf und konnte auch Theben auf seine Seite ziehen. In der Schlacht von Chaironeia (338 v. Chr.) wurde das attisch-thebanische Aufgebot jedoch vernichtend geschlagen. Nach dem Sieg einte Philipp die Griechen in einem Staatenbund, mit dem er ein Schutz- und Trutzbündnis einging, und 337 v. Chr. rief er am Isthmos von Korinth zum Rachefeldzug gegen die Perser auf. Ein Jahr später fiel Philipp einem Anschlag zum Opfer. Sein Nachfolger Alexander sicherte seine Stellung durch einen Sieg über die Thebaner und brach 334 v. Chr. zum Zug gegen die Perser auf. In weniger als einem Jahrzehnt eroberte er ein Riesenreich, das von Makedonien bis zum Indus reichte. Während er sich bereits mit Plänen trug, auch den Westen des Mittelmeerraumes zu unterwerfen, raffte den kaum Dreiunddreißigjährigen 323 v. Chr. in Babylon der Tod hinweg.

Mit seinem Leben endet die Epoche der Klassik. Hatte in archaischer Zeit der Orient die griechische Kultur befruchtet und hatte sich in klassischer Zeit das geistige Leben Griechenlands im gegenseitigen Wettstreit der Stadtstaaten entfaltet, so dringt nun im »Hellenismus« das Griechentum nach außen und wird bestimmend für die Entwicklung der Völker des Mittelmeers und vom Nahen Osten bis zum Indus. Die Voraussetzungen für diese Expansion waren vor allem im 4. Jh. v. Chr. gewachsen. Die politische und soziale Einheit der Polis, des griechischen Stadtstaates, hatte sich seit dem Peloponnesischen Krieg zusehends gelockert. Parteikämpfe hatten unzählige in die Verbannung getrieben, die als Söldner, Kaufleute, Lehrer oder Künstler fern der Heimat ihr Auskommen fanden. Daran zerbrach das Selbstverständnis der alten Stadtstaaten und der Glaube an die Gültigkeit traditioneller politischer Systeme.
Philosophen entwickelten neue politische Modelle und teilweise geschichtlich fundierte Staatstheorien. Von der Struktur der menschlichen Seele leitete der Philosoph Platon die Gliederung seines Idealstaates ab. Ihren drei Teilen, dem Erkennen, dem Mut und dem Begehren, sollten in der Gemeinschaft drei Schichten entsprechen, die erkennenden Philosophen, die mutigen Soldaten und der Erwerbsstand. Alles Eigene sollte im Gemeinsamen aufgehen. Das Ideal eines jeden verpflichtenden, totalen Staats war freilich das Gegenbild zur sozialen Wirklichkeit, in der der einzelne immer mehr die Gemeinschaft als Mittel betrachtete, die große Einzelpersönlichkeit alle Schranken durchbricht und überwindet und ein Herrscher wie Alexander sich über alle Grenzen hinweg durchsetzt.

In der bildenden Kunst verwischen sich die stilistischen Unterschiede zwischen den einzelnen Landschaften und löst sich die Bindung der Künstler an ihre Schultradition. Der Kult großer Persönlichkeiten weist auch der Kunst neue Aufgaben zu. Schon der spartanische Admiral Lysander war nach seinem Erfolg über Athen im Peloponnesischen Krieg in einem Siegesdenkmal in Delphi mit den Göttern auf eine Stufe erhoben worden. In Bildnissen Alexanders d. Gr. kulminiert die Heroisierung des herausragenden Individuums. In heroischer Nacktheit hat er den Blick zum Himmel erhoben, als wolle er die Götter herausfordern. Die über der Stirn aufwallende Mähne seines Haars soll das Löwenmäßige seines Wesens ausdrücken. In Olympia ließ er sich in einem Tempel unmittelbar neben dem Mal des Heros Pelops mit seinen Ahnen in Statuen verewigen, die gleich dem Kultbild des Zeus aus Gold und Elfenbein bestanden.

Wie Phidias und Polyklet als die größten Künstler der hohen Klassik galten, gipfelte nach antiker Auffassung die Kunst der Spätklassik in den Werken des Praxiteles und des Lysipp. Lysipp hat vor allem in Bronze gearbeitet; von Praxiteles dagegen heißt es, er habe die Spröde des Marmors überwunden.

Bei Werken des Lysipp wird größte Naturnähe gerühmt. Dazu paßt die Nachricht, sein Bruder habe erstmals von lebenden Modellen Abgüsse genommen. Dabei hat Lysipp selbst in der Haltung und in den Gesichtszügen seiner Götterbilder persönliche geistige Regungen wiedergegeben, ihre Schilderung aber nicht auf das zufällig Individuelle beschränkt, sondern ins Allgemeine erhoben. Die antike Kunstliteratur hat ihm die Worte in den Mund gelegt, er bilde Menschen nicht, wie sie sind, sondern wie sie scheinen.

Ganz anders Praxiteles, von dem uns mit der Statue des »Hermes« eine Schöpfung auch im Original erhalten ist (Olympia, Museum). Im Gegensatz zu Lysipp hat er kaum Porträtstatuen, sondern vor allem Bilder von Göttern geschaffen, die alles Irdische zurückgelassen haben und als Inbegriff idealen und entrückten Seins erscheinen.

Nicht selten sind die Götterstatuen des 4. Jh. v. Chr. nicht mehr im Kult begründet, heischen also keine Verehrung,

sondern verkörpern Begriffliches, wie der Kairos (der rechte Augenblick) des Lysipp, der Pothos (Begierde) des Skopas oder die von Kephisodot, dem Vater des Praxiteles, geschaffene Eirene (Frieden) mit Plutos (Reichtum).
In Weihe- und Grabreliefs drückt sich seit der Mitte des 4. Jh. immer deutlicher der Verfall sozialer Gefüge aus. Immer häufiger wird der Tote innerhalb eines Familienbildes isoliert und dabei auch heroisiert. Das Grabrelief, das in seiner bildhaften Gestalt dazu angelegt ist, soziale Zusammenhänge zu zeigen, verliert damit allmählich seine Funktion. Die Entwicklung führt zu den für sich stehenden und auch für sich gearbeiteten, oftmals fast rundplastischen Figuren und zu mitunter fast tempelhaften Grabbauten heroisierter Toter, bis 317 v. Chr. in Athen ein Gesetz gegen den Gräberluxus allen Aufwand unterbindet.
In der Architektur erhält der Innenraum immer mehr Gewicht. Im Tempel von Tegea und dem vielleicht von demselben Architekten errichteten Tempel von Nemea setzt sich die in Bassai-Phigalia begonnene imaginäre und unwirkliche Ausweitung des Raums durch reliefartige Wandgliederungen mit Pilastern und Halbsäulen fort. Die Wirkung des Innern wird schmuckhaft gesteigert (vgl. u. a. Epidauros), während der repräsentativ gehaltene Außenbau mehr und mehr erstarrt. Seine Gliederung folgt stärker als im 5. Jh. v. Chr. strengen geometrischen Rastersystemen.
Wie in Tempeln das Innere betont wurde, schloß man im Großen Marktplätze wie die Agora von Athen oder Heiligtümer wie Olympia durch Hallenbauten zu architektonischen Einheiten zusammen.
Im griechischen Osten knüpfte man vielfach an ältere Vorbilder an. So wurde für den Neubau des 356 v. Chr. abgebrannten Tempels der Artemis in Ephesos der archaische Grundriß beibehalten. Ähnlich griff man bei dem gegen Ende des 4. Jh. begonnenen Wiederaufbau des Apollon-Tempels von Didyma bei Milet oder dem Hera-Tempel von Samos die in archaischer Zeit von Ägypten übernommene

Idee des Säulenwaldes wieder auf. Bei dem von einem kleinasiatischen Fürsten errichteten Mausoleum von Halikarnassos richtete man sich nach orientalischen Grabbauten. Die übernommene Grundform wurde aber in griechischem Sinne von führenden Künstlern gestaltet.

Nach dem Tode Alexanders d. Gr. zerfiel sein Reich in den Machtkämpfen seiner Generale, der »Diadochen« (Nachfolger). Als Antigonos I. den Königstitel annahm, folgten diesem Beispiel auch seine Rivalen. Antigonos' Versuch, seine Macht gegen diese durchzusetzen, scheiterte 301 v. Chr. in der Schlacht von Ipsos. In wechselvollen Kämpfen bildete sich bis zum Tod der Diadochen und dem Regierungsantritt der »Epigonen« (um 280 v. Chr.) das hellenistische Staatensystem heraus. Die Antigoniden behaupteten das Kernland Makedonien, die Seleukiden den größten Teil der asiatischen Gebiete und die Ptolemäer Ägypten.
Bezeichnenderweise waren die alten griechischen Stadtstaaten, die sich 480 den Persern entgegengestellt hatten, an Alexanders »Rachefeldzug« nicht wesentlich beteiligt. Zwar strömten auch Athener, Böoter oder Peloponnesier nach Asien und nach Ägypten, doch hielten sich ihre Heimatstaaten abseits. Mit Recht sahen sie ihre Selbständigkeit durch Alexander und seine Nachfolger stärker gefährdet als zuvor durch das Perserreich. Bereits die Nachricht von Alexanders Tod löste in Griechenland Aufstände gegen die Makedonen aus. Mit der Niederlage in der Schlacht von Amorgos (322 v. Chr.) verlor jedoch Athen für immer seine Stellung als führende Seemacht. Von nun an spielten die Stadtstaaten Mittelgriechenlands und der Peloponnes von sich aus keine entscheidende politische Rolle mehr. Nominell zwar frei, lagen sie im Spannungsfeld der hellenistischen Großreiche, deren Übergewicht genügte, selbst Athen immer wieder fremde Besatzungen aufzuzwingen. War auf dem Festland der Druck Makedoniens besonders stark, sicherten sich die Ptolemäer Stützpunkte auf den Inseln und

griffen auf der Peloponnes und in Athen mit Geldleistungen ein.
Die Öffnung des Orients hatte starke Bevölkerungsbewegungen zur Folge. Sie lösten die Bindungen an die alten Stadtstaaten immer mehr und schwächten diese zusätzlich. Durch übergreifende Bündnissysteme suchte man daher Stärke und Sicherheit zu gewinnen: Stammesbünde, wie der Arkadische, der Akarnanische, der Ätolische und der Achäische, waren allein in der Lage, sich neben den Königreichen zu behaupten. So konnte der Ätolische Bund sich zeitweise über einen großen Teil Mittelgriechenlands ausdehnen, während der Achäische auf dem Scheitel seiner Macht die gesamte Peloponnes umfaßte. Dagegen scheiterte der Versuch des Königs Kleomenes III., Sparta seinen alten Rang zurückzuerkämpfen, 222 v. Chr. in der Schlacht von Sellasia. Übergreifende Machtballungen und das Eingreifen auswärtiger Staaten steigerten die Gewalt der Kämpfe, die Heimsuchungen und Schrecken der Kriege.
Bezeichnend für die gegenseitige Schwächung der hellenistischen Staaten ist der Einfall der Gallier, die 279 v. Chr. Makedonien überrannten und verheerten. In dieser Gefahr schlossen sich die Stämme Mittelgriechenlands, die Ätoler, Phoker und Böoter, zusammen und hofften, wie einst Leonidas, den Feind an den Thermopylen abwehren zu können, wurden aber umgangen. Bis Delphi stießen die Barbaren vor, und nur das Eingreifen Apollons konnte sie angeblich zum Rückzug zwingen.
Neben den Großreichen der Diadochen und den alten Stadtstaaten erstarkten neue Mächte: im Osten vor allem Pergamon und Rhodos, im Westen Epirus, durch dessen Expansionsdrang erstmals Griechen und Römer aufeinanderprallten. 280 v. Chr. war der epirotische König Pyrrhos I., von der Stadt Tarent um Hilfe angegangen, mit einem Heer nach Italien übergesetzt. Nach einigen sprichwörtlich verlustreichen Siegen über die Römer mußte er, in seiner Heimat selbst bedroht, nach Griechenland zurückkehren. Zwei Ge-

nerationen später führte das Bündnis des Makedonenkönigs Philipp V. mit Hannibal zum 1. Makedonischen Krieg, der 206/205 unentschieden endete. Nach der Niederlage bei Kynoskephalai gegen den römischen Feldherrn Flamininus im 2. Makedonischen Krieg (200–197) mußte Makedonien alle griechischen Territorien einschließlich Thessaliens aufgeben. 196 v. Chr. erklärte Flamininus in einer berühmten Proklamation bei den Isthmischen Spielen alle griechischen Städte für frei.

Im Osten hatte Antiochos III. d. Gr. (223–187) das Seleukidenreich zu seiner alten Größe emporgeführt und griff nun in Griechenland ein. Nach einer Niederlage gegen ein römisches Heer unter L. Cornelius Scipio Asiaticus mußte er jedoch nicht nur den Balkan, sondern ganz Kleinasien räumen. Damit war Rom zur entscheidenden Macht im Osten geworden und wachte darüber, daß kein hellenistischer Staat noch einmal zu gefährlicher Stärke wuchs. Ohne wirklichen Anlaß fiel es daher aufs neue über Makedonien her (3. Makedonischer Krieg, 171–168), dessen König nach der Schlacht von Pydna in römische Gefangenschaft geriet. Makedonien wurde in 4 »freie« Republiken aufgeteilt und nach einem Aufstand 148 v. Chr. zur römischen Provinz erklärt. Auch Roms Krieg mit dem Achäischen Bund endete 146 v.Chr. mit dessen völliger Niederlage und der Zerstörung von Korinth. Außer einigen Städten, die zu Rom gehalten hatten, wurde ganz Griechenland der Provinz Macedonia angegliedert.

Als 88 v. Chr. die Griechen Kleinasiens, durch den König Mithridates von Pontos angestiftet, die Römer vertrieben, griff der Aufstand nach Griechenland über. Nach Niederlagen bei Chaironeia und Orchomenos mußte Mithridates' Feldherr Archelaos aber wieder abziehen, und Rom hielt ein Strafgericht ab. Der römische Feldherr Sulla erstürmte 86 v. Chr. Athen, setzte den Piräus in Brand und trieb im ganzen Land hohe Kontributionen ein.

Die folgenden Jahre brachten nur kurze Erholung, bis bei den römischen Bürgerkriegen wiederum drückende Steuern

und Abgaben aus dem Land gepreßt wurden. Nach dem Sieg Caesars erhielten mehrere griechische Städte, darunter Athen, wichtige Freiheiten und Privilegien. Die auf Caesars Ermordung (44 v. Chr.) folgenden Parteikämpfe trugen abermals den Krieg nach Griechenland, wo 42 v. Chr. die Caesar-Mörder in der Schlacht von Philippi unterlagen und 31 v. Chr. bei Actium die Flotten Marc Antons und Kleopatras von Augustus besiegt wurden.
Die Niederlage Kleopatras machte auch den letzten Diadochenstaat zur römischen Provinz und beendete die Epoche des Hellenismus. Sie hat nicht nur Griechenland, sondern den größten Teil der Erde nachhaltig verändert.

Der griechischen Eroberung des Ostens war eine Masseneinwanderung gefolgt. Überall wurden nach griechischem Vorbild neue Städte gegründet mit griechischer Kultur und Selbstverwaltung. Auch auf dem flachen Lande siedelten sich Griechen einzeln oder in Gruppen als Gutsherren oder in Stützpunkten an. Außer den griechischen Stadtgründungen unterstanden die neuen Staaten der absoluten Gewalt der Könige. Als herrschende Schicht waren hier nur die Griechen und Makedonen frei. Weitgehend staatlich gelenkt, nahm die Wirtschaft einen ungeheuren Aufschwung. Mit griechischer Initiative entwickelten weite Gebiete nun ihre Möglichkeiten. Oft ersetzte jetzt erst der Geldverkehr den Tauschhandel. Ein umfangreicher Warenaustausch reichte nun vom westlichen Mittelmeer bis nach Indien und sogar nach China.
Die Herrscher förderten Wissenschaft und Künste. Neben den alten Metropolen des Mutterlandes wurden ihre Höfe, vor allem Alexandria in Ägypten und später Pergamon in Kleinasien, zu neuen Zentren der Bildung. Kultur und Forschung nahmen neuen Aufschwung. Eratosthenes berechnete den Umfang der Erde, und Aristarch erkannte, daß diese sich um die Sonne dreht. In Syrakus beschäftigte sich Archimedes mit der »Quadratur des Kreises«.

In der bildenden Kunst löste zu Beginn des 3.Jh. v.Chr. eine neue Strenge und Herbheit den Reichtum und die Anmut der spätklassischen Zeit ab. Die Tyche, die der Bildhauer Eutychides für die Stadt Antiochia 300 v. Chr. schuf, und die Ehrenstatue des Demosthenes, welche die Athener 280 v. Chr. auf der Agora von Athen aufstellten, sind klar und einfach komponiert, im Umriß auffallend geschlossen. Realistische Züge drängen deutlicher vor. Das Porträt gehört nun zu den wichtigsten Anliegen der frühhellenistischen Plastik. Die Züge von Philosophen, Dichtern, Staatsmännern oder Herrschern werden nicht mehr ausschließlich ideal überhöht gezeichnet. Sie wirken vielmehr innerlich erregt, lebendiger und leidenschaftlicher, aber auch individueller, in ihrem Charakter ambivalenter.
Den frühen Hellenismus löst um 240 v.Chr. der hohe Hellenismus ab. In rauschenden Formen werden nun Handlungsbilder eingefangen und das Vergängliche des Augenblicks gebannt. In der Statue einer Kauernden erscheint Aphrodite nackt beim Bade überrascht. Faune werden beim Schlummer, Kinder beim Spiel belauscht. Themen, die zuvor die Kleinplastik behandelt hatte, werden nun ins Monumentale übertragen. In den Friesen des Altars von Pergamon (um 160 v. Chr.) ist schließlich die Dramatik des Kampfes der Götter und Giganten bis zur Theatralik gesteigert.
Mit der Ausbreitung des griechischen Kulturraums waren die Aufgaben der Bildhauer auf ein Vielfaches gewachsen. Ganze Kolonnen müssen am Werk gewesen sein, um die zahlreichen neu gegründeten Städte mit Götterbildern und Ehrenstatuen zu schmücken. Zu den Kultbildern, Weiheanathemen oder Athleten- und Ehrenstatuen für Heiligtümer und öffentliche Plätze kamen Aufträge der Herrscher und Adligen, die ihren Anspruch mit oft vielfigurigen Monumenten nicht nur vor der Öffentlichkeit darstellten, sondern auch ihre Paläste mit Kunstwerken schmückten. Zu ihrer öffentlichen Bestimmung erhielt die Kunst neue

Funktionen im persönlichen Bereich. Bald begannen nach dem Vorbild der Herrscher auch Privatleute, sich mit Kunst zu umgeben. Selbst Ehrenstatuen, die zuvor nur auf öffentlichen Beschluß aus öffentlichen Mitteln an öffentlichem Ort errichtet worden waren, finden sich nun auf private Initiative hergestellt und aus privater Börse bezahlt in den Höfen privater Domizile.

Die Massenproduktion ging nicht ohne Kommerzialisierung des Kunstbetriebs ab. Bereits im 4. Jh. v. Chr. hatten Künstler Statuen nicht mehr nur in festem Auftrag, sondern auf eigene Kosten geschaffen und erst nachträglich Käufer dafür gesucht. Nun aber entstanden Betriebe, die Statuen nicht nur auf Vorrat produzierten, sondern serienmäßig Skulpturen nach ein und demselben Vorbild in verschiedener Größe und in mehreren Maßstäben und Qualitätsstufen ausarbeiteten.

In den Bibliotheken von Alexandria und Pergamon wurden nicht nur die Werke der Dichter und Philosophen zusammengetragen und erforscht. Neben Literatur sammelte man in den Metropolen ohne eigene Tradition auch die Kunst vergangener Epochen, die hier zum Gegenstand kunsthistorischer Analysen wurde. Man stellte Lebensdaten von Künstlern zusammen, beschäftigte sich mit Schulzusammenhängen und den geschichtlichen Voraussetzungen bedeutender Werke und stellte kunsthistorische Entwicklungstheorien auf. Parallel dazu suchten die Künstler die Bedeutung anerkannter Werke und historischer Stilformen auf neue Schöpfungen zu übertragen. Seit der Mitte des 2. Jh. v. Chr. setzte sich ein Klassizismus durch, der sich zunächst an Werken des 4. Jh. orientierte, im 1. Jh. aber mehr und mehr Vorbilder der hohen Klassik bevorzugte.

Auch die griechische Architektur wird in hellenistischer Zeit von einer im wesentlichen an Griechenland selbst gebundenen Baukunst zu einer allgemein verbindlichen. Griechische Bauformen setzen sich vom Indus bis zur Iberischen Halbinsel überall durch. An Einzelmonumenten entwikkelte Gestaltungsweisen werden nun auf große, umfassende Anlagen übertragen. Hellenistische Heiligtümer wie Kos oder Lindos sind keine Gruppierungen selbständiger Baukörper; Tempel, Hallen und Treppenaufgänge werden vielmehr einheitlich mit festen Blickpunkten und durchgehenden Achsen geplant.

Der in klassischer Zeit bescheidene, auch bei den Reichen nur dem praktischen Bedarf entsprechende Wohnbau nimmt aufwendigere Formen an, mit größeren Innenhöfen und Säulenumgängen, bis hin zu ausgedehnten Palästen mit weiten Säulenhallen, Festsälen, Bankettträumen und Aussichtsterrassen.

Ausgedehnte Befestigungen bezeugen die politische Unsicherheit dieser Epoche. Sie umfaßten oft ein Gelände, das über die Größe einer Stadt weit hinausging und tatsächlich auch nie bebaut war, dafür aber im Kriegsfall die gesamte Landbevölkerung samt ihrer beweglichen Habe aufnehmen konnte. Bereits im 4. Jh. zeigte sich, daß die Autorität der Gottheit allein ihre Heiligtümer nicht mehr schützen konnte. In Delphi hatten Söldner gehaust, und in Olympia konnte selbst der allgemeine Gottesfriede eine Schlacht im heiligen Hain nicht verhindern. Daher wurden in hellenistischer Zeit auch Heiligtümer nicht selten befestigt.

Nach der Mitte des 2. Jh. v. Chr. nahm die Bautätigkeit in ganz Griechenland stark ab. Die hellenistischen Herrscher des Ostens, die zuvor mit Bauten in Athen oder in berühmten Heiligtümern ihre Macht demonstriert hatten, waren den Römern unterlegen oder hielten es nicht für opportun und sinnvoll, in einem von Rom kontrollierten Land mit Denkmälern hervorzutreten. Die Einheimischen selbst waren durch Kriege verarmt und wurden von den römischen Besatzern ausgepreßt. Nur Delos nahm dank seiner Privilegien als Freihafen jetzt seinen größten Aufschwung und erlebte in der 2. Hälfte des 2. Jh. v. Chr. seine höchste wirtschaftliche Blüte, der die Mithridatischen Kriege ein plötzliches und dramatisches Ende setzten.

Die allgemeine Lage wandte sich zum Besseren, als Augustus nach der Schlacht von Actium (31 v. Chr.) auch in Griechenland die Verhältnisse von Grund auf reformierte. Im Süden blieb, freilich auf sein eigentliches Stadtgebiet beschränkt, Sparta als freier Staat bestehen. Neben ihm entstand der Bund der »Freien Lakonier« mit 24 lakonischen und messenischen Städten. Die dem Senat unterstellte Provinz Achaia umfaßte außer dem größten Teil der Peloponnes Südepirus, die Ionischen Inseln und einige Kykladen. Das von Caesar neu besiedelte Korinth wurde Sitz des Provinzstatthalters. Mit der Gründung von Nikopolis bei Actium, wo er seinen entscheidenden Sieg errungen hatte, setzte sich Augustus selbst ein Denkmal. Da er die Bevölkerung aus weitem Umkreis zusammenzog, wurden zahlreiche Landstädte entvölkert und verfielen. Andernorts steuerten römische Mäzene Mittel zur Erneuerung ehrwürdiger Heiligtümer bei, in denen neben die alten Monumente nun die Denkmäler römischer Feldherrn und Beamter traten. Römer ließen sich in die Mysterien von Eleusis aufnehmen, fanden bei dem Delphischen Orakel Rat oder nahmen an den Olympischen Spielen teil.
Die Ausbreitung der griechischen Kultur hatte die Voraussetzung für ein den ganzen Mittelmeerraum umfassendes Imperium geschaffen. Ihre Überlegenheit war auch den meisten Römern klar. Der römische Adel ließ seine Söhne von griechischen Lehrern erziehen und an den Schulen von Athen oder Rhodos studieren. Aus Bewunderung für die große Tradition Griechenlands ging Kaiser Nero 67 n. Chr. sogar so weit, ganz Griechenland für frei zu erklären, ein Dekret, das Kaiser Vespasian freilich bald darauf wieder zurücknahm.
Vor allem in Athen und Korinth entstanden neue Plätze und Anlagen, deren Bauformen sich häufig an der hohen Klassik orientierten. Die berühmten Meisterwerke aus der Blütezeit der griechischen Plastik dienten unzähligen Kopien, die man nach Italien exportierte, als Vorlage.

Als sich im 2. Jh. n. Chr. das wirtschaftliche Gewicht wieder nach Osten verlagerte, erlebte Griechenland eine neue Blütezeit. Die Griechen waren nun nicht mehr ein für seine historischen Leistungen bewundertes, aber von der Macht ausgeschlossenes Provinzvolk. Einflußreiche griechische Familien hatten sich vielmehr mit der römischen Oberschicht versippt, erreichten mitunter senatorischen Rang und konnten sogar das Konsulat bekleiden. Die reichsten von ihnen, wie etwa Herodes Atticus, standen mit dem Aufwand ihrer Bauten kaum hinter dem Kaiser zurück. Der wirtschaftliche Aufschwung spricht auch aus aufwendigen Thermenanlagen u. a. auch bei Heiligtümern, wo man in romantischer Schwärmerei alte Festspiele und Riten neu belebte, aber auf modernen Komfort gleichwohl nicht verzichten wollte.
Das Bild des Landes hatte sich freilich völlig gewandelt. Gehörte Griechenland im 4. Jh. v. Chr. zu den am dichtesten besiedelten Gebieten der Erde, hatten die Auswanderungsbewegung der Alexanderzeit wie auch die Kriegsläufte des 3.–1. Jh. v. Chr. seine Bevölkerung stark gemindert. Bereits im 1. Jh. n. Chr. waren einst blühende Landstädte verlassen und verfallen. Die kargeren Gebirgslandschaften, von deren bukolischer Idylle die römische Lyrik schwärmte, verödeten ganz. In den fruchtbaren Niederungen hatten reiche Großgrundbesitzer den Boden aufgekauft, die auf ihren Latifundien in glanzvollen Villen residierten. Von dem Leben dieser kulturtragenden Schicht geben die »Attischen Nächte«, die der Schriftsteller Gellius in der Villa des Herodes Atticus in Kiphissia angesiedelt hat, eine Vorstellung.
Während der Schriftsteller Pausanias die traditionsreichen Stätten der griechischen Geschichte beschrieb und die Oberschicht die Wiedergeburt der Klassik feierte, kündigten sich bereits Krise und Niedergang an. Schon 170 n. Chr. konnten die dakischen Kostoboken bis weit nach Griechenland einfallen und sogar Delphi verwüsten. Ein Jahrhundert

später nahmen die germanischen Heruler Athen ein und verheerten weite Teile der Peloponnes, und 395–400 stießen die Westgoten unter Alarich wiederum bis in die Peloponnes vor.
Mit dem Aufstieg des Christentums verlor Griechenland auch seinen Nimbus als Mittelpunkt der Kultur. Die Oberschicht hat dem entgegengewirkt. Vor allem die Akademie in Athen wurde zur kompromißlosen Vorkämpferin gegen das Christentum. Aber nachdem Kaiser Theodosius I. (379 bis 395) bereits alle heidnischen Kulte verboten hatte, schloß Kaiser Justinian diese letzte Hochburg klassischer Bildung und Wissenschaft – 900 Jahre, nachdem Platon sie gestiftet hatte – mit dem Dekret, daß niemand in Athen lehren oder eine Ansicht darstellen dürfe.

Griechisches Festland und Peloponnes

Ägion E8

(Αἴγιον – Achaia / Peloponnes)

Von der antiken Stadt, die zu den 12 alten Städten Achaias zählte, sind am Ort nur spärliche Reste erhalten. Das **Museum** birgt jedoch bedeutende Skulpturen und andere Funde aus der Region.

Ca. 9km südöstlich von Ägion hat der Ort HELIKE (Ἑλίκη) E8
den Namen der gleichfalls zu den 12 alten Städten Achaias zählenden, 373 v. Chr. bei einem Erdbeben im Meer versunkenen Stadt angenommen. Hoffnungen, unter Wasser den ganzen Reichtum einer antiken Stadt wiederzufinden, haben sich nicht erfüllt.

Bei DIAKOPTON (Διακοπτόν) liegen 6 km von der Küste E8
bei dem Dorf Kastro auf den Hügeln am Eingang der Schlucht unbedeutende Mauerreste der ebenfalls zu den 12 alten Städten Achaias zählenden Stadt BURA. E8

Akraiphiai G8

(Ἀκραίφιαι – Böotien / Mittelgriechenland)

Das Dorf KARDITSA, das heute offiziell den Namen AKRAIPHNION (Ἀκραίφνιον) führt, liegt an der Stelle einer der bedeutendsten Städte Böotiens. Die ältesten Funde gehen in das 8. Jh. v. Chr. zurück. Im 7. Jh. v. Chr. geriet die Stadt in die Abhängigkeit von Theben, für das sie nicht zuletzt wegen ihres Orakels wichtig war. Nach Thebens Zerstörung wurde Akraiphiai wieder autonom, verarmte aber in der röm. Kaiserzeit.

Die zu verschiedenen Zeiten errichteten **Mauern** der antiken Stadt mit dem Fundament eines **Tempels** (des Dionysos?) an der Stelle der Kirche des Ag. Giorgos erheben sich oberhalb des heutigen Ortes.

G8 **Ptoion**, Heiligtum des Apollon Ptoios

Das zu Akraiphiai gehörige Ptoion war zunächst dem Lokalheros Ptoios, einem Sohn des Athamas, heilig. Dessen Kult wurde im 7. Jh. v. Chr. an eine näher bei Akraiphiai gelegene Stätte übertragen, während Apollon unter dem Beinamen Ptoios das alte Heiligtum in Besitz nahm. Das mit einem Orakel verbundene Heiligtum erlebte im 6. Jh. v. Chr. eine sich in zahlreichen Weihungen (Kuroi im Museum in Theben und im Nationalmuseum in Athen) manifestierende Blüte. Seit 227 v. Chr. wurden hier musische Wettkämpfe abgehalten.

Das Heiligtum liegt 2,5 km vom Ort entfernt an der Straße zum Pelagia-Kloster. Die Anlage erstreckt sich über 3 Terrassen. Auf der unteren befindet sich eine in 7 Kammern geteilte **Zisterne**, in der das Wasser für die weiter unten errichteten Pilgerherbergen gesammelt wurde. Die mittlere Terrasse trägt die Fundamente eines langgestreckten archaischen Gebäudes, das man im 3. Jh. v. Chr. mit 2 **Säulenhallen** überbaute. Die obere Terrasse nehmen die Fundamente des archaischen **Tempels des Apollon** ein, der 335 v. Chr. zerstört und nach 316 auf den alten Grundmauern wiedererrichtet wurde. Der Bau war ein Peripteros von 6 × 13 Säulen. Bei ihm wurden mehrere archaische Kurosstatuen und Dreifußbasen gefunden. Gegenüber dem Tempel liegen die Fundamente eines großen **Altars** oder Kultschreins, vielleicht der Athena. Eine Rampe führt weiter hinan zu einer **Grotte** mit dem Orakel und zur **Heiligen Quelle**.

Etwa 1 km entfernt standen am NO-Hang des »Kastraki«-Hügels südlich der Straße nach Karditsa (und westlich des Ptoions) der archaische **Tempel des Heros Ptoios** und auf einer unteren Terrasse mehrere **Gebäude** und 28 **Dreifußbasen** aus dem 6.–5. Jh. v. Chr.

Amphiareion von Oropos

H 8

('Αμφιάρειον – Attika / Mittelgriechenland)

Der in einem kleinen Tal östlich des heutigen Ortes MARKOPULON OROPU (Μαρκόπουλον 'Ωρωποῦ) gelegene Bezirk des Amphiareions gibt als nicht sehr ausgedehnte, überschaubare Anlage einen besonders guten Eindruck von dem Charakter eines kleinen ländlichen Heiligtums.
Amphiaraos war einer der sieben Helden, die nach dem Sturz des Königs Ödipus gegen Theben auszogen. Nach deren Niederlage entzog ihn Zeus seinen Verfolgern, indem er ihn in einer Felsspalte verschwinden ließ. Die Stätte wurde zum Traumorakel und zum Heilort. Selbst der Lyderkönig Kroisos und der persische Feldherr Mardonios ließen sich hier beraten. Neuen Aufschwung nahm das Heiligtum in hellenistischer Zeit.

Im SW des an einem Bachlauf angelegten Heiligtums erhob sich der in seiner Art ungewöhnliche, im 4. Jh. v. Chr. angelegte **Tempel** [1] mit einer kurzen, zum Heiligtum durch Säulen geöffneten Vorhalle und einer 3schiffigen, hallenartigen Cella, in der auf einer Basis im Mittelschiff das Kultbild des Amphiaraos stand. Ein kleinerer, an die Rückwand angeschlossener Raum war vielleicht Orakelstätte.
Vor dem Tempel lagen ein großer, außer Amphiaraos auch anderen Göttern und Heroen geweihter **Altar** [2] und die **Heilige Quelle** [3], aus der Amphiaraos wieder aufgestiegen war, um seine Heilkraft zu entfalten. In diese warfen die Genesenen Münzen als Dankesgabe.
Nordwestlich des Altars reihen sich, den Altarplatz begrenzend, zahlreiche hellenistische und röm. **Statuenbasen** [4] aneinander. Auf diese folgt eine sich zum Tal hin öffnende, 2schiffige **Halle** [5] des 4. Jh. v. Chr. mit dorischen Außen- und ionischen Innensäulen, vor deren Rückwand Ruhebänke standen. Hier schliefen die Kranken, nach Geschlechtern getrennt – für die Frauen waren wohl die kleinen Räume an den Schmalseiten vorgesehen –, nachdem sie

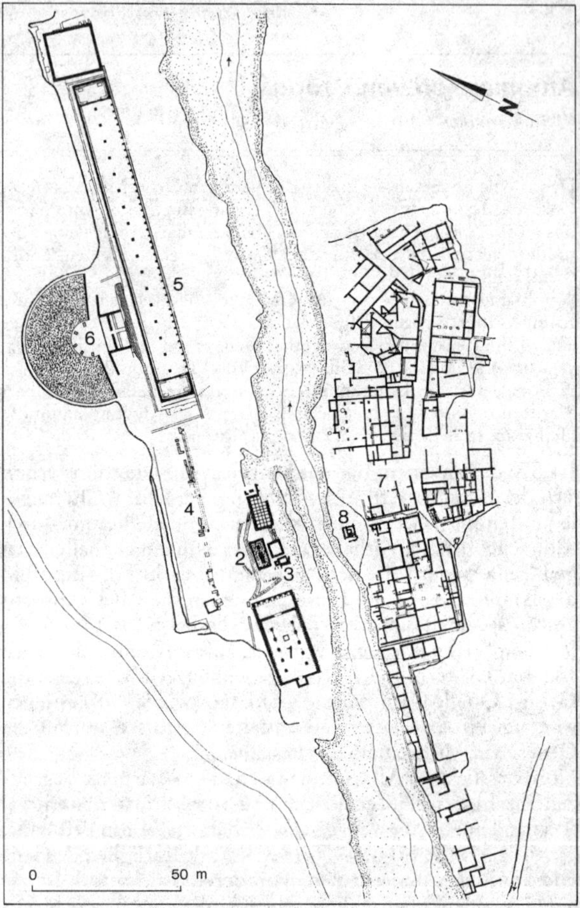

Amphiareion von Oropos. Übersichtsplan

Zu nebenstehendem Plan:

1 Tempel	4 Statuenbasen	7 Kuranlagen
2 Altar	5 Halle	8 Klepshydra
3 Heilige Quelle	6 Theater	

---

3 Tage gefastet hatten, auf den Fellen von Opfertieren. Weiter nördlich errichtete man in röm. Zeit **Thermen.**
Oberhalb der Liegehalle ist das 332 v. Chr. für die alle 4 Jahre hier abgehaltenen musischen Wettkämpfe errichtete **Theater** [6] in den Abhang eingebettet. Seine 7 Sitzreihen boten immerhin rund 1000 Besuchern Platz. An der Orchestra stehen noch die erst im 1. Jh. v. Chr. hinzugefügten prunkvollen Ehrensitze. Vom Bühnengebäude wurden mit dorischen Halbsäulen verbundene Pfeiler wieder aufgerichtet, welche die auswechselbaren Szenenbilder hielten und über einem dorischen Fries die Bühne trugen, auf der in hellenistischer Zeit überwiegend gespielt wurde. Daher fügte man um 200 v. Chr. ein weiteres, etwas zurückspringendes Bühnengeschoß hinzu, das die Kulisse zu dieser erhöhten Bühne bildete. Seine weit gestellten, gleichfalls von einem dorischen Fries bekrönten Pfeiler bildeten eine Fassade, hinter der die sich im Inneren eines Gebäudes abspielenden Szenen abliefen.
Seit dem 4. Jh. v. Chr. entstanden auf dem gegenüber liegenden Bachufer für länger verweilende Kranke ausgedehnte **Kuranlagen** [7] mit Säulenhöfen, Hallen und Wohnräumen, sowie Verwaltungsgebäude. Unmittelbar am Bach wurde ein als **Klepshydra** [8] bezeichneter Wasserstandsanzeiger ausgegraben.
Das **Museum** enthält lokale Funde, zum Dank für Genesung gestiftete Weihreliefs, ein schönes klassisches Grabrelief, die Statue eines Arztes und zahlreiche kleinere Objekte, vielfach aus hellenistischer Zeit.

H2 Amphipolis

(Ἀμφίπολις – Serrai / Makedonien)

Die günstige Lage an der Mündung des Strymon veranlaßte die Athener 437 v. Chr., zum Schutz der nahen Goldminen eine Stadt zu gründen. 424/423 ergab diese sich Sparta. Bei dem Versuch der Rückeroberung wurde 422 v. Chr. das athenische Heer geschlagen. Der athenische Stratege Kleon, aber auch der spartanische Heerführer Brasidas fielen. Im 4. Jh. v. Chr. geriet Amphipolis in makedonische Abhängigkeit. 310 v. Chr. ließ hier der Diadoche Kassander Roxane, die Gattin Alexanders d. Gr., und dessen Sohn Alexander IV. ermorden. 287 v. Chr. besiegte Demetrios Poliorketes bei der Stadt Lysimachos. Der Aufstieg Thessalonikis führte in der Spätantike zum Niedergang von Amphipolis.

Von der gut ausgebauten klassischen und hellenist. **Stadtmauer** sind große Teile freigelegt. Innerhalb des Mauerrings wurden Fundamente hellenist. und röm. **Häuser**, eines davon mit einem Mosaik des Raubs der Europa, ausgegraben.
Ein riesiger, 1937 wieder aufgerichteter **Löwe** des späten 4. Jh. v. Chr. in der Nekropole 3 km vor der Stadt bekrönt ein **Heroon**, das Laomedon, einem Freund Alexanders d. Gr., zugeschrieben wird.

F9 Argos

(Ἄργος – Argolis / Peloponnes)

Die bereits in der Frühen Bronzezeit (Mitte des 3. Jt. v. Chr.) besiedelte antike Hauptstadt der Argolis spielte früh eine besondere Rolle, die sich auch im Mythos niedergeschlagen hat. In geschichtlicher Zeit erreichte sie zunächst unter dem Tyrannen Pheidon starken Einfluß. Enge Nachbarschaft und sich überschneidende Interes-

sensphären brachten Argos immer wieder in Gegensatz zu Sparta. Um seine Stellung zu festigen, zerstörten die Argiver im 5.Jh. v.Chr. bis dahin unabhängige Nachbarstädte wie Mykene und Tiryns und brachten andere wie Kleonai in Abhängigkeit.
Bis zum Ende des 5.Jh. hielten die Argiver an der Monarchie fest, führten aber bereits 460 v.Chr. eine demokratische Verfassung ein. In hellenist. Zeit konnten verschiedentlich Tyrannen die Macht an sich reißen. Seit 229 v.Chr. gehörte Argos zum Achäischen Bund. 267 und 295 n.Chr. wurde die Stadt von den Herulern und den Goten verwüstet.
Seit archaischer Zeit war Argos ein Zentrum der Bronzeverarbeitung und daher auch eines der bedeutendsten Kunstzentren Griechenlands.

Die antike Stadt dehnte sich am Fuß der beiden Akropolis-Berge, der Larisa und der Aspis, nach O bis etwa zum Zentrum der heutigen aus. Wegen der kontinuierlichen Bebauung sind Ausgrabungen fast nur am Rande möglich.
Im S liegen links der alten Landstraße nach Tripolis [2] die Reste der **Agora** [3]. Unmittelbar neben der Straße wurde das **Buleuterion** ausgegraben, ein annähernd quadratischer Bau des 5.Jh. v.Chr., dessen Dach von 16 ionischen Säulen getragen wurde. An seiner O-Seite führte eine Rampe zu einer im 4. Jh. v. Chr. errichteten **Säulenhalle** [4], die den Markt nach S begrenzte. An ihrer Rückseite schließen sich weitere Hallen an, die zu einem Gymnasium gehört haben könnten. Die ganze Anlage wurde in der Spätantike mit einem **Thermen**-Komplex überbaut.
Gegenüber der S-Halle wurden der Stufenbau und Teile der aufgehenden Architektur eines röm. **Nymphäums** und eines **Brunnens** ausgegraben.
Rechts der modernen Straße gelangt man zunächst zu den röm. **Thermen** [6], von denen die Mauern des W-Teils der sog. Basilika-Thermen noch mehrere Meter hoch erhalten sind. Unter ihr liegt eine Krypta mit 3 röm. Sarkophagen. Wie bei vielen hellenist. und röm. Anlagen war also mit der Stiftung dieses Gebäudes die Heroisierung Verstorbener verbunden, deren Andenken die Thermen bewahrten. Süd-

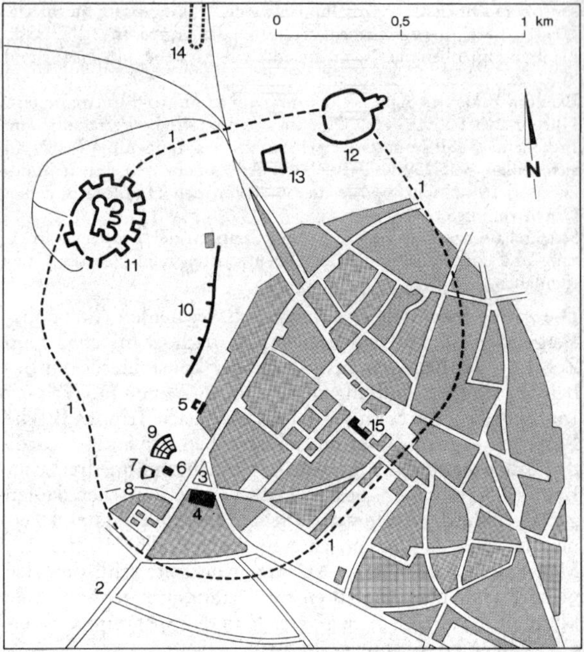

1 Vermutete Stadtgrenze
2 Alte Landstraße nach Tripolis
3 Agora
4 Säulenhalle
5 Brunnenhaus
6 Römische Thermen
7 Römisches Odeion
8 Aphrodite-Heiligtum
9 Theater
10 Aquädukt
11 Larisa
12 Aspis
13 Apollon- und Athena- (Asklepios-?)Heiligtümer
14 Lage des Stadions
15 Museum

Argos. Übersichtsplan

lich der »Basilika« sind die übrigen Trakte der Anlage, der Umkleideraum (Apodyterium), das Kaltbad (Frigidarium) und das Warmbad (Caldarium), in ihren Grundmauern zu erkennen.

Südwestlich der Thermen gelangt man zu dem am Fuß der Larisa gelegenen röm. **Odeion** [7], das im 1. Jh. n. Chr. erbaut und später restauriert wurde. – Oberhalb der 14 halbkreisförmigen Sitzreihen treten, von diesen teilweise überschnitten, griech. Stufenreihen zutage, die keinerlei Krümmung aufweisen und auch in der Orientierung von jenen des Odeions abweichen. Sie gehörten zu einer Versammlungsstätte des Volkes von Argos.

An das Odeion grenzen im S die Mauern des **Heiligtums der Aphrodite** [8], die hier von archaischer Zeit bis 406 v. Chr. verehrt wurde.

Nördlich der Thermen sind die Sitzreihen des **Theaters** [9] in den Felsen der Larisa gehauen. Der Bau, der 20000 Besucher fassen konnte, wurde im 4. Jh. v. Chr. begonnen und im 2. Jh. n. Chr. von Kaiser Hadrian erneuert. Zu dieser Erneuerung gehören im wesentlichen die Reste des Bühnengebäudes. Unter dem röm. Pflaster der Orchestra, die für Naumachien hergerichtet war, blieb der urspr. Belag des 4. Jh. aus blauem und weißem Marmor erhalten. Die Orchestra war unmittelbar von der Prohedrie, der Reihe der Ehrensitze, umgeben, zu der auch ein kaiserlicher Thron gehörte.

Nördlich des Theaters führt ein Pfad zu einer archaischen Felsterrasse und einem **Brunnenhaus** [5] des 2. Jh. n. Chr. sowie zu den Resten eines gleichzeitigen **Aquädukts** [10] und weiter zur antiken Akropolis, der **Larisa** [11], wo Reste mykenischer Burgmauern festgestellt wurden und wo in den Mauern der byzantinischen, venezianischen und türkischen Festung wesentliche Teile der Umfassungsmauer des 5. Jh. v. Chr. erhalten sind. Sie umschließen die Fundamente des **Tempels des Zeus Larisios und der Athena** (im Innenhof).

Nordöstlich der Larisa erhebt sich der weit niedrigere Hügel der älteren Akropolis von Argos, der **Aspis** (›Schild‹; [12]), deren Gestalt an die gleichmäßige Wölbung eines griech. Rundschildes erinnerte. Hier kamen vor allem mittelhelladische Überreste zutage. An seinem SO-Fuß liegen **Grabtumuli** der Mittleren Bronzezeit (1. Hälfte des 2. Jt. v. Chr.) und am Hang nach SW eine mykenische **Nekropole** mit Schacht- und Kammergräbern des 15.–13. Jh. v. Chr.
Die Kuppe des Hügels trägt Reste eines **Mauerrings** aus dem 6. Jh. v. Chr., der in hellenist. Zeit durch Türme verstärkt wurde. Im S des Areals liegen die Fundamente eines archaischen **Tempels** und hellenist. Bauten.
Vom Sattel zwischen Larisa und Aspis gelangt man an einer großen **Zisterne** vorbei zu einer breiten Freitreppe, an der mehrere **Heiligtümer** [13] liegen. Am Fuß der Treppe ist eine breite Altarbank aus dem Felsen gehauen. Dieser Altar war von einem Hof (Einarbeitungen für Weihgeschenke und Inschriften) umgeben, den im N eine Halle begrenzte. Oberhalb der Treppe lag das **Orakelheiligtum des Apollon Deiriadotes**, ein rechteckiges Gebäude aus luftgetrockneten Lehmziegeln auf einem steinernen Mauersockel, das in frühchristl. Zeit von einer Basilika überbaut wurde. Westlich von ihm erhob sich, wohl im Bezirk der Leto, ein **Rundtempel**. Weiter nördlich wurde im **Heiligtum der Athena oder des Asklepios** eine Zisterne ausgehoben.
Nördlich des Sattels zwischen den beiden Akropolen führt die ehem. Straße nach Mantineia am **Stadion** [14] vorbei.
Im **Museum** [15] nahe dem heutigen Stadtzentrum sind Funde aus Argos und aus der Umgebung zu sehen: Früh- bis späthelladische Keramik (u. a. aus Lerna) und Kleinkunst, darunter eine jungsteinzeitliche »Aphrodite« in bezaubernder Natürlichkeit. Beachtenswert v. a. eine vollständige Bronzerüstung des 8. Jh. v. Chr. Ein Seitentrakt enthält röm. Skulpturen, die meist auf klassische und hellenist. Vorbilder zurückgehen. Im Hof spätantike Mosaiken.

Umgebung:

Heraion F9

Nordöstlich des Dorfes CHONIKAS (Χώνικας) liegt von Argos ca. 12 km entfernt am NO-Rand der Ebene das zentrale Heiligtum der Landschaft, in dem sich der Sage nach die achäischen Helden zum Zug gegen Troja versammelten und in dem Kleobis und Biton als Lohn für ihre Frömmigkeit von der Gottheit der Tod in der Blüte der Jugend beschieden wurde. Die Geschichte des Heiligtums reicht bis in das 2. Jt. v. Chr. zurück. Seine Bauten stammen im wesentlichen aus dem 8.–5. Jh. v. Chr.

Das Heiligtum gliedert sich in 3 Terrassen. Über eine Treppenanlage gelangt man zunächst zu der 2schiffigen **Südhalle** [1] aus dem 6. Jh. v. Chr. An sie schließt sich nordwestlich der gleichfalls im 6. Jh. errichtete **Westbau** [2] an, ein von Säulenhallen umgebener Hof mit 3 Räumen im N, in denen Ruhebänke auf Gelage schließen lassen. Die Anlage ist das früheste Beispiel eines Peristyls, d. h. eines von Säulenhallen umgebenen Innenhofs, einer Bauform, die in spätklassischer und hellenist. Zeit zu einer der wichtigsten der griech. Profanarchitektur wurde. Weiter westlich liegen die Hallen einer **Palästra** [3] und **röm. Thermen** [4].

Eine Treppe östlich der Südhalle führt zur mittleren Terrasse. An ihrem S-Rand stand am Kopfende der Treppe weithin sichtbar der **Altar** [5], während der **Neue Tempel der Hera** [6] aus der Zeit gegen 400 v. Chr. die Mitte des Platzes einnimmt. Von diesem Bau des sonst unbekannten Architekten Eupolemos von Argos sind das Fundament mit einer Rampe im O, Teile der aufgehenden Architektur und v. a. größere Partien der Bauplastik (Athen, Nat.-Mus.) erhalten. Es handelte sich um einen dorischen Peripteros mit 6 Säulen an den Schmalseiten und 12 statt der im 5. Jh. sonst üblichen 13 an den Langseiten. In dem Tempel stand das aus Gold und Elfenbein gefertigte Sitzbild der Hera, ein Werk des Polyklet von Argos, eines Enkels des berühmten Polyklet, aus der Zeit um 400 v. Chr.

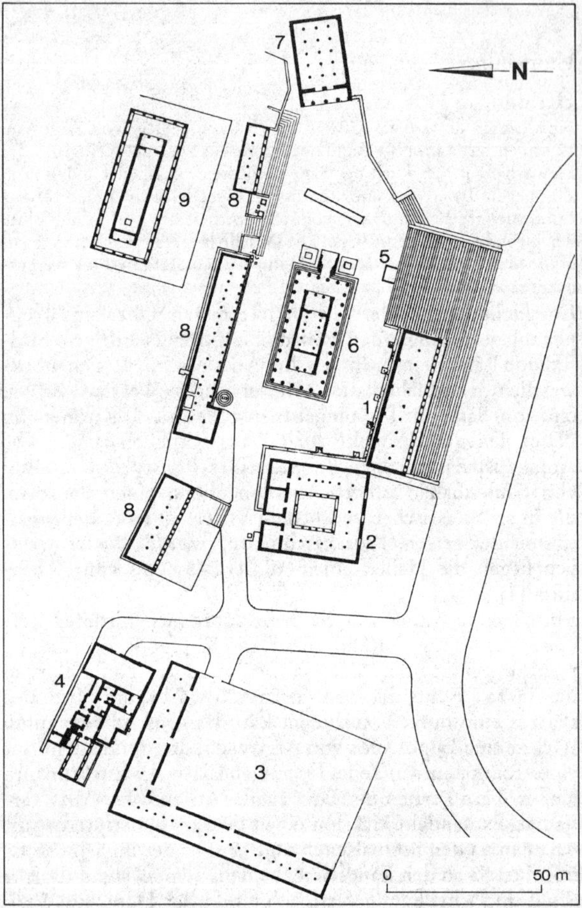

Argos. Heraion. Übersichtsplan

Zu nebenstehendem Plan:

1 Südhalle	4 Thermen	7 Versammlungshalle
2 Westbau	5 Altar	8 Säulenhallen
3 Palästra	6 Neuer Hera-Tempel	9 Alter Hera-Tempel

Die Terrasse war nicht erst für den klassischen Tempel angelegt worden. An ihrem O-Rand errichtete man bereits im 6. Jh. v. Chr. eine 4schiffige **Versammlungshalle** [7]. Noch älter ist die bereits aus dem 8. Jh. v. Chr. stammende Stützmauer, welche die Terrasse nach N abschließt. Vor ihr erbaute man im 6. Jh. v. Chr. 2schiffige Hallen für Weihgeschenke, die ältesten uns bekannten dorischen **Säulenhallen** [8]; eine dritte kam weiter westlich hinzu.
Zwischen den Hallen des frühen 6. Jh. v. Chr. führte eine Treppe zur oberen Terrasse mit dem in altertümlicher Weise niedrig gehaltenen Stylobat des **Alten Tempels** [9], eines langgestreckten Peripteros aus der 2. Hälfte des 7. Jh. v. Chr. Wie Thukydides im 5. Jh. berichtet, brannte der Bau 423 v. Chr. wegen der Unachtsamkeit der Priesterin nieder. Schon dies weist darauf hin, daß der Tempel, wie der nur wenig jüngere Hera-Tempel in Olympia, wesentlich aus Holz bestand.

Ein **Tholosgrab** der 2. Hälfte des 15. Jh. v. Chr. liegt etwa 1 km westlich vom Heraion an einer Vassierka genannten Stelle.

Etwa 3 km südwestlich von Argos drängen in **Kephalarion** (Κεφαλάριον) die Wasser einer Katavothre, eines unterirdischen Flußlaufs, ins Freie, den man in der Antike als Abfluß des Stymphalos ansah. Hier wurden bei einem Fest, für das der Name »Tyrbe« (Verwirrung) wohl bezeichnend war, Pan und Dionysos gefeiert. F10
Etwa 2 km weiter westlich steht nahe der Straße eine gut erhaltene **Pyramide** des 4. Jh. v. Chr. Im 2. Jh. n. Chr. galt der Bau als Grabmal der Gefallenen der Schlacht von Hysiai, in der die Argiver 668 v. Chr. die Spartaner besieg-

ten; in Wirklichkeit handelt es sich um eine Wachstation. – Ca. 400 m weiter südöstlich liegen die Reste eines kleinen hellenist. **Forts.**

F10 **Asine**

(Ἀσίνη – Argolis / Peloponnes)

Asine, 10 km südöstlich von Nauplion, der vorgeschichtliche Hafen von Mykene, hat eine teilweise gut erhaltene **Schutzmauer** des 2. Jt. v. Chr. und eine große mykenische **Nekropole**. Die zahlreichen Funde im Museum von Nauplion. Verstreut am Hang noch viele ungeöffnete **Kammergräber.**

Der Ort wurde um 700 v. Chr. verlassen und nach 300 v. Chr. neu besiedelt. Aus dieser Zeit stammen die sichtbaren Reste der **Umfassungsmauer** und einer **Ölpresse** auf der Kuppe des Hügels. Römisch sind die Ruinen einer **Badeanlage.**

H9 **Athen**

(Ἀϑῆναι – Attika / Hauptstadt Griechenlands)

Spuren früher Besiedlung gehen bis in die Zeit um 5000 v. Chr. zurück. Die nach attischer Überlieferung als Pelasger bezeichneten Ureinwohner wurden um 2000 von indogermanischen Einwanderern unterworfen. Unter ihnen entwickelte sich Athen zum dynastischen Zentrum der Landschaft.

Die Befestigung der Akropolis im 13. Jh. v. Chr. zeigt die Bedrohung von außen durch die Dorische Wanderung an, die den Zustrom weiterer Ionier bewirkte, als diese den von N eindringenden Dorern auswichen. Der Zustrom stärkte die Bedeutung von Athen. Ganz

Attika wurde zum athenischen Staatsgebiet, und alle seine freien Bewohner wurden zu Bürgern von Athen. Um den Königssitz auf der Akropolis scharten sich die Stadtresidenzen des Landadels. Der Mythos hat diesen als Synoikismos (Zusammensiedlung) bezeichneten Akt dem König Theseus zugeschrieben. Der Zusammenschluß schwächte auf die Dauer die Macht des Königtums, das 683 v. Chr. gänzlich abgeschafft wurde.

Mit der Einführung der Geldwirtschaft in der 2. Hälfte des 7. Jh. v. Chr. und der damit verbundenen Ausweitung des Handels gewannen neben den adligen Grundbesitzern neue Schichten Einfluß, doch waren die Umstrukturierungen von erheblichen inneren Spannungen begleitet, die 594 v. Chr. zu einer Verfassungsreform führten. Der Gesetzgeber Solon teilte die attischen Stände nach Vermögensklassen neu ein und hob die Verschuldung und Versklavung des Kleinbauerntums auf. Neben dem Areopag, der Versammlung der ehem. Archonten, die nach der Aufhebung der Monarchie die Aufgaben des Königs übernommen hatten, wurde aus dem Kreis der Waffenfähigen der »Rat der 400« gebildet. Die sozialen Spannungen waren damit aber nicht ausgeräumt. Gestützt auf die Schicht der Kleinbauern und Handwerker gelang es 561/560 v. Chr. dem Adligen Peisistratos, sich zum Tyrannen aufzuschwingen. Nach seinem Tod ging die Herrschaft auf dessen Söhne über. Ein Anschlag auf die Peisistratiden gelang 514 v. Chr. nur zum Teil, doch wurden sie 510 von den einflußreichen Adelshäusern mit spartanischer Hilfe vertrieben.

Mit der Verfassungsreform des Kleisthenes begann 507 v. Chr. der Prozeß der Demokratisierung Athens. Kleisthenes paßte die alte Solonische Verfassung den veränderten Umständen an. Attika wurde in 3 Zonen aufgeteilt: Stadt, Binnenland und Küste. Diese Zonen gliederte man in 10 Bezirke, aus denen wiederum die 10 Phylen gebildet wurden, indem man jeweils 3 Trittyen, je eine Trittys der verschiedenen Zonen, zusammenfaßte. Damit war sichergestellt, daß bereits auf unterer politischer Ebene verschiedenartige Interessen aufeinandertrafen. Jede der 10 Phylen stellte eine Truppe Reiterei und Fußvolk sowie einen Heerführer, einen Strategen, der bis 487 v. Chr. dem Polemarch, dem Kriegsführer, unterstand. Den Rat der 400 ersetzte ein »Rat der 500« mit je 50 Vertretern einer Phyle, der Anträge an die Volksversammlung vorbereitete. Die Archonten wurden nun nicht mehr gewählt, sondern unter den Abgeordneten der Phylen ausgelost. Der Areopag verlor 461 v. Chr. seine

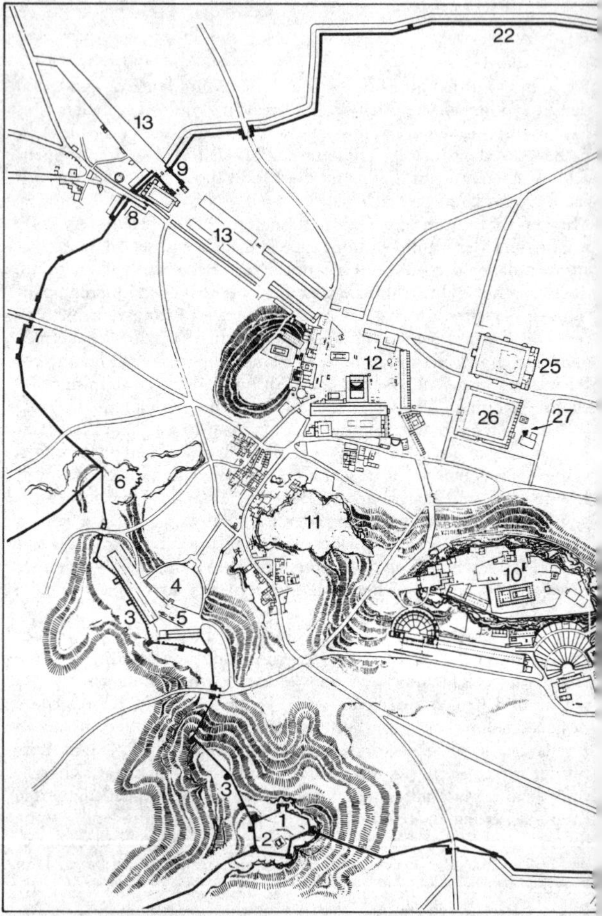

Athen. Die antike Stadt. Übersichtsplan

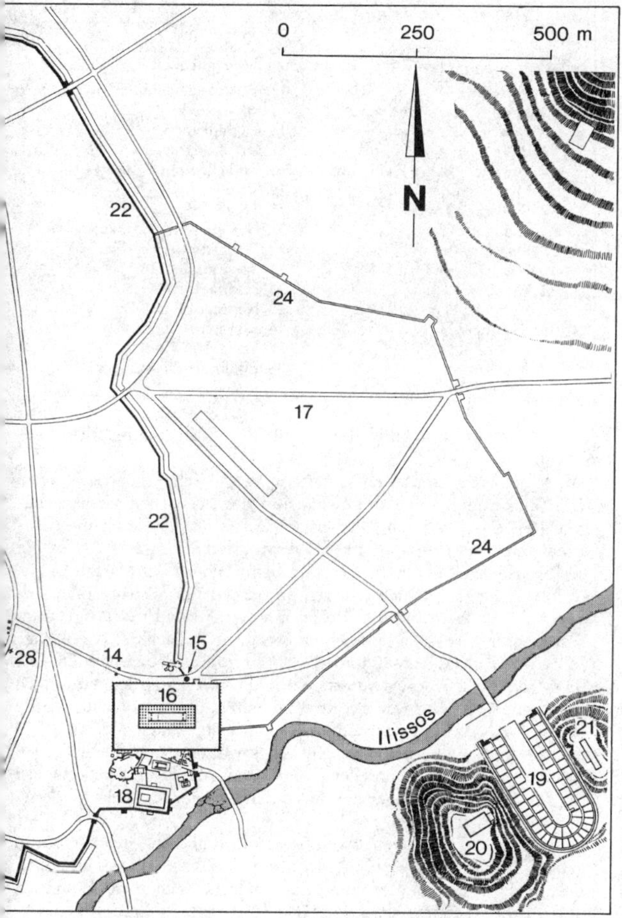
0
250
500 m
N
22
24
17
22
24
15
14
28
16
Ilissos
21
19
18
20

Zum Plan S. 80/81. Die Ziffern entsprechen den Zahlen am Textrand.

1 Museion
2 Philopappos-Mausoleum
3 Diateichisma
4 Pnyx
5 Zeus-Hypsistos-Heiligtum
6 Nymphenhügel
7 Piräisches Tor
8 Heiliges Tor
9 Dipylon-Tor
10 Akropolis (s. Plan S. 86)
11 Areopag
12 Agora (s. Plan S. 122)
13 Kerameikos (s. Plan S. 142)
14 Hadrianstor
15 Säulenreste des archaischen Olympieions
16 Olympieion
17 Ort des Lykeions
18 Panhellenion
19 Stadion
20 Tyche-Tempel
21 Herodes-Atticus-Mausoleum
22 Themistokleische Mauer
23 Acharnisches Tor
24 Hadrianische Mauer
25 Hadriansbibliothek
26 Römische Agora
27 Turm der Winde
28 Lysikrates-Monument

---

politische Funktion und blieb auf die Blutgerichtsbarkeit beschränkt.

Mit seiner demokratischen Verfassung zeigte sich Athen auch gegen die Gefährdung durch die Expansion des persischen Großreiches gewappnet. 499/498 hatte Athen den Aufstand der Ionier in Kleinasien unterstützt. 490 v. Chr. fiel die persische Flotte in Attika ein und wurde von den Athenern und den Platäern bei Marathon zurückgeschlagen. Für den zweiten persischen Einfall hatte man sich durch die Verstärkung der Flotte und den Ausbau des Piräus zum Kriegshafen gerüstet. Dennoch mußte die Stadt nach der Niederlage an den Thermopylen 480 und 479 v. Chr. preisgegeben werden. Die Bevölkerung wurde evakuiert. Auch die mit Palisaden zusätzlich befestigte Akropolis war nur kurz zu halten. Die ganze Stadt wurde zerstört. Als nach den Siegen von Salamis und Platää (480 und 479 v. Chr.) die Bevölkerung zurückgekehrt war, ummauerte man gegen den Einspruch Spartas in aller Eile die ganze Stadt und sicherte sich für den Fall einer Belagerung durch den Bau der »Langen Mauern« den Zugang zum Meer.

Da sich Sparta nach der Abwehr der unmittelbaren Gefahr nicht in geographisch weit gespannte Konflikte verwickeln lassen wollte, fiel die Führung im Befreiungskampf der Griechen in Kleinasien und auf den Inseln Athen zu. 478/477 gründete man den Delisch-Attischen Seebund, der sich schnell zu einem attischen Seereich wandelte und Athen weitgehend die Kontrolle der Meere und des

Handels in der Ägäis eintrug. Der Bundesschatz wurde 454 v.Chr. von Delos nach Athen übertragen.
Konsequent wurde in dieser Zeit die Demokratie in Athen ausgebaut. Den letzten Einfluß des Adels mit seiner überregionalen familiären Verflechtung brach 451 v. Chr. ein Gesetz, welches das athenische Bürgerrecht auf Personen beschränkte, die sowohl einen attischen Vater als auch eine attische Mutter hatten. Die Einführung von Tagegeldern für alle Beamten ermöglichte es auch ärmeren Bürgern, ihre demokratischen Rechte wahrzunehmen.
Auch in anderen Städten unterstützte Athen demokratische Strömungen und untermauerte damit seinen Einfluß. Diese politische Expansion führte zum Konflikt mit Sparta, während sich die Handelsmetropole Korinth wirtschaftlich bedrängt sah. Der Krieg brach 431 v.Chr. offen aus. Unter der Führung des Perikles gab man das flache Land preis. Die Landbevölkerung zog sich hinter die Langen Mauern zurück. Nur durch beschränkte Operationen, mit denen man v.a. die Seewege blockierte, suchte man den Frieden zu erzwingen.
Unter der hinter den Langen Mauern zusammengepferchten Bevölkerung brach im Sommer 430 eine verheerende Seuche aus, die 4 Jahre lang Athen heimsuchte. Ihr fiel auch Perikles zum Opfer. Nach seinem Tod hielt man zunächst an der defensiven Taktik fest, ließ sich dann jedoch von dem Demagogen Kleon zu gewagteren Operationen hinreißen. Erst nach Kleons wie auch des erfolgreich operierenden spartanischen Feldherrn Brasidas Tod ließen sich 421 v.Chr. beide Seiten zum Frieden bewegen.
Der Konflikt war indessen nicht ausgetragen. Den Umschwung brachte 413 v. Chr. die Vernichtung eines 415 zur Unterwerfung Siziliens nach Syrakus entsandten attischen Expeditionskorps. Indem die Spartaner die kleinasiatischen Griechen preisgaben, gewannen sie die finanzielle Unterstützung der Perser, die ihnen den Aufbau einer Flotte ermöglichte. Nach wechselnden Erfolgen gelang es Sparta, Athen mehr und mehr zurückzudrängen und die Stadt schließlich einzuschließen, so daß ihr 404 v.Chr. nur mehr die Kapitulation übrigblieb. Zwar konnte der Attische Seebund 378/377 nochmals erneuert werden, gewann aber nie mehr seine alte Bedeutung zurück. Indessen wurde Athen mehr und mehr zum kulturellen Zentrum Griechenlands.
Von neuem wurde Athen unter der Führung des Demosthenes zur Vorkämpferin der Freiheit der griech. Stadtstaaten, als die Makedo-

nen unter Philipp II. und Alexander d. Gr. ihre Macht nach S ausdehnten. Zusammen mit den Thebanern wurden die Athener jedoch 338 v. Chr. bei Chaironeia entscheidend geschlagen.
Ein Aufstand gegen die Makedonen nach dem Tod Alexanders d. Gr. führte mit der Niederlage in der Seeschlacht von Amorgos (322 v. Chr.) zum Ende der attischen Seemacht. Mehrfach mußte die Stadt von nun an fremde Besatzungen ertragen. Im Mithridatischen Krieg schloß sie sich dem Aufstand gegen Rom an und wurde 86 v. Chr. von Sulla eingenommen und zerstört. Auch in röm. Zeit blieb Athen jedoch formal eine freie Stadt und wurde zum wichtigsten Bildungszentrum des Imperiums.
267 n. Chr. wurde die in aller Eile befestigte Stadt von den Herulern eingenommen und geplündert.

10 Akropolis

Keramikfunde beweisen die Besiedlung des Felsens schon im 5. Jt. v. Chr. Im 2. Jt. entstand auf dem Terrain zwischen Parthenon und Erechtheion ein Königspalast. Erst gegen 1200 v. Chr., in der Zeit der Dorischen Wanderung, wurde der Berg mit einer Ringmauer befestigt. Im 8. Jh. erwähnt Homer einen Tempel der Athena, der möglicherweise die Stelle des ehem. Königspalastes einnahm. Innerhalb des weiterbestehenden mykenischen Mauerrings wurden im Verlauf des 6. Jh. v. Chr. verschiedene Tempel errichtet, welche die Perser 480/479 zerstörten. Unmittelbar danach begann man mit der architektonischen Neugestaltung des Heiligtums, die nach der Mitte des 5. Jh. unter dem Staatsmann Perikles noch einmal neu geplant und in Angriff genommen wurde.
Ein von Perikles einberufener panhellenischer Kongreß, der über den Wiederaufbau der von den Persern zerstörten Tempel beraten sollte, war zwar nicht zustande gekommen, doch verfolgte Perikles mit einem großzügigen Bauprogramm die Absicht, der Rolle Athens als Vorkämpferin Griechenlands ein architektonisches Denkmal zu setzen. Noch unter seiner Regierung wurden der Parthenon und die Propyläen errichtet. Bis zum Ende des 5. Jh. folgten das Erechtheion und der Tempel der Athena Nike.
Die Gestalt des Heiligtums war damit im wesentlichen vollendet. 700 Jahre lang diente es ausschließlich dem Kultus, bis im 3. Jh. n. Chr. der Einfall der Heruler dazu zwang, seine Umfassungsmauer in aller Eile zur Verteidigung herzurichten.
In der Frankenzeit residierten auf der Burg, wie einst in mykeni-

Athen. Akropolis von Südwesten

scher Zeit, die Herrscher über Attika. Nach der Eroberung der Burg durch Mehmet II. wohnten dort die Familien der türkischen Besatzung. Nach der Beschießung und Einnahme durch die Venezianer (1687), welche die Akropolis freilich nur kurze Zeit besetzt hielten, wurde die Akropolis-Mauer 1690 wiederum ausgebessert. In den Befreiungskriegen nahmen Athener und attische Bauern die Burg 1822 ein und hielten sie trotz heftiger türkischer Angriffe bis 1827. Gemäß dem Londoner Protokoll rückte am 31. März 1833 die letzte türkische Wache ab.

Die Akropolis wurde zum archäologischen Monument erklärt; die mittelalterlichen und türkischen Zutaten wurden weitgehend beseitigt. Systematische Ausgrabungen folgten 1885–1891. Seither steht die Akropolis im Mittelpunkt archäologischer Forschung. Seit der zunehmenden Industrialisierung Athens und wegen der extremen Luftverschmutzung der Stadt ist die über Jahrtausende bewahrte Bausubstanz schnell fortschreitender Zersetzung ausgeliefert. Verschiedene Sanierungs- und Konservierungsmaßnahmen werden beraten und betrieben.

Der Hauptzugang von W führt zunächst zum **Beuléschen Tor** [1], so genannt nach dem Archäologen, dem die ersten eingehenderen Untersuchungen der Anlage zu verdanken

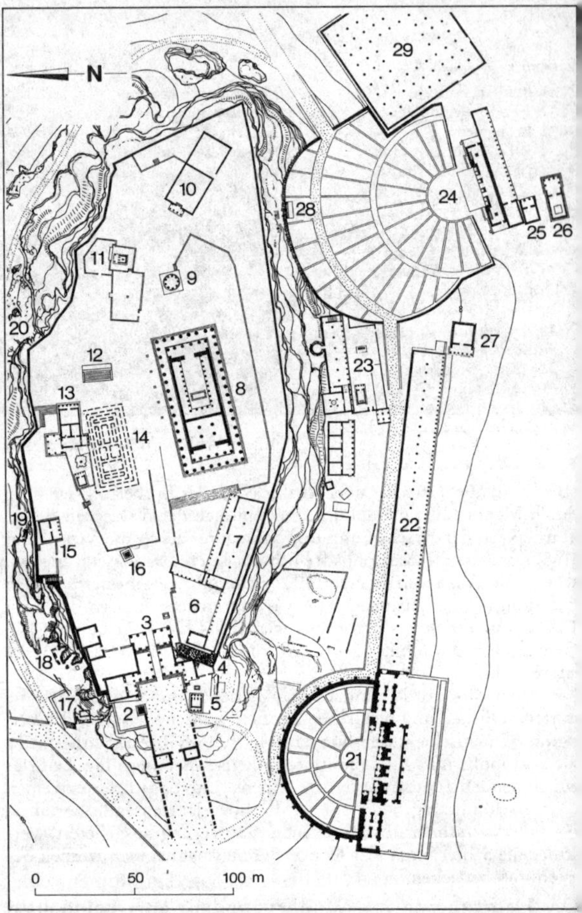

Athen. Akropolis. Übersichtsplan

Zu nebenstehendem Plan:

1 Beulésches Tor
2 Agrippa-Monument
3 Propyläen
4 Pelargikon
5 Nike-Tempel
6 Heiligtum der Artemis von Brauron
7 Chalkothek
8 Parthenon
9 Tempel des Augustus und der Roma
10 Bezirk des Pandion (Akropolis-Museum)
11 Bezirk des Zeus Polieus
12 Altar der Athena
13 Erechtheion
14 Alter Athena-Tempel
15 Haus der Arrephoren
16 Athena-Promachos-Statue
17 Klepshydra-Quelle
18 Grotten des Apollon Hypoakraios, des Olympischen Zeus und Pans
19 Grotte der Nymphe Aglauros
20 Heiligtum des Eros und der Aphrodite
21 Odeion des Herodes Atticus
22 Stoa des Eumenes
23 Asklepios-Heiligtum
24 Dionysos-Theater
25 Archaischer Dionysos-Tempel
26 Klassischer Dionysos-Tempel
27 Monument des Nikias
28 Monument des Thrasyllos
29 Odeion des Perikles

---

sind. Das Tor ist Teil der Befestigungen, die um die Mitte des 3. Jh. n. Chr. in aller Eile gegen die Heruler errichtet worden sind. Es besteht im wesentlichen aus Spolien von Bauten, die damals abgetragen worden sind. V. a. sind hier Quadern, Architrave, Triglyphen und Metopen eines tempelartigen Gebäudes wiederverwendet, das 320/319 der reiche Athener Nikias d. J. als Denkmal für einen choregischen Sieg errichtet hatte; seine Fundamente wurden bei dem Dionysos-Theater festgestellt.
Zu der eigentlichen Toranlage, den Propyläen, führte seit dem 6. Jh. v. Chr. eine in der 2. Hälfte des 5. Jh. v. Chr. erweiterte, 10 m breite und etwa 80 m lange Rampe, die einen älteren, seit mykenischer Zeit benützten gewundenen Weg ersetzte, dessen ausgetretene und ausgewaschene Stufen unmittelbar vor dem Nike-Pyrgos [5] zu sehen sind.

Ein hoher Steinsockel links des Aufgangs [2] aus dem 2. Jh. v. Chr. trug urspr. eine Quadriga als Siegesmonument eines pergamenischen Königs und wurde dann als **Denkmal für Agrippa**, den Feldherrn und Schwiegersohn des Kaisers Augustus, in Anspruch genommen.

Propyläen [3]
Der weitgespannte Torbau wurde 437–432 v. Chr. von dem Architekten Mnesikles errichtet. Die traditionelle Form eines Propylons mit Seitenwänden beiderseits einer Türwand und einem oder zwei Vordächern ist hier ins Monumentale gesteigert und durch Flügelbauten erweitert.
Die Außenfront des Mitteltrakts erhebt sich auf einem 3stufigen Stylobat, der nur in der Mitte den Weg für die Prozessionen und den Durchtrieb der Opfertiere freiläßt. In der Außenansicht ist dieser mittlere Durchgang auch dadurch hervorgehoben, daß der Abstand zwischen den Säulen wesentlich erweitert wurde, so daß auf das mittlere Interkolumnium statt der üblichen 2 hier 3 Metopen kommen. Hinter der 6säuligen Front dieses Mittelteils liegt eine Halle, deren Marmordecke von 2 Reihen mit je 3 ionischen Säulen getragen wird, die den Prozessionsweg flankieren. Hier begegnet uns also bereits die Verbindung von Elementen der dorischen und der ionischen Ordnung, die in anderer Form bei dem etwas älteren Parthenon wiederkehrt.
Diese Halle wird von einer Türwand abgeschlossen, die ein großes Tor in der Mitte, 2 kleinere rechts und links und 2 noch niedrigere und schmalere ganz außen durchbrechen. Gewöhnlich bot nur einer der beiden seitlichen Zugänge Durchlaß, und nur bei festlichen Anlässen wurden auch die Türflügel der größeren Tore geöffnet. Wegen des abschüssigen Geländes erhebt sich die Türwand auf wesentlich höherem Niveau als die Eingangshalle. Die Durchgänge wurden daher durch 5 Stufen unmittelbar vor den Türen erschlossen. Innerhalb der Halle sind die Niveauunterschiede auch dadurch betont, daß die Seitenwände wie die Stufen bis zur Höhe der Schwellen in schwarzem Kalkstein ausgeführt wurden, wodurch sich die Sockelzone farblich von den aufsteigenden Wänden absetzt.
Die das Vorgelände einfassenden Flügelbauten ordnen sich in ihrer Höhe dem Mittelteil unter. Mit 3 dorischen Säulen zwischen den Anten öffnen sie sich zum Aufgang hin. An

die dahinter liegenden Hallen schließt sich im N-Flügel ein Raum an, dessen S-Wand durch eine Tür und durch 2 Fenster durchbrochen wird. Wie der Reiseschriftsteller Pausanias im 2. Jh. n. Chr. berichtet, diente er zu seiner Zeit als »Pinakothek«, als Gemäldesammlung.

Der der Pinakothek gegenüberliegende S-Flügel war vermutlich symmetrisch zu ihr geplant, konnte aber wahrscheinlich mit Rücksicht auf das Pelargikon [4] nur in verkümmerter Form als Durchgang zum Bezirk der Nike verwirklicht werden. Da aber seine dem Aufgang zugewandte N-Front jener der Pinakothek symmetrisch entspricht, blieb die architektonische Wirkung der Anlage weitgehend erhalten. So bildeten die beiden Flügelbauten einen sich nach außen öffnenden Hof, der die Besucher des Heiligtums empfängt, sie zum eigentlichen Tor geleitet und weiterführt.

Nach innen, zum Burgplateau hin, folgt auf die Türwand des Mitteltraktes eine tiefe Halle mit einer von einem Giebel überfangenen, 6säuligen Front. Auch hier wird die Breite des mittleren Durchgangs im Fries dadurch zum Ausdruck gebracht, daß die Zahl der Metopen zwischen den Mittelsäulen von 2 auf 3 erweitert wurde.

Wie die rechtwinklig zu den Anten nach N und S ansetzenden Wandvorsprünge zeigen, waren auch hier Flügelbauten vorgesehen, die vielleicht wegen des Ausbruchs des Peloponnesischen Krieges oder mit Rücksicht auf ältere Heiligtümer oder Kultmale nicht ausgeführt, ja nicht einmal in den Fundamenten angelegt waren.

In ihrer gesamten Anlage strafen die Propyläen die vielbeschworene Autonomie und Autarkie klassischer griech. Architektur Lügen. Dieser Bau steht nicht für sich und bleibt nicht in sich beschlossen, sondern nimmt auf den Besucher Bezug; er versteht sich nur als Teil eines architektonischen Ensembles.

Den Propyläen des Mnesikles ging ein älterer Torbau aus dem späten 6. Jh. v. Chr. voraus, der nicht wie jene west-östlich, sondern schräg dazu orientiert war. Mit seiner S-Ecke stieß er unmittelbar an das Pelargikon [4], dessen Fuß gleichzeitig mit Steinplatten und einem 3stufigen Sockel verblendet wurde, der sich im Stufenbau des Tores fortsetzte. Außer dem unteren Teil der S-Ecke mit der Türlaibung südlich der S-Wand des Mnesikleischen Mitteltraktes sind Reste innerhalb des mittleren Durchgangs erhalten. Auch die Pinakothek hatte einen älteren Vorläufer, der, noch außerhalb des Heiligen Bezirks gelegen, als Versammlungslokal gedient haben könnte. Von den Persern zerstört, wurden seine Quadern für die klassischen Propyläen wiederverwendet.

Eines der altehrwürdigsten Kultmale war das **Pelargikon** [4], das im N fast bis zur Mitte der S-Wand des Propyläen-Mitteltraktes reicht und den Bezirk der Athena Nike vom Burgplateau trennt. Es war ein Teil der mykenischen Burgmauer und wurde von den Athenern den Pelasgern, der mythischen Urbevölkerung Attikas, zugeschrieben.

Nike-Pyrgos

Durch den S-Flügel der Propyläen gelangt man zu dem **Tempel der Nike Apteros**, der flügellosen Siegesgöttin, oder der **Athena Nike** [5]. Hier lag schon in mykenischer Zeit eine Bastion. Als 566 v.Chr. die Panathenäen, das große Stadtfest von Athen, neu geordnet wurden, hat man auf ihr der Athena Nike, der Schutzgöttin der mit dem Fest verbundenen Wettkämpfe, einen Altar errichtet, dessen Reste nordöstlich des späteren Tempels ausgegraben wurden. Um 500 v.Chr. erbaute man der Göttin aus Poroskalkstein einen kleinen Schrein, in dessen Innern die Ausgräber noch Reste der Basis und zahlreiche Terrakotta-Statuetten fanden. 448 v. Chr. beschloß man, die ganze Anlage neu zu gestalten. Die alte mykenische Bastion, deren Mauer nur in Öffnungen im W sichtbar blieb, wurde mit Porosquadern ummantelt und dabei beträchtlich erweitert.

Der vor 431 v. Chr. begonnene und wegen des Ausbruchs des Peloponnesischen Krieges unterbrochene Bau des Tempels war 421 so weit vollendet, daß er das Kultbild aufnehmen konnte. Er blieb bis 1675 fast unverändert erhalten. Nur sein Dach wurde durch ein Gewölbe ersetzt. Vermutlich beim Einfall der Venezianer unter Morosini im Jahre 1687 wurde er abgetragen, und seine Quadern wurden zum Bau eines Vorwerks verwendet. In ihm fanden sich 1833 bis auf einige verschleppte Teile des Frieses fast alle Architekturglieder wieder, aus denen sich der Tempel an der urspr. Stelle wieder aufrichten ließ. Wegen einiger Fehler wurde diese erste Rekonstruktion 1935 von Grund auf erneuert.

Der Bau ist ein ionischer Amphiprostylos knappster Ausprägung. Auf Pronaos und Opisthodom ist ganz verzichtet. Auf die an den Schmalseiten vorgelegten 4 Säulen folgt auf der Rückseite im W unmittelbar die Rückwand der Cella, im O die Eingangswand mit der Tür und 2 seitlichen Öffnungen, die durch Gitter verschlossen waren. Die leicht nach innen geneigten Säulen sind auffallend gedrungen und steigern somit die Geschlossenheit des schmuckhaften kleinen Schreins.

In dem am Bau durch Abgüsse ersetzten Fries sind Kämpfe zwischen Griechen und Orientalen und Griechen mit Griechen dargestellt, welche die Erinnerung an die Perserkriege oder auch zwischen griech. Stadtstaaten evozieren, ohne konkrete historische Schlachten wiederzugeben. Im O erscheint eine Götterversammlung. (Originale z.T. in London, z.T. am Ort im Museum.)

Gegen Ende des 5. Jh. umschloß man den Nike-Pyrgos an den Außenseiten mit einer Balustrade und schmückte diese mit Reliefs geflügelter Niken (im Museum).

An die Propyläen schließt sich hinter dem Pelargikon der **Bezirk der Artemis von Brauron** [6] an. Seinen Rang verdankt das Heiligtum dem Tyrannen Peisistratos, der in Brauron, woher der Kult nach hier übertragen wurde, beheimatet war. Nach den Perserkriegen wurde es vermutlich durch den Staatsmann und Feldherrn Kimon, der gleichfalls aus Brauron stammte, erneuert. Es enthielt nie einen Tempel, sondern bestand im wesentlichen aus einem Hof, den man von der zum Parthenon führenden Prozessionsstraße aus über 7 Stufen erreichte. An seiner S-Seite war der Bezirk durch eine Säulenhalle abgeschlossen, an die sich östlich und westlich kleine, von N her zugängliche Räume anschlossen. Hier standen Statuen der Artemis, von denen eine ein Werk des spätklassischen Bildhauers Praxiteles war. In dem Bezirk stand außerdem eine Bronzedarstellung des Trojanischen Pferdes.

Zwischen dem Heiligtum der Artemis von Brauron und dem Parthenon lag die sog. **Chalkothek** [7], eine sich eng an die Burgmauer anlehnende 2schiffige Halle, in der bronzenes Inventar des Heiligtums, Rüstungen, Kessel und anderes mehr aufbewahrt wurden. – Von hier aus führt eine breite, teilweise in den Burgfelsen gehauene Treppe zum

Parthenon [8].
Der von den Architekten Iktinos und Kallikrates entworfene Bau wurde auf Initiative des Perikles 448/447 v. Chr. begonnen und 431 vollendet. Den Architekten stand möglicherweise der Bildhauer Phidias zur Seite, der wohl auch die Bauplastik entwarf und ihre Ausführung beaufsichtigte. –
An derselben Stelle hatte man kurz vor 480 bereits mit dem Bau des »Vorparthenon« begonnen, der annähernd dieselbe Länge wie der spätere Tempel haben sollte, aber schmaler angelegt war. Für ihn waren 6 Säulen an der Front und 16 an den Langseiten vorgesehen.
Der Parthenon blieb während der ganzen Antike fast unverändert erhalten. In christlicher Zeit wurde er in eine Kirche der Gottesmutter umgewandelt, in welcher der Bischof von Athen seinen Sitz hatte. Bei dieser Umgestaltung wurden in die Trennwand zwischen der Cella und dem dahinter liegenden Raum 3 Türen eingeschnitten und der urspr. Eingang mit einer Apsis verschlossen, wodurch der ganze Bau

eine neue Orientierung erhielt. In der Zeit der Frankenherrschaft mußte der orthodoxe Bischof seinen Sitz dem katholischen Rivalen abtreten. Von dem damals hinzugefügten Glockenturm ist der Unterbau im Opisthodom noch erhalten. Als 1458 der Parthenon von den Türken in eine Moschee umgewandelt wurde, diente der Glockenturm als Minarett. Trotz dieser Eingriffe blieb die äußere Gestalt dieses auch im Mittelalter immer wieder bewunderten Tempels weitgehend bewahrt, bis 1687 bei der Belagerung Athens durch die Venezianer unter Morosini ein von einem Hauptmann aus Lüneburg auf ihn gerichteter Kanonenschuß das von den Türken hier untergebrachte Pulvermagazin traf. Bei der Explosion brachen die Langseiten der Cella und die mittleren Säulen auseinander.

Noch in den letzten Jahrzehnten der türkischen Herrschaft wurde ein großer Teil der Skulpturen des Parthenon von dem schottischen Lord Elgin mit Erlaubnis der Pforte nach England verschleppt, wo sie 1816 in den Besitz des Britischen Museums übergingen.

1898 und 1933 wurden größere Teile des Baues wiederaufgerichtet und durch Explosion und Verwitterung gefährdete Partien gesichert. Die dabei verwendeten Eisenklammern haben den Verfall des Bauwerks z.T. jedoch beschleunigt. In den 1980er Jahren setzten neue, bis heute andauernde Restaurierungen ein, bei denen die bis dahin am Bau erhaltenen Skulpturen durch Abgüsse ersetzt werden sollen. Auch ist die Wiederaufrichtung weiterer Säulen und anderer Architekturteile im Gange.

Wie bei griech. Tempeln die Regel, liegt auch beim Parthenon der Eingang im O, so daß der Besucher erst die ganze N-Seite abschreitet, bevor er zu ihm gelangt. Der Bau ist ein dorischer Peripteros. Seine Schmalseiten nehmen je 8 Säulen ein statt der 6 des Vorparthenon oder des ebenfalls etwas älteren, ungefähr gleich großen Zeus-Tempels in Olympia. Wie bei vielen klassischen dorischen Tempeln ergibt sich aus der Zahl der Frontsäulen die Zahl der (17) Säu-

Athen. Parthenon. Westfront

len an den Langseiten durch Verdoppelung und Hinzurechnung einer weiteren (die Ecksäulen jeweils mitgezählt). Da die Außenseiten der Cellawände auf die 2. Säule der Front ausgerichtet sind, ist der Umgang mit einem Siebtel der Breite gegenüber dem Fünftel, das bei Tempeln mit 6 Frontsäulen üblich ist, relativ gering. Der ganze Bau wirkt damit ungewöhnlich dicht und gedrängt. Dieser Eindruck wird dadurch noch verstärkt, daß die Säulen leicht nach innen geneigt sind und ihr Abstand untereinander zu den Ecken hin deutlich abnimmt.

V. a. beim Blick durch die seitlichen Säulenumgänge fällt eine besondere Feinheit und Differenziertheit auf, die der Parthenon nur mit wenigen anderen dorischen Bauten gemeinsam hat, die »Kurvatur der Horizontalen«. Der Stufenbau des Parthenon bildet nämlich keine völlig ebene Plattform, sondern ist leicht gewölbt. Zwar handelt es sich dabei nur um wenige Zentimeter – bei den Langseiten beträgt die Stichhöhe auf einer Länge von fast 70 m nur 11 cm,

bei den fast 31 m breiten Frontseiten 6 cm –, doch setzt sich diese Abweichung von der Geraden bis in das Gebälk fort und bewirkt die einzigartige Lebendigkeit dieser Architektur. Da die Blöcke und Säulentrommeln fugenlos und ohne Mörtel miteinander verklammert sind, bedurfte diese Kurvatur, die keine exakt rechten Winkel zuläßt, einer extremen handwerklichen Genauigkeit.
Die Maße der aufgehenden Architektur sind von jenen des Grundrisses abgeleitet. Die Höhe bis zum Gesims verhält sich zur Breite an den Frontseiten wie 4:9, an den Langseiten wie 16:81 ($4^2:9^2$). Die Säulen selbst sind wuchtig und schwer bei einer vergleichsweise geringen Schwellung des Schaftes.
Auf den Metopen, von denen sich die meisten heute in London befinden, ist an der N-Seite der Untergang Trojas dargestellt, im S der Kampf gegen die Kentauren, im W der gegen die Amazonen und an der Hauptseite im O der von Göttern und Giganten. Im Giebel war an der O-Seite die Geburt der Athena, der Stadtgöttin und Beschützerin Athens, aus dem Haupt des Zeus geschildert, während im W ein lokaler Mythos, der Streit Athenas und Poseidons um den Besitz Athens, zu sehen war (größtenteils in London, anderes im Museum, einzelnes in Abgüssen am Bau).
Der dritte große Skulpturenkomplex, der Fries, umzieht dicht unter der Decke des Umgangs, wo er im Dämmer wohl nur schemenhaft zu sehen war, die Außenseite der Cella. Von ihm ist am Bau die ganze W-Seite noch verblieben, während die übrigen Teile überwiegend nach London gelangt sind (andere im Akropolis-Museum). Während die Giebel Göttermythen schildern und die Metopen die großen Kämpfe der Vorzeit wiedergeben, dient der Fries der Verewigung einer regelmäßig wiederkehrenden frommen Handlung, in der die Stadt sich gleichzeitig selbst feiert, des Festzugs der Panathenäen. Die Darstellung nimmt ihren Anfang an der SW-Ecke mit dem Aufbruch des Zuges und

zieht sich in zwei Richtungen auf der W- und dann auf der N- sowie der S-Seite nach O, wo die Götter den Zug mit den Opfergaben und Opfertieren, den Fackeln und v.a. dem Kleid für die Göttin erwarten.

Bei der Ausarbeitung und Verteilung der Skulpturen dürfte der führende attische Bildhauer und Schöpfer des Kultbildes Phidias wesentlich mitgewirkt haben. Dennoch sind die Skulpturen nicht von seiner Hand. Stilistische Unterschiede zeigen, daß sehr verschiedene Meister und Werkstätten mitgearbeitet haben, wie auch überliefert ist, daß aus dem ganzen Einzugsbereich Athens Künstler und Handwerker zusammenströmten. Auf Phidias geht daher nur die Konzeption des Ganzen und vielleicht auch die Aufteilung und Zuteilung der einzelnen Abschnitte an verschiedene Werkstätten zurück.

In das Innere des Tempels gelangt man vom Umgang aus durch die Reihe der 6 prostylen Säulen, die relativ dicht vor der Türwand stehen. Der Cellaraum selbst wurde außer durch das durch die Türöffnung einfallende Licht über in die O-Wand eingeschnittene Fenster erhellt. Anders als beim Aphaia-Tempel in Ägina oder dem Zeus-Tempel in Olympia war der Cellaraum nicht durch 2 Säulenstellungen in 3 Schiffe untergliedert, sondern an 3 Seiten von 2geschossigen Säulenstellungen umgeben, die das Kultbild wie ein Gehege einfaßten und umschlossen.

Das Kultbild, die Athena Parthenos des Phidias, das in der Spätantike nach Konstantinopel verschleppt wurde und dort unterging, bestand in seinen nackten Teilen, also v. a. Armen, Füßen und Gesicht, aus Elfenbein, während das Gewand aus Gold gefertigt war. Die aufrecht stehende Stadtgöttin trug in ihrer Rechten die Figur der Siegesgöttin Nike. An ihrer Seite lehnte ein Schild, hinter dem sich die Burgschlange zusammenkrümmte. Nicht nur die Basis, sondern auch verschiedene andere Partien – die Seitenflächen der Sandalensohlen, Innen- und Außenseite des Schildes oder auch der Helm – waren reich mit Reliefs verziert,

deren Wirkung farbige Steineinlagen steigerten. Irgendwo saß auch die Eule, welche die Weisheit der Göttin und damit auch ihrer Stadt Athen verkörperte. Von all dem ist an Ort und Stelle jedoch nur mehr die Einlassung für den Mittelpfosten erhalten, der den Kern des die Statuenteile tragenden Skeletts bildete.
Hinter der Cella mit dem Kultbild lag ein weiterer Raum, der eigentliche »Parthenon«, dessen Name dann auf den ganzen Bau überging. Er war nur von W her zugänglich. Seine hölzerne Decke wurde von 4 ionischen Säulen getragen, die in einem Zug vom Fußboden, wo ihre Standflächen zu erkennen sind, bis oben aufwuchsen. Auch hier sind also, wie bei den Propyläen, Elemente der ionischen Ordnung mit dorischer Architektur verbunden. Vielleicht ist dies der Raum der attischen Mädchen (*tōn Parthenōn*, ›der Jungfrauen‹), die an dem Peplos woben, dem Kleid, das zu jedem Panathenäenfest der Gottheit überreicht wurde. Spätestens seit dem 4. Jh. barg er die Schätze der Göttin und damit Athens.

Östlich des Parthenon stand der einzige rein röm. **Tempel** der Akropolis, ein Rundbau zu Ehren **des Augustus und der Göttin Roma** [9], der nach 27 v. Chr. mit Hilfe von Blöcken eines älteren Bauwerks errichtet wurde. Erhalten ist v. a. das quadratische Fundament, auf dem Teile des Gebälks zusammengetragen sind. Der Bau besaß keine geschlossene Cella. Wie unter einem Baldachin standen unter seinem von 9 ionischen Säulen getragenen Dach die Statuen des Kaisers und der Göttin Roma. Die Ornamente des kleinen Baues sind jenen des Erechtheion nachempfunden, so daß sich das Monument in seinem klassizistischen Charakter harmonisch in seine klassische Umgebung einfügte.

Den O des Akropolis-Plateaus (bei dem heutigen Museum) nahm der **Bezirk des Pandion** [10], eines mythischen Königs von Athen, ein. Nordwestlich hiervon lag der **Bezirk des Zeus Polieus** [11], des Stadtbeschirmers. Noch weiter westlich stand der **Altar der Athena** [12], das eigentliche Ziel der auf dem Parthenon-Fries geschilderten panathenäischen Festprozession. Eine moderne Ummauerung hält hier den alten, noch in mykenischer Zeit angelegten N-Aufgang der Akropolis frei. In seiner Nähe lag möglicherweise auch der Palast der Könige, die damals auf der Akropolis residierten.

Erechtheion [13]

Der Bau, der möglicherweise den sog. Alten Athena-Tempel (s. u. [14]) ersetzen sollte, wurde 421 v. Chr. wohl auf Initiative des nach Perikles' Tod bestimmenden Staatsmanns und Feldherrn Nikias begonnen und in mehreren, durch die Wechselfälle des Peloponnesischen Krieges bedingten Schüben 409–406 vollendet. Im Laufe der Jahrhunderte hat er mehrere Veränderungen erfahren. Bereits 377/376 wurde eine erste Reparatur notwendig. Entscheidender waren die Umbauten im Jahre 27 v. Chr., als das Gitterwerk zwischen den Halbsäulen im W zugemauert wurde. Die dortigen Fensterlaibungen stammen aus dieser Zeit. Im 7. Jh. baute man den Tempel in eine Kirche um. Der Eingang im O wurde durch eine Apsis verschlossen, und die Innenmauern wurden entfernt, so daß ein 3schiffiger Raum mit einem Narthex im W entstand, den man durch die Korenhalle oder die Nordhalle betrat. Türkische Burgkommandanten brachten im Erechtheion ihren Harem unter, doch verfiel das Gebäude mehr und mehr. Einzelne Architekturteile, v. a. eine der östl. Säulen und eine der Koren, wurden von Lord Elgin nach London verschleppt. 1902 bis 1918 unterzog man den Bau einer umfassenden Restaurierung. Eine weitere wurde 1988/89 abgeschlossen; bei ihr wurden nochmals z. T. ergänzte Architekturglieder angefügt und die Koren durch Abgüsse ersetzt (Originale im Museum).

Die unregelmäßige Gestalt von Grund- und Aufriß ergab sich aus der Absicht, in einem Bau mehrere Kulte und Kultmale zu vereinen. Er umfaßte den Ölbaum der Athena, das Dreizackmal des Poseidon, die Gräber der mythischen Könige Erechtheus und Kekrops, die Behausung der heiligen Burgschlange und v. a. das altehrwürdige Kultbild der Stadtgöttin, der Athena Polias.

Die O-Front bildeten 6 ionische Säulen vor der Wand mit der von 2 Fenstern flankierten Eingangstür. Neben dieser Tür stand der Altar des Zeus Hypatos (›des Höchsten‹). Die anschließende Cella beherbergte das Kultbild der Athena Polias (›Stadtherrin‹).

Die nach W angrenzende Partie lag auf viel tieferem Niveau. Sie war daher nur von N über die sog. Nordhalle zugänglich. Von der O-Seite gelangt man zu dieser über eine breite, an der Stelle einer älteren Stufenanlage erbauten Treppe und einen Platz, der vielleicht mit dem Tanzplatz identisch ist, auf dem der Überlieferung zufolge in Erinnerung an einen Tanz, den zuerst die Töchter des mythischen Königs Kekrops getanzt hatten, Feiern abgehalten wurden. Die dem westl. Ende der N-Seite vorgelagerte Halle bildete nicht nur eine imposante architektonische Einführung zu den nach S anschließenden Kulträumen, sondern umfängt selbst eines der ehrwürdigsten Kultmale der Akropolis, die Felsscharte, die der Dreizack Poseidons im (vergeblichen) Wettstreit um die Schutzherrschaft über Athen hinterlassen hatte, als der Gott aus dem Stein (salziges) Wasser schlug (Athena ließ einen Ölbaum wachsen, was dem Schiedsgericht nützlicher schien). Dieses in türkischer Zeit in eine Zisterne umgewandelte Mal durfte nicht von einem Raum fest umschlossen werden. Die Nordhalle bildet über ihm daher nur einen nach 3 Seiten offenen Baldachin, in dem die Stelle unmittelbar über dem Dreizackmal ausgespart wurde, das somit unter freiem Himmel blieb.

In der S-Wand der Halle öffnen sich 2 Türen. Die kleinere rechts führt in einen offenen Bezirk mit dem heiligen Ölbaum, der Gabe Athenas an ihre Stadt (an der urspr. Stelle neu angepflanzt). Neben ihm stand ein Altar des Zeus. Der

von einer Mauer eingefaßte Bezirk enthielt ferner einen kleineren der Pandrosos, einer der Töchter des Königs Kekrops, dessen Grab einige Quadern unter der SW-Ecke des Erechtheion zugeschrieben wurden, die daher unter den Fundamentsteinen des Baues ausgespart blieben.
Die reich geschmückte und schon im Altertum mehrfach nachgeahmte große Tür in der Mitte der S-Wand der Nordhalle führte in einen Raum mit dem später in eine Zisterne umgewandelten »Salzmeer« des Poseidon und dem Grab des mythischen Königs Erechtheus. Vielleicht wurde hier auch die Burgschlange gehalten.
Über eine kleine Treppe gelangte man am Grab des Kekrops vorbei in die »Korenhalle«, einen von Mädchenstatuen (Koren) getragenen steinernen Baldachin, der vielleicht dem Grab des athenischen Stammvaters eine angemessene Gestalt geben sollte. Die Mädchen hielten in den Händen Spendeschalen. Mit ihnen waren demnach Opferdienerinnen oder Priesterinnen gemeint. Sie sind symmetrisch zueinander komponiert, so daß jeweils das der Mitte zugewandte Bein entlastet und etwas zurückgesetzt ist. Die scheinbare Leichtigkeit und Mühelosigkeit, mit der die Mädchen das schwer lastende Gebälk tragen, wird nicht als Widerspruch empfunden, da das Verhältnis der Massen harmonisch aufeinander abgestimmt ist und die geschlossene Komposition die Statuen sicher und kraftvoll wirken läßt, ohne daß dies ihre Anmut mindert. Es spricht für den Ruhm dieser Koren, daß sie bereits im Altertum vielfach kopiert worden sind.
Der Architekt des Erechtheion hatte nicht nur in einem Bau verschiedene Kulte zu vereinen und deren Verschiedenartigkeit auch optischen Ausdruck zu verleihen, sondern überdies starke Niveauunterschiede zu überbrücken. Dennoch wurde das Erechtheion kein Konglomerat aneinandergeschobener Bauglieder. Es wird beherrscht von dem ostwestlich gelagerten Mitteltrakt, dem sich die Korenhalle und die Nordhalle unterordnen. Dieser Mitteltrakt ist in

sich nicht völlig symmetrisch. Seine O-Seite ist im W nicht getreu wiederholt, sondern mit Halbsäulen, die vor Pfeiler gelegt sind, verkürzt und zusammengedrängt gleichsam im Relief wiedergegeben. Damit wird die S-Seite des Erechtheion zum Vorläufer in der späten Klassik aufkommender, in hellenist. und röm. Zeit immer beliebterer Wandsysteme mit reliefartiger Scheinarchitektur.

Anders als der Parthenon enthält das Erechtheion die älteren und wichtigeren Kulte. Dennoch tritt es an Größe und Monumentalität hinter jenem zurück. Dafür ist seine Schmuck- und Zierhaftigkeit aufs äußerste gesteigert. Die Architektur ist allenthalben dekorativ bereichert. Dies springt nicht nur bei der Prachttür in der Nordhalle ins Auge, sondern äußert sich auch in der Gestalt der Basen und Kapitelle, unter denen Zierbänder mit Palmetten und Lotosblüten erscheinen, die etwa beim Nike-Tempel fehlen. Die Figuren des Frieses (im Museum), dessen Inhalt noch nicht sicher erschlossen werden konnte, sind einzeln in Marmor auf einen dunklen Hintergrund appliziert, eine Technik, die an Elfenbeinarbeiten bei kostbaren Möbeln erinnert.

Die Zierlichkeit des Baues äußert sich auch in dem Wuchs der Säulen an seiner O-Front, den schlanksten, die wir aus Attika kennen. Die Säulen der Nordhalle sind entsprechend ihrer Höhe kraftvoller, dabei aber lockerer gestellt. Im Gegensatz zu den sich gleichmäßiger verjüngenden Säulen der O-Seite weisen die der Nordhalle eine leichte Schwellung des Schaftes auf, die diese frei – ohne den Hintergrund einer Fassade – stehenden Säulen plastischer wirken läßt.

Einblick in die Entstehung eines klassischen Tempels gewähren die Inschriften mit den Abrechnungen, die uns für das Erechtheion teilweise erhalten sind. Aus ihnen geht hervor, daß Bildhauer, Architekten und Steinmetzen den gleichen Tagelohn von 1 Drachme erhielten. Nicht weniger als 350 Tagelöhne kostete die Ausarbeitung eines einzigen Säulenschaftes.

Südlich des Erechtheion liegen die Reste des **Alten Athena-Tempels** [14] aus archaischer Zeit. Der urspr. Bau des späten 7. Jh. v. Chr. wurde durch die Söhne des Tyrannen Peisistratos 529–520 weitgehend erneuert. 480 fiel dieser Bau dem Persersturm zum Opfer, wurde aber gleich nach dem Abzug der Perser provisorisch wiederhergestellt und noch bis in die Mitte des 4. Jh. v. Chr. als Schatzhaus benützt. Seine Ringhalle kann damals allerdings nicht mehr bestanden haben, da deren Fundament vom Erechtheion teilweise überschnitten wird. Der Bau war ein dorischer Ringhallentempel mit einer unregelmäßigen Raumaufteilung, die z.T. offenbar auf das Erechtheion übertragen wurde. Aus der unterschiedlichen Steinbearbeitung bei den Fundamenten von Ringhalle und Cella ist abzuleiten, daß beide nicht derselben Bauphase angehören, ohne daß dies zu der Annahme zwingt, die Ringhalle sei erst lange nach der Vollendung des Kernbaus hinzugefügt. Den Giebeln des Alten Athena-Tempels werden verschiedene Skulpturenkomplexe aus dem sog. Perserschutt zugeschrieben (im Museum).

Zwischen dem Erechtheion und den Propyläen lag hart am Rande des Akropolis-Plateaus das **Haus der Arrephoren** [15], vier zum Dienst der Athena bestellter, 7 bis 11 Jahre alter Mädchen. Eine schmale Felsentreppe führte von hier zu dem am Abhang der Akropolis liegenden Heiligtum des Eros und der Aphrodite ([20], s. u.). Über sie wurden geheime verhüllte Kultgegenstände hinauf- und herabgetragen. – Weiter südlich stand die Bronzestatue der **Athena Promachos** (›Vorkämpferin‹), die gegen 460 v. Chr. von Phidias geschaffen wurde [16]. Der Helmbusch und die Lanze des 10 m hohen Kolosses waren, die übrigen Monumente der Akropolis überragend, bereits den von See herannahenden Schiffen sichtbar.

Akropolis-Museum [10]

Die im wesentlichen chronologisch geordnete Sammlung umfaßt v.a. Funde aus dem sog. Perserschutt und die Bauplastik der im 5. Jh. v. Chr. errichteten Tempel, soweit diese nicht von Lord Elgin nach London verschleppt worden ist.

Nach der Einnahme Athens 480 v. Chr. verwüsteten die Perser die Akropolis. In den Anschüttungen für die neuen Bauten verschwanden die Trümmer der zerstörten und deren Bauplastik sowie figürliche Weihgeschenke, die auch zerschlagen Eigentum der Gottheit blieben und daher im Heiligtum beigesetzt wurden.

Saal 1: Bauplastik des 6. Jh. v. Chr.

Die Skulpturen aus Marmor und aus Poros, einem weichen Kalkstein, stammen von verschiedenen Bauten, die teilweise noch nicht bestimmt werden konnten. Die das Böse abwehrende Schreckensmaske der Gorgo (Nr. 701) bildete das Akroter des Alten Athena-Tempels. In dessen Giebelfeld standen Panther (Nr. 552, 554), deren fleckiges Fell in konzentrischen Kreisen wiedergegeben ist; wie auch andere wilde Bestien verkörpern sie die dämonischen Kräfte der Natur. Von ursprünglicher Erzählfreude ist das Giebelfeld eines kleineren Gebäudes erfüllt mit der Darstellung vom Kampf des Herakles mit der Hydra, deren wild geschwungene Schlangenleiber die ganze rechte Giebelhälfte füllten (Nr. 1). Um so monumentaler wirkt daneben ein Löwe, der ein Kalb in seinen Pranken hält (Nr. 4), ein vom Orient übernommenes Bildmotiv.

Saal 2: Bauplastik, Architekturteile und Weihgaben des 6. Jh. v. Chr.

Vom Giebel eines kleineren Gebäudes stammen ein Hochrelief mit der Einführung Herakles' in den Olymp, von etwas kleinteiliger Plastizität, aus dem frühen 6. Jh., und die Darstellung von dessen Kampf mit dem schlangenleibigen Triton. Monumentaler wirken daneben die Giebelskulptu-

ren, die außer Herakles' Tritonkampf den sog. Dreileibigen darstellen, ein schlangenleibiges Ungeheuer mit 3 menschlichen Oberkörpern, die mit verschiedenen Attributen in ihren Händen die verschiedenen Elemente vergegenwärtigen. Demselben Giebel, der damit 16,50 m breit gewesen sein muß, wird auch die Gruppe eines Löwen mit Stier im folgenden Saal zugeschrieben.
Archaische Erzählfreude erfüllt ein kleines Giebelrelief des frühen 6. Jh. v. Chr. mit einem Quellhaus und Fragmenten von 3 Frauen sowie eines Mannes. Hier waren die achäischen Helden dargestellt, die dem trojanischen Königssohn Troilos und dessen Schwester auflauern. Von einem kleineren Bau der archaischen Akropolis, dem sog. Bau A, wurde das dorische Gebälk mit dem Gesims teilweise wiederaufgebaut (die Eckpartien im folgenden Raum). Einzelne Säulen und Kapitelle gehörten nicht in eine Architektur, sondern trugen Weihgeschenke. Unter den Weihgaben, kleinen Terrakottafiguren und Tonreliefs, sind die Pferde einer Quadriga aus dem späten 6. Jh. v. Chr. und neben einer Sphinx des mittleren 6. Jh. v. Chr. eine Kore (um 570) und v. a. der berühmte »Kalbträger« (um 560) hervorzuheben; der Weihende (Rhombos oder Kombos) hat das Opfertier geschultert, ein altes Motiv, das hier mit der Parallelität der Köpfe besonders eindringlich vorgetragen wird.

Saal 3: Plastik und Architektur des 6. Jh. v. Chr.

Ein Werk von äußerster Dynamik ist die in kräftigem Relief gegebene Gruppe eines Stiers, der einen Löwen niedergeworfen hat (s. Herakles–Triton und »Dreileibiger« in Saal 2), bei dem die Reste der Bemalung auch von der Farbigkeit archaischer Skulptur noch eine Vorstellung geben. Von 3 archaischen Gebäuden sind Teile des Gebälks wiederaufgebaut.
Außer einer Sphinx (um 530 v. Chr.) gehören die Einzelskulpturen in diesem Raum, eine Thronende Frau (um 530 v. Chr.) und 2 Koren (um 560 v. Chr.), nicht der attischen Kunst an, sondern wurden von Bildhauern aus Samos und

Naxos geschaffen. Sie bezeugen die engen künstlerischen Verbindungen Athens zur Ägäis und zu Ostionien.

Saal 4: Koren

Als Koren (Mädchen) werden Statuen ruhig stehender, bekleideter junger Frauen bezeichnet, die nicht näher zu bestimmen sind. Es könnte sich jeweils um Götterbilder, aber auch um Darstellungen von Gläubigen handeln, die mit einer solchen Weihung ihrer Verehrung der Gottheit und damit in gewisser Weise auch einem Teil ihres eigenen Seins im Heiligtum Dauer verleihen wollten. Außer von Heiligtümern kennen wir Koren auch von Grabmälern. Der Typus kommt um die Mitte des 7. Jh. v. Chr. auf. Die hier ausgestellten Koren wurden in verschiedenen Bereichen der Akropolis gefunden und gehören der 2. Hälfte des 6. Jh. sowie dem frühen 5. Jh. v. Chr. an. Aus diesem Zeitraum stammen auch einige andere Skulpturen in diesem Raum, die gleichfalls im Perserschutt zutage kamen. In der späten Archaik gelegentlich hervortretende »manieristische« Züge kennzeichnen das Weihrelief mit Athena und einigen Gläubigen. Die Gestalten sind überlängt, die Faltenführung wirkt kalligraphisch verspielt.

Unter einigen Reiterbildern der 2. Hälfte des 6. Jh. v. Chr. ragt v. a. der sog. »Reiter Rampin« heraus, dessen im Louvre aufbewahrter Kopf (ehem. Sammlung Rampin) hier durch einen Abguß ersetzt wurde. Bei aller Geschlossenheit und Kompaktheit im Aufbau äußert sich hier ein minuziöser Reichtum an Formen und lebendiger Modellierung, der entsprechend auch die Plastik eines Hundes bestimmt.

Als altehrwürdiges Bildwerk, das nach dem Perserssturm nicht verschüttet wurde, hat man während des ganzen Altertums die Athena des Endoios (angeblich ein Schüler des Daidalos) bewundert, die mit einer beim Erechtheion gefundenen, stark verwitterten Sitzfigur aus dem letzten Viertel des 6. Jh. v. Chr. identifiziert wird.

Saal 5: Gigantomachie-Giebel

Die Nachfolger und Söhne des Tyrannen Peisistratos erneu-

erten um 520 v. Chr. den Alten Athena-Tempel, den sie nun mit Marmorskulpturen schmückten. Die alten, heraldisch wirkenden Giebelgruppen (s.o. Saal 1) ersetzte nunmehr die bewegte Schilderung des Kampfes der Götter und Giganten, in dem nahe der Giebelmitte die Stadtgöttin Athena mit ihrem Gegner, dem Giganten Enkelados, eine zentrale Stelle einnimmt.
Eine besonders große Kore steht auf einer Basis mit der Signatur des Antenor, der uns als Meister einer »Tyrannenmörder«-Gruppe überliefert ist, welche die Perser 480 v. Chr. verschleppten. Wie auch die übrigen Skulpturen, die in diesem Raumabschnitt dem Gigantomachie-Giebel gegenüber aufgestellt sind, gehört sie dem ausgehenden 6. Jh. v. Chr. an.
In einem *Annex zu Saal 5* sind verschiedenartige Funde aus kleineren Heiligtümern am S-Abhang der Akropolis zusammengestellt sowie v. a. Fragmente kleinerer Skulpturen von der Akropolis selbst.

Saal 6: Plastik des Strengen Stils

Aus der Übergangszeit von der Archaik zur Klassik stammen Fragmente einer eilenden Nike, deren ornamentale Faltenzüge noch an archaische Mädchenstatuen erinnern, in ihrer Differenzierung und in dem Verhältnis von Körper und Gewand jedoch ein stärkeres Gefühl für organischen Zusammenhang erkennen lassen. Aus einer Inschrift wissen wir, daß die Statue im Namen des athenischen Heerführers Kallimachos nach dessen Tod in der Schlacht von Marathon (490 v. Chr.) aufgestellt worden ist. Bei den Köpfen dieser Zeit ist das archaische Lächeln einem ernsten und herben Ausdruck gewichen (vgl. den sog. »Blonden Kopf« [Nr. 689] oder die »Kore des Euthydikos« [Nr. 609/686]). Ein dem Kritios, einem der Meister der neuen »Tyrannenmörder«-Gruppe (vgl. S. 135), zugeschriebener Knabe zeigt, wie sich der Stand der Figuren geändert hat. Das archaische Kuros-Schema ist einer Differenzierung zwischen einem Standbein, welches das Gewicht des Körpers trägt, und einem

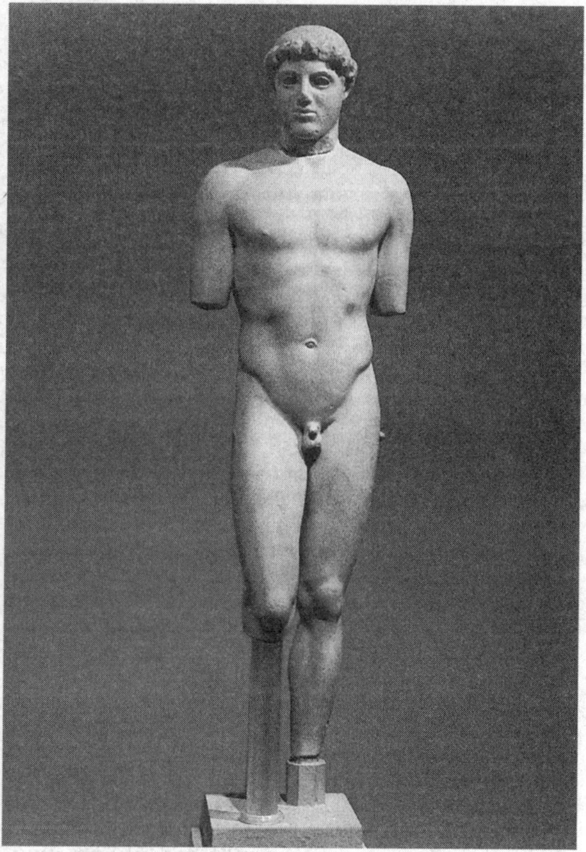

Athen. Akropolis-Museum. Kritios-Knabe

locker zur Seite gestellten Spielbein gewichen, die sich auch in der Bewegung der Hüfte ausdrückt. Ein ähnlicher Stand ist auch bei der Statuette einer Athena zu beobachten. Der strenge Ernst der Skulpturen der frühen Klassik spricht auch aus einem noch nicht sicher gedeuteten Relief einer Athena, die versonnen auf einen Pfeiler, vielleicht ein Denkmal für Gefallene, hinabblickt. Das Weihrelief eines Töpfers zeigt an, daß nach der vom Adel dominierten archaischen Zeit nunmehr neue Schichten mit repräsentativen Stiftungen hervortreten.

Saal 7: Skulpturen des Parthenon

Von der Bauplastik des Parthenon, seinen Giebeln, Metopen und dem Fries, die 448–438 v. Chr. wohl unter Aufsicht des Phidias entstanden, sind, nachdem Lord Elgin einen großen Teil nach London verschleppt hat, außer großen Abschnitten des Frieses nur Fragmente an Ort und Stelle verblieben.

Vom W-Giebel, wo der Wettstreit zwischen Athena und Poseidon um Athen dargestellt war, sind v. a. die Brustpartie des Poseidon und der Torso des Flußgottes Ilissos sowie Teile sitzender Göttinnen und Fragmente der Gespanne des Poseidon und der Athena zu sehen; vom O-Giebel der Körper der aus dem Meer aufsteigenden Mondgöttin Selene. Von den Metopen ist hier neben kleineren Fragmenten eine vollständige Platte der S-Seite mit einem Lapithen und Kentauren ausgestellt.

Die »Athena Parthenos«, das Kultbild im Innern des Parthenon, gibt eine auf der Akropolis gefundene röm. Kopie wieder.

Saal 8: Klassische Friese

PARTHENON: Von dem 160 m langen Fries ist die ganze W-Seite mit dem Aufbruch des Festzugs bislang noch am Bau verblieben. Im Museum nur ein Teil der Kavalkade attischer Jünglinge und eine Gruppe Männer. Von der N-Seite gleichfalls einhersprengende Reiter mit Festordnern, Pferdegespanne und eine Gruppe alter Männer sowie vor den

Musikanten der Zug der Opfertiere und der Jünglinge, die auf ihren Schultern Hydrien herantragen. Von der über dem Eingang angebrachten O-Seite einige Mädchen an der Spitze des Festzugs mit Opferschalen in den Händen. Schließlich von der den Festzug erwartenden Götterversammlung Poseidon, Apollon und Artemis sowie Fragmente der Aphrodite mit dem Erosknaben.

ERECHTHEION: Im Gegensatz zum Festzug-Fries des Parthenon, wo in relativ flachem Relief die Figuren in dichter Gruppierung und in stetem Fluß aufeinander folgen, sind hier die einzelnen Figuren, die, wie wir aus Abrechnungen wissen, mit je 60 Drachmen bezahlt wurden, stärker isoliert und nicht unmittelbar mit dem Reliefgrund verbunden, sondern farblich von ihm abgesetzt. Der Grund besteht aus dunklem eleusinischem Kalkstein; die Figuren selbst sind aus Marmor. Wegen der Applikationstechnik ist auch die Abfolge der Figuren nicht sicher zu ermitteln und der Inhalt ungewiß, doch werden sie sich auf die Taten des Erechtheus, des mythischen Gründers von Athen, beziehen. Der unruhige Faltenstil läßt den zeitlichen Abstand der erst 409/408 geschaffenen Friese zu jenen des Parthenon erkennen.

NIKE-BALUSTRADE: Gleichfalls im letzten Jahrzehnt des 5. Jh. v. Chr. entstanden noch kurz vor der Niederlage gegen Sparta (404 v. Chr.) die Reliefs der Balustrade, mit welcher der Nike-Pyrgos eingefaßt wurde. Die Siegesgöttinnen eilen hier selbst zum Heiligtum, an dessen Eingang eine sich die Sandale löst, während andere das Opfer bereiten. In ihrer Bewegtheit, dem schönen Fluß der Formen und dem gefälligen Arrangement der Falten bilden diese Reliefs einen Höhepunkt des »Reichen Stils« der nachparthenonischen Plastik.

Eine Inschrift des Jahres 446/445 v. Chr. gibt einen Vertrag mit der Stadt Chalkis wieder, der durch die Aufstellung auf der Akropolis wie auch im Heiligtum des Olympischen Zeus in Chalkis sanktioniert wurde.

Saal 9: Erechtheion-Koren
Hinter einer Glasscheibe stehen in einem besonders klimatisierten Raum 4 der 6 Koren. Die sechste ist in London, und eine weitere wird in den Restaurierungswerkstätten untersucht, um zu erkunden, wie ein weiterer Zerfall der Oberfläche unterbunden werden kann.
Eingangsraum: Klassische Skulpturen
Im Zentrum steht die Statue der Prokne, die über den Mord an ihrem Sohne Itys nachsinnt, mit dem sie sich an ihrem Gatten Tereus rächen will. Die von dem Phidias-Schüler Alkamenes gegen 420 v. Chr. geschaffene Skulptur gehört zu den wenigen nicht nur in Kopien, sondern im Original erhaltenen Meisterwerken der hohen Klassik. Die enge Verbindung der Mutter mit ihrem Kind, das sich ahnungslos an sie schmiegt, läßt den Geist der gleichzeitigen attischen Tragödie ahnen.

Denkmäler am N-Abhang der Akropolis

Unterhalb des N-Flügels der Propyläen liegt im Felsen die **Klepshydra-Quelle** [17], die bereits von den neolithischen Bewohnern der Akropolis benützt wurde. 470–460 v. Chr. wurde sie zum Quellhaus umgebaut, in röm. Zeit stark verändert und im 3. Jh. n. Chr. durch einen gewölbten Gang mit dem neu befestigten Akropolis-Areal verbunden. Die Quelle wurde von der fränkischen Burgbesatzung noch benützt, geriet unter den Türken aber allmählich in Vergessenheit, bis sie 1822 wiederentdeckt wurde. Das frühklassische Quellhaus in der Tiefe der Grotte hatte an seinem O-Ende einige Schöpfbecken. Von dort stieg man über eine Treppe zu einem gepflasterten Vorhof hinan. Als in röm. Zeit ein überhängender Felsen herabstürzte und den Zugang versperrte, wurde aus einem Schacht Wasser geschöpft.
Östlich der Klepshydra liegen 3 hohe **Grotten** [18]. In der westlichen wurde **Apollon Hypoakraios** (›unter dem Gipfel‹) auch als der pythische (delphische) Gott verehrt. Die

2. Grotte war dem **Olympischen Zeus** heilig, und in der 3. hatte **Pan** seinen Kult. Wie Herodot im 5. Jh. v. Chr. berichtet, hatten die Athener, als 490 v. Chr. die Perser in Griechenland einfielen, den Läufer Pheidippides nach Sparta um Hilfe gesandt; auf dem Rückweg erschien ihm Pan und sicherte den Athenern seinen Beistand zu. Daher wurde nach dem Sieg über die Perser dem Gott hier ein Kult mit jährlichen Opfern und Fackelläufen eingerichtet.
Der Platz vor den Grottenheiligtümern war durch eine schmale Treppe, die bei dem Haus der Arrephoren [15] endete (s. o.), mit der Akropolis verbunden. Unmittelbar unterhalb dieses Gebäudes liegt die **Grotte der Nymphe Aglauros** [19]. In der Tiefe dieser Grotte wurde eine Quelle entdeckt, von der aus in mykenischer Zeit eine Treppe zur Akropolis führte. In klassischer Zeit war die Quelle längst verschüttet, doch blieb die Erinnerung an sie im Kult der Aglauros erhalten, die man nachträglich mit einer der Töchter des mythischen Königs Kekrops identifizierte. Der Kult der Aglauros war eng mit jenem der Athena verbunden. In ihrem Heiligtum wurden die mannbaren attischen Jünglinge vereidigt.
Am Fuß des nordöstlich des Erechtheion abfallenden Felsens wurde anhand zahlreicher in den Felsen gehauener Nischen für Weihgeschenke und durch Inschriften die **Kultstätte des Eros und der Aphrodite** [20] identifiziert. Eine teilweise noch gut erhaltene Treppe zur Akropolis geht noch auf mykenische Zeit zurück. Wie der Reiseschriftsteller Pausanias im 2. Jh. n. Chr. berichtet, wurden in diesem Heiligtum die geheimen Kultgegenstände aufbewahrt, die zu bestimmten Festen von den Arrephoren in verdeckten Körben zur Akropolis und wieder zurück getragen wurden.

Denkmäler am S-Abhang der Akropolis

Das am SW-Fuß der Akropolis gelegene **Odeion des Herodes Atticus** [21] wurde von diesem schwerreichen Athener, der auch andernorts als großzügiger Mäzen auftrat, in Erin-

nerung an seine Frau Regilla 160 n.Chr. gestiftet und spätestens 174 n. Chr. vollendet. Im Altertum fanden hier vor knapp 5000 Zuhörern v.a. Konzerte statt. 267 n.Chr. ist der Bau beim Einfall der Heruler offenbar in Brand geraten. Im Mittelalter in die Vorwerke der Akropolis integriert, wurde das Odeion 1848–1858 von zahlreichen mittelalterlichen Einbauten befreit. Mit seinen stark restaurierten Zuschauerrängen dient es heute wieder der Aufführung antiker Dramen und zu Konzerten. Von dem ursprünglich 28 m hohen Bühnengebäude, das den halbkreisförmigen Zuschauerraum abschließt, ist nur mehr der Kern erhalten. Es war reich mit verschiedenfarbigem Marmor verkleidet, und seine Nischen waren mit Statuen geschmückt. Treppen in den Seitenflügeln haben das Gebäude bequem erschlossen. Trotz des beachtlichen Radius von 38 m war der Zuschauerraum offenbar dauerhaft überdacht.
An das Odeion schloß sich eine ältere, vermutlich von dem pergamenischen König Eumenes II. (197–159 v.Chr.) gestiftete Halle, die **Stoa des Eumenes** [22], an. Im 3. Jh. n. Chr. wurde die Halle abgerissen und ihr Steinmaterial für eine Befestigungsanlage verwendet. Erhalten blieben an Ort und Stelle v. a. der untere Teil der Rückwand mit dem Mauersockel und dahinter die durch Rundbogen gegliederte Stützmauer, die den Schub von der darüber liegenden Terrasse abfängt. Der Bau stimmte bis ins Detail mit der Attalos-Stoa auf der Agora (s. S. 131) überein, doch fehlten die dort an die Halle anschließenden Ladenräume, die bei diesem Gebäude, das v.a. den Besuchern des Theaters als Wandelhalle diente, überflüssig waren.
Oberhalb der Halle liegt das **Asklepios-Heiligtum** [23]. Nachdem der Kult des Heilgottes von dem Tragiker Sophokles in Athen eingerichtet worden war, stiftete 419/418 v.Chr. der Privatmann Telemachos das Heiligtum. Im 4. Jh. v.Chr. wurden die urspr. aus Holz aufgeführten Gebäude in Stein erneuert. Im 3. Jh. n. Chr. hatte das Asklepieion beim Einfall der Heruler stark gelitten, doch wurden im 4. Jh.

n. Chr. einige Gebäude wiederhergestellt. So erneuert blieb die Anlage bis ins 5. Jh. erhalten. Erst im 6. Jh. wurden die Bauten des Asklepieions weitgehend abgetragen; über ihren Fundamenten wurde eine 3schiffige Basilika mit einem Atrium im W errichtet, die bezeichnenderweise den Ag. Anargyroi, den hl. Ärzten, gewidmet war.

Man betrat den von einer hohen Mauer umfriedeten Bezirk durch ein Tor im W und gelangte in einen gepflasterten Hof mit dem Tempel des Asklepios und seiner Tochter Hygieia, einem einfachen Schrein mit einer Säulenstellung im O. Von ihm wie auch von dem weiter östlich gelegenen Altar haben sich außer einigen isolierten Baugliedern an Ort und Stelle nur die Fundamente erhalten.

Die N-Seite der Anlage nahm eine 2geschossige, dorische Halle ein, in der die Kranken lagerten. An ihrer Rückwand liegt die später zur Kapelle umgebaute Grotte mit dem heiligen Wasser, das bis heute als heilkräftig gilt. In ihrem westl. Teil war die Halle mit einem ummauerten Innenhof verbunden, in der der von einem Baldachin überfangene heilige Schöpfbrunnen lag. In röm. Zeit wurde im S-Teil des Bezirks eine weitere Halle errichtet.

Westlich der Einfriedung des Bezirks sind Reste einer weiteren, ionischen Halle aus dem 5. Jh. v. Chr. erhalten mit 4 Räumen, die mit Betten für Gelage ausgestattet waren. – Westlich dieser ionischen Halle liegen die Reste eines beim Bau einer mittelalterlichen Zisterne weitgehend zerstörten Schöpfbeckens mit einer Vertiefung für den Wasserzulauf. Diese Anlage stammt noch aus dem 6. Jh. v. Chr. und wurde im 4. Jh. v. Chr. bereits weitgehend wieder zugeschüttet. Die Quelle und ihre Umgebung waren den Nymphen heilig. Auch Pan wurde hier verehrt, und ein hier gefundener Altar ist Hermes, Aphrodite und Isis geweiht.

Das in den Abhang des Burgfelsens eingebettete **Dionysos-Theater** [24] ist wohl das älteste und jedenfalls das ehrwürdigste seiner Art. Die meisten großen attischen Dramen wurden hier zum ersten Male aufgeführt. Der ursprünglich

in Thrakien beheimatete Kult des Dionysos war im 6. Jh. v. Chr. vom attischen Ort Eleutherai hierher übertragen worden, weshalb man den Gott hier auch als »Dionysos Eleuthereus« verehrte.
Für die Chorlieder, die Schauspieler auf hohen Kothurnen und mit Masken vor den Gesichtern aufführten, hatte man bereits in archaischer Zeit eine ebene Terrasse geschaffen, um die sich die Zuschauer auf der Erde lagerten. Hier führte Thespis, dessen Truppe mit einem Karren von Ort zu Ort zog, 534 v. Chr. das erste Drama auf. Zunächst war es nur ein einzelner Schauspieler, der dem Chor gegenübertrat. Einen zweiten führte dann Aischylos und einen dritten Sophokles ein. Die Theateraufführungen fanden jedes Frühjahr bei den »Großen Dionysien« statt, die 4 Tage dauerten. An diesem Fest traten jeweils 3 Dichter mit ihren Tetralogien, die 3 Tragödien und ein Satyrspiel umfaßten, auf. Der Beste erhielt einen Preis.
Für die Zuschauer wurden schon bald hölzerne Tribünen errichtet, die, nachdem sie während einer Vorstellung zusammengebrochen waren, durch einen Steinbau ersetzt wurden, von dem sich jedoch keine Reste erhalten haben. Die heutige Anlage geht im wesentlichen auf einen Neubau des Redners Lykurg (4. Jh. v. Chr.) zurück. Die Orchestra dieses Theaters wurde von einer Bühnenwand hinterfangen, vor die man in hellenist. Zeit eine Säulenfront stellte. Diese Bühnenarchitektur ersetzte 61/62 n. Chr. ein Dionysos und Kaiser Nero geweihter Neubau. Im 3. Jh. n. Chr. errichtete der athenische Politiker Phaidros das weitgehend erhaltene Bühnenpodium. In dieser Zeit wurden die seitlichen Parodoi, durch die der Chor seinen Einzug hielt, mit Toren ausgestattet. Im 5. Jh. n. Chr. hat man in die östl. Parodos eine Kirche eingebaut, der die ehem. Orchestra als Vorhof diente.
Die 78 Sitzreihen des Theaters, die bis zu 20000 Zuschauer aufgenommen haben mögen, gliedern sich in 3 Ränge, deren unterer in 13 Keile geteilt ist. Auf Lykurg geht die Proedrie

zurück, mit Lehnen ausgestattete Sitze der 1. Reihe, die, wie die Inschriften zeigen, Priestern der verschiedenen Kulte Athens sowie hohen Beamten vorbehalten waren. In ihrer Mitte ist der Thron des Dionysos-Priesters besonders hervorgehoben. Dahinter stehen auf höherem Niveau die Statuenbasen und der Ehrensitz der kaiserlichen Loge Hadrians aus dem 2. Jh. n. Chr. Da das Theaterspiel inzwischen von der Orchestra weitgehend auf das Bühnenpodium verlagert worden war, bot sich von hier aus eine weit bessere Sicht als von den Ehrensitzen der 1. Reihe.

Das Pflaster der Orchestra stammt aus röm. Zeit. Ebenso die Balustrade aus Steinplatten, die bei blutigen Tierspielen, wie sie in röm. Zeit im Theater abgehalten wurden, das Publikum schützten. Den die Orchestra einfassenden Kanal hat man nachträglich mit Steinplatten abgedeckt; in christlicher Zeit diente er als Zisterne.

Die Orchestra wird im S durch das Podium (Bema) des Phaidros abgeschlossen, im 3. Jh. n. Chr. errichtet unter Wiederverwendung von Atlanten, von denen Fragmente in dem Areal zusammengestellt sind, knienden Satyrn und Reliefs mit Szenen aus dem Leben des Dionysos, aus dem 2. Jh. n. Chr.

Weiter südlich liegen die Mauern des Szenengebäudes, die im wesentlichen von dem 61/62 errichteten Bau stammen, der sich über den Fundamenten der griech. Szenenarchitektur erhob.

Die Basis der Statue des Komödiendichters Menander mit der Signatur des Praxiteles aus dem 4. Jh. v. Chr. erinnert an die Dichterstatuen, die einst im Theater aufgestellt waren.

Da das griech. Drama aus dem Kult des Dionysos hervorgegangen war und die jährlichen Theateraufführungen zu seinen Ehren stattfanden, war das **Heiligtum des Dionysos** eng mit dem Theater verbunden. Ein erster Tempel wurde dem Gott im 6. Jh. v. Chr. errichtet. Im 4. Jh. v. Chr. wurde das Heiligtum zusammen mit dem Theater auf Veranlassung des Lykurg erneuert. Die Rückseite des Szenengebäudes bildete gleichzeitig die Rückwand einer nach S gerichteten, 2stöckigen dorischen Halle des 4. Jh. v. Chr. Vor ihrem W-Teil liegen die Fundamente des Dionysos-Tempels des 6. Jh. v. Chr. [25], weiter südlich die des Nachfolgers aus dem 4. Jh. v. Chr. mit den Grundmauern seiner im O vorgelagerten Säulenhalle [26].

Die Theateraufführungen wurden nicht vom Staat, sondern von Privatleuten ausgerichtet, die dafür mit Preisen ausgezeichnet werden konnten. In Erinnerung an solche musischen Wettkämpfe wurden vielfach Denkmäler aufgestellt,
28 zu denen auch das des Lysikrates (s. S. 146) an der vom Theater ausgehenden Tripoden(›Dreifüße‹)straße zählte, die nach solchen Siegespreisen benannt war.

Ein anderes Denkmal dieser Art ist das **Monument des Nikias** [27], der 320/319 v. Chr. im Dionysos-Theater gesiegt hatte. Die Glieder dieses Bauwerks wurden im 3. Jh. n. Chr. für das Beulé-Tor ([1], s. S. 85 ff.) wiederverwendet. Vor der SO-Ecke der Eumenes-Halle sind die Fundamente des Baues erhalten, der nach W orientiert war und die Gestalt eines prostylen Tempels mit einer quadratischen Cella und 6 dorischen Säulen an der Front hatte.

Aus dem Jahre 320/319 v. Chr. stammt das choregische **Monument des Thrasyllos** [28], das 50 Jahre später von seinem gleichnamigen Sohn erweitert wurde. In christlicher Zeit hat man es in eine Kapelle der Panagia Spileotissa, der Allerheiligsten (Gottesmutter) von der Höhle, umgewandelt. Bis 1827 blieb es fast unversehrt, wurde dann aber bei den Kämpfen um die Akropolis zerstört. Bereits beim Bau des Theaters des Lykurg war die Felswand geglättet worden. Dabei kam die Höhle zum Vorschein, vor die Thrasyllos eine Fassade mit Pfeilern legte. Über ihr erhob sich der Dreifuß, der dem Stifter als Preis zuerkannt worden war. An seine Stelle setzte man in röm. Zeit eine Statue des Dionysos, die sich heute in London befindet.

In Nischen an derselben Felswand waren gleichfalls Ehrenpreise von choregischen Wettkämpfen aufgestellt, und für weitere finden sich Einlassungen im Boden. 2 oberhalb des Thrasyllos-Monuments aufragende korinthische Säulen aus röm. Zeit trugen ebenfalls bei musischen Wettkämpfen errungene Dreifüße.

Im O grenzt an das Dionysos-Theater das **Odeion des Perikles** [29] an, das von dem berühmten Staatsmann im 5. Jh. v. Chr. errichtet wurde. Während der Belagerung Athens durch Sulla im Jahre 86 v. Chr. setzten es die Athener selbst in Brand, um zu verhindern, daß der röm. Feldherr sich der in ihm verbauten Balken zum Sturm auf die Akropolis bediente. 65–52 v. Chr. ließ es der kappadokische König Ariobarzanes in seiner urspr. Gestalt erneuern. Vermutlich wurde es 267 n. Chr. von den Herulern endgültig zerstört. Dieses älteste Konzertgebäude Athens, das mit seiner W-Ecke in die Zuschauerränge des Dionysos-Theaters einschneidet, war 62,40 × 68,60 m groß. Seine Decke wurde von 90 Innenstützen getragen. Wegen seines pyramidenförmigen Daches galt es als Kopie des Zeltes des Perserkönigs Xerxes.

Philopappos, Museion und Nymphenhügel

Südwestlich der Akropolis erstreckt sich ein Höhenzug, der das antike Stadtgebiet begrenzt. Sein südl. Gipfel, der in an-
tiken Quellen als **Museion**, als Bezirk der Musen, bezeich- 1
net wird, trägt die Ruine des **Mausoleums des Philopappos**, 2
nach dem heute meist der ganze Berg benannt wird.

Das Denkmal wurde von den Athenern 114–116 n. Chr. für einen Nachkommen der Könige des syrischen Kommagene und ehem. röm. Konsul errichtet, der im Exil in Athen ein üppiges Gnadenbrot genoß und die Stadt offenbar reich beschenkte. Von dem von einem Pyramidendach bekrönten Gebäude sind Teile des quadratischen Mauersockels und die mit Skulpturen geschmückte Fassade erhalten. Ein Relief zeigt Philopappos als röm. Konsul auf einer Quadriga seinen Einzug haltend. Die Nische darüber enthält seine Sitzstatue und daneben die seines Großvaters Antiochos IV., der bis 72 n.Chr. noch als König in Kommagene geherrscht hatte. In der verlorenen rechten Nische stand das Bildnis des Seleukos I. Nikator (304–281 v. Chr.), des Begründers der Dynastie. Der in einem Sarkophag im Innern Beigesetzte wird somit als Erbe einer großen hellenist. Dynastie wie auch als hoher röm. Beamter gefeiert, eine Ambivalenz, die bezeichnend ist für die Stellung und das Selbstgefühl der führenden Schichten im griech. Osten des röm. Reiches.

Unterhalb des Mausoleums sind verschiedene Zisternen und Kammern in den Fels gehauen, die im Mittelalter als Gefängnis des Philosophen Sokrates verkannt wurden.

Für die Verteidigung Athens war der Höhenzug, den heute das Denkmal des Philopappos einnimmt, immer besonders wichtig. Die nach den Perserkriegen unter dem athenischen Staatsmann Themistokles gegen den Einspruch der Spartaner in aller Eile errichtete **Mauer** stieg von O kommend zum Gipfel an und folgte von hier aus einem Hügelkamm nach SW. Im späteren 5.Jh. erbaute man unter dem Volksführer Kleon am SW-Rand des Hügels eine weitere Mauer, die das Areal zwischen den »Langen Mauern«, die Athen mit seinen Häfen verbanden, von dem eigentlichen Stadtgebiet abtrennte. Nachdem das an Felseinarbeitungen immer noch sichtbare Wohngebiet auf dem SW-Abhang des Hügelzugs im Laufe des 4.Jh. immer mehr verödet war, errichtete man auf dem Kamm 337 v.Chr. eine neue Trennmauer, die unmittelbar vom Museion ausging und im NW auf dem Nymphenhügel auf die zweite Schenkelmauer zum Piräus
3 stieß. Diese Quermauer, das **»Diateichisma«**, wurde mehrfach erneuert und noch in der Spätantike unter Kaiser Justinian durch Wehrtürme verstärkt.

Grabungen auf dem Philopappos-Hügel deckten die Grundmauern einer **Festung** auf, die 294 v.Chr. unter dem Makedonenkönig Demetrios Poliorketes erbaut worden und zur Zeit des Philopappos längst geschleift gewesen war.

An der NO-Seite des Höhenzugs liegt die **Pnyx,** der Ort 4
der Ekklesia, der Vollversammlung der freien athenischen Bürger, die durch die Verfassungsreform des Kleisthenes 507 v. Chr. zum eigentlichen Souverän geworden war. Die Pnyx war nie mit festen Bänken ausgestattet. Man saß vielmehr am Abhang des Hügels, in den eine flache Mulde eingetieft worden war, mit dem Blick auf die zu Füßen liegende Stadt. Die Redner sprachen urspr. von einem Podest im NO. Die sichtbaren Reste stammen im wesentlichen von einer Neugestaltung der Anlage im Jahre 404/403 v. Chr., bei der die ganze Orientierung umgedreht wurde; sie faßte nun 18000 bis 20000 Bürger. Vor einer künstlichen Felswand erhebt sich das Bema, das Podium für die Redner. Von dort steigt das Gelände nach NO zu einer Stützmauer hin an. Im 4. Jh. v. Chr. begann man oberhalb der Pnyx den Bau von 2 großen Hallen, in denen bei Regengüssen die Besucher Zuflucht finden sollten. Sie wurden nie vollendet. In hellenist. Zeit verlor die Pnyx an Bedeutung, da die Vollversammlung nunmehr im komfortableren Dionysos-Theater abgehalten wurde.

Oberhalb des Bemas der Pnyx liegt das **Heiligtum des Zeus** 5
Hypsistos mit zahlreichen in die Felswand gehauenen Nischen für Weihungen und Reliefs, von denen viele noch hier gefunden wurden. Oberhalb der Wand für die Votivreliefs sind steinerne Sitzreihen für die Besucher der Opferzeremonien vorgesehen. Die Wiedergabe einzelner Körperteile auf vielen der hier gefundenen Reliefs erinnert an Darstellungen, die v. a. in Bezirken von Heilgöttern gefunden wurden, so daß man auch dem Zeus Hypsistos, dessen Kult besonders bei der einfacheren Bevölkerung noch in der röm. Kaiserzeit sehr beliebt gewesen zu sein scheint, eine ähnliche Funktion zuschreiben wird.

Den heute als **Nymphenhügel** bezeichneten nordwestl. 6
Ausläufer des Höhenzugs, auf dem das 1842 erbaute Observatorium steht, erweist eine in den Felsen gehauene Inschrift als Bezirk des Zeus. Hier stößt die Quermauer, das

»Diateichisma«, auf die nördliche der »Langen Mauern«. Hier lag auch das **Barathron**, der Richtplatz.

Vom Nymphenhügel aus führte die antike Stadtmauer nach
7, 8 NW zum Piräischen Tor und von dort weiter zum Heiligen
9 Tor und zum Dipylon.

11 Areopag

Von der kargen Felskuppe gegenüber dem Akropolis-Aufgang aus bestürmten, wie in mythischer Zeit einst die Amazonen, 480 v. Chr. die Perser unter Xerxes die Akropolis. Schon früh war sie Versammlungsort des nach ihr benannten Rates der ehem. Archonten, der höchsten Beamten der Stadt, die aus den Reihen des Adels gewählt wurden. Der Areopag war somit eine aristokratische Institution. Er überwachte die Einhaltung der Gesetze und übte die Blutgerichtsbarkeit aus. Durch Verfassungsreformen wurden seine Befugnisse, zuletzt 462 v. Chr., wesentlich eingeschränkt. Außer der Blutgerichtsbarkeit blieben ihm im wesentlichen nur sakrale Funktionen. Als angesehenes Gremium übte er indirekt oft großen Einfluß aus, und antidemokratische Tendenzen stärkten in hellenist. und röm. Zeit seine Stellung wieder. Vor dem Areopag verkündete im Jahre 51 der Apostel Paulus das Christentum und bekehrte den Areopagiten Dionysios.

Auf dem künstlich geebneten Rücken des Hügels finden sich im Felsen einige Bettungen, die vielleicht von Gerichtsgebäuden stammen. An der N-Seite des Hügels sind die Fundamente der Kirche des Areopagiten Dionysios aus dem 6. Jh. erhalten. Sie stehen auf einem Plateau, das vielleicht auch Versammlungsstätte des Areopags war.

An der NO-Seite des Hügels liegt die **Grotte der Erinnyen**, der Rachegeister, die den mit Blutschuld Beladenen verfolgten. In Aischylos' Drama werden sie zu Eumeniden (›Wohlmeinende‹) umbenannt und zu Wächtern des Rechts bestellt. Das Heiligtum bot Mördern und entlaufenen Sklaven Asyl.

Am SW-Fuß des Areopags liegt an der Odos Paulu Apostolu ein umfriedetes Gelände, in dem einige Straßenzüge mit **Handwerkerhäusern** ausgegraben wurden. In ihrer

Mitte liegt ein Bezirk von dreieckigem Umriß mit dem **Heiligtum des Herakles Alexikakos**, in dem auf einem quadratischen Sockel 4 Säulen einen Baldachin trugen. Im 2. Jh. n. Chr. wurde über dem bereits verschütteten Heiligtum ein Versammlungslokal der privaten Religionsgemeinschaft der Iobakchen, das **Bakcheion**, errichtet, in dem Gelage zu Ehren des Dionysos Lenaios (*lenai*, ›Keltern‹) oder Dionysos Bakchos stattfanden, dessen Tempel weiter nördlich vermutet wird.

Weiter südlich lag im selben kleinbürgerlichen Wohngebiet der **Bezirk des Heros Amynos**, einer lokalen Gottheit, der Hilfe bei Krankheiten zugeschrieben wurde. Innerhalb des Bezirks, in dem nie ein Tempel errichtet wurde, lag ein 4 m tiefer **Brunnen** mit heilkräftigem Wasser. Östlich davon sind, von der modernen Straße teilweise überschnitten, Reste einer Brunnenanlage ausgegraben worden, die möglicherweise mit Entwässerungssystemen des Tyrannen Peisistratos zusammenhängt.

An der NW-Seite des Areopags führt vor dem Eingang zur Einfriedung der Agora eine Felsentreppe zu einem Grabungsgelände mit Grundrissen klassischer und hellenist. **Häuser**. Obwohl es sich um eine vornehme Wohngegend gehandelt zu haben scheint, sind die Bauten relativ einfach. Die Räume gruppieren sich um kleine Innenhöfe. Ihre Wände bestanden aus luftgetrockneten Lehmziegeln. Nur die Mauersockel waren aus Steinen aufgemauert. Den lehmgestampften Estrich der Fußböden bedeckte nur selten ein Mosaik. Viele Häuser hatten auch ein oberes Stockwerk. Z. T. waren die Innenhöfe, in denen sich vielfach wohl das Familienleben abspielte, überdeckt.

Agora 12

Wie die Akropolis der sakrale, so war die Agora der politische und gesellschaftliche Mittelpunkt der Stadt. Eine ältere, weiter südlich gelegene Agora war im 7. Jh. v. Chr. von dem Gesetzgeber Solon an diese Stelle verlegt worden, die zuvor als Begräbnisstätte gedient

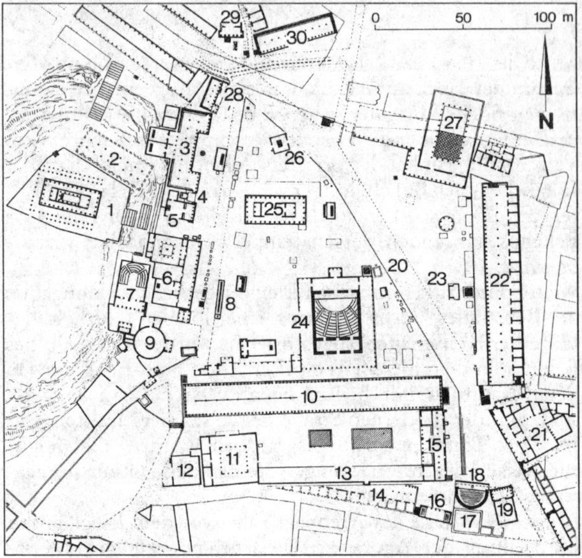

1 Hephaistaion, Theseion
2 Arsenal (?)
3 Stoa des Zeus Eleutherios
4 Schrein des Zeus Phratrios und der Athena Phratria
5 Tempel des Apollon Patroos
6 Metroon; darunter Altes Buleuterion
7 Neues Buleuterion
8 Denkmal der Eponymen Heroen
9 Tholos
10 Mittelstoa
11 Heliaia
12 Brunnenhaus
13 Südstoa II
14 Südstoa I
15 Ostbau
16 Enneakrunos
17 Münze, Argyrokopeion
18 Nymphäum
19 Südosttempel
20 Heilige Straße, Straße der Panathenäen
21 Bibliothek des Pantainos
22 Stoa des Attalos, Agora-Museum
23 Bema
24 Odeion des Agrippa, Gymnasium
25 Ares-Tempel
26 Bezirk der 12 Götter
27 Basilika
28 Stoa Basileios
29 Aphrodite-Urania-Altar
30 Stoa Poikile

Athen. Agora. Übersichtsplan

hatte. Unter dem Tyrannen Peisistratos, aber auch nach der Verfassungsreform des Kleisthenes hat man diese Anlage planmäßig ausgebaut. 480/479 fielen ihre Gebäude dem Persersturm zum Opfer. Nach dem Abzug der Perser wurden sie wiederhergerichtet und weiter ausgebaut. Schon im 5. und 4. Jh. v. Chr. zwang das schnelle Wachstum der Stadt, die Agora zu entlasten. So wurden die musischen und athletischen Wettkämpfe in das Theater, das Odeion oder das Stadion verlegt.

In hellenist. Zeit tritt das Bedürfnis hervor, die architektonische Geschlossenheit der Agora zu steigern, indem man das Gelände durch große Hallenbauten einfaßte. Erst in röm. Zeit wurden auch in der Mitte des Areals Gebäude errichtet; der ehem. Charakter des offenen Platzes wurde allmählich aufgegeben.

Die Heruler brannten die Agora-Gebäude 267 n. Chr. nieder. Um 400 n. Chr. errichtete man in der Mitte des Platzes aber noch einmal ein größeres Bauwerk, ein Gymnasium. Im Mittelalter war das ganze Gelände von Häusern bedeckt, die nach der Zerstörung durch die Türken während der Befreiungskriege erneuert wurden. Erst den archäologischen Ausgrabungen fiel dieses malerische Stadtviertel seit 1931 Stück für Stück zum Opfer.

Das Agora-Gelände wird beherrscht von dem seit der frühen Neuzeit aufgrund einiger Darstellungen seiner Metopen **Theseion** genannten **Tempel des Hephaistos und der Athena** [1]. Der Bau, dem offenbar an dieser Stelle kein Heiligtum vorausging, wurde etwa gleichzeitig mit dem Parthenon begonnen, doch war er, dem Stil der Metopen nach zu urteilen, erst etwa 430–420 v. Chr. vollendet. Um 420 hat man die Kultstatuen des Hephaistos und der Athena, Werke des Phidias-Schülers Alkamenes, hier aufgestellt. Der Tempel blieb während der ganzen Antike unversehrt erhalten und wurde erst im 7. Jh. n. Chr. verändert, als man ihn in eine Kirche des hl. Georg umwandelte. Bis ins 19. Jh. wurden hier die in Athen verstorbenen nichtorthodoxen Ausländer beigesetzt. Mit dem von einem Tedeum begleiteten letzten Gottesdienst in dieser Kirche feierte König Otto 1834 seine Ankunft in Athen. Dann wurden in dem Bau bis zur Eröffnung des Nationalmuseums archäologische Funde aufbewahrt.

Der Tempel ist ein dorischer Peripteros mit 6 Säulen an den Schmalseiten und 13 an den Langseiten. Die unteren Schichten des Stufenbaus bestehen aus gewöhnlichem Kalkstein, während man sonst Marmor vom Pentelikon verwendete und nur für die Bauplastik und die Kassetten der Decke des Umgangs Marmor aus Paros importierte.
Außen sind auf den 10 Metopen der O-Seite die Taten des Herakles geschildert, denen sich an den Langseiten jeweils 4 Metopen mit Darstellungen von Theseus-Taten anschließen, womit die Leistungen dieses attischen Heros mit jenen des dorischen verglichen und gleichgesetzt werden. Die nur teilweise erhaltenen Skulpturen des O-Giebels werden als Apotheose des Herakles gedeutet. Der Fries über dem Pronaos im O schildert einen Kampf, bei dem die Götter als Zuschauer gegenwärtig sind, der über dem Opisthodom eine Kentaurenschlacht.
Das Innere der Cella war an 3 Seiten von doppelstöckigen dorischen Säulenreihen eingefaßt. Dieses Motiv ist offensichtlich eine Übernahme aus dem Parthenon, mit dem sich der Architekt auch sonst auseinandersetzt, um sich in anderen Zügen betont von ihm abzuheben. So sind die Säulen des Umgangs weniger dicht an die Cellawände gerückt und die Umgänge an den Schmalseiten auf 1½ (im W) und 2 Säulenabstände (im O) erweitert. Es entstehen damit Vorhallen, deren östliche, von der aus man das Gelände der Agora überblickt, auch dadurch hervorgehoben und als eigener Raum betont ist, daß man den Fries über die Seiten der Cella hinaus bis zum Architrav ausdehnte. Der dorischen Tempeln an sich fremde Fries ist offenbar vom Parthenon übernommen, erhielt hier aber eine neue Funktion. Demselben Architekten werden der Ares-Tempel hier auf der Agora [25] und der Tempel von Sunion zugeschrieben.
Der Tempelbezirk wurde im 3. Jh. v. Chr. mit einer Mauer eingefaßt, innerhalb derer aus den in den Felsen gehauenen Gruben mit Scherben von Tontöpfen sich die Art der Be-

Athen. Hephaistos-Tempel (»Theseion«) von Süden

pflanzung mit in geraden Reihen stehenden Bäumchen rekonstruieren ließ.
An diese Einfriedung schließt sich im N ein hellenist. Gebäude [2] an, das als **Arsenal** gedient haben könnte.
Von der Mitte der O-Seite des Theseions führte eine breite Freitreppe zur eigentlichen Agora herab, an deren W-Rand sich verschiedene öffentliche Gebäude so aneinanderreihten, daß der Durchblick auf den Tempel im wesentlichen gewahrt blieb.
Im N liegen die beim Bau der U-Bahn teilweise zerstörten Fundamente der **Stoa des Zeus Eleutherios** [3]. Darunter wurden Reste einer älteren, 480/479 von den Persern zerstörten Anlage des 6. Jh. v. Chr. ausgegraben. Der um 430 v. Chr. begonnene Neubau bestand im wesentlichen aus Marmor. Die Anbauten in der Mitte der Rückwand der Halle wurden im 1. Jh. n. Chr. für den röm. Kaiserkult errichtet. Die Statue des Zeus Eleutherios stand vermutlich auf dem Sockel in der Mitte der Halle.
Unmittelbar nördlich des Aufgangs zum Theseion erhob sich der **Tempel des Apollon Patroos** [5], in dessen Kult sich die Zusammengehörigkeit der »Phratrien«, der atti-

schen Sippenverbände, manifestierte und dem Kinder als neue Familienangehörige vorgeführt wurden. Einen älteren, 480/479 von den Persern zerstörten Tempel ersetzte man erst im 4. Jh. v. Chr. durch einen Neubau. Dieser bestand aus einer rechteckigen Cella mit tiefer Vorhalle. Vor dem Eingang standen vermutlich die von den klassischen Bildhauern Leochares und Kalamis geschaffenen Apollon-Statuen, während das eigentliche Kultbild des Gottes, ein Werk des Euphranor aus der Mitte des 4. Jh., wohl in der Cella seinen Platz hatte. Es wird mit einem großen Torso im Agora-Museum identifiziert. Ein kleiner Raum, der sich an die Cella rechts anschließt, diente vermutlich als Allerheiligstes.

Das Heiligtum des Apollon Patroos war räumlich und kultisch eng mit einem **Schrein des Zeus Phratrios und der Athena Phratria** [4] (*phratria*, ›Bruderschaft‹, ›Sippe‹) verbunden, einem kleinen, einfachen Raum, der im 2. Jh. v. Chr. durch eine Säulenvorhalle erweitert wurde. Der erhaltene Fußboden stammt aus röm. Zeit.

Südlich des Durchgangs erstreckt sich ein größerer Komplex, das **Metroon** [6] (*meter*, ›Mutter‹), das sowohl als Kultstätte der Göttermutter, deren Statue Phidias im 5. Jh. geschaffen hatte, als auch als Staatsarchiv diente. Im N-Teil des Geländes wurden Reste eines kleinen Tempels freigelegt, der zu Beginn des 5. Jh. v. Chr. erbaut, 480/479 v. Chr. von den Persern zerstört und dann wiedererrichtet worden war. Unter den Mauern des Metroons wurden die Fundamente des **Alten Buleuterions**, des Sitzes des Rates der 500, ausgegraben. Ein Neubau im 2. Jh. v. Chr. enthielt im 1. und 3. Raum von S wohl das Staatsarchiv und im 2. das eigentliche Metroon, während die Räume des N-Teils in 2 Stockwerken einen Innenhof umschlossen und als eine Art Residenz gedient haben mögen. Zur Agora hin werden die verschiedenen Trakte durch eine Säulenhalle zusammengefaßt. 267 n. Chr. wurde das Metroon von den Herulern zerstört. Auf seinen Mauern entstand im 4. Jh. n. Chr. eine profane Halle.

Ein um 300 v. Chr. errichteter kleiner Vorbau unmittelbar neben der Vorhalle des Metroons führte zum **Neuen Buleuterion** [7]. Dieses Amtslokal der Bule, des Rates der 500, wurde gegen Ende des 5. Jh. v. Chr. und um 300 v. Chr. mit theaterartigen steinernen Sitzreihen erneuert. Auch diesen Bau zerstörten 267 n. Chr. die Heruler. Für das Neue Buleuterion wurde oberhalb des Metroons eine tiefe Terrasse aus dem Gestein herausgearbeitet. Durch eine Vorhalle im S gelangte man in den eigentlichen Sitzungssaal mit 12 Reihen von Bänken um die 2,64 m große »Orchestra«. Das Buleuterion von Athen kann als Prototyp eines Parlamentssaals gelten und steht somit am Anfang einer fortlaufenden Tradition.

Gegenüber dem Metroon stand das **Denkmal der Eponymen Heroen** [8] (*eponomazo*, ›benennen‹), eine langgestreckte Basis, die von einem steinernen Zaun eingefaßt war und außer 2 bronzenen Dreifüßen 10 Statuen von Heroen trug, von denen jeder eine der 10 Phylen vertrat, in die Kleisthenes bei seiner Verfassungsreform 508/507 v. Chr. die Bevölkerung Attikas eingeteilt hatte. Die Basis, auf der man Gesetze oder Klageschriften anschlug, wurde im 4. Jh. v. Chr. erneuert und gegen 300 v. Chr. erweitert.

Das eigentliche Herz der Stadtregierung war die **Tholos** [9], ein Rundbau südlich des Metroons, der Sitz der Prytanen, wo auch Eichmaße und Gewichte aufbewahrt wurden. Als Prytanen wechselten sich turnusmäßig die Vertreter der einzelnen Phylen in der Bule ab. Sie begingen ihren Amtsantritt mit einem Mahl in der Tholos, deren Annex im W daher als Küche gedeutet wird. Einige Prytanen hatten hier zu nächtigen, um bei unvorhergesehenen Vorfällen zur Stelle zu sein. Ein Vorgängerbau des 6. Jh. v. Chr. mit anderem Grundriß war 480/479 von den Persern zerstört worden. Der Rundbau aus der Zeit um 465 v. Chr. wurde mehrfach erneuert und zuletzt wohl im 2. Jh. n. Chr. unter Kaiser Hadrian wesentlich verändert, nachdem bereits unter Kaiser Augustus eine Vorhalle hinzugefügt worden war. Beim

Herulereinfall 267 n. Chr. ging auch dieses Bauwerk zugrunde.
In hellenist. Zeit begann man, den Platz, der im W bereits durch die Reihe der sich hier dicht zusammendrängenden Gebäude abgeschlossen war, durch einheitliche, großzügig geplante Hallen zu einem architektonischen Ensemble zusammenzuschließen.
Der älteste einer Folge von Hallenbauten ist die sog. **Mittelstoa** [10]. Der Bau wurde im 2. Viertel des 2. Jh. v. Chr. begonnen und nach einer Unterbrechung im 3. Viertel vollendet. Die hier wiederaufgestellten Säulen sind größtenteils der spätantiken Festungsmauer entnommen, zu deren Bau die Halle als Steinbruch diente. Die 146 m lange Halle war nicht eindeutig zum Platz hin orientiert, sondern trennte von diesem einen kleineren im S ab, der vielleicht als Gerichtsstätte diente. Sie hat daher keine Rückwand, sondern wird an allen 4 Seiten von dorischen Säulen umgeben, während eine Reihe ionischer Säulen das Innere in 2 Schiffe unterteilt.
Am W-Ende des Hofes südlich der Mittelstoa liegen die Mauern der **Heliaia** [11], des wichtigsten Gerichtshofes der antiken Stadt. Die hier tagenden Richter wurden aus dem Volk ausgelost. Je nach Bedeutung des Falles wurden Gremien von 201 bis 501 Bürgern gebildet. In seltenen Fällen wurde ihre Zahl auf 1001, 1501, 2001 oder sogar auf die Gesamtzahl aller 6000 »Heliasten« erhöht. Fundamente im frühen 6. Jh. v. Chr. abgetragener Häuser zeigen, daß das Gebiet in dieser Zeit in die Planung öffentlicher Bauten rund um die Agora einbezogen wurde. Die ältesten Mauerzüge der Heliaia stammen indessen erst aus dem Anfang des 5. Jh. v. Chr. Noch in dasselbe Jahrhundert fallen wesentliche Umbauten. Die Anlage war von N zugänglich und bestand aus einem Säulenhof, an den sich im W 4 kleinere Räume anschlossen. Im frühen 4. Jh. installierte man in dem Gebäude eine Wasseruhr. Der Bau wurde im 2. Jh. erweitert und litt bei der Belagerung durch Sulla 86 v. Chr. Nachdem

sich kleinere Handwerksbetriebe auf dem Gelände breitgemacht hatten, ließ Kaiser Hadrian den Bau teilweise restaurieren. 267 n. Chr. ging er beim Herulereinfall endgültig zugrunde.

Auf die westl. Rückwand der Heliaia folgt ein **Brunnenhaus** [12] mit L-förmigem Grundriß, das im 5. Jh. v. Chr. hier errichtet wurde.

An der N-Seite der Heliaia, zwischen ihrem Eingang und ihrer NW-Ecke, finden sich die Reste der um die Mitte des 4. Jh. v. Chr. hier installierten **Wasseruhr**.

Den südl. Abschluß des Platzes bildet die **Südstoa II** [13]. Der Bau des späten 2. Jh. v. Chr. wurde bei der Belagerung Athens durch Sulla 86 v. Chr. beschädigt und durch Kaiser Hadrian im 2. Jh. n. Chr. restauriert. Die Halle ersetzte die ältere **Südstoa I** [14], die mit leicht divergierendem Grundriß bereits im letzten Viertel des 5. Jh. v. Chr. als Abschluß der Agora errichtet worden war. Im Gegensatz zu der einfachen hellenist. Halle bestand ihr klassischer Vorläufer aus einem 2schiffigen Säulengang, an den sich im S 16 kleinere Räume anschlossen, in denen möglicherweise Gelage abgehalten wurden. Vielleicht standen hier die »Tische in der Agora«, an denen der Philosoph Sokrates zu diskutieren pflegte.

Den kleinen Platz zwischen der Mittelstoa und der Südstoa begrenzte im O der sog. **Ostbau** [15], der um die Mitte des 2. Jh. v. Chr. kurz vor der Südstoa II errichtet worden war.

Auf die klassische Südstoa folgte im O die berühmte **Enneakrunos** [16], ein Brunnenhaus, neben dessen Fundamenten sich heute die Kirche der Ag. Apostoloi erhebt. Das Brunnenhaus wurde im letzten Drittel des 6. Jh. v. Chr. unter dem Tyrannen Peisistratos und seinen Söhnen errichtet und wird in der antiken Literatur mehrfach genannt. Sein Wasser diente für religiöse Waschungen und rituelle Bäder vor der Hochzeit. Es hatte einen rechteckigen Grundriß. Man betrat es von N. Im Innern lagen an beiden Seiten

Wasserreservoire, aus deren Überläufen man die Wasserkrüge füllte.

Östlich der Enneakrunos (oberhalb der mittelalterlichen Kirche) folgte die **Münze** [17] der Stadt, das »Argyrokopeion«, dessen sichtbare Reste im wesentlichen auf das 5. Jh. v. Chr. zurückgehen.

Die Kirche der Ag. Apostoloi steht z. T. auf dem Halbrund eines **Nymphäums** [18]. Wie jene in Korinth und Olympia wurde auch diese große Wasseranlage von dem reichen Mäzen Herodes Atticus im 2. Jh. n. Chr. gestiftet.

Östlich neben dem Nymphäum sind von dem sog. **Südosttempel** [19] dürftige Reste erhalten. Seine Fundamente bestehen aus wiederverwendeten Quadern. Von der aufgehenden Architektur konnten Elemente in der benachbarten spätantiken Befestigungsmauer identifiziert werden. Unter ihnen einige dorische Säulentrommeln des 5. Jh. v. Chr., die mit Bauelementen des 1. Jh. n. Chr. aus dem Heiligtum der Demeter und Kore der attischen Landstadt Thorikos hierher überführt worden waren.

V. a. bei dem Südosttempel hat sich das Pflaster der **Heiligen Straße** [20], auf welcher an den Panathenäen die Festprozession einherzog, gut erhalten. Nachdem sie die Agora diagonal durchlaufen hat, führt die Straße weiter zur Akropolis hinan, und hier v. a. sind auch die Reste der **spätantiken Befestigung** sichtbar, die nach dem Einfall der Heruler, bei dem sich die Verteidigungskraft der röm. Armee als zu schwach erwiesen hatte, in aller Eile um den Kern des Stadtgebiets errichtet wurde. Die mehrfach restaurierte Mauer bildete bis in türkische Zeit einen Teil der athenischen Stadtmauer.

Östlich dieser Mauer wurden verschiedene Heiligtümer ausgegraben, u. a. das **Eleusinion** mit dem Fundament eines Tempels der Demeter und Kore, von dem die Prozessionen nach Eleusis ihren Ausgang nahmen.

An die SO-Ecke der Agora grenzen die Reste der beim Bau der spätantiken Festungsmauer weitgehend abgetragenen

Bibliothek des Pantainos [21]. Die um 100 n. Chr. gestiftete Anlage bestand aus einem Innenhof, von dem mehrere kleine Räume ausgingen. In einem von ihnen standen die allegorischen Statuen der »Ilias« und der »Odyssee« (s. Agora-Museum).

Die ganze O-Seite der Agora nimmt die **Stoa des Attalos** [22] ein, die nicht erst seit dem Wiederaufbau durch die Ausgräber, sondern auch als Ruine das stattlichste Monument des Geländes war. Sie gibt eine Vorstellung von der Funktion und dem Charakter dieser für die repräsentative griech. Profanarchitektur wichtigen Bauform einer großen Halle.

Errichtet wurde sie von dem pergamenischen König Attalos II. (reg. 158–138 v. Chr.), der in Athen studiert hatte. Aber es war wohl nicht nur sentimentale Anhänglichkeit, die Attalos zu dieser Stiftung bewogen hat. Vielmehr galt Athen, auch wenn sich seit Alexander d. Gr. die Machtzentren der griech. Welt nach Osten verlagert hatten, immer noch als geistiger Mittelpunkt des Griechentums, wo man durch Bauten und Denkmäler seinen Rang und Anspruch wirkungsvoll darstellte. Bei den Zerstörungen durch den Herulereinfall 267 n. Chr. wurde die Halle nur beschädigt. V.a. ihre rückwärtigen Mauern haben die Jahrhunderte recht gut überdauert, da man diese in die spätantiken Befestigungen einbezog. 1953–56 wurde die Stoa als Museum wiederaufgebaut.

Bis auf die Zusammenziehung mehrerer Räume zu einer durchgehenden Ausstellungshalle dürfte die Rekonstruktion weitgehend dem urspr. Aussehen entsprechen. Dennoch tritt gerade hier das Mißliche solcher Erneuerungen hervor. Die Halle war ehedem Teil eines Architekturensembles. Als vollständiger Bau inmitten von Ruinen stört sie das historisch entwickelte Gleichgewicht. Da sie den geschichtlichen Wandel, den das Gebäude im Laufe der Jahrhunderte erfahren hat, ignoriert, wirkt sie nun falsch und deplaziert.

Der wesentliche Teil dieser Halle sind ihre Wandelgänge. Zur Agora hin bilden im Untergeschoß dorische, in dem durch seitliche Treppen zugänglichen Obergeschoß ionische Säulen eine relativ dichte Begrenzung. Die inneren Säulen, welche die Wandelhalle in 2 Schiffe unterteilen, sind wesentlich lockerer gestellt (2 Säulen außen kommen auf eine Säule innen). Während die Innensäulen unten der ionischen Ordnung folgen, äußert sich in der pergamenischen Sonderform oben die Herkunft des Stifters. Für den Bau wurden verschiedene Stein- und Marmorsorten verwendet, die, neben der Bemalung, zur Farbigkeit des Bauwerks beitragen.

In erster Linie bot eine solche Halle den Agora-Besuchern schattigen Aufenthalt. Die geschlossenen Gelasse sind der Halle daher räumlich untergeordnet. Sie wurden vermutlich von der Stadt als Läden und Büros weitervermietet. – Heute beherbergt der Neubau der Attalos-Stoa das

Agora-Museum.

Auf der *Terrasse* vor der Stoa sind zahlreiche Architekturglieder ganz verschiedener Gebäude der Agora zusammengetragen.

In der *unteren Säulenhalle* wurden v. a. Skulpturen, die bei den Agora-Grabungen gefunden wurden, ausgestellt.

An der südl. Stirnwand steht der Torso des Apollon-Kultbildes aus dem Heiligtum des Apollon Patroos, ein Originalwerk des spätklassischen Bildhauers Euphranor (S 2154). Weiter die Personifikationen der »Ilias« und »Odyssee« (S 2038/9) von der Pantainos-Bibliothek aus dem 2. Jh. n. Chr. in der Gestalt von Panzerstatuen mit Reliefdarstellungen homerischer Szenen. Ebenfalls aus dem 2. Jh. n. Chr. stammen wohl fälschlich auf den Poseidon des Parthenon-W-Giebels zurückgeführte Tritonen und Giganten von der Fassade des Agrippa-Odeions.

Unter den Inschriften ist eine Marmorstele (I 6524) aus dem Jahre 336 v. Chr. mit einem Dekret gegen die Tyrannei hervorzuheben.

Eine bewegte weibliche Gewandstatue des ausgehenden 5. Jh. v. Chr. (S 182) bekrönte möglicherweise den O-Giebel des »Theseions«. Demselben Tempel werden weitere hier z. T. ausgestellte Skulpturenfragmente zugeschrieben, die entweder zu Giebeln oder zu den über diesen aufragenden Akroteren gehört haben könnten. Sie sind gegen 420 v. Chr. entstanden und lassen sich aufgrund stilistischer Kriterien der Schule oder dem Umkreis des Phidias zuweisen. Stilistisch verwandt sind ihnen auch die nur wenige Jahre älteren Bauplastiken des Ares-Tempels, von denen die bedeutenderen Fragmente hier ebenfalls zu sehen sind.

Zu den Akroteren der Zeus-Stoa gehörten vermutlich der Torso S 312 und der Kopf S 373. Ihre Bewegtheit und der kalligraphische Stil der rauschenden Falten ist bezeichnend für die Plastik der letzten Jahre des 5. Jh. v. Chr.

Die Halle enthält außerdem zahlreiche Porträts von Griechen und Römern, die daran erinnern, daß die Agora als politischer Mittelpunkt der Stadt zur Aufstellung von Ehrenstatuen bevorzugt wurde.

Im *südl. Treppenhaus* zum Obergeschoß steht eine ionische Säule aus dem späten 5. Jh. v. Chr., deren Bemalung teilweise erhalten ist.

Der 2. Raum erinnert an die verschiedenen Phasen der Agora-Forschung sowie an Teilnehmer und Stifter der Grabung.

Auf einen Verkaufsraum folgt dann eine Sammlung von Wein-Amphoren, deren Formen und deren oft in die Henkel eingeprägte Stempel wertvolle Aufschlüsse über die vielfältigen Handelsverbindungen im Mittelmeerraum geben.

Der *Hauptsaal*, zu dem mehrere Ladenlokale zusammengefaßt sind, gibt eine einprägsame Übersicht über die Entwicklung der Agora von der Prähistorie bis zur Türkenzeit. In kaum einem anderen Museum hat man so wie hier die Gelegenheit, eine zentrale Stätte der Weltgeschichte anhand

von Bodenfunden in ihrer gesamten, über Jahrtausende währenden Entwicklung zu überblicken.
Grabbeigaben zeigen, daß der Platz bis in geometrische Zeit eine der wichtigsten Begräbnisstätten Athens war. In mehreren Vitrinen ist die verschiedenartige Ausstattung der Toten dokumentiert, aus mykenischer Zeit u. a. durch eine großartige Elfenbeinpyxis mit Greifen, die Hirsche überfallen.
Unter den Funden aus archaischer Zeit sind die Bruchstücke vom Gußmantel einer Jünglingsstatue des 6. Jh. v. Chr. hervorzuheben, welche zu den frühesten Zeugnissen für den in dieser Zeit erfundenen Guß figürlicher Großbronzen zählen. Außerdem eine Vase in der Form eines knienden Knaben, der sich die Siegerbinde umlegt; ein Mischkrug des Exekias aus der Mitte des 6. Jh. v. Chr. mit der Darstellung des Kampfes um die Leiche des Patroklos und Herakles' Einführung in den Olymp.
Aus klassischer Zeit eine Wasseruhr, mit der vor Gericht die Redezeit bemessen wurde. Ein Bronzeschild vom Sieg über die Spartaner bei Pylos (425 v. Chr.). Weiterhin Scherben vom Ostrakismos, dem Scherbengericht, durch das Männer, deren Ansehen den Bestand der Demokratie bedrohte, für 10 Jahre aus der Stadt verbannt werden konnten. Schließlich eine Auswahl der über 70000 Münzen, die bei den Grabungen gefunden worden sind.
Aus hellenist. Zeit eine Zählmaschine für die Stimmabgabe, der Bronzekopf einer Nike sowie zahlreiche Terrakotten.
Aus röm. Zeit Statuettenwiedergaben berühmter Meisterwerke und Porträts.
Im *Obergeschoß* sind neben Architekturmodellen zur Agora verschiedene, überwiegend röm. Skulpturen zu sehen, deren teilweise noch unfertiger Zustand Methoden der Steinbearbeitung erkennen läßt.
Vor der Mitte der Attalos-Stoa stehen die Reste des **Bema** [23], einer Rednerbühne, die einige Jahre nach der Halle errichtet wurde. Außerdem ein Postament für ein Denkmal, das, ursprünglich für den Stifter der Halle, den pergameni-

schen König Attalos II., bestimmt, dann dem röm. Kaiser Tiberius gewidmet wurde.

Seiner Bestimmung gemäß wurde der innere Bereich der Agora lange von Bauten freigehalten. Erst als in röm. Zeit die Agora einen guten Teil ihrer Bedeutung als Zentrum der attischen Demokratie verloren hatte, machten sich hier Architekturkomplexe breit.

Der freie Platz wird schräg durchschnitten von der **Heiligen Straße** [20], über welche die großen Festprozessionen zogen und an der sich die wichtigsten Staatsdenkmäler aneinanderreihten. Hier standen auch die Statuen der »Tyrannenmörder« Harmodios und Aristogeiton, die 514 v. Chr. einen mißlungenen Anschlag auf die Söhne des Peisistratos unternommen hatten, in zwei Fassungen: das nach den Perserkriegen von den Bildhauern Kritios und Nesiotes geschaffene Denkmal und seit dem 3. Jh. v. Chr. die ursprüngliche, von den Persern 479 v. Chr. verschleppte und von Alexander d. Gr. oder Antiochos I. nach Athen zurückgeschickte Gruppe des Antenor.

Einen großen Teil der Fläche der Agora nehmen die Ruinen des **Gymnasiums** und des **Odeions des Agrippa** [24] ein. Das Odeion im S-Teil des Platzes war 15 v. Chr. von Agrippa, General und Schwiegersohn des Kaisers Augustus, errichtet worden. Um die Mitte des 2. Jh. n. Chr. brach es teilweise ein und wurde sofort wiederaufgebaut. Beim Herulereinfall 267 n. Chr. ging es in Flammen auf. Seine Steine dienten dem Bau der spätantiken Befestigung. Von diesem Odeion stammen die großen Giganten und Tritonen, die um 400 zur Ausstattung des Gymnasiums wiederverwendet wurden. Das Odeion diente als großes Konzertgebäude. An 3 Seiten war es von Säulenumgängen umgeben. In dem überdachten Innenraum stiegen die Ränge für die Zuschauer nach S an.

Das Gymnasium, das um 400 n. Chr. an der Stelle des Odeions errichtet wurde, dürfte die letzte Heimstatt der Universität von Athen gewesen sein, bis 529 n. Chr. dieses

traditionsreichste Bildungsinstitut der Antike geschlossen wurde.
Nördlich des Gymnasiums liegen die Fundamente des **Tempels des Ares** [25], vor dessen O-Front sein Altar etwa die Mitte der Agora einnahm. Das Studium der in seiner Umgebung ausgegrabenen Teile der aufgehenden Architektur, von der einiges westlich der Fundamente zu sehen ist, ergab eine auffallende Ähnlichkeit mit dem »Theseion«. Auch der Ares-Tempel ist in der 2. Hälfte des 5. Jh. v. Chr. entstanden und wird demselben Architekten, der offenbar auch mit derselben Bauhütte zusammenarbeitete, zugeschrieben. Der Tempel stand ursprünglich allerdings an anderer Stelle, vielleicht in der attischen Landstadt Acharnai, wo ein Heiligtum des Ares und der Aphrodite bezeugt ist, und wurde zusammen mit dem im 4. Jh. v. Chr. geschaffenen Altar in augusteischer Zeit Stein für Stein abgetragen und auf der Agora wiederaufgerichtet. Der Grundriß des Tempels entspricht weitgehend dem des »Theseions«. Von seiner Bauplastik sind bedeutende Teile erhalten (Agora-Museum), die in die Zeit um 430 v. Chr. datiert werden. Das Kultbild im Innern hatte der Phidias-Schüler Alkamenes geschaffen.
Der weiter nördlich gelegene **Bezirk der Zwölf Götter** [26] wird z. T. von der Bahnlinie überschnitten. Er bestand aus einem von O und W zugänglichen Mauersockel und einer Einfassung mit steinernen Reliefplatten zwischen Pfeilern. In der Mitte stand der Altar. Kult und Anlage wurden 522/521 von Peisistratos, dem gleichnamigen Enkel des berühmten Tyrannen, gestiftet; 480/479 von den Persern zerstört und 425 von den Athenern erneuert. Da der Bezirk Asylstätte war, wurde damals dem Kult der Zwölf (olympischen) Götter der des Eleos, des Mitleids, zugefügt. Hier liefen die Hauptverkehrsadern der Stadt zusammen, weshalb man von hier aus die Wegstrecken maß. So war der Altar geographischer Mittelpunkt Attikas.
Den N der Agora durchschneidet heute die Piräus-Bahn, die lange auch das Grabungsterrain begrenzte. Noch in der

2. Hälfte des 20. Jh. wurde hier ein weiterer malerischer Teil der nach den Befreiungskriegen wiedererstandenen Stadt archäologischer Forschung geopfert. In Ansätzen ergraben ist eine riesige **Basilika** [27], eine Halle aus der 1. Hälfte des 2. Jh. n. Chr., die damals zahlreiche kleine Läden verdrängte.

An der NW-Ecke der Agora stand dicht neben der Stoa des Zeus Eleutherios die **Stoa Basileios** [28], der Amtssitz des v. a. für kultische und rituelle Fragen zuständigen Archon Basileus, wo auch Gericht gehalten und Gesetze inschriftlich festgehalten wurden. Vor die nach O offene Halle mit innerer Stützenreihe wurden im 4. Jh. 2 Flügel gesetzt. Auf der Basis vor dem Gebäude stand vermutlich die Statue der Themis, der Göttin des Gesetzes. Auf einem in die Eingangsstufen integrierten natürlichen Felsblock legte der Archon Basileus seinen Amtseid ab.

Jenseits der modernen Adrianou-Straße ist ein rechteckiger, aus Inselmarmor errichteter **Altar** [29], dessen Seiten giebelartige Wangen bekrönten, zu sehen, der um 500 v. Chr. der **Aphrodite Urania** (Uranos = Himmel) geweiht wurde. Die nördlich des Altars angeschnittenen Fundamente könnten von dem zugehörigen **Tempel** stammen, in dem die von Phidias geschaffene Statue der Göttin stand. Östlich daneben sind die untersten Stufen vom westl. Abschluß der im 3. Viertel des 5. Jh. v. Chr. errichteten **Stoa Poikile** (›Bunte Halle‹, [30]) erhalten, die wegen der mythische und historische Schlachten der Athener wiedergebenden Gemälde in ihrem Innern berühmt war. Sie diente als Gerichtssaal und Versammlungsstätte der Athener, die sich in die eleusinischen Mysterien einführen ließen, war aber auch ein allgemein beliebter Aufenthaltsort. Die Philosophenschule der Stoa hat von ihr ihren Namen.

Östlich der griech. Agora wurden in röm. Zeit zwei große Anlagen geschaffen, von denen stattliche Reste die Jahrhunderte überdauerten. Die nördliche von ihnen, die sog.

25 **Hadriansbibliothek,** umfaßte außer Aufenthaltsräumen und Wandelhallen auch eine Bibliothek, die mit ihren Lesesälen und Auditorien den O der Anlage einnahm. Das Gebäude wurde 132 n. Chr. von Kaiser Hadrian gestiftet, beim Herulereinfall 267 n. Chr. stark beschädigt und danach in die spätantiken Befestigungsanlagen einbezogen. In seinem Innenhof errichtete man im 5. Jh. n. Chr. einen Bau mit 4 Apsiden, vielleicht eine Vortragshalle. An seine Stelle kam im 7. Jh. eine 3schiffige Basilika, die um 1100 durch die erst den Ausgrabungen geopferte Kirche der Megali Panagia ersetzt wurde. – Von dem hadrianischen Bau ist v. a. ein Teil der Außenwand mit einer vorgeblendeten Fassade erhalten. Darauf folgt rechts eine Wange der Eingangshalle, von der noch eine korinthische Säule aufrecht steht. Durch dieses Propylon gelangt man in den rechteckigen Säulenhof. Die gegenüberliegende Seite nahm der Bibliothekstrakt ein, in dessen Rückwand noch die Nischen für die Buchrollen zu sehen sind.

Von der »Hadriansbibliothek« war die ausschließlich als
26 Handelszentrum konzipierte **röm. Agora** durch eine breite Straße getrennt. Die Anlage wurde, wie die Inschrift auf dem erhaltenen westl. Tor besagt, zunächst von Caesar und dann von Augustus gestiftet. Das Tor weihte 10 v. Chr. das Volk von Athen der Athena. Die Anlage wurde im 2. Jh. n. Chr. restauriert. Trotz des Zerfalls blieb das Gelände bis zum 19. Jh. Zentrum und Markt Athens. Von dem einheitlich geplanten und angelegten Komplex ist v. a. das W-Tor erhalten, dessen Fassade in klassizistischer Weise Formen der Akropolis-Propyläen aufgreift. Der Hof war von Säulenhallen umgeben, an die sich Läden anschlossen. Ein zweiter Eingang führte von O auf den Platz.

Gegenüber dem O-Eingang der röm. Agora sind von dem sog. **Agoranomion** (›Marktaufsicht‹) aus dem 1. Jh. n. Chr. noch einige Arkaden erhalten. Die wirkliche Bestimmung des Gebäudes ist ungewiß.

27 Neben dem »Agoranomion« erhebt sich der sog. **Turm der**

Athen. Turm der Winde

Winde, der seinen Namen von den Windgottheiten hat, die den Fries des 8eckigen Gebäudes schmücken. In Wirklichkeit handelt es sich um eine monumentale Wasseruhr, die um die Mitte des 1. Jh. v.Chr. ein gewisser Andronikos aus Kyrrhos konstruiert hatte. Ein Becken in einem runden Anbau an der S-Seite des Turms enthielt das Wasser. Ein noch ungeklärter Mechanismus mit einem komplizierten Röhrensystem erlaubte es, die Zeit abzulesen. Die Spitze des Dachkegels nahm ein bronzener Triton ein, der mit einem Stab die Windrichtung anzeigte. Darunter sind auf den Reliefs die Windgötter an der ihnen angemessenen Kleidung zu erkennen und durch die Anfangsbuchstaben ihrer Namen gekennzeichnet (Boreas = N, Kaikias = NO, Apeliotes = O, Euros = SO, Notos = S, Lips = SW, Zephyros = W, Skiron = NW). In die Turmwände sind Stundenlinien für Sonnenuhren eingemeißelt.
Neben dem Turm ist von einer öffentlichen **Latrine** des 1. Jh. n. Chr. noch das marmorne Pflaster erhalten. An den Wänden waren Sitze aneinandergereiht, unter denen ein ständig durchspülter Kanal die Fäkalien beseitigte.

13 Kerameikos

Von der griech. Agora ging eine breite Straße nach NW und gabelte sich hier; während die **Heilige Straße** durch das Heilige Tor nach Eleusis führte, gelangte man auf der meist kurz als **Kerameikos** bezeichneten Straße zu einem Doppeltor, dem Dipylon, und weiter bis zur Akademie. In dem Stadtviertel beiderseits dieser Straßen wohnten Töpfer, nach denen der Stadtteil seinen Namen hatte. Er galt in röm. Zeit als Künstlerviertel schlechthin.
Die mehrfach erneuerte **Stadtmauer** [1], die das Gebiet durchschneidet, geht letztlich auf Themistokles zurück, der nach dem Abzug der Perser 479 v. Chr. die Stadt zur Festung ausbaute. Der Einspruch Spartas zwang zu größter Eile, weshalb man ältere Grabmonumente als Baumaterial benützte.

Auf dem Gelände zwischen den beiden genannten Toren errichtete man an der Innenseite der Stadtmauer das **Pompeion** (*pompe*, ›Festzug‹), wo man die Festprozessionen zusammenstellte, das als Hallenbau aber auch anderen Zwecken diente [2]. So wissen wir, daß der Philosoph Diogenes hier zu weilen pflegte. Kurz nachdem um 400 v. Chr. mit dem Bau begonnen worden war, wurde er unterbrochen und einige Zeit später nach etwas abweichendem Plan wiederaufgenommen. Wegen seiner Lage zwischen 2 Stadttoren ging das Pompeion bei der Belagerung Athens durch Sulla 86 v. Chr. zugrunde. Auf seinen Ruinen errichtete man im 2. Jh. n. Chr. als Ersatz eine geschlossene, 3schiffige Halle.

Vom Propylon des Pompeions ist ein großer Teil des Stufenbaus mit den Türschwellen erhalten. Der 3torigen Türwand war nach SO eine Halle mit 4 ionischen Säulen vorgelagert. Gleichfalls ionisch waren die Säulen der Hallen, die den anschließenden Innenhof an allen 4 Seiten einfaßten. An der dem Eingang gegenüber liegenden sowie an der NO-Seite folgten 7 kleinere Räume und ein kleiner Innenhof. In diesen Räumen, die sich mit Türen und Fenstern zum Säulenumgang hin öffneten, pflegte man Bankette abzuhalten.

Südwestlich des Pompeions gab an der tiefsten Stelle der
Stadt das **Heilige Tor** [3] Durchlaß sowohl für die Heilige 8
Straße als auch für den Eridanos-Bach. Seine aus sorgfältig gehauenen, blauen Kalksteinblöcken ausgeführten Teile stammen von einer Erneuerung der Befestigung zu Anfang des 4. Jh. v. Chr. nach der Zerstörung der themistokleischen Anlage zu Ende des Peloponnesischen Krieges. Nach der Mitte des 4. Jh. v. Chr. wurde die Anlage noch einmal erneuert, da neue Belagerungsmaschinen (Katapulte) diesem tiefsten Teil der Ummauerung besonders gefährlich waren. Zu seinem Schutz ist das Tor in eine tiefe Torgasse verlegt, deren Zugang starke Türme sicherten, während 2 weitere unmittelbar neben ihm aufragten. Der Mauersockel war 2scha-

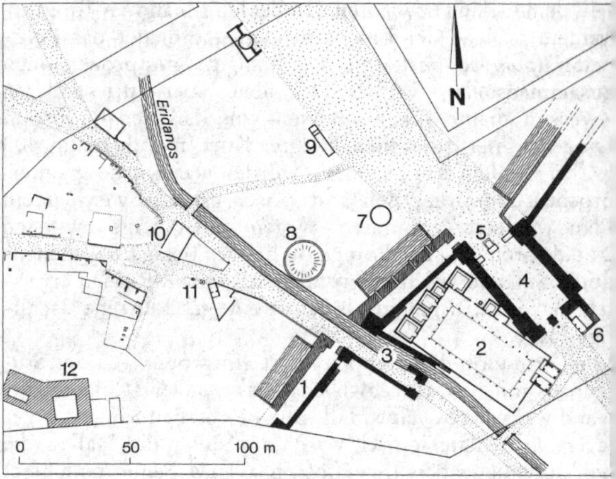

1 Stadtmauer	5 Quadriga	9 Lakedämoniergrab
2 Pompeion	6 Brunnenhaus	10 Bezirk der Tritopatreis
3 Heiliges Tor	7 Klass. Grabhügel	11 Gesandtendenkmäler
4 Dipylon	8 Heroon	12 Kerameikos-Museum

Athen. Kerameikos. Übersichtsplan

lig mit Querwänden und Schuttfüllung. Auf ihm standen Wände aus luftgetrockneten Lehmziegeln.

9 Die Anlage des benachbarten Doppeltores, des **Dipylons** [4], entsprach im wesentlichen der des Heiligen Tores. Der doppelte Durchlaß war durch den starken Verkehr bedingt, der sich auf dieser wichtigen Straße bewegte. Zwischen den beiden äußeren Tortürmen im NW steht das **Fundament eines Viergespanns** [5] aus röm. Zeit. Innerhalb ist gleich nach dem Durchgang links der Unterbau eines **Brunnenhauses** [6] mit den Standspuren der Säulen und der Ablaufrinne erhalten.

Die Straßen, die von diesem Tor aus ins Freie führten, waren dicht von *Grabdenkmälern* gesäumt. Seit dem 12. Jh. v. Chr. lag hier die bevorzugte **Nekropole** Athens mit einer Vielzahl sich teilweise überlagernder Bestattungen. Um die Mitte des 10. Jh. v. Chr. hatte man begonnen, die Gräber in regelmäßigen Reihen anzuordnen. Die auf ihnen zur Grabspende an die Toten aufgestellten Gefäße gewannen im 8. Jh. v. Chr. eine immer stattlichere Größe, die ihnen allmählich den Charakter von Denkmälern verlieh. Im 7. und 6. Jh. v. Chr. schüttete man 6–10 m breite, kegelförmige Erdhügel an. Neben diesen kamen damals ummauerte, rechteckige Anlagen mit flachem Dach auf. Auf den Gräbern begann man nun, Grabpfeiler (Stelen) oder Statuen aufzustellen. Nachdem im 5. Jh. sich die Demokratie in Athen durchgesetzt hatte, die dem Repräsentationsbedürfnis von Einzelpersonen und Sippen Schranken setzte und somit aufwendigere Grabdenkmäler unterdrückte, entwickelten sich die Grabanlagen im letzten Drittel des 5. Jh. und im 4. Jh. v. Chr. zu neuer Blüte. Nebeneinander beobachten wir eine Vielfalt von Formen und Motiven: Statuen, Stelen, steinerne Nachahmungen im Totenkult verwendeter Gefäße oder auch Löwen als Wächter der Grabesruhe. Im Jahre 317/316 steuerte ein Gesetz aufs neue dem Gräberluxus. Danach sehen wir auf den Gräbern Athens meist nur einfache Steinsäulen.

Nachdem bereits unter Themistokles (nach 479 v. Chr.) Grabsteine zum Bau der Mauern hatten herhalten müssen, sah man sich nach der Niederlage gegen die Makedonen bei Chaironeia (338 v. Chr.) abermals genötigt, sich solcher zur Erneuerung der Befestigungen zu bedienen. Beim Einfall Philipps V. (200 v. Chr.) und bei der Belagerung durch Sulla (86 v. Chr.) wurden zahlreiche Grabstätten zerstört. Die meisten Grabanlagen gingen aber wohl zugrunde, als im 3. Jh. n. Chr. die Stadtmauer und andere Gebäude Athens restauriert wurden und man wiederum Grabsteine als Baumaterial verwendete.

Innerhalb des Friedhofsgeländes waren naturgemäß solche Plätze bevorzugt, die unmittelbar an den großen Ausfall-

Athen. Kerameikos-Museum. Grabrelief des Dexileos

straßen lagen und daher die Blicke der Vorbeiziehenden auf sich lenkten. So folgt an der Straße, die vom Dipylon ausgeht, auf einen stattlichen klassischen Grabhügel [7] das Staatsgrab [9], in dem die Lakedämonier beigesetzt wurden, die gefallen waren, als 403 v. Chr. Thrasybulos die Stadt von der Herrschaft der »Dreißig Tyrannen« befreite, die nach der Niederlage gegen Sparta auf dieses gestützt einige Zeit ein Schreckensregiment in Athen ausgeübt hatten.

An der Heiligen Straße nach Eleusis lag der **Bezirk der Tritopatreis** [10], der Windgötter und Urahnen der Menschheit, zu denen man vor der Hochzeit um Kindersegen betete, in der Nachbarschaft eines weiteren Heiligtums und am Fuß eines archaischen Grabhügels; gegenüber die Denkmäler der in Athen verstorbenen Gesandten von Kerkyra und der an der Propontis gelegenen Stadt Selymbria, die zum Attischen Seebund gehörte [11], und nördlich der Heiligen Straße ein Heroon [8]. – Vom Heiligtum der Tritopatreis an wird die Heilige Straße dichter von Privatgräbern gesäumt, die meist ganzen Familien gehörten.

Vor dem Heiligtum der Tritopatreis zweigt links die sog. **Gräberstraße** ab, an der gleichfalls ein Grabbezirk unmittelbar auf den andern folgt, während sich weitere Anlagen den Hang hinan anschließen. Auf einigen von ihnen hat man Abgüsse hier gefundener Grabmonumente wieder aufgestellt, deren Originale sich meist im Nationalmuseum oder im Kerameikos-Museum befinden.

Die meisten Funde der Kerameikos-Grabungen – außer einigen hervorragenden Grabreliefs zahlreiche Grabbeigaben – werden in dem **Museum** [12] unmittelbar neben dem Zugang zum Grabungsgelände verwahrt. – Im Hauptraum sind einige besonders bezeichnende Grabdenkmäler aufgestellt. Noch aus dem 7. Jh. v. Chr. stammt eine Stele mit eingeritzten, ursprünglich mit Farbe verdeutlichten Ornamenten. Reliefs des 6. Jh. v. Chr. künden von dem Selbstgefühl der attischen Aristokratie. Eine in Fragmenten erhaltene Basis, die urspr. wohl eine Jünglingsstatue im Kuros-Typus trug, zeigt den Kampf zwischen Eber und Löwe als Sinnbild des Widerstreits dämonischer Kräfte der Natur und die Darstellung eines Ballspiels, die eine Parallele in einem Relief im Nationalmuseum hat. Aus der Zeit um 420 v. Chr. stammen das Grabrelief des Eupheros und das Relief einer Frau mit Spiegel. Das Bild eines Jünglings auf einem aufsteigenden Pferd, der gegen einen in die Knie gesunkenen Gegner ausholt, zeigt das Grabrelief des Dexileos, der 394 v. Chr. 20jährig vor Korinth gefallen war, nachdem er sich im Kampf besonders ausgezeichnet hatte. – Die Ausstellung im Umgang des Innenhofs gibt einen chronologischen Überblick über Eigenart und Charakter der Grabbeigaben mit bemalten Gefäßen, aber auch beschriebenen Bleitäfelchen, die Unglück auf verhaßte Zeitgenossen beschwören sollten.

Der Osten der antiken Stadt

Nahe dem O-Fuß der Akropolis steht an der antiken Straße der Tripoden, der in musischen Wettkämpfen gewonnenen
28 und dann hier aufgestellten Dreifüße, das **Denkmal des Lysikrates** [1], das einzige seiner Art, das erhalten blieb. Aus der Inschrift auf dem Gebälk geht hervor, daß es von dem Chorführer Lysikrates 335/334 v. Chr. errichtet wurde. Der Volksmund bezeichnete es im Mittelalter als »Leuchte des Demosthenes« oder »Laterne des Diogenes«. 1669 wurde es in ein Kloster französischer Kapuziner einbezogen, denen es als Lesestube oder Bibliothek diente. Im 18. Jh. durch Zeichnungen von Stuart und Revett bekannt gemacht, hat es zahlreiche klassizistische Nachahmungen angeregt. Das Denkmal hat die Gestalt eines kleinen Rundtempels, der sich auf einem hohen Podium erhebt. Es ist der einzige klassische Bau in Athen, bei dem die korinthische Ordnung mit einem Fries verbunden ist. Dieser zeigt Piraten, die sich in Delphine verwandeln, und bezieht sich gewiß auf den Inhalt des Werkes, mit dem Lysikrates seinen Sieg errang. Aus

Athen. Lysikrates-Denkmal

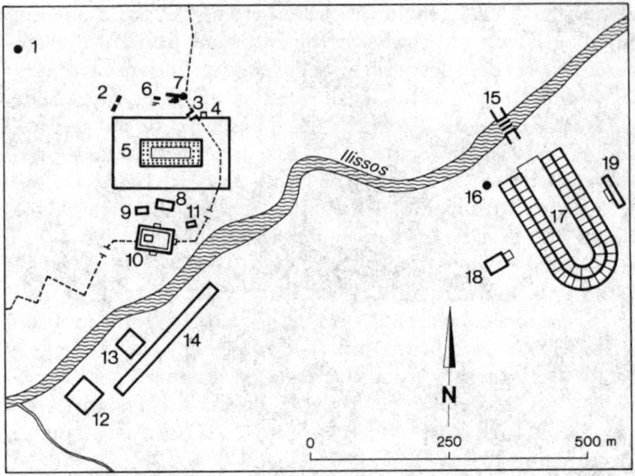

1 Lysikrates-Denkmal
2 Hadrianstor
3 Stadttor mit Säulentrommeln des archaischen Olympieions
4 Torbau
5 Olympieion
6 Häuserfundamente
7 Römisches Bad
8 Tempel des Apollon Delphinios
9 Gerichtsgebäude
10 Panhellenion
11 Tempel von Kronos und Rhea
12, 13 Gymnasien des Kynosarges
14 Kynosarges-Laufbahn
15 Ehem. Ilissos-Brücke
16 Heiligtum des Pan, der Nymphen und des Acheloos
17 Stadion
18 Tyche-Tempel
19 Herodes-Atticus-Mausoleum

Athen. Der Osten der antiken Stadt. Übersichtsplan

der Spitze des Daches wächst ein Akanthoskelch hervor, der den Siegesdreifuß trug. Dreifüße erscheinen im Relief im oberen Teil der Wände zwischen den Säulen.

14 Etwa 200 m weiter südöstlich erhebt sich das **Hadrianstor** [2], das die Athener 131/132 n. Chr. zu Ehren des röm. Kaisers errichteten, ein charakteristisches Beispiel röm. Fassadenarchitektur ohne eigentlichen Baukörper. Unter den

vorspringenden Giebeln des Obergeschosses stand auf der einen Seite vermutlich die Statue Hadrians und auf der anderen Seite die des mythischen Stadtgründers Theseus. Über dem Torbogen besagt die Inschrift auf der einen Seite »Das ist Athen, die alte Stadt des Theseus«, die auf der anderen »Das ist die Stadt des Hadrian und nicht des Theseus«. Dennoch steht das Tor nicht im Verband der alten Stadtmauer, die weiter östlich verlief. Der Rang des Bauwerks geht u.a. daraus hervor, daß es zweimal in Eleusis kopiert worden ist.

Auf die Reste der themistokleischen **Stadtmauer** stößt man 22
150 m weiter östlich. Hier sind einige **Säulentrommeln** des 15
archaischen Olympieions freigelegt [3], bei denen offenbar damit begonnen worden war, sie in kleinere, handliche Blöcke zu zerteilen. Dicht dabei liegen die restaurierten Reste des **Torbaus** [4] zum größten Tempel Athens, dem
Olympieion [5]. 16

Der Kult des olympischen Zeus ist an dieser Stelle uralt. Am Ort eines älteren Vorläufers begannen 515 v. Chr. die Peisistratiden, die Nachfolger des Tyrannen Peisistratos, mit dem Bau eines Riesentempels, der bereits dieselben Ausmaße hatte wie der spätere hellenistische Bau. Dieser Tempel war als dorischer Dipteros geplant. Ähnlich wie auf Samos der Tyrann Polykrates mit dem Neubau des Hera-Tempels wollte in Athen das Herrscherhaus mit diesem Riesenbau seine Macht darstellen. Der Sturz der Tyrannis beendete den Bau. Erst 174 v. Chr. begann der syrische König Antiochos IV. Epiphanes einen Neubau, mit dem er einen Architekten beauftragte, dessen Name Cossutius auf enge Beziehungen zu Rom schließen läßt. Er könnte ein Freigelassener einer röm. Familie oder Nachfahre eines solchen gewesen sein. Nach Antiochos' Tod blieben die Arbeiten an dem erst halbfertigen Tempel liegen. Einige seiner Säulen verschleppte Sulla 86 v. Chr. nach Rom. Bei seinem Besuch Athens im Jahre 124/125 n. Chr. ließ Hadrian die Arbeiten wieder aufnehmen. 131/132 weihte der Kaiser den

Tempel und das in ihm aufgestellte Goldelfenbeinbild der Gottheit ein. Im 5. oder 6. Jh. n. Chr. war der Tempel offenbar teilweise bereits zerstört, doch standen im 15. Jh. immerhin noch 21 Säulen aufrecht, von denen heute noch 16, davon eine am Boden liegend, erhalten sind.

Der Tempel stand in einem großen, ummauerten, von N her zugänglichen Bezirk. Die nach O orientierte Cella war an den Langseiten von 2, an den Schmalseiten von 3 Säulenreihen umgeben. Von diesem dichten Säulenwald gibt die an der SO-Ecke erhaltene Säulengruppe, die noch der hellenist. Phase angehört, eine Vorstellung. Die Säulenabstände sind bei diesem Bau ganz vereinheitlicht. Eine Zusammenziehung oder Verdichtung nach den Ecken hin wie bei Bauten der hohen Klassik fehlt. Im Grundriß sind alle Säulen in einen regelmäßigen Raster eingepaßt. Die Form der Kapitelle knüpft an klassische Vorbilder an.

Nördlich des Olympieion-Bezirks wurden die Fundamente
von **Häusern** [6] und einem **röm. Bad** [7] des 2. Jh. n. Chr.
17 ausgegraben. Noch weiter nördlich lag das **Lykeion**, eines
der 3 berühmten Gymnasien Athens, das im 6. Jh. v. Chr. gegründet worden war. Der Philosoph Aristoteles hat hier gelehrt.

Südlich des Olympieions, wo das Gelände zu dem in seinem sonstigen Verlauf heute weitgehend überdeckten Bachbett des Ilissos abfällt, wurde ein größeres, mehrere Heiligtümer umfassendes Terrain ausgegraben. Das Gebiet war offenbar schon in prähistorischer Zeit besiedelt. Aus der Mitte des 5. Jh. v. Chr. stammt der nur in seinen Fundamenten erhaltene **Tempel des Apollon Delphinios** [8], ein in Poros errichteter dorischer Peripteros. Westlich von ihm ka-
men die Fundamente eines **Gerichtsgebäudes** [9] zutage. –
18 Von dem weiter südlich gelegenen **Panhellenion** [10] wurden nur mehr die Gräben für die Fundamente wiedergefunden. Das Panhellenion wurde 131/132 n. Chr. unter Hadrian gestiftet. Zu den Panhellenia, den Festen und Wettspielen, die hier abgehalten wurden, kamen Abge-

sandte aus ganz Griechenland zusammen. – Weiter östlich wurden die Fundamente des **Tempels** der Urgottheiten **Kronos und Rhea** [11] gefunden, der im 2. Jh. n. Chr. an der Stelle eines Baues des 5. Jh. v. Chr. errichtet worden war.
Jenseits des Ilissos-Baches lagen **Gymnasien** [12, 13] und die **Laufbahn** des **Kynosarges** [14], der Ausbildungsstätte unebenbürtiger Söhne athenischer Bürger. Hier lehrte Antisthenes, der Begründer der Philosophenschule der Kyniker. – In dieser Gegend muß auch der Tempel gestanden haben, der erst 1779 beim Bau einer neuen Stadtmauer zerstört wurde, von dem aber Teile des Frieses erhalten blieben und dessen Aussehen uns Zeichnungen des 18. Jh. überliefern. Er war vermutlich der Artemis oder aber der Meter geweiht.
Etwa 500 m östlich des Olympieions führte in röm. Zeit eine Brücke [15] über den Ilissos. In dieser Gegend lag am Ausgang eines kleinen Tales das **Heiligtum des Pan, der Nymphen und des Acheloos** [16], wo nach Platon unter einer Platane der Philosoph Sokrates sein berühmtes Gespräch mit Phaidros führte.
Das Tal selbst nimmt heute das steinerne **Stadion** [17] ein. 19
Die Anlage wurde 330/329 v. Chr. unter dem athenischen Staatsmann Lykurg errichtet. 139–144 n. Chr. ließ es der athenische Mäzen Herodes Atticus so weit restaurieren, daß dies einem Neubau gleichkam. Nach Plänen Ernst Zillers wurde es dann im 19. Jh. wiederum erneuert und 1896 zur Feier der 1. Olympischen Spiele der Neuzeit eingeweiht. Für die Zuschauerränge nützt das Stadion die natürlichen Abhänge des kleinen Tales und öffnet sich zum Talausgang hin. Es faßt 50000 Zuschauer und wurde in röm. Zeit nicht nur für Wettspiele, sondern auch für Tierkämpfe benützt.
Auf den das Stadion begleitenden Höhenzügen lag im W
der **Tempel der Tyche** [18] und im O das **Mausoleum** des 20
Stifters **Herodes Atticus** [19]. 21

Archäologisches Nationalmuseum (Tositsa-Str. 1)

Bereits 1829 war auf Ägina das erste archäologische Museum Griechenlands gegründet worden. Als bald darauf Athen Regierungssitz geworden war, bestimmte man das »Theseion« zum Nationalmuseum. Es war bald überfüllt. Andere antike Bauten, die Hadriansbibliothek oder der »Turm der Winde«, mußten als Lagerstätten für archäologische Funde herhalten, zumal 1837 auch die wichtigsten in Ägina verbliebenen Antiken nach Athen überführt wurden. Auch in der Universität und dem Varvakion, einem Gymnasium, stellte man in einzelnen Räumen Antiken aus.

Mit dem Bau des Museums wurde 1866 nach Plänen des Architekten Ludwig Lange begonnen. Nach Änderungen durch Ernst Ziller konnte der Bau mit öffentlichen und privaten Mitteln 1889 vollendet werden. 1925 erweiterte man ihn in weiterhin klassizistischen Formen nach O.

Nach dem Ausbruch des Krieges 1940 vergrub man die Schätze der Sammlung im Hof des Museums. Nach Kriegsende wurde mit der Neuaufstellung begonnen, die heute weitgehend abgeschlossen ist.

Erdgeschoß

Saal 4: Mykenische Funde

Die hier ausgestellten Werke der von der minoischen Kultur Kretas inspirierten mykenischen Kunst sind meist Grabbeigaben aus der 2. Hälfte des 2. Jt. v. Chr., nach Fundstätten und Gattungen präsentiert. Hauptanziehungspunkte bilden die Objekte aus Gold und davon unter mehreren Totenmasken besonders diejenige, welche Schliemann im Schachtgräberrund A fand (und fälschlich als ein Agamemnon-Porträt deutete). Auf zwei Goldbechern aus Vaphio in Lakonien (1748, 1759) ist der Stierfang mit Netzen und einer Kuh als Lockmittel im Relief dargestellt; Jagdbilder enthalten auch die Einlegearbeiten auf Dolchen und Schwertern, ferner ein Wandmalereifragment aus Tiryns. Kultische Bedeutung schreibt man den Figuren des sog. Kurotrophos-Typus zu, die einen Säugling vorn, ein zweites Kind auf dem Rücken tragen (2493).

Im vorderen Teil des Erdgeschosses sind in den um 2 Innenhöfe gruppierten Sälen im wesentlichen in chronologischer

Folge Skulpturen von der archaischen bis zur hellenistischen Zeit ausgestellt.

Saal 7: Archaische Skulpturen

Eine große Grabvase mit der Darstellung von Aufbahrung und Totenklage (V 804) zeigt die Monumentalität an, die solche Gefäße im 8. Jh. v. Chr. gewonnen hatten; so können sie als Vorläufer der Großplastik gelten. Eine Elfenbeinstatuette (776) geht auf orientalische Vorbilder zurück und bezeugt damit die entscheidenden Impulse, die von der Kunst des Alten Orient auf die frühgriechische Plastik ausgingen.

Die Blockhaftigkeit, die Bildwerke des 7. Jh. v. Chr. noch auszeichnet, bestimmt einige sitzende Grab- und Götterstatuen aus verschiedenen Landschaften Griechenlands. Besonders charakteristisch ist hierfür eine auf Delos gefundene Artemis (1), die der an ihrer Seite angebrachten Inschrift zufolge von der Naxierin Nikandre gestiftet worden ist.

Hier sind auch die Reliefs eines archaischen Tempels der 2. Hälfte des 7. Jh. aus Mykene ausgestellt, die zu den frühesten Beispielen griech. Bauplastik zählen.

Saal 8: Archaische Skulpturen

Überwiegend Skulpturen des späten 7. und frühen 6. Jh. v. Chr., darunter als Hauptwerke die kolossalen Kuroi von Sunion und ein meisterhafter Kopf vom Dipylon (s. S. 142). In solchen Kuroi, d. h. Jünglingsstatuen im Schrittstand mit vorgestelltem linkem Bein und anliegenden Armen, die sowohl Götter als auch Menschen meinen können, äußert sich das Selbstgefühl der archaischen Aristokratie, in der wir wohl die Stifter solcher oft riesenhafter Monumente sehen dürfen.

Saal 9 und 10: Archaische Skulpturen

V. a. Plastik des mittleren 6. Jh. v. Chr. Neben attischen Skulpturen stehen hauptsächlich solche inselionischer Werkstätten. Andere sind unter ionischem Einfluß in Böotien entstanden. Die Modellierung ist hier fließender und

nuancierter, die Blockhaftigkeit vielfach einem vibrierenden Reichtum an Formen gewichen.
Von der Farbigkeit archaischer Plastik geben die in Attika gefundenen Statuen einer Kore und eines Kuros eine Vorstellung, die bereits in der Antike, vielleicht bei einem politischen Umsturz oder dem Einfall der Perser, in der Erde geborgen worden waren.
Neben rundplastischen Skulpturen waren Marmorpfeiler mit Reliefs, sog. Stelen, die oft von Sphingen oder Palmetten bekrönt sind, häufiger Grabschmuck.

Saal 11: Archaische Plastik

Überwiegend gehört die Plastik in diesem Raum dem letzten Drittel des 6. und dem beginnenden 5. Jh. v. Chr. an und hier v. a. der attischen Kunst.

Saal 12: Spätarchaische Plastik

Einige Köpfe und andere Fragmente stammen vom Aphaia-Tempel in Ägina. Während der größte Teil der Giebelskulpturen bereits im frühen 19. Jh. nach München kam, sind die Funde der seit 1901 laufenden Grabungen in Griechenland verblieben. Die Köpfe gehören zu einem um 500 v. Chr. geschaffenen Giebelschmuck, der kurz darauf aus unbekannten Gründen durch einen neuen ersetzt wurde.
Neben weiteren äginetischen Skulpturen steht hier auch das Relief eines Waffenläufers, das früher als Darstellung des Boten von Marathon interpretiert wurde, aber wohl ein Jahrzehnt vor jener Schlacht, um 500, entstanden ist.
Andere Bildwerke, wie der Torso 1605, zeigen, daß die Erfassung körperlicher Aktion wesentliches Anliegen der spätarchaischen Plastik war.
Von der Farbigkeit archaischer Plastik gibt die Statue eines sitzenden Gottes eine Vorstellung.

Saal 13: Archaische Plastik

Einige Kuros-Statuen zeigen, daß in der letzten Generation der archaischen Plastik das feste Schema sich zu lockern beginnt und z. B. die Arme sich vom Körper lösen. Böotische Skulpturen lassen weiterhin den starken Einfluß der

Athen. Archäologisches Nationalmuseum
Relief von der Basis eines Grabdenkmals des frühen 5. Jh. v. Chr.

Inselkunst erkennen. 2 reliefierte Basen trugen ursprünglich wohl Kuros-Statuen. Sie wurden in der themistokleischen Stadtmauer Athens verbaut gefunden. Darstellungen von Ringkampf und Ballspiel, dazu eine Gruppe von 4 Athleten, die einen Hund und eine Katze aufeinanderhetzen, geben eine Vorstellung vom Leben der adligen Jugend.

Saal 14: Frühklassische Plastik

Neben der hervorragenden Stele eines sich bekränzenden Knaben stehen verschiedene, teilweise etwas provinzielle Grabreliefs aus Thessalien, Böotien und Akarnanien, außerdem aber bezeichnende Beispiele der frühklassischen Kunst der Ägäis, unter ihnen eine Marmorscheibe mit einem weiblichen Kopf aus Melos.

Saal 15: Werke des Strengen Stils

Der stilistische Umbruch in der Zeit der Perserkriege führt zum Verzicht auf den überquellenden Formenreichtum der Spätarchaik. Die Darstellung wird einfacher und strenger durchgliedert, der innere Aufbau der Figuren dabei klarer und konsequenter erfaßt.

Zu den wenigen originalen Bronzestatuen dieser Zeit gehört die Gestalt eines bärtigen Gottes (Zeus oder Poseidon), die im Meer nördlich von Euböa gefunden wurde. Ein

archaischer Typus ist hier aufgegriffen und weiterentwikkelt.
Andere Skulpturen zeigen die Wiederaufnahme archaischer Formen in verschiedenen Epochen.
Ein eklektisches Werk ist das große Weihrelief aus Eleusis mit Demeter und Kore, die dem jungen Triptolemos die Ähren anvertrauen; um 430 v. Chr. hat man hier auf ältere Vorbilder zurückgegriffen.
Neben Originalen sind hier auch röm. Kopien klassischer Meisterwerke ausgestellt.
Saal 16: Klassische Grabreliefs des späten 5. und frühen 4. Jh. v. Chr.
Da in archaischer Zeit stattliche Grabreliefs offenbar Mittel der Selbstdarstellung der Oberschicht gewesen waren, erließ man im Anschluß an die demokratische Verfassungsreform um 500 v. Chr. ein Gesetz, das die Aufstellung von monumentalen Grabmälern unterband. Erst um 430 wurde diese Verordnung, wie es scheint, gelockert. Hatten archaische Stelen überwiegend Einzelbilder jugendlicher Krieger und Athleten gegeben, zeigen sich nun fast szenisch wirkende Figurengruppen. Entsprechend breiter sind auch die Proportionen der Reliefs. Sie geben die Toten in trauter Verbundenheit mit ihren Angehörigen wieder.
Saal 17: Votivplastik und Bauplastik des 5. Jh. v. Chr.
Votivreliefs wurden im Heiligtum für die Gottheit aufgestellt. Oft handelt es sich um relativ anspruchslose Arbeiten, doch gibt es auch Werke hohen Ranges darunter. Sie zeigen die Götter in bezeichnenden Szenen häufig in Verbindung mit Sterblichen, die durch die geringere Größe von ihnen unterschieden werden.
Ein großes Relief einer stehenden Frau aus Mantineia ist als Darstellung der Diotima aus Platons »Gastmahl« interpretiert worden; sie war in Mantineia beheimatet.
Einige Fragmente kleiner Hochreliefs stammen von der Basis der um 420 von dem Phidias-Schüler Agorakritos geschaffenen Statue der Nemesis in Rhamnus. Auf ihr war die

Zuführung Helenas an Nemesis dargestellt. Von dem Mittelakroter des Nemesis-Tempels von Rhamnus mit der Darstellung des Windgottes Boreas, der die Nymphe Oreithyia entführt, ist die untere Partie erhalten.

Die Reliefdarstellung eines gebückten Kriegers gehörte zu dem Fries des in der 2. Hälfte des 5. Jh. v. Chr. errichteten Tempels der Artemis am Ilissos (s. S. 151), der 1779 abgerissen worden war (die übrigen Teile in Berlin und Wien).

Umfangreichere Partien sind von der Bauplastik des bald nach einem Brand im Jahre 423 v. Chr. wiedererrichteten Tempels der Hera von Argos erhalten. Sie wurden von Bildhauern aus der Schule des Polyklet geschaffen, verraten aber deutlich auch den Einfluß der attischen Plastik.

Saal 19 und 20: Klassische Plastik der 2. Hälfte des 5. und des frühen 4. Jh. v. Chr.

Die beiden Räume enthalten sowohl Originale, darunter wiederum Weihreliefs und ein Fragment des Frieses von Bassai, als auch röm. Kopien klassischer Meisterwerke, v. a. solcher, die im Umkreis des Phidias entstanden sind. Unter ihnen auch eine in Eleusis gefundene verkleinerte Wiedergabe des Parthenon-W-Giebels aus dem 2. Jh. n. Chr.

Eine in Athen gefundene Statuette aus dem 3. Jh. n. Chr. gibt das berühmte Goldelfenbeinbild der Athena Parthenos im Parthenon des Phidias wieder. Von den Reliefs der Basis (Geburt der Pandora) und des Schildes (Amazonenkampf) bietet daneben eine unvollendete Statuette eine Vorstellung.

Innenhof

Der Hof wurde in der Art eines Friedhofs angelegt und umfaßt Grabmonumente des 4. Jh. v. Chr. bis zum 2. Jh. n. Chr.

Einige von Bohrmuscheln zerfressene Marmorskulpturen gehörten zur Ladung eines auf dem Weg von Delos nach Italien im frühen 1. Jh. v. Chr. bei der Insel Antikythera untergegangenen Schiffes.

Saal 18: Grabreliefs des ausgehenden 5. und des frühen 4. Jh. v. Chr.

Darstellungen von Ehepaaren, Frauen mit ihren Kindern oder vornehmer Damen mit ihren Dienerinnen wirken auf den ersten Blick wie Daseinsbilder. Dennoch ist das Zusammensein aufgehoben. So reckt ein Kind vergebens die Arme nach seiner Mutter und begegnet der Blick verstorbener Frauen nicht mehr dem ihrer Angehörigen. Die Inschriften geben nur die Namen an, verzichten aber auf Angaben von Alter, Stand oder besonderen Verdiensten. Auf diese Angaben wird nur bei den offiziellen Staatsgräbern hingewiesen, die zu Ehren von Gefallenen errichtet sind. So zeigt ein Teil eines Ehrengrabs für die Gefallenen der Schlachten bei Korinth und Koroneia (394 v. Chr.) mit einem galoppierenden Reiter, einem stehenden Schwerbewaffneten und einem Gefallenen an, daß die unter diesem Denkmal Beigesetzten ihr Leben der Vaterstadt Athen geopfert haben. In der Bekrönung desselben Staatsgrabs werden die Namen der gefallenen Reiter aufgezählt, darunter auch der des Dexileos, dessen Grabrelief auf dem Kerameikos gefunden wurde (s. S. 146 und vgl. die Abb. S. 144).

Saal 21: Klassische Plastik

Auch dieser Raum enthält Skulpturen von Grabmälern, darunter ein Fragment eines Frieses des 4. Jh. v. Chr., das stilistisch den Skulpturen des Mausoleums von Halikarnaß nahesteht.

Eine auf Delos gefundene Statue des sich die Binde umlegenden Apollon aus dem frühen 1. Jh. v. Chr. geht auf ein berühmtes Meisterwerk des Polyklet zurück.

Aus dem 4. Jh. v. Chr. stammen die Vorbilder eines Hermes und zweier Frauenstatuen vom Typus »Große und Kleine Herkulanerin« (so genannt nach Wiederholungen aus Herculaneum in Dresden). Die beiden Frauen sind so häufig wie keine weitere griech. Skulptur in röm. Zeit kopiert worden und müssen demnach im Altertum sehr berühmt gewesen sein.

Saal 34: Skulpturen aus griechischen Heiligtümern
Die hier zusammengestellten Monumente sollen eine Vorstellung davon vermitteln, wie ein antikes Heiligtum in Griechenland mit Weihgaben und Denkmälern ausgestattet war. So stehen um einen Altar Statuen und Statuetten, Reliefs und Basen verschiedener Epochen. Teils Werke bedeutender Künstler, teils auch einfache Zeugnisse naiver Frömmigkeit, überwiegend aus Attika, aber auch aus anderen Landschaften Griechenlands.
Von hier aus gelangt man zur Vasensammlung und zur Bronzesammlung. Es empfiehlt sich jedoch, zunächst den Rundgang durch den Altbau bis zur Eingangshalle fortzusetzen und dann erst die Besichtigung der übrigen Abteilungen anzuschließen.
Saal 22: Skulpturen aus Epidauros
Die Skulpturen stammen überwiegend vom Tempel des Asklepios in Epidauros aus dem frühen 4. Jh. v. Chr. Aus einer Inschrift wissen wir, daß der Bildhauer Timotheos an diesem Bau tätig war und Modelle für die Akrotere geliefert hat. Da seine Werkstatt auch an den Friesen des Mausoleums von Halikarnaß beteiligt war und ein Teil der dort gefundenen Reliefs mit den Skulpturen des Asklepios-Tempels zu vergleichen ist, scheint Timotheos in Epidauros tatsächlich der richtungweisende Künstler gewesen zu sein. Die wie naß am Körper anliegenden Gewänder mit ihren gebrochenen, stark bewegten Falten scheinen für den Stil dieses Meisters bezeichnend zu sein. Dargestellt ist im W-Giebel der Kampf zwischen Amazonen und Griechen, im O-Giebel die Einnahme Trojas. Die Akrotere zeigen berittene Frauen, Nereiden, Auren oder Gestirnsgottheiten. Eine Nike bildete das Mittelakroter.
4 weitere Niken stammen vom Tempel der Artemis aus dem späten 4. Jh. v. Chr.
Saal 23 und 24: Grabreliefs des 4. Jh. v. Chr.
Da im 19. Jh. vielfach bei Funden von Grabanlagen nur die Reliefplatten geborgen wurden, ergibt sich heute oft ein un-

vollständiger Eindruck. Im 4. Jh. v. Chr. waren die Reliefplatten häufig in der Art eines Naiskos (Tempelchen) durch seitliche Rahmen und einen aufgesetzten Giebel eingefaßt.

Die Darstellungen lassen häufig die Tendenz erkennen, durch mehrfigurige Gruppen die Einheit der Familie, deren Zusammenhalt sich gerade in dieser sozial unsicheren Zeit aufzulösen drohte, zu betonen. Der Tote erscheint unter seinen Angehörigen, von denen er gleichwohl abgehoben wird. Seit der Mitte des 4. Jh. v. Chr. wird der Tote gelegentlich innerhalb seiner irdischen Umgebung stärker isoliert und damit heroisiert. Besonders deutlich wird dies bei der sog. Ilissos-Stele (869), einem außergewöhnlich qualitätvollen Relief, das mitunter mit dem Bildhauer Skopas in Verbindung gebracht wird und in der Antike mehrfach nachgeahmt wurde.

Steinerne Löwen erscheinen auf Grabmälern als Wächter der Ruhe der Toten. Sirenen galten als die Musen des Jenseits.

Saal 28: Grabreliefs des ausgehenden 4. Jh. v. Chr. und spätklassische Freiplastik

316 v. Chr. wurde in Athen ein Gesetz erlassen, das größeren Luxus bei Leichenbegängnissen, aber auch bei der Ausstattung von Grabstätten unterband. Damit endet die Reihe der Grabreliefs. Die spätesten von ihnen lassen die Tendenz zu größeren Formaten und somit übersteigertem Aufwand erkennen, der wohl der Grund für jenes Gesetz war.

Deutlich wird der Drang, die Figuren aus ihrem szenischen Zusammenhang zu lösen und sie durch diese Isolierung zu heroisieren. Damit hatte letztlich das Relief, in dem sich szenische Zusammenhänge und Gruppenbilder formulieren ließen, seine Funktion verloren. Bei vielen späten Grabreliefs ist die Figur daher auch fast freiplastisch vor den Reliefgrund gestellt. Außerhalb Attikas ist man deshalb in der Zeit des Hellenismus auch konsequent weitergegangen und

hat bei größeren Grabmonumenten der Rundplastik gegenüber dem Relief vielfach den Vorzug gegeben.
Aus dem späten 4. Jh. v. Chr. ist ein großes Relief mit einem von einem Negerknaben geführten Pferd.
Eine Reliefbasis trägt die Signatur des Bryaxis, eines der Meister des Mausoleums von Halikarnaß.
Skopas, einem weiteren Bildhauer des Mausoleums, wird ein weiblicher Kopf aus Epidauros zugeschrieben. Aus seiner Werkstatt stammen die Skulpturen des Athena-Tempels von Tegea, von denen einige Köpfe hier zu sehen sind.
Das Werk eines peloponnesischen Meisters ist die Bronzestatue eines Jünglings, die bei einem antiken Wrack des frühen 1. Jh. v. Chr. bei der Insel Antikythera gefunden wurde (vgl. S. 157).

Saal 25–27: Weihreliefs und Urkundenreliefs des 4. Jh. v. Chr.

Im Gegensatz zu den großen Götterbildern werden gerade im 4. Jh. v. Chr. Weihreliefs zum Ausdruck naiver Frömmigkeit und zeigen oft ein unmittelbareres Verhältnis zur Gottheit. Nicht zufällig wurden sie in den Bezirken von Heilgöttern, deren Wirken man besonders unmittelbar erlebte, verhältnismäßig zahlreich gefunden.
Urkundenreliefs erscheinen am Kopf in Stein gemeißelter Urkunden und beziehen sich auf deren Inhalt.

Saal 29: Spätklassische und hellenistische Plastik

Der anmutige Stil der späten Klassik wird um 300 v. Chr. durch eine Verhärtung und Strenge der Darstellung abgelöst, die auch die aus Rhamnus stammende Statue der Thetis mitbestimmt.
Um die Mitte des 2. Jh. v. Chr. entstanden die Skulpturen der Kultbildgruppe des Bildhauers Damophon aus dem Tempel von Lykosura.
Das politische Denkmal gewinnt in hellenist. Zeit an Bedeutung. Von einem Siegesmonument auf Delos stammt die Statue eines stürzenden Galliers aus dem späten 2. Jh. v. Chr.

Saal 30: Hellenistische Plastik
Auf den bewegten, oft krassen Realismus des hohen Hellenismus, wie er auch das bei Antikythera gefundene Bildnis eines Philosophen geprägt hat, folgt gegen Ende des 2. Jh. v. Chr. eine Phase der Beruhigung, wie sie u. a. auch bei einem Bronzekopf aus Delos zu spüren ist. Gleichzeitig verstärken sich klassizistische Tendenzen mit Rückgriffen auf den Stil des 5. und v. a. des 4. Jh. v. Chr., wie etwa bei dem kolossalen Kopf eines Kultbilds des Zeus aus Aigeira.
Saal 31–33: Römische Plastik
U. a. das Bronzebild des Kaisers Augustus von einer aus dem Meer geborgenen Reiterstatue und Porträts der Kosmeten, der für die Erziehung der Jugendlichen verantwortlichen städtischen Beamten.
Zurück bis Saal 21 und dann durch Saal 34 zum neuen Trakt des Museums.
Saal 36: Sammlung Karapanos
Die Sammlung umfaßt v. a. Funde verschiedener Epochen aus dem Heiligtum von Dodona, die der Stifter nach seinen Ausgrabungen zwischen Athen und Istanbul aufteilte. (Neuere Funde aus Dodona s. S. 217.)
Saal 37: Frühgriechische Bronzen
Die Objekte sind nach Fundorten oder Landschaften geordnet. Besonders großen Raum nehmen die Bronzen von der Akropolis und aus Olympia (weitere Funde s. S. 292 ff.) ein. Überwiegend handelt es sich um Votivfiguren von Tieren, Gottheiten oder auch den Stiftern selbst aus der ganzen 1. Hälfte des 1. Jt. v. Chr., wie sie in Heiligtümern aufgestellt wurden. Daneben auch Reste größerer Bronzestatuen, so ein Zeus-Kopf des späten 5. Jh. v. Chr. aus Olympia, der Kopf eines Kriegers und ein Jünglingskopf des frühen 5. Jh. v. Chr. von der Akropolis.
Figürliche Appliken und Beschläge verzierten Gefäße, Truhen, Möbel oder Waffen und anderes Gerät, das der Gottheit gestiftet wurde.
Saal 38–40: Sonderausstellungen

Saal 41–43: Ägyptische und römische Kunst
Die kleine ägyptologische Abteilung des Museums umfaßt v. a. Kunstwerke, die der Zeit angehören, in der Ägypten unter griech. oder röm. Herrschaft stand, aber auch exzeptionelle ältere Bildwerke.
Obergeschoß
Den zentralen Bestand bilden hier die Wandmalereien und Fundstücke aus Akrotiri auf Thera (Santorini). Eine minoische Stadt lag dort seit der Vulkankatastrophe Mitte des 16. Jh. (oder bereits im Jahr 1628) v. Chr. bis zur Aufdeckung ab 1967 verborgen. Das erklärt den frischen Erhaltungszustand der einzigartigen Bilder. In klarer Dekorationsordnung sind fast lebensgroße Figuren, z. B. zweier Frauen bei Kulthandlungen, eine Fülle von Tieren und Pflanzen, dazu in einem »Miniaturfries« über drei Wände eine Küstenlandschaft und davor Schiffe im Gefecht oder bei einer Havarie dargestellt. Kinder und Antilopen zeigt ein Bild in elegant schwingenden Umrissen von wechselnder Strichstärke, ein anderes stilisierte Felsformen, darauf Liliengewächse, darüber Schwalben. Die Qualität steht den unmittelbar vorbildlichen kretischen Palastmalereien in nichts nach.
Die reiche Vasensammlung gibt einen dichten Überblick über die Entwicklung der griech. Vasenmalerei. In chronologischer Reihenfolge sind Fundkomplexe aus einzelnen griech. Heiligtümern zuammengezogen.
Saal 48: 3. bis frühes 1. Jt. v. Chr.
Vasen des geometrischen Stils mit abstrakt wirkenden Ornamenten. Seit dem 8. Jh. v. Chr. häufiger auch mit figürlichen Szenen, v. a. auch Darstellungen von Bestattungsriten, zumal auf großen Grabvasen vom Kerameikos (vgl. S. 143).
Saal 49 und 50:
Keramik der orientalisierenden Phase des 7. Jh. v. Chr. (vgl. S. 28 f.) aus verschiedenen Landschaften Griechenlands, häufig nun auch mit mythologischen Darstellungen.
Saal 51:
Frühe schwarzfigurige Keramik vom Anfang des 6. Jh.

v. Chr., v. a. aus attischen und korinthischen Werkstätten (vgl. S. 34).
Als geschlossene Komplexe: die Metopen des Tempels von Thermon (vgl. S. 346) mit mythologischen Szenen; Funde aus dem Heraion von Argos (vgl. S. 75) und aus Perachora (vgl. S. 305), besonders die architekturgeschichtlich wichtigen Hausmodelle, die Aufschluß über Vorformen des griech. Tempelbaus im 8. und 7. Jh. v. Chr. geben; Elfenbeinschnitzereien aus dem Heiligtum der Artemis Orthyia bei Sparta (vgl. S. 330) und Fragmente korinthischer Tafelbilder des späten 6. Jh. v. Chr.

Saal 52:
Schwarzfigurige Keramik aus Attika, von den Inseln und aus Kleinasien aus dem mittleren 6. Jh. v. Chr. Vielfach mit mythologischen Darstellungen oft namentlich bekannter Meister (Kleitias, Nearchos, Lydos, Exekias).

Saal 53:
Böotische und attische Keramik bis zur Wende zum 5. Jh. v. Chr. und attisch rotfigurige Gefäße des späten 6. und frühen 5. Jh. v. Chr.

Saal 54:
Attische rotfigurige Vasen des 5. Jh. v. Chr.

Saal 55:
Attische weißgrundige Gefäße des 5. und 4. Jh. v. Chr., meist mit Darstellungen, die sich auf den Totenkult beziehen.

Saal 56:
Rotfigurige und weißgrundige Gefäße. Einige mit ausgefallenen mythologischen Szenen.

Von der Tositsa-Straße aus sind auf besonderen Wunsch mit Voranmeldung das im Komplex des Archäologischen Nationalmuseums untergebrachte **Numismatische Museum** mit einer umfassenden Sammlung griech. Münzen und das **Epigraphische Museum** mit Inschriften aus ganz Griechenland zu besichtigen.

Museum für Kykladische und Altgriechische Kunst – Stiftung Nicholas P. Goulandris (Neofitou Douka 4)
Das aus einer privaten Sammlung hervorgegangene Museum bietet in erster Linie einen an ausgesuchten Einzelstücken reichen Überblick über die Entwicklungsphasen der Kykladenkunst seit der Frühzeit des 3. Jt. v. Chr.: Ton-, Marmor- und Metallgefäße, ferner die in der Frühgeschichte einzigartigen anthropomorphen sog. Kykladen-Idole. Neben Objekten der minoischen und mykenischen Kultur besitzt das Museum außerdem umfangreiches Sammelgut, besonders Vasen, aus archaischer, klassischer und hellenistischer Zeit.

Umgebung:

CHALANDRION (Χαλάνδϱιον) H9

In dem nördlichen Vorort besteht etwa 500 m südlich des Zentrums die **Kapelle der Panagia Marmariotissa** in ihrem Kern aus einem **röm. Grabbau**. Die später hinzugefügte Apsis schließt den ehem. Eingang zur Grabkammer ab.

DAPHNI (Δάφνη) H9

Das berühmte **Kloster** steht an der Stelle eines 395 n. Chr. von den Goten unter Alarich zerstörten Tempels des Apollon Daphnios. Nur wenige Minuten südwestlich liegt am Hang eine **Grotte des Pan und der Nymphen.**
Am Ausgang der Paßstraße nach Eleusis ist das **Heiligtum der Aphrodite**, eines der volkstümlichsten des antiken Athen, nur wenige Schritte von der modernen Straße entfernt. Vor einer hohen Felswand mit Nischen für Weihgeschenke sind die mächtigen Blöcke einer Befestigungsmauer und das Pflaster der Heiligen Straße sowie Reste eines Gebäudes, vielleicht des Priesterhauses, ausgegraben.

KIPHISSIA (Κηφισιά) H8

Der Ort galt als eine der urspr. Gemeinden Attikas. Wegen seines angenehmen Klimas war er schon immer ein bevorzugter Villenvorort. Auch der reiche Mäzen Herodes Atticus hatte hier seinen Landsitz, auf dem die »Attischen Nächte« des Aulus Gellius spielen, in denen Fragen der Philosophie, Rechtslehre und andere Themen diskutiert werden.

Aus dem 2. Jh. n. Chr. stammt eine aufwendige **Grabanlage** an einer Straßenkreuzung im Zentrum des heutigen Ortes an der Abzweigung zum Bahnhof. In einem quadratischen, einst überdeckten Raum stehen mehrere Sarkophage, einer mit der Darstellung des Leda-Mythos, ein weiterer mit Eroten und einer mit Girlanden.

H8 PHYLE (Φυλή)

Der die Ebene von Athen nach N abschließende Höhenzug trug mehrere z. T. gut erhaltene Festungen. Im Grenzland nach Böotien sammelte der Athener Thrasybulos nach der Niederlage gegen Sparta 404 v. Chr. in Phyle wagemutige Männer um sich, mit denen er die spartanische Garnison im Piräus angriff und die Herrschaft der »30 Tyrannen«, die sich auf jene stützte, zerbrach. – Von dem heutigen Ort führt ein Weg zu der im 4. Jh. v. Chr. in Sichtverbindung zu Athen angelegten **Festung**. Das Felsplateau wird von einer Mauer mit einer Anzahl von Türmen eingefaßt. Mehrfache Reparaturen sprechen für eine lange Nutzung.

H9 STAVROS (Σταύρος)

Südlich des kleinen Ortes steht bei der Kapelle des Ag. Nikolaos in geduckter Haltung ein marmorner **Löwe** aus dem ausgehenden 4. Jh. v. Chr. Er muß zu einem bedeutenden Grabmal gehört haben, was zu der freilich unbeweisbaren Vermutung führte, daß der 322 v. Chr. aus dem Leben geschiedene Staatsmann Demosthenes hier beigesetzt war.

H9 VARI (Βάρη)

Der Ort ist vermutlich das antike ANAGYRUS. Die Mauern seiner **Akropolis** liegen auf dem Hügel unmittelbar westlich des Dorfes südlich der Straße nach Athen.

Die berühmte **Nymphengrotte** auf dem südl. Ausläufer des Hymettos ist von hier aus in einer etwa einstündigen Wanderung zu erreichen. In einer natürlichen Tropfsteinhöhle wurden hier schon in archaischer Zeit Pan, Apollon und die Nymphen verehrt. Mit einem archaischen Kultbild und mehreren Weihreliefs gibt die Stätte ein eindrucksvolles Bild von einem einfachen ländlichen Heiligtum.

VULIAGMENI (Βουλιαγμένη) H9

Der in den Golf vorspringende S-Ausläufer des Hymettos trägt an seiner engsten Stelle im Gelände des Astir-Hotels die Fundamente eines **Tempels** der Leto und ihrer Kinder Apollon und Artemis sowie 150m weiter nördlich die Reste eines **Priesterhauses.**

Aulis GH8

(Αὐλίς – Böotien / Mittelgriechenland)

Der Ort am Euripos, der Meerenge zwischen der Insel Euböa und dem Festland, war der Sage nach der Sammelpunkt der Griechen beim Zug gegen Troja, wo nach einem Jagdfrevel ungünstige Winde Agamemnon zwangen, einem Orakelspruch gehorchend, seine Tochter Iphigenie der Artemis zu opfern. In einer Wolke entführte die Göttin das Mädchen nach Tauris, woher sie später von Orestes und Pylades zurückgebracht wurde.

Der Artemis-Kult geht hier bis in das 8. Jh. v. Chr. zurück. 397 v. Chr. opferte an diesem Ort der Spartanerkönig Agesilaos vor dem Aufbruch nach Kleinasien. Das Heiligtum gehörte zum Gebiet der Stadt Mykalessos (s. u.), fiel im 5. Jh. v. Chr. an Theben und 335 v. Chr. an Tanagra.

Der **Artemis-Tempel** stammt aus dem 5. Jh. v. Chr., ist aber in altertümlicher Weise lang gestreckt. Er besaß keinen Umgang, sondern bestand nur aus einer Cella und zunächst

einer Vorhalle mit 2 Säulen. Bei einem Umbau in hellenist. Zeit fügte man eine Front mit 4 Säulen hinzu. Die Cella war in 3 Schiffe gegliedert; hinten schloß sich ein Adyton an. In röm. Zeit wurden alle Säulen erneuert, die altertümliche Grundform des Tempels blieb aber gewahrt. In der Spätantike hat man Teile des Baues, darunter auch einen Opferstock, mit einer kleinen Thermenanlage überbaut. In dem Tempel wurde eine Basis gefunden, welche vielleicht zu der schon von Homer erwähnten, aber noch im 2.Jh. n.Chr. vorhandenen heiligen Platane gehörte.
Vor dem Tempel liegen (heute durch die Straße von ihm getrennt) eine **Brunnenkammer** und die Einfassung eines Gartens, in dem die berühmten Dattelpalmen von Aulis standen. Einige Gebäude südlich des Tempels dienten vielleicht als Herbergen für die Pilger.

7 km westlich von Aulis sind bei dem Dorf **Ritsona** (Ριτσῶνα) Teile der **Stadtmauer**, der **Akropolismauer** und
G8 der **Nekropole** der antiken Stadt **Mykalessos** erhalten, die wesentliche Aufschlüsse über die Chronologie böotischer Keramik und Tonplastik lieferte. Bekannt ist die Stadt nicht zuletzt durch den Bericht des Thukydides von dem Überfall thrakischer Söldner, die hier 413 v.Chr. die gesamte Bevölkerung niedermachten.

D10 Bassai

(Βᾶσσαι – Elis / Peloponnes) →Phigalia

Brauron

H9

(Βραυρών – Attika / Mittelgriechenland)

Der Ort galt als eine der 12 alten Gemeinden Attikas. Spuren einer Siedlung des 2. Jt. wurden auf einem Hügel am S-Rand der Ebene an der Küste festgestellt. Um 1300 v. Chr. scheint man diese Siedlung weitgehend aufgegeben zu haben.
In historischer Zeit wurde in Brauron alle 5 Jahre das Fest der »Brauronia« mit musischen Wettkämpfen gefeiert. Auch von einer orgiastischen Feier zu Ehren des Dionysos sprechen die Quellen. Für die Bedeutung von Brauron spricht auch die Existenz eines Filialheiligtums auf der Akropolis von Athen. Um 300 v. Chr. wurde das Heiligtum bei einer Überschwemmungskatastrophe zerstört und danach nicht mehr vollständig erneuert, obwohl der Kult in bescheidenerer Form fortdauerte.

Der alte Kern des **Artemis-Heiligtums** konnte bei der Kapelle des Ag. Georgios [1] festgestellt werden. Etwa 20 m südöstlich von ihr lag in den Abhang eingebettet eine **Grotte** [2], die spätestens seit dem 8. Jh. v. Chr. mit einem Kult verbunden war. Man hat in ihr das *Grab der Iphigenie* gesehen, die bei der Ausfahrt der Achäer in Aulis der Artemis geopfert werden sollte, aber nach Tauris entrückt wurde. Gemeinsam mit Orestes und Pylades entführte sie von dort das hölzerne Kultbild, das sie in Brauron niederlegte. Urspr. war Iphigenie wohl eine lokale Geburtsgottheit, die nachträglich mit der Tochter des Agamemnon identifiziert wurde. An ihrem Grab legte man die Kleider im Kindbett verstorbener Frauen nieder. Als der Grotteneingang einstürzte, wurde der Kult in einem kleinen Gebäude angesiedelt, das unmittelbar südwestlich des Grottenheiligtums ausgegraben ist [3], während das Haus, dessen Fundamente südöstlich der Grotte erhalten sind, als Sitz der Priesterinnen interpretiert wird [4].
Gleich unterhalb der Georgskapelle sind teilweise in den Felsen eingebettet die bis zu 11 Lagen aufgeschichteten

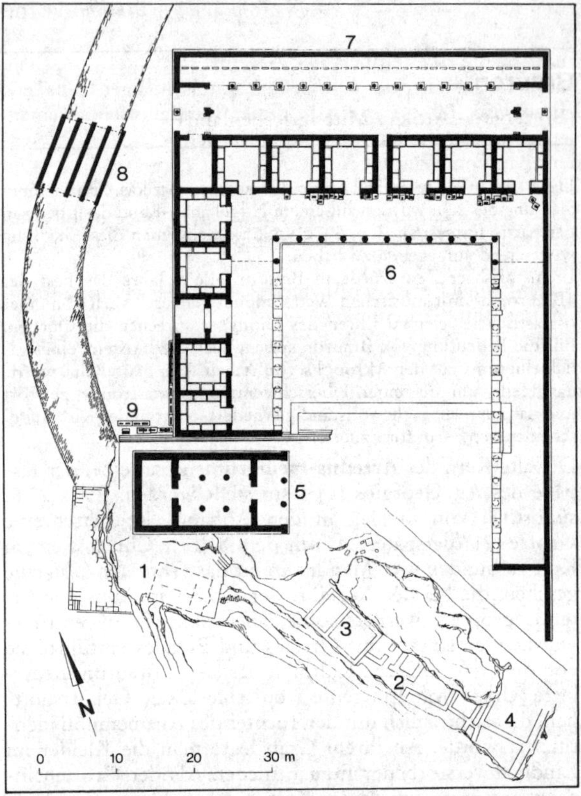

1 Agios-Georgios-Kapelle
2 Grotte
3 Kultgebäude
4 Haus der Priesterinnen
5 Artemis-Tempel
6 Heiliger Bezirk
7 Halle für Weihgaben
8 Brücke
9 Heilige Quelle

Brauron. Artemis-Heiligtum. Übersichtsplan

Fundamente des **Tempels der Artemis** [5], eines dorischen Baues der 1. Hälfte des 5. Jh. v. Chr. mit 3schiffiger Cella, erhalten. Um 400 v. Chr. erhielt dieser Tempel offenbar einen neuen Giebel. Ein älterer Tempel aus dem 7. oder 8. Jh. war dem Bau vorausgegangen.

Über eine breite Freitreppe gelangte man in den von einer Mauer abgeschirmten heiligen Bezirk [6] mit dem Altar und der heiligen Quelle [9] unterhalb der NW-Ecke des Tempels.

Dieser heilige Bezirk wurde um 420 v. Chr. erweitert und an 3 Seiten mit **Säulenhallen** eingefaßt, während an der 4. Tempel und Freitreppe den Abschluß bilden. Teile der Hallen sind wiederaufgerichtet. In der N-Halle finden sich Einlassungen von Stelen und Weihreliefs, die zusammen mit Votivstatuen kleiner Mädchen und Knaben hier aufgestellt wurden [7]. In den Räumen hinter diesen Hallen sind teilweise noch die Verankerungen von Tischen und Betten erhalten, auf denen man sich zum Gelage niederließ.

An der NW-Ecke des Heiligtums blieb eine aus großen Quadern gefügte **Brücke** [8] fast vollständig bewahrt, über die man zu einer Eingangshalle mit Votivgaben nördlich der N-Halle des Bezirks gelangte.

Museum. Neben prähistorischen und geometrischen Kleinfunden sind hier v. a. Votivgaben ausgestellt. Unter den Weihreliefs sticht ein besonders schönes aus der Zeit um 420 v. Chr. heraus. Statuen kleiner Knaben und Mädchen wurden der Gottheit als Dank für Kindersegen und mit der Bitte um glückliches Gedeihen geweiht. Aus röm. Zeit stammt ein Relief des Polydeukion, des Lieblings des Herodes Atticus.

Umgebung:

6 km nördlich von Brauron liegen am Strand nördlich des
Dorfes LUTSA (Λούτσα) die Reste des **Heiligtums der Ar- H9
temis Tauropulos** mit den Fundamenten von 2 spätklassi-

schen Tempeln, einem dorischen Peripteros mit 6×13 Säulen und einem kleinen Prostylos. Das Heiligtum war, wie Euripides in der Tragödie »Iphigenie bei den Taurern« berichtet, von Iphigenies Bruder Orest gegründet worden.

F7 Chaironeia

(Χαιρώνεια – Böotien / Mittelgriechenland)

Die westlichste der antiken Städte Böotiens war der Sage nach die erste, in der sich einwandernde Böoter niederließen. Von hier stammte der Schriftsteller Plutarch (46–120 n. Chr.).
In die Geschichte eingegangen ist der Ort als Schauplatz des entscheidenden Sieges Philipps II. von Makedonien über die Thebaner und Athener (338 v. Chr.). Nach längerem Stellungskrieg war es Philipp gelungen, seine Gegner am Haimon-Bach, 1–2 km östlich von Chaironeia, zu stellen. Die Entscheidung fiel auf dem linken Flügel, wo sein Sohn Alexander die Thebaner zurückwarf. Dagegen wichen die Makedonen in der Mitte und am rechten Flügel zurück, bis Philipp am Berghang eine erhöhte Stellung gewinnen konnte. Hier wendete sich das Blatt. Von den vorgerückten Athenern fielen 1000, weitere 2000 wurden gefangengenommen; der Rest der 10000, die ausgerückt waren, entkam. Die Asche der gefallenen Athener schickte der Sieger nach Athen. Die gefallenen Makedonen wurden in einem Massengrab 3 km nordöstlich an der Niederung des Kephisos-Baches beigesetzt.

Der 5,50 m hohe **Löwe**, der als Wächter der Grabesruhe der Thebaner errichtet wurde, hockt auf einem 3 m hohen Sokkel innerhalb einer Umfriedung, in der 254 Skelette ausgegraben wurden. Demnach waren hier nicht alle gefallenen Thebaner, sondern nur die der Elitetruppe, der »Heiligen Schar«, beigesetzt. Der heute aus vielen Fragmenten zusammengesetzte Löwe war erst um 1830 zerschlagen worden – auf der Suche nach Blei, mit denen die Klammern, welche die Blöcke zusammenhielten, vergossen waren.

Westlich davon erhebt sich die ummauerte **Akropolis**. An ihrer N-Spitze lag das **Heiligtum der Musen und des Apollon**. Im Abhang das wohl in das 5.Jh. v.Chr. zurückgehende **Theater** mit teilweise unmittelbar in den Felsen gehauenen Sitzreihen.
Die Kapelle der Ag. Paraskevi liegt an der Stelle eines Tempels des Herakles.
Das **Museum** neben dem Löwendenkmal enthält prähistorische Funde aus der Umgebung, klassische Grabreliefs und andere Skulpturen verschiedener Epochen.

Delphi

F7

(Δελφοί – Phokis / Mittelgriechenland)

Der Sage nach tötete hier Apollon den Drachen Python und stiftete das Orakel. Der Kult reicht bis in das 2.Jt. v.Chr. zurück. Aus dieser Zeit wurden in der Gegend des Apollon-Tempels Reste eines Dorfes mit mehreren Kultstätten festgestellt.
Seine größte Bedeutung erreichte das Heiligtum in archaischer Zeit. Seine Verwaltung lag in den Händen der »delphischen Amphiktyonie«, eines Bundes umwohnender Stämme, deren Abgeordnete sich zweimal jährlich trafen. In der Zeit der griech. Kolonisation wurden in Delphi Instruktionen zu neuen Stadtgründungen ausgegeben. Hier liefen auch die Berichte der Kolonisten zusammen, so daß die Priesterschaft über alle Möglichkeiten und Aussichten am besten informiert war und kompetenten Rat erteilen konnte. In den Perserkriegen hatte Delphi sich gegenüber dem Abwehrkampf der Griechen nur zögernd geäußert und dadurch viel von seiner Autorität verloren.
Im 1. Heiligen Krieg (um 590 v. Chr.) war Delphi von der nahen Stadt Krisa und im 2. Heiligen Krieg (448 v.Chr.) von den Phokern unabhängig geworden, die es im 3. Heiligen Krieg (356–346 v.Chr.) besetzten und zur Entlöhnung ihrer Söldner viele wertvolle Weihgeschenke einzogen. Ein Streit mit den Lokrern von Amphissa gab 340 v.Chr. Philipp II. von Makedonien die Möglichkeit, sich in Grie-

chenland einzumischen und sich in den Besitz des Heiligtums zu setzen.

In hellenist. Zeit ging die Bedeutung des Heiligtums immer mehr zurück. 88 v. Chr. beraubte es der röm. Feldherr Sulla aufs neue vieler seiner Schätze. Historistisch-romantische Tendenzen unter Nero, Trajan und Hadrian brachten Delphi vorübergehend nochmals neuen Glanz. Sein Ende bedeutete das Verbot heidnischer Kulte durch Theodosius I. 381 n. Chr. Auf seinen Ruinen breitete sich in der Neuzeit das Dorf **Kastri** aus, das im 19. Jh. zu Beginn der Ausgrabungen an die heutige Stelle verlegt wurde.

Seinen Rang verdankt Delphi dem Orakel, dessen Wesen und Methode im einzelnen ungewiß sind. Das Medium, die Pythia, eine ältere Frau im Gewand einer Jungfrau, orakelte von dem Dreifuß im Tempel aus, nachdem sie Lorbeer gekaut und von dem Wasser der heiligen Quelle getrunken hatte. Nach einem Opfer betraten die Fragenden den Tempel, um die von der Pythia in enthusiastischer Ekstase vorgetragenen Antworten des Gottes zu vernehmen, welche von den Priestern in Verse gekleidet und schriftlich festgehalten wurden. Berühmt ist die Zweideutigkeit der Sprüche der Gottheit. Oft erheben sie moralischen Anspruch, fordern Sühne für vorsätzlich begangene Verbrechen, ordnen aber auch Kulte und Riten oder sanktionieren Gesetze. Neben den Orakeln stellen Hieroi Logoi (heilige Worte) grundsätzliche Normen auf, aus denen die Weisheitssprüche resultierten, die in klassischer Zeit am Tempel zu lesen waren (»Erkenne dich selbst«, »Nichts zuviel« usw.).

Die delphischen Kulte verteilen sich auf verschiedene Bezirke, das Apollon-Heiligtum, den Kastalischen Quell und die Marmaria.

Apollon-Heiligtum

Das Heiligtum wird von einer um die Mitte des 6. Jh. v. Chr. bei einer umfassenden Erweiterung des heiligen Bezirks angelegten und um 480 v. Chr. sowie im 4. Jh. v. Chr. erneuerten Mauer eingefaßt. Der Haupteingang lag im O, wo auch der heutige Besucher das Gelände gewöhnlich betritt. Den Raum außerhalb nahm ein profaner Versammlungsplatz, die **Agora** [1], ein.

Die **Heilige Straße**, die im Zickzack zum Apollon-Tempel hinanführt, war von Weihgeschenken und Schatzhäusern

Delphi. Blick über das Apollon-Heiligtum und das Gymnasium

gesäumt. Die Zuordnung der erhaltenen Fundamente und Basen zu den von Pausanias im 2. Jh. n. Chr. aufgezählten Monumenten ist teilweise umstritten. Rechts der Straße stehen zunächst die Reste der Basis eines **Stiers** [2], den die **Kerkyräer** als Dank für einen reichen Fischzug um 500 v. Chr. der Gottheit stifteten. Dann die eines **Weihgeschenks der Arkader** [3], das die Statuen arkadischer Heroen trug und nach dem Einfall des thebanischen Feldherrn Epameinondas und der mit ihm verbündeten Arkader in Lakonien (370/369) errichtet worden war. Neben ihm waren weitere Weihgeschenke aufgereiht, und dahinter erhob sich eine **hellenist. Anlage** unbekannter Bestimmung [4], die sich mit einer Nische zur Straßenseite hin öffnete.

Als Denkmal eines Triumphs über die Spartaner wurde das Arkader-Weihgeschenk beziehungsreich gegenüber einem

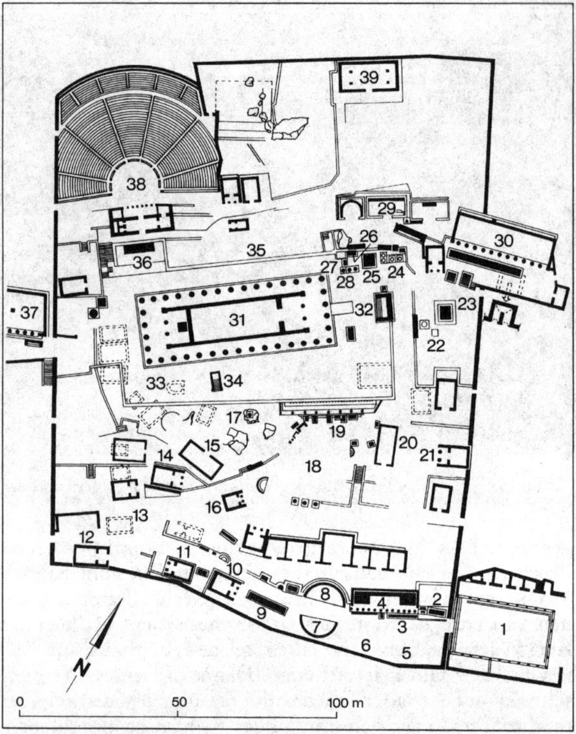

Delphi. Apollon-Heiligtum. Übersichtsplan

älteren **spartanischen Monument** [5] für den entscheidenden Sieg über die Athener bei Aigospotamoi (405 v. Chr.) erbaut. Hier waren die Statuen des spartanischen Admirals Lysander und seiner Kapitäne, der Nauarchen, mit denen des Apollon und anderer Götter vereint.

Zu nebenstehendem Plan:

1 Agora
2 Stier der Kerkyräer
3 Weihgeschenk der Arkader
4 Hellenistische Anlage
5 Monument der Spartaner
6 Weihgeschenk der Athener
7 »Sieben gegen Theben« und Epigonen, Weihgeschenk der Argiver
8 »Könige von Argos«
9 Weihgeschenk der Tarentiner
10 Schatzhaus von Sikyon
11 Schatzhaus von Siphnos
12 Schatzhaus der Thebaner
13 Schatzhaus der Böoter
14 Schatzhaus von Athen
15 Buleuterion (?)
16 Schatzhaus von Knidos
17 Sphinx der Naxier
18 »Heilige Tenne«
19 Halle der Athener
20 Schatzhaus von Korinth
21 Schatzhaus von Kyrene
22 Dreifuß für den Sieg von Plataä
23 Wagen des Sonnengottes
24 Weihgaben der Deinomeniden Gelon und Hieron
25 Apollon Sitalkas
26 Quelle (Kassotis?)
27 Prusias-Denkmal
28 Palme vom Eurymedon
29 Weihgeschenk des Daochos
30 Halle des Attalos
31 Apollon-Tempel
32 Altar
33 Schrein der Ga
34 Brunnen
35 Ischegaon
36 Monument des Krateros
37 Halle
38 Theater
39 Lesche der Knidier

Nicht zufällig war das Lysander-Monument neben dem Denkmal des größten athenischen Triumphs [6], des Sieges über die Perser bei **Marathon** (490 v. Chr.), angesiedelt, das den attischen Feldherrn Miltiades und die 10 namengebenden Heroen der attischen Phylen zusammen mit dem Herrn des Heiligtums, Apollon, und der Stadtgöttin Athena darstellte. Die Statuen waren Frühwerke des Phidias.
Diese Siegesgalerie setzt ein Komplex von Denkmälern fort, die sich auf die Geschichte von Argos beziehen. Links zunächst die Basis der Statuen der **»Sieben gegen Theben«** [7], der mythischen Helden, die nach dem Ende des Königs Ödipus von Argos zur Eroberung Thebens auszogen, und ihrer Söhne, der **Epigonen**. Anlaß zur Errichtung war der Sieg der Argiver über die Spartaner in der Schlacht von Oinoe (ca. 460 v. Chr.). – Auf der anderen Seite standen auf höherem Niveau ebenfalls im Halbrund die **»Könige von Argos«** [8] aus dem Geschlecht des Herakles, deren Statuen

die Argiver nach 369 v. Chr. errichteten, als sie sich zusammen mit den Thebanern an der Neugründung von Messene beteiligten.

Links folgt dann ein **Denkmal der Tarentiner** [9] für einen Sieg über die ihnen benachbarten Messapier (473 v. Chr.). – Von dem anschließenden **Schatzhaus von Sikyon** [10] sind die Fundamente mit aufschlußreichen Spolien erhalten. Aus flachgedrückten Kapitellen, 2 Säulenschäften sowie auffallend langgestreckten Metopen (im Museum) ließ sich ein baldachinartiger Säulenbau ohne Cella rekonstruieren, der um 560 v. Chr. entstanden sein dürfte. Andere, gebogene Gebälkstücke stammen von einem Rundbau des frühen 6. Jh. v. Chr. mit 13 Säulen, auf denen ohne wirklichen Bezug zum Säulenabstand ein Fries mit 20 Metopen und Triglyphen lagerte.

Von dem anschließenden, um 530 v. Chr. errichteten **Schatzhaus von Siphnos** [11] ist an Ort und Stelle v. a. der stattliche Unterbau erhalten, während andere Teile, v. a. die Friese, im Museum ausgestellt sind. Den Reichtum, der aus der aufwendigen und prunkvollen Marmorarchitektur spricht, verdankte die Kykladen-Insel ihren Silberbergwerken. Der Bau hat den Grundriß eines normalen Antentempels, doch trugen statt Säulen Karyatiden sein Dach.

Weiter westlich sind von dem **Schatzhaus der Thebaner** [12] und dem sog. **Schatzhaus der Böoter** [13] nur unscheinbare Fundamente erhalten.

Bei dem Schatzhaus von Siphnos knickt die Heilige Straße zunächst nach N um und wendet sich dann wieder nach O. Hier wurde 1905, weitgehend mit seinen urspr. Steinen, das **Schatzhaus von Athen** [14] wiederaufgebaut. Der im Anschluß an die Schlacht von Marathon (490 v. Chr.) errichtete Bau entspricht einem kanonischen Antentempel. Seine Architektur geht von strengen Proportionen aus. Das Verhältnis von Breite zu Länge (2:3) bestimmt auch die Maße der Metopen. Der Fries ist gleichmäßig gegliedert, weshalb die Triglyphen der Frontseite auch nicht axial über den Säu-

len sitzen. Ihre Reliefs schildern nebeneinander die Taten des attischen Helden Theseus sowie die des dorischen Heroen Herakles und die mythischen Kämpfe von Griechen und Amazonen. Die Wände des Schatzhauses tragen Inschriften mit Ehrendekreten und Urkunden. 2 Hymnen an Apollon, die mit Notenzeichen versehen sind (Originale im Museum), geben wichtige Aufschlüsse zur griech. Musik. Im Innern des Schatzhauses wurden die Fundamente eines Vorgängerbaus des frühen 6. Jh. v. Chr. ausgegraben.
Auf der dreieckigen Terrasse südlich des Schatzhauses standen Trophäen aus der Schlacht von Marathon. Die zugehörige Inschrift wurde im 3. Jh. v. Chr. erneuert.
Das langgestreckte Fundament gleich östlich des Schatzhauses von Athen gehörte möglicherweise zum **Buleuterion** [15], dem Tagungsort des höchsten delphischen Rates. – Rechts der Straße erhob sich das **Schatzhaus von Knidos** [16] aus dem letzten Viertel des 6. Jh. v. Chr., dessen Vorhalle wie bei dem Schatzhaus von Siphnos von Karyatiden getragen wurde.
Die Heilige Straße durchläuft dann einen kleinen Platz, an dem außer wichtigen Denkmälern auch bedeutende Kultmale liegen. Von dem Felsen oberhalb dieses Platzes soll die erste Sibylle gesungen haben. Daneben stand auf einer hohen Säule die **Sphinx der Naxier** ([17], im Museum). Auf dem Platz selbst, der **»Heiligen Tenne«** [18], an der steinerne Ruhebänke aufgestellt waren, führte man am Fest der Pythien das heilige Schauspiel von Apollons Kampf mit der Python-Schlange auf. – Der Platz wird im N durch eine 548 v. Chr. errichtete Terrassenmauer aus sorgsam gefügten, polygonalen, dicht mit Inschriften (200–100 v. Chr.) bedeckten Blöcken begrenzt, die sich überwiegend auf die Freilassung von Sklaven beziehen.
Vor dieser Mauer erstellten nach 478 v. Chr. die **Athener** eine **Halle** [19] für die Trophäen der Perserkriege. – Unter dem Pflaster der Heiligen Straße wurden hier Reste kostbarer Weihgeschenke gefunden (Museum).

Am O-Rand der Heiligen Tenne lag das **Schatzhaus von Korinth** [20] und noch weiter östlich an der Umfassungsmauer das **Schatzhaus von Kyrene** [21].

Am Ende der Polygonalmauer macht die Heilige Straße eine weitere Kehre und führt als steile Rampe zur Terrasse des Apollon-Tempels hinan. An diesem letzten Abschnitt der Straße stellten die Griechen als gemeinsames Denkmal aus der Beute der Schlacht von Platää (479 v. Chr.) einen bronzenen **Dreifuß** [22] auf, dessen Mittelstück, die »Schlangensäule«, heute auf dem At Meydanı in Istanbul, dem ehem. Hippodrom Konstantinopels, erhalten ist. Neben ihm stand ein von den Rhodiern gestifteter **Wagen des Sonnengottes** [23].

An der Einmündung der Heiligen Straße in den Tempelvorplatz waren besonders viele Monumente zusammengedrängt. Hier standen als **Weihgaben der Deinomeniden** [24], der sizilischen Tyrannen Gelon und Hieron, 4 Dreifüße und Nike-Statuen, die diese nach ihrem Sieg über die Karthager 481 v. Chr. gestiftet hatten. Daneben stand der **Apollon Sitalkas** (›Schützer des Getreides‹, [25]), eine nach dem 2. Heiligen Krieg (457–446) von den Amphiktyonen gestiftete Bronzestatue. Neben diesem entsprang an einem Felsen eine Quelle, vielleicht die für die Weissagungen wichtige **Kassotis** [26], neben der der teilweise wiederaufgebaute Pfeiler mit dem **Denkmal** des kleinasiatischen Königs **Prusias** [27] aufragte. Vor diesem wuchs am Rande des Tempelvorplatzes als Weihung der Athener neben einer vergoldeten Athena die bronzene **Palme vom Eurymedon** [28], wo Kimon 465 v. Chr. ein persisches Heer geschlagen hatte, auf.

Etwas weiter vom Tempelvorplatz entfernt lag das nach der Mitte des 4. Jh. v. Chr. gestiftete **Daochos-Weihgeschenk** [29] mit den weitgehend erhaltenen Marmorstatuen des Stifters und weiterer thessalischer Könige (im Museum).

Weiter östlich errichtete im 2. Jh. v. Chr. der pergamenische König **Attalos I.** eine **Halle** [30], vor der auf einer langgestreckten Basis vermutlich die Statuen der Herrscher von Pergamon aufgereiht waren.

Vom **Tempel des Apollon** [31] sind v.a. die Fundamente mit der Rampe an der Eingangsseite im O und 4 aus verwitterten Trommeln wieder aufgebaute Säulen des Neubaus des 4. Jh. v. Chr. erhalten.

Der Sage nach hatte der erste Tempel an dieser Stelle aus Lorbeer, dem heiligen Baum Apollons, bestanden, ein zweiter aus Wachs und Federn und ein dritter aus Bronze. Für den vierten Bau, den ersten, von dem Bauglieder gefunden wurden, aus der Mitte des 7. Jh. v. Chr. sind die mythischen Architekten Trophonios und Agamedes als Baumeister überliefert. Dieser bereits in dorischer Ordnung errichtete Bau ging 548 v. Chr. in Flammen auf. Für den um 500 v. Chr. vollendeten Neubau wurden in ganz Griechenland Mittel gesammelt. Wesentlichen Anteil nahm das von dem Tyrannen Peisistratos aus Athen vertriebene Adelshaus der Alkmaioniden, die damit wohl die Unterstützung der delphischen Priesterschaft im Kampf gegen die Tyrannis in Athen gewannen. Mit 15×6 Säulen war der Bau in archaischer Weise lang gestreckt. Erhalten sind v. a. auch Teile der marmornen Giebelskulpturen, die möglicherweise aus der Werkstatt des athenischen Bildhauers Antenor stammen. Durch Brand oder Erdbeben wurde dieser Tempel 373 v. Chr. zerstört. Sein Neubau kam nur schleppend voran. Im 2. Heiligen Krieg raubten die Phoker die dazu gesammelten Mittel, und erst 346 erlaubten Reparationszahlungen den Weiterbau. Um 320 war der Tempel vollendet. Im 1. Jh. n. Chr. raubte Kaiser Nero, wie zuvor schon Sulla, einen Teil seiner Kunstschätze. Kaiser Domitian ließ den Tempel restaurieren. Im 4. Jh. erging von hier angeblich der letzte Orakelspruch an Kaiser Julian Apostata, der noch einmal einen vergeblichen Versuch unternommen hatte, die Kultur der heidnischen Antike zu erneuern.

Für den Neubau des 4. Jh. v. Chr. wurde der langgestreckte Grundriß des archaischen Vorläufers beibehalten. Da der

ehrwürdige Tempel – wohl von Christen – besonders gründlich zerstört wurde und außer dem rasterförmigen Fundament nur wenig erhalten blieb, ist die Aufteilung des Innern nicht mit letzter Sicherheit zu erschließen. Die Cella war in 3 Schiffe gegliedert und im W ein Raum für das Orakel abgetrennt. In dem Tempel stand auch der aus Nachbildungen (im Museum) bekannte Omphalos, der Nabel und Mittelpunkt der Erde.
Vor der Eingangsseite des Tempels wurde der von den Bewohnern der Insel Chios im frühen 5. Jh. v. Chr. errichtete **Altar** [32] teilweise wieder aufgebaut. Die Stifter erhielten die Promantie, d.h. das Recht, das Orakel vorrangig zu befragen.
Südlich des Tempels wurde im späten 6. Jh. v. Chr. eine Terrasse angeschüttet, die einige ältere Bauten, darunter einen mit auffallend apsidalem Grundriß, vielleicht den **Schrein der Erdmutter Ga** [33], überdeckte. Wahrscheinlich lag hier auch ein Heiligtum der Musen, zu dem dann auch eine gleichzeitig mit dem spätarchaischen Tempel angelegte aufwendige **Brunnenanlage** [34] gehörte.
Im N wird das Tempelareal durch eine Stützmauer, das **Ischegaon** (›halte die Erde‹, [35]), abgeschirmt. Sie endet im W bei einer Nische, mit einer 320 v. Chr. von den Bildhauern Lysipp und Leochares geschaffenen Bronzegruppe. Dieses von Krateros, dem Sohn des gleichnamigen Generals Alexanders d. Gr., gestiftete **Krateros-Monument** [36] zeigte Alexander im Kampf mit einem Löwen und ihm zu Hilfe eilend den Vater des Stifters. Südlich dieses Denkmals wird die Umfassungsmauer des Heiligtums von einem Nebentor durchbrochen, vor dem in hellenist. Zeit eine lange **Halle** [37] errichtet wurde.
Eine Treppe verbindet die Tempelterrasse mit dem **Theater** [38], das im 4. Jh. v. Chr. für etwa 5000 Zuschauer erbaut wurde. Im Jahre 159 v. Chr. und dann wieder in röm. Zeit mußte es restauriert werden. Von dieser letzten Wiederherstellung stammt ein Fries mit Taten des Herakles, der das

Szenengebäude schmückte (im Museum). Das Theater war v. a. der Ort musischer Wettkämpfe. Hier wurden vor versammeltem Volk aber auch Freilassungen von Sklaven verkündet, die an der Orchestra und den seitlichen Durchgängen inschriftlich festgehalten sind. Die Orchestra ist gepflastert und wird von einer Regenrinne eingefaßt. Die Zuschauerränge gliedern sich in 7 Keile. Weitere Sitze, die oberhalb des waagerechten Umgangs folgen, stammen von der Erweiterung des 2. Jh. v. Chr.

Nordöstlich des Theaters sind an der Umfassungsmauer des Heiligtums von der wegen der Wandgemälde des Polygnot berühmten **Lesche der Knidier** [39], einem Versammlungshaus aus der Mitte des 5. Jh. v. Chr., nur einige Mauerzüge erhalten.

Vom Theater aus führt ein Weg an einer Quelle, der »Kerna«, vorbei zum **Stadion**, der am besten erhaltenen Anlage dieser Art in Griechenland, das etwa 7000 Zuschauer faßte. Hier fanden v. a. athletische, daneben aber auch musische Wettkämpfe statt. In archaischer Zeit waren diese Agone in der Ebene unterhalb von Delphi abgehalten worden, wo später nur noch die Wagenrennen abliefen. Das Stadion wurde im 5. Jh. v. Chr. hier angelegt und im 2. Jh. n. Chr. von dem reichen Mäzen Herodes Atticus erneuert; ihm verdankt es seine heutige Gestalt. Die Athleten zogen durch ein Triumphtor ein. Die Laufbahn mißt von der Start- bis zur Zielschwelle 177,55 m. Unter den in 12 Reihen umlaufenden Kalksteinsitzen ist die Proedrie, die Ehrentribüne, im W-Teil hervorgehoben. Am W-Rand der Anlage konnten sich die Zuschauer an einer Quelle erfrischen, denn Wein mitzubringen war, wie eine Inschrift an der südl. Stützmauer verkündet, bei 5 Drachmen Strafe verboten.

Kastalia

Die heilige Quelle, mit deren Wasser sich Priester und Pilger reinigten und der auch dichterische Kraft zugeschrieben wurde, entspringt ostwärts des Heiligtums in einer tiefen

Schlucht zwischen hohen Felsen, den Phaidriaden. In hellenist. Zeit wurde das Wasser in ein aus dem Felsen gehauenes Brunnenhaus geleitet. Der Wasserkanal war von Steinplatten verdeckt, mit Löwenkopfwasserspeiern an der Vorderseite. Die Nischen an der Felswand enthielten Weihgeschenke. Dem hellenist. Bau war eine etwas tiefer gelegene archaische Brunnenanlage vorausgegangen, die unmittelbar an der modernen Straße ausgegraben wurde. Auch hier sprudelte das Wasser aus Wasserspeiern.

Gymnasium und Marmaria

Bei der Kastalia führt von der modernen Straße aus ein Fußweg zunächst zum **Gymnasium**, das hier an der Stelle eines archaischen Baues für athletische Übungen, aber auch für Vorträge und musische Wettkämpfe im 4. Jh. v. Chr. errichtet und in röm. Zeit erneuert wurde. Auf einer oberen Terrasse liegt die **Laufbahn** [1] vor einer dorischen, in röm. Zeit wiederhergestellten **Halle** [2], in der bei schlechtem Wetter Wettläufe stattfinden konnten. Für die Ringkämpfer wurde unterhalb der Laufbahn eine **Palästra** [3] angelegt,

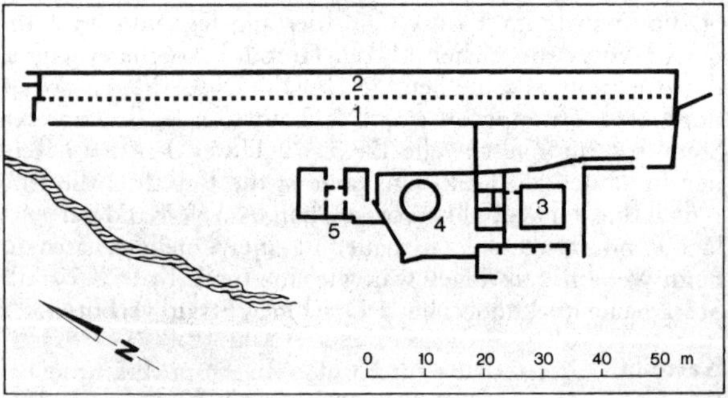

1 Laufbahn 2 Halle 3 Palästra 4 Bad 5 Therme

Delphi. Gymnasium. Lageplan

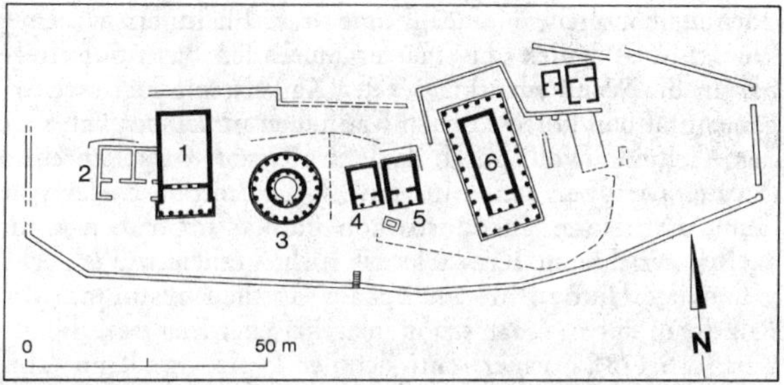

1 Jüngerer Athena-Tempel 2 Doppelkammerbau 3 Tholos 4 Schatzhaus von Massalia 5 Dorisches Schatzhaus 6 Älterer Athena-Tempel

Delphi. Marmaria. Heiligtum der Athena Pronaia. Übersichtsplan

mit einem offenen Innenhof und angrenzenden Umkleide- und Übungsräumen sowie einem Vortragssaal. Darauf folgt eine **Badeanlage** [4] mit einem runden Schwimmbassin in der Mitte und steinernen Becken an der Stützmauer im O. Größeren Luxus bot daneben in röm. Zeit eine **Thermenanlage** [5] mit Warmwasser- und Schwitzbädern sowie mit Hypokausten (Fußbodenheizung).
Der Weg führt südöstlich weiter zur **Marmaria,** dem **Bezirk der Athena Pronaia** (oder Pronoia), wo bereits in mykenischer Zeit eine weibliche Gottheit verehrt wurde (Tonidole im Museum). Von W kommend gelangt man zu den Mauern des **jüngeren Athena-Tempels** [1]. Merkwürdigerweise waren die Anten dieses einfachen dorischen Prostylos breiter als die Cella. Die Innenseite der Wände gliederten Halbsäulen. Der 370 v. Chr. als Ersatz für den 373 v. Chr. zerstörten alten Athena-Tempel errichtete Bau verdrängte einen als Priesterhaus interpretierten **Doppelkammerbau** [2], dessen Fundamente neben ihm noch zu sehen sind.
Weiter östlich wurden von der **Tholos** [3] einige Säulen wieder aufgerichtet. Ihr Äußeres bildete ein Kranz von 20

dorischen Säulen mit je 20 Kanneluren. Im Innern waren 9 korinthische Säulen auf einer umlaufenden Basis unmittelbar an die Wand gerückt. Bei der Kassettendecke des Umgangs und den korinthischen Kapitellen im Innern ließ sich der Architekt wohl durch das Beispiel von Bassai anregen (zu den Metopen s. u., Museum). Die Funktion dieses von dem Architekten Theodoros von Phokäa im frühen 4. Jh. v. Chr. errichteten Bauwerks ist nicht gesichert. Vielleicht war es als Heroon für eine lokale Gottheit bestimmt. Mit Rundbauten hatte man schon in archaischer Zeit experimentiert (s. S. 178), doch erfreute sich der Typus gerade im 4. Jh. v. Chr. besonderer Beliebtheit. Er evozierte die Erinnerung an runde Grabhügel für Heroen ebenso wie an schmuckhafte Denkmäler (Lysikrates-Monument in Athen) und Weihgeschenke.

Östlich der Tholos ist von dem marmornen **Schatzhaus von Massalia** (Marseille; [4]) aus dem späten 6. Jh. v. Chr. der Mauerfuß erhalten. Der kleine, in ionischer Ordnung aufgeführte Bau hat den Grundriß eines Antentempels mit 2 Säulen an der Front. Die Wände standen auf einem Sockel mit einem dem Torus ionischer Säulenbasen entsprechenden Wulst. Vom Oberbau sind Reste des Frieses nachgewiesen. Die Kapitelle bestanden aus einem Kranz schlank aufwachsender, oben überfallender Blätter und einem einfachen Abakus.

Daneben liegen die Fundamente eines um 500 v. Chr. wahrscheinlich von den Athenern gestifteten **Dorischen Schatzhauses** [5].

Das stattlichste Bauwerk des Bezirks war der **alte Athena-Tempel** [6]. Bereits im späten 7. Jh. v. Chr. war hier ein erster Tempel errichtet worden, von dem sich dorische Säulentrommeln und Kapitelle in den Fundamenten des Nachfolgebaus gefunden haben. Im späten 6. Jh. v. Chr. wurde dieser Tempel durch einen Neubau ersetzt, den herabstürzende Felsen 373 v. Chr. zerstörten. 12 der 15 nach der Ausgrabung noch aufrecht stehende Säulen rissen 1905 die Fels-

brocken nieder, die heute noch auf dem Tempelfundament liegen. Der Tempel war ein dorischer Peripteros, bei dem wohl wegen der Enge der Terrasse auf einen Opisthodom verzichtet wurde. Altertümliche Züge sind der 2stufige Unterbau und die an den Schmalseiten gegenüber den Langseiten erweiterten Säulenabstände. Die Mauern zwischen den in der NO-Ecke des Tempels erhaltenen Säulen sind bereits in der Antike als Schutz gegen Steinschlag eingezogen worden.
Vor der O-Seite des Tempels lagen mehrere Altäre der Athena und anderer Gottheiten.

Museum

Treppenaufgang: Röm. Nachbildung des berühmten Omphalos, des »Nabels der Welt«, der mit – hier in Relief wiedergegebenen – Stoffbinden geschmückt war. Daneben auf einem Ehrendekret zwischen Apollon und Athena eine weitere Abbildung des Omphalos. – Ein großer Bronzekessel mit eisernem Untersatz stammt aus dem 6. Jh. v. Chr. – Der Fries aus dem 1. Jh. n. Chr. mit Darstellungen der Taten des Herakles gehörte zu dem Szenengebäude des Theaters.
1. Raum: Untersatz eines Beckens mit 3 stehenden Frauen aus dem frühen 5. Jh. v. Chr. – Gegossener Greifenkopf von einem großen Bronzekessel der 2. Hälfte des 7. Jh. v. Chr. (sehr ähnliche Stücke in Olympia, Samos und Athen). – Bronzeschilde des 7. Jh. v. Chr. aus kretischen Werkstätten, die wohl als Beutestücke nach Delphi geweiht worden waren.
2. Raum: In der Mitte die Standbilder von Kleobis und Biton aus dem frühen 6. Jh. v. Chr. Wie Herodot berichtet, hatte sich das Geschwisterpaar, als Zugtiere fehlten, selbst vor den Wagen ihrer Mutter, der Priesterin der Hera von Argos, gespannt. Zum Lohn ließ die Gottheit sie im Tempel in den Tod entschlummern (»wen die Götter lieben, der stirbt jung«). Die Argiver ehrten die Jünglinge mit den in Delphi aufgestellten Statuen, die im Kuros-Schema gehalten

sind. – Daneben eine besonders stattliche Kuros-Statuette aus Bronze, 2. Hälfte des 6. Jh. v. Chr. – An der Wand die Metopen des baldachinartigen Schatzhauses der Sikyonier aus der 1. Hälfte des 6. Jh. v. Chr. mit den von dem Sänger Orpheus im vorderen Teil des Schiffes begleiteten Argonauten, der Entführung der Europa durch Zeus in Gestalt eines Stieres, den Dioskuren mit ihren Halbbrüdern Idas und Lynkeus beim Rinderraub, einem Eber mit Resten eines Hundes (vielleicht Teil einer Kalydonischen Eberjagd, die sich auf weiteren Metopen fortgesetzt haben könnte) und Phrixos auf dem Widder.

3. Raum: Schatzfund unter dem Pflaster der Heiligen Straße. Werke ionischer Meister überwiegen, doch handelt es sich nicht um einen einheitlichen Komplex. Die altertümlichen und z. T. beschädigten Weihgeschenke wurden im 5. Jh. v. Chr. abgeräumt, als Besitz der Gottheit aber nicht ganz entfernt, sondern im Heiligtum beigesetzt. – Die silberne Umkleidung eines vermutlich aus Holz geschnitzten Stieres ist aus dünnem Blech getrieben und in einzelnen Partien mit Gold bedeckt. – Zahlreiche Einzelteile sind von 3 Statuen der 2. Hälfte des 6. Jh. v. Chr. erhalten. Ihre nackten Partien bestanden aus Elfenbein, einige Gewandpartien dagegen aus getriebenem Goldblech. – Elfenbeinreliefs mit mythologischen Szenen bildeten den Beschlag einer kostbaren Lade des mittleren 6. Jh. v. Chr.

4. Raum: Bauplastik des Siphnier-Schatzhauses, um 530 v. Chr. Giebelskulpturen mit dem Streit Apollons und Herakles' um den Dreifuß des delphischen Orakels. Darunter der O-Fries mit einer Götterversammlung, die den Kampf um Troja verfolgt. Sodann der N-Fries mit dem Kampf der Götter und Giganten, der W-Fries mit dem Urteil des Paris und der S-Fries mit dem Raub der Leukippiden durch die Dioskuren. Die Friese wurden wohl von einer parischen Werkstatt ausgeführt und verbinden eine überaus empfindliche und differenzierte Modellierung mit einem sicheren Gefühl für geschlossene, kräftige, kompakte Formen. – Die

Delphi. Museum. Relief aus dem Kampf der Götter und Giganten vom Ostfries des Schatzhauses der Siphnier

monumentale, hocharchaische Sphinx wurde 560 v. Chr. von den Naxiern nach Delphi geweiht. – Daneben die Karyatiden der Schatzhäuser von Siphnos und von Knidos sowie Teile der Bauornamente des Siphnier-Schatzhauses mit kräftigen Palmetten und Lotosblüten und ein Kapitell vom Schatzhaus von Massalia.

5. Raum: Metopen des im frühen 5. Jh. v. Chr. errichteten Schatzhauses von Athen mit den Taten des Theseus und des Herakles, von einer attischen Werkstatt in der Nachfolge der Bildhauer des O-Giebels des Apollon-Tempels.

6. Raum: Skulpturen des W-Giebels des archaischen Apollon-Tempels mit dem Kampf der Götter und Giganten. – Dabei der Torso eines Mannes aus dem frühen 5. Jh. v. Chr. und gegenüber die Akroterfigur einer eilenden Frau (um 470 v. Chr.) von einem inselionischen Künstler. – An der Wand Blöcke vom Schatzhaus der Athener mit Hymnen an Apoll, bei denen die zwischen die Zeilen gesetzten Buchstaben als Notenangaben zu verstehen sind.

7. Raum: Skulpturen des O-Giebels des archaischen Apollon-Tempels. Entgegen dem Auftrag hatten die Alkmaioniden (s. o.) die Skulpturen nicht aus Kalkstein, sondern aus kostbarerem Marmor ausführen lassen. Thema ist die Epiphanie, das göttliche Erscheinen Apolls in seinem Heiligtum zusammen mit seiner Schwester Artemis. In der Mitte der Wagen der Götter. Daneben Delphos, die Verkörperung des Ortes, und Athener, die den Weg ebnen. Links einige Frauenfiguren, vielleicht Musen. In den Giebelecken die in archaischer Zeit beliebten Tierkampfgruppen: links ein Löwe, der einen Stier, und rechts einer, der einen Hirsch schlägt. Daneben rechts eine Nike, die vielleicht über der Mitte des Giebels schwebte, und links eine Sphinx, die als Eckakroter diente. Die Skulpturen wurden von einer attischen Werkstatt (Antenor?) ausgeführt. – An den Wänden steht ein Löwenkopfwasserspeier des archaischen Tempels (rechts) einem des klassischen Neubaus gegenüber. – Auf diesen Neubau beziehen sich auch die Inschriften an der Wand gegenüber dem Giebel, während die große Inschrift über dem Saaleingang auf Reparaturen unter Domitian (84 n. Chr.) hinweist.

8. Raum: Klassische Grabreliefs. V.a. die Athletenstele eines ionischen Meisters aus der Mitte des 5. Jh. v. Chr. – Die Statue des langgewandeten Apollon mit der Weihebinde um die Stirn (Zusammengehörigkeit von Kopf und Torso umstritten) stand in der Mitte des Giebels des Apollon-Tempels des 4. Jh. v. Chr., von dem außerdem noch einige nicht ausgestellte Frauenfiguren (Musen und Thyaden?) erhalten sind. – Der Altar mit Reliefs eilender Mädchen, die eine Girlande tragen, ist eine neuattische Arbeit des 1. Jh. v. Chr. – Die kleine Akroterfigur einer eilenden Frau aus dem 4. Jh. v. Chr. stammt aus dem Heiligtum der Athena Pronaia.

9. Raum: Skulpturen der Tholos. Gegenüber dem Eingang die Rekonstruktion eines Teils der Gebälkzone dieses Baues aus dem frühen 4. Jh. v. Chr. Auf den teilweise stark zerstörten Metopen waren offenbar eine Amazonomachie, der Kampf der Lapithen und Kentauren und vielleicht auch eine

Gigantomachie dargestellt. Die kleinteiligen, delikat gearbeiteten Figuren sind stark vom Reliefgrund abgelöst. Ihr Stil steht noch unter dem Einfluß der attischen Plastik des 5. Jh. v. Chr.

10. Raum: Statuen des Daochos-Monuments. Das vielfigurige Anathem hatte der thessalische Fürst Daochos II. um 335 v. Chr. nördlich des Tempelvorplatzes errichten lassen. Neben der Statue des Apollon, von der nichts erhalten ist, standen die des Stifters sowie seiner Vorfahren und Angehörigen. Die des Agias gibt möglicherweise eine ältere, von einer Inschrift bekannte Porträtstatue des Lysipp aus Bronze wieder. – Der von tanzenden Mädchen umgebene Akanthuspfeiler ist eine athenische Stiftung. – Bezeichnend für den Realismus der Zeit um die Wende vom 4. zum 3. Jh. v. Chr. ist die Statue eines älteren Mannes.

11. Raum: Wagenlenker. Die möglicherweise beim Einfall der Heruler im 3. Jh. n. Chr. in der Nähe des Theaters begrabene Statue ist eine der wenigen uns erhaltenen monumentalen klassischen Bronzestatuen. Sie gehörte vielleicht zu einem von dem unteritalischen Bildhauer Pythagoras nach 470 v. Chr. geschaffenen Viergespann, das Polyzalos anläßlich des Sieges seines Bruders, des Tyrannen Hieron von Syrakus, im pythischen Wagenrennen in Auftrag gegeben hatte.

12. Raum: Hellenist. und röm. Bildwerke. Am Kopfende eine der vielen Statuen, die Kaiser Hadrian von seinem Geliebten Antinoos nach dessen Tod im Nil (130 n. Chr.) allenthalben aufstellen ließ. – Daneben die Statue eines Knaben mit einer Ente als Spieltier im Arm, eine Weihgabe des 3. Jh. v. Chr. – Ein kopfloser Hermenschaft trägt die Ehreninschrift des Historikers Plutarch (46–120 n. Chr.), der in Delphi Priester war. – Daneben ein hervorragendes röm. Porträt des späten 1. oder frühen 2. Jh. n. Chr. – Eine Mädchenstatue des späten 4. Jh. v. Chr. wurde in der Nähe der in Raum 10 ausgestellten Statue eines bärtigen älteren Mannes gefunden und zeigt einen entsprechenden Realismus.

Vor dem Museum stehen eine weitere Gewandstatue des späten 4. Jh. v. Chr. und v. a. der Abschlußblock eines von dem Makedonenkönig Perseus auf dem Vorplatz des Tempels errichteten Pfeilermonuments, das sich nach dessen Niederlage in der Schlacht von Pydna (168 v. Chr.) der siegreiche röm. Feldherr Aemilius Paullus aneignete; auf der Oberseite die Einlassungen für ein Bronzepferd in Levade und an den 4 Seiten Darstellungen einer Reiterschlacht.

Umgebung:

1,2 km östlich der Kastalia liegen rechts der Straße nach Arachova die Mauern eines hellenist. **Wachturms.**

Oberhalb des Museums steht die Kapelle des Ag. Elias mit dem heutigen Dorffriedhof auf einer von einer antiken **Mauer** gestützten Terrasse. Hier lag vielleicht das **Synedrion**, die Versammlungsstätte der delphischen Amphiktyonie.

Weit oberhalb von Delphi (bequemer auf einem in Kalivia von der Straße Arachova – Parnaß abzweigenden Weg) erreicht man in 1360 m Höhe die Pan und den Nymphen ge-
F7 weihte **Korykische Grotte.** Wie Funde gezeigt haben, geht der Kult hier bis in neolithische Zeit zurück und wurde in mykenischer Zeit erneuert. In historischer Zeit feierten auf dem benachbarten Plateau alle 5 Jahre in Felle gekleidete Frauen mit Thyrsosstäben bei nächtlichem Tanz bacchantische Orgien.

Ca. 20 km südwestlich von Delphi liegt an der Küste der
E8 Ort GALAXIDION (Γαλαξίδιον) vermutlich an der Stelle der antiken Stadt CHALEION. Erhalten sind größere Partien der im Mittelalter durch 2 Türme verstärkten **Stadtmauer.**

E8 Besser erhalten ist der hellenist. **Mauerring** der Stadt TOLOPHON (Τολοφών), 30 Minuten nördlich des ca. 10 km westlich von Galaxidion gelegenen gleichnamigen Dorfes.

Ruinen der **Stadtmauer**, der **Akropolis** und anderer antiker, aber auch frühmittelalterlicher Bauten der Stadt **PHYSKEIS** liegen bei der Kirche des Ag. Nikolaos südlich der Ortschaft **MALANDRINON** (Μαλανδρίνον) ca. 1 km östlich der Straße von Amphissa nach Lidoriki. E7/8

Dimitsana E9

(Δημητσάνα – Arkadien / Peloponnes)

Die Stadt nimmt die Stelle des antiken THEUTIS ein, einer der bei der Gründung von Megalopolis aufgegebenen Städte.

Von der **Stadtmauer** sind Partien innerhalb heutiger Hausmauern erhalten. Vor der Bibliothek ein eigenartiger, wohl archaischer **Löwe.**

Umgebung:

Von der Straße nach Karytaina biegt bei **YPSUS** (Ὑψούς; oberhalb des Ortes Reste der antiken Stadt) ein Fahrweg ab; er führt zu den Ruinen der Stadt E10

GORTYS (Γόρτυς). Von der Geschichte der Stadt, die immerhin zeitweise eigene Münzen prägte, ist wenig bekannt. Im 2. Jh. n. Chr. wird sie nur mehr als Dorf bezeichnet. E10

Der Fahrweg endet an einem Bach. An das gegenüber liegende Ufer grenzt das **Heiligtum des Asklepios** mit den Fundamenten eines Amphiprostylos des 4. Jh. v. Chr. In ihm stand vermutlich die berühmte Statue des Heilgottes, die der Bildhauer Skopas von Paros im 4. Jh. v. Chr. für Gortys geschaffen hatte. In der Nachbarschaft des Tempels wurden **Badeanlagen** des 4. Jh. v. Chr. ausgegraben, die zu den ältesten uns erhaltenen zählen.

Nach S erreicht man in etwa 30 Minuten die gut erhaltenen Mauern der **Akropolis** des 4. Jh. v. Chr. und einer hellenist.

Festung. Südwestlich der S-Befestigung liegt ein weiteres **Heiligtum des Asklepios**, ebenfalls mit Fundamenten eines Tempels des 4. Jh. v. Chr.

F4 **Dion**

(Δῖον – Pieria / Makedonien)

Die heilige Stadt der Makedonen beherrschte am Fuße des Olymp nicht nur die Bergstraße ins Landesinnere, sondern auch die Küstenstraße. Ihre alte Tradition bezeugte das Grab des mythischen Sängers Orpheus, das 20 Stadien (ca. 4 km) außerhalb gezeigt wurde.
Seit dem 5. Jh. v. Chr. fanden hier nach dem Vorbild der olympischen eingerichtete Kampfspiele statt. Der Aufstieg Makedoniens im 4. Jh. v. Chr. mehrte den Glanz der Stadt, den auch die Zerstörung durch die Ätoler 220 v. Chr. nicht dauernd auslöschen konnte. Nach der Schlacht von Pydna (168 v. Chr.) erhielt sie als röm. Kolonie den Namen **COLONIA IUNIA DIENSIS**. Von ihrem Reichtum an Gebäuden und Kunstwerken berichtet der röm. Geschichtsschreiber Livius. In der Völkerwanderungszeit wurde Dion von den Goten zerstört und danach offenbar nicht wieder aufgebaut.
Jahr für Jahr finden hier umfangreiche Ausgrabungen statt, die unser Bild der antiken Stadt laufend erweitern.

Die antike **Stadtmauer** ist über weite Strecken hin gut zu verfolgen. Das Straßensystem war rechtwinklig angelegt. Die wohl auf das Zeus-Heiligtum außerhalb der Stadt ausgerichtete **Hauptstraße** ist in großen Teilen ausgegraben. An ihrem Anfang liegt links eine charakteristische röm. **Latrine**. Hinter ihr erstreckt sich eine ausgedehnte **Thermenanlage** des frühen 3. Jh. n. Chr., die mit einem kleinen **Odeion** verbunden war. Ein mit Statuetten des Asklepios und seiner Familie ausgestatteter Raum hinter den Thermen diente offenbar als kleines **Heiligtum des Heilgottes**.
Die Straße mit ihrem röm. Pflaster führt sodann an dem mit

Waffenreliefs geschmückten Sockel eines hellenist. **Heroons** vorbei. Nördlich von ihm erstreckte sich das **Forum.**
In dem ebenen Gelände vor der Stadt muß das Heiligtum des Zeus gelegen haben. Weiter südlich wurden die Fundamente von 2 **Tempeln der Demeter und der Kore** ausgegraben, die in hellenist. Zeit als Ersatz für Bauten des 5. Jh. v. Chr. errichtet wurden.
In dem sich laufend vergrößernden und füllenden **Museum** sind die Funde der Grabungen, u. a. die oben erwähnten röm. Statuetten des Asklepios und seiner Familie, ausgestellt. Außerdem weitere klassische, hellenist. und röm. Skulpturen, darunter ein schönes klassisches Reiterrelief.

Umgebung:

Ca. 30 km nordöstlich von Dion liegen nahe der Küste auf einem Hügel südlich des Dorfes MAKRYGIALOS (Μακρύγιαλος) die Ruinen der Stadt PYDNA, in der sich im 5. Jh. F3
v. Chr. der geächtete athenische Staatsmann Themistokles auf seiner Flucht nach Persien aufgehalten hatte und wo 168 v. Chr. Perseus, der letzte König der Makedonen, von dem röm. Feldherrn Aemilius Paullus vernichtend geschlagen wurde.

Dionysos H8

(Διόνυσος – Attika / Mittelgriechenland)

Der Ort trägt in seinem Namen die Erinnerung an ein altes Heiligtum des Dionysos (Skulpturenfragmente aus dem 6. Jh. v. Chr. im Nationalmuseum in Athen), das zu der antiken Gemeinde IKARIA oder IKARION gehörte. Der Sage nach soll der Heros Ikarios den Weingott gastlich bewirtet haben und dafür mit dem Geheimnis des Rebensaftes betraut worden sein. Als er dann von berauschten Bauern erschlagen wurde, erhängte sich seine Tochter Erigone. Zeus versetzte Ikarios als Bootes (= Ochsentreiber, wegen seiner Nachbarschaft zum Großen Wagen), seine Tochter Erigone als Jungfrau und ihren treuen Hund Maira als Hundsstern in den Sternenhimmel. Um ihren Tod zu sühnen, wurde das Fest der Aiora gestiftet. Das Dionysos-Fest von Ikaria ist der Ursprung des Dramas, da hier um 534 v. Chr. Thespis erstmals einen Schauspieler im Wechselgesang mit dem Chor auftreten ließ.

Das ausgegrabene Gelände umfaßt die Fundamente des **Tempels des Dionysos**, eines einfachen Baues ohne Säulenumgang, mit der Basis des Kultbildes. An die Rückwand des Tempels schließt sich ein Anbau, vielleicht ein Schatzhaus oder Priesterhaus, an. Daneben Fundamente und Blöcke choregischer Denkmäler.

Vor dem Tempel liegen der zugehörige **Altar** und der Schauplatz der Choraufführungen. Der altertümliche Charakter dieses frühen **Theaters** mit seiner architektonisch noch nicht durchgestalteten Zuordnung der Orchestra zu dem Platz, auf dem die Zuschauer lagerten, wurde mit Rücksicht auf die ehrwürdige Tradition des Ortes über Jahrhunderte hin beibehalten.

C5 Dodona

(Δωδώνη – Ioannina / Epirus)

Zeus-Heiligtum

Mit bis in das 3. Jt. v. Chr. zurückreichenden Funden haben die Ausgrabungen die Überlieferung vom hohen Alter des bereits von Homer erwähnten Heiligtums bestätigt. In dem feuchten Talgrund lag ursprünglich ein Heiligtum der Nymphe Naia, die in historischer Zeit als »Dione Naia« zusammen mit »Zeus Naios« alljährlich am Fest der Naia verehrt wurde. Wie in vielen anderen Heiligtümern hatte Zeus zunächst keinen Tempel. Sein Kultmal war eine Eiche, in der Tauben nisteten und wo der Gott im Rauschen der Blätter die Zukunft enthüllte. Als Orakel galt auch der Klang der im Wind an-

einanderschlagenden Dreifüße, welche die Eiche wie ein Ring umgaben.
Die Gestalt des Heiligtums bestimmten wesentlich die Bauten des 4. und 3. Jh. v. Chr., an denen König Pyrrhos (297–272 v. Chr.) erheblichen Anteil hatte. 219 v. Chr. wurde Dodona von den Ätolern zerstört, danach aber schnell wieder aufgebaut. Sein Niedergang begann mit der Einnahme durch die Römer 168 v. Chr., bei der das Heiligtum in Flammen aufging. Aber noch 243 n. Chr. wird die Feier der Naia inschriftlich bezeugt. Seit dem 5. Jh. n. Chr. hatte ein christlicher Bischof hier seinen Sitz, dessen Basilika im 7. Jh. noch einmal erneuert wurde. Beim Einbruch der Slawen verließ die Bevölkerung den Ort, der erst 1832 wiederentdeckt wurde.

Man betritt des Gelände von W und folgt der Laufbahn des erst teilweise freigelegten, gegen Ende des 3. Jh. v. Chr. gebauten **Stadions** [1], an dessen Ende sich die hohen Stirnwände der Zuschauerränge des **Theaters** [2] erheben. Der seine Umgebung heute beherrschende, 18 000 Zuschauer fassende Bau ist in den Abhang des Berges eingebettet. Er wurde unter Pyrrhos errichtet. Aus dieser Zeit stammen die Zuschauerränge mit den turmartigen Vorbauten an den Stirnseiten. Die zugehörige Orchestra war urspr. halbrund. Von dem Szenengebäude ist heute noch der langgestreckte Unterbau, der sich nach S mit einer Säulenreihe öffnet, erhalten. Ihm waren an den Enden der N-Seite 2 quadratische Räume vorgelagert, deren N-Flucht mit Stützenreihen für das Proszenium verbunden war. Nach der Zerstörung durch die Ätoler wurde dieses Szenengebäude erneuert und gleichzeitig das Proszenium durch einen weiteren Vorbau vergrößert, den mit Halbsäulen verbundene Stützen trugen und der die Bühne enger mit der Orchestra verband. Beiderseits des Szenengebäudes errichtete man prunkvolle Eingangstore, deren untere Teile noch zu sehen sind. Nachdem 168 v. Chr. die ganze Anlage vom Feuer heimgesucht worden war, baute man das Theater in röm. Zeit für Stierkämpfe um, beseitigte die unteren Sitzreihen und gewann so Platz für eine Schutzmauer, deren Rund auch ein großer Teil des Szenengebäudes zum Opfer fiel.

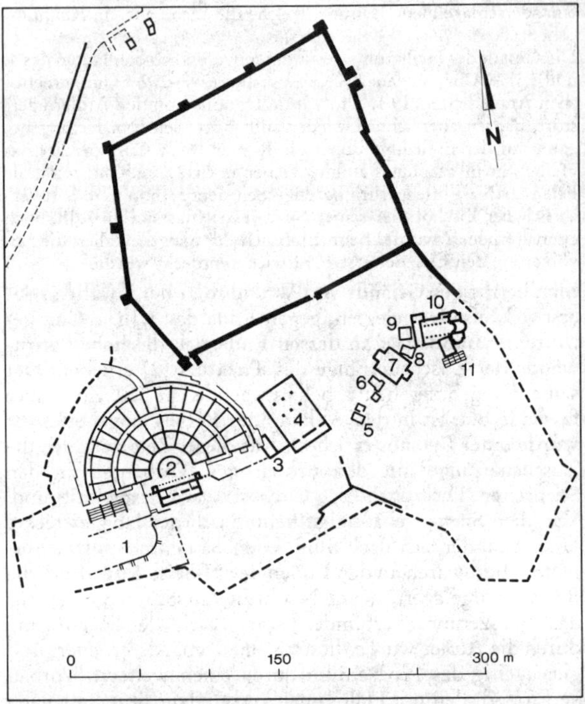

Dodona. Zeus-Heiligtum. Übersichtsplan

Der Bau der SO-Ecke des Theaters beschnitt das ältere **Prytaneion** [3], den Sitz der obersten Behörde. Das Gebäude blieb dennoch in Gebrauch und wurde erst 219 v.Chr. durch die Ätoler endgültig zerstört. In seiner Mitte stieß man auf einen Altar, an dem die Priester, Seher und Archonten des Bundes der Molosser opferten.

Zu nebenstehendem Plan:

1 Stadion	5 Aphrodite-Tempel	9 Älterer Tempel
2 Theater	6 Themis-Tempel	10 Christliche Basilika
3 Prytaneion	7 Heiliges Haus	
4 Buleuterion	8 Dione-Tempel	11 Herakles-Tempel

Das Prytaneion war durch eine Mauer mit dem **Buleuterion** [4] verbunden. Vermutlich nach der Beschneidung des Prytaneions wurde es als repräsentativer Versammlungssaal des Rates der Molosser errichtet. Bei der Brandkatastrophe von 168 v. Chr. ging es zugrunde. Dem Saal war eine Säulenhalle vorgelagert. Türen, deren Beschläge erhalten sind (Museum in Ioannina), führten ins Innere, das sich in 2 Abschnitte teilte, einen tieferen im S und einen angehobenen für die Ratsmitglieder im N. Das Dach trugen 6 ionische Säulen.

Östlich des Buleuterions stößt man auf den **Tempel der Aphrodite** [5], einen einfachen dorischen Antentempel mit 2 Frontsäulen aus dem frühen 3. Jh. v. Chr.

An den rechteckigen Unterbauten von 2 monumentalen Weihgeschenken vorbei gelangt man dann nach NO zu den Fundamenten des **Tempels der Themis** [6]. Im frühen 3. Jh. v. Chr. wurde der kleine Bau mit seinen 4 vorgelagerten Säulen auf den Fundamenten eines älteren errichtet. Vor seiner Front liegen die Blöcke eines Altars und die unteren Steinlagen eines Weihgeschenks.

Dicht neben dem Tempel bildete das **Heilige Haus** [7] mit der Eiche des Zeus und dem Ring der Dreifußkessel den eigentlichen Kern des Heiligtums. Erst gegen Ende des 5. Jh. v. Chr. errichtete man nordwestlich des heiligen Baumes einen Bau, der inschriftlich nicht als Tempel, sondern als Heiliges Haus bezeichnet wird und aus einem Hauptraum mit Vorhalle bestand. Dieser Bau wurde in eine Mauer einbezogen, mit der man um die Mitte des 4. Jh. den Bezirk um die Zeus-Eiche umschloß. Diese einfache Einfassung ersetzte zu Anfang des 3. Jh. v. Chr. eine großzügigere, innen an

3 Seiten mit ionischen Säulenhallen verbundene Anlage, die 219 v. Chr. von den Ätolern eingerissen wurde. Bei dem rasch folgenden Wiederaufbau trat an die Stelle des Heiligen Hauses ein wirklicher Tempel mit 6säuliger Vorhalle, Kultraum und Adyton. Wie sein Vorgänger war er mit einem – freilich erweiterten – Säulenhof verbunden, dessen Zugang nun genau in der Achse des Tempels lag.
Dicht neben dem Zeus-Tempel steht der Unterbau des **Tempels der Dione** [8], der mit 4säuliger Vorhalle nach dem Einfall der Ätoler errichtet wurde. In seinem Innern befindet sich noch die Basis für das Kultbild. Er ersetzte einen 219 v. Chr. zerstörten älteren Tempel [9], dessen etwa quadratisches Fundament weiter nördlich ausgegraben wurde.
Die Fundamente dieses Tempels stoßen an die christliche **Basilika** [10], einen 3schiffigen Bau mit Narthex, dessen mittleres Schiff in einer Apsis endete, welche man nach dem Einfall der Goten (562) durch einen 3-Konchen-Abschluß im O erweiterte.
Die S-Mauer der Basilika überschneidet die Fundamente des **Tempels des Herakles** [11], eines dorischen Baues aus dem frühen 3. Jh. v. Chr. mit Cella und Pronaos. Daneben liegen die Fundamente des zugehörigen Altars.
Weiter östlich stößt man auf die **Umfassungsmauer** des Heiligtums, die nach S ein größeres, noch kaum untersuchtes Gelände einschloß.
Die **Akropolis** oberhalb des Heiligtums wird von einer Ringmauer mit Türmen gesichert.
Die reichen Funde aus dem Heiligtum befinden sich z. T. im Nationalmuseum von Athen und v. a. im Museum von Ioannina.

Eleusis

G8/9

('Ελευσίς – Attika / Mittelgriechenland)

Die urspr. selbständige, bereits in mittelhelladischer und mykenischer Zeit besiedelte Stadt auf dem Hügel nahe der Küste blieb, auch als sie sich im 7. Jh. v. Chr. Athen unterordnen mußte, als eigene Gemeinde bestehen und behauptete die Leitung des Heiligtums, das im 6. Jh. v. Chr. unter dem Tyrannen Peisistratos und v. a. im 5. Jh. v. Chr. unter Perikles großzügig ausgebaut wurde. Als wichtigste Landstadt Attikas mehrfach heftig umkämpft, wurden ihre von Peisistratos angelegten Befestigungen im 5. und 4. Jh. v. Chr. wiederholt erneuert.
Unter röm. Herrschaft nahm der Ort neuen Aufschwung, da mehr als andere heidnische Kulte seine Mysterien, in die sich u. a. auch Kaiser Hadrian einweihen ließ, dem Verlangen nach Erlösung und Weiterleben nach dem Tode entgegenkamen. Nach seiner Zerstörung durch die Kostoboken 170 n. Chr. wurde das Heiligtum noch einmal erneuert und 395 n. Chr. von den Goten Alarichs abermals verwüstet. Dennoch ist der Kult offenbar erst im 5. Jh. n. Chr. zu einer Zeit erloschen, in der die Stadt bereits von Christen bewohnt war. Unter byzantinischer Herrschaft befestigte man den Höhenzug neu, doch hat die Bevölkerung den Ort allmählich verlassen.
Seinen Rang verdankte die Stätte Mysterien, die mit dem Mythos von Triptolemos verknüpft waren. Auf der Suche nach ihrer in den Hades entführten Tochter Persephone (Kore) war Demeter von dem eleusinischen König Keleos gastlich aufgenommen worden. Als Dank übertrug die Göttin dem Königssohn Triptolemos die Weizenähre und die Aufgabe, deren Aussaat die Menschheit zu lehren.
Die Eleusinischen Mysterien wurden zweimal jährlich als attisches Staatsfest mit einer von Athen ausgehenden Prozession gefeiert und fanden mit heiligen Riten im Telesterion ihren Höhepunkt. Da sie geheim waren, ist von ihrem Inhalt wenig bekannt. Vermutlich lebten in ihnen alte Fruchtbarkeitskulte fort.

Demeter-Heiligtum

Die Heilige Straße mündet auf einen gepflasterten **Hof** [1] mit dem in röm. Zeit anstelle eines Baues des 8. Jh. v. Chr.

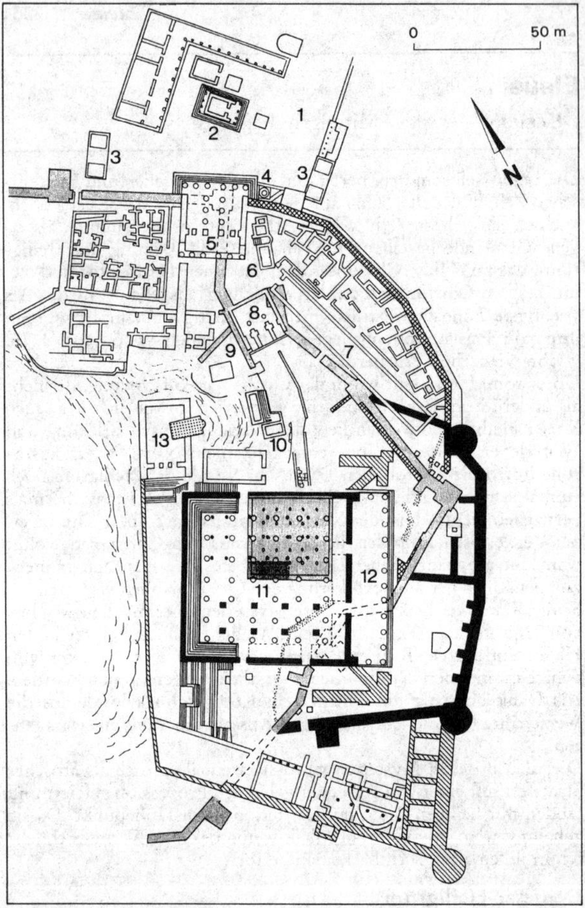

Eleusis. Demeter-Heiligtum. Übersichtsplan

Zu nebenstehendem Plan:

1 Hof	6 Brunnenhaus	10 Demeter-Tempel
2 Artemis-Tempel	7 Kornspeicher	11 Telesterion
3 Festtore	8 Kleine Propyläen	12 Halle
4 Kallichoros-Brunnen	9 Bezirk des Gottes der Unterwelt	13 Römischer Tempel
5 Große Propyläen		

errichteten **Tempel der Artemis** [2]. Teile der aufgehenden Architektur dieses dorischen Amphiprostylos sind auf dem Fundament zusammengestellt. Bei dem Tempel liegen 2 Altäre und eine Opfergrube für chthonische Gottheiten. Im NO und NW war der Platz von Säulenhallen eingefaßt.

Zu beiden Seiten des Platzes wurden im 2.Jh. n.Chr. prunkvolle **Festtore** [3] errichtet, Kopien des Hadrians-Tors in Athen, mit Statuen der Mitglieder des Kaiserhauses. Das nordwestliche führt zur Stadt Eleusis, das südöstliche, von dem einige Bauglieder wieder zusammengetragen sind, zu einer röm. **Thermenanlage.** Neben dem SO-Festtor liegt auf tieferem Niveau der **Kallichoros-Brunnen** [4] aus der Zeit des Tyrannen Peisistratos an der Stelle, an welcher der Sage nach die Frauen von Eleusis den ersten Reigen zu Ehren der Demeter tanzten.

Dahinter erhebt sich die **Umfassungsmauer**, die Peisistratos im 6.Jh. v.Chr. errichten ließ. Die Mauer bestand aus luftgetrockneten Lehmziegeln auf einem 120 cm hohen Steinsockel. Von einer Erneuerung unter Kimon im 5.Jh. v.Chr. stammt das sorgsam gefügte polygonale Mauerwerk. Die oberen Teile gehören zu einer röm. Reparatur. Weiter südlich (vom 1.Rundturm an) folgt ein etwas später unter Perikles errichteter Abschnitt und dann (vom 2.Rundturm an) eine Erweiterung des 4.Jh. v.Chr.

Man betritt das Heiligtum durch eines der eindrucksvollsten Monumente des röm. Klassizismus, die **Großen Propyläen** [5], eine Kopie des 2.Jh. n.Chr. nach dem Mittelteil der klassischen Propyläen der Akropolis von Athen. Der Stifter des Baues war der 176 n.Chr. in die Mysterien eingeführte Kaiser Marc Aurel. Der (heute seitlich aufgestellte) Giebel trug das von einem Schildrund umfangene Bild des Vorgängers, des Kaisers Antoninus Pius.

Auf die Großen Propyläen folgen neben einem **Brunnenhaus** [6] und einem **Kornspeicher** [7] die **Kleinen Propyläen** [8], die anstelle eines archaischen Tores 40 v. Chr. von dem Römer Appius Claudius Pulcher errichtet wurden. Neben ihrem Unterbau sind Teile des dorischen Frieses mit Emblemen des Demeter-Kults aufgereiht. Zu dem Bau gehörten 2 in der Antike mehrfach kopierte Karyatiden (im Museum am Ort bzw. in Cambridge).

Unmittelbar hinter den Kleinen Propyläen liegt in einer kleinen Felskluft der **Bezirk des Gottes der Unterwelt** [9], deren Eingang man u. a. auch an dieser Stelle lokalisierte. Innerhalb der Umfassungsmauer des 4. Jh. v. Chr. wurde hier in röm. Zeit ein kleiner Tempel errichtet.

Auf eine in den Felsen gehauene Stufenanlage folgen rechts oberhalb der Heiligen Straße auf einer kleinen Felsterrasse die Reste eines röm. **Tempels der Demeter** [10], von dem nur noch die Felseinarbeitungen zu sehen sind. Neben ihm führt eine Treppe zu einer höher gelegenen Terrasse. – Die Heilige Straße endet vor dem Ort der Mysterienhandlungen, dem

Telesterion [11]. In mykenischer Zeit stand hier bereits ein kleiner Bau mit einem rechteckigen Innenraum, einer kleinen Vorhalle und einem von Treppchen flankierten Podium, von dem aus vielleicht schon damals heilige Dinge der Gemeinde vorgezeigt wurden. Um 600 v. Chr. errichtete man, vielleicht unter Solon, eine größere, 3schiffige Halle mit einem besonderen Gemach, das als Anaktoron (Herrschersitz, übertragen: Allerheiligstes) den Kern aller späteren Bauten bildete. Die zugehörige Halle wurde um 525 v. Chr. von den Peisistratiden zu einem quadratischen Saal erweitert, vor dessen Eingang im SO man eine dorische Vorhalle errichtete. Vor den übrigen 3 Wänden wurden Stufenreihen angelegt, von denen aus die Gemeinde der heiligen Handlung beiwohnte. Die Decke trugen offenbar ionische Säulen, wie es scheint ein attischer Zug, der im 5. Jh. bei anderen Bauten wiederkehrt.

Die Perser legten diesen Bau 480 v. Chr. in Asche. Der 465 v. Chr. unter Kimon begonnene Neubau übertraf seine Vorgänger in den Maßen fast um das Doppelte. Das alte Anaktoron blieb in der Mitte der SW-Wand in einer Halle erhalten, die sich nun weiter nach NW fortsetzte. Bereits 2 Jahrzehnte später entwarf unter Perikles Iktinos, der Architekt des Parthenon, einen noch größeren Bau. Um das alte Anaktoron, das auch fortan den Mittelpunkt bilden sollte und über dem man durch eine Lichtöffnung (Opeion) besondere Beleuchtungseffekte vorsah, plante er eine quadratische Halle mit sehr weit gestellten, 2geschossigen Säulen. Möglicherweise war für die SO-Seite ein Säulenumgang vorgesehen, der seitlich in die Treppenaufgänge einmünden sollte, die zu der Terrasse an der Rückseite des Gebäudes führen. Dieser Plan wurde jedoch von den Architekten Metagenes und Xenokles abgewandelt. Vielleicht bestand die Priesterschaft darauf, den dichten Säulenwald des Vorgängerbaus beizubehalten. Auch auf den äußeren Säulenumgang verzichtete man zunächst. Erst 330–310 v. Chr. errichtete der Architekt Philon an der SO-Seite eine von Giebeln überfangene **Halle** [12] mit 12 dorischen Säulen. Ihr weißer Marmor hob sich scharf von dem schwarzen Kalkstein des eigentlichen Telesterions ab.

Das Telesterion von Eleusis, einer der größten Innenräume der Antike, ist als Bauform mit Versammlungsräumen wie dem in Megalopolis oder dem Odeion des Perikles in Athen zu vergleichen.

Im Zentrum der Anlage sind die Fundamente des alten Kerns des Heiligtums freigelegt. Verschiedentlich liegen die Fundamente der Innenstützen offen. Am eindrucksvollsten erscheinen aber die Stufenreihen, die an der Hangseite in den Felsen gehauen sind. Auf der Talseite erheben sich die hohen Stützen des Vorbaus. Zu diesem gehören auch die über das Gelände verstreuten Marmorblöcke des dorischen Frieses.

Unterhalb des Telesterions sind die verschiedenen Ummauerungen des Heiligtums sichtbar. Südlich der Mauer wurden ein **archaisches Heiligtum**, ein **Mithräum** und ein **Gymnasium** aus röm. Zeit ausgegraben.

Am N-Ende der Terrasse oberhalb des Telesterions sind bei der Kapelle der Panagia Felseinarbeitungen für einen **röm. Tempel** [13] zu erkennen, neben denen **mykenische Häuser** ausgegraben wurden. – Auf dem anschließenden Höhenrücken erstreckte sich die antike Stadt.

Museum

Verschiedene Weihreliefs aus klassischer Zeit (darunter ein Abguß des berühmten »Großen eleusinischen Weihreliefs« in Athen; vgl. S. 156) beziehen sich auf den Kult von Demeter und Kore sowie die Aussendung des Triptolemos. Aus dem 1. Jh. v. Chr. stammt das Weihrelief des Lakrateides.

Unter der Bauplastik stechen ein Widderkopf vom Dach des peisistratidischen Telesterions, die Statue eines eilenden Mädchens, vermutlich das Akroter eines frühklassischen Baues, sowie eine Büste mit Kopf der Karyatide von den Kleinen Propyläen hervor.

Freiplastik: 2 Kuroi aus Megara und aus Eleusis, ein archaischer Pferdekopf und verschiedene röm. Skulpturen, darunter 2 archaisierende Statuen und Porträtstatuen des Kaisers Tiberius und des Antinoos, des Geliebten des Kaisers Hadrian.

Die Sammlung der Statuetten und Vasen aus dem Heiligtum und aus der Nekropole der Stadt beginnt mit Figuren und Gefäßen des 3. Jt. und umfaßt v. a. bedeutende Vasen des 7. bis 5. Jh. v. Chr.

Vor dem Museum steht ein röm. Sarkophag mit der Darstellung der Kalydonischen Eberjagd.

Umgebung:

Etwa 1 km östlich von Eleusis stehen neben der modernen Straße nach Athen die 4 Bogen der 124/125 n. Chr. unter Kaiser Hadrian erbauten **Brücke** über den Eleusinischen Kephisos.

Am NO-Rand der Thriasischen Ebene liegt südwestlich des Ortes ANO LIOSIA (Ἄνω Λιόσια) an der Straße von Aspropyrgos das **Dema**, eine 4,2 km lange Mauer, welche H8
die Höhen von Aigaleos und Parnes verbindet, in 53 Abschnitte mit 50 Ausfallpforten und 2 Toren gegliedert ist und die Umgebung von Athen nach der Ebene von Eleusis hin abschirmte. Das Dema stammt offenbar aus der 2. Hälfte des 5. Jh. v. Chr., ohne daß überliefert ist, welches Ereignis in dieser bewegten Zeit unmittelbar zu seinem Bau führte.

Elis D9

(Ἦλις – Elis / Peloponnes)

Die Hauptstadt der gleichnamigen Landschaft ist erst 470 v. Chr. an der Stelle einer Siedlung des 2. Jt. gegründet worden.

Über ein weites Gebiet verstreut, ragen vielfach Mauern **röm. Gebäude** auf. Rechts der Straße zum modernen Staudamm wurde ein kleines offenes **Heiligtum** mit einer Opferstätte ausgegraben. – Links der Straße (hinter dem Museum) hat man das **Theater** und Teile des **Gymnasiums** freigelegt. Nach S schloß sich an das Theater die Agora an. Bei ihr wurden Reste des **Hellanodikaions**, des Sitzes der Schiedsrichter bei den Olympischen Spielen, eine **Palästra** und mehrere Hallen identifiziert.

Im Gegensatz zu der in der Ebene gelegenen offenen Stadt war die **Akropolis** (bei dem heutigen Ort PALEOPOLIS, amtl.

ILIS) seit dem 5. Jh. v. Chr. mit einer Mauer umgeben, von der geringe Teile erhalten sind.
Das **Museum** enthält neben zahlreichen lokalen Funden einige nicht unbedeutende röm. Porträts.

B6 **Ephyra**

('Εφύρα – Preveza / Epirus)

Nekromanteion

Die ersten Hinweise auf das Nekromanteion, das Totenorakel, finden sich bei Homer. Odysseus besucht es, um die Schatten der Verstorbenen zu beschwören. Im 7. Jh. v. Chr. kam der Tyrann Periander hierher, um seine verstorbene Frau Melissa zu befragen. Die sichtbaren Mauern stammen im wesentlichen aus dem 4.–3. Jh. v. Chr. Funde von Scherben und Terrakotten reichen jedoch weiter zurück. 167 v. Chr. brannten die Römer das Heiligtum nieder. Dabei blieben Tonkrüge mit Getreide, Bohnen und andere Samen erhalten, mit denen möglicherweise toxische Halluzinationen erzielt wurden.

Der Besucher der bei dem heutigen Ort **MESOPOTAMON** (Μεσοπόταμον) gelegenen Stätte betritt zunächst einen Hof, von dem ein Gang mit angrenzenden Kammern ausgeht. Dieser umschlingt den Kern des Heiligtums und wirkt gerade in seinem letzten Teil fast labyrinthisch gewunden. Der Gang führt zu einer Halle, an die sich an beiden Seiten je 3 Räume anschließen. Sie steht über einem von Rundbogen überfangenen Gelaß, das möglicherweise als Eingang zur Unterwelt galt.

600 m nördlich liegt die **Akropolis** von Ephyra mit einem 1200 m langen **Mauerring**, dessen kyklopische Blöcke an Mykene und Tiryns erinnern.

Epidauros

G9/10

('Επίδαυρος – Argolis / Peloponnes)

Asklepios-Heiligtum

Im Altertum gehörte das berühmte Heiligtum zum Territorium der Stadt Epidauros. Der Kult setzte im 7. Jh. v. Chr. mit der Verehrung des Maleatas ein, der im 6. Jh. v. Chr. mit Apollon gleichgesetzt wurde. Wohl erst in klassischer Zeit trat an die Seite Apollons sein Sohn Asklepios, dessen Kult sich von hier aus über ganz Griechenland und später über das ganze röm. Reich ausbreitete. Heilung oder Hinweise zur Gesundung gab der Gott den Kranken im Schlaf. Als Dank stifteten die Genesenen Stelen mit Inschriften über die Heilung oder Abbildungen der gesundeten Körperteile. Besonderen Aufschwung nahm das Heiligtum im 4. Jh. v. Chr. Im 1. Jh. v. Chr. wurde es zunächst von Sulla und dann von Seeräubern geplündert, gewann später aber, von röm. Stiftern gefördert, neuen Glanz.

Unmittelbar an der modernen Straße liegt das **Stadion** [1] für die Wettkämpfe, die auch hier zu Ehren der Gottheit abgehalten wurden. In der Nachbarschaft des Museums gelangt man sodann zum **Katagogeion** [2], einem 2stöckigen Gästehaus mit 160 Zimmern, die sich um 4 Innenhöfe gruppierten. Der Bau dürfte im 4. oder frühen 3. Jh. v. Chr. entstanden sein. Westlich hiervon liegen die Mauern eines griech. **Badehauses** [3]. An dieses schließt sich im N die **Palästra** [4] des 4. Jh. v. Chr. für sportliche Übungen an. Der von Säulenhallen umgebene Hof war von N, also vom Heiligtum aus, über ein aufwendiges Propylon zu erreichen. Ihren S-Teil nahm, wie bei Palästren die Regel, eine Laufhalle ein, während sich an den übrigen Seiten Versammlungs- und Lehrsäle an den Säulenumgang anschlossen. In röm. Zeit wurde in den Innenhof als Konzert- und Vortragsaal ein Odeion mit ansteigenden Sitzen eingebaut.

Weiter nördlich erstrecken sich die Ruinen eines Gebäudes unbekannter Bestimmung mit mehreren um einen Innenhof

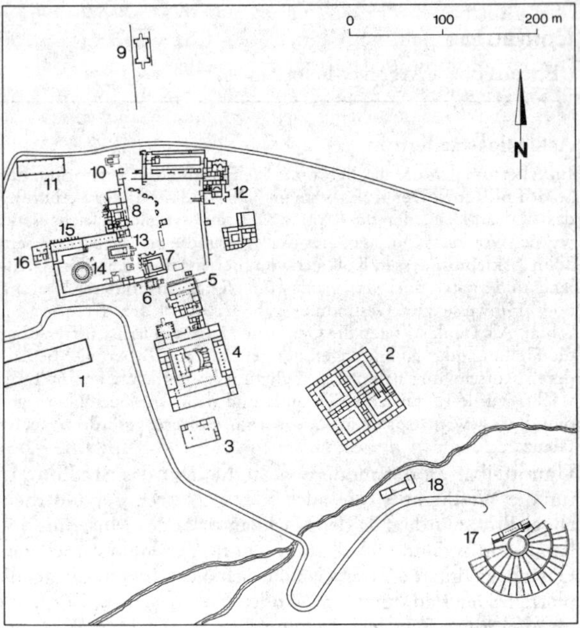

1 Stadion	8 Festplatz	13 Asklepios-Tempel
2 Katagogeion	9 Propylon	14 Tholos
3 Badehaus	10 Aphrodite- (Themis-?) Tempel	15 Abaton / Enkoimeterion
4 Palästra		16 Brunnen
5 Halle des Kotys		17 Theater
6 Artemis-Tempel	11 Zisterne	
7 Liegehalle	12 Thermen	18 Museum

Epidauros. Asklepios-Heiligtum. Übersichtsplan

gruppierten kleineren Räumen und einer 2schiffigen Halle im N. Diese Halle ist möglicherweise mit der nach ihrem Stifter benannten **Halle des Kotys** [5] zu identifizieren, in

der einheimische Frauen gebären und Menschen sterben durften. Die Halle wurde im 2. Jh. n. Chr. von dem röm. Senator Antoninus von Grund auf erneuert.
Nördlich dieser Anlage beginnt das eigentliche Temenos, der erst in byzantinischer Zeit von einer Mauer eingefaßte **Heilige Bezirk.**
Unmittelbar an der Temenos-Grenze lag der **Artemis-Tempel** [6] aus dem 4. Jh. v. Chr. mit 6 prostylen dorischen Säulen an der O-Seite und einer Cella, in der das Kultbild an 3 Seiten von Säulenreihen umgeben war.
Auf ihn folgt nördlich ein großes, annähernd quadratisches Gebäude, das im 6. Jh. v. Chr. als **Liegehalle** [7] für den Heilschlaf errichtet worden war.
Nördlich von ihm erstreckt sich der **Festplatz** [8] mit zahlreichen halbrunden Ruhebänken und Votivstelen. Auf diesen mündete von N die von der Stadt Epidauros kommende Heilige Straße an einem großen **Propylon** [9] mit je 4 ionischen Säulen an den Fronten und je 5 korinthischen beiderseits des Durchgangs. Östlich von ihm wurden Fundamente und Mosaikfußböden einer **röm. Villa** und einer christlichen **Kirche** des 5. Jh. ausgegraben. Westlich der Heiligen Straße stand ein kleiner **Tempel der Aphrodite** (oder Themis, [10]) und anschließend eine große **Zisterne** [11], während ausgedehnte röm. **Thermen** [12] an die NO-Ecke des Heiligen Bezirks grenzten.
Im Zentrum des Heiligtums steht der **Tempel des Asklepios** [13] aus dem frühen 4. Jh. v. Chr., einer der kleinsten klassischen Ringhallentempel Griechenlands. Mit 6×11 Säulen ist der Grundriß, Tendenzen seiner Bauzeit gemäß, relativ gedrungen. Auf einen Opisthodom ist verzichtet, was einem im 4. Jh. v. Chr. latent bereits vorhandenen Zug zur Frontalität entspricht. Die über eine Rampe erreichbare O-Seite ist auf den Festplatz ausgerichtet. Die kleine Cella ist nicht in Schiffe aufgeteilt, sondern durch vor die Wand gesetzte ionische Halbsäulen nur optisch gegliedert. Ähnlich schmuckhaft war auch der Fußboden aus schwarzem und weißem

Marmor. In der Cella stand die Goldelfenbeinstatue des thronenden Asklepios, ein Werk des parischen Bildhauers Thrasymedes. – Bedeutende Skulpturen sind von den Giebeln (in Athen) erhalten, für die der später am Mausoleum von Halikarnaß tätige Bildhauer Timotheos die Modelle geschaffen hatte. Im O war der Untergang Trojas, im W der Kampf der Griechen und Amazonen dargestellt. Auf Timotheos gehen auch die Akrotere, Windgottheiten verkörpernde, im Flug dahineilende Reiterinnen, zurück.

Die hinter dem Asklepios-Tempel gelegene **Tholos** [14] gehört zu den eigentümlichsten Werken der griech. Architektur. Sie wurde gegen 360 v. Chr. erbaut (Teile im Museum wiederaufgerichtet). Die runde Cella war von einer dorischen Ringhalle mit Kassettendecke umgeben. Der Türrahmen greift in seiner Schmuckhaftigkeit Elemente der älteren Tür des Erechtheions in Athen wieder auf. Auf den Metopen erschienen in Relief Opferschalen. Noch prächtiger als der Außenbau war das Innere gehalten. Ein Kranz korinthischer Säulen bildete einen Umgang, der prunkhafter kaum zu denken ist. Der schwarze Mauersockel und die Standflächen der Säulen hoben sich von den hellen Wänden ab. Derselbe Kontrast wiederholte sich im Rautenornament des Fußbodens.

Neben dem Tempel wurde fast unversehrt ein bereits in der Antike in der Erde bestattetes *Musterkapitell* gefunden, das die kanonische Ausprägung des spätklassischen korinthischen Kapitells vertritt (Abb. S. 215).

Geheimnisvoll bleibt immer noch die Bestimmung der Tholos. Unter ihrem Fußboden liegt ein merkwürdiges Labyrinth aus 3 Mauerringen mit Querwänden und verschiedenen Durchlässen, das über eine Wendeltreppe unterhalb der abhebbaren mittleren Bodenplatte zu betreten war. Daß hier, wie vielfach vermutet wurde, die Nattern des Asklepios gehalten wurden, ist nicht zu erweisen.

Nördlich der Tholos und des Asklepios-Tempels erstreckt sich das **Abaton** oder **Enkoimeterion** [15], zwei 70 m lange

Epidauros. Asklepios-Heiligtum. Theater

Hallen, in denen sich die Kranken zum Heilschlaf niederlegten. Mit einer ionischen Säulenfront öffneten sich diese Hallen zum Heiligtum hin. Ihr Inneres gliederten 6 bzw. 7 Säulen in 2 Schiffe. Wegen des abschüssigen Geländes war der W-Teil 2geschossig.
Am W-Ende lag der **Brunnen** [16] mit dem heilkräftigen Wasser; auf Steinplatten um ihn herum sind Heilungen verzeichnet.
500 m südöstlich des Heiligtums ist das **Theater** [17] in den Berghang eingebettet, ein bereits im Altertum wegen seiner unübertroffenen Schönheit gepriesener Bau. Seinen Mittelpunkt bildete, wie in klassischer Zeit üblich, eine kreisrunde Orchestra. Von ihr gehen die in 12 Keile gegliederten Zuschauerränge aus, die so angelegt sind, daß 10 von ihnen einen Halbkreis bilden, während die beiden übrigen über diesen hinaustreten, so daß der Ring der Zuschauerränge sich um die Orchestra zu schließen beginnt. Die äußeren

Keile werden von Quadermauern gestützt, die ein ionisches Gebälk mit dem Szenengebäude verband. Durch diese Tore, die Parodoi, hielt der Chor seinen Einzug. Die Front des Szenengebäudes bildete in ganzer Breite der Orchestra eine ionische Halle mit Stützen, zwischen denen gemalte Kulissenbilder eingesetzt werden konnten. Zusammen mit den 34 unteren Sitzreihen wurde es im frühen 3. Jh. v. Chr. errichtet. Im 2. Jh. v. Chr. erschloß man durch Rampen das Dach des Proszeniums und schuf so eine höher gelegene Bühne. Für die Kulissen wurde gleichzeitig ein weiteres Geschoß hinzugefügt. Mit diesem Umbau ist wohl auch die Verlegung der Proedrie, der hervorgehobenen Sitze für Ehrengäste und Priester, von der 1. Reihe auf die untere des 2. Ranges zu verbinden, um den das Theater von ehemals 20 auf nunmehr 54 Sitzreihen erweitert wurde.
Auf dem Gipfel des Theaterberges liegen die Mauern eines weiteren, bis in mykenische Zeit zurückreichenden **Heiligen Bezirks**, der dem **Apollon Maleatas** geweiht war.

Museum [18]

Funde aus dem Heiligtum. – An der Außenwand Inschriften und Grabreliefs.

1. Raum: Vitrine mit chirurgischem Gerät; eine Inschrift des Dichters Isyllos aus dem frühen 3. Jh. v. Chr.; röm. Statuen; die Schenkelpartie eines Kuros des 6. Jh. v. Chr.

2. Raum: Gipsabgüsse in Athen verwahrter Skulpturen aus Epidauros; röm Porträts und Götterstatuen, die überwiegend auf klassische Vorbilder zurückgehen. Votivstatuen und Reliefs kindlicher Gottheiten aus dem frühen 3. Jh.; hellenist. Mädchenstatuen; Teil eines mit einem dorischen Fries geschmückten Altars mit Athena, die Asklepios einen Helm reicht. – Im hinteren Teil des Raumes verkürzt Bauglieder des Gymnasiums und der Propyläen.

3. Raum: Bauglieder des Asklepios-Tempels und der Tholos.

Epidauros. Museum. Korinthisches Musterkapitell der Tholos

Umgebung:

Von der antiken Stadt, zu der das Heiligtum gehörte, sind auf dem steilen Hügel südlich der Hafenbucht des heutigen
G9 Ortes PALAIA EPIDAUROS (Παλαιά Ἐπίδαυρος) Reste der **Stadtmauer** und eines **Theaters** erhalten.

F9 500 m von dem Ort LIGURION (Λυγούριον) entfernt steht die ehem. Kapelle der Ag. Marina an der Stelle eines ionischen, der Athena geweihten **Tempels** (antike Bauteile in der Kapelle eingemauert). – In der Nähe liegen die Reste einer der argivischen **Pyramiden,** die gewöhnlich als Wachstationen interpretiert werden.

Ca. 8 km hinter Ligurion liegt oberhalb der modernen Straße nach Nauplion ein unter dem Namen KASTRAKI bekanntes **Grenzfort.**

10 km von Ligurion entfernt ist neben der Straße nach Nauplion eine **Brücke** des 5. Jh. v. Chr. erhalten. Über sie führt ein Fußweg in etwa 15 Minuten zu einem weiteren **Grenzfort.**

F11 Gythion

(Γύθειον – Lakonien / Peloponnes)

Als wichtigster Hafen Lakoniens war die Stadt in hellenist. und röm. Zeit gut befestigt und mit einem künstlichen Hafen versehen.

Von den Bauten der Antike sind kaum mehr als das **Theater** (nahe der nach O laufenden Küstenstraße hinter einer Kaserne) und auf dem dahinter ansteigenden Hügel unbedeutende Reste der **Akropolismauer** erhalten. – Im **Rathaus** lokale Funde.

Auf der nun mit dem Festland verbundenen Insel KRANAE (heute MARATHONISI, mit einer Burg des 18. Jh. n. Chr.) soll Paris Helena erstmals beigewohnt haben.

Auf dem Weg südwärts nach Kap Tainaron ist von **Exo** E12 **Nymphion** (Ἔξω Νύμφιον) aus in 2½stündiger Wanderung bei einem Kloster die »ta Kionia« genannte Flur zu erreichen, wo bei einer Quelle die Fundamente von 2 dorischen **Peripteroi** und einem einfacheren Bau liegen. In der Nähe ist ein kaiserzeitliches *Relief* aus dem Felsen gemeißelt. Ruinen weiterer Gebäude stammen ebenfalls aus röm. Zeit.

Ioannina C5

(Ἰωάννινα – Ioannina / Epirus)

Das **Museum** der erst von Kaiser Justinian (527–565) gegründeten Stadt enthält Funde aus der gesamten Region, v. a. aus dem Zeus-Heiligtum von Dodona.

1. Saal, linker Flügel: Bronzen aus Dodona. Metallbeschläge verschiedener Gerätschaften. Hervorragende archaische und v. a. auch klassische Bronzestatuetten. Fragmente hellenist. Bronzestatuen, die 219/218 v. Chr. beim Einfall der Ätoler zerschlagen worden waren. Bleitäfelchen mit Fragen an das Orakel um Auskunft über Vaterschaft, ob man von seiner Frau noch Kinder zu erwarten habe, welcher Gott bei welcher Krankheit helfe, über Heiratsmöglichkeiten usw.

1. Saal, Hauptraum: Paläolithische bis neolithische Funde aus verschiedenen Grabungen. Bronzewerkzeuge und Waffen des 2. Jt. v. Chr. Aus der 1. Hälfte des 1. Jt. v. Chr. Bronzen, Terrakotten und eiserne Waffen v. a. aus Vitsa nördlich von Ioannina, insbesondere 2 herrliche archaische Schnabelkannen mit Protomen. Außerdem Funde aus dem Nekromanteion von Ephyra aus hellenist. Zeit aus Ioannina, Kassope und anderen Orten. Aus einem unbekannten Heiligtum geraubt und auf der Flucht verborgen ein Schatz des

4.–3. Jh. v. Chr. aus der Gegend von Metsovo (Boronisi). – Mehrere Vitrinen mit Münzen v. a. aus Epirus.
2. *Saal:* Hellenist. und röm. Plastik. Ein Komplex von Grabskulpturen, 2 Mädchenstatuen, ein Frauenkopf und ein Löwe, aus Michalitsi bei Preveza. Ein aus Albanien verschleppter Frauenkopf. Torso einer röm. Panzerstatue aus Passaron (s. u.). Dionysos-Sarkophag aus der antiken Stadt Photike bei Paramythia.

Umgebung:

C5 Auf der Bergkuppe oberhalb des Ortes Mega Gardikion (Μέγα Γαρδίκιον) liegen die aus polygonalen Blöcken gefügten Mauern der 169 v. Chr. zerstörten **Festung Passaron**, Hauptort des epirotischen Stammes der Molosser. Innerhalb des Mauerrings antike Terrassierungen. – Das **Heiligtum des Zeus Areios** von Passaron ist bei dem Ort
C5 Rhodotopion (Ροδοτόπιον) zu finden. Hier gelobten jährlich König und Volk der Molosser die Wahrung der Gesetze. Wie die Stadt wurde auch das Heiligtum 169 v. Chr. von den Römern zerstört, danach aber wieder erneuert. Erhalten sind die Fundamente des Tempels des 4. Jh. v. Chr. und der gepflasterte Hof für die Opfer.

C5 Bei dem Dorf **Kastritsa** (Καστρίτσα) liegen auf einem Kalksteinhügel die Mauern der antiken Stadt Eurymenai. Der 2,6 km lange **Mauerring** ist der größte der Gegend. Mittelalterliche Mauerzüge zeigen, daß der Ort noch lange besiedelt war. Heute steht hier ein Kloster.

C5 Ein Hügel westlich des Dorfes **Grammenon** (Γραμμένον) trägt die Reste eines kleinen **Tempels** des 4. Jh. v. Chr. und mehrerer **Häuser** des 2.–3. Jh. n. Chr.

S. auch Dodona.

Isthmos

F9

(Ἰσθμός – Korinth / Peloponnes)

Keramikfunde zeigen an, daß das Gelände des späteren Heiligtums schon in mykenischer Zeit besiedelt war. Im 13. Jh. v. Chr. sicherte man die Landenge gegen Eindringlinge aus dem N durch eine 4 m starke Mauer. Eine 480 v. Chr. zur Abwehr der Perser über den Isthmos gezogene Mauer wurde 369 v. Chr. erneuert, um die Thebaner unter Epameinondas aufzuhalten. 279 v. Chr. war dieses Bollwerk immerhin in der Lage, den Einfall der Gallier zu verhindern. 540 n. Chr. ließ Kaiser Justinian es restaurieren und verstärken. 1415 hat Kaiser Manuel Palaiologos es nochmals instand gesetzt, und danach wurde es von den Venezianern mehrfach wiederhergestellt.
Um den Schiffen den langen Weg um Kap Malea und Tainaron zu ersparen, schuf man im 6. Jh. v. Chr. aus großen Kalksteinblöcken einen 3,5–5 m breiten Schleifweg, den Diolkos, auf den man Schiffe zwischen dem Saronischen und dem Korinthischen Golf ziehen konnte. Größeren Schiffen war dieser Weg allerdings versperrt. So mußte 217 v. Chr. Philipp V. von Makedonien seine Flotte teilen. Nach der Schlacht von Actium benützte Augustus diese Schleifbahn. 881 n. Chr. ließ der byzantinische Admiral Oryphas seine Schiffe über sie ziehen, und noch im 12. Jh. wurde sie von kleineren Kähnen benützt.
Die Mühsal des Landtransports ließ immer wieder den Bau eines Kanals erwägen. Erste Pläne faßten 600 v. Chr. der korinthische Tyrann Periander und 300 Jahre später Demetrios Poliorketes. Auch Caesar und 37 n. Chr. Kaiser Caligula trugen sich mit dem Gedanken an einen Kanalbau, den 67 n. Chr. Kaiser Nero von jüdischen Kriegsgefangenen in Angriff nehmen ließ. Die nach seinem Tode liegen gebliebenen Arbeiten wollte der reiche Athener Herodes Atticus (101–177 n. Chr.) wieder aufnehmen, hatte damit aber ebenso wenig Erfolg wie 1687 die Venezianer. Die Spuren dieser Versuche waren bis 1882 noch sichtbar. Damals griff eine französische Gesellschaft das Projekt wieder auf. 1893 wurde es von einer griechischen Gesellschaft vollendet.
Berühmt war der Isthmos nicht zuletzt wegen seines Poseidon-Heiligtums und seiner Spiele, die der Sage nach der Sonnengott Helios gestiftet hatte. Es gab allerdings weitere Gründungsmythen, die

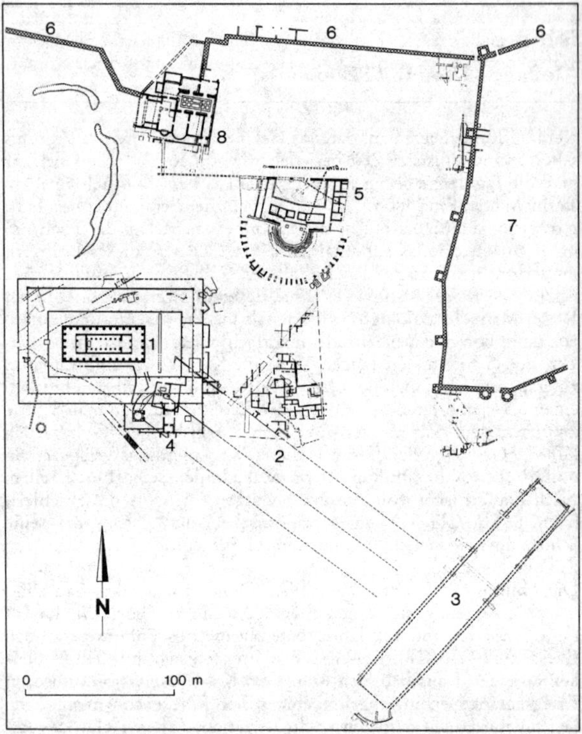

1 Poseidon-Tempel
2 Älteres Stadion
3 Jüngeres Stadion
4 Heiligtum des Palaimon
5 Theater
6 Byzantinische Mauer
7 Justinianische Festung
8 Römisches Bad

Isthmos. Poseidon-Heiligtum. Übersichtsplan

u. a. Theseus die Einrichtung zuschrieben. Seit 582 v. Chr. wurden die Spiele alle 2 Jahre abgehalten. Wie in Olympia hatten alle frei geborenen Hellenen Zutritt, und seit 228 v. Chr. stand auch Römern die Teilnahme offen.
Im isthmischen Stadion wurde 336 v. Chr. Alexander d. Gr. zum Feldherrn aller Griechen für den Zug gegen die Perser ausgerufen. 196 v.Chr. verkündete hier der röm. Konsul Flamininus die Freiheit aller griech. Städte, eine Proklamation, die Kaiser Nero 67 n.Chr. an derselben Stelle wiederholte.

Abschnitte der Schleifbahn, des **Diolkos**, wurden etwa 200 m südlich des heutigen Kanals an dessen W-Ende freigelegt. Die moderne Autobahn durchschneidet bei km 81 die **justinianische Mauer** [7], die mit 153 Türmen gesichert war. Sie besteht aus Quadern, die mit Bruchstein hinterfüttert sind.

Das **Heiligtum**, dessen Bauten bei der Errichtung der justinianischen Mauer weitgehend abgetragen wurden, liegt etwa 1 km südlich des O-Teils des Kanals. Im Altertum führte eine von Siegerstatuen und Pinien gesäumte Heilige Straße zu ihm hin.
Von dem ältesten **Tempel des Poseidon** [1] aus dem frühen 7. Jh. v. Chr. sind nur noch Fundamentbettungen im Felsen sichtbar. Er war ein 33 m langer und 11 m breiter, in archaischer Weise sehr lang gestreckter Bau, dessen Cella eine mittlere Säulenreihe in 2 Schiffe gliederte, auch das ein ausgesprochen altertümlicher Zug. 480 v. Chr. niedergebrannt, wurde er bald darauf durch einen Neubau ersetzt. Dieser frühklassische Bau war ein dorischer Peripteros mit 6 Säulen an den Front- und 13 Säulen an den Langseiten, der in etwas kleinerem Maßstab (22,90 × 53,50 m) dem gleichzeitigen Zeus-Tempel in Olympia weitgehend entsprochen haben dürfte. Er bestand aus Kalkstein; nur seine Giebelskulpturen waren aus Marmor. Von seinem Vorgänger hatte man zunächst die Zweiteilung der Cella durch eine mittlere Säulenstellung übernommen, doch wurde dieser altertümliche Zug noch im 5. Jh. wieder beseitigt und die Cella durch

2 Säulenreihen in 3 Schiffe untergliedert. 390 v. Chr. durch Brand stark beschädigt, wurde der Tempel auf den alten Fundamenten mit demselben Grundriß wiederaufgebaut. Im 6. Jh. n. Chr. wanderten seine Steine größtenteils in die justinianischen Befestigungen, so daß an Ort und Stelle außer wenigen Baugliedern v. a. die Fundamentbettungen zu sehen sind.
In röm. Zeit wurde der Tempelbezirk mit Säulenhallen umgeben. Diese überdeckten und konservierten den Rest eines **Stadions** [2], von dem auf diese Weise v. a. die Startanlage teilweise erhalten blieb. In dreieckige Steinplatten sind Rillen eingemeißelt, die bei einem tiefen Loch im Zentrum zusammenlaufen. Durch bronzene Ösen am Ansatz der Rillen verliefen Schnüre, mit denen sich die Startschranken zentral öffnen ließen. In hellenist. Zeit wurde dieses Stadion aufgegeben; südöstlich entstand ein Neubau [3]. – Unter röm. Herrschaft errichtete man über dem S-Ende der ehem. Startschwelle das **Heiligtum des Palaimon** [4], eines hilfreichen Meergottes, einen Rundtempel auf quadratischem Sockel, dessen Kern aus Gußmauerwerk erhalten blieb.
Nordöstlich des Poseidon-Tempels liegen die Reste des im 4. Jh. v. Chr. erbauten und danach mehrfach erneuerten **Theaters** [5]. Zwischen Tempel und Theater kommt man an 2 natürlichen **Grotten** vorbei, die – vielleicht erst in röm. Zeit – mit Kultbänken ausgestattet wurden.
Das **Museum** am Ort zeigt Funde aus dem Heiligtum.

D8 Kalydon

(Καλυδών – Ätolien-Akarnanien / Mittelgriechenland)

Der als Schauplatz der Kalydonischen Eberjagd, die der Sage nach zum Tod Meleagers führte, bekannte Ort wird bereits von Homer mehrfach genannt. Die im 5. Jh. v. Chr. selbständige Stadt gehörte in hellenist. Zeit zum Ätolischen Bund. Nach der Gründung von Nikopolis wurde sie offenbar verlassen. Berühmt war Kalydon wegen des Heiligtums der Artemis Laphria, welcher man am Fest der Laphrien aller Art jagdbares Wild opferte, nachdem die Göttin am Vortag, vertreten durch eine Priesterin, feierlich ihren Einzug gehalten hatte.

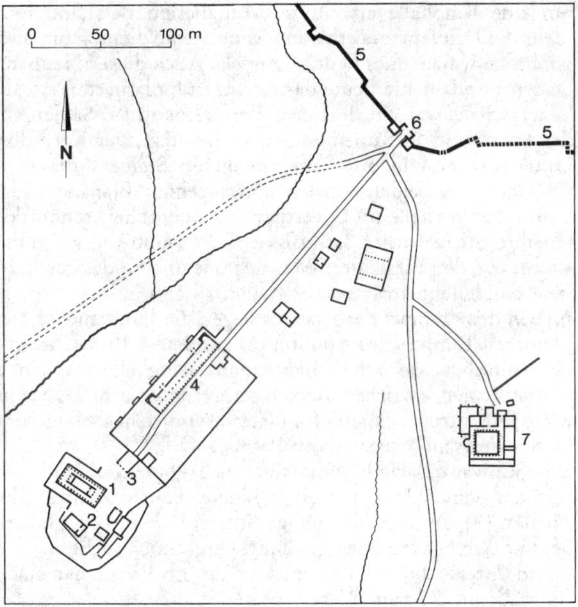

1 Artemis-Laphria-Tempel
2 Apollon-Tempel
3 Torbau
4 Hallen
5 Stadtmauer
6 Westtor der Stadt
7 Heroon

Kalydon. Artemis-Laphria-Heiligtum. Übersichtsplan

Der **Tempel der Artemis Laphria** [1] lag auf einer künstlichen Terrasse auf einem Bergsporn oberhalb der heutigen Straße von Ambrakia (Arta) nach Naupaktos. Von dem ältesten hier faßbaren Bau stammen einige Dachterrakotten des späten 7. Jh. v. Chr. in den Museen von Athen und Patras. Im 1. Viertel des 6. Jh. v. Chr. wurde der Artemis ein neuer Tempel errichtet, den man um die Wende zum 5. Jh. um eine Ringhalle erweiterte. Von diesem Bau sind nur mehr die Fundamente erhalten. Seine Steine dienten um 360 v. Chr. zum Bau eines neuen Tempels. Auch dieser Neubau, dessen Fundamente heute das gleichzeitig planierte Plateau beherrschen, war ein dorischer Peripteros mit 6 Säulen an der Front und 13 Säulen an den Langseiten. Der Kern des Unterbaus besteht aus unregelmäßigen Steinen, die von Quadern umkleidet werden. Nach einer Planänderung wurde die Vorhalle im O vertieft. Metopenreliefs schmückten ihre Stirn. In der 3schiffigen Cella stand die im 5. Jh. v. Chr. von den Bildhauern Menaichmos und Soidas geschaffene Goldelfenbeinstatue der Artemis Laphria.
Neben dem Tempel der Artemis liegen die Fundamente des kleineren **Tempels des Apollon** [2] aus dem 6. Jh. v. Chr., eines einfachen, dorischen Baues ohne Ringhalle mit einer von 2 Säulen zwischen Anten getragenen Vorhalle. Seine Metopen waren bemalte Tonplatten, von denen einige erhalten sind (im Museum von Patras).
Von SO war das Heiligtum über eine **Treppenanlage** zu erreichen. Seinen Haupteingang bildete jedoch im NO ein **Torbau** [3], an dem die Heilige Straße endete. Von **Hallen** [4] und Weihgeschenken gesäumt, deren noch nicht ausreichend untersuchte Fundamente vielfach noch zu sehen sind, führt die Straße zum **W-Tor** [6] der Stadt.
Die im 3. Jh. v. Chr. erbaute, weithin noch gut sichtbare **Stadtmauer** [5] umschließt den gesamten Bergrücken. Im N lag die Akropolis.
Vom W-Tor aus führte außer der Heiligen Straße eine weitere in der Talsenke nach S. An ihr lag eine ausgedehnte

Nekropole, in der bald nach 100 v. Chr. einem sonst nicht weiter bekannten, als »Neuer Herakles« gefeierten Leon ein **Heroon** [7] als Grabdenkmal errichtet wurde. Wie oft in hellenist. und röm. Zeit war das Grabmal mit einer gemeinnützigen Anlage – in diesem Fall einer Palästra – verbunden, welche die Jugend der Stadt als Übungsstätte benützt haben wird. An einen von Säulenhallen eingefaßten Innenhof schließen sich im S die Laufhalle und im O Versammlungsräume an. An der N-Seite lag der Kultraum für den Toten, in dem ein Zyklus von Götterbüsten auch das Bildnis des heroisierten Leon (im Museum von Agrinion) mit umfaßte. Darunter birgt eine unterirdische Grabkammer als Ruhebetten gestaltete Sarkophage.

Kassope

C6

(Κασσώπη – Preveza / Epirus)

Unterhalb des Felsens mit dem 1954 errichteten Denkmal für die Frauen von Suli, die 1822, von den Truppen Ali Paschas verfolgt, in aussichtsloser Lage statt der Sklaverei den Todessprung vom Felsen wählten, liegt ein Kloster des 18. Jh. Weiter westlich erstrecken sich die Ruinen der antiken Stadt, einer der klarsten und überschaubarsten antiken Stadtanlagen Griechenlands. Die erhaltenen Mauern stammen größtenteils aus dem 4.–3. Jh. v. Chr. 168 v. Chr. wurde die Stadt von den Römern zerstört, danach aber offenbar noch einmal bis gegen Ende des 1. Jh. v. Chr. besiedelt und dann verlassen.

Das Gelände wird von einer 2,5 km langen **Mauer** umschlossen und durch 2 Akropolen zusätzlich gesichert. Innerhalb der Stadt sind alle Straßen rechtwinklig auf eine Straßenachse ausgerichtet, an der auch das Zentrum, die **Agora**, lag. Diese war an 2 Seiten von Kolonnaden eingefaßt. An die Agora grenzte ein kleiner **Theaterbau**, der als Odeion oder für Versammlungen gedient haben mag.

Ein größeres Gebäude jenseits der Hauptstraße wird als **Hotel** interpretiert. Um einen größeren Innenhof läuft ein offener Korridor, auf den kleinere Kammern ausgerichtet sind. Jede Kammer war mit einem Tisch und einer Feuerstätte ausgestattet. Treppen in den Ecken der N-Seite führten zu einem wohl ebenso angelegten Obergeschoß.

Im NW der Stadt ist ein **Theater** für etwa 6000 Besucher in den Hang gebaut. Östlich von ihm liegt die Kammer eines Grabes, das, innerhalb der Stadt gelegen, als **Heroon** gegolten haben wird.

Außerhalb der Stadt sichert westlich des Klosters eine Mauer aus polygonalen Blöcken den Paß. Südlich von ihr sind die Fundamente eines kleinen **Aphrodite-Heiligtums** des 4. Jh. v. Chr. erhalten.

D8 **Kato Achaia**

(Κάτω Ἀχαία – Achaia / Peloponnes)

D8 Bei dem Ort lag das antike DYME, eine der 12 Städte der Landschaft Achaia, von der jedoch kaum etwas erhalten ist.

D8 **Kastro tis Kalogrias**

Westlich von Kato Achaia ragen nahe dem NW-Kap der Peloponnes auf einem Hügel bei dem Flughafen die kyklopischen Mauern einer Festung auf, die der Sage nach Herakles errichtet hatte. Der Ort war bereits im Neolithikum besiedelt und wurde in spätmykenischer Zeit (13. Jh. v. Chr.) befestigt. Gegen Ende des 13. Jh. v. Chr. und nochmals gegen 1100 v. Chr. zerstört, war die Stätte spätestens im 8. Jh. v. Chr. wieder bewohnt. Als Stützpunkt der Ätoler spielte die Burg im Bundesgenossenkrieg 220–217 v. Chr. eine wichtige Rolle und wird daher als »Teichos Dymaion« von dem Historiker Polybios mehrfach erwähnt. Noch im Mittelalter und später wurde die Anlage benützt.

Da in der Antike das Meer bis an den Fuß des Hügels heranreichte und dessen SW-Seite schroff abfällt, umschließt nur die übrigen 3 Seiten eine 190 m lange und 5 m starke, 8 bis 10 m hohe Mauer, die bis auf einige Ausbesserungen noch aus dem 13. Jh. v. Chr. stammt. Den jeweiligen Bedürfnissen entsprechend sind nur die Tore wesentlich verändert worden. Das betrifft die mittelalterliche Bastion vor dem SO-Tor, die Vermauerung des O-Tors in byzantinischer Zeit und die Erweiterung des NW-Tors während des 2. Weltkriegs durch die italienische Besatzung. Eine Quermauer stammt ebenfalls aus dem Mittelalter.

Kavala 12

(Καβάλα – Kavala / Makedonien)

Die Stadt ist die Nachfolgerin des antiken NEAPOLIS, das, zu unbekannter Zeit gegründet, bereits im 6. Jh. v. Chr. ein wichtiger Handelsplatz war. 42 v. Chr. ankerte hier die Flotte des Brutus während der Schlacht von Philippi. Danach wurde die Stadt in COLONIA IULIA PHILIPPENSIS umbenannt. Auf seiner 2. Missionsreise betrat hier der Apostel Paulus europäischen Boden.

Von der antiken Stadt sind keine wesentlichen Reste zu sehen. Das **Archäologische Museum** beherbergt jedoch die zentrale Sammlung für Funde aus Thrakien.
Linker Saal: Funde aus Neapolis, v. a. Säulen, Kapitelle und Bauornamentik vom Tempel der Athena Parthenos aus spätarchaischer Zeit sowie archaisch-hellenist. Kleinfunde.
Korridor: Prähistorische Keramik aus der Umgebung. Bedeutende Metope eines attischen Bildhauers (um 420 v. Chr.). Daneben eine röm. Frauenstatue nach einem Vorbild des 5. Jh. v. Chr.
Hinterer Saal: Funde aus Amphipolis. Am Eingang 2 bemalte Terrakottabüsten der Demeter und der Kore aus dem 4. Jh. v. Chr. und ein schönes Relief einer eilenden Frau aus

dem 2. Jh. v. Chr. Außerdem Grabreliefs des 5. und 4. Jh. v. Chr. Aus hellenist. Zeit Grabbeigaben, Halsketten und Blütendiademe aus Gold.

E9 **Kleitor**

(Κλείτωρ – Achaia / Peloponnes)

E9 Kleitor, 4 km westlich der heutigen Stadt KATO KLITORIA (Κάτω Κλειτόρια) am Ufer des gleichnamigen Flusses, hatte im 6. und 5. Jh. eine Vormachtstellung in Nordarkadien und wurde im 3. Jh. v. Chr. wichtiges Mitglied im Achäischen Bund. Berühmt waren die angeblich singenden Fische im Fluß.
Bei der Stadt fand man in einem byzantinischen Grab verbaut ein großes Ehrenrelief des Historikers Polybios (heute im Rathaus von Kato Klitoria), das diesem bald nach 146 v. Chr. wegen seines erfolgreichen Eintretens für seine Landsleute nach der Niederlage gegen Rom aufgestellt wurde.

Die spätklassische oder frühhellenist. **Mauer** der antiken Stadt ist in den unteren Lagen wohlerhalten. In der Mulde eines Hügels innerhalb des Stadtgebiets zeichnet sich das **Theater** ab.

F9 **Korinth**

(Κόρινθος – Korinth / Peloponnes)

Der Name der bereits im 4. Jt. v. Chr. besiedelten Stadt ist vorgriechisch. Der Sage nach soll sie von einem Sohn des Helios gegründet worden sein. Iason, Sisyphos, Glaukos oder Bellerophontes werden als ihre mythischen Könige genannt.
Um 1100 v. Chr. suchten sich die Bewohner durch eine kyklopische Mauer gegen das Vordringen der Dorer zu sichern. Als Gesetzgeber und Erneuerer der Stadt galt der Korinther Pheidon. Um die Mitte

des 8. Jh. v. Chr. übernahm der Überlieferung zufolge das Geschlecht der Bakchiaden die Führung. Unter ihrer Herrschaft nahm die Stadt erheblichen Aufschwung und gründete zahlreiche Kolonien (z.B. Syrakus). 657 v. Chr. wurden die Bakchiaden von Kypselos vertrieben. Unter ihm und seinen Söhnen erreichte Korinth seine höchste kulturelle und wirtschaftliche Blüte. Kypselos selbst regierte 30 Jahre lang und ebenso lange sein wegen seiner Grausamkeit und seiner Einsicht gleichermaßen berühmter Sohn Periander, der zu den Sieben Weisen gerechnet wird. In dieser Zeit wurde Korinth zum wichtigen Umschlagplatz für Güter aus dem Orient und damit zum Vermittler altorientalischen Kulturguts. Die Erzeugnisse seiner Bronze- und Keramikwerkstätten waren über das ganze Mittelmeer hin bis zu den Küsten des Schwarzen Meeres verbreitet. Zum Hauptkonkurrenten wurde ihm Athen, das im Laufe des 6. Jh. v. Chr. immer mehr korinthische Absatzmärkte erobern konnte.

Nach der Abwehr der Perser 480/479 v. Chr., gegen die Athen und Korinth noch gemeinsam gekämpft hatten, wurde die Stadt durch die Gründung des Attischen Seebundes von vielen wichtigen griech. Häfen ausgeschlossen. In dieser wirtschaftlichen Bedrängnis riefen ihre Vertreter bei Versammlungen des Peloponnesischen Bundes immer wieder zum Krieg gegen Athen auf. Nach dessen Niederlage im Peloponnesischen Krieg 404 v. Chr. war Korinth jedoch nicht fähig, die Rolle Athens zu übernehmen, die nunmehr Sparta auszufüllen versuchte. Korinth beteiligte sich daher an einem Bündnis, das sich gegen die Hegemonie Spartas auflehnte und zum Korinthischen Krieg (395–387 v. Chr.) führte.

In hellenist. Zeit wurde die Stadt samt Akrokorinth mehrfach von makedonischen Truppen besetzt, war aber auch Mitglied des Achäischen Bundes. Nach kurzer Belagerung nahm 146 v. Chr. der röm. Feldherr Mummius die Stadt ein und zerstörte sie völlig. Über 100 Jahre lang blieb sie verödet, bis 44 v. Chr. Caesar hier röm. Veteranen ansiedelte und Korinth unter dem Namen COLONIA LAUS IULIA CORINTHENSIS neu gründete. Die ehem. Soldaten durchwühlten die Gräber der alten Stadt nach metallenen Grabbeigaben, die auf dem röm. Kunstmarkt hohe Preise erzielten.

Im Jahre 51/52 gründete Paulus hier eine christliche Gemeinde. Schwere Erdbeben suchten 77 und 375 n. Chr. die Stadt heim. 395 nahm Alarich sie mit seinen Goten ein. 551 wurde sie noch einmal durch ein Erdbeben zerstört. Danach zwang der Einfall der Slawen

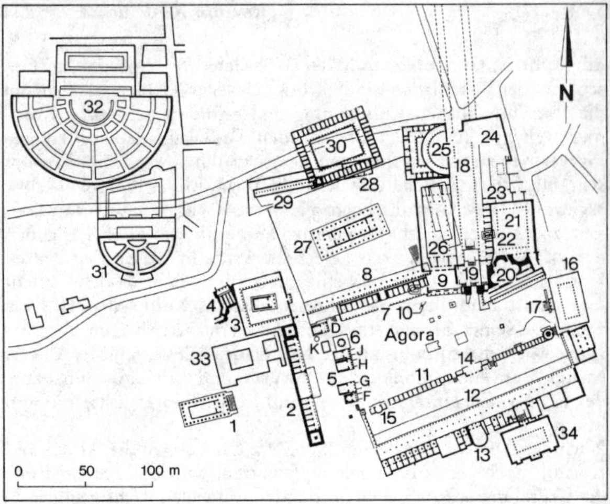

1 Tempel E
2 Westläden
3 Hera(?)-Tempel C
4 Glauke-Brunnen
5 Römische Tempel
  D Hermes-Tempel
  F Venus-Fortuna-Tempel
  G Pantheon
  H Poseidon-Tempel
  J Hercules-Tempel
  K Apollon-Klarios-Tempel
6 Rundbau für Babbius Philinus
7 Nordwestläden
8 Halle
9 Gebäude mit den Barbarenstatuen
10 Heilige Quelle
11 Zentralläden
12 Südstoa
13 Kurie
14 Rednerbühne
15 Dionysos-Heiligtum
16 Basilica Iulia
17 Startlinie des Hippodroms
18 Straße (nach Lechaion), Säulenhallen
19 Römisches Tor
20 Peirene-Brunnen
21 Apollon-Säulenhof
22 Tempel A des 5. Jh. v. Chr.
23 Latrine
24 Eurykles-Bäder
25 Exedra
26 Basilika des 1. Jh. n. Chr.
27 Apollon-Tempel
28 Griechische Bäder
29 Halle
30 Nordmarkt
31 Odeion
32 Theater
33 Museum
34 Basilika des 1. und 2. Jh. n. Chr.

Korinth. Zentrum der antiken Stadt. Übersichtsplan

zur Aufgabe der Unterstadt. Man zog sich auf Akrokorinth zurück. Erst im 10. Jh. machte sich auf dem Gebiet der ehem. Agora wieder eine Siedlung breit.
Bis zu den Befreiungskriegen lagen auf dem Gelände der heutigen Ausgrabungen die Gärten des türkischen Beys, welche das Wasser der antiken Quellen tränkte. Um die Mitte des 19. Jh. siedelte man wegen der zahlreichen Erdbeben die Bevölkerung an die Küste um.

Unterstadt

Der Besichtigungsweg führt zunächst zum Museum (s. S. 238), neben dem in verkürzter Form 3 korinthische Säulen und der Architrav eines röm. Tempels wieder aufgerichtet sind.
Der mangels einer sicheren Benennung als **Tempel E** [1] bezeichnete Bau war möglicherweise zu Ehren Octavias, der Schwester des Kaisers Augustus, errichtet worden. Als röm. Tempel stand er auf einem hohen Podium, das nur an der Eingangsseite über eine Treppe zu erreichen war. Der Tempel hatte einen Umgang mit 6 Säulen an der Front und 12 an den Langseiten. Seine frontale Ausrichtung wird auch durch den bei röm. Tempeln üblichen Verzicht auf einen Opisthodom deutlich.
Am Eingang des Museums vorbei gelangt man dann zu dem tiefer gelegenen Gelände der **Agora**.
Nahezu in einer Achse mit dem Tempel E stand der architektonisch hervorgehobene Mitteltrakt der im 1. Jh. n. Chr. erbauten und nach dem Erdbeben von 375 erneuerten sog. **Westläden** [2], an den sich beiderseits eine gleiche Anzahl von Magazinräumen anschloß, vor denen sich ein Säulengang erstreckte. Er bildete den W-Abschluß der Agora.
Nach N folgt auf die W-Stoa ein einst an 3 Seiten von Säulenhallen, im O durch eine Mauer eingefriedeter Bezirk mit einem vermutlich der **Hera** geweihten **Tempel** (**C** [3]), von dem nur mehr die Fundamente erhalten sind.
Der Tempelbezirk reichte unmittelbar an den als monumentaler Klotz aus dem Felsen gehauenen **Brunnen**

Glauke [4] heran, dessen ehemals durch eine Säulenstellung geschmückte Fassade nach N zu der Straße nach Sikyon ausgerichtet war. Von der Säulenfront aus führten 4 Stufen zu dem eigentlichen Brunnenraum hinab, in dem sich das Wasser aus marmornen Wasserspeiern ergoß. Das Brunnenhaus enthält 4 Wasserreservoire, die von einer Quelle am Fuß von Akrokorinth gespeist wurden.

Vor den Westläden liegen die Fundamente verschiedener kleinerer **röm. Tempel** [5], die überwiegend nach O zur Agora orientiert sind. Der südlichste (**F**) wurde unter Kaiser Tiberius (14–37 n. Chr.) für die Göttin **Venus Fortuna** errichtet. Der zweite (**G**) war als **Pantheon** unter Kaiser Augustus (27 v. Chr. – 14 n. Chr.) allen Göttern geweiht worden. Den nächsten (**H**) errichtete man unter Commodus (180–192 n. Chr.) für **Poseidon**, gleichzeitig mit einem dem **Hercules** geweihten Tempel (**J**).

An ihn schloß sich ein kleiner **Rundbau** in korinthischer Ordnung zu Ehren des röm. Beamten **Babbius Philinus** [6] an, von dem Teile des Architravs mit der Weihinschrift hier zu sehen sind.

Dahinter liegen die Reste des **Tempels des Apollon Klarios** (so genannt nach dem berühmten Apollon-Heiligtum von Klaros an der W-Küste Kleinasiens), der als einziger nicht nach O, sondern nach S orientiert ist (**K**), und schließlich der **Tempel des Hermes** (**D**).

Diesen röm. Bauten gingen auf tieferem Niveau griech. Häuser und eine noch ältere Nekropole voraus.

Auf den Hermes-Tempel folgen nach O die **Nordwestläden** [7] aus dem 3. Jh. n. Chr. mit ihren teilweise gut erhaltenen Gewölben. Auch hier lag vor den Magazinräumen eine Säulenhalle. Dahinter wurden die Reste einer **älteren Halle** [8] ausgegraben.

Die Nordwestläden stießen an ihrem O-Ende auf ein 2stökkiges Gebäude [9], dessen Dach von 4 Barbarenstatuen (im Museum) getragen wurde. – Vor seiner SW-Ecke liegt die **Heilige Quelle** [10] aus dem 6. Jh. v. Chr., die mit einem

Orakel verbunden war. Mit ihr ist ein besonders charakteristisches Beispiel eines archaischen Brunnenhauses erhalten. Zur Agora hin zeigt der Bau eine Fassade mit einem dorischen Fries. An ihr vorbei führt eine Treppe zu der Brunnenkammer mit bronzenen Wasserspeiern (heute im Museum). – 10 m nördlich der Heiligen Quelle sind die Reste eines Orakelraums mit einem kleinen Rundaltar erhalten. Mit der Quelle ist er durch einen niedrigen Gang verbunden, der für die Orakelriten besondere Bedeutung gehabt haben muß.

Nach S erstreckte sich von hier aus ein weites Gelände, das im 5. Jh. v. Chr. als Hippodrom gedient hatte und das in röm. Zeit zum Mittelpunkt des öffentlichen Lebens der Stadt wurde. Der NW-Halle gegenüber bildeten hintereinander die **Zentralläden** [11] und die **Südstoa** [12] den architektonischen Rahmen der Anlage. Die 165 m lange Südstoa war in ionischer Ordnung bereits im 4. Jh. v. Chr. errichtet und kurz vor 146 v. Chr. erneuert worden. Hinter der 2schiffigen Säulenhalle lagen 12 m tiefe Gelasse, z. T. mit Brunnen, die von der Peirene (s. u.) gespeist wurden. Andere Räume scheinen zur Lagerung von Getreide gedient zu haben. Außerdem fanden sich hier Scherben von Weinkrügen und Trinkschalen sowie von Marmortischen, die bei der Eroberung im Jahre 146 v. Chr. zerstört worden waren. Vielleicht beherbergte man in diesem Gebäude Staatsgäste, die hier auch Bankette ausrichten konnten. Da in einem der Räume der Fußboden ein röm. Mosaik mit siegreichen Athleten und der Göttin Fortuna trägt, könnten hier die Agonotheten, die Schiedsrichter der Isthmischen Spiele, residiert haben.

Hinter der Südstoa erscheinen die Mauerzüge der **Kurie** [13], des unter Kaiser Claudius erbauten und unter Kaiser Hadrian erneuerten Rathauses (Kaiserstatuen im Museum).

Etwa 20 m vor der Mitte der Südstoa sind die Fundamente eines Podiums erhalten, das bei Versammlungen auf der

Agora als **Rednerbühne** gedient haben wird [14]. An dieses schlossen sich nach beiden Seiten die **Zentralläden** [11] an, in die im W ein kleines **Heiligtum des Dionysos** [15] eingeschoben war.

Am O-Ende der Anlage erhob sich die unter Kaiser Claudius (41–54 n.Chr.) errichtete und in christlicher Zeit in eine Kirche umgewandelte **Basilica Iulia** [16]. Im W der Basilika fanden sich unter dem röm. Niveau noch Reste des griech. Pflasters sowie der Startlinie [17] des Hippodroms.

An der Agora als dem zentralen Versammlungsort und Marktplatz endete die 2,5 km lange, durch Mauern geschützte **Straße** [18], die vom Hafen Lechaion zur Stadt führte und die in ihrem letzten Abschnitt von **Säulenhallen** gesäumt war. Ihren Abschluß bildete am N-Rand der Agora ein monumentales röm. **Tor** [19], das vergoldete Statuen des Sonnengottes Helios mit seinem Gespann und seines Sohnes Phaëton, des Gründers von Korinth, trug.

Östlich der Straßeneinmündung liegt der **Peirene-Brunnen** [20], dessen Wasser im Altertum als besonders gesund galt. Die architektonische Fassung der Quelle dürfte in ihrem Kern in die Zeit des Tyrannen Periander zurückreichen. In hellenist. Zeit wurde vor ihre Front eine zierliche ionische Kalksteinfassade gelegt, die man im 1. Jh n. Chr. mit Marmor verkleidete. Im 2. Jh. n. Chr. hat der einflußreiche Mäzen Herodes Atticus die ganze Anlage neu gestaltet. Von ihm stammen die 3 ehemals mit Marmor ausgekleideten Apsiden mit Ruhebänken. Statuen des Stifters, seiner Familie wie auch der kaiserlichen Familie schmückten den Bau.

An den Peirene-Brunnen grenzt nördlich ein offener **Säulenhof** [21] des 1. Jh. n. Chr., der dem Apollon geweiht war. Unter seinem W-Teil fanden sich die Fundamente eines kleinen **Tempels** (**A**) des 5. Jh. v. Chr. [22]. – Vor der NW-Ecke des Bezirks stand eine röm. **Latrine** [23], und noch weiter nördlich folgten die nach ihrem Stifter benannten **Bäder des Eurykles** [24] aus dem 1. Jh. n. Chr.

Korinth. Apollon-Tempel von Nordosten, im Hintergrund Akrokorinth

Auf der gegenüber liegenden Seite der Straße erheben sich eine halbrunde **Exedra** [25] und eine **Basilika** [26] des 1. Jh. n. Chr. Sie sind z. T. schon in den Hang des Hügels eingebettet, auf dem seit zweieinhalb Jahrtausenden die Säulen des Apollon-Tempels aufragen.
Der **Tempel des Apollon** [27] lag wie die Agora im Herzen der Stadt und ist einer der ältesten Bauten Griechenlands, von dem noch Teile aufrecht stehen. Von dem um die Mitte des 6. Jh. v. Chr. errichteten Säulenumgang blieb die südl. Ecke mit 7 monolithen Säulen erhalten, während die Gesamtanlage den in den Felsen gehauenen Bettungen der Fundamente abzulesen ist. Mit 6 × 15 Säulen war der Tempel, wie meist in archaischer Zeit, langgestreckt, und wie oft in dieser Zeit standen die Säulen an den Langseiten enger als an den Schmalseiten. Der Abstand der Anten vom Säulenumgang ist im W und im O gleich groß, wie sich auch

Pronaos und Opisthodom genau entsprechen. Eigentümlicherweise ist die Cella in 2 von verschiedenen Seiten aus zugängliche Räume geteilt, was vermutlich mit dem Doppelkult von Apollon und seiner Schwester Artemis zu erklären ist. Die Kultstatue der Artemis dürfte auf der großen Basis vor der Rückwand des kleineren Cellaraums gestanden haben. Von den beiden Celläräumen wurde der größere durch 2 Reihen mit je 4 vermutlich 2geschossigen Säulen in 3 Schiffe gegliedert, während in dem annähernd quadratischen Kultraum der Artemis 4 Säulen die Decke trugen.
Bei dem heutigen Zustand beeindrucken v. a. die 6 m hohen, gedrungenen, in sorgfältig abgestimmter Schwellung aufwachsenden dorischen Säulen mit ihren wuchtigen, breit ausladenden Kapitellen.
Der Tempel ersetzte einen um 570 v. Chr. ausgebrannten Vorläufer aus dem späten 8. Jh. v. Chr., eines der frühesten griech. Bauwerke, das weitgehend aus behauenen Steinen errichtet war. Der Tempel des 6. Jh. v. Chr. wurde 146 v. Chr. beschädigt und im 1. Jh. n. Chr. wiederhergestellt. Von dieser Erneuerung stammen die groben Putzschichten, während v. a. an der gestürzten Säule noch der feinere griech. Putz hervortritt. Der Tempel blieb heidnische Kultstätte, bis im späten 6. Jh. n. Chr. vor seiner NO-Ecke eine christliche Basilika errichtet wurde. Vor seiner N-Seite wurde eine bei der Neugestaltung des Heiligtums im 6. Jh. v. Chr. aufgelassene griech. Straße freigelegt. Außerdem kamen im Tempelbezirk Siedlungsspuren des 4. Jt. zutage.
Nördlich des Apollon-Tempels liegen an der Stelle **griech. Bäder** [28] und einer **Halle** des 5. Jh. v. Chr. [29] die Ruinen eines kleineren röm. Forums, des sog. **Nordmarkts** [30], der in byzantinischer Zeit erneuert wurde.
Außerhalb des zentralen Grabungsgeländes stößt man nördlich des Parkplatzes auf das um 100 n. Chr. erbaute **Odeion** [31], ein kleines, einst überdachtes, theaterartiges Konzertgebäude mit etwa 3000 Plätzen. 175 n. Chr. ließ Herodes Atticus auch diesen Bau restaurieren. Ein halbes

Jahrhundert später wurde er nochmals instand gesetzt und für Gladiatorenspiele hergerichtet. Nach dem Einfall der Goten (395 n. Chr.) hat man ihn aufgegeben.

Älter als das Odeion ist das unmittelbar benachbarte **Theater** [32], das bis in das 5. Jh. zurückreicht. An Ort und Stelle sind v. a. die Felsbettungen für die Zuschauerränge zu erkennen. Von einem Neubau unter Hadrian mit einem durch zahlreiche Nischen reich gegliederten Szenengebäude stammt ein Skulpturenfries (im Museum). Da das Theater in röm. Zeit auch Tierspielen diente, trennte man damals den Zuschauerraum von der Orchestra durch eine 3 m hohe Mauer ab. Wie das Odeion wurde auch das Theater 395 n. Chr. von den Goten zerstört und danach als Steinbruch ausgeschlachtet.

Etwa 400 m weiter nördlich verläuft die **Stadtmauer**. Noch innerhalb dieser nehmen hier die Ruinen des **Heiligtums des Asklepios** und der **Lerna-Brunnen** die Kuppe eines natürlichen Plateaus ein. Das Heiligtum bestand aus einem Säulenhof und einem kleineren Tempel mit 4 prostylen Säulen aus dem frühen 3. Jh. v. Chr. Ihm ging an derselben Stelle ein Bau des 6. Jh. v. Chr. voraus, der noch Apollon geweiht war. Dessen Kult und Funktion als Heilgott hatte Asklepios hier im Laufe des 4. Jh. v. Chr. übernommen.

Mehr als 1 km nordöstlich in Richtung auf den Isthmos vom Zentrum entfernt erreicht man die Ruinen des vermutlich im 2. Jh. n. Chr. errichteten **Amphitheaters**.

Südlich des Ortes führt der Weg nach Akrokorinth nahe an dem unterhalb eines türkischen Brunnens gelegenen **Heiligtum der Demeter und der Kore** vorbei, das bis in das 7. Jh. v. Chr. zurückreicht. 146 v. Chr. zerstört und im 1. Jh. v. Chr. unter Caesar erneuert, lebte es bis in das 4. Jh. n. Chr. weiter. Bei ihm lag auch der **Kerameikos**, das Töpferviertel der Stadt.

Museum [33]
Links vom Eingang ein röm. Relief mit der Wiedergabe des Kopfes der Athena Parthenos des Phidias.
1. Raum: Neolithische bis spätmykenische Funde aus Korinth und Umgebung.
2. Raum: Chronologischer Überblick über die v.a. in archaischer Zeit blühende Vasenmalerei Korinths. Als bezeichnende Beispiele korinthischer Großplastik ein Kuroskopf des frühen 5. Jh. v. Chr. und 3 Sphingen aus Marmor und Terrakotta des 6. Jh. v. Chr.
3. Raum: Funde aus röm., byzantinischer und fränkischer Zeit. Besonders die Porträts röm. Kaiser und röm. Kopien klassischer Meisterwerke sowie Statuen, die zur Ausstattung von Gebäuden gehörten, erweisen Korinth als ein auch unter röm. Herrschaft bedeutendes Kunstzentrum.
Andere röm. Skulpturen sind im *Hof* ausgestellt, u.a. auch der Fries des Theaters aus dem 2. Jh. n. Chr. mit Darstellungen des Kampfes der Griechen gegen die Amazonen, der Taten des Herakles und einer Gigantomachie.

Akrokorinth

Mit seiner charakteristischen Gestalt beherrscht der Burgberg, der auch einige der wichtigsten Heiligtümer der Stadt trug, die Landschaft.
Die weithin sichtbaren Festungsmauern stammen überwiegend aus Mittelalter und Neuzeit, doch sind an der Außenseite der Ringmauer Teile der antiken **Akropolismauer** erhalten, deren quadratisch oder polygonal behauene Blöcke sich deutlich von dem kleinteiligeren jüngeren Mauerwerk unterscheiden.
Im Innern des Areals liegt oberhalb der Moschee der Bereich des berühmten **Heiligtums der Aphrodite**, von dem einige Fundamentbettungen, Reste eines Torbaus und in einer frühchristlichen Basilika verbaute Architekturglieder erhalten blieben. Das Heiligtum war zeitweise Heimat von über 1000 von der Prostitution lebenden Priesterinnen, eine

Sitte, die gerne als ungriechisch-orientalisch apostrophiert wird.

Im SO des Burgareals fließt nahe der Ruine der ehem. türkischen Kommandantur ein **Brunnen**, der gleich dem in der Unterstadt **Peirene** hieß. Eine Treppe führt zu einer 2türigen Fassade, die von einem flachen Giebel überfangen wird. Dahinter folgt eine Halle, deren Wände aus hellenist. und deren Gewölbe aus röm. Zeit stammen. Der Sage nach war die Quelle ein Geschenk des Sonnengottes Helios an den korinthischen König Sisyphos.

Umgebung:

Von LECHAION (Λέχαιον), dem Hafen der Stadt am Golf F9
von Korinth, sind an der alten Straße nach Patras am Meeresufer nur wenige Mauerzüge sichtbar. Entsprechendes gilt für KENCHREAÍ (Κεχϱιαί), den Hafen Korinths am Saro- F9
nischen Golf.

S. auch Isthmos.

Korone D11

(Κοϱώνη – Messenien / Peloponnes)

Die heutige Stadt liegt an der Stelle des antiken ASINE, wo die Spartaner gegen Ende des 8. Jh. v. Chr. die Bewohner der von den Argivern vertriebenen gleichnamigen Stadt in der Argolis ansiedelten. Im Mittelalter übernahmen die Bewohner der 20 km entfernten Stadt Korone den Ort und gaben ihm den Namen ihrer Heimatstadt.

Die mittelalterliche Stadt- und Burgmauer enthält noch Teile der hellenist. Festung.

Umgebung:

4,8 km weiter nördlich wurde eine kaiserzeitliche **Villa** mit hervorragenden Mosaiken ausgegraben.
Die antike, von dem Böoter Epimelides 365 v. Chr. gegründete und nach dem böotischen Koroneia benannte Stadt
D11 KORONE entspricht dem heutigen Ort PETALIDION (Πεταλίδιον). Reste einer **Akropolis** finden sich oberhalb des Ortes.

D11 Nördlich des heutigen Korone wurden bei LONGA (Λογγά) das **Heiligtum des Apollon Korynthios** mit Resten eines dorischen Peripteros von 6×12 Säulen aus archaischer Zeit sowie Fundamente von 3 weiteren Tempeln und einem röm. Gästehaus mit Bankettsaal freigelegt.

EF6/7 Lamia

(Λαμία – Phthiotis / Mittelgriechenland)

Die anläßlich eines Erdbebens von 426 v. Chr. erstmals erwähnte Stadt wurde durch den »Lamischen Krieg« von 323/322 v. Chr. zum historischen Begriff, in dem nach Alexanders d. Gr. Tod Athen unter Demosthenes nochmals vergebens versuchte, die Vorherrschaft Makedoniens einzudämmen, das Lamia erfolglos belagerte.

Aus der Antike sind nur von der **Stadtbefestigung** wesentliche Teile erhalten, welche u. a. die Grundlage für die mittelalterliche **Burg** bilden. Dort enthält eine ehem. Kaserne aus der Zeit König Ottos eine reiche **Sammlung** bis in die Steinzeit zurückreichende Funde aus der Umgebung, v. a. Vasen, aber auch zahlreiche Terrakotten, Bronzen und Marmorskulpturen. Darunter ein hervorragendes spätklassisches Grabrelief und ein in seiner Ausführlichkeit eindrucksvolles hellenist. Weihrelief an Demeter. Eine Besonderheit stellt eine zusammen mit den zugehörigen Votiven gefundene spätarchaische Kultbank dar, in deren Oberseite eine spätarchaische Jünglingsstatuette eingelassen ist. Sie stammt aus dem Heiligtum des Apollon und der Artemis im antiken Hyampolis bei dem heutigen Ort Kalapodi ca. 50 km südwestlich von Lamia.

Lerna F10

(Λέρνα – Argolis / Peloponnes)

Lerna, heute MYLOI (Μύλοι), 10,5 km von Argos entfernt am Golf von Nauplion, ist der Schauplatz der Sage vom Kampf des Herakles gegen die vielköpfige Schlange am Lernäischen Sumpf.

Der mit einem Schutzbau umgebene **»Palast der Ziegel«**, um 2200 v. Chr., enthielt reichhaltige Funde aus der spätneolithischen bis frühhelladischen Epoche (ca. 4000–2000 v. Chr.). Die Dachziegel (nach ihnen der Name) bestehen aus Terrakotta und grünem Schiefer. Der Grundriß gibt 2 durch Zungenwände aufgeteilte und von langen Gängen flankierte Räume wieder. Viele Siegelabdrücke in Ton mit Schleifen, Spiralen, Swastiken, Mäandern, abstrakten Pflanzenformen. Durch Rollzylinder waren die Gefäße geschmückt. Die Funde befinden sich im Museum von Argos, u. a. ein prächtiger Zeremonialherd aus dem Vorgängerbau für gemeinsames kultisches Handeln, mit einer Herdhöhlung in Form der als Machtsymbol geltenden altorientalischen Doppelaxt (*labrys*). U. a. wurde eine kleine »Aphrodite«-Figur gefunden, noch jungsteinzeitlich, in perfekter Natürlichkeit.

Der Platz ging um 2200 v. Chr. durch Feuer nieder. Die Eroberer häuften die Schuttmassen zu einem Tumulus an und sicherten ihn durch einen Steinring.

F8 **Levadia**

(Λεβάδεια – Böotien / Mittelgriechenland)

Bodenfunde reichen hier bis in mykenische Zeit zurück. Im 5. Jh. v. Chr. gehörte die Stadt zu den wichtigsten Mitgliedern des Böotischen Bundes. Weltberühmt war sie wegen des Heiligtums des Trophonios. Dieser sagenhafte Baumeister des Apollon-Tempels in Delphi und des Schatzhauses des Königs Augias bei Olympia tötete, um einen Diebstahl zu verschleiern, seinen Bruder und verkroch sich dann hier in einer tiefen Höhle, wo er verstarb.
Das an dieser Stelle entstandene Heiligtum wurde u. a. von dem Lyderkönig Kroisos und von dem persischen General Mardonios befragt. Wer in die Orakelhöhle hinabsteigen wollte, verbrachte zunächst einige Tage im »Haus des guten Dämons« und des »guten Geschicks«. Es folgten genau festgelegte Reinigungsriten und Opfer sowie der Trank aus den »Quellen der Erinnerung und des Vergessens«. Man führte den Pilger dann zu einem sagenhaften, angeblich von dem Künstlerheros Daidalos gefertigten Kultbild und danach zu der Orakelstätte auf einer künstlichen Terrasse an der W-Seite der Herkyna-Schlucht. Hier kroch er durch ein enges Loch in einen in der Antike mit einer Bratpfanne verglichenen künstlichen Schlund, wo er von einem Strudel von Menschen ergriffen wurde. Der Zurückgekehrte wurde dann auf den »Thron des Erinnerns« gesetzt und von den Priestern ausgefragt. Im »Haus des guten Dämons« verbrachte er dann noch einige Tage im Dämmerzustand. Eine sprichwörtliche Redewendung besagte, wer in das Orakel des Trophonios hinabgestiegen sei, habe das Lachen verlernt.

Die antike Stadt lag entweder auf dem isolierten Hügel von Trypeo Lithari 2 km nördlich oder auf dem Gelände der heutigen. Mächtige Fundamente und verschiedene, teils unfertige Bauglieder sind auf der Bergkuppe Ag. Elias westlich des Burgbergs zu finden.
Am Ausgang der Herkyna-Schlucht unterhalb der mittelalterlichen Burg aus der Katalanenzeit entspringen einige starke Quellen, die mit den »Quellen der Erinnerung und des Vergessens« identifiziert werden. Nischen in der Fels-

wand und in einem kleinen Stollen dienten der Aufnahme von Weihgeschenken an Trophonios.

Umgebung:

Am S-Rand des (trocken liegenden) Kopaïs-Sees finden sich 4 km nördlich des Dorfes KORONEIA (Κορώνεια; früher F8 Kutumala) 2 km östlich der Kirche Ag. Giorgios bei einem mittelalterlichen Wachturm Reste der **Ringmauer** der antiken Stadt; bei ihr feierte man die Panboiotia, das Stammesfest aller Böoter. Bei der Stadt wurden 447 v. Chr. die Athener geschlagen, die sich daraufhin aus Böotien zurückziehen mußten.

S. auch Chaironeia.

Levkadia E3

(Λευκάδια – Imathia / Makedonien)

An der Straße Nausa–Chariessa wurden bedeutende **Kammergräber** freigelegt, v. a. ein frühhellenist. **Fürstengrab**, dessen gewölbte Grabkammer ein künstlicher Hügel bedeckte, so daß nur seine Front sichtbar blieb. Die Fassade ist in 2 Geschosse in dorischer und in ionischer Ordnung gegliedert. Neben verschiedenen gemalten Friesen mit einem Kampf der Griechen gegen die Kentauren und einer Schlacht mit den Persern sind besonders bemerkenswert die Darstellungen der Totenrichter Rhadamanthus und Aiakos sowie eines Hermes als Seelengeleiter, da sie uns eine Vorstellung von der großformatigen griech. Tafelmalerei vermitteln.

In der Nähe wurden die Grundmauern eines spätantiken Gebäudes mit Mosaiken festgestellt.

F7 **Lilaia**

(Λίλαια – Phokis / Mittelgriechenland)

Die Stadt hatte der Sage nach ihren Namen nach der Tochter des Gottes des Flusses Kephisos, an dessen Hauptquelle sie liegt. Im Heiligen Krieg (356–346) und nochmals nach der Schlacht von Chaironeia (338 v. Chr.) zerstört, erstarkte sie bald wieder und stand bis in das 2. Jh. n. Chr. in Blüte.

Auf dem steil abfallenden Gebirgszug südöstlich von Lilaia (früher Kato Agorini) lag die Akropolis, von der die teilweise gut erhaltene **Stadtmauer** stufenweise zur Ebene herabführt.

Das berühmte **Heiligtum** mit den Quellkammern des Kephisos liegt 30 Minuten weiter östlich (bei der Kirche Ag. Christophoros) auf einer aus dem Felsen gehauenen Terrasse (heute Kefalovrisi).

E9 **Lusoi**

(Λουσοί – Achaia / Peloponnes)

Im Heiligtum von Lusoi soll der Seher Melampus die von Dionysos oder Hera mit Wahnsinn bestraften Töchter des argivischen Königs Proitos entsühnt und damit von ihrer Krankheit befreit haben. Seiner Quelle wurde die Kraft zugeschrieben, Abscheu vor Wein zu wecken. Die Funde im Heiligtum, das v. a. in archaischer, aber noch in röm. Zeit in Blüte stand, gehen bis in das 8. Jh. v. Chr. zurück.

Die Mauern des **Heiligtums der Artemis Hemerasia** (der besänftigenden Artemis) liegen auf einer steilen Bergnase südlich des heutigen Ortes. Erhalten blieben v. a. die Fundamente eines im 4. oder 3. Jh. v. Chr. erbauten Tempels und einige seiner Bauglieder. – Im Tal am Fuß des Berges wurden spätantike **Häuser** ausgegraben.

Lykosura

E10

(Λυκόσουρα – Arkadien / Peloponnes)

Die Stadt beanspruchte, die älteste der Welt zu sein. Ihre Bewohner wurden bei der Gründung von Megalopolis, im Gegensatz zu den Bewohnern anderer Landstädte der Region, vom Sitz der Artemis Despoina nicht umgesiedelt, doch gehörte der Ort fortan zu dessen Stadtgebiet.

Das **Heiligtum der Artemis Despoina** (›Herrin‹) ist ein kleiner Bezirk auf einer künstlichen Terrasse am Abhang des Berges. Die Cella des **Tempels** am Ende dieser Terrasse stammt offensichtlich noch aus dem 4. Jh. v. Chr., wurde im 2. Jh. v. Chr. umgebaut und erhielt eine marmorne Vorhalle. Gleichzeitig schuf der Bildhauer Damophon von Messene eine neue Kultbildgruppe (Fragmente im Nationalmuseum in Athen und in dem kleinen Museum am Ort), die thronend die Gottheiten Demeter und Despoina zeigte, neben denen die Statuen der Artemis und des Titanen Anytos standen. Tempel und Kultbild wurden im 2. Jh. n. Chr. erneuert. Den Bezirk vor dem Tempel mit seinen Altären schirmte zum Tal hin eine lange, wohl im 2. Jh. v. Chr. errichtete Halle ab. Auf der Hangseite waren Stufen angelegt, von denen aus die Besucher an den Opferriten teilhaben konnten.

Oberhalb des Heiligtums standen ein großer **Altar** der Despoina und die Heiligtümer anderer Gottheiten. Unterhalb lagen **röm. Thermen**.

Jenseits des Museums wurden ein **Brunnenhaus** und eine **Zisterne** ausgegraben.

E9 **Mantineia**

(Μαντίνεια – Arkadien / Peloponnes)

Als Mantineier bezeichneten sich die Bewohner der ostarkadischen Hochebene, die einen Stammesverband mit 5 Gemeinden bildeten. 464–459 v. Chr. gründeten diese gemeinsam eine Stadt, deren Expansionsdrang sie in Gegensatz zu Sparta brachte. 421 v. Chr. schloß Mantineia mit Athen, Argos und Elis ein Bündnis gegen Sparta. 418 v. Chr. endete die Schlacht von Mantineia mit dem Sieg der Spartaner unter König Agis. 381 v. Chr. erzwangen diese nach der Einnahme von Mantineia die Aufgabe der Stadt und die Rückkehr ihrer Bewohner in ihre ehemaligen Dörfer. Nachdem die Spartaner in der Schlacht von Leuktra unterlegen waren, konnte die Stadt 370 v. Chr. neu gegründet werden, war aber in der Folge immer wieder heftig umkämpft. Als ihre Einwohner 226 v. Chr. achäische Kolonisten getötet hatten, eroberte der Makedonenkönig Antigonos Doson 223 die Stadt und ließ ihre gesamte Bevölkerung niedermachen oder in die Sklaverei verkaufen. Als »ANTIGONEIA« neu besiedelt, wurde sie dann Mitglied des Achäischen Bundes. Der alte Name blieb indessen weiter in Gebrauch und wurde Mantineia von Kaiser Hadrian offiziell zurückgegeben. Die Stadt scheint bis in die röm. Kaiserzeit in Blüte gestanden zu haben und erst im frühen Mittelalter von ihren Bewohnern verlassen worden zu sein, die sich während des Slaweneinbruchs nach Messenien zurückzogen. Dort lebt ihr Name in dem der zwei Dörfer Mandinia südöstlich von Kalamata weiter.

Die Anlage der Stadt geht im wesentlichen auf die Neugründung von 370 v. Chr. zurück, die möglicherweise derselbe Stadtplaner konzipierte, der die Neugründung von Messene leitete. Eine 4 km lange, mehr als 4 m dicke, 2schalige, in relativ dichten Abständen durch Türme verstärkte **Mauer**, die stellenweise noch 1–2 m hoch erhalten ist, umschließt, nur leicht dem Gelände angepaßt, ein annähernd regelmäßiges Oval. Die Anlage der Stadttore läßt auf ein rechtwinkliges Rastersystem der Straßen schließen.
Annähernd im Zentrum der Stadt erhebt sich die ansehn-

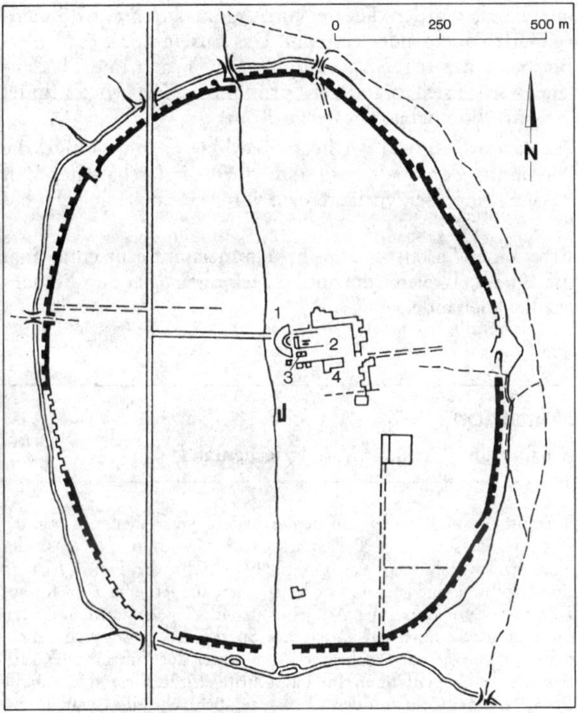

1 Theater 2 Agora 3 Hera-Tempel 4 Buleuterion

Mantineia. Antike Stadt. Übersichtsplan

lichste Ruine, das **Theater** [1], dessen Zuschauerränge auf eine flache Anschüttung gesetzt waren. Sein Halbrund öffnete sich zur **Agora** [2] hin. Erst bei einer Erneuerung, die möglicherweise mit der Katastrophe von 223 v. Chr. zusammenhängt, wurden Theater und Agora durch ein Bühnengebäude voneinander getrennt. Das Ensemble ist ein frühes Beispiel einer engen Verbindung von Theater und Platzanlage, wie sie sich in anderer Form in röm. Zeit wiederfindet (vgl. das Pompeius-Theater in Rom).

750 m nördlich trug der heute Gardiki genannte Hügel die **Akropolis** der Stadt. Auf ihm dürfte in archaischer Zeit **Ptolis**, einer der Vorläuferorte von Mantineia, gelegen haben.

Etwa eine Viertelstunde von Mantineia entfernt entspringt die Quelle Tripichi, die antike **Melangeia**, bei den Mauern antiker Gebäude.

H8 **Marathon**

(Μαραθών – Attika / Mittelgriechenland)

Vermutlich auf Rat des von den Athenern vertriebenen Tyrannen Hippias, dessen Vater Peisistratos von Marathon aus einst der Staatsstreich gelungen war, gingen 490 v. Chr. die Perser hier an Land, stellten ihr Heer auf und versuchten, die Athener zum Kampf zu reizen. Nur durch das Aufgebot der Platäer verstärkt, warteten diese zunächst noch auf Zuzug aus Sparta. Als dieser sich verzögerte, gingen sie nach mehreren Tagen unter der Führung des Miltiades zum Angriff über. Im Laufschritt stürzten sie sich auf die Perser, die das Zentrum der athenischen Schlachtreihe zwar durchbrechen konnten, von den siegreichen griech. Flügeln aber ins Meer getrieben wurden und sich nur unter Verlust von 7 Schiffen auf die See retten konnten. Die Perser gedachten dann, Kap Sunion umfahrend, das seiner Verteidiger weitgehend entblößte Athen anzugreifen. Die Athener kehrten jedoch im Eilmarsch – der berühmte, bei seiner Ankunft tot zusammenbrechende »Marathonläufer« war vorausgeschickt worden – zu ihrer Stadt zurück und lagerten am Kynosarges. Die persische Flotte ging daraufhin nur kurz bei Phaleron vor Anker und fuhr nach Asien zurück.

Südlich des heutigen Ortes erhebt sich der 490 v.Chr. aufgeschüttete **Grabhügel** für die damals gefallenen **Athener**. Die Kriegerstele neben dem Hügel ist die moderne Nachbildung einer 500 v. Chr. in Athen entstandenen. – 3 km westlich erhebt sich nahe dem Museum der **Grabhügel der Platäer**.

Im Talgrund nordwestlich des Museums erstreckte sich das **Gut** des reichen Mäzens **Herodes Atticus**. Erhalten sind Teile der Umfassungsmauer und eines ehemals mit Statuen geschmückten Prunktors aus dem 2.Jh. n.Chr. (jetzt im Museum). – Etwa 800 m südöstlich des Museums wurde nahe der Asphaltstraße bei der Kapelle des Ag. Dimitrios das **Heiligtum des Herakles** festgestellt, bei dem die Athener vor der Schlacht lagerten.

Umgebung:

An der Straße zum Stausee hat man unterhalb des Burgbergs von **OINOE** eine seit prähistorischer Zeit als Kultplatz H8 dienende **Grotte** entdeckt, die in historischer Zeit Pan und den Nymphen heilig war. Von Pan berichtet Herodot, er habe auf seiten der Athener in die Schlacht eingegriffen.

Megalopolis E10

(Μεγαλόπολις – Arkadien / Peloponnes)

Die »Große Stadt« wurde 367 v. Chr. unter Anleitung und auf Drängen der Thebaner gegründet, wobei man mehrere kleinere Städte und Dörfer zusammenfaßte, um so militärischem Druck besser standhalten und sich auch politisch besser gegen Sparta behaupten zu können. Das viel zu groß angelegte Stadtgebiet wurde allerdings nie wirklich mit Einwohnern gefüllt. Bei den Unruhen des 4. bis 2. Jh. v. Chr. war die Stadt immer wieder umkämpft. 223 v. Chr. wurde sie von den Spartanern eingenommen und geplündert, dann

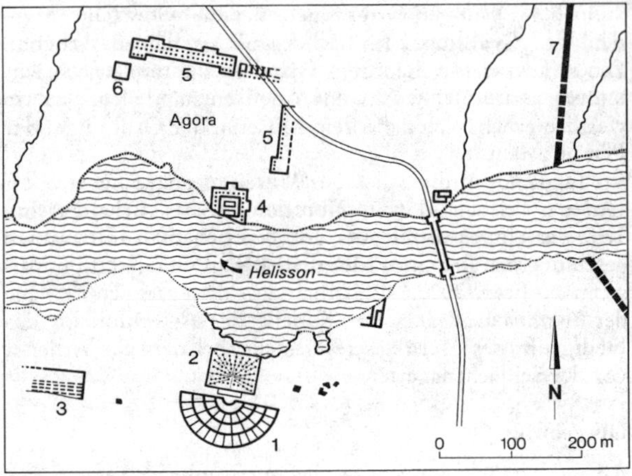

1 Theater 2 Thersileion 3 Stadion 4 Zeus-Heiligtum 5 Hallen
6 Buleuterion 7 Antike Stadtmauer

Megalopolis. Antike Stadt. Übersichtsplan

aber gleich wieder aufgebaut. Offenbar erst in der Spätantike (letzte Erwähnung 457 n. Chr.) oder im Mittelalter wurde sie verlassen.

Etwa 1 km nördlich des Zentrums durchschneidet die Straße nach Andritsaina das antike Stadtgebiet. Schon von der Straße aus sind die Ränge des **Theaters** [1] zu erkennen, das zu den größten Griechenlands zählt und bis zu 20 000 Zuschauer fassen konnte. Sein Bau muß bald nach der Gründung der Stadt in Angriff genommen worden sein; um die Mitte des 4. Jh. v. Chr. war er bereits vollendet. Er diente in erster Linie nicht für Theateraufführungen, sondern als Versammlungsstätte des Bundes der Arkader, der nach 371 als Gegengewicht gegen Sparta gegründeten Vereinigung der Städte Arkadiens. Daher hatte das Theater keinen festen Bühnenbau. Bei szenischen Aufführungen wurde die Bühne

vielmehr auf Schienen aus einer an die Orchestra grenzenden Halle gezogen. Erst nachdem 223 v. Chr. das angrenzende Thersileion zerstört worden war, errichtete man ein steinernes Bühnenhaus, dessen Podium von 14 Säulen getragen wurde.
Wie in Mantineia das Theater unmittelbar mit der Agora verbunden war, grenzte es hier an einen in seinen Fundamenten erhaltenen Versammlungsraum, das **Thersileion** [2]. Dieses nach seinem Stifter Thersilos benannte Gebäude ist eines der charakteristischsten Beispiele der Gattung griech. Versammlungsräume, die allerdings selten in so großen Dimensionen angelegt waren. Der bald nach Gründung der Stadt als Tagungsstätte des Arkadischen Rates, der Vertreter der Städte des Arkadischen Bundes, erbaute und 223 v. Chr. zerstörte Saal konnte bis zu 10 000 Besucher fassen und von allen 4 Seiten aus betreten werden. Die dem Theater zugewandte Seite war jedoch durch eine Halle mit 14 dorischen Säulen an der Front hervorgehoben. In der Mitte des Hauptraums erhob sich die Rednerbühne. Die 67 Säulen, die das Dach trugen, waren nicht wie in Eleusis in immer gleichen Abständen, sondern radial so ausgerichtet, daß sie den Blick auf die Rednerbühne nicht verstellten.

Jenseits des Helisson-Baches liegen unmittelbar an dessen N-Ufer die Mauern des **Zeus-Heiligtums** [4] am Rande der **Agora**. An deren O- und N-Seite wurden im 4. und 3. Jh. v. Chr. lange **Hallen** errichtet [5].

Megara G9

(Μέγαρα – Attika / Mittelgriechenland)

Die Megaris, die Landbrücke zwischen dem griech. Festland und der Peloponnes, war urspr. von Ioniern besiedelt, die im Zuge der Dorischen Wanderung von hier verdrängt wurden. Als Hauptstadt

der Region erlebte Megara seine größte Blüte in archaischer Zeit. Eine ganze Reihe von Kolonien (z. B. Selinunt auf Sizilien, Chalzedon in Kleinasien, Byzanz am Bosporus) ging von hier aus. Das 6. Jh. v. Chr. war aber auch erfüllt von inneren Gegensätzen. Tyrannis, Aristokratie und Demokratie wechselten einander ab. Nach außen festigte ein Sieg über Korinth, der vielleicht Anlaß zur Stiftung eines Schatzhauses in Olympia war, die Stellung der Stadt.
Die wachsende Macht seiner Nachbarn Athen und Korinth brachte Megara dann immer wieder in Bedrängnis. Zwischen beiden wechselte es mehrfach die Seiten. Die Sperrung attischer Märkte für megarische Waren war einer der Anlässe für den Ausbruch des Peloponnesischen Krieges.
86 v. Chr. diente Megara dem röm. Feldherrn Sulla als Stützpunkt bei der Belagerung von Athen. In den Bürgerkriegen stand die Stadt dann auf der Seite des Pompeius und wurde von Caesars Feldherrn Calenus eingenommen und zerstört. In der Kaiserzeit ist Megara über den Rang einer einfachen Landstadt nie mehr hinausgekommen.

Die antike Stadt lag an der Stelle der heutigen und umfaßte die beiden Akropolen Karia und die etwas höhere Alkathoos, wo nahe der mittelalterlichen Hypante-Kapelle die Fundamente eines wohl der Athena geweihten **Tempels** ausgegraben wurden. – Auf dem Sattel zwischen den beiden Akropolen liegt an der modernen Hauptstraße ein **Brunnenhaus** des frühen 5. Jh. v. Chr. mit einem Raum für Schöpfstellen und einem Wasserreservoir, dessen Decke von 35 Pfeilern getragen wurde. Wegen ihrer ausgeklügelten und exakten Konstruktion hat man die Anlage dem megarischen Architekten Eupalinos zugeschrieben, der 3 Jahrzehnte zuvor die berühmte Wasserleitung von Samos entworfen hatte.

Umgebung:

G9 Mit seinem Hafenort NISAIA, wohl das »Paleokastro« am Ende der Straße nach Pachi nordwestlich des Ortes (mit einem venezianischen Wachturm) oder nördlich von Pachi der Hügel Ag. Giorgos, war Megara durch eine Mauer verbunden.

Am S-Rand der Ebene von Megara ist die **Kaki Skala** (›schlechte Treppe‹) wohl der Skironische Felsen, von dem Theseus den Wegelagerer Skiron ins Meer stürzte. – Über dem Steinbruch westlich der Autobahn liegen hier auf einer Terrasse die Mauern eines **Rundbaus**, vermutlich eines Heroons.

Auf der Hochebene nördlich von Megara steht bei **Vathi-** G8
choria ein 12 m hoher klassischer **Rundturm**, der gleich anderen in dieser Region erhaltenen Türmen als Wachstation gedient haben mag.

Etwa 20 km nordwestlich von Megara erreicht man die bereits am Golf von Korinth gelegene Grenzfestung **Aigo-** G8
sthena (Αἰγόσθενα) aus dem 4. Jh. v. Chr. mit ihren wohlgefügten, noch bis zu 14 m aufragenden **Türmen**.

Messene D10

(Μεσσήνη – Messenien / Peloponnes)

Auf der natürlichen Akropolis, dem steil aufragenden Berg Ithome, hatten sich im 3. Messenischen Krieg die von den Spartanern unterdrückten einheimischen Leibeigenen, die Heloten, 464–454 v. Chr. gehalten und erst unter der Zusicherung freien Geleits aufgegeben. Nach der Befreiung Messeniens durch Epameinondas wurde hier 369 v. Chr. die neue Hauptstadt gegründet.
Die Ruinen des antiken Messene liegen ca. 20 km nördlich des Ortes, der heute diesen Namen führt.

Die **Akropolis** mit älteren Befestigungen (des 5. Jh. v. Chr.?) trug das **Heiligtum des Zeus Ithomatas**, von dem bei dem Kloster des 16. Jh. Reste erhalten sind, während die Fundamente eines kleinen ionischen **Tempels der Artemis Laphria** unterhalb des Gipfels zu finden sind.
Von der aus regelmäßigen Quadern errichteten, über 9 km langen **Stadtmauer**, hinter der in Kriegszeiten die ganze

Bevölkerung Messeniens samt ihrem Vieh Zuflucht finden konnte, ist v.a. der N-Teil bei dem Arkadischen Tor gut erhalten. Die Mauer stammt möglicherweise nicht aus den Jahren der Stadtgründung, sondern erst von einer hellenist. Erneuerung, da sie bereits die Belagerung mit schweren Katapulten einplant, wie sie erst im späten 4. Jh. v. Chr. entwikkelt wurden. V. a. in offenerem Gelände wird die Anlage durch zahlreiche Türme gesichert. Die Mauern sind 2schalig gebaut; der Zwischenraum ist mit Bruchstein gefüllt. Sie waren von einem zinnenbekrönten Wehrgang abgeschlossen. Die meist 2geschossigen Türme tragen Plattformen für Katapulte.

Die Straße nach N verläßt das Stadtgebiet durch das **Arkadische Tor**, eines der stärksten und am besten erhaltenen Griechenlands. Von außen beschirmen 2 Türme den Durchgang. Hinter ihnen liegt ein 20 m großer, runder Vorplatz mit Nischen für Weihreliefs. Erst dann folgt das eigentliche Tor, vor dem der Angreifer von allen Seiten dem Beschuß ausgesetzt war.

Im heutigen **MAVROMMATION** (Μαυρόμματιον) entspricht die Dorfquelle der antiken Klepshydra, der Quellengrotte, in der die Nymphen Zeus nach seiner Geburt vor seinem Vater Kronos versteckten.

Südwestlich hiervon erreicht man – an den Resten des **Theaters** und anderer mitunter recht stattlicher aber noch nicht untersuchter Anlagen vorbei – das **Gymnasium** und südlich angrenzend das

Heiligtum des Asklepios, das einen besonders umfassenden Eindruck von der einheitlichen Anlage eines hellenist. Heiligtums gibt. Der zentrale Tempel war hier auf allen 4 Seiten von Hallen umgeben. Dabei sind die verschiedenen Kultstätten nicht wie bei einem historisch gewachsenen Heiligtum einander frei zugeordnet, sondern konsequent und planmäßig organisiert.

Eingang in das Heiligtum gewähren eine stattliche Treppen-

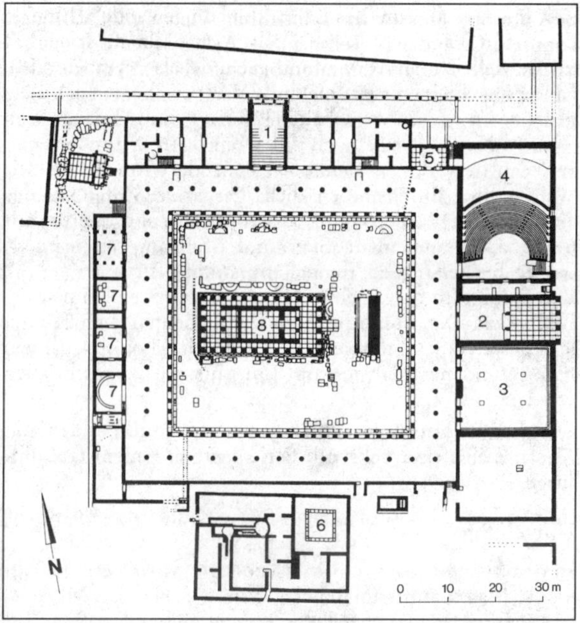

1 Treppe zum Gymnasium	4 Ratssaal (?)	6 Prytaneion (?)
2 Torbau	5 Ehem. Brunnenhaus, Raum für den röm. Kaiserkult	7 Kulträume
3 Halle		8 Asklepios-Tempel

Messene. Asklepios-Heiligtum. Grundriß

anlage [1] von N und ein Torbau [2] im O, dem sich nach S eine größere Halle [3] anschließt und nach N ein Saal mit theaterartig ansteigenden Sitzreihen, in dem vielleicht der Rat der Stadt tagte [4]. In dem allseitig von Säulenhallen eingefaßten Hof wurde im NO ein Brunnenhaus [5] in röm.

Zeit in ein Heiligtum des Kaiserkults umgewandelt. Eine an die S-Seite angeschlossene Anlage mit einem Innenhof diente vielleicht als Verwaltungsgebäude, als Prytaneion [6]. Eine Folge kleinerer Räume im W war verschiedenen untergeordneten Kulten vorbehalten [7]. Kult- und Weihestatuen wurden hier teilweise noch mit ihren Basen gefunden.
Im Zentrum des Säulenhofes steht der von Basen für Weihe- und Ehrenstatuen dicht gesäumte Stufenbau des **Tempels des Asklepios** [8], ein dorischer Peripteros mit 6×12 Säulen und einem Altar vor der Eingangsrampe im O, dessen Breite auf den Tempel abgestimmt ist.
Das Heiligtum barg mehrere Skulpturen des einheimischen Bildhauers Damophon, der zu den bedeutendsten Künstlern des 2. Jh. v. Chr. gerechnet wurde. Ihm konnte auch ein hier gefundener Marmorkopf (im Museum) zugeschrieben werden.

Das lokale **Museum** enthält unter anderen Funden aus Messene eine eindrucksvolle Serie weiterer hellenist. Skulpturen.

Umgebung:

In der Ebene östlich von Messene steht die malerische türkische **Mavrozumeno-Brücke**, 2 km westlich von MELIGALAS (Μελιγαλᾶς), auf hellenist. Pfeilern. E 10

D 11

Methone

(Μεθώνη – Messenien / Peloponnes)

Die Stadt liegt an der Stelle des schon von Homer genannten PEDASOS. Die bis 620 v. Chr. selbständige, dann von Sparta unterworfene, 431 v. Chr. von den Athenern erfolglos belagerte und 370 v. Chr. befreite Stadt wurde von Marc Anton (32–31 v. Chr.) stark befestigt, aber noch vor der Schlacht von Actium von Agrippa eingenommen.

Antike Quadern findet man allenthalben in der venezianischen Festung verbaut, doch lag die antike Akropolis 2 km weiter östlich.
Von den zahlreichen antiken und nachantiken Wracks, die bei dem Kap auf dem Meeresgrund liegen, sind erst wenige untersucht (Funde im Museum von Pylos).

Mykene

F9

(Μυκῆναι – Argolis / Peloponnes)

Homer erzählt, hier habe das Geschlecht des Agamemnon residiert. Agamemnon stamme von Pelops (daraus *Pelopo-nysos* = Insel des Pelops) ab. Die Söhne von Pelops, Atreus und Thyestes, hätten sich entzweit, Atreus habe die Söhne seines Bruders töten lassen, und seither liege der Fluch der Götter auf dem Haus. Atreus besaß 2 Söhne, Agamemnon und jenen Menelaos, dessen schöne Frau Helena der Prinz Paris nach Troja entführte, worauf ganz Griechenland zum Rachefeldzug unter Agamemnons Führung aufgeboten wurde. Um günstigen Fahrwind zu erhalten, opferte Agamemnon in Aulis seine Tochter Iphigenie. Ihren Tod aber rächte die Mutter Klytaimnestra, als Agamemnon nach zehnjährigem Krieg heimkehrte. Mit Hilfe ihres Liebhabers Aigisthos erschlug sie ihn im Bad. Ihr Sohn Orestes vollzog an seiner eigenen Mutter und Aigisthos die tödliche Sühne dafür. Von den Erinnyen, den Rachegeistern, verfolgt, fiel er in Wahnsinn, wiewohl ihn die Götter von Schuld freigesprochen hatten. Aischylos gestaltete 458 v. Chr. diesen Mythos in seiner »Orestie«. Der »Trojanische Krieg« wird heute als historischer Vorgang im späten 13. Jh. v. Chr. vermutet.
In der letzten Epoche des Neolithikums, um 3000–2700 v. Chr., war der Akropolis-Hügel von Mykene, der Sage nach eine von Perseus, Sohn des Zeus, veranlaßte Gründung, bereits besiedelt. Bis ca. 1600 war Mykene zu einer bedeutenden Siedlung herangewachsen; enge Verbindung bestand zum minoischen Kreta.
Um ca. 1350 wird die Bergburg wie in Tiryns vergrößert und durch eine kyklopische Mauer geschützt. Um jene Zeit ist Mykene das bedeutendste Reich der griechischen Achäer. Um 1200 wurden die

zweimal erweiterten Anlagen durch eine Katastrophe unbekannter Ursache zerstört, um 1100 die Neubauten abermals. In den Ruinen bildete sich eine kleine Siedlung, die um 460–450 v. Chr. von den Argivern eingenommen, vernichtet und danach, in der 1. Hälfte des 3. Jh. v. Chr., neu errichtet wurde.
Das im 2. Jh. n. Chr. vom Reiseschriftsteller Pausanias als Ruinenstätte beschriebene Mykene hat Schliemann 1874–76 ausgegraben. Sein Werk führten Stamatakis, Tsountas, die Britische Archäologische Schule in Athen und die Griechische Archäologische Gesellschaft weiter.

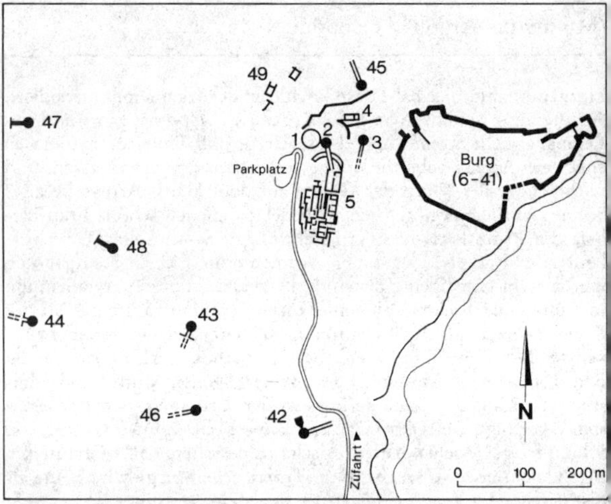

1 Schachtgräberrund B
2 »Klytaimnestra-Grab«
3 »Aigisthos-Grab«
4 Perseia-Quelle
5 Häuser der Siedlung
42 »Schatzhaus des Atreus«
43 Tholos-Grab von »Epano Phurnos«
44 »Kyklopen-Grab«
45 »Löwengrab«
46 »Panagia-Grab«
47 »Kato-Phurnos-Grab«
48 »Genien-Grab«
49 Mykenische Häuser

Mykene. Umgebung der Burg. Übersichtsplan (6–41 s. S. 262)

Mykene. Burg. Löwentor

Beim Parkplatz vor der Burg liegt das im 17. Jh. v. Chr. entstandene **Schachtgräberrund B** [1] (28 m Durchmesser) mit 24 Gräbern, von denen 14 königliche Schachtgräber, die übrigen Kistengräber waren; in das Rund greift das sog. **Klytaimnestra-Grab** [2] ein, eine gegen 1200 v. Chr. errichtete Tholos von 13 m lichter Höhe und 13,50 m Durchmesser mit Gräbern der Königsfamilie und einem 37 m langen Dromos. Am Hügelabhang sind die Einschnitte einer Stufenreihe des hellenistischen **Theaters** zu erkennen, mit dem das »Klytaimnestra-Grab« überbaut worden war. Einige Schritte entfernt davon liegt das schlecht erhaltene sog.

Kuppelgrab des Aigisthos [3] (zwischen ca. 1510 und 1460). Am Weg zur Burg hinauf die Reste eines hellenist. Brunnens, der **Perseia-Quelle** [4], südlich davon ein 20 m langes Mauerstück. Südlich vom Schachtgräberrund B liegen 4 **Häuser** [5] der unbefestigten Siedlung, die mit der Burg durch Wege verbunden war.

Den Eingang zur **Burg** bildet das berühmte **Löwentor** [6] (um 1250 v. Chr.) aus 4 riesigen Monolithen: dem (geborstenen) Schwellstein, den beiden 3,10 m hohen Türpfosten und dem Türsturz, über dem ein 4,50 m breiter Reliefstein das Entlastungsdreieck in der Mauer füllt. Das 2,70 m hohe Relief zweier Löwen oder Löwinnen (ihre vermutlich aus Steatit gefertigten Köpfe sind abgegangen) ist die erste monumentale Steinskulptur der griech. Kunst. Die Vorderpranken stützen diese heraldischen Tiere auf zwei Altäre, die eine Säule tragen. Das Tor wurde durch eine 2flügelige, mit Kupferplatten belegte Holztür geschlossen und durch Querriegel (vgl. das Loch im rechten Türpfosten) gesichert. Auf der Schwelle Spuren von Wasserabflüssen aus hellenist. Zeit. Das Tor war der Hauptzugang zur Burg; mit dem anschließenden Turm ist es aus Konglomeratquadern in fast regelmäßiger Art erbaut, wie sonst nirgends bei kyklopischen Mauern üblich. Die Achäer hatten von den Kretern gelernt, große Quadern mit der damals längst bekannten Steinsäge in Form zu schneiden. Das Tor ist eine glänzend ausgedachte Verteidigungsanlage, nicht allein des 3seitig geschlossenen Vorplatzes wegen: Durch den weit vorspringenden seitlichen Turm war der Angreifer gezwungen, dem Verteidiger seine schildlose rechte Seite darzubieten. So konnte er von oben leicht beschossen werden. – Auf das Tor folgt ein ehemals überdachter Hof; in der Mauer links eine Eintiefung, die als Pförtner- und Wachraum oder als Kultnische für eine Torgottheit gedeutet wird. Oberhalb des Tores, links, Kellerreste vermutlich der **Garnison** [6a]. Dann rechts eine Gebäuderuine, in der sich Vorratskrüge (*pithoi*)

mit angebrannten Getreidekörnern fanden. Es diente wohl als **Kornlager** oder Haus der Wachen [7].
Südlich davon liegt das große **Schachtgräberrund A** [8], in dem Schliemann die Grabstätten von Agamemnon und 4

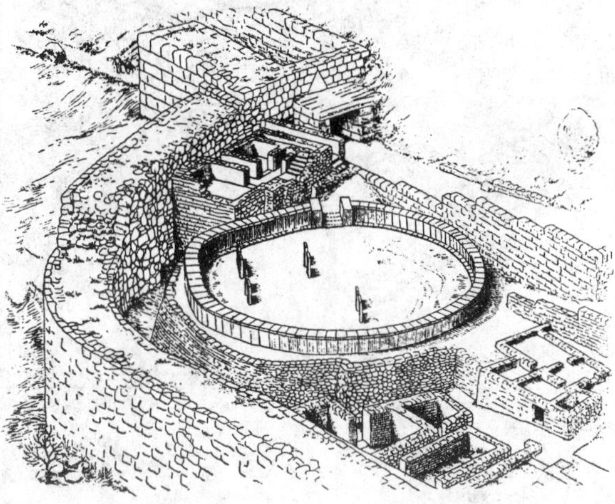

Mykene. Schachtgräberrund A und zweite Burgmauer

seiner Gefährten gefunden zu haben glaubte. Sie sind zwischen ca. 1550 und 1450 v. Chr. angelegt worden (der Trojanische Krieg fand aber später, wohl im ausgehenden 13. Jh., statt). Ein 6. Grab deckte Stamatakis auf. Gefunden wurden die Skelette von vermutlich 13 Männern (5 davon mit Goldmasken), 4 Frauen (mit Goldschmuck) und 2 Kindern. Der ganze Goldfund befindet sich im Athener Nationalmuseum. Marinatos' Annahme, er stamme aus dem Sold, den Ägypten den Achäern für deren Mithilfe im Kampf gegen die Fremdherrschaft der Hyksos (1730–1580 v. Chr.) gezahlt

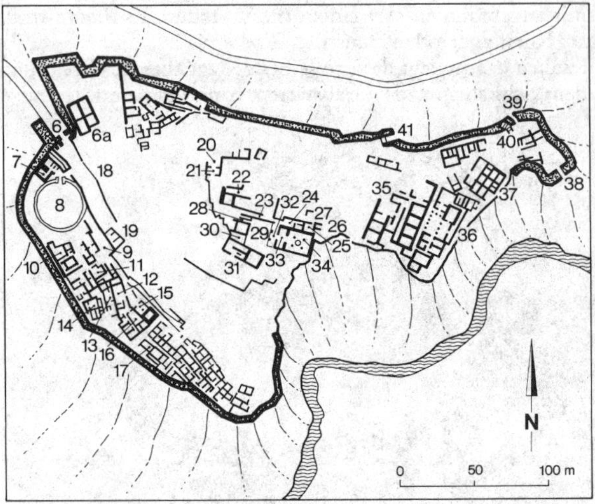

6 Löwentor
6a Garnisonsgebäude (?)
7 Kornlager
8 Schachtgräberrund A
9 »Rampenhaus«
10 »Haus der Kriegervase«
11 »Südhaus«
12 Megaron-Haus
13 »Haus der Idole«
14 »Haus der Fresken«
15 Schrein
16 »Tsountas-Haus«
17 »Haus des Hohenpriesters«
18 Rampe
19 Hellenistische Kammern
20 Propylon
21 Hof
22 Nordkorridor
23 Südkorridor
24–27 Räume unbekannter Bestimmung
28 Korridor
29 Großer Hof
30 Vorhof
31 Treppenhaus
32 Portikus
33 Vestibül
34 Megaron
35 Künstlerwerkstätten
36 »Haus der Säulen«
37 Vorratsräume u. a.
38 Südpforte
39 Nordpforte
40 Zugang zur Zisterne
41 Nordtor

Mykene. Burg. Übersichtsplan (vgl. S. 258)

hat, widerlegen neuere Untersuchungen der sozialen Vorgänge, die sich in der Entwicklung vom Schachtgräberrund A zu den reicheren Gräbern in B widerspiegeln; sie steht im Zusammenhang mit der Bildung einer Elite und neu erschlossenen Handelswegen zum Balkan, nach Italien, ja sogar nach England. In einem Kreis von 26 m Durchmesser wurde um 1250 v. Chr. eine Doppelreihe von Steinplatten um das Gräberfeld aufgestellt, der Platz aufgefüllt und abgedeckt, so daß eine Stätte entstand, die vielleicht dem Kult der hier bestatteten Heroen diente.

Der neu aufkommende Totenkult der Achäer weist wohl auf die Verbindung mit Ägypten hin. Beeindruckt vom Glauben der Ägypter an ein Weiterleben nach dem Tod gaben sie ihre Kistengräber auf und schufen ihren Toten kleinere und größere Kammern. Das größte Grab IV mißt 4×7m. So konnte dem Toten das Notwendige für sein Fortleben im Jenseits mitgegeben werden. In den Kistengräbern fand man bestenfalls eine Tonvase. Damit die fortlebende Seele nach Verlassen ihres Körpers diesen auch wiederfinde, wurden über die Gräber Stelen gestellt und trugen die Köpfe der Leichen eine Goldmaske, wie die Pharaonen des Mittleren Reiches.

Der erste **Mauerring** um die Burg (um 1350 v. Chr.) besteht aus grob behauenen Kalksteinblöcken. Der zweite (um 1250 v. Chr.) aus sauber geschnittenen, sich verzahnenden Blöcken erweiterte ihn nach W und S, indem er das Schachtgräberrund A einbezog; zu ihm gehört das Löwentor. Die Erweiterung im NO (Ende 13. Jh. v. Chr.) sicherte u. a. ein Brunnenhaus. Das Polygonalmauerwerk in der NO- und NW-Ecke sowie in der Mitte der SW-Front ist Erneuerung des 3. Jh. n. Chr. Die Mauerstärke beträgt 5,50 bis 7,50 m; die urspr. Höhe wird auf ca. 12 m geschätzt. Insgesamt hat der Mauerring eine Länge von rund 900 m; er umfaßt ca. 30 000 m^2.

Neben der aufwärts führenden gepflasterten Rampe sind rechts Häuserreste zu sehen (von N nach S): **»Rampen-**

haus« [9], unter dem Keramik und Freskenreste des 15./ 14. Jh. v. Chr. gefunden wurden. **»Haus der Kriegervase«** [10] (nach einem Schliemann-Fundstück, jetzt im Nat.-Mus. Athen) über 16 sehr frühen Gräbern, die den ältesten Friedhof bezeichnen. An das **»Südhaus«** [11] im Megaron-Typus schließt ein Kultzentrum (um 1250) mit 5 Gebäuden an: ein **Megaron-Haus** [12], das **»Haus der Idole«** [13], das **»Haus der Fresken«** [14] (für kultische Bäder), ein **Schrein** [15] mit Altar (und Opferstein?) und das nach seinem Ausgräber benannte **»Tsountas-Haus«** [16]. (Die Fundstücke sind im Museum von Nauplion.) Südlich anschließend Wohngebäude, u. a. das **»Haus des Hohenpriesters«** [17] mit Kultfresken (jetzt im Nat.-Mus. Athen).

Die **Rampe** [18] – 24 m sind original –, im späten 13. Jh. v. Chr. angelegt, ist bereits die vierte an dieser Stelle. Der moderne Fußweg, entlang dem Ruinenfeld der **hellenist. Siedlung** [19], führt zu dem im 13. Jh. erbauten und bereits um 1200 v. Chr. durch Brand und Erdbeben zerstörten **Königspalast**. Von seinen Vorgängern ist fast nichts erhalten.

Ein monumentales **Tor** (Propylon; [20]) bildet den Einlaß zu einem **Hof** [21], von dem aus der große Mittelhof sowie der S- und der zu spärlichen, hellenistisch mit Tempeln überbauten Gebäuderesten auf dem Hügelgipfel führende **N-Korridor** [22] erreicht wurden. Der **S-Korridor** [23] war Zugang zu einer Treppe und zu **Räumen** [24–27] unbekannter Bestimmung. Ein höher gelegener Raum [27] wird wegen seines roten Stuckfußbodens und eines Wasserleitungsrests **»Rotes Bad«** genannt. Ein vom S-Korridor abzweigender **Korridor** [28] führt zu den besterhaltenen und wichtigsten Räumen, zuerst zum **großen Hof** [29] (12 × 15 m), dessen Stuckfußboden durch gelb, blau, rot und mit Lineamenten geschmückte Ritzquadrate strukturiert war. Stuckiert und z. T. bemalt war auch die N-Mauer des Hofes. Ein **Vorhof** [30] verband ihn mit dem repräsentativen **Treppenhaus** [31]. Östlich des großen Hofes liegt der Komplex des Megarons. Vom **Portikus** [32] sind die steinernen Basen seiner beiden Holzsäulen in antis erhalten; wie im folgenden Raum, dem **Vestibül** [33], war sein Boden aus Alabasterfliesen, jede Wand stuckiert und bemalt. In der Mitte des – nach Absturz der S-Seite in die Schlucht restaurierten – **Megarons** [34] (12,95 × 11,50 m) stand der runde Zeremonialherd, von 4 mit Bronzeblech verkleideten Holzsäulen umgeben; 3 Basen davon sind noch original in situ. In der Mitte der S-Wand stand der Thron. Die Wände waren bemalt mit Kampfszenen.

Auf der untersten der 3 Terrassen östlich des Megarons lagen **Künstlerwerkstätten** [35], wie die Funde ausweisen; das Megaron des **»Hauses der Säulen«** [36] deuten Archäologen als Bankettsaal, die folgenden **Fundamente** [37] z. T. als Vorratsräume.

Über Reste der ersten Burgmauer hinweg gelangt man in den Bereich der zur Wassergewinnung angelegten Mauererweiterung vom Ende des 13. Jh. v. Chr. mit 2 **Ausfallpforten** [38, 39]. Der als »falsches Gewölbe« angelegte **Zugang zur Zisterne** [40] führt zunächst über 16 Stufen in die Tiefe zu einer Plattform außerhalb der Mauer. Es folgen 20 Stufen nach W, 3 und 54 Stufen nach NO bis zur 5 m tiefen **Zisterne** (1,60 × 0,70 m). Das von mehreren Quellen in einer 360 m langen Leitung aus Tonröhren herangeführte Wasser strömte durch die im Dach sichtbare Öffnung herein. – Das **N-Tor** [41] entspricht dem größeren Löwentor. Auch von hier führte ein Weg zum Haupteingang [20] des Palastes.

400 m südlich vom Parkplatz liegt rechts von der Straße das sog. **Schatzhaus des Atreus** [42], ein Grabbau aus der 2. Hälfte des 13. Jh. v. Chr., der größte Kuppelraum bis zur Erbauung des Pantheon in Rom. Sein 36 m langer und 6 m breiter Dromos aus großen Quadern führt auf ein 10,5 m hohes Portal zu, auf dessen erhaltenen Steinbasen zu beiden Seiten je eine nach unten sich verjüngende Säule aus grünem Marmor stand (Rekonstruktion im Nat.-Mus. Athen). 2 Monolithblöcke bilden den Sturz über der 5,40 m hohen

Toröffnung. Der innere (9×5×1,20 m) wiegt etwa 120 Tonnen; man hat ihn wohl durch Erdanschüttung (Schrägrampe) auf seine Höhe gebracht. Über dem Tor blieb das

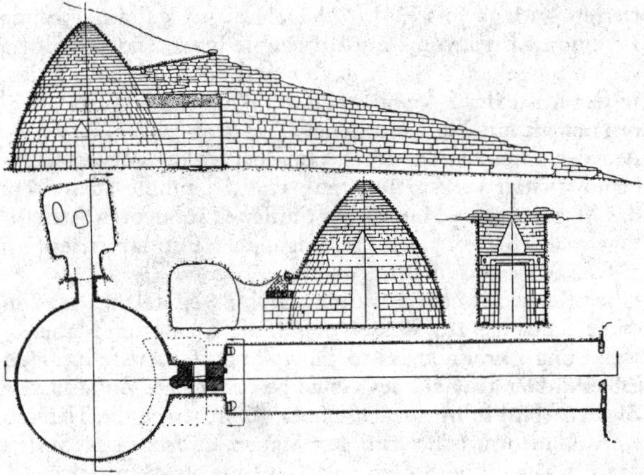

Mykene. »Schatzhaus des Atreus«. Grundriß und Schnitte

Entlastungsdreieck zwar offen, war aber durch eine Steininkrustation in ganzer Portalbreite verkleidet. Der Durchmesser des Kuppelraums beträgt 14,60 m, seine Höhe 13,50 m. Das »falsche Gewölbe« wurde durch einfaches Vorkragen der 33 Quaderlagen gebildet. Die Kuppelwandung war mit Bronzerosetten geschmückt; die Löcher ihrer Befestigung mittels Kupfernägeln sind noch sichtbar. Der Leichnam des Herrschers wurde in einer seitlichen, in den Fels gehauenen, vermutlich mit Alabaster ausgekleideten und 5,80 m hohen Grabkammer (6×6 m) bestattet, wie sie sonst nur von Orchomenos in Böotien und von Archanes auf Kreta bekannt ist als Teil einer Grab-Tholos. Über das Entlastungsdreieck leicht ins Innere gelangte Grabräuber waren

schon früh am Werk. Als der Reiseschriftsteller Pausanias im 2. Jh. n. Chr. hierherkam, gab es schon die Sage, daß Agamemnons Vater Atreus hier seine Schätze aufbewahrt habe. Brandspuren an den Wänden rühren von vielen Generationen von Schafhirten her.
In der Umgebung der Burg finden sich weitere, ihrer Form und Chronologie nach in 3 Gruppen einzuordnende Tholosgräber. Zur ältesten Gruppe (um 1510–1460 v. Chr.) gehören das von **»Epano Phurnos«** [43] und das **»Kyklopengrab«** [44] (auch das **»Aigisthos-Grab«** [3], s. S. 260). Sie bestehen aus Bruchsteinmauerwerk; ihre Tore besitzen weder Schwelle noch Entlastungsdreieck. Zur zweiten Gruppe (um 1460–1400 v. Chr.) zählen **»Löwen-«** [45], **»Panagia-«** [46] und **»Kato-Phurnos-Grab«** [47]. Ihre Dromoi sind mit geglätteten Bruchsteinen verkleidet; die Fassaden bestehen aus Poros-Quadern und weisen ein Entlastungsdreieck auf; die Türpfosten sind aus Konglomeratgestein-Blöcken. Eine dritte Gruppe (um 1400–1300 v. Chr.) umfaßt das **»Genien-Grab«** [48] sowie die oben beschriebenen **Tholoi der Klytaimnestra** [2] und des **Atreus** [42]. Hier sind Dromos, Fassade, Türpfosten, Türsturz und Innenverkleidung der Rotunde selbst aus Konglomeratgestein-Quadern.

Naupaktos

D8

(Ναύπακτος – Ätolien-Akarnanien / Mittelgriechenland)

Seiner strategischen Lage an der Einfahrt in den Golf von Korinth wegen spielte Naupaktos schon in der Antike eine große Rolle. 457 v. Chr. nahmen die Athener die Stadt, die der Sage nach den Herakliden als Werft bei der Rückkehr in die Peloponnes gedient hatte, in Besitz und siedelten hier von den Spartanern vertriebene Messenier an. Von diesen unterstützt, besiegten sie 429 v. Chr. vor der Stadt die peloponnesische Flotte.

Zwar wurden im Stadtgebiet verschiedentlich Reste griech.

und röm. Bauten festgestellt. Zu sehen sind in erster Linie jedoch Partien des Quaderwerks der antiken **Stadtmauer,** deren Verlauf weitgehend der venezianischen entspricht.

Umgebung:

D8 Nördlich von ANTIRRHION (Ἀντίρριον) sind in der Mamaku genannten Gegend von der 457 v. Chr. in athenischen und 338 v. Chr. in ätolischen Besitz übergegangenen Stadt
D8 MAKYNIA die mit 8 Türmen verstärkten **Stadtmauern** und Reste des **Wohnbezirks** aus der Zeit nach 338 v. Chr. erhalten.

D8 6 km westlich von Naupaktos sind bei dem Ort VELVINA (Βελβίνα) Reste der **Burgmauer** und die Fundamente eines **Peripteros** des 3. Jh. v. Chr. zu sehen. Andere Funde reichen bis in das 8. Jh. v. Chr. zurück. Es könnte sich hier um die im 5. Jh. v. Chr. zunächst von Korinth kontrollierte, 457 v. Chr. von den Athenern übernommene, 426 v. Chr. von den Spartanern unter Brasidas zerstörte und spätestens 338 v. Chr. wieder in ätolischen Besitz übergegangene Stadt MOLYKREION handeln, welche jedoch auch unmittelbar bei Antirrhion bei der türkischen Festung Kastro Rumelis vermutet wird.

F10 Nauplion

(Ναύπλιον – Argolis / Peloponnes)

Von der im 7. Jh. v. Chr. von Argos unterworfenen antiken **Stadt** sind auf der ins Meer vorgeschobenen Akropolis und innerhalb der Mauern der Festung Palamidi nur unbedeutende Reste erhalten. Die 1713 von den Venezianern errichtete Kaserne am Hauptplatz der Stadt beherbergt jedoch das **Museum** mit bedeutenden Keramik- und Terrakottafunden aus Mykene und anderen Orten der Region.

Nemea

F9

(Νεμέα – Korinth / Peloponnes)

Zeus-Heiligtum

Das berühmte Heiligtum liegt an der Stelle einer neolithischen Siedlung. Der Sage nach soll hier Herakles den »Nemeischen« Löwen erwürgt haben. In Erinnerung an den durch einen Schlangenbiß getöteten Königssohn Opheltes fanden hier alle 2 Jahre im Juli Kampfspiele statt, die zu Ehren des Zeus erstmals 573 v. Chr. begangen und zunächst von der Nachbarstadt Kleonai (s. u.), nach deren Unterwerfung (460/459 v. Chr.) aber von Argos ausgerichtet wurden. Siegespreis war ein Kranz aus Eppich (Sellerie). 235 v. Chr. ging die Leitung der Spiele wieder an Kleonai über. Um 370 n. Chr. wurde das Heiligtum verwüstet und im 6. und 8. Jh. durch Erdbeben vollends zerstört.

Der **Tempel des Zeus** [1] steht an der Stelle eines archaischen Vorläufers, von dem außer einem Fundamentabschnitt in der Krypta des klassischen Baues v. a. Teile des korinthischen Daches (im Museum) erhalten sind. Der klassische, um 350 v. Chr. errichtete Bau war ein dorischer Peripteros mit 6×12 auffallend schlanken Säulen. Auf einen Opisthodom ist verzichtet. Die Cellawände fluchten an 3 Seiten mit der Mitte der jeweils 2. Säule von außen. Der Tempel besitzt also einen besonders weiten Umgang, der im O auf 2 Interkolumnien vertieft ist. Durch einen geräumigen Pronaos mit 2 Säulen in antis erreicht man das Innere der Cella, wo an 3 Seiten 2geschossige Säulenreihen umliefen, die unten mit korinthischen, oben mit ionischen Kapitellen ausgestattet waren. Die westl. Kolonnade teilt ein Segment unbekannter Bestimmung ab. Stufen führten hier in eine fast 2 m abgesenkte, rechteckige »Krypta«, die als Grab des Opheltes interpretiert wurde. Der Giebel des Tempels war für Skulpturen vorgesehen, die offenbar nie ausgeführt wurden. Der Bau erinnert in vielen Details an

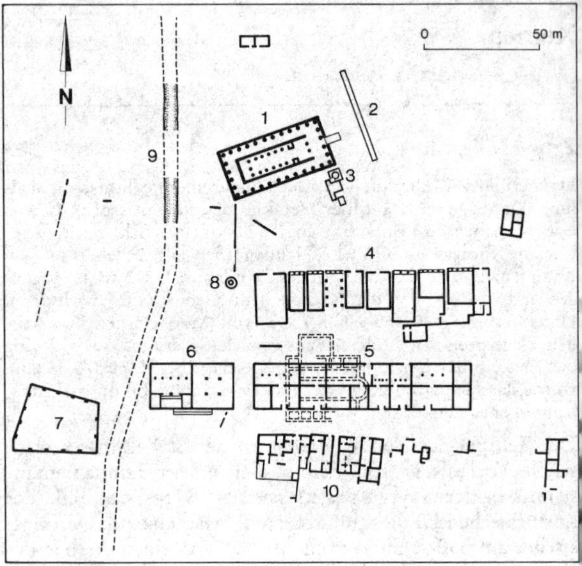

1 Zeus-Tempel
2 Altar
3 Zwei Denkmalbasen
4 Oikoi
5 Gästehaus und Basilika
6 Bad
7 Opheltes-Heroon
8 Denkmalfundament
9 Bachlauf des Nemea
10 Häuser

Nemea. Zeus-Heiligtum. Übersichtsplan

den etwas älteren Tempel von Tegea und wird daher derselben Bauhütte zugeschrieben.

Vor der O-Seite des Tempels erstreckt sich ein ungewöhnlich langer **Altar** [2]. Auf die SO-Ecke des Tempels folgt ein rundes Fundament von einem im 2. Viertel des 5. Jh. v. Chr. errichteten und noch im 5. Jh. v. Chr. wieder zerstörten Monument unbekannter Bestimmung, vielleicht eine Statuenbasis, und daneben ein etwas größeres Fundament für ein ebenfalls noch vor dem klassischen Zeus-Tempel errichtetes, etwas größeres Denkmal [3].

Der Platz südlich des Tempels wurde von 9 dicht aufgereihten, in der 1. Hälfte des 5. Jh. v. Chr. errichteten **»Oikoi«** [4] abgeschlossen, deren Aufgabe im einzelnen unbekannt ist. Sie mögen sowohl als Schatzhäuser wie auch als Versammlungsräume gedient haben und gehörten, wie die Schatzhäuser in Olympia oder Delphi, einzelnen griech. Städten, unter denen hier aller Wahrscheinlichkeit nach Epidauros und Rhodos vertreten waren. Noch weiter südlich erstreckte sich ein nach S 1-, nach N 2geschossiges **Gästehaus** (Xenon) aus dem 4. Jh. v. Chr., über dessen westl. Teil im 6. Jh. eine 3schiffige **Basilika** errichtet wurde [5].

Westlich der Flucht des Gästehauses schließt sich das im letzten Drittel des 4. Jh. errichtete **griech. Bad** [6] an, mit einem großen Raum im O und einem etwas kleineren im W, in dessen S-Teil man zu einem größeren Wasserbecken und kleineren Waschräumen hinabsteigen konnte.

Jenseits des Nemea-Baches erstreckt sich das zuerst in früharchaischer, dann in spätarchaischer und zuletzt in hellenist. Zeit mit einer Mauer umfriedete **Heroon des Opheltes** [7] mit Fundamenten mehrerer Altäre.

Ungewiß ist der Zweck eines 5 m großen, runden Fundaments [8] in der Mitte zwischen dem Bad und dem Zeus-Tempel in der Flucht der Oikoi, das ein im 2. Viertel des 5. Jh. v. Chr. errichtetes und bereits um 400 v. Chr. wieder zerstörtes Denkmal (Bronzestatue?) trug.

Am Rande des Grabungsgeländes gibt das **Museum** einen Überblick über die Geschichte des Heiligtums und der Grabungen.

400 bis 500 m südlich des Heiligtums ist das **Stadion** in den Hang eingebettet, dessen Anlage im wesentlichen auf das 4. Jh. v. Chr. zurückgeht. Die 178 m lange Laufbahn wird von einem Frischwasserkanal mit Schöpfbecken eingefaßt. Die Zuschauer saßen auf den teils aus dem Berg ausgehobe-

nen, teils künstlich angeschütteten Böschungen. Für die Schiedsrichter war eine Tribüne in der Mitte des östl. Stadionwalls vorgesehen, während die Athleten das Stadion über einen Tunnel im W-Wall erreichten.

Umgebung:

F9 Von der Stadt KLEONAI, die bis 460 v. Chr. die Nemeischen Spiele ausrichtete, ist etwa 6 km nordöstlich des Heiligtums bei dem heutigen Ort ARCHAIAI KLEONAI (Ἀρχαῖαι Κλεωναί) die durch Türme verstärkte, polygonale **Ringmauer** in weiten Teilen erhalten. Die Stelle des Tempels der Athena nahm im Mittelalter eine Kirche ein.

2 km nordwestlich der heutigen Stadt NEA NEMEA (Νέα Νεμέα) liegt am Rande der Ebene des Asopos die heute zu einem Dorf abgesunkene, in der Antike für ihren Wein wie für ihre ausgelassenen Satyrspiele gleichermaßen berühmte, von Phleias, einem Sohn des Dionysos, gegründete Stadt
F9 PHLIUS. Bis 371 v. Chr. meist eng mit Sparta verbunden, schloß sie sich 228 v. Chr. dem Achäischen Bund an. Bei der Kapelle der Panagia Rachiotissa am W-Hang des Stadtbergs stand der **Tempel des Asklepios**, während in der Unterstadt die Ruine eines großen **Hauses mit Peristylhof** aufragt. In die SW-Ecke der Akropolis ist das **röm. Theater** eingebettet.

C6 Nikopolis

(Νικόπολις – Preveza / Epirus)

Die »Siegesstadt« gründete Octavian 30 v. Chr. an der Stelle, an der im Jahr zuvor seine Streitmacht vor der Schlacht von Actium gelagert hatte. Ihrem Gebiet schlug er große Teile von S-Epirus und Akarnanien zu. Mehrere Städte der Region wurden zugunsten der Neugründung aufgegeben und verlassen. Nero erhob Nikopolis zur Hauptstadt der von ihm neu konstituierten Provinz Epirus. 551 verwüsteten die Goten unter Totila die Stadt.

Die Ruinen innerhalb des weitläufigen Areals gehören überwiegend zu Bauten, die erst in christlicher Zeit errichtet wurden. Am W-Teil der Ringmauer stößt man auf ein **Odeion** des 2. Jh. n. Chr. sowie die Mauern eines **Aquädukts** mit Zisternen und Badeanlagen. Im S der Stadt stand ein **Amphitheater**.
Im O liegt am Hang des Hügels, auf dem Octavians Zelt gestanden hatte, das auf Augustus zurückgehende **Theater** und zu seinen Füßen das **Stadion**. Außerdem wurde eine **Villa** des 5. Jh. teilweise freigelegt.
Das **Museum** enthält v. a. Funde aus byzantinischer Zeit, aber auch die nachträglich zum Ambo einer Basilika umgestaltete und mit Mosaiken versehene Basis einer monumentalen Bronzestatue, die zum Siegesdenkmal des Augustus gehört haben könnte.

Umgebung:

AKTION (lat. ACTIUM), auf der Nikopolis und der heutigen Stadt Preveza gegenüber liegenden Seite der Meerenge, wurde durch Octavians Sieg über Marc Anton und Kleopatra (31 v. Chr.) berühmt. Das **Heiligtum des Apollon**, für den hier die später nach Nikopolis verlegten Aktaia gefeiert wurden, war 575 v. Chr. von korinthischen Siedlern gegründet worden. Bei ihm schlug Marc Anton sein Lager auf. Die Schlacht spielte sich parallel zur Küste ab, wobei Octavian seine Schiffe vor der nördl. Einfahrt des Golfes hatte aufziehen lassen. Die zu Anfang des 19. Jh. noch sichtbaren Reste des Heiligtums wurden beim Bau der bestehenden Festung Ali Paschas abgerissen. C6

C8 **Oiniadai**

(Οἰνιάδαι – Ätolien-Akarnanien / Mittelgriechenland)

Die der Sage nach von Alkmaion gegründete Stadt wurde 455 v.Chr. von Perikles vergeblich belagert, fiel aber bald darauf an die Messenier von Naupaktos. Dann wieder unabhängig, wurde sie 424 v. Chr. von Athen erobert, 314 v. Chr. vorübergehend aufgegeben, bald aber neu besiedelt. 219 v.Chr. eroberte Philipp V. von Makedonien die Stadt, befestigte sie neu und übergab sie den Akarnanen.

Auf dem inmitten des Sumpflandes 9 km westlich des Dor-
C7/8 fes KATOCHI (Κατοχή) aufragenden, in der Antike an 3 Seiten vom Meer umgebenen Hügel ist v. a. der auf Philipp V. zurückgehende, 5 km lange **Mauerring** über weite Strecken erhalten. Die Befestigungen schlossen 2 Hafenbekken ein, deren größeres im N ein Kastell sicherte. Hier sind auch die Liegeplätze der Schiffe noch zu erkennen. Nahe dem S-Ende der ehem. Bucht stößt man auf die Reste von **Bädern** und innerhalb des Areals verschiedentlich auf die Grundmauern von **Häusern** und die Reste eines kleinen **Theaters**.

Umgebung:

500 m nördlich des Dorfes MASTRON (Μάστρον) ist am
C7 Rande des Acheloos-Tals von der antiken Stadt PAIANION der nach der Zerstörung durch Philipp V. von Makedonien (219 v. Chr.) errichtete **Mauerring** zu großen Teilen erhalten.

Oinoe G8

(Οἰνόη – Attika / Mittelgriechenland)

An der Straße nach Theben liegt, den Paß über eine Bergkette sichernd, die unter dem Namen ELEUTHERAI (oder modern GYPHTOKASTRO) bekannte Festung, bei der es sich in Wahrheit wohl um G8
PANAKTON (Πάνακτον) handeln dürfte, eine Burg zum Schutz G8
Attikas, die 346 v. Chr. als Ersatz für eine 421 v. Chr. auf Verlangen Spartas geschleifte Anlage errichtet wurde.

Die **Festung** gehört mit ihren weithin in voller Höhe erhaltenen Mauern und Türmen zu den am besten erhaltenen ihrer Art in Griechenland. Innerhalb der Anlage des 4. Jh. v. Chr. sind die Mauern des 5. Jh. v. Chr. in Spuren erhalten.

Olympia D9

(Ὀλυμπία – Elis / Peloponnes)

Der Sage nach hat Herakles die Grenzen des Heiligtums abgesteckt, während nach einer anderen Tradition Pelops die Spiele stiftete. Auch Oxylos, der Ätoler, der die Nachfahren des Herakles auf die Peloponnes zurückführte, soll die Wettkämpfe begründet haben, und endlich wird dem einheimischen König Iphitos ihre Stiftung zugeschrieben, dessen Diskos, in den die Bestimmungen des zur Zeit der Spiele herrschenden Gottesfriedens eingetragen waren, Aristoteles und 500 Jahre später Pausanias noch gesehen haben. Jedenfalls war der Ort schon in der mittleren Bronzezeit besiedelt. Aus dieser Epoche sind Hausreste innerhalb des Heiligtums und Kammergräber in der Umgebung des Neuen Museums erhalten.
Im Jahre 776 v. Chr. begann die Zählung der Olympiaden. Die Leitung der Spiele oblag zunächst den Einwohnern von PISA, einer ver- D9
mutlich 2 km nordöstlich von Olympia gelegenen, von anderen westlich bei dem Ort Druva lokalisierten Stadt. Spätestens 580 ging sie jedoch an Elis über.

Aus dem 1. Drittel des 1. Jt. v. Chr. sind zwar keine architektonischen Reste, dafür aber zahlreiche Statuetten aus Bronze oder Terrakotta und Teile oft monumentaler Bronzekessel erhalten. Den Mittelpunkt des Heiligtums bildete schon damals der Altar des Zeus. Um 600 v. Chr. begann mit dem Bau des Heraions die architektonische Ausgestaltung. An dieses schlossen sich bis zum frühen 5. Jh. v. Chr. die Schatzhäuser, das Prytaneion und das Buleuterion an.

Zahlreiche Weihgeschenke sprechen für die Bedeutung, die Olympia in dieser Zeit für ganz Griechenland besaß. Als 480 v. Chr. die Perser einfielen, waren die Griechen bei den Spielen vereint, und 4 Jahre später feierte man hier den athenischen Staatsmann Themistokles als Retter vor dem Perserjoch. Fast zur selben Zeit begann man mit dem Bau des Zeus-Tempels.

Den Rang Olympias in hellenist. Zeit beweisen die Isolympien, die in verschiedenen Städten der größer gewordenen griech. Welt nach olympischem Beispiel und mit olympischer Billigung gestiftet wurden. Am Ort selbst entstanden damals u. a. ausgedehnte Sportanlagen.

Auch die neue Weltmacht Rom respektierte die Würde Olympias. 146 v. Chr. feierte der röm. Feldherr Mummius seinen Sieg über die Achäer hier mit Statuenweihungen. Agrippa, der Schwiegersohn des Augustus, ließ den Zeus-Tempel erneuern, und um den heiligen Bezirk entstanden für die luxusgewohnten röm. Besucher ausgedehnte Thermen.

Ein heftiger Einschnitt war nach der Mitte des 3. Jh. n. Chr. der Einfall der Heruler. Mit Blöcken älterer Bauten suchte man hastig den Kern des Heiligtums zur Festung auszubauen. Nach dem Abzug der Barbaren öffnete man diese wieder durch eine Bresche, aber allmählich werden die Nachrichten seltener. Noch bis 393 n. Chr. wurden die Spiele begangen, doch nach der 291. Olympiade untersagte sie ein Edikt des Kaisers Theodosius. Die Bauten verfielen. Die Kunstwerke wurden zerschlagen, eingeschmolzen oder verschleppt. Ein ärmliches Dorf richtete sich in den Ruinen ein. Dann legte sich eine schützende Schwemmschicht über das Heiligtum, die im Laufe der Jahrhunderte auf über 5 m anwuchs.

Die alle 4 Jahre meist im August ausgetragenen Wettkämpfe umfaßten zunächst nur den Wettlauf, doch kamen bald weitere Disziplinen hinzu. Das urspr. auf einen Tag beschränkte Fest wurde daher 472 v. Chr. ausgedehnt. Die Ekecheirie, der Gottesfrieden, sicherte jedem unbehelligte Anreise zu. Nur frei geborene, unbescholtene Griechen waren zugelassen. 30 Tage vor der Eröffnung hatten sich die Athleten zu gemeinsamem Training einzufinden. Zuschauen durften außer der Priesterin der Demeter nur Männer. Am 1. Tag schworen die Athleten bei einem Opfer an Zeus Horkios im Buleutrion, 10 Monate trainiert zu haben und die olympischen Regeln einzuhalten. Am 2. Tag kam der Wettlauf der Knaben. Schiedsrichter waren hier wie bei den anderen Disziplinen die in Purpur gekleideten Hellanodiken. Am nächsten Vormittag folgten im Hippodrom die Wettläufe der Pferde und der Gespanne. Am 4. Tag, der immer auf einen Vollmond fiel, opferte man dem Zeus eine Hekatombe (100 Rinder), und am 5. Tag trat man im Stadion zu dem ältesten und ehrwürdigsten Wettkampf, dem Lauf über 192 m, und sodann zum Lauf über die doppelte Distanz, zum Langlauf, zum Faustkampf, zum Pankration (einer Mischung von Faust- und Ringkampf) und zum Ringkampf an. Am 6. Tag beendete die Siegesfeier das Fest. Die Sieger erhielten Zweige vom Kotinos, dem wilden Ölbaum im Zentrum des Heiligtums, und wurden im Prytaneion öffentlich bewirtet.

Über dem Heiligtum erhebt sich das **Kronion**, ein kegelförmiger Hügel, dessen Gipfel dem Kronos heilig war, während man auf seinem südwestl. Ausläufer die Erdmutter Ge und die Göttin des Gesetzes, Themis, am Abhang die geburtshelfende Göttin Eileithyia und den Schlangengott Sosipolis verehrte. Die Bodenerosion hat von diesen Heiligtümern keine Spuren gelassen.

Von der einstigen Gestalt des Heiligtums geben Modelle im Museum eine Vorstellung.

Am Eingang zum Grabungsgelände ragt in dem noch nicht ganz freigelegten Terrain ein Backsteingebäude aus der Erde, das zu einer **Thermenanlage** [1] gehörte.

Am Fuß der Rampe, die von der Schwemmschicht zum antiken Niveau hinabführt, steht man an einem langen, das ganze Gelände von N nach S durchschneidenden Weg. Links bildet eine nur noch wenige Quader hoch erhaltene **Einfassungsmauer** [2] die Grenze des heiligen Hains, der »**Altis**«. Hinter der röm. Mauer sind stellenweise noch Reste einer älteren, urspr. 1,50 m hohen Altismauer aus dem

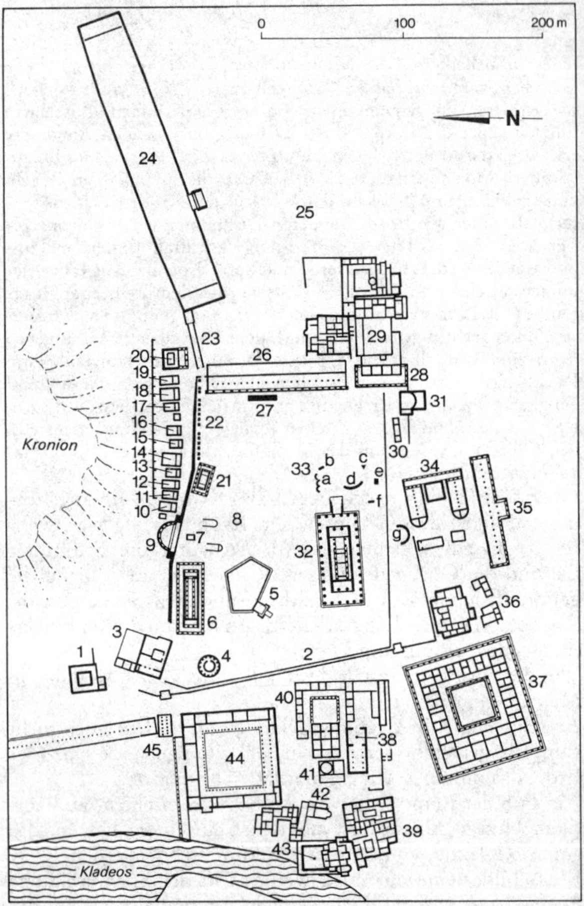

Olympia. Übersichtsplan

Zu nebenstehendem Plan:

1 Römisches Thermengebäude
2 Altis-Mauern
3 Prytaneion
4 Philippeion
5 Pelopion
6 Heraion
7 Hera-Altar, prähistorische Bauten
8 Ort des Zeus-Altars
9 Nymphäum
10–20 Schatzhäuser:
- 10 Sikyon
- 11 Syrakus
- 12 Epidamnos
- 13 Byzanz
- 14 Sybaris
- 15 Kyrene
- 16 unbekannt
- 17 Selinunt
- 18 Metapont
- 19 Megara
- 20 Gela

21 Metroon
22 Zanes-Basen
23 Stadion-Eingang
24 Stadion
25 Ort des Hippodroms
26 Echohalle
27 Ptolemäer-Weihgeschenk
28 Südostbau
29 Ort der Nero-Villa; Palast des 3. Jh. n. Chr.
30 Triumphbogen
31 Odeion
32 Zeus-Tempel
33 Basen von Weihgeschenken und Siegerstatuen
- a Eleerstatuen
- b Eretrier-Stier
- c Nike des Paionios
- d Achäerstatuen
- e Zeus-Bild für den Sieg von Platää
- f Praxiteles-Weihgeschenk
- g Apolloniaten-Weihgeschenk

34 Buleuterion
35 Südhalle
36 Römische Bauten
37 Leonidaion
38 Phidias-Werkstatt
39 Römische Gästehäuser
40 Theokoleon
41 Heroon, ehem. Schwitzbad (?)
42 Griechische Bäder
43 Kladeos-Thermen
44 Palästra
45 Gymnasium

---

4. Jh. v. Chr. zu sehen. 2 säulengeschmückte Tore und ein einfacher Durchgang führten von der Straße aus in das Heiligtum.

Im N liegt zunächst ein Gebäude für Gelage und dann am Beginn der Altismauer das **Prytaneion** [3], ein Amtsgebäude, in dem man auch hohe Gäste und Olympioniken bewirtete und in dem bei einem ewig lodernden Feuer Hestia sowie Pan verehrt wurden. Der Prytaneionbau war um 500 v. Chr. begonnen worden. Nach einem Erdbeben im Jahre 374 v. Chr. hat man die Anlage erneuert und im 3. Jh. n. Chr. nochmals von Grund auf neu errichtet.

Ein kahnförmiges Fundament in den tieferen Schichten stammt von einer **Brücke** über den Kladeos, der im 2. Jt. v. Chr. hier verlief.

Nur 20 m südlich des Prytaneions liegen die runden Fundamentschichten des **Philippeions** [4], eines kleinen, von Philipp von Makedonien nach der Schlacht von Chaironeia (338 v. Chr.) begonnenen und nach dessen Tod (336 v. Chr.) von seinem Sohn Alexander d. Gr. vollendeten Monuments, mit den von dem attischen Bildhauer Leochares aus Gold und Elfenbein gefertigten Statuen Alexanders d. Gr., seiner Eltern Philipp II. und Olympia sowie der Großeltern Amyntas und Eurydike, von denen hier nur noch Teile der gerundeten Basen zu sehen sind. Die Säulen der Ringhalle trugen ionische Kapitelle. Den Umgang deckten in Rauten untergliederte Steinplatten. Die Innenwände schmückten Halbsäulen mit korinthischen Kapitellen.

Etwa 40 m südöstlich erstreckt sich das **Pelopion** [5], eine noch auf das 2. Jt. v. Chr. zurückgehende Einfriedung, in der man dem mythischen Gründer der Spiele, Pelops, schwarze Widder als Totenopfer darbrachte. Man betrat den Bezirk von W durch ein mit Säulen geschmücktes Tor, das aus dem 4. Jh. v. Chr. stammen könnte. Sein Unterbau ist mit einer Rampe erhalten. Tiefer liegende Quadern innerhalb der klassischen Umhegung gehörten zu einem archaischen Vorgängerbau.

Am N-Rand der Altis steht hart am Fuß des Kronions das **Heraion** [6], das der Sage nach gleich nach der Einwanderung der Eleer gestiftet worden ist. Die erhaltenen Reste reichen allerdings nicht über die Wende vom 7. zum 6. Jh. v. Chr. zurück. Der Grundriß dieses ältesten Tempels von Olympia zeigt bereits alle charakteristischen Elemente eines dorischen Peripteros, doch ist die Ringhalle mit 16×6 Säulen in altertümlicher Weise auffallend lang gestreckt. Die Cella öffnet sich nach O. Dem Eingang ist ein Pronaos vorgelagert, dem im W ein Opisthodom entspricht. Beide Räume werden durch je 2 Säulen von der Peristasis abge-

Olympia. Hera-Tempel. Ansicht von Osten

sondert. Die Cella war durch 2 Säulenreihen in 3 Schiffe gegliedert. Urspr. traten hinter jeder 2. Säule Mauerzungen aus der Wand. Als unkanonisches Element hat man diese Mauerzungen in röm. Zeit abgearbeitet.
Die Kapitelle der z. T. wieder aufgerichteten Säulen der Ringhalle unterscheiden sich erheblich. Die Abweichungen sind damit zu erklären, daß alle Säulen zunächst aus Holz bestanden und erst Zug um Zug in Stein ersetzt wurden. Aus vergänglichem Material, aus luftgetrockneten Lehmziegeln, bestanden auch die Wände der Cella, von denen daher nur der steinerne Sockel erhalten blieb. Aus Holz waren ferner die Türgewände und die Architrave samt dem Gebälk des Daches, zu dessen Ziegeldeckung ein riesiges Scheibenakroter (im Museum) gehörte.
In der Cella, wo ein Kultbild der sitzenden Hera, von der vermutlich ein um 600 v. Chr. entstandener Kalksteinkopf (im Museum) stammt, und eine Statue des stehenden Zeus eine Basis vor der Rückwand einnahmen, hat man in röm.

Zeit urspr. andernorts verwahrte Kunstwerke zusammengetragen, so daß das Gebäude zum Museum wurde.
In den Boden des Pronaos sind 4 Quadern mit verschließbaren Einlassungen versenkt, in denen man bei den Spielen einen prunkvollen, von dem Phidias-Schüler Kolotes gefertigten Tisch für die Ausstellung der Siegeszweige verankerte. Auf Siege verweisen auch die rechteckigen Einlassungen an einigen Säulen der Peristasis, die urspr. die gemalten Bilder von Mädchen enthielten, welche bei den zwischen den eigentlichen Olympiaden ausgetragenen Wettkämpfen der Frauen erfolgreich waren.
Wenige Schritte östlich des Heraions liegt der **Opferaltar der Hera** [7], neben dem in tieferen Gruben die hufeisenförmigen Fundamente der Häuser des **prähistorischen Dorfes** zu sehen sind, das einst die Stelle des Heiligtums eingenommen hatte.
Südlich davon muß der **Altar des Zeus** [8] gelegen haben, der, mit Opferasche laufend erhöht, im 2. Jh. n. Chr. auf 6 m Höhe und 35 m Umfang angewachsen, nach 396 n. Chr. von Christen vollständig beseitigt wurde.
Auf das Heraion folgt am Fuß des Kronions das **Nymphäum des Herodes Atticus** [9], das dieser reiche Mäzen als monumentalen Abschluß einer Wasserleitung gegen 160 n. Chr. anlegen ließ. Eine halbrunde Apsis umfängt ein Bekken, von dem aus sich das Wasser in ein tiefer liegendes Bassin ergoß. Hier sprudelte es aus zahlreichen Wasserspeiern. Das untere Bassin flankierten Rundtempel mit Statuen des Stifters und des ihm befreundeten Kaisers Marc Aurel. Die Apsis des Nymphäums, von der nur mehr der Mauersockel erhalten ist, war durch Pilaster und Gebälke in zahlreiche Nischen gegliedert. Diese bildeten 2 Geschosse, deren oberes die Statuen der Mitglieder des Kaiserhauses, deren unteres jene der Angehörigen des Herodes Atticus enthielt (im Museum).
An das Nymphäum schließt sich die über 100 m lange Terrasse mit den Fundamenten der **Schatzhäuser** [10–20] an,

welche die N-Grenze der Altis bildeten. Diese Schatzhäuser wurden im 6. und 5. Jh. v. Chr. zur Aufbewahrung von Weihgeschenken errichtet. 10 von ihnen hat der Reiseschriftsteller Pausanias im 2. Jh. n. Chr. noch gesehen und als Stifter die Städte Sikyon, Syrakus, Epidamnos, Byzanz, Sybaris, Kyrene, Selinunt, Metapont, Megara und Gela genannt. Die Schatzhäuser haben gewöhnlich die Form kleiner Tempel. Ihre Eingangsseiten blicken nach S.

An aufgehender Architektur haben sich von dem **Schatzhaus von Sikyon** ([10], um 510 v. Chr.) wesentliche Teile gefunden, die es erlaubten, es in Teilen wieder aufzurichten. Die Steine wurden nicht in Olympia gebrochen, sondern bereits in Sikyon bearbeitet, sorgsam numeriert und in Olympia wieder aufeinandergeschichtet.

Vom **Schatzhaus von Megara** ([19], um 490 v. Chr.) sind Teile des Giebels mit dessen Skulpturen erhalten (im Museum).

Als einziges war das älteste **Schatzhaus**, das **von Gela** ([20], um 600 v. Chr.), urspr. nicht nach S, sondern von O nach W orientiert. Erst nachträglich hat man ihm eine neue Richtung gegeben, indem man vor die S-Wand eine offene, zur Altis blickende Säulenhalle legte.

Am Fuß der breiten Treppenanlage, die zur Schatzhausterrasse emporführt, liegt das **Metroon** [21], der kleinste und jüngste der 3 Peripteraltempel der Altis. Anfang des 4. Jh. v. Chr. wurde er für die Göttermutter Meter errichtet und im 1. Jh. n. Chr. in einen Tempel des Kaiserkults umgewandelt (Kaiserstatuen im Museum). Beim Herulereinfall hat man den Tempel bis auf die Fundamente abgetragen und seine Steine in der Festungsmauer verbaut, wo sie die Ausgräber wieder zusammensuchten. Die Friese der Stirnseiten von Pronaos und Opisthodom waren mit Bildtafeln aus Ton oder Holz geschmückt. Vom Giebelschmuck ist ein gelagerter Dionysos erhalten (im Museum).

Östlich des Metroons steht eine Reihe von Basen mit Einlassungen für Bronzestatuen, die sog. **Zanes** [22], die aus bei Absprachen vor dem Kampf verhängten Strafgeldern finanziert wurden. Die ersten stammen aus dem Jahre 388 v. Chr. In der 2. Hälfte des 4. Jh. v. Chr. kamen weitere hinzu.

Der überwölbte **Stadion-Eingang** [23] aus dem 3.Jh. v.Chr. gehört, wie der in Nemea, zu den frühesten Gewölbekonstruktionen Griechenlands. Die technisch bedingte, ästhetisch aber unbefriedigende Wölbung war in der Antike durch einen Torbau verdeckt, von dem die Schwelle und die unteren Profile der 4 Säulen zu sehen sind. Seitliche Schranken ließen nur den Durchgang zwischen den Mittelsäulen frei.

Dem **Stadion** [24], dem ältesten und ehrwürdigsten der Welt, haben die Ausgräber die Gestalt des 4.Jh. v.Chr. wiedergegeben. Es hatte nie Sitze für die Zuschauer, die unmittelbar auf den ringsum ansteigenden Erdwällen lagerten. Nur für die Schiedsrichter, die Hellanodiken, errichtete man in der Mitte des südl. Walles eine Tribüne, und ihr gegenüber thronte, bei ihrem Altar, die Priesterin der Demeter Chamyne, die als einzige Frau zu den Spielen als Zuschauerin zugelassen war.

Die Laufbahn, deren Länge auf Herakles zurückgehen soll, war von Start bis Ziel 192,27 m lang. Das Ziel lag immer im W. Bei einfachem Lauf startete man also im O, beim Doppellauf im W. Die Startschwellen tragen 2 Rinnen, in denen die Zehen der Läufer Halt fanden.

Von dem archaischen Vorläufer der Anlage haben sich nur spärliche Reste gefunden. Sicherlich hatte er bereits dieselbe Orientierung. An seiner S-Seite war schon damals ein Erdwall als Zuschauertribüne aufgeschüttet. Im N lagerte man am Hang. Wesentlich deutlicher ist die Anlage des 5. Jh. v. Chr. Dieses Stadion war, wie das archaische, noch in das Heiligtum einbezogen. Es öffnete sich nach W zum Festplatz und zum Zeus-Altar. Im 4. Jh. hat man die Anlage dann an die heutige Stelle verschoben und durch den Bau der Echohalle von der Altis abgeschirmt.

Die Wälle des Stadions bargen unermeßliche Schätze. Im 6. und frühen 5. Jh. v. Chr. hatte man auf ihnen an Pfählen Waffen aus der Beute siegreicher Schlachten als Weihgaben an Zeus aufgestellt. Verrotteten diese Pfähle, warf man die Waffen, die als Eigentum der Gottheit im Heiligtum bleiben mußten, in Brunnenschächte, die immer wieder neu zu den Spielen ausgehoben wurden.

Über den S-Wall des Stadions gelangte man in das **Hippodrom** [25], das der Alpheios im Laufe der Jahrhunderte wohl spurlos beseitigt hat.

Um das Heiligtum von dem Getriebe des Stadions und der Wettkämpfe abzuschirmen und der Altis einen architektonischen Abschluß zu geben, begann man im 4. Jh. v. Chr. am O-Rand des Heiligtums mit dem Bau einer 2schiffigen Halle. Hinter ihr lag ein Hof, in dem wohl Sportgerät aufbewahrt wurde. Wegen eines besonderen akustischen Effekts wurde diese Stoa als **Echohalle** [26] bezeichnet. Der Zuschnitt der Steine des Stufenbaus erinnert an das Philippeion, so daß die gleiche Werkstatt, vielleicht sogar ein Auftraggeber hinter beiden Bauten stehen könnte. In klassischer Zeit ging der Bau aber nicht über die Höhe der Stufen hinaus. Erst im 1. Jh. v. Chr. wurde er vollendet.

Vor der Halle waren zahlreiche Denkmäler aufgereiht, deren Basen vielfach erhalten sind. Das größte war das **Ptolemäer-Weihgeschenk** [27], das ein samischer Admiral im 3. Jh. v. Chr. zu Ehren des ägyptischen Herrscherhauses stiftete. Auf einem hohen Sockel standen über 10 m hohe ionische Säulen, deren marmorne Trommeln hier teilweise noch zu sehen sind. Sie trugen die Statuen Ptolemaios' II. und seiner Gemahlin Arsinoe.

Die Echohalle wurde fast in einer Flucht mit einem Gebäude des frühen 4. Jh. v. Chr. unbekannter Bestimmung, dem sog. **Südostbau** [28], aufgeführt. 4 Kammern waren hier an 3 Seiten von einer Säulenhalle umgeben. Der Bau war mit einem Hof verbunden, in dem vielleicht der Bezirk der Hestia zu sehen ist, deren Kult später in das Prytaneion übertragen wurde. Von einer weiteren Halle des 4.Jh. v.Chr. hat man noch weiter östlich das Fundament freigelegt, und ganz in der Nähe entdeckte man das älteste Denkmal des Areals, einen Altar der Artemis.

Im Hellenismus hat man in diesem Gelände ein weitläufiges Gebäude errichtet, dem im 1.Jh. v.Chr. nach S eine weitere Säulenfront vorgelegt wurde. Diese Bauten mußten im 1.Jh. v.Chr. einem Haus weichen, in dem Kaiser Nero bei seinem Besuch in Olympia residierte. Die W-Front dieser Villa schmückte eine lichte Säulenreihe. Durch sie betrat man das Atrium des Hauses mit einem flachen Wasserbecken im Zentrum. Nach O schloß sich ein Säulenhof an mit einem Garten, den ein flacher Wassergraben einfaßte.

Anfang des 3.Jh. n.Chr. hat man diese Villa wieder abgerissen und auf dem Gelände einen fast 500 m^2 großen **Palast** [29] angelegt. Von diesem rühren die teilweise noch mehrere Meter hohen Backsteinmauern. Im SO sind die kleinen **Thermen** dieses Palastes besonders gut erhalten.

Unweit der W-Seite des Nero-Hauses bilden dicht aneinandergeschobene Blöcke den Sockel eines **Triumphbogens** [30], dessen 3 Durchgänge an den verschiedenartigen Steinen noch zu erkennen sind. Man hat hier die Blöcke einer Basis verbaut, die zuvor ein bronzenes Viergespann getragen hatte. Vermutlich wurde dieser Bogen für Kaiser Nero errichtet, der in Olympia im Wagenrennen gesiegt hatte.

Südöstlich des Bogens wurde der Unterbau eines kleinen **Odeions** [31], eines Konzertgebäudes des 2.Jh. n.Chr., ausgegraben.

Zeus-Tempel [32]. In dem lange Zeit von Bauten freigehaltenen Kern des Heiligtums, wo Zeus bei dem Aschenaltar und dem wilden Ölbaum verehrt wurde, begann man um 470 v. Chr. mit dem Bau seines Tempels. Anlaß war vielleicht der Synoikismos von Elis, die Gründung der Hauptstadt aus mehreren Gemeinden, und die Vergrößerung des Territoriums nach S. Unter der Leitung des einheimischen Architekten Libon war der Bau 457 v.Chr. so weit vollen-

det, daß die Spartaner nach einem Sieg über die Athener bei Tanagra einen goldenen Schild an seinen First heften konnten.
Die von den Ausgräbern weitgehend freigelegten Fundamente des Tempels waren urspr. bis zum Ansatz des Stufenbaus von einem künstlichen Hügel bedeckt. Man hat den Bau als Musterbeispiel eines klassischen dorischen Tempels angesprochen. Sein Stufenbau ist gegenüber dem Heraion von 2 auf 3 Stufen gewachsen. Wie später beim Parthenon weisen die horizontalen Schichten eine leichte Wölbung auf. Klassischem Kanon gemäß besteht die Ringhalle aus 6×13 Säulen. Mit 10,50 m sind die Säulen geringfügig höher als die des Parthenon. Während sie an den Fronten senkrecht aufwuchsen, neigten sie sich an den Langseiten, wo sie enger an die Wände der Cella herantreten, leicht nach innen und ließen den Bau so geschlossener erscheinen. An den Kapitellen ist der Stilwandel von der späten Archaik zur Klassik abzulesen; die ältesten sind jene im O, die fortschrittlichsten die im W. Die Metopen der Ringhalle blieben ohne Schmuck. Erst 146 v.Chr. hat der röm. Feldherr Mummius an jenen der Schmalseiten 21 vergoldete Schilde aufhängen lassen.
Mit Ausnahme des marmornen Daches bestand der Bau aus lokalem Muschelkalk, der mit einer feinen, teilweise bunt bemalten Stuckschicht umkleidet wurde. An dem marmornen, bemalten Dachgesims saßen an den Langseiten Löwenkopfwasserspeier, von denen einige, die von einer späteren Erneuerung herrühren, vor dem O der N-Seite im Freien verblieben sind (andere im Museum). Die Ecken des Daches trugen bronzene Dreifußkessel, der First vergoldete Niken.
Innerhalb des Umgangs zeigten die Metopen Reliefs mit den Taten des Herakles (Museum).
Die Cella war durch doppelgeschossige Säulenreihen in 3 Schiffe gegliedert. Eine Treppe in der SO-Ecke führte zu einer Empore über den Seitenschiffen. – In der Cella stand

das *Kultbild des Zeus*, eines der Sieben Weltwunder der Antike, merkwürdigerweise erst Jahrzehnte nach der Vollendung des Tempels von Phidias aus Gold und Elfenbein geschaffen. Schranken mit Gemälden des Panainos, des Bruders des Bildhauers, trennten den Bezirk vor dem Kultbild ab, das mit über 12 m die ganze Höhe des Raumes füllte. Schwarze Steinplatten bedeckten den Boden vor dem Koloß. Ein Relief an der Basis zeigte die olympischen Götter bei der Geburt der Athena. Niken umtanzten die Thronbeine. Die Langseiten trugen Reliefs mit Apollon und Artemis bei der Erlegung der Kinder der Niobe. Seine Armlehnen ruhten auf Sphingen, die thebanische Jünglinge niederschlugen. Auf den Verstrebungen waren Darstellungen der 8 Wettkampfarten und ein Amazonenkampf zu sehen. Auf den Thronlehnen standen 3 Chariten und 3 Horen. Der von Löwen getragene Schemel war nochmals mit einer Amazonomachie geschmückt. Das Haupt des Gottes bedeckte ein goldener Ölzweigkranz. In seiner Linken ruhte ein Zepter mit einem Adler, und seine Rechte trug eine vergoldete Nike.

Vor der O-Seite des Zeus-Tempels standen besonders viele **Weihgeschenke** und **Siegerstatuen** [33]. 3 halbrunde Basen mit Ruhebänken trugen *Ehrenstatuen eleischer Patrizier* [a] aus dem 1. Jh. v. Chr. – Am Weg östlich hiervon liegt das längliche Postament mit der Einlassung für die Hufe eines *Stieres* [b], den die Eretrier im frühen 5. Jh. v. Chr. weihten (Reste im Museum), und der Signatur des Künstlers Philesios. – Das Gelände wird beherrscht von dem etwa zur Hälfte wieder aufgebauten, dreieckigen Pfeiler für die *Nike des Paionios* ([c], Statue im Museum). – Zwischen dem Pfeiler und dem Zeus-Tempel trug eine lange, gerundete Basis *Bronzestatuen der achäischen Helden* vor Troja [d]. Ihnen gegenüber stand auf einem runden Sockel der greise Nestor, der die Lose für den Zweikampf mit Hektor im Helm schüttelte. Die Gruppe, an der der äginetische Künstler Onatas mitarbeitete, war zur Zeit der Erbauung des Tempels 470–460 v. Chr. hier aufgestellt worden. – Ebenso alt war das 10m hohe *Zeus-Bild* [e], das die Griechen nach dem Sieg über die Perser 479 v. Chr. etwas weiter südlich aufstellten; von seiner Basis ist die untere Steinlage noch erhalten. – Etwa gleichzeitig ist das *Weihgeschenk* [f], das ein sizilischer Grieche namens *Praxiteles* von verschiedenen argivischen Künstlern schaffen ließ. Auch von ihm blieb nur die Basis übrig.

Östlich des Pfeilers der Paionios-Nike sind Fundamente der **Herulermauer** mit sekundär verbauten Trommeln älterer Gebäude sichtbar.

Südlich des Zeus-Tempels verlaufen eine niedrige Terrassenmauer und ein Weg, und südlich hiervon steht die Basis eines *Weihgeschenks der Apolloniaten* [g], Einwohner einer griech. Kolonie im heutigen Albanien. Das frühklassische Denkmal zeigte in der Mitte Zeus, zu beiden Seiten Thetis und Hemera-Eos, sowie Paare von je 5 achäischen und troischen Helden.

Südlich davon erstreckten sich die Mauern der 2 Säle des Sitzes des Olympischen Rates, des **Buleuterions** [34], wo die Statue des Zeus Horkios stand. Der apsidale Abschluß der beiden Trakte ist vielleicht aus der Tradition von Bauten des 2. Jt. v. Chr. zu erklären. Beide werden den Bauformen nach zu urteilen um 500 entstanden sein. Zwischen sie schob sich im 4. Jh. v. Chr. ein Bau mit quadratischem Grundriß. Den ganzen Komplex schloß eine nach O offene Säulenhalle aus derselben Zeit ab.

Die S-Grenze der Altis bildete seit dem 4. Jh. v. Chr. die sog. **Südhalle** [35]. Sie war nicht zum Heiligtum, sondern nach S orientiert. Ein von einem Giebel bekrönter Mittelrisalit gliederte die langgezogene Säulenfront und betonte den einganghaften Charakter des Gebäudes, vor dem vielleicht eine Agora als profaner Versammlungsplatz lag. – Westlich hiervon erstrecken sich die Ruinen verschiedener Gebäude aus röm. Zeit [36], v. a. einer **Thermenanlage**.

Gegenüber dem Haupteingang zur Altis errichtete der Naxier Leonidas im 4. Jh. v. Chr. ein Gästehaus, das **Leonidaion** [37]. Der Komplex wird nach außen von Säulenhallen eingefaßt. Verschiedene Gänge führten zu dem wiederum von Säulenhallen gerahmten Innenhof, von dem aus die einzelnen Zimmertrakte zu erreichen waren. Urspr. als Herberge gedacht, diente das Leonidaion im 2. Jh. n. Chr. den röm. Statthaltern bei ihren Aufenthalten in Olympia als Residenz. In dieser Zeit wurden die Wohnräume neu gegliedert. Größere Säle und geräumigere Gemächer öffneten sich nun zu dem Innenhof, dessen Garten neu gestaltet wurde. Über einen Wassergraben führten jetzt 2 Stege zu einer Insel mit geschweiften Beeten, Ruhebänken und Statuen. Ihrerseits umschloß diese Insel ein weiteres, kreisrundes Inselchen, in dessen Mitte ein Springbrunnen plätscherte.

Über die Grundmauern späthellenist. Werkstätten hinweg gelangt man von hier aus zur **Werkstatt des Phidias** [38], die, zur Schaffung des Kultbildes des Zeus errichtet, danach als Atelier für weitere Arbeiten diente. Von dem urspr., in seinen Maßen der Cella des Zeus-Tempels entsprechenden Bau stammen die wohlgefügten unteren Steinschichten und die Fenstereinfassungen. Man betrat die Werkstatt wie den Tempel von O.

Im 2. Jh. n. Chr. stand in dem ehem. Atelier ein Altar für alle Götter, und im 5. Jh. n. Chr. wandelte man es in eine Kirche um. Die ehem. Eingangstür wurde durch eine Apsis verschlossen. Durch einen Vorhof und eine Tür im westl. Teil und von dort aus über einen Narthex gelangte man in einen 3schiffigen Kirchenraum, dessen hinterer Teil durch Schranken abgeteilt ist. Eine Inschrift besagt, daß ein Lektor namens Kyriakos den Boden, der damals schon 1 m über dem klassischen Niveau lag, mit Marmorplatten auslegen ließ. Im 6. Jh. n. Chr. wurde die Kirche noch einmal erneuert. Ihre Ziegelmauerkronen überragten immer noch die Schwemmschichten, als hier im 19. Jh. die Ausgrabungen begannen.

Südlich der Werkstatt wurde der Abraum des Ateliers

ausgegraben mit Abfallstücken von Beinschnitzereien, verschiedenfarbigen Steinen, Goldpartikeln, gläsernen Palmettenblättern, Blechstücken, Scherben, in denen Farbe angerührt worden war, v.a. aber Tonmodeln für den Guß gläserner Gewandpartien.

Westlich der Werkstatt erstreckte sich ein weitläufiger Komplex **röm. Gästehäuser** [39].

Die Reste einer klassischen, im 1.Jh. v.Chr. erweiterten Anlage weiter nordöstlich werden als **Theokoleon** [40], als Priesterhaus, interpretiert.

In dem aus Quadern gefügten Rund nördlich der Phidias-Werkstatt wurde ein **Heroen-Altar** [41] gefunden. Der Bau könnte zuvor als Schwitzbad gedient haben, da in seiner Nähe die **griech. Bäder** [42] aufgedeckt wurden. Erst die Entdeckung dieses Badehauses vermittelte eine Vorstellung von der Entwicklung griech. Badekultur vom 5. Jh. v. Chr. bis zur Zeitenwende. Ein langgestrecktes Gemach mit 2 Schöpfbecken erweiterte man nach der Mitte des 5. Jh. v. Chr. um einen etwas tieferen Raum mit 11 Sitzbadewannen. Ein Bassin in der NO-Ecke des Raumes wurde von einer Wasserrinne gespeist. Ein anderes in der SW-Ecke könnte als Stehbadewanne gedient haben. Um 400 v. Chr. richtete man darüber eine Anlage zum Erwärmen von Wasser ein. Nach der Mitte des 4.Jh. v. Chr. hat man im W ein neues Sitzbad mit 20 Wannen angelegt, und um 100 v. Chr. kam ein Hypokaustenbad (mit Fußbodenheizung), das älteste, das wir kennen, hinzu. – Zu der Badeanlage gehörte ein fast 400 m^2 großes Schwimmbecken, das um 100 n. Chr. von den sog. **Kladeos-Thermen** [43] teilweise überbaut wurde.

Nicht zufällig liegt die Badeanlage in der Nachbarschaft des Übungsplatzes der Ringer, wo im 3. Jh. v. Chr. die ausgedehnte **Palästra** [44] errichtet wurde. Der nach allen 4 Seiten von Säulenhallen umgebene Innenhof ist in seinem N-Teil gepflastert. Hinter den Umgängen liegen teilweise mit Sitzbänken ausgestattete Säle. Der größte in der Mitte der

N-Seite war das Ephebeion, der Raum der älteren Knaben. Der durchgehende Raum an der S-Seite diente bei schlechtem Wetter als Trainingshalle.
In dem **Gymnasium** [45] nördlich der Palästra übten die Läufer und Fünfkämpfer. Im Gegensatz zur Palästra ist das Gymnasium nicht einheitlich erstellt, sondern stufenweise gewachsen. Von der schmalen, sich an die Rückwand der Palästra anlehnenden *Südhalle* hat der Kladeos einen Teil hinweggeschwemmt. Die 2schiffige *Osthalle* ist erst in ihrem südl. Teil freigelegt; ihr Ende wurde weit im N, jenseits der modernen Straße, festgestellt. Die mehr als 200 m lange Osthalle diente bei schlechter Witterung wohl als Laufbahn. Wie die Südhalle wurde sie im 2. Jh. v. Chr. errichtet. Erst im 1. Jh. v. Chr. erhielt die Anlage auch ein repräsentatives *Eingangstor*, eines der delikatesten der hellenist. Welt. Sein 3schiffiger Durchgangsraum ließ sich durch Gitter verschließen. Den Schmalseiten waren je 4 Säulen vorgelagert, deren fein gegliederte Akanthos-Kapitelle eine reiche Kassettendecke trugen.

Museum

Bis auf wenige nach Paris, Athen und Berlin gelangte Stücke sind alle Funde der Ausgrabungen in Olympia geblieben. Von dem schönen neoklassizistischen Bau oberhalb des W-Ufers des Kladeos wurden sie seit 1960 in das Neue Museum überführt.
Vorhalle: Statuenbasen, u. a. die des Athleten Kyniskos für eine Statue des Polyklet, und neben Architekturteilen einige röm. Gewandstatuen aus dem Pronaos des Heraions und dem Nymphäum des Herodes Atticus.
Foyer: Modelle der Altis und Rekonstruktion eines Dreifußkessels des 8. Jh. v. Chr.
Mittelsaal: Skulpturen des um 457 v. Chr. vollendeten Zeus-Tempels. Ihre Meister sind namentlich nicht bekannt. Da der Architekt des Tempels ein Einheimischer war, mögen sie ebenfalls von der Peloponnes stammen.

Der W-Giebel zeigt Kentauren, die sich als Gäste des Königs Peirithoos an den Frauen der Lapithen vergreifen. In der Mitte steht mit weisender Gebärde Apollon. Beiderseits schließt sich je eine Dreiergruppe an: Kentauren, die Lapithinnen gepackt haben und rechts von Theseus, links von Peirithoos angegriffen werden. Es folgen weitere Zweier- und Dreiergruppen, deren Rhythmus sich von dem darunter verlaufenden Metopen-Triglyphen-Fries ableitet. In den Giebelecken beobachten gelagerte Frauen das Kampfgeschehen und vermitteln, ähnlich dem Chor antiker Tragödien, zwischen Handlung und Betrachter. Von ihnen mußten nach Erdbeben im 4. und 1.Jh. v.Chr. eine erheblich ergänzt, 3 andere durch Kopien ersetzt werden.
Im O ist der Augenblick vor der Wettfahrt zwischen dem einheimischen König Oinomaos und Pelops um die Hand der Königstochter Hippodameia dargestellt. Durch Verrat von Oinomaos' Wagenlenker Myrtilos siegte Pelops. Oinomaos stürzte zu Tode. Zur Sühne stiftete Pelops die Olympischen Spiele.
In den Giebelecken bezeichnen die Flußgötter Kladeos und Alpheios den Ort der Handlung. Sie blicken zur Mitte, wo Zeus über den Ausgang entscheidet. Neben ihm stehen der jugendlich bartlose Pelops und, als älterer Mann geschildert, Oinomaos sowie die Königin Sterope und die Braut. Links sitzt neben dem Flußgott ein Seher, der das Ende kennt, ohne dem Unglück steuern zu können. Ihm entspricht rechts ein weiterer, der sich verzweifelt die Haare rauft. Vor den Sehern stehen die Gespanne – die offenbar aus Bronze gegossenen Wagen sind verloren – mit Lenkern und Pferdehaltern.
Die Metopen der Stirnseiten von Pronaos und Opisthodom zeigten, im W beginnend, die Taten des Herakles in chronologischer Reihenfolge. Teile, die sich heute im Louvre befinden, sind in Olympia durch Gipsabgüsse ersetzt.
In einzelnen Vitrinen sind Funde aus dem Schutt der Phidias-Werkstatt zu sehen (s.o.). – Vom Foyer nach links zu

Saal I: Prähistorische Funde der Umgebung, u.a. von einem Fundplatz nordöstlich Olympias, in dem die mykenische Königsstadt Pisa vermutet wird.
In 2 Vitrinen ist die Entwicklung der Dreifußkessel, des wichtigsten monumentalen Weihgeschenks des 9.–8. Jh. v. Chr., dargestellt.
Saal II: Geometrische und archaische Bronzen.
Links vom Eingang geometrische Votivfiguren des 8. und 7. Jh. v. Chr., wie sie zu Tausenden in der Altis gefunden wurden. Daneben orientalische Bronzereliefs.
Gegenüber ein Kessel mit orientalischen Attaschen und Ansätzen von Löwen- und Greifenprotomen. In einer Vitrine neben orientalischen Attaschen auch griech. Imitationen und einzelne Kesselprotomen.
An den Wänden und in den folgenden Vitrinen Waffenweihungen des 7.–5. Jh. v. Chr., darunter viele mit reichem figürlichem und ornamentalem Schmuck. Auf einem Bauchschild in feiner Zeichnung die Begegnung von Menelaos und Helena nach der Eroberung von Troja. Auf Panzern eine Götterversammlung sowie die Befreiung Helenas aus der Gewalt von Theseus und Peirithoos durch ihre Brüder, die Dioskuren.
Zahlreiche archaische Bronzestatuetten waren teils selbständige Weihungen oder gehörten zum Schmuck von Gerätschaften.
Am Ende des Saales das weitgehend restaurierte, 230 cm große Firstakroter des Heraions (um 600 v. Chr.) und ein etwas jüngeres Scheibenakroter (um 560 v. Chr.). Zum Schmuck von Gebäuden zählten vermutlich eine große Löwenprotome des frühen 6. Jh. v. Chr. und das Relief einer ihr Junges säugenden Greifin (7. Jh. v. Chr.). Wie diese aus Bronzeblech getrieben ist der Oberkörper eines weiblichen, geflügelten Fabelwesens.
Eine Brunnenfigur in Gestalt eines Löwen aus der 1. Hälfte des 7. Jh. v. Chr. ist die älteste bisher bekannte griech. Monumentalplastik. – Ein monumentaler Kalksteinkopf aus der

Zeit um 600 v. Chr. gehörte wohl zum Kultbild des Heraions oder zu dessen Giebel.
Aus Katakolon (s.u., Umgebung) und Phigalia stammen die Fragmente von 2 Kuroi.
Saal III: Archaische Bauglieder und Kleinfunde. – An der Rückwand der Giebel des Schatzhauses von Megara (um 490 v. Chr.) mit dem Kampf der Götter und Giganten aus einer nordostpeloponnesischen Werkstatt. – An den anderen Wänden Dachverkleidungen aus Terrakotta von verschiedenen Schatzhäusern, am umfangreichsten von dem der Geloer.
In Vitrinen Keramikfunde aus archaischer Zeit und archaische Bronzegefäße.
Saal IV: Großplastik. – Reste von zwischen 525 und 450 v. Chr. als selbständige Skulpturen oder Bekrönungen von Schatzhäusern entstandenen Bildwerken aus Terrakotta. 2 behelmte Marmorköpfe (von Waffenläufern?) aus dem späten 6. Jh. werden einer lakonischen Werkstatt zugeschrieben. – Aus Argos stammt ein kleines Meisterwerk, ein Pferd von einer Quadriga (um 460 v. Chr.).
Im Zentrum der Exedra des Herodes Atticus stand eine stilistisch heterogene Zeus-Statue; ein überlebensgroßer Torso des 2. Jh. v. Chr. könnte zu einer von dem röm. General Mummius gestifteten Zeus-Statue gehört haben.
In Vitrinen Helme, einer von Miltiades und ein anderer von den Athenern aus der Beute der Perserkriege geweiht. Ferner allerlei Gerät, Schaufeln, Bratspieße, Schlüssel usw.
Annex: Nike des Paionios. Die Statue wurde nach 429 v. Chr. von den Messeniern und Naupaktiern nach einem Sieg, wohl über die Spartaner, geweiht. Der Künstler war Paionios, der auch die Zeus-Tempel-Akrotere geschaffen hatte. Mit dem reichen Spiel seiner wie naß anklebendes Tuch den Körper umspielenden Falten ist die Statue eines der charakteristischsten Beispiele des Übergangsstils von der hohen Klassik zum sog. Reichen Stil des ausgehenden 5. Jh. v. Chr.

Saal V: Klassische und hellenist. Funde. – In einer Vitrine spätklassische und hellenist. Bronze- und Terrakottastatuetten sowie Fragmente großer, in der Spätantike zerschlagener Bronzestatuen. Darunter als einziger uns erhaltener originaler Rest einer Plastik des Polyklet eine Haarlocke. Von Siegerstatuen ein Marmorkopf eines Faustkämpfers aus dem 4. Jh. v. Chr. und eine Basis des 2. Jh. v. Chr. mit einem Bronzefuß. – Der Torso eines gelagerten Dionysos stand wohl im Giebel des Metroons. – Ein späthellenist. Knabenkopf aus Bronze wurde mit eingedrücktem Gesicht gefunden (daneben eine Rekonstruktion).

Anderes stammt von verschiedenen Orten der Region: eine Metope mit Amazonenkampf aus Elis, ein Löwe des späten 4. Jh. v. Chr. aus dem Ort Varvasena (zwischen Olympia und Pyrgos), ein Porträt Alexanders d. Gr. aus Volanza (heute Alphiusa, ebenfalls westlich von Olympia).

Ein Gang führt in das *Kabinett des Hermes des Praxiteles.* Die um 350 v. Chr. geschaffene, von Pausanias im 2. Jh. v. Chr. im Heraion gesehene und daselbst ausgegrabene Statue ist eines der wenigen uns im Original erhaltenen klassischen Meisterwerke. Die Gruppe schildert, wie Hermes mit dem Dionysosknaben Rast macht und sich an einen Baumstamm lehnt. Mit der Rechten hielt er eine Traube empor, nach der sich der kindliche Gott des Weins gierig reckt.

Saal VI: Römische Skulptur. – Im vorderen Teil röm. Statuen aus dem Heraion und dessen Umgebung, z. T. auf klassische Vorbilder zurückgehend.

Statuen aus dem Metroon. Statue des Claudius (41–54 n. Chr.) und der flavischen Kaiser (69–96 n. Chr.) mit ihren Frauen.

Statuen der Familie des Herodes Atticus und der Kaiser Hadrian, Antoninus Pius und Marc Aurel mit ihren Angehörigen aus dem Nymphäum des Herodes Atticus, welches eine Inschrift auf einem ehemals am Beckenrand aufgestellten Stier als Weihung der Regilla, der Frau des Herodes Atticus, an Zeus ausweist.

Olympia. Museum. Hermes des Praxiteles

Saal VII: Denkmale zu den Spielen. Basen von Siegerstatuen, Sportgerät und Inschriften, Statuetten, die sich auf die Wettkämpfe beziehen. – Marmorbasis von der Siegerstatue des Athleten Polydamas, einem Werk des Lysipp aus der Mitte des 4.Jh. v.Chr., mit Reliefs, die Polydamas im Kampf mit einem Löwen und vor dem persischen Großkönig und seinen Frauen im Kampf mit dessen Leibgarde schildern.

Umgebung:

Ca. 2 km östlich von Olympia liegt unmittelbar links der Straße nach Arkadien in einer Frankonisi genannten Flur ein in röm. Zeit benützter, zu Olympia gehöriger **Friedhof**.

D9 Auf dem gegenüber liegenden Alpheios-Ufer lag bei **MAKRISIA** (Μακρίσια) das Landgut des Historikers Xenophon (ca. 430–354 v. Chr.). – Nördlich des Dorfes wurden auf dem Hügel mit der Kirche des Propheten Elias Reste eines **Tempels** des 5.Jh. v.Chr. ausgegraben. – Östlich des Dorfes nahe der kleinen Siedlung **BABES** Reste eines weiteren hochklassischen **Tempels**.

Ebenfalls jenseits des Alpheios liegen auf der Kuppe eines
D9 Berges bei dem Dorf **MAZI** (Μάζι) die Fundamente eines dorischen **Peripteros** des späten 5.Jh. v.Chr., von dem v.a. auch die Giebelskulpturen (im Museum von Patras) erhalten sind. – Unmittelbar bei dem modernen Dorf Reste einer aufwendigen klassischen **Nekropole**.

Ca. 15 km südlich von Olympia entspringt nahe der Küste
D9 in einer Höhle am O-Rand des Lagunensees von **KAIAFAS** (Καϊάφας) eine schwefelhaltige Thermalquelle, welche nach Pausanias den anigridischen Nymphen heilig war. – Auf einem Bergrücken nördlich des Sees erheben sich die ein-
D9 drucksvollen Mauern der hellenist. Stadt **SAMIKON**, welche die Küstenstraße sicherte.

PHEIA, der **Hafen** von Olympia, lag im N der Halbinsel
C9 von **KATAKOLON** (Κατάκολον) an der Stelle des Fleckens **AG. ANDREAS** (Άγ. Ἀνδρέας), wo im Meer Teile der Kai-

mauern und Säulentrommeln zu sehen sind. – Antike Quadern enthalten auch die Mauern der Frankenburg Beauvoire. – Auf der vorgelagerten Insel TIGANI (Τηγάνι) einige C9
antike **Gräber**.

12 km östlich von Olympia ist bei dem Dorf ASPRA SPITIA D9
(Ἄσπρα Σπίτια) nahe der Mündung des Erymanthos in den Alpheios der **Grabhügel des Koroibos** erhalten, der 776 v. Chr. den Wettlauf in Olympia gewann und daher als erster Olympionike die olympische Siegerliste anführte.

25 km östlich von Olympia sind von der antiken Stadt HE- D9
RAIA bei den Dörfern AG. IOANNIS (Ἀγ. Ἰωάννης) und LUTRA IREAS (Λουτρά Ἡραίας) vielfach Mauerreste und in späteren Bauten eingemauerte Spolien (Triglyphon an der Kirche von Lutra Ireas) zu sehen.

15 km (Luftlinie) südöstlich von Olympia erheben sich auf einem steilen Bergrücken südlich der Straße nach Andritsaina oberhalb des Ortes PLATIANA (Πλατιάνα) die hellenist. Mauern der Stadt TYPANEA, die u. a. ein kleines D9
Theater, von dem auch einige Ehrensitze erhalten sind, einschließen.

Orchomenos F7/8

(Ὀρχομενός – Böotien / Mittelgriechenland)

Kulturreste finden sich hier seit dem 7. Jt. v. Chr. Gegen 1900 v. Chr. trafen hier die Minyer ein, wie Heinrich Schliemann, der das Kuppelgrab freilegte (1880–86), das Volk nach seinem sagenhaften, von Homer in der »Ilias« als »reichsten aller Menschen« bezeichneten König Minyas nannte.

Das **Kuppelgrab** (»Schatzhaus des Minyas«) von 14 m Durchmesser besitzt noch das monumentale 5,44 m hohe Eingangstor mit Türsturz. Die Kuppel der Tholos selbst ist eingestürzt, doch zeigt die Decke der Totenkammer präch-

tig gearbeitete Ornamentreliefs, Rosettenfelder und darin Spiralen in unendlichem Rapport. Rosetten aus Bronze waren auch an die Gewölbesteine der Kuppel mit Stiften geheftet. Hier wurde erstmals sog. minyische Keramik, auf der Scheibe gedrehte Tonware eigenen Charakters aus der Zeit zwischen ca. 1900 und 1600 v. Chr., gefunden.
Im Klosterhof wurden Reste eines **mykenischen Palastes** (14.–13. Jh. v. Chr.) ausgegraben. Westlich des Friedhofs liegen die Fundamente eines **archaischen Tempels** und noch weiter westlich auf einer Terrasse die Reste des hellenist. **Asklepios-Tempels**. Am Berghang blieben von der im 7. Jh. v. Chr. errichteten und im 4. Jh. v. Chr. erneuerten **Stadtmauer** eindrucksvolle Partien erhalten.
Östlich des Kuppelgrabs bot ein im 4.–3. Jh. v. Chr. erbautes, mit dem Hauptheiligtum der Stadt, dem Tempel der Chariten, verbundenes **Theater** ca. 2000 Zuschauern Raum.

B6

Pandosia

(Πανδοσία – Preveza / Epirus)

Die Stadt wurde im 7. Jh. v. Chr. gegründet. 343/342 v. Chr. von Philipp von Makedonien eingenommen, wurde sie in der Folge weiter ausgebaut, 168 v. Chr. von den Römern zerstört und im 1. Jh. v. Chr. verlassen.
Der Ort ist mit einer Prophezeiung an den Molosserkönig Alexander I. verbunden, dem geweissagt worden war, er werde bei Pandosia am Acheron den Tod finden, weshalb er diese Gegend ängstlich mied. Er wurde 331 v. Chr. in Unteritalien bei Cosenza an einem gleichfalls Acheron benannten Fluß nahe einer Stadt, die ebenfalls Pandosia hieß, ermordet.

Auf einem die Acheron-Ebene beherrschenden Hügel nimmt heute das Dorf KASTRION (Καστρίον) die Stelle der antiken Stadt ein. Ein älterer, 1600 m langer **Mauerring** aus dem 4. Jh. v. Chr. umschließt mit seinen 22 Türmen die

Kuppe des Hügels. Ein jüngerer ist 700 m länger und umfaßt ein Areal, das etwa 10 000 Einwohnern Raum geboten haben mag.

Patras

D8

(Πάτραι – Achaia / Peloponnes)

In nicht näher bekannter Zeit entstand die Stadt durch den Zusammenschluß von 7 Dörfern. Sie war eine der 12 alten Städte der Landschaft Achaia und gab 280 v. Chr. Anstoß zur Gründung des Achäischen Bundes. Nach dem Krieg gegen die Römer 146 v. Chr. war die Stadt zeitweise fast verlassen. Mit der Gründung der röm. Kolonie »COLONIA AUGUSTA AROË PATRENSIS« durch Augustus, 14 v. Chr., bei der mehrere Nachbarstädte einbezogen wurden, gewann der Hafen für die Überfahrt nach Italien an Bedeutung und wurde Sitz des röm. Stadthalters. Der als Stadtpatron verehrte Apostel Andreas soll hier den Märtyrertod gefunden haben.

Eindrucksvollstes antikes Baudenkmal ist das stark restaurierte röm. **Odeion** mit seinem Szenengebäude und seinen Zuschauerrängen, vermutlich aus dem 2. Jh. n. Chr., hinter dem die **Akropolis** ansteigt. Von dieser sind innerhalb der mittelalterlichen und neuzeitlichen Festungsanlagen nur dürftige Reste auszumachen.

Das **Museum** (an einem Platz an der Kreuzung der Odos Aratu und der Odos Maizonos; Neubau geplant) enthält Funde aus der nordwestl. Peloponnes, u. a. die Giebelskulpturen des Tempels von Mazi bei Olympia aus dem 5. Jh. v. Chr. mit der Darstellung eines Gigantenkampfes, die Grabstatue eines kleinen Mädchens aus dem späten 4. Jh. v. Chr., eine Statuettenwiedergabe der Nemesis von Rhamnus (vgl. S. 323) des Phidias-Schülers Agorakritos und eine Kopie des Herakles des Lysipp sowie zahlreiche weitere röm. Kopien klassischer Meisterwerke und originale klassische Weihreliefs. – Unter den frühgriech. bis hellenist.

Kleinfunden sind ein Paar geometrischer Beinschienen aus einem Grab bei Kalavrita, ein archaischer Helm, eine archaische Hydria aus Bronze oder eine bemalte Terrakottastatuette eines mit Knöcheln spielenden Mädchens aus dem späten 4. Jh. v. Chr. hervorzuheben.

Umgebung:

30 km (Luftlinie) südöstlich von Patras liegen nahe der Straße nach Kalavrita (bei km 51) 3 km von dem heutigen Ort AG. VLASIOS (Ἄγ. Βλάσιος) umfangreiche Reste des **Theaters** und des **Szenengebäudes** aus dem 4. Jh. v. Chr. sowie der **Stadtmauer** aus polygonalen Blöcken der antiken
E8 Stadt LEONTION (Λεόντιον).

F2 Pella

(Πέλλα – Pella / Makedonien)

Der Makedonenkönig Archelaos (413–399 v. Chr.) verlegte die Hauptstadt seines Reiches von Aigai (s. Vergina) nach Pella, das bis zur Verlandung des Thermaischen Golfes noch Zugang zur See hatte. Bis 168 v. Chr. blieb Pella makedonische Hauptstadt. Als 148 v. Chr. Makedonien röm. Provinz wurde und die röm. Statthalter in Thessaloniki residierten, folgte der Niedergang.
Der Königspalast von Pella war schon im Altertum wegen seiner Kunstschätze berühmt. Zur Stärkung seiner Macht suchte der König, den makedonischen Adel an seinen Hof zu binden. Um die Residenz entstanden daher Adelspaläste, von denen einige ausgegraben wurden.

In das rechtwinklige Straßensystem fügen sich die im 4. Jh. v. Chr. erbauten **Adelspaläste** in der Weise ein, daß jeder ein volles oder ein halbes Geviert in Anspruch nimmt [1]. Nach außen schließen sie sich ganz ab. Selbst repräsentative Torbauten fehlen. Nach innen entwickeln sie dagegen große Pracht. An einen oder zwei von Säulenhallen eingefaßte In-

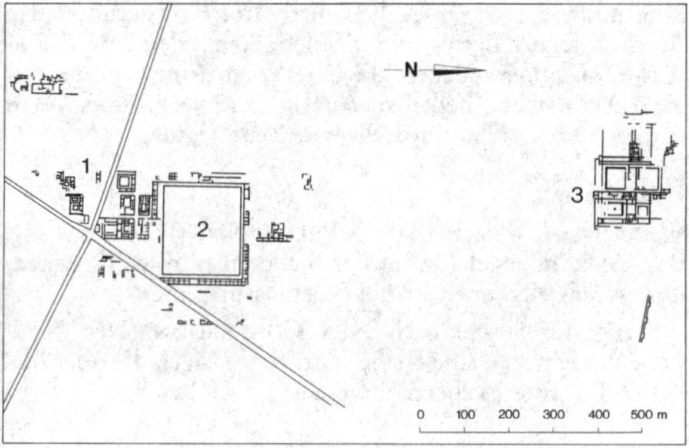

1 Peristylhäuser 2 Agora 3 Königspalast

Pella. Antike Stadt. Übersichtsplan

nenhöfe schließen sich Räume an, die häufig mit Mosaiken ausgelegt waren.

Unmittelbar nördlich folgt auf diese bisher ausgegrabenen Paläste eine riesige **Agora** [2], deren quadratische Fläche ganz von einem geschlossenen Säulengeviert umgeben ist. Auch die Agora wurde im 4. Jh. v. Chr. entworfen.

Über diesen Anlagen in der Ebene ragte auf einem Hügel im N der bislang erst teilweise ausgegrabene **Königspalast** [3] aus dem mittleren 4. Jh. v. Chr. auf. Hinter einer über 150 m langen, nach S blickenden Veranda mit einer Säulenhalle lagen mehrere Innenhöfe.

Museum. Einzigartig sind hier die *Mosaiken* des 4. Jh. v. Chr., die uns eine Vorstellung von der verlorenen Tafelmalerei jener Zeit geben. Anders als die aus würfelförmigen Steinen zusammengesetzten späteren Mosaiken bestehen diese in klassischer Zeit noch aus kleinen Kieseln. Umrißlinien sind häufig mit Bleiriegeln verdeutlicht. – Die Sammlung umfaßt auch einige hellenist. Bronzen, darunter den Beschlag eines Bettes, ein Kohlebecken oder eine Tischplatte mit Silbereinlagen, die eine Vorstellung von der reichen Ausstattung hellenist. Adelspaläste vermitteln. – Vor dem Museum steht eine hellenist. Reiterstatue.

Umgebung:

Weiter westlich liegt bei NEA PELLA (Νέα Πέλλα) das sog. **Bad Alexanders d. Gr.** an der Stelle einer röm. Neugründung von Pella, doch ist die Quellfassung älter.

Entlang der Straße nach NEA CHALKEDON (Νέα Χαλκηδών) zieht sich eine Reihe stattlicher Hügel, die über hellenist. **Kammergräbern** aufgeschüttet sind.

F8/9 **Perachora**

(Περαχώρα – Korinth / Peloponnes)

Die Halbinsel und das Vorgebirge waren schon im 4. Jt. v. Chr. besiedelt. Der Ort gehörte zunächst zu Megara, das ihn im 8. Jh. v. Chr. an Korinth abtreten mußte. Er stand noch in hellenist. Zeit in Blüte, und erst unter röm. Herrschaft setzte seit 146 v. Chr. der Niedergang ein.

Am Eingang des heutigen Dorfes haben sich auf einem felsigen Hügel Mauerzüge der hellenist. **Festung** und **Zisternen** erhalten.

Einige Kilometer vom Dorf nach W gelangt man zu dem durch einen Kanal mit dem Meer verbundenen, in der Antike als Gorgopis oder Eschaotis bezeichneten See von Vuliagmeni. Bei der Weiterfahrt zum W-Kap der Halbinsel kommt man an einigen Zisternen vorbei. Südlich davon sind Hausfundamente und die Grundmauern eines kleinen **Tempels** zu erkennen. – Am Kap selbst liegen die Ruinen des Heiligtums der Hera, das

Heraion. F8/9

Auf einem Pfad, der vom Ende der modernen Fahrstraße zur Küste hinabführt, gelangt man zu der kleinen Hafenbucht. Am N-Ende der Felsterrasse liegen die Fundamente des **Tempels der Hera**, die hier als Hera Akraia (*akra*, ›Kap‹) verehrt wurde, aus dem 6. Jh. v. Chr. Vor ihm ist ein kleiner Festplatz teilweise aus dem Felsen herausgearbeitet. Vor der O-Seite des Tempels liegt der Opferaltar aus dem 4. Jh. v. Chr., den ein Triglyphenfries schmückte.

Unmittelbar nördlich dieses Altars wurden unter den Fundamenten einer kleinen Halle Mauerzüge eines **älteren Tempels** aus dem 9.–8. Jh. v. Chr. ausgegraben. Östlich des Altars errichtete man im 4. Jh. v. Chr. eine schlichte Halle. Noch weiter östlich wurde zur Versorgung der Pilger in hellenist. Zeit eine große Zisterne angelegt sowie südlich dieser Zisterne ein Gebäude, in dem vermutlich die Besucher des Heiligtums Unterkunft finden konnten.

Folgt man von hier aus der nach O ansteigenden Talmulde, gelangt man zu einem Bezirk, in dem Hera unter dem Beinamen Limnaia (*limne*, ›See‹) verehrt wurde. Der Bezirk war von einer einfachen Mauer eingefaßt, die, wie auch der **Tempel**, dessen Fundamente hier im O-Teil ausgegraben wurden, urspr. im 8. Jh. v. Chr. errichtet worden ist.

Pheneos E9

(Φενεός – Korinth / Peloponnes)

Wie die Stymphalia ist auch das Becken von Pheneos ohne oberirdischen Abfluß. Die Stadt wird zwar bereits von Homer genannt, hat in der Geschichte jedoch keine größere Rolle gespielt. 373 v. Chr. wurde die Ebene nach einem Erdbeben überflutet.

Die antike Stadt lag südlich des Dorfes **Kalyvia** (Καλύβια), 5 km von dem heutigen Ort gleichen Namens entfernt. Am N-Abhang des Hügels sind Teile der **Akropolismauer** aus polygonalen Blöcken zu sehen. Außerdem wurde ein **Asklepios-Heiligtum** ausgegraben mit den überlebensgroßen marmornen Köpfen, Füßen und Händen der Kultstatuen des Asklepios und der Hygieia (im örtlichen Museum), während die Leiber aus Holz bestanden.

D10 **Phigalia**

(Φιγάλεια – Elis / Peloponnes)

D10 Bassai (Βᾶσσαι). **Tempel des Apollon Epikurios**

Grund zum Bau des Tempels war angeblich die Pest, die 430 v. Chr. während des Peloponnesischen Krieges Griechenland heimsuchte und vor der man von dem Gott Rettung erhoffte (*epikurios*, ›helfend‹). Wegen seiner einsamen Lage wurde der Tempel in der Nachantike nicht als Steinbruch ausgeplündert. Erdbeben brachten seine Mauern zum Einsturz. Seine 1811–12 geborgenen Friese wurden von den Entdeckern (darunter Carl Haller von Hallerstein und Robert Cockerell, beide Architekten) nach London (British Museum) verkauft. Einige Säulen und v. a. die Wände der Cella hat man zu Beginn des 20. Jh. wiederaufgebaut. Weitere Restaurierungen sind im Gang. Der Tempel wird bis auf weiteres von einem Zelt geschützt, da der Regen die Kalksteinfelsen, auf denen er steht, auflöst und seine Standfestigkeit gefährdet.

Reste eines älteren, archaischen Tempels wurden unmittelbar südlich des klassischen entdeckt, in dessen Fundamenten Blöcke des Vorläufers verbaut sind.

Der nach Auskunft des Pausanias von Iktinos, dem Erbauer des Parthenon, errichtete Tempel besteht aus lokalem Kalkstein, der urspr. mit Stuck überzogen war. Nur für einzelne Partien, v. a. für die Friese, wurden Marmorblöcke importiert.

Der Tempel ist ein dorischer Peripteros, der sich mit 15 × 6 Säulen für einen hochklassischen Bau ungewöhnlich lang

Phigalia. Apollon-Epikurios-Tempel

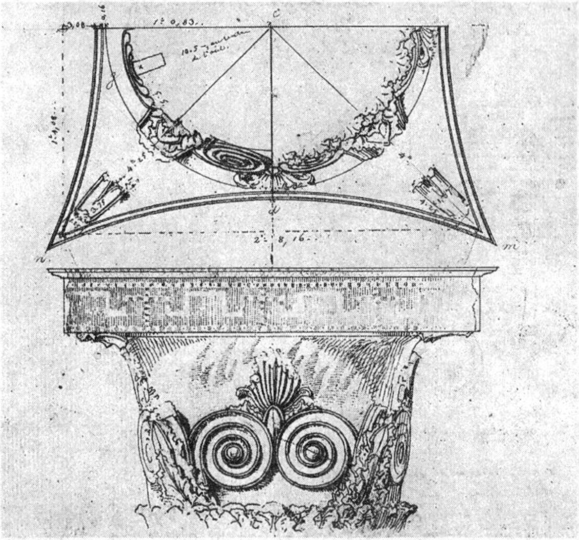

Phigalia. Apollon-Epikurios-Tempel. Korinthisches Kapitell Zeichnung von Carl Haller von Hallerstein

ausdehnt. Möglicherweise hatte eine konservative Priesterschaft auf diesen altertümlichen Proportionen bestanden (vgl. den Apollon-Tempel in Delphi). Merkwürdig ist auch die Orientierung des Baues nach N und nicht – wie kanonisch – nach O, wo dafür eine Tür an der Langseite in einen von der Cella durch eine Säule abgetrennten kleineren Raum führt.

Trotz desselben Architekten umschließt die Ringhalle die Cella nicht so dicht wie beim Parthenon. An den Langseiten reichen die Cellawände sogar nur bis zur 3. Säule, so daß offene Vorhallen entstehen. Ähnliches kehrt beim Hephaistos-Tempel (»Theseion«) in Athen und am Tempel von Sunion wieder und ist jedenfalls mit attischem Einfluß zu erklären.

Die ungewöhnlich tiefe Cella ist so originell wie bei keinem anderen Tempel dieser Zeit gestaltet. Ihre Langseiten werden innen von Zungenmauern gegliedert, die in ionischen

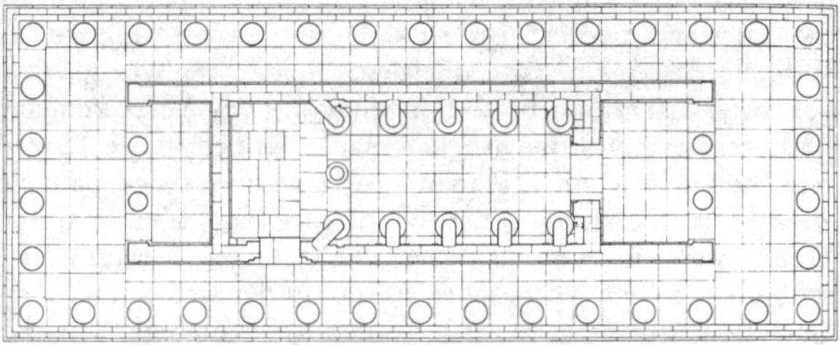

Phigalia. Apollon-Epikurios-Tempel. Grundriß

Säulen enden. Ein ionisches Element ist auch der Fries (heute in London) mit der Darstellung von Amazonen- und Kentaurenkämpfen, der sich um das Innere zog. Die Kombination dorischer und ionischer Elemente hat in dieser Zeit ebenfalls nur in Attika an den Propyläen der Akropolis ihre Parallele, wie ja dort auch im hinteren Teil des Parthenon ionische Säulen standen, dessen die Cella-Wände einfassender Fries ebenfalls ein dorischen Bauten urspr. fremdes Element ist.

Der Kranz der Zungenmauern mit den ionischen Säulen und dem Fries spart das kleine Gemach im S aus, wo vielleicht das Kultbild stand. Die Säule im Durchgang von der Cella zu diesem Raum unterscheidet sich schon in der Basis von den benachbarten ionischen. Ihr heute verlorenes, aber in Zeichnungen überliefertes Kapitell ist das älteste uns bekannte korinthische Kapitell. So umfaßt der Apollon-Tempel nicht – wie der Parthenon oder die Propyläen von Athen – zwei, sondern Elemente aller drei Ordnungen der griech. Baukunst und weist damit auf Tempel des 4. Jh. v. Chr. (Tegea, Nemea) voraus.

Eigentümlicherweise stehen die Zungenmauer an der Grenze zu dem kleinen Kultraum im S nicht, wie die übrigen, senkrecht, sondern diagonal zur Cellawand. Befremdlich erscheint weiterhin, wie dicht das nördl. Säulenpaar an die Türwand gerückt ist, so daß hier kaum zugängliche Winkel entstanden. Da außerdem beobachtet wurde, daß der Fries nachträglich, aber noch vor dem Versetzen am Bau, verkürzt worden ist, hat man erwogen, diese Ungereimtheiten mit einer Planänderung während der Bauzeit zu erklären. Der hypothetische urspr. Plan könnte unter Umständen eine durchgehende, den jetzigen S-Raum einschließende Cella vorgesehen haben, in der sich Mauerzungen oder auch frei stehende Säulen gleichmäßiger auf die ganze Länge des Raumes verteilten. Indessen fehlen für weitere Säulen oder Mauerzungen im S-Teil die Fundamente, die eine solche Hypothese stützen könnten.

Der etwas provinzielle Stil der Friese wie andererseits die engen Beziehungen zu attischen Bauten lassen vermuten, daß der Tempel von einem attischen Architekten (Iktinos) entworfen, aber von einer einheimischen Bauhütte ausgeführt wurde.

Umgebung:

Von der 6 km (Luftlinie) südwestlich (am Weg vor dem Ort PERIVOLIA [Περιβόλια] Reste eines repräsentativen dorischen Baues unbekannter Bestimmung) gelegenen, wegen ihrer strategisch wichtigen Lage mehrfach umkämpften und okkupierten Stadt PHIGALIA, deren Stelle heute der malerische Ort PAVLIZA (amtl. ANO PHIGALIA) einnimmt, sind v. a. große Abschnitte des 5 km langen hellenist. **Mauerrings**, ein **Brunnen** sowie die Grundmauern eines hellenist. **Tempels** mit der Basis für das Kultbild erhalten.

Von dort aus führt der Weg nach W zur Küste nach 20 km durch das Dorf LEPREON (Λέπρεον). Von der antiken Stadt D10 sind hier oberhalb des heutigen Ortes an der Straße nach Taxiarchai stattliche Teile der **Akropolismauer** und die Fundamente eines kleinen **Tempels** des 4. Jh. v. Chr. erhalten, welcher dem Metroon in Olympia auffallend gleicht.

Philippi I2

(Φίλιπποι – Kavala / Makedonien)

Der urspr. ob seines Quellenreichtums KRENIDES (*krene*, ›Brunnen‹) genannte Hauptort der Region am NO-Abhang des silberreichen Pangaion wurde 358 v. Chr. von Philipp II. von Makedonien erobert und übernahm dessen Namen. Nach der Niederlage gegen die Römer in der Schlacht von Pydna (168 v. Chr.) gehörte die Stadt zur röm. Provinz Macedonia. 42 v. Chr. war sie Schauplatz des Sieges Marc Antons und Octavians über die Caesar-Mörder Brutus und Cassius. Danach wurde die röm. Besiedlung der Stadt bis in das 1. Jh. n. Chr. stark gefördert. In dieser blühenden Metropole gründete der Apostel Paulus die erste Christengemeinde Europas. Sie litt unter den Einfällen der Goten (473 n. Chr.), der Slawen (7.–8. Jh. n. Chr.) und der Bulgaren. Im 10. Jh. nochmals erneuert, verödete sie seit dem 14. Jh.

Die 3,5 km lange, im 10. Jh. n. Chr. erneuerte **Ringmauer** [1] schloß die Akropolis, den Berghang und die Unterstadt ein.

Innerhalb des Stadtgeländes dominieren die Ruinen frühchristlicher und byzantinischer Bauten, doch sind auch von der röm. Stadt ausgedehnte Anlagen erhalten.

Hart an der Stadtmauer liegt im NO am Fuß des Akropolisberges das **Theater** [2], das bis in das 4. Jh. v. Chr. zurückgeht. Die Römer überwölbten die Parodoi, die Zugänge zur Orchestra, und fügten weitere Sitzreihen mit einem überwölbten Durchgang hinzu. Da in röm. Zeit das Theater

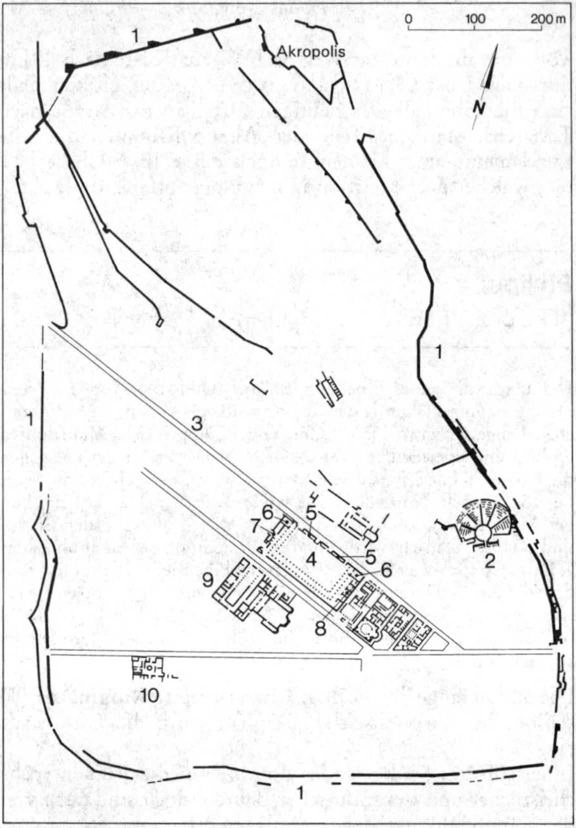

1 Ringmauer
2 Theater
3 Via Egnatia
4 Forum
5 Brunnenbauten
6 Tempel
7 Verwaltungsräume
8 Bibliothek
9 Palästra
10 Römische Thermen

Philippi. Übersichtsplan

auch zu Gladiatoren- und Tierkämpfen diente, legte man einen Gang für wilde Tiere zur Mitte der Orchestra.

Im Zentrum der Stadt liegt südlich der Ruinen der christlichen Basilika an der Via Egnatia [3], die gleichzeitig die Hauptstraße der Stadt bildete, das vermutlich unter Marc Aurel (161–180) angelegte **Forum** [4]. Die N-Seite des Platzes schloß eine Mauer ab. Vor ihrer Mitte erhob sich das Bema, die Rednerbühne. Rechts neben ihr wurde ein kleines ionisches Gebäude ausgegraben. Beiderseits erstreckten sich als Stiftungen reicher Familien ausgedehnte **Brunnenbauten** [5]. Die übrigen 3 Seiten des Forums waren von Hallen umgeben.

Im NO und NW standen sich 2 kleine korinthische **Tempel** [6] gegenüber, die der Quaestor der Stadt hatte errichten lassen. Nach S schlossen sich an die W-Seite des Forums **Verwaltungsräume** [7] an, von denen ein Apsidenraum vielleicht für Ratsversammlungen diente. Die Räume hinter der O-Halle des Forums beherbergten die **Bibliothek** [8].

In den Anschüttungen für die S-Halle hat man Fundamente älterer Bauten ausgegraben, u.a. eines röm. Hauses mit Mosaikfußböden.

Über das Gelände westlich einer zweiten Basilika erstreckte sich eine im 2. Jh. n. Chr. angelegte **Palästra** [9], mit einem von Säulenhallen umgebenen Übungshof und angrenzenden Räumen, v. a. einem großen Hörsaal mit ansteigenden Sitzreihen in der Mitte der O-Seite.

Weiter südlich liegen die Ruinen der röm. **Thermen** [10] des 3. Jh. n. Chr. mit Auskleideraum, Kaltbad, Warmbad, Schwitzbad und Schwimmbecken.

Das **Museum** enthält neben vielen frühchristlichen Monumenten weibliche Gewandstatuen des 2.–3. Jh. n. Chr., überwiegend nach Vorbildern der späten Klassik, Akroterfigu ren des 3. Jh. n. Chr., mehrere röm. Porträts und röm. Idealplastik. Unter vielen Inschriften ein Dekret Alexanders d. Gr.

H9 **Piräus**

(Πειραιεύς – Piräus / Mittelgriechenland)

Auf Veranlassung des Themistokles wurde die gegen 500 v. Chr. erstmals erwähnte Halbinsel statt des benachbarten Phaleron zum Haupthafen Athens ausgebaut und unter Perikles wie Phaleron mit der Stadt durch die »Langen Mauern« verbunden. Nach der Niederlage gegen Sparta (404 v. Chr.) mußten diese Mauern geschleift werden, aber bereits 395 v. Chr. konnte man sie mit persischem Geld wieder erneuern. Im 3. Jh. v. Chr. lag bis 229 v. Chr. auf dem Munichia-Hügel (heute Kastella) eine makedonische Besatzung. 86 v. Chr. nahmen die Römer unter Sulla mit Athen auch den Piräus ein und machte ihn dem Erdboden gleich. Von diesem Schlag hat sich der Ort nicht mehr erholt. Einen marmornen Löwen, mit einer Runeninschrift der Waräger, die 1040 unter Harald Hardari den Hafen eroberten, verschleppte 1688 Morosini nach Venedig (dort vor dem Arsenal aufgestellt). Erst 1833 wurde Piräus wieder eine eigene Gemeinde.

Schon in der Antike besaß der Piräus mehrere Häfen, den **Kantharos-Hafen** im W, wo heute die meisten Schiffe einlaufen, den **Zea-Hafen** (heute Pascha Limani) im O, den Kriegshafen, an dem 196 Schiffshäuser für Schnellruderer festgestellt wurden, und auf diesen nach O folgend der **Munichia-Hafen** (heute Turkolimani).
Von der antiken Stadt sind v.a. an den Seeseiten große Teile der **Mauern** des 4. Jh. v. Chr. zu sehen. – Westlich des Zea-Hafens blieben von einem **Theater** des 2. Jh. v. Chr. noch Teile des Bühnengebäudes und der ansteigenden Sitzreihen erhalten.
Das angrenzende **Museum** enthält lokale Funde, darunter einen Komplex mit Bronzestatuen, die, 86 v. Chr. vor den Römern Sullas versteckt, 1956 wieder zutage kamen. Eine Serie wohl für den Export vorgesehener, aber im Hafenbekken versunkener Reliefplatten des 1. Jh. n. Chr. mit Paaren kämpfender Griechen und Amazonen geht auf die Reliefs der Außenseite des Schildes der Athena Parthenos des Phi-

dias zurück. Ein riesiger, bei Kallithea, östlich des Piräus, ausgegrabener Grabbau, der größte, den wir in Attika aus klassischer Zeit kennen, mit einem Amazonenkampf-Relief und den Statuen eines alten Mannes und zweier Jünglinge, wurde im späten 4. Jh. v. Chr. für einen Mann aus Histrien an der Donau-Mündung errichtet und mag mit dazu geführt haben, daß ein von Demetrios von Phaleron 317 v. Chr. eingebrachtes Gesetz aufwendigere Grabanlagen untersagte. Das Museum enthält überdies eine reiche Sammlung bedeutender klassischer Grab- und Votivreliefs, eine hochklassische Knabenstatue und mehrere röm. Skulpturen.

Platää G8

(Πλαταιαί – Böotien / Mittelgriechenland)

An der Seite Athens hatte ein Aufgebot von Platää 490 v. Chr. die Perser bei Marathon geschlagen. Die Rivalin Thebens um die Vorherrschaft in Böotien und daher enge Parteigängerin Athens wurde, ein Jahr nachdem sie von den Persern zerstört worden war, 479 v. Chr. zum Schauplatz des Entscheidungskampfes der Griechen gegen die persische Landmacht unter Mardonios. Die Schlacht lief in drei Einzelkämpfen ab, welche die Griechen unter dem Spartanerkönig Pausanias alle für sich entscheiden konnten. Der Sieg wurde fortan in Festspielen zu Ehren des Zeus Eleutherios (›Befreier‹) gefeiert. Im Peloponnesischen Krieg wurde die mit Athen verbündete Stadt 2 Jahre lang von Peloponnesiern und Thebanern belagert. Als sich 427 v. Chr. die 480 Verteidiger – die übrigen Bewohner hatte man nach Athen evakuiert – ergeben mußten, wurden sie auf Antrag Thebens hingerichtet. Nach dem Untergang Thebens 335 v. Chr. ließ Alexander d. Gr. die Stadt neu erbauen.

Von der spätklassischen Neugründung stammen die umfangreichen Reste des im 6. Jh. n. Chr. unter Justinian erneuerten **Mauerrings** östlich des heutigen Dorfes. Innerhalb des Areals finden sich (bei dem kleinen **Museum** mit lokalen Funden) Mauern von **Häusern**, darunter eines Gasthauses, und die Fundamente eines langgestreckten, archaischen, dorischen Peripteros, wohl des von Pausanias erwähnten **Tempels der Hera**.

H9 **Porto Rafti**

(Πόρτο Ράφτη – Attika / Mittelgriechenland)

Das Kap Koroni an der S-Seite der Bucht des amtlich LIMIN MESOGEAS (Λιμήν Μεσογαίας) genannten Hafens war im 7. und 6. Jh. v. Chr. die Hauptanlegestelle für den Verkehr zu den Kykladen. Der Hafen wird mit dem antiken PRASIAI identifiziert, von dem die jährlichen Festgesandtschaften nach Delos ausgingen.

Die **Ringmauer** und die **Sperrmauer** unterhalb des Ortes stammen aus den Jahren 266–262 v. Chr., als der ägyptische Feldherr Patroklos, um die Athener gegen die Makedonen zu unterstützen, sich u. a. auch hier verschanzte.

Eine der kleinen Inseln trägt die monumentale **Sitzstatue** eines Mannes, wohl eines röm. Kaisers des 2. Jh. n. Chr. Der dürftige Erhaltungszustand erlaubte es den Einheimischen, in ihr einen Schneider (*raftis*) im typischen Schneidersitz zu sehen und nach diesem den Ort zu benennen.

D9 **Psophis**

(Ψωφίς – Achaia / Peloponnes)

Die antike Stadt muß in klassischer Zeit einige Bedeutung gehabt haben, da sie damals eigene Münzen prägte. 219 v. Chr. wurde sie von Philipp V. von Makedonien erobert.

Psophis war Heimat des Aglaos, der im 6. Jh. v. Chr. gelebt haben soll und in der Antike als der glücklichste aller Menschen galt; von jeglichem Unglück blieb er zeit seines Lebens verschont, das allerdings auch sonst ohne besondere Ereignisse ablief. Er bebaute hier ein kleines, ländliches Besitztum, über das er nie hinausgekommen sein soll.

Im heutigen Ort TRIPOTAMA (Τριπόταμα) entsteht der Erymanthos durch den Zusammenfluß von drei Bächen. Zwischen den nördl. Bachläufen liegt die antike Stadt, von deren in hellenist. Zeit erbauter **Ringmauer** größere Abschnitte gut erhalten sind. Westlich einer Kirche mit ummauertem Hof wurden die Fundamente eines archaischen **Tempels** (wohl der Aphrodite) festgestellt, während das **Theater** in den W-Abhang des Bergausläufers eingebettet ist. Auf dem Berggipfel ragt an der Stelle der antiken Akropolis die Ruine einer Frankenburg auf.

Pylos D11

(Πύλος – Messenien / Peloponnes)

Unter spartanischer Herrschaft hieß die Stadt KORYPHASION. In der Bucht spielte sich 425 v. Chr. eines der dramatischsten Ereignisse des Peloponnesischen Krieges ab. Ein Sturm hatte ein athenisches Expeditionskorps, das eigentlich vor Kerkyra und Sizilien operieren sollte, veranlaßt, an dem Vorgebirge nördlich der Bucht anzulegen. Vor der Weiterfahrt bauten die Athener den Ort zum Stützpunkt aus. Um diesen zu erstürmen, suchten die Spartaner die Durchfahrten beiderseits der langgestreckten Insel Sphakteria zu schließen D11
und die Festung damit von der Hilfe durch die athenische Flotte abzuschneiden. Diese kehrte jedoch zurück, noch bevor die Sperren vollendet waren, und schloß ihrerseits zahlreiche Spartiaten auf der Insel ein, die sich nach wochenlanger Belagerung ergeben mußten. 409 konnten die Spartaner den Stützpunkt zurückerobern. Im 2. Jh. v. Chr. schloß sich die Stadt dem Achäischen Bund an. 1381 wurde sie nach einem navarresischen Söldnerheer in NAVARINO umbe- D11

nannt. Erst 1829 erhielt die neue Stadt südlich der Bucht zu Füßen des 1573 erbauten türkischen Kastells von dem französischen General Maison ihren von der sagenhaften Stadt des Nestor übernommenen Namen.

Von der antiken **Stadtmauer** haben sich in den Mauern der fränkisch-venezianisch-türkischen **»Paleopolis«** (›alte Stadt‹) an der NW-Seite der Bucht nur geringe Reste erhalten. In der steilen »Paleopolis«-O-Seite liegt die sagenumwobene **Nestor-Grotte**, in der Nestor seine Herde gehalten und Hermes die von Apollon gestohlenen Rinder versteckt haben sollen.

Im **Museum** sind Funde aus der Umgebung ausgestellt: mykenische Grabbeigaben und Keramik, hellenist. Tonwaren und 2 spätantike, provinzielle Bronzestatuetten sowie diverse Unterwasserfunde.

Sog. Palast des Nestor

17 km nördlich der Bucht von Navarino liegt die als Palast des Nestor gedeutete Burg von Pylos auf dem Hügel EPANO ENGLIANOS. D11
Aus den Resten des ausgedehnten, der Größe nach mit Mykene, Tiryns und Theben vergleichbaren mykenischen Palastkomplexes des 13. Jh. v. Chr. wurden seit ersten Grabungen 1939 (und verstärkt seit 1952) Hunderte von Linear-B-Inschrifttafeln geborgen, dazu eine Unmenge von Tongefäßen (nun meist im Nationalmuseum Athen und im örtlichen Museum von Chora [4 km]).

Am Hügelfuß breitete sich eine kleine mykenische **Stadt** aus. 3 **Tholosgräber** sowie zahlreiche **Kammergräber** finden sich in der Umgebung. Späte **Schachtgräber**, um 1500 v. Chr., beweisen, daß hier lange schon achäische Herren lebten.

Nach der Sage erwarb der thessalische Prinz Neleus den Burgsitz und regierte sein Sohn Nestor, der 90 Schiffe für den Trojanischen Krieg ausrüstete (als zweitmächtigster nach Agamemnon mit 100 Schiffen), 3 Generationen lang in diesem Palast. Nestors Name ist zwar nirgends auf den Inschrifttafeln von Pylos genannt, aber die Überlieferung bezeichnet ihn durchweg als Messenier, und keine andere Dynastie war bedeutend genug, eine solche Anlage im

Pylos. Die Voidokila-Bucht nördlich der Nestor-Grotte

Lande zu errichten. Waren es die ab ca. 1200 v. Chr. einwandernden Dorer, welche Palast und Stadt, die nie wieder besiedelt wurden, in Feuer untergehen ließen? Schon in klassischer Zeit war der Standort nicht mehr bekannt.

Der Palasthügel hat eine Länge von 170 m und eine Maximalbreite von 90 m. Ein Mauerring konnte nicht nachgewiesen werden; die natürliche Lage der Burg auf 4–7 m hoch schroff aufragendem Terrain ließ ihn wohl überflüssig erscheinen. Die Gesamtanlage nimmt wenig mehr als die SW-Hälfte des Hügels ein; der Geländerest war wohl offen wie in Tiryns.

Der Komplex besteht aus 3 Teilen, einer zentralen Anlage zwischen 2 kleineren im SW und NO. Der mittleren und größten [1–57] ging vermutlich die südwestliche, die eigene Repräsentations- und Lagerräume enthielt [58–90], als älterer Palast voraus. Die Gebäude im NO [91–105] dürften als Werkstätten und Lagerräume gedient haben.

Beide Paläste waren zweistöckig (Treppenhäuser). Wie üb-

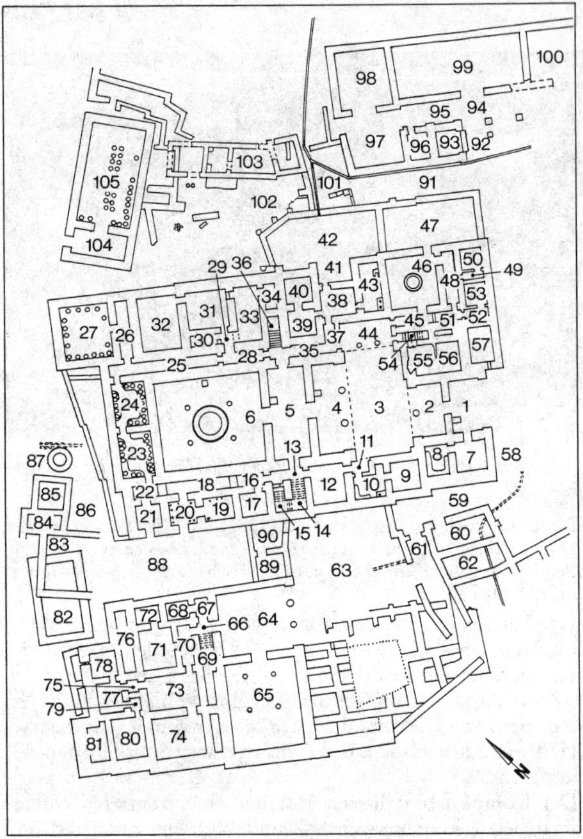

1–57 Hauptpalast	1 Hof	4 Vorhalle
58–90 Älterer Palast	2 Propylon	5 Vestibül
91–105 Werkstätten, Lagerräume	3 Innerer Hof	6 Megaron

Pylos. Palast des Nestor. Übersichtsplan

Pylos. Palast des Nestor. Rekonstruktion des Megaron Aquarell von Piet de Jong

lich, bestanden sie aus Fachwerk; die Außenwände waren mit Porosquadern verkleidet, die Innenwände stuckiert und die bedeutendsten Räume ausgemalt.

Den Zugang zum **Hauptpalast** (ca. 50 × 32 m), dem repräsentativen, aber auch kultischen und wirtschaftlichen Zentrum der Burg, bildeten ein offener Hof und ein Propylon [1, 2] mit je einer Holzsäule vor und hinter dem Durchlaß; an dem Stuckring ihrer erhaltenen Steinbasen lassen sich 64 Säulenkanneluren ablesen. Links 2 Räume (für den Steuerverwalter?), in denen an die 1000 Linear-B-Tafeln und Fragmente gefunden wurden. Der innere Hof [3] bildet mit Vorhalle [4], Vestibül [5] und dem Megaron [6] die von den anderen mykenischen Palästen bekannte, mit farbigen Böden und Wänden geschmückte Einheit als Kern des höfischen Lebens. In der Mitte des Megarons (12,90 × 11,20 m) der urspr. 20cm hoch aufgemauerte runde Zeremonialherd zwischen 4 Säulen, die 32 Kanneluren aufwiesen (Basen in situ), an der NO-Wand der Thron, von dem eine Rinne und flache Eintiefungen im Boden wegführen; sie werden als Kanäle für Trankopfer gedeutet. Der Stuckboden war in Quadratfelder mit vielfarbigen Linienmustern und einem Oktopus (vor dem Thron) aufgeteilt; die Wände trugen Gemälde, u. a. 2 Paare von Löwen und Greifen sowie einen Leierspieler. Größere Vorratsräume schlossen sich an, u. a. für Ölkrüge auf festen Standflächen, deren Stuckrahmen erhalten sind (17 in Raum 23, 16 in Raum 24). Raum 14–15 enthielt ein Treppenhaus, ebenso Raum 54; in Raum 36 sind 8 (von 21) Stufen einer Treppe erhalten; das Obergeschoß lag ca. 3,25 m höher. In den Vorratskammern (?) 18–22 fanden sich an die 6000 Trinkgefäße, Kylikes und andere Vasen. Der Fund von Elfenbeinfragmenten in Raum 31 führte die Ausgräber zu der Annahme, es handle sich um Schmuckstücke, die beim Brand aus einem Frauengemach darüber herabfielen. Der stuckierte Hof [42] wird von ihnen als Privatbereich des Königs gedeutet. Raum 43 war ein Bad, komplett eingerichtet mit Terrakottawanne und 2 Krügen für den Wein (*oinochoes*), wie es in keinem anderen mykenischen Palast auf dem griech. Festland vorgefunden wurde. Zentrum der Raumgruppe südöstlich des Königshofes [42] ist die sog. Halle der Königin [46], die mit lebensgroßen Tierdarstellungen an den Wänden geschmückt war und einen ornamentverzierten Herd enthielt.

Die Ruinen des **»Alten Palasts«** [58–90] sind besonders im südl. Teil bis auf die Fundamente als Steinbrüche ausgebeutet und so in ihrer Bedeutung verunklart worden. Zentrum ist auch hier eine repräsentative Halle [65] von über 7 × 10 m Weite mit vorgelagerter Eingangshalle [64], beide stuckiert und bemalt, u. a. mit einem Greifenfries (in 64). Die 4 Säulen der Haupthalle (ursprünglich 6?) lassen in ihr

einen Thronsaal vermuten, der mit der Eingangshalle als einziger Verbindung gewissermaßen die Ureinheit aller späteren mykenischen Palastzentren bildete.
Zum 3. Bereich, den Gebäuden im NO, gelangt man über eine Rampe [91], an der rechts eine Wasserleitung [101] von einer etwa 1 km nordöstlich liegenden, noch vorhandenen Quelle entlangführt. Seitab von diesem Komplex ein Weinlager [105] mit 35 großen, in 3 Reihen angeordneten Krügen.

In CHORA (Χώρα) bedeutendes **Museum** mit Funden aus dem Nestor-Palast und anderen Orten der Umgebung; v.a. eine kostbare Goldschale und Goldschmuck aus Tholosgräbern bei Peristeria. D11

Rhamnus H8

(Ῥαμνοῦς – Attika / Mittelgriechenland)

Der schon im 5. Jh. v. Chr. durch Mauern verstärkte Ort wurde im 4. Jh. zur Küstenfestung ausgebaut und sicherte die Schiffahrt zum Euripos zwischen der Insel Euböa und dem Festland.

Vom Eingang zum archäologischen Gelände aus erreicht man zunächst das **Heiligtum der Nemesis und der Themis** mit Resten von 2 Bauten, einem um 480 v. Chr. aus polygonalen Blöcken errichteten kleineren Kultbildschrein und einem um 430 v. Chr. begonnenen, wegen des Peloponnesischen Krieges aber nicht vollendeten dorischen Peripteros mit 6×12 Säulen, deren Kanneluren nicht ausgearbeitet sind, sondern noch in der Bosse stecken. Von dem Kultbild der Nemesis, einem Werk des Phidias-Schülers Agorakritos, der angeblich einen von den Persern 480 v. Chr. für ihr Siegesdenkmal mitgeschleppten Marmorblock benützte, sind Bruchstücke erhalten (Athen, Nationalmuseum, und London, British Museum). In der Vorhalle stehen Kopien

von 2 Marmorthronen, die der Themis, der Göttin des Gesetzes, und der Nemesis, der Rachegöttin, die man hier gemeinsam verehrte, im 4. Jh. v. Chr. gestiftet wurden.
Von dem Heiligtum aus führt die von Gräbern gesäumte Straße zu der **Festung**, von der v. a. an der S-Seite die Mauern des 4. Jh. v. Chr. gut erhalten sind. Auf dem Hügelausläufer südwestlich des von Türmen flankierten S-Tores liegen die Mauern des **Heiligtums** des Lokalheros **Aristomachos**, den in hellenist. Zeit Amphiaraos (s. Amphiareion) verdrängte. – Ein höher gelegener Mauerzug innerhalb des Festungsareals stammt wohl noch aus der Zeit des Peloponnesischen Krieges. An seiner S-Seite sind Teile des **Theaters** aus dem 4. Jh. v. Chr. erhalten.

Saloniki

F3 → Thessaloniki (Makedonien)

F9 Sikyon

(Σικυών – Korinth / Peloponnes)

Die Fruchtbarkeit der sie umgebenden Ebene war die Grundlage des Reichtums der Stadt. Ihre erste Blüte erreichte sie unter der 100jährigen Tyrannis der Orthagoriden, von denen Kleisthenes (ca. 600–570 v. Chr.), der Großvater des athenischen Staatsreformers, der bekannteste war. 303 v. Chr. wurde Sikyon von Demetrios Poliorketes zerstört und wiedergegründet. Aratos von Sikyon befreite 251 v. Chr. seine Heimatstadt von promakedonischen Tyrannen und führte sie dem Achäischen Bund zu, der unter seiner Leitung neuen Aufschwung nahm. Nach der Zerstörung von Korinth (146 v. Chr.) übernahm Sikyon mit dem größten Teil von dessen Territorium auch die Leitung der Isthmischen Spiele. 87 v. Chr. erlegte Sulla der

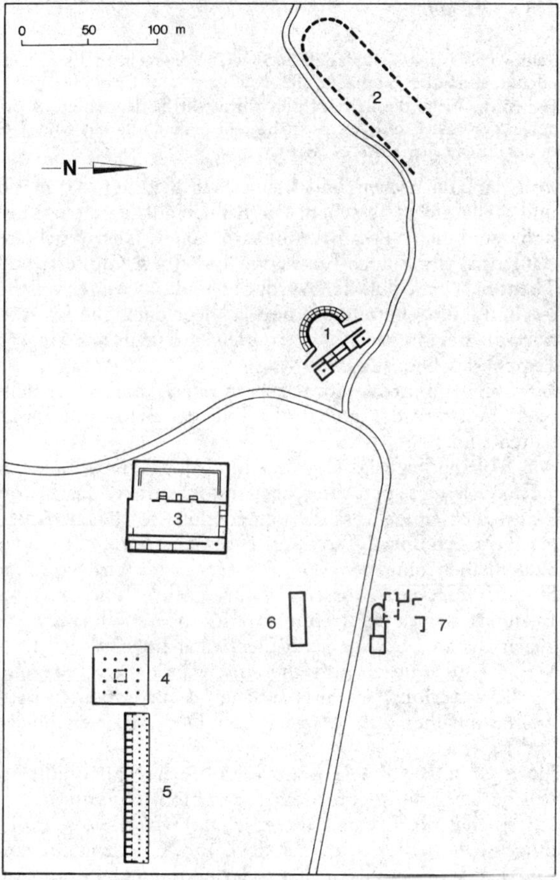

1 Theater 2 Stadion 3 Gymnasium 4 Buleuterion 5 Säulenhalle 6 Tempel 7 Therme, Museum

Sikyon. Übersichtsplan

Stadt so hohe Tribute auf, daß sie 56 v. Chr. die meisten ihrer Kunstschätze verkaufen mußte.
Gegen die Mitte des 2. Jh. n. Chr. wurde die Stadt von einem Erdbeben verwüstet und verlassen. Eine neue Siedlung entstand dafür in der Ebene (bei KIATON [Κιάτον]).

Von der archaischen und klassischen Siedlung ist an Ort und Stelle nichts zu sehen. Die Ruinen auf der alten **Akropolis** stammen allesamt von nach 303 v. Chr. errichteten Bauten. Das gilt auch für das im 1.–3. Jh. n. Chr. errichtete **Theater** [1] am Fuß der Akropolis und das weiter westlich in ein Tal eingebettete **Stadion** [2]. Vor dem Theater stand noch zu Beginn des 19. Jh. ein kleiner, damals abgetragener Tempel des Dionysos.
Ein Fußweg führt von dort zu zentralen Anlagen der hellenist. Stadt, von der auch große Teile der **Befestigungen** erhalten sind.
Am Abhang liegt das **Gymnasium** [3], das im frühen 3. Jh. v. Chr. Kleinias, der Vater des Aratos, stiftete, das in röm. Zeit jedoch einige Veränderungen erfahren hat. Die Anlage erstreckt sich über 2 Terrassen, deren untere an 3 Seiten von Säulenhallen umgeben war. Die Hangseite wird von einer Stützmauer abgeschlossen. In ihrer Mitte führt eine von Brunnen flankierte Treppe zu der oberen Terrasse, die gleichfalls an 3 Seiten von Säulenhallen eingefaßt wird.
Weiter östlich liegen in flacherem Gelände die Fundamente des **Buleuterions** [4], eines annähernd quadratischen Baues wohl des frühen 4. Jh. v. Chr., dessen Decke 16 ionische Säulen trugen.
Nach O folgen die Grundmauern einer **Säulenhalle** [5], welche einst die Agora nach S abschloß. Pausanias nennt Kleisthenes als Erbauer dieser Halle, wobei es sich allerdings nicht um den Tyrannen des 6. Jh. v. Chr. handeln kann. Man hat das Gebäude auch mit der »Bunten Halle« identifiziert, welche Lamia, die Geliebte des Neugründers Demetrios Poliorketes, den Sikyoniern stiftete.
Wendet man sich dann wieder nach N, stößt man auf dem

Weg zum Museum auf die langgestreckten Fundamente eines archaischen, im 3.–2. Jh. v. Chr. erneuerten **Tempels** [6].
Das in den Ruinen einer röm. **Therme** eingerichtete **Museum** [7] enthält zahlreiche griech. Vasen und Terrakotten sowie röm. Skulpturen aus Sikyon.

Sparta

E11

(Σπάρτη – Lakonien / Peloponnes)

Im 11. Jh. v. Chr. wanderten die Dorer in Lakonien ein und unterwarfen bis gegen 800 v. Chr. das gesamte Eurotas-Tal. Anschließend dehnten sie ihre Herrschaft auch über die Nachbarlandschaft Messenien aus, dessen Bewohner entweder auswanderten oder zu leibeigenen »Heloten« wurden. Durch die Gründung des Peloponnesischen Bundes erweiterte Sparta im 6. Jh. v. Chr. seinen Einfluß auf die ganze Halbinsel. In den Perserkriegen war es anerkannte Vormacht der Griechen. Ein Aufstand der Messenier (464–459 v. Chr.) und der Aufstieg Athens erschütterten diese Stellung, die Sparta im Peloponnesischen Krieg (431–404 v. Chr.) wieder festigen konnte. Der Sieg des Atheners Konon über die spartanische Flotte bei Knidos (394 v. Chr.) gefährdete diese Position erneut, die jedoch der 386 v. Chr. der von den Persern gestiftete »Königsfrieden« noch einmal bestätigte.
Die Niederlage in der Schlacht von Leuktra (371 v. Chr.) beendete jedoch Spartas Führerrolle. Noch einmal gelang es König Kleomenes III. (235–221 v. Chr.), den größten Teil der Peloponnes zu unterwerfen, doch besiegelte die Niederlage bei Sellasia (222 v. Chr.) den Niedergang.
Die Römer trennten die Städte des spartanischen Umlandes, die »Periökenstädte«, als Eleutherolakonen (freie Lakonier) von der Hauptstadt ab. Ohne politischen Anspruch nahm Sparta nunmehr wirtschaftlichen Aufschwung. Erst nach der Gründung von Mistra durch die Franken (1204) wurde die alte Stadt nach und nach verlassen, bis 1834 König Otto sie neu gründete.
Die staatstragende Schicht des antiken Sparta waren die Spartiaten,

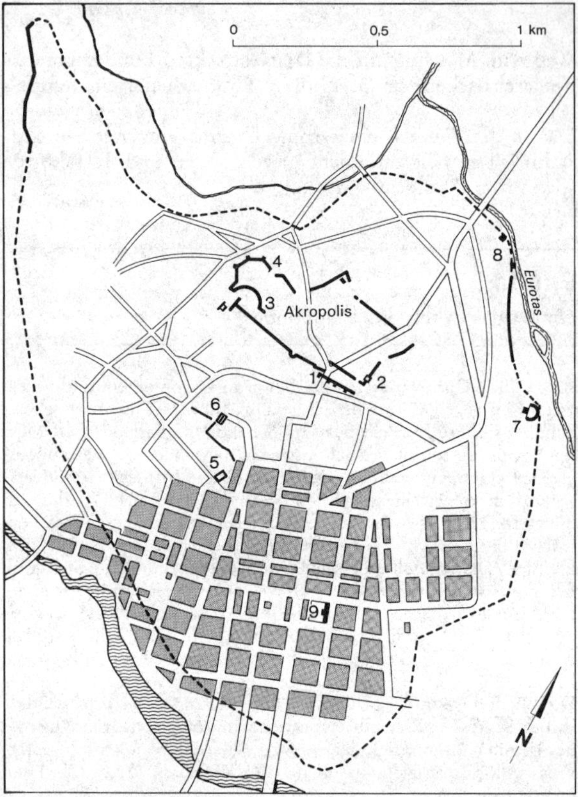

1 Akropolis-Tor
2 Römische Halle
3 Theater
4 Athena-Chalkioikos-Bezirk
5 Heroon, »Grab des Leonidas«
6 Gräber
7 Artemis-Orthyia-Heiligtum
8 Heroon
9 Museum

Sparta. Antike Stadt. Übersichtsplan

die ihre weitläufigen Güter von Heloten bewirtschaften ließen. Die Randgebiete bebauten die Periöken (Umwohner), die beschränkte Selbstverwaltung besaßen und zu Kriegsdiensten herangezogen werden konnten.
An der Spitze des Staates standen 2 Könige, denen v.a. die Heerführung zufiel. Neben ihnen sorgten 5 Ephoren (Aufseher) für die Einhaltung der Gesetze. Ein Rat von 30 über 60 Jahre alten Spartiaten, die Gerusia (Ältestenrat), übte die Rechtsprechung aus und beriet Gesetzesvorlagen, die in der Volksversammlung von den Spartiaten bestätigt werden mußten.
Die Macht, die verhältnismäßig wenige Spartiaten nicht nur über Lakonien, sondern einige Zeit über ganz Griechenland ausüben konnten, beruhte auf einer strengen Disziplin. Gleich nach der Geburt wurden schwächliche Knaben ausgesondert und ausgesetzt. Die übrigen blieben nur bis zu ihrem 7. Lebensjahr bei ihrer Mutter und wurden dann zu Wohn- und Schlafgemeinschaften unter staatlicher Aufsicht zusammengezogen. Mit 20 Jahren galten sie als Männer, doch erst mit 30 wurden sie zu Vollbürgern. In wehrfähigem Alter lebten sie weiterhin in Männergemeinschaften zusammen. Wie die Knaben wurden auch die Mädchen unter staatlicher Aufsicht aufgezogen.
Die straffe Zucht stützte eine ganz auf die Erhaltung der Wehrkraft und auf militärische Schlagkraft zielende Ethik, die z. B. Feigheit vor dem Feind ächtete. Zwar gehörte Sparta in archaischer Zeit auch kulturell zu den führenden Stämmen Griechenlands, doch erstarrte es im 5. Jh. v. Chr. zu einem sterilen Militärstaat.

Sparta war keine geschlossene Stadt, sondern bestand aus 5 offenen Dörfern. Erst in hellenist. Zeit wurde es von einer Mauer umgeben, die außer dem Areal der heutigen Stadt ein größeres Gebiet nördlich der Akropolis einschloß. V. a. im Akropolis-Gebiet sind Reste antiker Bauten erhalten.
Vom modernen Stadion aus führt der Weg zu der antiken **Akropolis** mit im 8. Jh. n. Chr. erneuerten Befestigungen des 3. und 4. Jh. n. Chr. Die Backsteinmauern unmittelbar hinter dem **Akropolis-Tor** [1] gehören zu einer **röm. Halle** [2]. Der Weg führt an den Ruinen von 2 mittelalterlichen Kirchen vorbei zu dem vermutlich unter Augustus im 1. Jh. v. Chr. errichteten **Theater** [3].

Auf der Hügelkuppe oberhalb des Theaters sind spärliche Reste des **Bezirks der Athena Chalkioikos** [4], des zentralen Heiligtums der antiken Stadt, erhalten. Die Wände des Tempels waren von dem Spartaner Gitiades im 6.Jh. v.Chr. mit reliefierten Bronzeplatten verkleidet worden, wodurch der Bau zu seinem Namen kam (*chalkioikos*, ›Erzhaus‹). – **Gräber** aus röm. Zeit wurden am N-Abhang der Akropolis ausgegraben.

Ein **Heroon** [5] des 3.Jh. v.Chr. südlich des Theaters am N-Rand der heutigen Stadt wird fälschlich als Grab des Leonidas, des 480 v.Chr. an den Thermopylen gefallenen Spartanerkönigs, ausgegeben. – Weitere **Gräber** [6] liegen zwischen ihm und der Akropolis.

Eindrucksvoller sind die Reste des **Heiligtums der Artemis Orthyia** [7] nordöstlich der Stadt. In diesem im 10. Jh. v.Chr. bald nach der Gründung Spartas angelegten Heiligtum wurden Knaben, die so ihre Mannhaftigkeit beweisen konnten, bei der Männerweihe gegeißelt. Die Mitte des Areals nimmt der Altar ein, der sich als Erdwall abzeichnet. Vor ihm wurden die Fundamente eines einfachen **Tempels** des 6.Jh. v.Chr. ausgegraben. Erst im 3.Jh. n.Chr. errichtete man um den Altar eine theaterartige Anlage, von der die starken Substruktionen aus Gußmauerwerk erhalten sind. Von hier aus konnten die Besucher der Geißelung der Knaben, die mit anderen historischen Reminiszenzen in der röm. Kaiserzeit wieder eingeführt wurde, als archaische Kuriosität schaudernd miterleben.

An dem Weg, der von hier aus parallel zur Hauptstraße nach N führt, sind Teile eines antiken **Heroons** [8] erhalten.

Museum [9]. Der schöne klassizistische Bau des dänischen Architekten Theophil Hansen enthält v.a. Funde aus Sparta, aber auch von anderen Stätten Lakoniens.

Vestibül: Reliefs mit Sicheln, die der Artemis Orthyia von Knabensiegern geweiht wurden.

1. Raum rechts: Archaische Weihreliefs. In der Mitte ein

Pfeiler mit Darstellungen des Menelaos und der Helena und des Agamemnon mit Klytaimnestra.
2. Raum rechts: Bauornamente vom »Thron von Amyklai«. Archaische Statue einer sitzenden Göttin. Statue einer kauernd Gebärenden mit Beistandsfiguren (um 600 v. Chr.).
3. Raum rechts: Bedeutende archaische und frühklassische Weihreliefs. In der Mitte der sog. Leonidas, eine frühklassische Kriegerstatue, die zu den letzten bedeutenden Werken der spartanischen Plastik zählt.
Linker Flügel: Kleinfunde, Terrakotta- und Elfenbeinfiguren aus dem Menelaion (s. u.) und dem Heiligtum der Artemis Orthyia. Von dort stammen auch archaische Tonmasken, Elfenbeinschnitzereien und Schmuck.
Bedeutende archaische und frühklassische Bronzen aus Sparta und Umgebung.
Prähistorische Funde.

Umgebung:

6 km südlich von Sparta wurde nördlich des Dorfes **Machmut Bey** (amtl. **Amyklai** [Ἀμύκλαι] bei dem Ort **Tsausi** E 11
auf einem von einer Kapelle der Ag. Kyriaki bekrönten Hügel nahe der Straße nach Gythion das **Amyklaion** ausgegraben, von dem an Ort und Stelle nur einige Schichten der archaischen Quadermauer und eine röm. Inschrift zu sehen sind, während bedeutendere Architekturteile im Museum von Sparta verwahrt werden.
Die alte Stadt hatte auch nach der Einwanderung der Dorer unter einem eigenen Königshaus ihre Selbständigkeit lange Zeit bewahrt. Hier wurde im Juli das Fest der Hyakinthien gefeiert. Hyakinthos, eine lokale Gottheit, die später als mythischer Königssohn angesehen wurde, hatte die Liebe Apollons auf sich gezogen. Aus Eifersucht trieb daher der Windgott Zephyr beim Spiel mit dem Diskos die Wurfscheibe auf ihn. Aus seinem Blut ließ Apollon die Hyazinthen entsprießen. Das Grab des Hyakinthos, den als Herrn

des Heiligtums Apollon allmählich zurückdrängte, war als Altar gestaltet. Auf ihm erhob sich ein »Thron«, den Pausanias beschreibt. Er war mit mythologischen Reliefs des Künstlers Bathykles verziert und umschloß eine archaische, im unteren Teil pfeilerhafte Bronzestatue des Apollon.

2 km südöstlich von Sparta lag oberhalb des linken Ufers
E 11 des Eurotas der alte Ort THERAPNE, wo tausende, bis in frühgeometrische Zeit zurückgehende Weihgeschenke gefunden wurden. Der Kult der Helena und ihrer Brüder, der Dioskuren, schloß später auch den König Menelaos mit ein. Am Ort sind von dem **Menelaion** auf einem Hügel die unteren Steinlagen des monumentalen, wohl im 5. Jh. v. Chr. errichteten und später vergrößerten Altars zu sehen. In der Nachbarschaft könnte eine mykenische Siedlung das vordorische Sparta der Homerischen Epen sein.

12 km nördlich von Sparta liegen zwischen der Straße nach Tripolis und dem Bett des Kelefina-Baches etwa 5 km östlich des Dorfes BRULIA (amtl. SELLASIA [Σελλασία]) auf einem Hügel mit einer Kapelle des hl. Konstantin die Mauern
E 10 der antiken Stadt SELLASIA, welche den Zugang zum Eurotas-Tal sicherte. 370 v. Chr. nahmen die Thebaner den Ort ein. Unterhalb der Stadt brach 222 v. Chr. in der Schlacht zwischen den Makedonen unter Antigonos Doson und dem Achäischen Bund auf der einen Seite und den Spartanern unter Kleomenes III. auf der anderen die Macht Spartas endgültig zusammen. Nach der Niederlage wurde Sellasia zerstört und die Bevölkerung in die Sklaverei verkauft. Im 2. Jh. n. Chr. war der Ort verlassen.

Stratos

D7

(Στϱάτος – Ätolien-Akarnanien / Mittelgriechenland)

Im 5. und 4. Jh. v. Chr. war die Stadt die bedeutendste Akarnaniens und Vorort des Akarnanischen Bundes, der hier möglicherweise sein Aufgebot zusammenzuziehen pflegte (*stratos*, ›Heer‹). 260 v. Chr. wurde der Ort ätolisch und verödete nach der Gründung von Nikopolis.

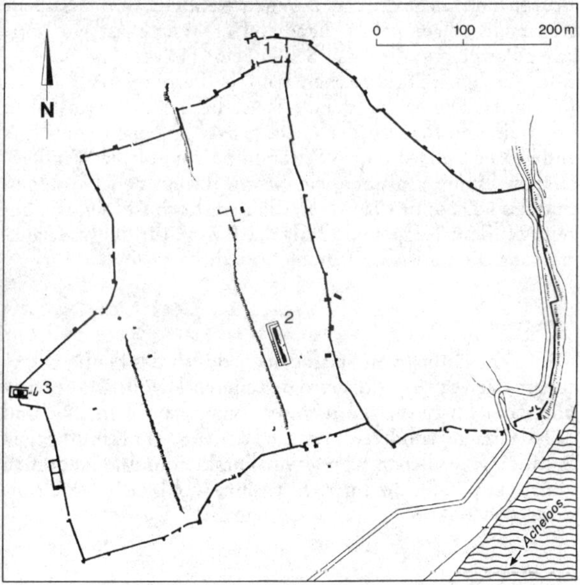

1 Akropolis 2 Agora 3 Zeus-Heiligtum

Stratos. Antike Stadt. Übersichtsplan

Das Stadtgebiet wird von einem über größere Strecken gut erhaltenen **Mauerring** umschlossen, mit einer **Akropolis** [1] im N. Ein von hier aus abfallender Bergrücken, der das Stadtgebiet teilt, ist durch eine eigene Mauer gesichert. Die Wohngebiete mit der **Agora** [2] und mehreren Terrassenmauern liegen im W-Teil. Das Gelände steigt hier zu einem niedrigen Höhenzug im W an; auf dessen höchster Erhebung liegt das

Heiligtum des Zeus [3]. Der Bau des Zeus-Tempels wurde im 4. Jh. v. Chr. begonnen, aber, wie die stehen gebliebenen Bossen und nicht durchgezogenen Kanneluren der Säulentrommeln zeigen, nie vollendet. Der Tempel ist ein dorischer Peripteros mit 6×11 Säulen, eine gedrungene Proportion, die bei spätklassischen Bauten allerdings häufiger zu finden ist. Die Säulen der Peristase bilden einen Raster, in den auch die Mauern der Cella genau eingepaßt sind. Das Innere der Cella war an 3 Seiten mit dicht vor die Wand gestellten Säulen umgeben, ein Motiv, das an den Parthenon und das »Theseion« in Athen erinnert, doch ist hier, wie bereits bei dem Tempel von Phigalia-Bassai, für die Innenausstattung die ionische Ordnung gewählt.

Umgebung:

Ca. 15 km südlich von Stratos liegt südlich des heutigen Ortes am See von Angelokastro der eindrucksvolle **Mauerring**
D7 von LYSIMACHIA (Λυσιμάχεια), einer zwischen 284 und 281 v. Chr. gegründeten und nach dem 281 im Kampf gegen Seleukos I. gefallenen König von Thrakien und Makedonien benannten Stadt, die im 1. Jh. v. Chr., wohl nach der Gründung von Nikopolis, verlassen wurde.

Stymphalia E9

(Στυμφαλία – Korinth / Peloponnes)

Der See, die Heimat der dann von Herakles erlegten menschenfressenden Vögel, hat einen Zufluß von O, dessen Wasser Kaiser Hadrian über ein Aquädukt, von dem Reste erhalten sind, nach Korinth leitete. Der See selbst hat keinen oberirdischen Abfluß. Sein Wasser wird durch eine Katavothre (unterirdischer Wasserlauf) abgeleitet und tritt bei Argos wieder zutage. Je nachdem, ob diese frei oder verstopft ist, steigt der Spiegel des Sees, oder er fällt bis zum Versiegen.

Am N-Ufer des Sees ragt die einstige **Akropolis** mit Resten einer Ringmauer des 2. Jt. v. Chr. auf. Bei den malerischen Ruinen der fränkischen Zisterzienser-Abtei (mit antiken Spolien) liegen die Fundamente eines kleinen **Tempels der Artemis** und Reste der griech. **Stadtmauer**.

Sunion H9

(Σούνιον – Attika / Mittelgriechenland)

Das SO-Kap Attikas war für die auf den Seehandel angewiesene Stadt Athen immer besonders wichtig. Den Rang der Poseidon heiligen Stätte bezeugen u. a. die um 600 v. Chr. hier aufgestellten monumentalen Kuros-Statuen (Athen, Arch. Mus.). Gegen Ende des 6. Jh. v. Chr. begann man mit dem Bau des Poseidon-Tempels, der beim Einfall der Perser (480 v. Chr.) allerdings noch nicht vollendet war und von jenen zerstört wurde. Um 440 v. Chr. errichtete man den heute teilweise noch aufrecht stehenden Tempel. Als sich im Peloponnesischen Krieg die Spartaner in der Festung Dekeleia festsetzten, sicherte man den Bezirk durch eine mit Türmen verstärkte **Mauer**, welche im 3. Jh. v. Chr. erneuert wurde.

Poseidon-Tempel. Der Tempel nimmt eine künstliche Terrasse ein, die bereits für seinen spätarchaischen Vorgängerbau aufgeschüttet worden war. Sein Grundriß erinnert in mancher Hinsicht an das etwa gleichzeitig errichtete Hephaisteion in Athen, weshalb man denselben Architekten vermutet hat. Hier wie dort ist der Säulenumgang im O und

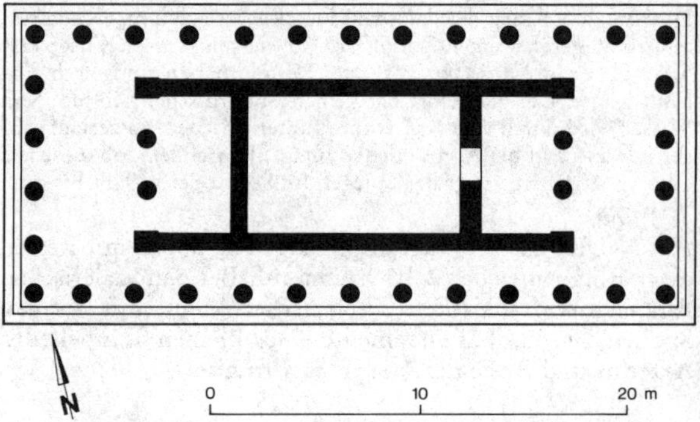

Sunion. Poseidon-Tempel. Grundriß

W auf 2 Joche erweitert, und bei beiden Bauten überspannt der über den Pronaos gelegte Fries auch die Peristase. Dem Innern der Cella ist durch den Verzicht auf Innensäulen eine ungewöhnliche Weite gegeben. Ungewöhnlich sind auch die Proportionen der Säulen, die sich auffallend wenig verjüngen und besonders schlank aufwachsen. Statt der üblichen 20 besitzen die Schäfte nur 16 Kanneluren, die überdies sehr flach ausgehoben sind und somit in ihrer Plastizität gegenüber der Rundung der Säulen zurücktreten.

Athena-Bezirk. Das etwas landeinwärts gelegene Heiligtum war kaum jünger als das des Poseidon. Ein einfacher archaischer Tempelschrein mit 4 Innensäulen, aber ohne Umgang, hatte offenbar den Einfall der Perser einigermaßen unbeschadet überdauert und wurde gegen die Mitte des

Sunion. Poseidon-Tempel. Ansicht von Osten

5. Jh. v. Chr. um 2 ionische Säulenhallen erweitert, die ungewöhnlicherweise nicht, wie bei einem Amphiprostylos, die Schmalseiten schmückten, sondern über Eck aneinander anschließend der S- und der O-Seite vorgelagert wurden. Ein 9 m entfernter Tempelschrein mit 2 vorgestellten dorischen Säulen stammt noch aus dem mittleren 6. Jh. v. Chr.

Umgebung:

7–8 km nördlich von Sunion sind im Tal von Agriliza Spuren antiker **Bergwerke** zu sehen. Sie gehörten zum »LAU- H9
RION« (Λαύριον), heute ein auf die Hafenstadt an der O-Küste beschränkter Name, der urspr. den ganzen Süden Attikas bezeichnete. Hier wurde seit dem 6. Jh. v. Chr. Silber abgebaut, das für die Blüte Athens im 5. Jh. eine entscheidende Rolle spielte. Die Bergwerke gehörten dem Staat, der sie an private Unternehmer verpachtete. Die Bergarbeiter waren meist Sklaven, mitunter aber Tagelöhner oder klei-

nere Pächter. Während des Peloponnesischen Krieges kam der Abbau fast zum Erliegen, als die Spartaner 413 v. Chr. die Feste Dekeleia im N Attikas besetzten und damit den Sklaven die Flucht ermöglichten. Zu neuer Blüte kamen die Minen im 4. Jh. v. Chr. Erst im 2. Jh. v. Chr. wurden sie unrentabel. Das Erz wurde in Stollen abgebaut, über Schächte und Treppen nach oben gebracht, zerkleinert, ausgewaschen, ausgeschmolzen und dann vom Blei geläutert. Das Wasser wurde in vielfach noch sichtbaren Zisternen bereitgehalten. Daneben erkennt man Waschanlagen und Fundamente von Werkstätten. Von den urspr. 25–55 m tiefen Stollen sind im Laurion-Gebiet noch etwa 2000 Eingänge auszumachen.

E 12 **Tainaron**

(Ταίναρον – Lakonien / Peloponnes)

Die Stadt an dem Poseidon heiligen S-Kap der Peloponnes war in hellenist. Zeit wichtigster Anwerbeplatz für griech. Söldner. Unter Augustus wurde sie 10 km nach N verlegt, wo zwischen Vathia und
E 12 Alika bei dem verlassenen Ort KYPARISSOS (Κυπάρισσος) ihre unbedeutenden Ruinen noch zu sehen sind.

Der für die antike Schiffahrt wichtige Hafen lag an der O-Seite an der Bucht von Sternes. – Im O der Senke, die zu ihr hinabführt, galt eine 10 m tiefe Höhle als **Eingang zur Unterwelt**, aus dem der Sage nach Herakles den Höllenhund Kerberos hervorzerrte. Man betrat sie durch einen Bau, dessen rechteckige Fundamente vor ihr noch schwach zu erkennen sind.

Auf dem Vorgebirge steht die Kapelle des Asomatos auf den Fundamenten eines schlichten, wohl dem Poseidon geweihten **Tempels**.

Tanagra

G8

(Ταvάγϱα – Böotien / Mittelgriechenland)

Die Geschichte des Heimatorts der Dichterin Korinna reicht bis in das 2.Jt. v.Chr. zurück. In historischer Zeit zählte er zu den wichtigsten Orten Böotiens. Besonderen Aufschwung nahm die Stadt, als sie nach der Zerstörung von Theben (335 v. Chr.) dessen Reichtum z. T. auf sich lenken konnte. In jener Zeit wurden die zarten und anmutigen »Tanagra-Figuren« hergestellt, die seit 1893 in der Nekropole der Stadt zahlreich zutage kamen, aber schon im Altertum über große Entfernungen gehandelt wurden.

Die durch Türme gesicherte **Ringmauer** liegt bei dem Ort SCHIMATARION (Σχηματάϱιον) auf einem flachen Bergausläufer am Ufer des Asopos-Baches. Östlich der Stadt erstreckte sich die **Nekropole**. Bedeutende Reste sind v. a. von dem **Theater** des 4. Jh. v. Chr. erhalten.
Das **Museum** in Schimatarion enthält lokale Funde, mit Inschriften, seltener mit Reliefs versehene Grabsteine, Tonfiguren und Vasen sowie 2 Torsen spätklassischer Mädchenstatuen.

Tegea

E 10

(Τεγέα – Arkadien / Peloponnes)

In der Antike zählte die Stadt zu den bedeutendsten Arkadiens. Ihren Rang gewann sie im 6. Jh. v. Chr. durch die Zusammenlegung von 9 offenen Dörfern. Tegea konnte seine Unabhängigkeit zunächst selbst gegen Sparta behaupten, mußte sich dann aber doch dem Peloponnesischen Bund anschließen und nahm mit ihm am Kampf gegen die Perser teil. Den Versuch, die alte Unabhängigkeit wiederzugewinnen, schlugen die Spartaner in der Schlacht von Dipaia 470 v. Chr. nieder. Im 4. Jh. v. Chr. schloß sich Tegea dem Arkadischen Bund an, in dem es in fortwährender Rivalität zu Mantineia stand. In hellenist. Zeit gehörte es zum Achäischen Bund. 395 n. Chr. zerstörten die Goten unter Alarich die Stadt, die danach aber noch bis in das 13. Jh. weiterlebte.

Das öffentliche Zentrum lag bei **Episkopi** (Ἐπισκοπή), wo die 1888 erbaute Wallfahrtskirche an der Stützmauer des von Antiochos IV. (175–164 v. Chr.) in Marmor erneuerten **Theaters** steht. In dessen Nähe lag auch die Agora, während die antike Akropolis etwas weiter nördlich den flachen Hügel von Ag. Sostis einnahm. – Zu Tegea gehörte v. a. der
E 10 in dem Ort **Piali** (amtl. **Alea** [Ἀλεα]) ausgegrabene

Tempel der Athena Alea.

Der Kult geht hier, den Funden nach zu urteilen, bis in mykenische Zeit zurück. Das Heiligtum besaß Asylrecht und bot daher u. a. den spartanischen Königen Leotychidas (476 v. Chr.) und Pausanias (395 v. Chr.) und der argivischen Priesterin Chryseis, durch deren Schuld 423 v. Chr. der Tempel der Hera in Argos niedergebrannt war, Schutz.

Ein archaischer Tempel brannte 394 v. Chr. nieder und wurde unter der Leitung des Bildhauers Skopas um 370 v. Chr. neu erbaut. Der skopasische Bau, ein dorischer Peripteros mit 6 × 14 Säulen, bestand als erster Peripteros der Peloponnes ganz aus Marmor. Seine Säulen sind auffallend schlank und ohne Schwellung der Schäfte. Zur optischen Verdichtung des Baues waren sie auf den Langseiten leicht nach innen geneigt. Wie beim Parthenon sind alle horizontalen Flächen leicht gewölbt, was dem Bau eine große Leichtigkeit gegeben haben muß.

Der Umgang ist, wie bei dem Tempel von Bassai (s. Phigalia), an den Schmalseiten auf die Tiefe von 2 Säulenjochen erweitert. Die so entstandenen Vorhallen waren durch die anders gestaltete Kassettendecke von den Umgängen der Langseiten abgesetzt.

Im Innern gliederten korinthische Halbsäulen die Wände der Cella. Die Säulen, die andere Cellaräume in 3 Schiffe teilen, aber bereits im Tempel von Bassai durch Mauerzungen an die Längswände angebunden waren, sind hier ganz zurückgedrängt. Sie waren mit der Cellawand zu einem reinen Reliefschmuck verschmolzen, wie ähnlich auch bei der etwa gleichzeitigen Tholos von Epidauros. Diese korinthischen Halbsäulen reichten nicht bis zur Decke der Cella,

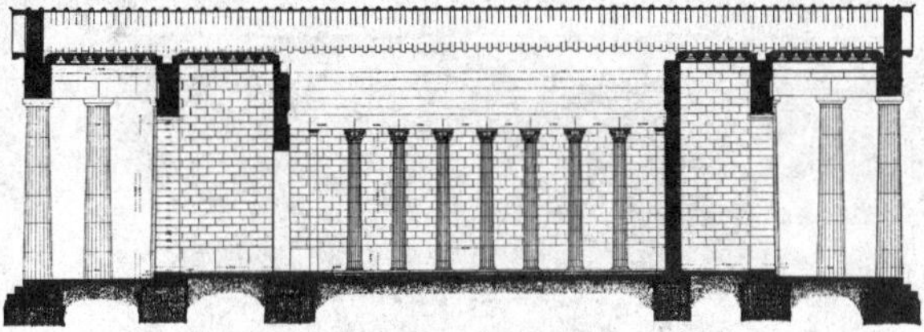

Tegea. Athena-Alea-Tempel. Längsschnitt

sondern ließen oben einen etwa 3 m hohen Zwischenraum, der möglicherweise durch eine 2. Reihe vielleicht ionischer Halbsäulen ausgefüllt war.

Wohl mit lokalen kultischen Bedingungen ist es zu erklären, daß zu dem Tempel nicht nur an der O-Seite eine Rampe hinanführte, sondern eine weitere an der N-Seite angelegt ist, an der ein kleineres Tor ebenfalls Zugang zur Cella bot.

Im einzelnen weist der Bau eine Reihe von Beziehungen zu Tempeln in Attika auf. So sind die Säulenabstände und Säulendurchmesser dieselben wie bei den Propyläen in Athen. Verschiedene Ornamente sind vom Erechtheion übernommen.

Die Kapitelle der korinthischen Halbsäulen waren gedrungener als bei der gleichzeitigen Tholos von Epidauros, wo das Akanthusblatt in der Mitte des Kapitellkorbs nicht wie hier bis zum Abakus reicht, sondern, niedriger gehalten, von eingedrehten Ranken überfangen wird. Beide Kapitellformen, die in der Folge miteinander verschmolzen, bilden

die Voraussetzung für die kanonische, für Jahrhunderte gültige Ausprägung des korinthischen Kapitells.
Für die Skulpturen der Giebel (im Nationalmuseum in Athen und im Museum am Ort) hat Skopas die Modelle ge-

Tegea. Athena-Alea-Tempel
Korinthisches Kapitell der Cellasäulen

liefert, die dann von einer peloponnesischen Werkstatt in Marmor umgesetzt wurden. Im östl. Giebel war Meleagers Jagd auf den Kalydonischen Eber, im W der Kampf zwischen Achill und Telephos dargestellt. In der Cella standen Marmorstatuen des Asklepios und der Hygieia von Skopas und, bis Augustus sie nach der Schlacht von Actium nach Rom entführte, eine berühmte archaische Elfenbeinstatue des Endoios.
Vor dem Tempel liegen die Reste des Altars. Weiter nördlich ist der Platz, an dem der Sage nach Herakles auf Auge traf, aus deren Verbindung Telephos hervorging.

Museum. Besonderes Interesse beanspruchen die hier verbliebenen Skulpturen des Tempels aus der Werkstatt des Skopas mit bewegten, von wehenden Gewändern umspielten Körpern, welche die Entwicklung der griech. Plastik nachhaltig beeinflußten. – Die Statuen des Asklepios und der Hygieia des Skopas sind vielleicht in einem kleinen Weihrelief wiedergegeben. Der Hygieia wird ein weiblicher Oberkörper zugewiesen. – Das Museum enthält sonst Teile der Bauornamentik des Athena-Tempels und andere Funde vom Ort und aus der Umgebung.

Umgebung:

11–12 km südöstlich von Tegea sind von dem Ort **DOLIANA** F10
(Δολιανά) aus in etwa 40 Minuten die antiken **Steinbrüche** zu erreichen, in denen das Material für den Tempel der Athena Alea, aber auch anderer peloponnesischer Bauten und Skulpturen gewonnen wurde.

Westlich von Doliana liegen oberhalb des Dorfes **MAVRI-** E10
KION (Μαυρίκιον) auf 1400 m Höhe die Mauern eines archaischen Amphiprostylos, vielleicht des von Pausanias erwähnten **Tempels der Artemis Knakeatis**.

Theben G8

(Θῆβαι – Böotien / Mittelgriechenland)

Die von dem mythischen König Kadmos erbaute Akropolis mit ihrem 2 km langen Mauerring und ihren 7 Toren, die sagenumwobene »Kadmeia«, wurde schon früh Mittelpunkt der Landschaft und Sitz von Königen, unter denen Ödipus zu den berühmtesten zählt. Nach dessen Ende und dem Mißerfolg der »Sieben gegen Theben« eroberten deren Söhne, die »Epigonen«, die Burg.
Das »Haus des Kadmos« ging im 14. Jh. v. Chr., sein Nachfolgebau um 1200 v. Chr. zugrunde. Im 8.–7. Jh. v. Chr. wurde die Monarchie durch eine Aristokratie abgelöst. In langwierigen Kämpfen konnte sich die Stadt zur Vormacht Böotiens und des Böotischen Bundes aufschwingen. In den Perserkriegen ging sie zu den Invasoren über und bekam dafür von den Griechen eine schwere Geldstrafe aufer-

legt. Auch politisch geschwächt, mußte es sich zunächst an Athen anlehnen, dessen Einfluß bis 450 v. Chr. stark zurückging. An Athens Stelle trat Sparta, das seine Autorität hier bis in das 4. Jh. v. Chr. behauptete. In den Schlachten von Leuktra (371 v. Chr.) und Mantineia (362 v. Chr.) wurden die Spartaner von den Thebanern geschlagen, die für einige Jahrzehnte, bis zum Eingreifen Makedoniens, selbst zur Vormacht Griechenlands wurden. An der Seite Athens stellte sich Theben dem Vordringen der Makedonen entgegen, bis 335 v. Chr. Alexander d. Gr. die Stadt einnahm und völlig zerstörte. 316 v. Chr. wieder aufgebaut, hat sie ihre alte Größe nie mehr zurückgewonnen.

Das heutige Stadtzentrum liegt an der Stelle der alten »Kadmeia«, doch haben sich von den antiken Akropolismauern in den türkischen Befestigungen nur geringe Teile erhalten.

Im **Museum** – unterhalb des Turmes Santameri (nach dem Geschlecht der St. Omer, der hier residierenden fränkischen Herzöge), dem letzten Überrest der mittelalterlichen Burg von Theben – sind Funde aus ganz Böotien zusammengetragen.

Garten: Statuen des 2. Jh. n. Chr. nach griech. Vorbildern und byzantinische Reliefs.

Eingangsraum: Relief einer Nike aus dem 2. Jh. n. Chr.; ein Porträt und ein Grabrelief aus hellenist. Zeit.

1. Saal: Archaische Skulpturen, v. a. Kuros-Statuen aus dem Ptoion; Wiedergaben von Dreifußkesseln und das Fragment eines kleinen Giebels des späten 6. Jh. v. Chr. mit einem Amazonenkampf. Aus dem 5. Jh. v. Chr. verschiedene Grabreliefs von besonders herbem, etwas provinziellem Stil.

2. Saal: Prähistorische Funde aus Eutresis, Orchomenos und aus Gräbern bei Theben; Vasen und andere Kleinfunde aus geometrischer, archaischer und klassischer Zeit von verschiedenen Fundorten.

3. Saal: Spätklassische, hellenist. und röm. Plastik. Grabreliefs aus dem späten 5. und v. a. dem 4. Jh. v. Chr. Hier sind auch die bekannten Ritzstelen ausgestellt, mit Darstellungen in zarter, ehemals durch Farbe verdeutlichter Zeichnung.

Umgebung:

Ca. 6 km westlich von Theben (an einem von der Landstraße nach Levadia ausgehenden Fahrweg) liegen die nach der Ausgrabung z.T. wieder zugeschütteten Ruinen des **Kabirions**, des berühmtesten Heiligtums von Theben. G8

Der Ursprung des Kultes liegt im Dunkeln. Der Sage nach hatte Demeter die Mysterien gestiftet. Die hier verehrten Kabiren waren Naturgottheiten, die über das Wachstum des Weins und die Fruchtbarkeit der Herden wachten.

Im Zentrum des Heiligtums stand der bis in die Mitte des 6. Jh. v. Chr. zurückgehende **Tempel**. In dessen Achse wurde in hellenist. Zeit ein **Theater** errichtet, das kein Szenengebäude, dafür aber einen Altar in der Mitte der Orchestra besaß und somit wohl nicht für Dramen, sondern für kultische Handlungen bestimmt war. Ebenso wird eine **Halle** südlich des Theaters kultischen Zwecken gedient haben. Zwischen der Halle und dem Tempel wurde im 4. Jh. v. Chr. ein **Rundbau**, vermutlich für Opfer, errichtet.

Thermon D7

(Θέρμον – Ätolien-Akarnanien / Mittelgriechenland)

Der nach seinen warmen Quellen benannte Ort war Stammesheiligtum der Ätoler, die hier im Frühjahr und im Herbst zusammenkamen, ihren Bundesbeamten wählten, Urkunden in Stein oder Bronze aufstellten und Beutestücke weihten.

Der Ort war schon in mykenischer Zeit besiedelt. Möglicherweise ist aus dieser Siedlung das Heiligtum erwachsen, das in archaischer und klassischer Zeit weiter ausgestaltet wurde. 218 und 206 v. Chr. plunderte Philipp V. von Makedonien den Ort, wobei er 2000 Statuen zerstört haben soll, eine Nachricht, die erhellt, wie reich griech. Heiligtümer mit Statuen geschmückt waren. Danach sicherten die Ätoler das Heiligtum an 3 Seiten durch eine mit Türmen verstärkte

Mauer. Der Niedergang war aber nicht mehr aufzuhalten, obwohl Weihungen und Inschriften bis 30 v. Chr. weitergehen. Nach der Gründung von Nikopolis verödete es völlig.

Apollon-Heiligtum

Von der Straße aus fallen die Türme und Festungsmauern des ausgehenden 3. Jh. v. Chr. ins Auge. Innerhalb des Grabungsareals gelangt man zunächst zu den Fundamenten des

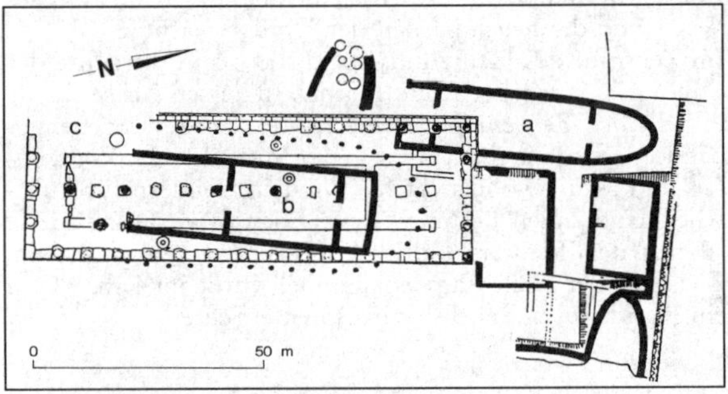

a Bauten des 2. Jt. v. Chr. c Tempel um 620 v. Chr.
b Tempel des 9. Jh. v. Chr.

Thermon. Apollon-Heiligtum. Grundrisse

für unsere Kenntnis griech. Architektur besonders wichtigen **Apollon-Tempels** [1]. An ihnen sind Entwicklungsstufen abzulesen, die man sonst vielerorts voraussetzen muß. Auf Häuser des 2. Jt. v. Chr. [a] folgte im 9. Jh. v. Chr. ein Tempel, den man 620 v. Chr. durch einen Neubau ersetzte. Im 5. Jh. v. Chr. wurde dieser Tempel erneuert. Nach der Zerstörung im Jahre 206 v. Chr. begann man, ihn wieder aufzubauen, kam damit aber zu keinem Abschluß.

Der archaische Bau [c], dessen Fundamente zunächst das Bild beherrschen, ist einer der ältesten uns bekannten Peripteraltempel. In altertümlicher Weise ist er überaus lang gestreckt (32 m Länge bei 7 m Breite). Seine Ringhalle mit 15 × 5 Säulen war nicht durch einen hohen Stufenbau herausgehoben, sondern stand auf einem niedrigen Sockel. Die erhaltenen unteren Säulentrommeln stammen von der Erneuerung des 5. Jh. v. Chr. Wie bei dem Heraion von Olympia waren ihre Vorgänger aus Holz und trugen auch ein hölzernes Gebälk. In dieses waren bemalte Tonplatten (z. T. im Nationalmuseum in Athen, z. T. im Museum am Ort) als Metopen eingeschoben. Aus Ton bestand auch das Dach, dessen Stirnziegel mit Masken verziert waren. Der Stil der Metopen und Stirnziegel zeigt enge Beziehungen zur Kunst Korinths, weshalb die Vermutung naheliegt, daß dorther die Bauhütte kam. Entsprechend der ungeraden Zahl der Frontsäulen ist die Cella durch nur eine Säulenreihe in 2 Schiffe unterteilt, ein Motiv, das bei anderen altertümlichen Tempeln, u. a. in Unteritalien, wiederkehrt.

Innerhalb der Fundamente dieses Tempels sind die des Vorgängers [b] aus dem 9. Jh. v. Chr. erhalten. Seine Cella war etwas kleiner als die des archaischen Baues, und auch seine Orientierung weicht ihm gegenüber etwas ab. Seine Rückwand war leicht gekrümmt, vielleicht in Erinnerung an ältere Bauten mit apsidalem Grundriß. In einem Abstand von 2 m, an der Rückwand von bis zu 5 m, wird dieses Fundament von Steinplatten in regelmäßigem Abstand begleitet. Man hat diese als Auflager von Holzstützen für die vorkragenden Dachbalken interpretiert und somit auf eine Vorform einer Peristase geschlossen. Aber vielleicht haben die Balken eines steilen frühgriech. Daches in schrägen Stützen ihre Fortsetzungen gefunden, welche auf den Steinplatten aufruhten. Der hufeisenförmige Umriß, den diese Steinplatten bilden, erinnert unmittelbar an Gebäude des 2. Jt. v. Chr. in Thermon, was an eine kontinuierliche Entwicklung und formale Weiterbildung traditioneller Bauformen denken läßt.

Die aus Bruchsteinen aufgeschichteten Fundamente solcher hufeisenförmiger **Häuser** des 2. Jt. v. Chr. kamen vor der

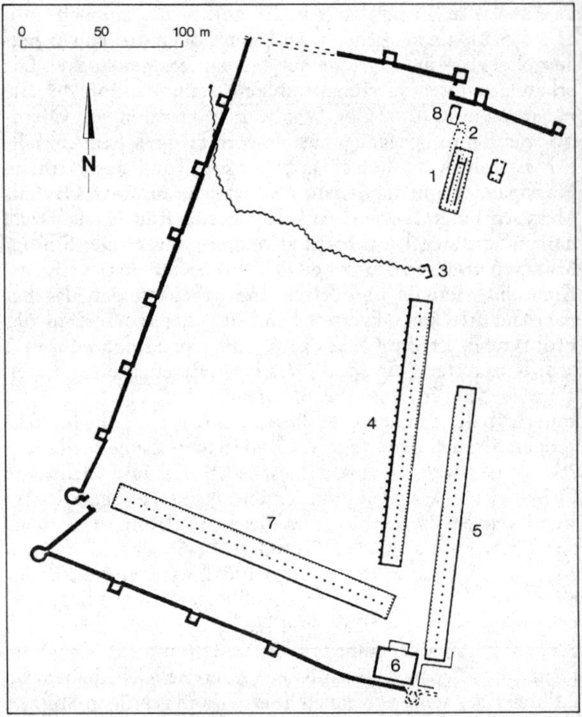

Thermon. Apollon-Heiligtum. Übersichtsplan

N-Seite des archaischen Tempels zutage. Ein besonders langgestrecktes Gebäude vor dessen NW-Ecke hat man als Vorläufer des Tempels des 9. Jh. v. Chr. interpretiert, ohne allerdings nachweisen zu können, daß es sich tatsächlich um einen Kultbau handelt.

Zu nebenstehendem Plan:

1 Apollon-Tempel	4 Weststoa	7 Südstoa
2 Apsidenhaus	5 Oststoa	8 Heiligtum
3 Heilige Quelle	6 Buleuterion	der Artemis (?)

Vor der S-Front des Tempels entspringt die Heilige Quelle [3]. Es folgen die auf einen Prozessionsweg ausgerichtete **Weststoa** [4] und die **Oststoa** [5], an deren Ende das **Buleuterion** [6] steht. Mit dem Bau der **Südstoa** [7] fand die einheitliche architektonische Gestaltung des Heiligtums im 3. Jh. v. Chr. ihren Abschluß.
Ein kleiner Bau [8] nördlich des Tempels könnte der Verehrung der Artemis gedient haben.

Das **Museum** enthält Funde aus dem Heiligtum, v. a. tönerne Metopen und Stirnziegel des archaischen Tempels; Statuetten des 8. Jh. v. Chr.; der Gottheit nach siegreichen Schlachten geweihte Waffen; Fragmente von 206 v. Chr. zerschlagenen Bronzestatuen.

Thermopylen

F7

(Θερμοπύλαι – Phthiotis / Mittelgriechenland)

Die ehemals enge Passage hat ihren Namen (›Warme Tore‹) wegen der (nahe der modernen Straße entspringenden) Thermalquellen, die bereits im Altertum mit Badeanlagen verbunden waren.
480 v. Chr. sollten hier 300 Spartiaten und 5000 andere Schwerbewaffnete den Einmarsch der Perser abwehren, die jedoch, von einem einheimischen Überläufer geführt, die griech. Stellungen umgingen. Der Spartanerkönig Leonidas ließ daraufhin das Gros seines Heeres abziehen. Da er sich selbst an die Weisung, auf keinen Fall abzurücken, gebunden fühlte, harrte er mit 700 Böotern aus Thespiae, 400 aus Theben und seinen Spartiaten aus. Er selbst fiel in dem aussichtslosen Kampf. Die Böoter ergaben sich, und die Spar-

Thermopylen. Das 1955 eingeweihte Denkmal für Leonidas und seine 300 Spartiaten

tiaten wurden auf einem Hügel, auf dem bei den Ausgrabungen zahllose persische Pfeilspitzen gefunden wurden, niedergemacht. An die Gefallenen erinnerte später eine Inschrift: »An dieser Stelle bekämpften einst dreihundert Myriaden vier Tausende aus der Peloponnes.« Die Inschrift des Dichters Simonides für die gefallenen Spartiaten lautete: »Fremder, berichte in Sparta, daß wir hier liegen, gehorsam seinem Befehl.« Auch für den Seher Megistias verfaßte Simonides den Grabspruch: »Das ist das Mal des berühmten Megistias, den einst die Meder töteten, als den Spercheios sie überschritten. Als Seher erkannte er klar das kommende Schicksal, doch Spartas Führer zu verlassen ertrug er nicht.«

Den Hügel, auf dem die Spartiaten den Tod fanden, schmückt heute wieder ein einfaches Mahnmal mit der Wiederholung ihres Gedenkspruchs. – Jenseits der Straße wurde 1955 ein von Griechen in Amerika gestiftetes bombastisches Denkmal errichtet.

Thessaloniki

F3

(Θεσσαλονίκη – Saloniki / Makedonien)

Seit ihrer Gründung 316 oder 315 v. Chr. ist die Stadt ein wichtiges Handelszentrum. Sie entstand an der Stelle der alten Stadt THERME, durch die Vereinigung von 26 Dörfern, unter dem makedonischen König Kassander und erhielt den Namen seiner Frau, einer Halbschwester Alexanders d. Gr. Nach der Schlacht von Pydna (168 v. Chr.) wurde Thessaloniki zur Hauptstadt einer autonomen Regio des röm. Reiches und 146 v. Chr. zur Hauptstadt einer Provinz erhoben. Nach der Zerstörung von Korinth (146 v. Chr.) und dem Bau der großen röm. Militär- und Handelsstraße, der Via Regia (später Via Egnatia), die Dyrrhachium an der Adria mit dem Thermaischen Golf und dann auch mit Byzanz verband, wuchs die Bedeutung des Ortes. Die Verwaltungsreform Diokletians machte Thessaloniki zur Hauptstadt der Diözese Makedonien und Residenz eines Mitkaisers. Unter Konstantin I. (Alleinherrschaft 324–337 n. Chr.) wurde der Hafen neu angelegt, und unter Theodosius I. (379–395), der hier zeitweise (379–380 und 387–388) residierte, erhielt sie die **Ringmauer**, welche die Stadt bis ins 19. Jh. schützte.
Von Anfang an gab es in Thessaloniki eine jüdische Gemeinde. In deren Synagoge predigte der Apostel Paulus. Die von ihm vermutlich im Jahre 50 gegründete christliche Gemeinschaft erlitt 2 Jahrhunderte später schwere Verfolgungen, an die der Kult und die Legende des Schutzpatrons Demetrius (303 in Sirmium zu Tode gemartert) erinnern.
Nicht ohne Widerstand nahm das Röm. Reich im 4. Jh. in Thessaloniki die Goten als »foederati« an. Nach einem gegen den gotischen General Botherich und seine Truppen gerichteten Aufstand wurden 390 n. Chr. im Auftrag des Kaisers 7000 Bürger im Hippodrom niedergemacht.

1 Mauern des Galerius-Palastes
2 Galerius-Bogen
3 Reste des Hippodroms
4 Oktogon
5 Rotonda
6 Brunnen
7 Odeion
8 Türkisches Bad (antike Exedra)

Thessaloniki. Antike Stadt. Übersichtsplan

Die meisten antiken Denkmäler in Thessaloniki stammen erst aus röm. Zeit. Das Zentrum muß damals in der Gegend des heutigen Gerichtsplatzes (Platia Dikastiriu) gelegen haben, wo sich die Substruktionen eines **Odeions** [7] erhalten haben. Von seinen halbkreisförmigen Sitzreihen ist bereits die untere deutlich über das Niveau der Orchestra erhoben, vermutlich um diese für kleinere Tierkämpfe nutzen zu können.

Weiter südlich wurde an der Egnatia-Straße eine in byzantinischer Zeit aus röm. Werkstücken erbaute **Exedra** ([8], Sitzanlage) freigelegt. Ein röm. **Brunnen** [6] ist südlich der Sophien-Kirche erhalten.

Die wichtigsten röm. Bauten entstanden in Zusammenhang mit dem riesigen Komplex des **Galerius-Palastes** [1], den dieser Caesar des Ostens (293/305–311) hier nach 297 n. Chr. errichten ließ und dessen Bauten mit denen in Split oder Trier zu vergleichen sind. Allerdings ist von ihnen vergleichsweise wenig aufrecht stehend erhalten, und erst die Ausgrabungen haben ein immer noch schemenhaftes Bild von dem Umfang und dem Anspruch dieser gewaltigen Anlage ergeben.

Sichtbares Monument ist v.a. der zu einem Drittel erhaltene, nach Galerius' siegreichem Feldzug in Kleinasien, Armenien und Mesopotamien 297 n. Chr. errichtete **Galerius-Bogen** [2]. Dieser besteht in seinem Kern aus Backstein, der mit Marmor oder Stuck verkleidet war. An einen größeren mittleren Bogen schlossen sich beiderseits kleinere an (der südliche nur im Ansatz erhalten). Parallel zu diesen und mit ihnen durch Gewölbe verbunden sind 3 weitere Bogen zu ergänzen. Der Torbau war somit nicht nur in einer Richtung zu durchschreiten, sondern überdeckte eine Straßenkreuzung. Seine Breitseite überspannte mit zweimal 3 Durchgängen eine der Hauptstraßen der antiken Stadt. Der Durchgang an den Schmalseiten verband dagegen eine von Säulenhallen gesäumte Prachtstraße zur »Rotonda« mit dem Zugang zum eigentlichen Palast und zum Hippodrom.

Die Reliefs, die an den *mittleren Pfeilern* erhalten sind, staffeln sich in 4 Zonen und beziehen sich auf die Taten und Feldzüge des Galerius wie auch auf den universellen Anspruch und das Programm des Kaisertums.

Nordöstl. Pfeiler. – SW-Seite: Schlacht des Galerius beim Übergang über einen Fluß. Auszug von Gefangenen aus einer orientalischen Stadt. Friedliche Aufnahme des Kaisers in einer feindlichen Stadt. Zug mit Tieren (fast ganz zerstört). – SO-Seite: Reiterschlacht in Mesopotamien vor einem Stadttor. Schlachtszene mit röm. Reiterei und ein Handgemenge. Flucht der Perser über den Tigris vor der röm. Reiterei. 4. Zone fast ganz zerstört. – NW-Seite: Galerius thronend vor einer Gruppe von Gefangenen. Gleichartige Szene, aber in entgegengesetzter Richtung. Nächste Zone weitgehend zerstört; in der Mitte eine Gruppe Frauen. Zug mit Beutetieren. – NO-Seite: Zug von Kamelen, mit Beute beladen. Das übrige völlig zerstört; Spuren von Tieren.
Südwestl. Pfeiler. – NO-Seite: Ankunft des Kaisers in einer orientalischen Stadt. Schlacht; in der Mitte der siegreiche Kaiser unter dem Adler. In der nächsten Zone in der Mitte thronend die »Augusti« Diokletian und Maximian; daneben stehend die »Caesares« Galerius und Konstantius, umgeben von den Personifikationen von Euphrat und Tigris, den von den Persern »befreiten« Provinzen Mesopotamien und Armenien sowie Allegorien. Fackeltragende Niken. – NW-Seite: Sitzend Galerius, von einer Siegesgöttin bekränzt; rechts die Tapferkeit (*virtus*) mit dem von Elefanten gezogenen Triumphwagen. Schlacht. Der gefangene Harem des Perserkönigs, umgeben von röm. Soldaten. Nischen mit Niken. – SW-Seite: Galerius bei der Ansprache an sein Heer. Galerius empfängt eine persische Gesandtschaft; dahinter unterworfene Amazonen. Diokletian und Galerius beim Opfer, umgeben von z. T. inschriftlich bezeichneten allegorischen Figuren (u. a. Oikumene und Eirene). Persische Gesandtschaft mit Geschenken für Galerius. – SW-Seite: Altar mit Schild; rechts und links Niken, außen Amazonen. Das übrige so gut wie ganz zerstört.
Die Reliefs sind bezeichnend für den Stil der Tetrarchenzeit, der gemeinsamen Regierung von Diokletian, Maximian,

Konstantius und Galerius. Die Figuren sind eng zusammengedrängt, die Modellierung ist fest, kompakt und ohne fließende Übergänge. Die Gestalten werden dabei schroff herausgehoben.

Südlich des Galerius-Bogens erstreckte sich das **Hippodrom** [3], von dem an der Platia Ippodromu auf einer Länge von über 150 m die Gewölbe für die ansteigenden Zuschauerränge erhalten sind.

Westlich davon schloß sich an den Galerius-Bogen der eigentliche **Palast** [1] an. Er erstreckte sich von der heutigen Egnatia-Straße bis zur Odos Megalu Alexandru (Tsimiski) über ein Gelände von annähernd 100 000 m^2. Von ihm wurde an der Platia Navarinu das Fundament eines Traktes mit langen Gängen, Hallen und Raumfluchten freigelegt. An diesen grenzt die eindrucksvolle Ruine des **»Oktogons«** [4]. Das Innere des Zentralbaus war von Nischen gegliedert. Mit 30 m Weite könnte das stattliche Gebäude zum Thronsaal oder auch zum Mausoleum bestimmt gewesen sein.

Durch die vom Galerius-Bogen nach NO ausgehende Prachtstraße war auch die sog. **»Rotonda«** [5] mit dem Palastbezirk verbunden, welche um 400 zur Kirche, 1591 zur Moschee und 1912 wieder zur Kirche (Ag. Giorgos) umgewandelt wurde. Antik ist an ihr nur die untere Zone mit den großen bogenförmigen Fenstern, während die obere Partie in türkischer Zeit umgestaltet wurde. Eine christliche Zutat des 5. Jh. ist die Apsis an der O-Seite.

Archäologisches Museum. Das Museum fungiert als zentraler Sammelplatz für Funde aus N-Griechenland, aber auch als Lokalmuseum. Als herausragende Architekturteile sind v. a. Glieder eines spätarchaisch-ionischen Tempels hervorzuheben, die in Thessaloniki verstreut sekundär verwendet wurden und zu einem Tempel der Vorgängerstadt Therme gehört haben dürften. Ihnen stehen Architekturteile das Galerius-Palastes gegenüber.

Die Skulpturensammlung reicht über archaische Plastik,

röm. Kopien klassischer Meisterwerke, hellenist. Plastik verschiedener Gattungen bis zu röm. Porträts des 1.–4. Jh. n. Chr.
Den Glanz des Museums machen aber die reichen spätklassischen und hellenist. Prunkgefäße und anderen Grabbeigaben aus Bronze, Gold und anderen, teilweise vergoldeten Metallen aus, die in der Nekropole von Derveni (nördlich von Thessaloniki), in Vergina und anderen Grabanlagen N-Griechenlands gefunden wurden.

H9 **Thorikos**

(Θορικός – Attika / Mittelgriechenland)

Der an der O-Küste Attikas, 2 km nördlich von Laurion, gelegene Ort ist einer der ältesten der Region. Schon in frühhelladischer Zeit wurde hier Silber abgebaut. Hausfundamente reichen bis in das frühe 2. Jt. v. Chr. zurück, während auf dem Hügel bei dem Ort 4 **mykenische Gräber** gefunden wurden. Als wichtiger Hafen und zum Schutz der Silberbergwerke wurde der Ort 409 v. Chr. befestigt. Mit dem Rückgang der Bergwerkserträge in hellenist. Zeit ging die Bedeutung von Thorikos zurück, das schon im 1. Jh. n. Chr. offenbar nur mehr dem Namen nach bekannt war.

Neben den **Mauern der Festung** auf der Landenge östlich der Stadt ist v. a. das altertümliche **Theater** mit einer langgestreckten Terrasse des 6. Jh. v. Chr. erhalten, dessen Sitzreihen im 5. Jh. v. Chr. noch nicht in regelmäßigen Halbkreisen angelegt wurden, sondern sich dem Gelände anpassen. Urspr. mit 19 Sitzreihen ausgestattet, wurde es im 4. Jh. v. Chr. um weitere 12 erweitert.
Von der zugehörigen **Stadt** wurden nordwestlich des Theaters einzelne Quartiere ausgegraben.

Tiryns

F9

(Τίρυνς – Argolis / Peloponnes)

Südlich von Mykene am S-Rand der fruchtbaren Argolis, 5 km nördlich von Nauplion an der Straße nach Argos, liegt die **Burg** von Tiryns auf einem niedrigen, seit neolithischer Zeit besiedelten Kalksteinblock von 300 m Länge, nur 25 bis 26 m über der Ebene. Das Meer reichte im 2. Jt. v. Chr. bis auf ca. 200 m an den Burgberg heran, die Lage bot sich also geradezu an für einen Festungsbau. Unter dem späteren Palast konnte ein Rundbau schon des 3. Jt. nachgewiesen werden.
Von der oberen Terrasse geht der Blick weit hinaus auf das Meer, zur östl. Peloponnes, nach Nauplion mit dem Palamidi links und dem Itsch-Kale rechts. Breite Verteidigungswälle umgeben den gesamten Hügel, mit dem Haupttor im O, dem Palast des späten 13. Jh. v. Chr. auf der höheren S-Seite und der Unterburg im N. Die Gesamtanlage – zu sehen ist ihre dritte und letzte Baugestalt, die erste Befestigung wird um 1370 v. Chr. datiert – war wohl eine Nebenresidenz der mykenischen Könige, denn nur unter einheitlicher Herrschaft, nicht als feindliche Nachbarschaft, kann diese kleinere Festung gedeutet werden, deren Stärke der von Mykene nicht nachsteht, im Gegenteil, die Wälle erscheinen noch imposanter.
Der Ursprung der Burg verliert sich im Dunkel des Mythos; er ist mit den Namen von König Akrisios aus Argos, dessen Enkel Perseus, des Amphitryon und schließlich des Herakles verbunden, der durch das Delphische Orakel zur Dienstleistung hier bei seinem schwächlichen Vetter Eurystheus und zur Ausführung der 10 oder 12 herkulischen Arbeiten verpflichtet wurde. Der Ortsname Tiryns, mit der bezeichnenden altägäischen Konsonantenverbindung »nth« im Genitiv, weist auf das 6.–4. Jt. v. Chr.

Die tirynthische Burgmauer vom Ende des 13. Jh. v. Chr. ist die 3. Umwallung. Sie vermittelt eine Vorstellung davon, wie schon die Bronzezeit mit ihren unzulänglichen Werk-

Tiryns. Burg. Rekonstruktion

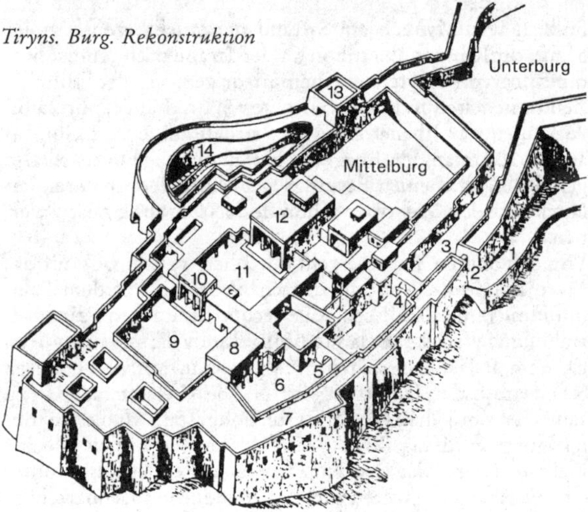

1 Aufgangsrampe
2 Haupttor
3 Innere Rampe
4 Löwentor
5 Innentore
6 Äußerer Vorhof
7 Ostgalerie
8 Großes Propylon
9 Innerer Vorhof
10 Kleines Propylon
11 Palasthof
12 Megaron
13 Turm
14 Westtreppe

zeugen – bronzene Steinsägen, sonst nur Steinwerkzeuge – technische Höchstleistungen vollbringen konnte. Die kyklopischen Blöcke sind teilweise 4–5 m lang, aber nur 60 bis 70 cm hoch, polygonal, auf der Vorderseite grob bearbeitet; die Zwischenräume sind mit Lehm und Feldsteinen ausgefüllt. Der Zweck der Anlage war es, die fruchtbare Ebene und den Fürstensitz gegen Angriffe von der See her zu sichern und als Stützpunkt für eigene überseeische Expeditionen zu dienen. Pausanias schreibt im 2. Jh. n. Chr.: »Die Ringmauer, das einzige Überbleibsel von Tiryns, wurde von den Kyklopen [d. h. einäugigen Riesen aus Lykien] erbaut. Sie besteht aus unbehauenen Steinen, deren jeder so groß ist, daß ein Gespann von zwei Maultieren nicht einmal den kleinsten von der Stelle bewegen könnte.«

Die Burg war um 1200 v. Chr. wie Mykene zerstört, die Siedlung im 11. Jh. aufgegeben worden. Eine Neubesiedlung zerstörten gegen die Mitte des 5. Jh. v. Chr. die Argiver. Nach Versuchsgrabungen 1876 schickte sich Heinrich Schliemann 1884 zu einer umfassenden Grabung an, wobei er sich für den architektonischen Teil wie früher schon der Hilfe Wilhelm Dörpfelds versichert hatte. So begann er 8 Jahre nach seinen märchenhaften Funden in Mykene die Aufdeckung (bis 1885). Deutsche und griechisch-deutsche Grabungen erschlossen bis in die jüngste Vergangenheit den ganzen Komplex.

Der Befestigungsturm des 13. Jh. neben dem äußeren Haupteingang [2] im O ist gut erhalten. Zu ihm führte eine befahrbare Aufgangsrampe [1]. Durchschreitet man den in nachmykenischer Zeit verschmälerten Tordurchgang, so gelangt man auf die innere, gleichfalls befahrbare Rampe [3], die abwärts in die Unterburg, aufwärts zum einst ca. 8 m hohen Haupttorbau der **Oberburg** mit dem 3,20 m hohen »Löwentor« [4] führt und weiter zu den starken 2 Innentoren [5], an die sich ein weiter, offener Hof [6] anschließt, flankiert von der 29 m langen Ostgalerie ([7], Kasematten). Die Ostgalerie ist von außen schon an ihren offenen Gewölben erkennbar. In den unruhigen Zeiten des 13. Jh. war sie als Bastion der Mauer vorgelegt; ihre Kasematten, im Kriege Zufluchtsstätten und Waffenarsenale, dienten in Friedenszeiten als Vorratsräume. Der Zugang erfolgte von Korridoren aus, zu denen Treppen von den äußeren Höfen herabführten; diese wie auch die Korridore und Galeriekammern sind durch Überkragung der Blockschichten spitzbogig eingewölbt. Jahrtausendelang trieben die Hirten nachts ihre Schaf- und Ziegenherden in diese bestens geeigneten Unterkünfte, so daß deren Wände von den Fellen der Tiere völlig glattgescheuert wurden. Die Gänge geben einen Blick frei auf die fruchtbare Ebene der »rossenährenden Argolis«, wie Homer sie nannte.

Vom Hof gelangt man zum großen Propylon [8] und in einen weiteren Vorhof [9], der zum eigentlichen Palastbereich der Oberburg geleitet. Vor diesem liegt ein zweites kleineres Propylon [10]. An den durchschrittenen 4 Toreingängen sind teilweise noch Reste von Steinsäulen, Schwellen und Löcher für die Befestigung der Holztüren erkennbar.

Das zweite Propylon öffnete den Zugang zum Palasthof [11] mit ausgemauerter Opfergrube und Altar; er war auf 3 Seiten von Säulenreihen umgeben, deren Basen z. T. noch in situ sind. Gegenüber dem Eingangstor liegt die schmale Front des am höchsten Punkt gelegenen Megarons [12], des wie in allen mykenischen Herrenhäusern dreiteiligen Hauptraums der Burg, bestehend aus Prodomos, Vorhalle für die Besucher (mit 2 Holzsäulen in antis) und dem eigentlichen Megaron (9,80 × 11,80 m), wo der Herrscher am großen Zeremonialherd den Göttern opferte. (Die Fundamente über das Megaron hinweg gehören zu einem Hera-Tempel wohl des 8. Jh. v. Chr.)

Wenn der Besucher zunächst genötigt war, in ständigen Wendungen durch 5 Tore hindurchzuschreiten, über eine Schrägrampe und 2 Vorplätze, eingeschüchtert durch die kyklopischen Festungsanlagen, so umgab ihn vom Palasthof an höfische Pracht, mit Boden- und Wandmalereien, Reliefriesen und Stuckornamenten. Die Bauten bestanden aus Lehmziegelwerk mit Holzfachwerk über Sockeln aus Stein. Den Luxus mykenischer Herrensitze bezeugt auch ein Badezimmer, das westlich des Megarons wegen seines von einer einzigen Kalksteinplatte gebildeten Fußbodens ins Auge sticht. Auf ihm zeichnen sich die Wände des Wasserbeckens ab.

Über die Nutzung der tiefer gelegenen **Mittelburg** ist wenig bekannt; sie enthielt u. a. vielleicht Werkstätten (Fund eines Töpferofens). Nach W führte ein Zugang zum Turm [13] und der Westtreppe [14], die zusammen ein unüberwindliches Bollwerk bildeten. – Zur **Unterburg** gab es von der Oberburg nur den Zugang zwischen Haupteingang [2] und großem Tor [8]. Das Areal der Unterburg von ca. 160×60m war besiedelt, nicht, wie vor jüngeren Grabungen vermutet, eine menschenleere Fluchtburg. Die Mauer dieser Unterburg erreicht eine Stärke von 7–8 m.

Um den Burgberg lag auf allen 4 Seiten die **Siedlung**.

Trikala

D5

(Τρίκαλα – Trikala / Thessalien)

Der seit dem 11. Jh. n. Chr. nachweisbare Name der Stadt hält die Erinnerung an das schon von Homer erwähnte TRIKKA fest, die Heimat des Heilgottes Asklepios. Dieser hatte seine Kunst von dem Kentauren Chiron gelernt und wurde von Zeus durch einen Blitz erschlagen, als er Tote wiedererweckte. Der Kult des in das Leben zurückgerufenen Gottes breitete sich von hier aus über das ganze Mittelmeergebiet aus.

Fundamente mehrerer Räume östlich der Nikolaus-Kirche gehören dem 4. Jh. v. Chr. an. Ein nordwestlich davon ausgegrabener rechteckiger Platz mit hellenist., in röm. Zeit erneuerten Säulenhallen könnte zu dem **Asklepios-Heiligtum** gehört haben.

Das mittelalterl. Kastell steht teilweise auf den Fundamenten der hellenist. **Akropolis**.

E10 Tripolis

(Τρίπολις – Arkadien / Peloponnes)

Die Stadt wurde wohl erst im 14. Jh. n. Chr. unter dem albanischen Namen Droboglitsa (slaw. Tripolitza) gegründet.

Die Stadt besitzt ein schönes **Museum** mit mykenischer und geometrischer Keramik und v. a. bedeutenden Skulpturen von verschiedenen Fundorten Arkadiens aus archaischer bis röm. Zeit.

Umgebung:

7 km südwestlich von Tripolis liegen bei dem Dorf **Berbati**
E10 (amtl. **Pallantion** [Παλλάντιον]) die Ruinen der antiken Stadt **Pallantion**. Die Namensähnlichkeit mit dem Palatin in Rom führte zu der Sage, daß der Ortsheros Euander dorthin ausgewandert sei. Dem kümmerlichen Städtchen brachte dies unter Kaiser Antoninus Pius (138–161 n. Chr.) die Privilegien einer »civitas libera et immunis«, einer unabhängigen, abgabenfreien Gemeinde ein. Außer Teilen der **Akropolismauer** wurden auf einer Terrasse am S-Abhang des Hügels Reste eines **Tempels** des 5. Jh. v. Chr. und archaische Bauten ausgegraben, deren Säulenschäfte noch aus Holz bestanden. – Der **Tempel der Athena und des Poseidon**, ein dorischer Peripteros von 6 × 13 Säulen, aus dem 6. Jh. v. Chr. und sein Vorgängerbau aus dem 7. Jh. v. Chr. lagen südlich von Pallantion auf der Flur Vigli am Vorion-Berg.

15 km südwestlich von Tripolis gehören die Mauern des Palaiokastro von Frankovrisi (Frankenquelle) zur **Akropolis** der von neolithischer bis in hellenist. Zeit besiedelten Stadt
E10 **Asea**.

20 km nördlich von Tripolis liegt das Dorf **Kalpaki** (amtl. Orchomenos [Ὀρχομενός]) auf dem Gelände des antiken Orchomenos. Die schon von Homer erwähnte Stadt hatte sich unter ihrem König Aristokrates im 7. Jh. v. Chr. zeitweise zur Vormacht Arkadiens aufgeschwungen. Im 5. Jh. v. Chr. war sie mit Sparta verbündet und später Mitglied des Arkadischen, Achäischen und Ätolischen Bundes sowie kurzfristig makedonisch. Ihr Niedergang begann in röm. Zeit, doch bestand sie noch bis in das 14. Jh. fort. – Unmittelbar hinter der Dorfkirche blieben von einem archaischen **Tempel** außer den Fundamenten und Teilen des Stylobats v. a. einige wuchtige, ausladende Kapitelle erhalten. Runde Steinscheiben dienten den Säulen, deren Schäfte offenbar aus Holz bestanden, als Sockel. Die Kuppe des darüber aufsteigenden Berges wird von einer hellenist. **Ringmauer** umfangen, die Fundamente von 2 **Tempeln** und einen langgestreckten Altar in sich einschließt. Von hier aus gelangt man in wenigen Minuten zu einem eindrucksvollen kleinen **Theater** aus hellenist. Zeit. E9

7 km nordwestlich von Orchomenos liegen nordöstlich des Dorfes Chotusa (Χότουσα) die Mauern des antiken **Kaphyai**. So kümmerlich das Erhaltene, so groß ist die mythologische Aura des Ortes. Poseidon soll hier einen Tempel gestiftet, Agamemnon eine Platane gepflanzt, der Trojaner Aeneas die Stadt gestiftet haben und in ihr gestorben sein. E9

Ca. 30 km nördlich von Tripolis liegen südlich des Ortes Skotini bei dem Dorf **Bugiati** (amtl. **Alea** [Ἀλέα]) die hellenist. Mauern der Akropolis von **Alea**, der Heimat des später nach Tegea übertragenen Kultes der Athena Alea. E9

S. auch Tegea und Mantineia.

G10 Troizen

(Τροιζήν – Piräus / Peloponnes)

Die Heimatstadt des attischen Helden Theseus war im Altertum Mittelpunkt eines unabhängigen kleinen Territoriums im O der Argolis. 480 v. Chr. fanden hier während der persischen Besetzung Athens dessen Bewohner Zuflucht. In der 2. Hälfte des 5. Jh. v. Chr. haben die Athener die Stadt zeitweise besetzt und verwüstet. 243 v. Chr. trat Troizen dem Achäischen Bund bei. Die Stadt stand auch in röm. Zeit in Blüte, wurde aber in der Spätantike offenbar zeitweise verlassen, da sie im 9. Jh. unter dem neuen Namen DAMALA bezeugt wird.

Die antike Stadt erstreckte sich auf dem Gelände westlich des heutigen Dorfes zwischen 2 Bachläufen. Die **Stadtmauern** [1] nahmen ihren Ausgang von dem isolierten Berg mit der Frankenburg und dem »Frankenturm« an der Stelle der alten Akropolis. Auf halber Höhe sind von dem **Heiligtum der Aphrodite Akraia** [2] Terrassierungen erhalten. Am Fuß des Berges verlief eine **Quermauer** [3] aus hellenist. Zeit, von der v. a. ein in den unteren Partien hellenist., oben fränkischer **Turm** [4] erhalten blieb.

Nördlich der Quermauer lag die **Agora** [5]. Ein einst mit Statuen geschmückter Saal einer **röm. Therme** [6] dürfte aus dem 2. Jh. n. Chr. stammen. Auf antikem Boden stehen hier einige Kapellen. In einer von ihnen hat die Ag. Sotira die Nachfolge der **Artemis Soteira** (›Retterin‹; [7]) angetreten. Hier wurde eine Inschrift gefunden, die in einer Abschrift des 4. Jh. v. Chr. den Volksbeschluß über die Evakuierung attischer Frauen und Kinder beim Einfall der Perser festhält (Athen, Epigraphisches Museum).

Nach W führt ein Pfad zu einer Gruppe von außerhalb der Stadt gelegenen Heiligtümern. Südlich des Weges liegt das Gelände des im 4. Jh. v. Chr. angelegten **Asklepieions** [8] mit den Fundamenten eines Tempels und eines Altars sowie eines kleineren Tempels auf einer höheren Terrasse. Nach S

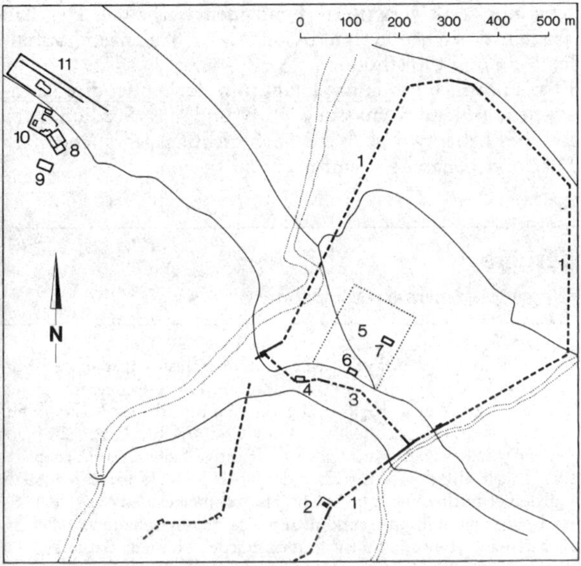

1 Stadtmauer
2 Aphrodite-Akraia-Heiligtum
3 Hellenistische Quermauer
4 Turm
5 Agora
6 Römische Therme
7 Artemis Soteira
8 Asklepieion
9 Hippolyt-Tempel
10 Aphrodite-Kataskopeia-Heiligtum
11 Stadion

Troizen. Antike Stadt. Übersichtsplan

schließt sich daran ein Hof mit Säulenumgang an, an dessen S-Seite ein Saal mit Feuerstellen und Sockeln für Ruhebetten ausgegraben wurde.
Weiter südlich sind von dem **Tempel des Hippolyt** [9], des von der Liebe seiner Stiefmutter Phädra verfolgten und durch ihre Schuld zu Tode gekommenen Sohnes des The-

seus, nur stark verwitterte Fundamente erhalten. Der Bau war ein dorischer Peripteros mit 6×11 Säulen und auffallend kurzem Opisthodom.
Etwas nördlich liegen das **Heiligtum der Aphrodite Kataskopeia** (›Herabschauende‹, [10]) und das **Stadion** [11]. Bei ihm haben wir auch das noch nicht ausgegrabene, nach Hippolyt benannte Gymnasium zu suchen.

E3 Vergina

(Βεργῖνα – Imathia / Makedonien)

Die Stadt, die sich zu Füßen eines großen Palastes ausdehnte, wur-
E3 de verschiedentlich mit der Landstadt BALLA gleichgesetzt, doch
dürfte es sich eher um AIGAI, die alte Hauptstadt der Makedonen, handeln, wo, auch nachdem um 400 v. Chr. die Residenz nach Pella verlegt worden war, immer noch die Könige beigesetzt wurden.
Der Palast auf dem Berg über der noch kaum erforschten Stadt wurde vermutlich im 3. Jh. v. Chr. als Sommerresidenz angelegt. Es ist die einzige in ihren Grundmauern vollständig erhaltene hellenist. Palastanlage, die bisher ausgegraben wurde. Ähnliche Bauten gaben die Vorbilder für die Villen der röm. Aristokratie ab.

Der **Palast** liegt auf einer künstlichen Terrasse, die von einer Mauer gestützt wird. Auf ihr bot eine lange Säulengalerie Ausblick über die Küstenebene. Man betrat den Palast von O über eine Eingangshalle [1] und gelangte dann in einen quadratischen, allseitig von Säulenhallen eingefaßten Hof [2], auf den sich die angrenzenden Räume öffneten. Eine runde Halle neben dem Eingang wird als Kultstätte für die Ahnen, als Heroon, gedeutet [3]. Andere größere Säle mögen zu Banketten gedient haben. In einigen von ihnen wurden aufwendige Mosaiken gefunden. Nach W schloß sich ein kleinerer Säulenhof [4] an, der im W mit einer Raumflucht verbunden ist, die ein Wirtschaftstrakt gewesen sein wird.

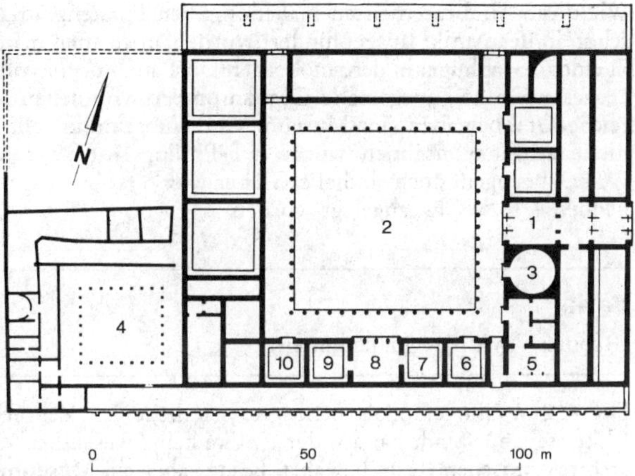

1 Eingangshalle
2 Säulenhof
3 Kultraum
4 Wirtschaftshof (?)
5 Treppe zum Obergeschoß (?)
6–10 Bankettrãume (in denen Bodenmosaiken gefunden wurden)

Vergina. Palast. Grundriß

Nördlich des Palastes wurde ein **Theater** ausgegraben, und weiter nach N stieß man auf die Fundamente eines kleinen **Tempels.**

Am Fuß des Palastberges erstreckt sich eine ausgedehnte **Nekropole** mit Gräbern des 1. Drittels des 1. Jt.

Links neben der Auffahrt zum Palast wurde ein hellenist. **Fürstengrab** freigelegt. Ein Hügel überdeckt das Grabgewölbe, von dem von außen nur die tempelartige dorische Eingangsfront zu sehen ist. Die Grabkammer selbst war durch Steinplatten verschlossen, die hölzerne Türflügel mit ihren Bronzebeschlägen nachahmen. In ihr steht ein steinerner Thron für den Toten. Die Stuckverkleidung der Grabkammer imitiert Marmorinkrustationen.

Wie dieses sind die meisten makedonischen Fürstengräber schon in der Antike ausgeplündert worden, doch stieß man in einem Grabhügel in dem modernen Dorf auf 3 prunkvoll ausgestattete und ausgemalte **Grabkammern**, von denen 2 reiche Grabbeigaben (im Museum von Thessaloniki) enthielten. Eine von ihnen wurde auf Philipp II. (359–336 v. Chr.) bezogen, doch sind alle Gräber wohl erst im ausgehenden 4. Jh. v. Chr. angelegt worden.

E3 Veria

(Βέροια – Imathia / Makedonien)

Die 432 v. Chr. erstmals bezeugte, seit hellenist. Zeit in Blüte stehende Stadt hat aus der Antike keine wesentlichen architektonischen Reste bewahrt, besitzt aber ein **Museum** mit Einzelfunden aus dem Ort und der Umgebung, v. a. eine hellenist. Gruppe mit der Darstellung einer Eberjagd aus Vergina, röm. Porträts v. a. des 2. Jh. n. Chr. sowie eine eindrucksvolle Büste des Olganos, Flußgott und Sohn des mythischen Königs Beres, ebenfalls aus dem 2. Jh. n. Chr., aber auch prähistorische und frühgriech. Kleinfunde. Neben dem Eingang ein Grablöwe des 4. Jh. v. Chr. Im Garten ein kolossales Medusenhaupt aus dem 2. Jh. n. Chr.

F6 Volos

(Βόλος – Magnesia / Thessalien)

Das Kastro der Stadt liegt an der Stelle des sagenhaften IOLKOS, des Ausgangsorts der Fahrt der Argonauten. Seit der Gründung von Demetrias (294 v. Chr., s. u.) trat es für Jahrhunderte hinter diesem zurück. Erst in der Neuzeit wurde Volos wieder zur führenden Stadt der Region.

Die Stadt besitzt zwar keine eindrucksvolleren antiken Ruinen, dafür aber ein **Museum** mit Funden aus dem gesamten Umland. Es enthält prähistorische, archaische, hellenist. und röm. Kleinfunde aus Ton, Bronze, aber auch Edelmetallen, v.a. aber thessalische Grabreliefs des 5. Jh. v. Chr. von einem provinziell herben, mitunter ungeschlachten, aber sehr expressiven Stil. Eine große Anzahl bei der Reparatur einer Stadtmauer verwendeter und daher vor Licht und Witterung geschützter Grabstelen aus Demetrias hat noch zu guten Teilen die urspr. Bemalung bewahrt.

Umgebung:
Südlich von Volos durchquert die Straße die ausgedehnten
Ruinen der antiken Stadt **PAGASAI-DEMETRIAS** (Παγασαί- F6
Δημητριάς). Pagasais Alter bezeugt bereits der Mythos. Herakles soll hier den Wegelagerer Kyknos erschlagen haben. In geschichtlicher Zeit Hafen von Pherai (s. u.), wurde es 353 v. Chr. von Philipp II. von Makedonien erobert. 294 v. Chr. bestimmte es Demetrios Poliorketes, der Sohn Antigonos' I., eines Nachfolgers Alexanders d. Gr., zur Hauptstadt seines Reiches und erbaute es unter dem Namen Demetrias neu. Die erhaltenen Mauern stammen überwiegend aus dieser Zeit.
Die über 10 km lange **Stadtmauer** ist v. a. im W besser erhalten. Aus ihr führen zahlreiche Tore. Das riesige Stadtgebiet wird durch eine Quermauer unterteilt. Im W ist die **Akropolis** noch einmal für sich ummauert. Nahe der Straße ist das **Theater** in den Abhang gebettet. Der Bergrücken über ihm trägt ein Bollwerk. In dem flacheren Gelände östlich der Straße wurden Teile der **Agora**, eines **Artemis-Heiligtums** und des **Palastes des Demetrios** ausgegraben.
Östlich von Volos trägt die Höhe oberhalb des Vororts **GO-** G6
RITSA (Γορίτσα) die Mauern der Festung **ORMINION**, die F6
Demetrios zur Sicherung der Einfahrt in die Bucht anlegen ließ. Außer Abschnitten der **Umfassungsmauer** sind die Fundamente eines **Tempels** und **Gräber** erhalten.

Am W-Rand der zur Bucht von Volos führenden Niede-
F6 rung ist der Ort **Velestinon** (Βελεστίνον) von frühen
F6 Siedlungshügeln umgeben (**Sesklo**, **Dimini**) und wird
selbst von der größten »Magula« Thessaliens überragt. Siedlungsspuren gehen bis in neolithische Zeit zurück. Diesem Alter entspricht auch die mythologische Aura der schon von Homer erwähnten Stadt **Pherai**, des Königssitzes von Admet und Alkestis, die an dieser Stelle stand. Im 5. Jh. v. Chr. gelang es den Tyrannen von Pherai zeitweise, ganz Thessalien unter ihrer Führung zu einen. 353 v. Chr. nahm Philipp II. ihm jedoch seinen Hafen Pagasai (s. o.). In röm. Zeit war Pherai neben Larisa weiterhin die wichtigste Stadt Thessaliens.

Von der urspr. archaischen, im wesentlichen aber auf das 4. Jh. v. Chr. zurückgehenden **Stadtmauer** haben sich in den Gärten südlich des Dorfes Teile erhalten. Neben der Kirche des Ag. Charalambos liegen die Fundamente eines **Herakles-Tempels** des 6.–5. Jh. v. Chr. Links der Straße nach Larisa wurden am Abhang der Akropolis die Fundamente des im 4. Jh. v. Chr. über einem Tempel des 6. Jh. v. Chr. errichteten dorischen **Tempels der Athena Enodia** (›Wegbegleiterin‹) ausgegraben.

Nördlich der Straße von **Akitsi** (amtl. **Mikrothebai** [Μι-
F6 κροθῆβαι]) nach **Nea Anchialos** (Νέα Ἀγχίαλος) liegen
F6 auf einem Bergausläufer die Ruinen der Stadt **Mikrothe-
bai**, des »Kleinen« oder »Phthiotischen« Theben. Der Ort wurde seit dem 4. Jt. immer wieder besiedelt. Eine mykenische Stadt an dieser Stelle ging gegen 1200 bei einer Brandkatastrophe zugrunde. Seit dem 4. Jh. v. Chr. existierte hier wieder eine Stadt. Diese wurde in röm. Zeit zugunsten von Neu-Theben (heute Nea Anchialos) auf dem Gebiet seines
F6 ehem. Hafens **Pyrasos** aufgegeben, welches seinerseits im
4.–7. Jh. zur führenden Handelsstadt am Golf aufstieg. Von der hellenist. Stadt blieben v. a. Teile des durch 40 Türme verstärkten, 2400 m langen **Mauerrings** erhalten.

Griechische Inseln

Ägina G9

(Αἴγινα – Piräus / Insel im Saronischen Golf)

Die sagenhafte Heimat von Telamon und Peleus, den Vätern von Aias und Achill, wurde im frühen 1. Jt. v. Chr. von der Peloponnes aus neu besiedelt. Im 7. und 6. Jh. v. Chr. entwickelte sie sich zu einer bedeutenden Handelsmacht, gegen die sich Athen bereits unter Solon zur Wehr setzen mußte. In spätarchaischer und frühklassischer Zeit wurde sie überdies zum wichtigen Kunstzentrum, konnte aber auf die Dauer ihre Stellung gegenüber Athen nicht behaupten, das 431 v. Chr. alle Bewohner vertrieb und die Insel seinem Territorium eingliederte.

Die antike Hauptstadt Aigina erstreckte sich nördlich des G9
modernen Hafens bis zum »Kap Kolona«, so benannt nach der einzigen noch aufrecht stehenden Säule des **Apollon-Tempels** aus dem letzten Viertel des 6. Jh. v. Chr., eines dorischen Peripteros von 6×11 Säulen. 9 prähistorische Siedlungen folgten einander auf diesem Hügel. Die Abfolge der früh- bis mittelbronzezeitlichen Befestigungsmauern ist die eindrucksvollste in Griechenland. Nördlich des Tempels ist ein Stück der spätantiken **Stadtmauer** mit 2 Türmen erhalten. Westlich des Tempels wurden 2 kleinere Schreine und ein Rundbau, vermutlich das Grab des mythischen Heroen Phokos, ausgegraben. Bei dem **Museum** (mit lokalen Funden) erstreckte sich ein großes Theater.

Die höchste Erhebung der Insel, der im Altertum dem Zeus
Hellanios geweihte Oros (524 m, heute: Prophitis Elias), G9
trug bereits im 13. Jh. v. Chr. eine Siedlung. Diese wurde im späten 2. Jt. v. Chr. verlassen und um 800 wiederbesetzt. Am N-Abhang des Berges liegt unterhalb des Gipfels eine große Terrasse mit einer 6 m breiten **Freitreppe** und einer **Pilgerherberge**, wohl aus hellenistischer Zeit.

Im NO der Insel liegt das **Heiligtum der Aphaia** mit sei- G9
nem gut erhaltenen **Tempel**.

Ägina. Aphaia-Tempel. Ansicht von Südwesten

Das oberhalb einer Grotte angelegte Heiligtum der alten Fruchtbarkeitsgöttin besaß vielleicht schon im 7. Jh. v. Chr. außer einem Altar auch einen Schrein für ein Kultbild. In der 1. Hälfte des 6. Jh. v. Chr., als Ägina in der Blüte seiner Macht stand, wurde hier ein monumentaler Tempel mit 2 Säulen in antis, einer 2schiffigen Cella und einem 2geteilten Adyton errichtet. Bemalte Architekturteile wurden in den späteren Anschüttungen gefunden. Auf den Fundamenten dieses Baues entstand um 500 v. Chr. ein neuer Tempel.

Es handelt sich um einen dorischen Peripteros mit 6 × 12 Säulen, ein für archaische Zeit auffallend gedrungener Grundriß, der mit besonderen lokalen Traditionen erklärt worden ist (vgl. den Apollon-Tempel mit 6 × 11 Säulen). Wie später bei dem Parthenon sind die Säulen des Umgangs leicht nach innen geneigt. Der Bau ist in kanonischer Weise symmetrisch gegliedert, mit einem Pronaos im O und einem Opisthodom im W. Dabei wird die Eingangsseite im O dadurch betont, daß man Umgang und Pronaos etwas vergrößerte. Die Cella gliedern 2 Reihen mit je 5 doppelgeschossigen Säulen in 3 Schiffe. Nachträglich wurde in die Rückwand der Cella eine Tür zum Opisthodom gebrochen und dieser wie auch der Pronaos und der östl. Säulenumgang durch Gitter verschlossen, von denen die Dübellöcher

noch zu sehen sind. Der Bau ist konsequenter als alle älteren dorischen Tempel einem einheitlichen Grundmaß, dem dorischen Fuß (32,8 cm), unterworfen. So beträgt die Säulenhöhe 16 Fuß, der Abstand der Säulen 8 Fuß und der untere Säulendurchmesser 3 Fuß. Die ungewöhnlich schlanken Proportionen der Säulen hat man mit ionischem Einfluß zu erklären versucht.
Ionischen Einfluß verrät auch die Gestalt des Mittelakroterions, eine von Mädchen flankierte, aus Ranken aufsprießende Palmette. Von den Giebelskulpturen wurden die östlichen wenige Jahre nach ihrer Entstehung beschädigt und durch neue ersetzt. Die 1811 gefundenen Bildwerke kamen nach München, später hinzugekommene, einzelne Fragmente nach Athen (Nat.-Mus.).

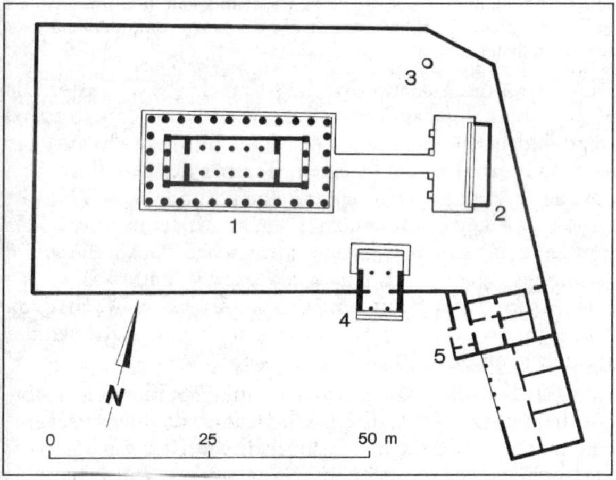

1 Tempel 2 Altar 3 Brunnen 4 Propylon 5 Verwaltungs- und Priesterhäuser

Ägina. Aphaia-Heiligtum. Grundriß

Vor dem Tempel erstreckte sich, mit diesem durch eine Rampe verbunden, der beiderseits von schmalen Hallen flankierte **Altar**.
Der Tempel steht auf einer künstlichen Terrasse, welche durch ein Propylon von S zu erreichen ist. Vor diesem lagen im O **Verwaltungs-** und **Priesterhäuser**.

KL 11 **Amorgos**
(Ἀμοργός – Kykladen / Ägäische Inseln)

Die bereits in prähistorischer Zeit dicht besiedelte Insel hat nie eine bedeutendere historische Rolle gespielt und galt in röm. Zeit als Verbannungsort. Berühmt waren die dünnen Gewänder, die hier gewebt wurden.

Die drei antiken Hauptorte lagen an der NW-Küste. Die
K 11 Höhe oberhalb des Hafenortes KATAPOLA (Κατάπολα) trägt eindrucksvolle Ruinen der Stadt MINOA (Μινώα) mit einem **Gymnasium** und einem **Tempel des Apollon**. Von dort aus erreicht man in einer halben Stunde den Hauptort
L 11 CHORA (Χώρα) mit einem kleinen **Museum** für lokale Funde, u. a. einem schönen klassischen Grabrelief. Ein 3stündiger Marsch führt nach SW zu der Stätte »Sto Chorio« (›beim Dorf‹) mit einem hellenistischen **Wachturm**. Nach einer weiteren Stunde gelangt man zu den Ruinen der
K 11 antiken Stadt ARKESINE (Ἀρκεσίνη).

L 11 AIGIALI (Αἰγιάλη), die dritte der antiken Städte von Amorgos, liegt ganz im NO der Insel. **Gräber**, die hier ausgegraben wurden, führen bis in kykladische Zeit zurück. Aus klassischer Zeit stammen die Fundamente eines **Tempels der Athena** bei der Kirche Exochoriani, nahe dem Ort, der heute den Namen Aigiali führt.

Andros

(Ἄνδρος – Kykladen / Ägäische Inseln) IJ 9/10

Die von Ioniern besiedelte Insel war im 8. Jh. v. Chr. von Eretria abhängig, in den folgenden Jahrhunderten selbständig und Mutterstadt zahlreicher Kolonien. 490 v. Chr. unterwarf sich Andros den Persern und mußte 450–440 v. Chr. attische Siedler aufnehmen.

Die Stadt ANDROS beherbergt ein **Museum** mit geometrischer bis hellenist. Keramik und Skulpturen. J 9

Bei dem Dorf AGIOS PETROS (Ἅγιος Πέτρος) erhebt sich 5 Geschosse hoch ein hellenist. **Wachturm**, von dem aus die Bevölkerung vor Piraten gewarnt werden konnte. IJ 9

Wie der Name sagt, war PALEOPOLIS (Παλαιόπολις, ›alte Stadt‹) in der Antike die Hauptstadt der Insel. Ihre **Mauern, Türme** und **Tore** sind noch gut zu erkennen. An ihrer Agora stand eine **Halle** des 3. oder 2. Jh. v. Chr., vor der Statuenbasen aufgereiht waren. – Südöstlich von Paleopolis liegen auf dem Vorgebirge von ZAGORA (Ζαγορά) die Mauern einer befestigten **Siedlung** des 8. Jh. v. Chr., die um einen Tempel angelegt war. J 9

Chios

(Χίος – Chios / Ägäische Inseln) KL 7/8

Die reichsten Griechen nennt Thukydides im 5. Jh. v. Chr. die Bewohner der wegen ihres Weins und des belebenden Harzes des Mastix-Strauches berühmten Insel. Aus Chios stammten viele Künstler, Dichter und Philosophen. Neben anderen Städten erhob es Anspruch, Heimat Homers zu sein, als dessen Nachkommenschaft das auf der Insel ansässige Geschlecht der Homeriden galt.

Mit anderen Inseln und Städten an der W-Küste Kleinasiens bildete Chios den Ionischen Bund. Nach den Perserkriegen trat es dem Attischen Seebund bei, von dem es 412 v. Chr. wieder abfiel. Als eine der ersten Städte schloß sich Chios 378 v. Chr. dem 2. Attischen Seebund an, aus dem es 357 v. Chr. wieder ausscherte. 333 v. Chr. von Alexander d. Gr. eingenommen, aber in hellenist. Zeit meist selbständig, stellte es sich 190 v. Chr. unter röm. Schutz.

L8 Die antike Hauptstadt lag an der Stelle des heutigen CHIOS (Χίος). Außer den Fundamenten einiger im Areal des Kastells festgestellter **röm. Häuser** und Spuren eines **Theaters** am Abhang des Hügels im N der Stadt ist von ihr wenig erhalten. An der Straße nach Nea Moni sind Ruinen eines **röm. Aquädukts** zu sehen.

Das **Museum** enthält neben Funden aus Emborio (s. u.), die ein Bild von dem Leben in einem archaischen Dorf vermitteln, 2 Fragmente archaischer Koren und weitere lokale Funde.

L8 Bei LANGADA (Λανκάδα) liegen in einer geschützten Bucht Reste der **Zwingburg**, welche die Athener 412 v. Chr. errichteten, um die abtrünnige Insel wieder in ihre Gewalt zu bekommen.

L8 Bei dem Ort VRONTADOS (Βροντᾶδος), 6 km nördlich von Chios, wird die **»Daskalopetra«** (Lehrerfelsen) als Schule Homers bezeichnet; sie gehörte aber zu einem **Heiligtum der Kybele**, der die hier eingemeißelten Reliefs geweiht sind.

In dem Flurnamen KATO PHANA (Κάτω Φάνα), nahe dem
L8 Ort AG. PANTES (Ἅγ. Πάντες), bei dem die Fundamente eines **Tempels** des 6. Jh. v. Chr. erhalten sind, lebt die Erinnerung an das im 9. Jh. v. Chr. gegründete Heiligtum des Apollon Phanios weiter, bei dem 412 v. Chr. die athenische Flotte die von Chios besiegte.

L8 Bei EMBORIO (Ἐμπόριο), 7 km südöstlich von Pyrgi, wurde auf dem Berg Prophitis Elias ein **Dorf** des 8.–7. Jh. v. Chr. ausgegraben, mit etwa 50 jeweils nur einen Raum umfassenden Häusern. Die Kuppe oberhalb des Berges trug eine Mauer, die außer einem Heiligtum der Athena ein anspruchsvolleres Haus mit 2 Räumen umfing, in dem vielleicht der Priester und Herr des Dorfes wohnte.

Delos

J 10

(Δῆλος – Kykladen / Ägäische Inseln)

Durch keinerlei mittelalterliche oder neuzeitliche Überbauung gestört, geben die Ruinen ein besonders eindrucksvolles Bild einer bedeutenden antiken Handelsmetropole, die sich neben einem zentralen Heiligtum von überregionalem Rang entwickelt hatte.

In früher Zeit bereits war die kleine, karge Insel mit dem Mythos von der Geburt der Zeus-Kinder Apollon und Artemis verbunden. Schon Homer preist den Kynthos, die höchste Erhebung des Eilands, als Geburtsstätte der Götter. Der Sage nach soll Poseidon die unstet im Meer treibende Insel mit seinem Dreizack festgelegt haben, um der schwangeren, von der Eifersucht Heras verfolgten Leto Zuflucht zu bieten bei der Niederkunft.

Die ältesten Siedlungsspuren reichen bis in das 3. Jt. v. Chr. zurück. Bereits um 1400–1200 v. Chr. waren hier Kulte von überregionaler Bedeutung beheimatet. Von dem Rang des Heiligtums im 1. Drittel des 1. Jt. v. Chr. zeugt u. a. ein Homerischer Hymnos. Gemeinsam mit dem »Panionion« in Kleinasien galt damals Delos als kultischer Mittelpunkt aller Ionier.

Im 7. und 6. Jh. v. Chr. gewannen die südl. Nachbarinseln Naxos und vielleicht auch Paros auf Delos bestimmenden Einfluß. Mehr und mehr treten im 6. Jh. v. Chr. auch die Athener hier hervor. Ihr Tyrann Peisistratos ließ zwischen 540 und 528 v. Chr. eine erste »Reinigung« vornehmen, bei der alle im Umkreis des Heiligtums bestatteten Toten umgebettet wurden. In dieser Zeit übereignete der samische Tyrann Polykrates dem Heiligtum die Nachbarinsel Rheneia (→ Rhenia) und verknüpfte sie mit Delos symbolisch durch eine Kette.

Nach 478 v. Chr. wurde Delos zum Mittelpunkt eines Seebundes, der »Delisch-Attischen Symmachie«, mit der Aufgabe, die Perser

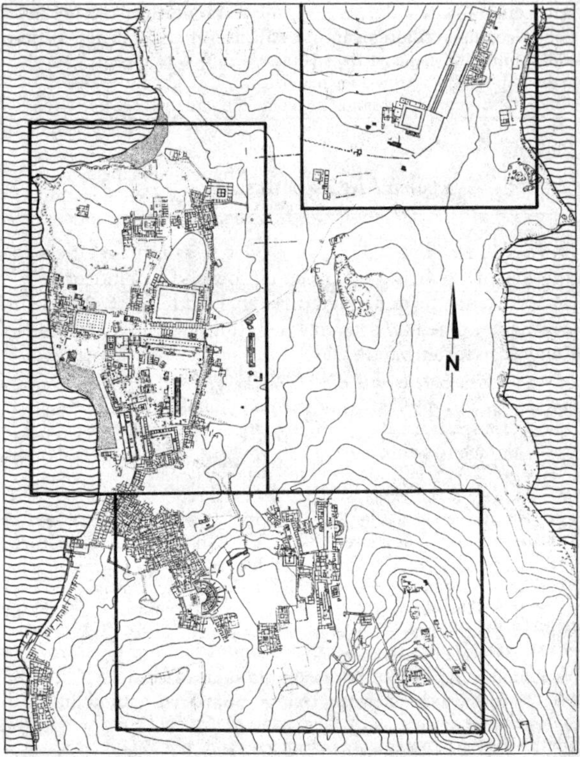

Delos. Gesamtübersichtsplan (Einzelpläne S. 382, 391, 393)

zurückzudrängen. Bis zu seiner Überführung nach Athen im Jahre 454 v. Chr. bewahrte man im Apollon-Tempel den Bundesschatz auf. An die Spitze des Heiligtums traten dann die sog. »Amphiktyonen«, ein rein attisches Gremium, neben denen die einheimi-

schen Beamten, die »Neokoren«, nur untergeordneten Rang besaßen. Nach dem Zusammenbruch Athens 404 v. Chr. verschwanden die Amphiktyonen zunächst, traten mit dem Wiedererstarken Athens im 4. Jh. v. Chr. aber neuerlich in ihre ehem. Funktion.
426 v. Chr. war Delos einer zweiten, die ganze Insel betreffenden »Reinigung« unterzogen worden. Fortan war es hier verboten, zu sterben oder zu gebären.
In hellenist. Zeit war Delos zwar angeblich unabhängig, unterlag aber wechselnden Einflüssen, bis 166 v. Chr. der röm. Senat die Insel, die nun zum Freihafen wurde, neuerdings Athen unterstellte. Die daraufhin einsetzende Blütezeit dauerte bis zum Jahr 88 v. Chr., als bei dem Aufstand Mithridates' VI. gegen Rom dessen Streitmacht die Insel überrannte und zerstörte. Der Wiederaufbau kam durch einen erneuten Einfall mit Mithridates verbündeter Piraten, gegen den sich der röm. Legat Triarius durch eine eilends errichtete Festungsmauer vergeblich zu schützen suchte, 69 v. Chr. ganz zum Erliegen. Die Insel sank zur Bedeutungslosigkeit herab.

An die antike Hafenbucht auf der W-Seite der Insel schließen sich nach O am Abhang des Kynthos die Wohnviertel an, während auf dem flacheren Küstenstreifen nach N die wesentlicheren Heiligtümer und öffentlichen Plätze liegen.

Heiligtümer

Unmittelbar östlich der Anlegestelle stößt man auf Mauerzüge, Altäre und Statuenbasen, die zu der **Agora der Hermaisten** (von Hermes, dem Gott des Handels) oder **Compitaliasten** (von den Lares compitales, den Göttern der Wegkreuzungen und damit ebenfalls des Handels) gehörten [1]. Beide waren Vereinigungen von Kaufleuten aus Italien.
Nach NO schließen sich die spärlichen Reste der dorischen **Stoa** [2] an, die der makedonische König Philipp V. gegen 210 v. Chr. errichten ließ. Die Halle war urspr. nur nach O orientiert, mit einer geschlossenen Rückseite zur See hin. Eine Generation später legte man vor diese Rückwand eine nach W orientierte, ebenfalls dorische Halle, die ein gutes Stück länger war als die ältere O-Halle. Zum Ausgleich

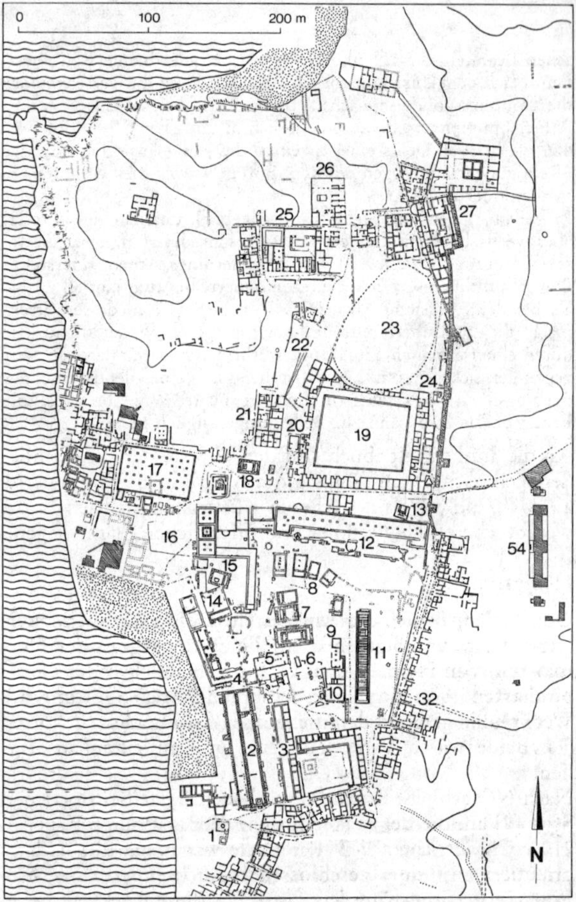

Delos. Übersichtsplan. Westteil

Zu nebenstehendem Plan:

1 Agora der Hermaisten oder Compitaliasten
2 Stoa Philipps V.
3 Halle
4 Propylon zum Apollon-Heiligtum
5 Naxier-Oikos
6 Tempel Γ (?)
7 Die 3 Apollon-Tempel
8 Oikoi
9 Bau Δ
10 Prytaneion
11 Stierhalle
12 Antigonos-Halle
13 Minoe-Quelle
14 Keraton
15 Artemis-Tempel
16 Agora des Theophrast
17 Hypostylos
18 Dodekatheon
19 Agora der Italioten
20 Letoon
21 Granitbau
22 Löwenterrasse
23 Heiliger See
24 Antentempel
25 Niederlassung der Poseidoniasten von Berytos
26 Haus des Diadumenos
27 Palästren
32 Haus des Kerdon
54 Museum

---

schloß man an deren N-Ende einen 2schiffigen Trakt mit ionischen Säulen in der Mitte an, der sich nach W öffnete und nach O, zur Straße hin, durch eine Mauer geschlossen war. Der Grund für diese eigenwillige Lösung war, daß die Säulenstellung der O-Halle sich an einer älteren, um die Mitte des 3. Jh. v. Chr. errichteten **Halle** [3] orientierte, die ihr auf der anderen Straßenseite gegenüberlag.

Vor beiden Hallen säumten **Prunksitze** und **Statuenbasen** den Weg zum Heiligtum. Unter ihnen trug eine Basis an der SO-Ecke der O-Halle eine Reiterstatue des pergamenischen Generals Epigenes und eine an deren N-Ende Statuen gefallener Gallier, beides Denkmäler für die Siege Attalos' I. von Pergamon.

Um die Mitte des 2. Jh. v. Chr. erhielt die Straße einen repräsentativen Abschluß, der einen älteren, einfachen Torbau ersetzte [4]. Durch ein **Propylon** von 4 dorischen Säulen vor einer Türwand mit 3 Durchlässen betrat man das **Heiligtum des Apollon** mit einer Vielfalt von Tempeln und anderen Anlagen.

Unmittelbar hinter dem Propylon liegen rechts die Mauern eines Versammlungshauses, des **Oikos der Naxier** [5], bei dem verschiedene Bauphasen zu unterscheiden sind. Unter den sichtbaren Mauerzügen wurden Fundamente mit Einlassungen für Holzsäulen eines Vorgängerbaus des 8.–7. Jh. v. Chr. festgestellt, den man um 600 v. Chr. durch einen Neubau ersetzte. Durch einen Pronaos im O mit 2 Säulen zwischen den Anten betrat man einen Innenraum, den eine dichte Säulenreihe in 2 Schiffe gliederte. Um 560 v. Chr. erhielt das Gebäude einen zweiten Eingang, der mit 4 Säulen geschmückt war. Der urspr. Eingang befand sich im O neben einem Monument, dem das Gebäude seine Interpretation als Oikos der Naxier verdankt.

Der gewaltige **Koloß der Naxier**, den diese gegen Ende des 7. Jh. v. Chr. errichten ließen, hat durch seine Ausmaße bereits antike Betrachter erstaunt und galt auch im Mittelalter wie in der Neuzeit als besondere Attraktion. Die nicht mehr an ihrer urspr. Stelle stehende Basis trägt eine Inschrift, die besagt, daß Statue und Basis aus einem Stein seien. Eine weitere Inschrift enthält die Weiheformel »Die Naxier dem Apollon«; sie wurde bei einer Restaurierung im 4. Jh. v. Chr. hinzugefügt. Körper und Becken der Statue wurden zum Artemision verschleppt. Ein Teil der linken Hand befindet sich im Museum am Ort, während die Zehen des linken Fußes mit einem Teil der Plinthe nach London (British Museum) gelangten.

Nur wenige Schritte weiter östlich stößt man auf die Grundmauern eines Baues, den man mangels einer sicheren Benennung als **Tempel Γ** zu bezeichnen pflegt [6]. Als einer der ältesten Bauten der Insel geht er vielleicht bis in mykenische Zeit zurück und wurde als ehrwürdiges Monument über die ganze Antike hin bewahrt.

30 m weiter nördlich erreicht man den Kern des Heiligtums, die 3 **Tempel des Apollon** [7].

Von den auf dem Gelände einer mykenischen Siedlung errichteten Tempeln ist der nördliche, inschriftlich als **Poros-Tempel** bezeichnet, der älteste. Er geht vielleicht auf eine Stiftung des athenischen Tyrannen Peisistratos zurück und

bestand nur aus einer Cella, von der die Fundamente erhalten sind, und vielleicht einer Vorhalle mit 4 prostylen Säulen.
Neben dem Poros-Tempel liegen die Ruinen eines inschriftlich als **Tempel der Athener** bezeichneten Baues aus pentelischem Marmor. Obwohl in dorischer Ordnung aufgeführt, enthält der Grundriß Elemente, die sonst von ionischen Bauten (wie dem Tempel der Athena-Nike) bekannt sind. Es ist ein Amphiprostylos mit je 6 Säulen an den Schmalseiten. An der Rückwand im O entsprechen den Säulen schmale Vorlagen, während an der Eingangsseite im W hinter den Säulen zwischen den Anten 4 schmale Pfeiler eine durchbrochene Türwand bilden, durch die man in eine relativ tiefe Vorhalle gelangte. Wie die W-Wand des Pronaos war auch die Cellawand durch allerdings nur 3 Öffnungen durchbrochen. Im Innern der Cella stand wahrscheinlich auf der hufeisenförmigen Basis, die einen großen Teil des Raumes einnimmt, neben 6 weiteren Statuen das Kultbild des Apollon, das bereits um die Mitte des 6. Jh. v. Chr. die Bildhauer Angelion und Tektaios geschaffen hatten. Das O-Akroterion des Tempels mit der Entführung der Nymphe Oreithyia durch den Windgott Boreas blieb weitgehend erhalten (im Museum am Ort), während von dem Gegenstück im W mit Eos und Kephalos nur Fragmente gefunden wurden. Der reiche und bewegte Faltenstil datiert diese Figuren und mit ihnen den ganzen Bau in die Zeit um 420 v. Chr.
Der 3. Apollon-Tempel, der sog. **Große Tempel**, wurde kurz nach den Perserkriegen begonnen. Nach der Mitte des 5. Jh. v. Chr. kam der bis zur Höhe des Frieses gediehene Bau ins Stocken, wurde provisorisch eingedeckt, gegen Ende des 4. Jh. v. Chr. wiederaufgenommen, aber nie vollendet. So blieben die Quadern des Unterbaus ungeglättet und die Kanneluren der Säulenschäfte in der Bosse. Der Tempel ist der einzige Peripteros auf Delos. Das Verhältnis von 6×13 Säulen ist bei dorischen Tempeln des 5. Jh. v. Chr. üb-

lich. Auffällig ist dagegen die Regelmäßigkeit der ganzen Anlage. Die Säulenabstände differieren kaum, wie sich auch die Tiefe von Pronaos und Opisthodom entsprechen. Allein die Verbreiterung des Mitteljochs der Pronaossäulen verdeutlicht die Orientierung nach W.
Um die Tempel gruppieren sich in einem Viertelkreis die Fundamente meist als Schatzhäuser bezeichneter, aber eher als Gemeinschaftshäuser, **Oikoi**, einzelner Städte dienender Bauten [8]. Von ihnen stammte das westl. Gebäude noch aus archaischer Zeit. Es hatte eine Vorhalle mit 4 Säulen zwischen den Anten und einen 2schiffigen Hauptraum mit 4 Säulen. Die 4 sich nach O anschließenden Oikoi gehören erst dem 5. Jh. v. Chr. an.
Südlich des östl. Oikos wurde ein langgestrecktes Gebäude des mittleren 6. Jh. v. Chr. unbekannter Bestimmung, der sog. **Bau Δ** [9], ausgegraben, auf den nach S die Mauern des **Prytaneions** [10], des Sitzes der höchsten Beamten von Delos, folgen.
Entlang der O-Seite des Bezirks erstreckt sich eines der eigentümlichsten Gebäude von Delos, das wegen seines figürlichen Schmuckes als **Stierhalle** [11] bezeichnet wird. Dieses wurde im 4. Jh. v. Chr. für ein Apollon geweihtes Schiff errichtet. An eine Vorhalle schloß sich die lange Galerie für das Schiff an. Von dieser wird durch Pfeiler mit Stierkopfpaaren ein kleinerer Raum mit einem trapezoiden Fundament (für einen Altar?) abgetrennt.
Den nördl. Abschluß des Bezirks bildete die vermutlich im 3. Viertel des 3. Jh. v. Chr. von dem Makedonenkönig Antigonos Gonatas gestiftete **Halle des Antigonos** [12], die vorspringende Flügel im O und W flankieren. An ihrem O-Ende steht heute wieder die um 100 v. Chr. errichtete **Statue** des röm. Beamten (Prätors oder Konsuls) **C. Billienus.**
Hinter dem O-Teil der Halle liegt ein inschriftlich als **Minoe-Quelle** bezeichneter, im 6. Jh. v. Chr. erbauter und im 2. Jh. v. Chr. erneuerter Brunnen [13].
Vor der Stoa des Antigonos stand eine Reihe von Denkmä-

lern, deren **Basen** meist erhalten sind. Am auffälligsten ist die 20 m lange **Basis der Progonoi** für die Statuen der Vorfahren des Stifters. – Eine annähernd runde hellenist. Mauer vor der Mitte der Halle umgrenzt einen Bezirk mit den Resten eines **Altars** und 2 offenbar mehrfach belegten, vielleicht bis in mykenische Zeit zurückreichenden **Gräbern**. Diese werden den »Hyperboreischen Jungfrauen« Opis und Arge zugeschrieben, die Leto nach Delos begleitet hatten.
Vor der SW-Ecke der Halle der Naxier steht die Basis des silbernen Ölbaums, den der athenische Staatsmann Nikias, der später an der Belagerung von Syrakus scheiterte, hier errichten ließ. – 25 m weiter nördlich trug eine Basis aus blauem Marmor die Statue Antiochos' III. (223–187 v. Chr.). – Unmittelbar daneben liegen die Fundamente einer hufeisenförmigen Anlage des 5. und 4. Jh. v. Chr., die vermutlich einen Altar umschloß. – Gleich nördlich hiervon sind Reste eines in hellenist. Zeit erneuerten **Tempels** des 6. Jh. v. Chr. erhalten, der nur aus einer einfachen Cella mit einer Kultbank im O bestand.
Westlich von ihm stand das **Keraton** [14], das um die Mitte des 4. Jh. v. Chr. vermutlich die Athener für den angeblich von Apollon gestifteten Altar errichteten, um den Theseus nach dem Sieg über Minotauros mit den vor diesem geretteten athenischen Jünglingen und Jungfrauen den »Kranich-Tanz«, den Geranos, getanzt haben soll.
Nördlich des Keratons nahm der **Tempel der Artemis** [15] die Mitte eines an 3 Seiten von Säulenhallen eingefaßten Bezirks ein. Seine ältesten Fundamente reichen bis in mykenische Zeit zurück. Im 7. Jh. v. Chr. wurde ein neuer Tempel errichtet, ein einfacher Bau mit einer Säulenreihe vor der Front. Bei der Neugestaltung des Heiligtums im 4. Jh. v. Chr. hat man diesen Tempel mit einem Neubau umfangen, in dem er als ehrwürdiges Denkmal der Vorzeit erhalten blieb.
Beim Artemision wurden mehrere archaische Mädchenstatuen (im Museum) ausgegraben, darunter auch die be-

rühmte »Nikandre« von Delos (Athen, Nat.-Mus.), eines der frühesten Beispiele archaischer Großplastik. – Hierher wurden im Mittelalter, bei dem Versuch sie zu verschiffen, das Becken und die Brust des Kolosses der Naxier (s. o.) verschleppt.

Westlich des Artemisions lag, außerhalb des Heiligen Bezirks, die **Agora des Theophrast** [16], eines athenischen Beamten (Epimeleten), der die Anlage 126/125 v. Chr. hatte errichten lassen und dessen Statue auf der Basis aus blauem Stein an deren NW-Ecke stand.

An die N-Seite dieser Agora schließt sich der sog. **Hypostylos** [17] an, ein Versammlungsraum, dessen Decke von 24 dorischen und 20 ionischen Säulen getragen wurde, ein bezeichnendes Beispiel der Profanarchitektur des frühen Hellenismus, das seine Voraussetzungen in Bauten wie dem Odeion des Perikles in Athen und der Halle in Megalopolis hatte.

25 m weiter östlich bilden den 12 höchsten Göttern geweihte Altäre das **Dodekatheon** [18], zu dem auch ein dorischer Amphiprostylos mit je 6 Säulen im O und im W gehörte.

Etwa 50 m östlich des Hypostylos erstreckt sich der größte architektonische Komplex der Insel, die **Agora der Italioten** [19], ein an 4 Seiten von Säulenhallen umgebener Platz mit Versammlungs- und Geschäftsräumen. Die durch großzügige Stiftungen finanzierte Anlage war 110 v. Chr. begonnen worden. Noch vor ihrer Vollendung von den Mithridates-Truppen 88 v. Chr. zerstört, hat man sie zwar instand gesetzt, aber nicht mehr zu Ende gebaut.

Vor der W-Seite der Agora stand der um 540 v. Chr. errichtete **Tempel der Leto** [20], ein einfacher Bau mit einem Pronaos und einer Cella, deren Wände an 3 Seiten mit einer Bank für Weihgeschenke verbunden war.

Etwas nördlich des Letoons liegen die Ruinen des sog. **Granitbaus** [21] aus der 2. Hälfte des 2. Jh. v. Chr. mit Geschäftsräumen im Erdgeschoß, während das offenbar reich

Delos. Löwenterrasse

mit Mosaiken geschmückte, nicht mehr erhaltene Obergeschoß Versammlungsräume religiöser Vereine beherbergt haben mag.

Dahinter erstreckt sich die berühmte **Löwenterrasse** [22]. Die gegen Ende des 7. Jh. v. Chr. in parischem Marmor geschaffenen Löwen sollten urspr. den Weg zu einem Heiligtum bewachen, doch ist unsicher, um welches es sich dabei handelte. Wenigstens 9, vermutlich aber 16 Löwen (einer heute vor dem Arsenal in Venedig, weitere nur in Fragmenten erhalten) waren hier urspr. aufgestellt. Die in Griechenland sonst unbekannte Aufreihung der Bestien, der Verkörperungen dämonischer Mächte, wird durch östliche oder ägyptische Vorbilder angeregt sein.

Die Löwen blickten einst auf den (1925 aus hygienischen Gründen trockengelegten) **Heiligen See** [23], bei dem in Erinnerung an jene Palme, an die sich Leto kreißend klammerte und zu deren Füßen sie mit Apollon und Artemis niedergekommen war, eine solche angepflanzt wurde.

Am SO-Ufer des Heiligen Sees liegen nahe der NO-Ecke der Agora der Italioten die Fundamente eines kleinen **An-**

tentempels aus archaischer Zeit mit den Blöcken eines kleinen Altars [24].
Wie südlich des Heiligen Sees die Agora der Italioten bezeugt nördlich des Sees die Niederlassung der **Poseidoniasten von Berytos** [25] mit ihren 4 wiederaufgerichteten Säulen, die das Gebälk mit der Weihinschrift tragen, die weitreichenden Handelsbeziehungen der Insel. See- und Kaufleuten aus dem heutigen Beirut, die Poseidon als ihren Schutzherrn verehrten, war das Gebäude religiöses Zentrum, Treffpunkt, Börse und Unterkunft. Der Bau wurde 110 v. Chr. errichtet, 88 und 69 v. Chr. zerstört und dann nicht mehr erneuert. Vom Eingang aus führt ein Flur zu einem Hof und einer langgestreckten Halle. An diese schließen sich einige Kapellen an, in deren nördlichster die Statue der Göttin Roma aus dem späten 2. Jh. v. Chr. steht. Daneben nehmen den auf die Straße ausgerichteten S-Teil der Anlage einige Wohn- und Geschäftsräume ein. Über den größten Teil des Geländes erstreckt sich der von einem Säulenumgang umgebene Innenhof mit der Zisterne in der Mitte, die urspr. mit einer von Bogen getragenen, mosaikgeschmückten Decke verschlossen war.
Nördlich und westlich der Niederlassung der Poseidoniasten liegen verschiedene **Wohnhäuser**, unter denen das **Haus des Diadumenos** [26] deshalb besondere Beachtung verdient, weil es vermutlich ein Bildhaueratelier beherbergte. Neben verschiedenen, teilweise unvollendet gebliebenen Skulpturen wurden hier v. a. eine Kopie des »Diadumenos« des Polyklet und der sog. »Pseudoathlet«, eine Porträtstatue in athletischer Pose, gefunden (beide in Athen, Nat.-Mus.); nach der Zerstörung des Hauses in den Mithridatischen Kriegen waren sie hier liegengeblieben.
Weiter östlich liegen die Reste von 2 **Palästren** [27] des 2. Jh. v. Chr.
Zu weiteren Sportanlagen gelangt man, wenn man, vorbei am Touristenpavillon, die Insel überquert. Auf halbem Wege erreicht man zunächst das **Archegeseion** [28], den Be-

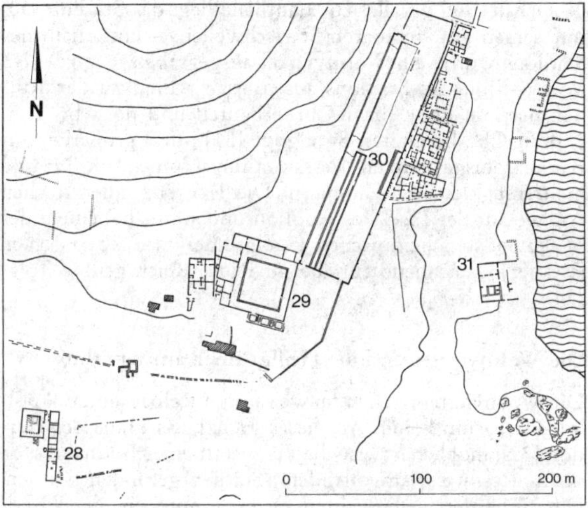

28 Archegeseion 29 Gymnasium 30 Stadion 31 Synagoge

Delos. Übersichtsplan. Nordteil

zirk des mythischen Stadtgründers Anios. Das weite Gelände zwischen dem Archegeseion und dem Gymnasium nahm vermutlich ein 426 v. Chr. gestiftetes Hippodrom ein. Nähert man sich der O-Küste, erreicht man zunächst die Mauern des im 3. Jh. v. Chr. erbauten **Gymnasiums** [29]. Man betrat die Anlage von S und gelangte in einen weiten, von Säulenhallen umgebenen Hof. Wie auch bei anderen Gymnasien oder Palästren öffnete sich zur Mitte der N-Seite hin ein großer Lehrsaal. In der NW-Ecke waren die Bäder installiert. Anders als sonst üblich nahm die 187 m lange Laufhalle nicht die S-Seite des Gymnasiums ein, sondern erstreckte sich, nur durch 2 Türen mit ihm verbunden, von seiner NO-Ecke aus nach N.

Unterhalb und parallel zur Laufhalle liegt das **Stadion** [30] mit seinen gut sichtbaren Startschwellen. – Unterhalb des Stadions wurde ein **Wohnviertel** ausgegraben.
Vom S-Ende des Stadions aus führt ein Pfad zu den Ruinen der erst im 1. Jh. n. Chr. erbauten und noch bis zum 2. Jh. n. Chr. benützten **Synagoge** [31] mit 2 größeren, mit Bänken ausgestatteten Versammlungsräumen im N und mehreren kleineren Zimmern. Die Existenz einer solchen Anlage auf der Insel des Apollon und somit bei einem der bedeutendsten heidnischen Heiligtümer mag überraschen, ist aber bezeichnend für die im Röm. Reich geübte Toleranz.

Die Wohnviertel und die Heiligtümer am Kynthos

Die Wohnviertel reichen teilweise unmittelbar an das Apollon-Heiligtum heran. An dieses grenzt das **Haus des Kerdon** [32], möglicherweise die Heimstatt eines Bildhauers, da in ihm (teilweise unvollendete) Statuen gefunden wurden. Die Nähe des vielbesuchten Ortes könnte für einen Bildhauer Grund genug gewesen sein, hier sein Quartier zu suchen. Ansonsten vertritt das Haus einen Typus, den man bei delischen Wohnhäusern immer wieder findet. Die Räume des vermutlich 2stöckigen Gebäudes gruppieren sich um einen Innenhof mit umlaufender, überdachter Veranda.

Zu nebenstehendem Plan:

33 Haus des Hermes
34 Serapis-Heiligtum
35 Samothrakeion
36 Mithridates-Heroon
37 Inopos-Haus
38 Heiligtum der syrischen Götter
39 Serapis-Heiligtum
40 Hera-Tempel
41 Heiligtum der Agathe Tyche
42 »Grotte«
43 Kynthos-Gipfel
44 Zeus-Hypsistos-Heiligtum
45 Heiligtum der Götter von Askalon
46 Haus der Delphine
47 Haus der Masken
48 Herberge (?)
49 Theater
50 Zisterne
51 Haus des Dreizacks
52 Haus des Dionysos
53 Haus der Kleopatra

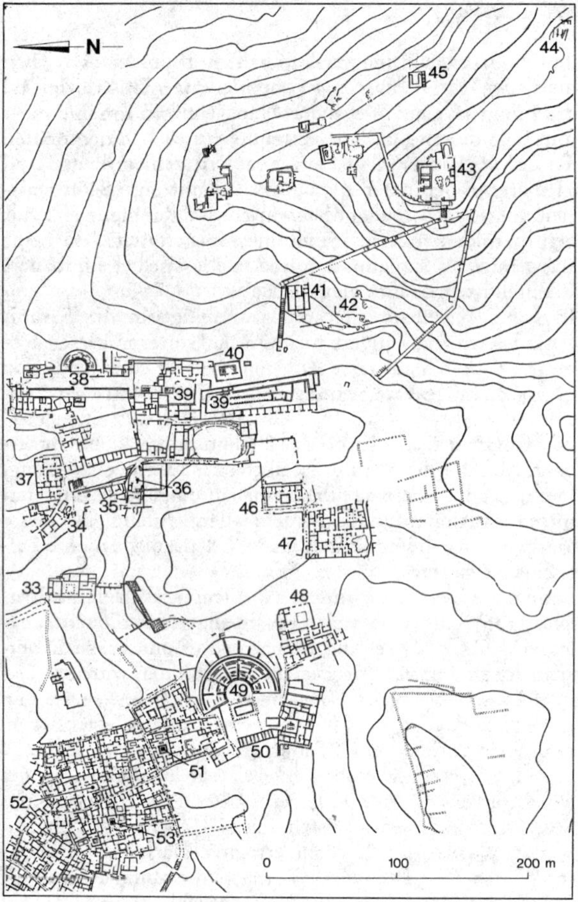

Delos. Übersichtsplan. Südteil

Am eindrucksvollsten verkörpert den Typus eines reichen delischen Wohnhauses das **Haus des Hermes** [33] im Tal des Inopos-Baches. Wegen der Hanglage sind von ihm nicht nur Teile des Erdgeschosses, sondern auch von den oberen 3 Stockwerken erhalten, mit einer Vielzahl größerer und kleinerer, außer in der 3. Etage alle auf einen mit Säulengalerien umgebenen Innenhof ausgerichteter Räume. Das Haus war besonders reich mit Skulpturen ausgestattet. Selbst eine Basis mit der Signatur des großen klassischen Bildhauers Praxiteles wurde hier gefunden.

In seiner Nachbarschaft liegt das **Heiligtum des Serapis** [34], der wie viele andere nichtgriech. Götter in dieser kosmopolitischen Stadt seine Anhänger hatte. Dieses Serapeion ging auf eine private Stiftung zurück. Ein ägyptischer Priester hatte Anfang des 3. Jh. v. Chr. den Kult aus seiner Heimat eingeführt, sein Enkel das Heiligtum um 220 v. Chr. erbaut. Man betritt den Bezirk über eine Treppe und gelangt in einen an 2 Seiten von Säulenhallen umgebenen Hof mit mehreren Altären. In der Mitte des Hofes stand ein kleiner Tempel. Ein größerer Raum im NW der Anlage diente kultischen Gelagen.

Südlich des Serapeions führte eine Treppe zum **Samothrakeion** [35], einem der vielen Filialheiligtümer, die seit Alexander d. Gr. zu Ehren der Kabiren von Samothrake an verschiedenen Orten Griechenlands gegründet wurden. Das im 4. Jh. v. Chr. angelegte und im 2. Jh. v. Chr. erneuerte und erweiterte Heiligtum besteht aus einem quergelegten Raum und einer Vorhalle mit 4 Säulen im O.

An das Samothrakeion schließt sich das **Heroon des Mithridates** [36] an, ein kleinerer Bau zu Ehren des Königs von Pontos, der mit Büsten seiner Generale geschmückt war. Er wurde 102/101 v. Chr. errichtet. Nachdem Mithridates VI. 88 v. Chr. Delos zerstört hatte, verstümmelte man die Büsten des Heroons bis zur Unkenntlichkeit. Ein Altar auf dem Hof vor beiden Monumenten gehörte vermutlich zum Samothrakeion.

Zum Serapeion zurückgekehrt, erreicht man zunächst das sog. **Inopos-Haus** [37]. Obwohl hier der auf Delos übliche Säulenumgang auf 2 Seiten reduziert ist, war dieses Haus besonders reich ausgestattet. Von seinem Obergeschoß stammt vermutlich ein überaus sorgfältig ausgelegtes Taubenmosaik (Museum). Vor dem Haus liegen die Ruinen einer großen **Zisterne** des 2. Jh. v. Chr.

An den spärlichen Resten eines weiteren privaten **Serapeions** vorbei gelangt man zu einer auffallend stattlichen Anlage, dem **Heiligtum der syrischen Götter** [38]. Dieses war 128/127 v. Chr. als private Kultstätte gegründet und 20 Jahre später als offizielles Heiligtum anerkannt worden. In den folgenden Jahren erfuhr es großzügige Erweiterungen, wurde nach den Katastrophen von 88 und 69 v. Chr. aber aufgegeben. Die hier verehrten Gottheiten waren Atargatis und Hadad, welche mit Aphrodite und Zeus gleichgesetzt wurden. Man betritt zunächst eine langgestreckte Terrasse, an deren S-Ende, an der Mündung des Treppenaufgangs, ein mit Säulen geschmückter Torbau zu einem Hof führte, an dessen S-Seite Kapellen eingerichtet waren. Die sich nach N erstreckende Terrasse selbst war im W durch eine Säulenhalle eingefaßt. In der Mitte der Gegenseite konnte ein kleines »Theater« 400 bis 500 Besucher aufnehmen, die den Kulthandlungen beiwohnten. An den Talseiten wird der Zuschauerraum von Säulenhallen umrahmt. Am N-Ende der Terrasse folgen einige Bankettsäle und ein weiterer repräsentativer Zugang zum Heiligtum.

Südlich des Heiligtums gliedert sich das dritte **Serapeion** [39], das größte, das wir auf Delos kennen, in 2 in sich geschlossene Komplexe. Im N umschließt ein an 2 Seiten mit ionischen Säulenhallen geschmückter Hof den **Tempel des Serapis**, einen einfachen Bau mit 4 Säulen vor seiner S-Front. Den O-Teil des Hofes nehmen Wand an Wand die beiden **Tempel der Isis** ein, ein von den Athenern gestifteter Antentempel und ein weiterer, in dem vermutlich Isis, Serapis und Anubis gemeinsam verehrt wurden. Vor diesem nördl. Komplex erstreckt sich nach S ein etwa 90 m langer Hof, für den teilweise Architekturglieder älterer Bauten wiederverwendet wurden. Innerhalb dieses Hofes liegen die Fundamente eines kleinen **Tempels**, auf den in Erinnerung Heiliger Straßen in Ägypten ein Prozessionsweg zuführte, an dem Sphingen mit Altären abwechselten. Die ganze Anlage wurde im Laufe des 2. Jh. v. Chr. errichtet und noch bis zum 2. Jh. n. Chr. benützt.

Im Gegensatz zu diesen hellenist. Heiligtümern geht der **Tempel der Hera** [40], wenige Schritte östlich des Serapeions, in frühe Zeit zurück und bildete so vielleicht das Kristallisationszentrum, an das sich die übrigen Heiligtümer dieses Bezirks anschlossen. Der erste Bau, dessen Fundamente innerhalb derer eines Nachfolgers erhalten blieben, wurde bereits im 7. Jh. v. Chr. errichtet und gegen Ende des 6. Jh. v. Chr. durch einen Neubau ersetzt. Dieser erhob sich auf einer großen, von archaischen Mauern gestützten Terrasse.

Etwa 25 m südlich des Heraions beginnt die Treppe, die zum Kynthos, der höchsten Erhebung der Insel, hinanführt. Auf ihr gelangt man zunächst zum **Heiligtum der Agathe Tyche** (›gutes Glück‹; [41]). Dieses war im 3. Jh. v. Chr. zunächst als Philadelphion, als Kultstätte für den ägyptischen König Ptolemaios II. und seine Frau und Schwester Arsinoe Philadelphe (›die Bruderliebende‹) errichtet worden, die häufig mit Füllhorn als Glücksgöttin dargestellt wurde. Im Laufe der Generationen löste sich deren Verehrung von der der Arsinoe ab und bezog sich bald nur mehr auf die Göttin glücklichen Gelingens. In der Mittelachse des von W zugänglichen, im N und S mit Säulenhallen geschmückten Hofes erhob sich ein kleiner **Tempel** mit relativ tiefer Vorhalle.

Die **»Grotte«** [42] in der Nachbarschaft des Heiligtums der Agathe Tyche ist eines der eigentümlichsten Monumente von Delos. Bereits im 18. Jh. wurde sie als Heiligtum erkannt, aber als primitiver Tempel Apollons angesehen. Man interpretierte sie als Geburtsstätte des Gottes und Sitz seines Orakels. Indessen ist das Bauwerk erst in hellenist. Zeit, aber in bewußt primitiver, altertümlicher Art errichtet worden. Es war Herakles geweiht, den die Ptolemäer, deren Heiligtum nicht zufällig der Grotte benachbart ist, als ihren Stammvater ansahen. Die Anlage besteht aus einer großen Terrasse, in deren Hintergrund eine Felsspalte ausgehauen ist. Über ihr bilden 10 gegeneinander gestützte Granitblöcke ein primitives Dach. Nur die Tiefe der Spalte blieb ungedeckt. In der Grotte trug eine Felsbasis die Marmorstatue des Herakles, von der die Füße und ein Baumstamm mit Löwenfell erhalten blieben (im Museum).

Vom Heiligtum der Agathe Tyche führt die Treppe weiter zum Gipfel des **Kynthos** [43]. Hier lag bereits im 3. Jt. v. Chr. eine Siedlung, die im 2. Jt. aber wieder verlassen wurde. Spätestens seit dem 6. Jh. v. Chr. wurden hier Zeus und Athene verehrt. Außer den unregelmäßigen Grundmauern prähistorischer Häuser stammen die erhaltenen Mauerzüge im wesentlichen aus hellenist. Zeit. Im 3. Jh. v. Chr. wurde die große Terrasse angelegt, die heute den Gipfel einnimmt. Nach 166 v. Chr. hat man im O 2 weitere Terrassen hinzugefügt. In der NO-Ecke des Gipfelplateaus hatte Zeus seinen Kultraum, im NW Athena den ihren. In der Mitte einer der vorgeschobenen Terrassen mit einer Weihinschrift an Zeus und Athena stand möglicherweise die Bronzestatue des ägyptischen Königs Ptolemaios IX. Soter II. (116–80 v. Chr.).

Südöstlich des Gipfels liegen die Mauern des **Heiligtums des Zeus Hypsistos** (›der Höchste‹; [44]), dessen Kult hier vermutlich mit dem des syrischen Baal verbunden war.

Die Verehrung der **Götter von Askalon** [45] in dem Bezirk östlich des Gipfels hatte der Bankier Philostrat aus seiner Heimat in Palästina hierher übertragen.

Nach N schlossen sich weitere Heiligtümer an, deren Benennung teilweise noch unsicher ist.

Vom Kynthos herabsteigend erreicht man unweit des großen Serapeions das **Haus der Delphine** [46], eines der stattlichsten Häuser in Delos, die bisher freigelegt wurden. Es nimmt fast ein ganzes Straßengeviert ein. Durch einen von Altären flankierten Eingang gelangt man über einen Flur in einen Innenhof, an den sich an 3 Seiten Räume anschließen. Die größeren im N und O dienten als Empfangszimmer, während im S die Wirtschaftsräume untergebracht waren. Die eigentlichen Wohngemächer lagen im Obergeschoß. Unter den Mosaiken des Hauses ist das Tanit-Zeichen hervorzuheben, das v. a. bei den Phönikern gebräuchlich war. Als das Böse abwehrendes Symbol erscheint es hier gleich am Eingang. Das Delphin-Mosaik, nach dem das Haus benannt wird, hat der Signatur zufolge [Askle]piades aus Arados (einer Stadt in Phönikien) geschaffen.

Das Straßengeviert schräg gegenüber enthält 4 Wohnungen, darunter das **Haus der Masken** [47], ein an sich einfaches, aber reich mit Mosaiken geschmücktes Quartier des 2. Jh. v. Chr., u.a. mit Darstellungen des Dionysos mit Kentauren, einem Maskenfries und einem Silen.

Weiter westlich gelangt man zu einem Gebäude, das vermutlich als **Herberge** [48] diente.

Das seit dem 3. Jh. v. Chr. in mehreren Phasen errichtete **Theater** [49] bot 5500 Besuchern Platz. Seine in den felsigen Abhang eingebetteten Sitzreihen sind auf eine kreisrunde Orchestra ausgerichtet.

Gleich westlich des Theaters liegt eine der größten **Zisternen** [50] von Delos, die, wie das Theater im 3. Jh. v. Chr. erbaut, dessen Besucher mit Wasser versorgte.

Hier beginnt die Hauptstraße, die das sich nach NW erstreckende Wohngebiet durchschneidet. Dieses wurde im 3. Jh. v. Chr. angelegt und entwickelte sich v. a. im 2. Jh. v. Chr.

Zahlreiche Häuser besaßen private Zisternen. Bei einigen von ihnen blieben die Mosaikfußböden erhalten, wie etwa im **Haus des Dreizacks** [51] oder dem **Haus des Dionysos**

[52]. Sie sind wertvolle Zeugnisse der sonst so dürftig überlieferten hellenist. Flächenkunst.
Als Besonderheit enthält das **Haus der Kleopatra** [53] 2 private Ehrenstatuen mit der Stifterinschrift: »Kleopatra, Tochter des Adrastos aus Myrrhina, [stellte die Statue] ihres Mannes Dioskurides aus M . . . . . [auf], der die delphischen Dreifußkessel aus Silber gestiftet hat, die im Tempel des Apollon beiderseits des Eingangs stehen, unter dem Archontat des Timarchos in Athen.« Durch die Nennung des Archonten sind die Statuen auf das Jahr 138/137 v. Chr. datiert und damit einer der wenigen Fixpunkte in der Chronologie der hellenist. Plastik. Ihre kunstgeschichtliche Bedeutung liegt damit weit über ihrem künstlerischen Rang.

Ein weiteres, kaum weniger ausgedehntes, aber ungleich schlechter erhaltenes Wohnviertel erstreckte sich südlich des Hafens längs der Küste. In diesem Viertel liegt auch das **Dioskurion**, das Heiligtum der Dioskuren, die als Beschützer der Seeleute seit dem 7. Jh. v. Chr. verehrt wurden.

Noch weiter südlich liegen in der Bucht von Phurni außer den Mauern eines großen Hauses die Ruinen des **Heiligtums des Asklepios**, dessen Kult hier im 4. Jh. v. Chr. eingerichtet wurde.

Museum [54]
Bis auf wenige Ausnahmen sind die auf Delos gefundenen Mosaiken an Ort und Stelle verblieben. Dafür enthält das Museum eine bedeutende Sammlung von *Skulpturen*.
Aus archaischer Zeit stammen überwiegend von Bildhauern aus Naxos und Paros geschaffene Kuroi und Koren.
Die Vorherrschaft Athens in klassischer Zeit bezeugen die Akroterien des Apollon-Tempels (um 420 v. Chr.). Aus dem ausgehenden 5. Jh. v. Chr. stammt das hervorragende Relief einer sitzenden Frau auf dem Seitenteil eines Tisches.

Besonders reich ist die hellenist. Skulptur vertreten. Als Verkehrsknotenpunkt war Delos in dieser Zeit ein Ort intensivsten künstlerischen Austauschs. Künstler aus allen

Kunstlandschaften Griechenlands haben hier gearbeitet, ohne dabei einen typisch delischen Stil zu entwickeln. Als spezifisch delisch kann allenfalls die Vermengung und gegenseitige Durchdringung unterschiedlichster stilistischer Tendenzen gelten.

F–I 6–9

Euböa

(Εὔβοια – Euböa / Ägäis-Insel)

GH8 **Chalkis** (Χαλκίς)

Die führende Stadt der Insel verdankt ihre Bedeutung der günstigen Lage an der schon im Altertum von einer Brücke überspannten Meerenge, dem Euripos. Mit ihm kontrollierte sie in einer Zeit, welche die Seefahrt auf Küstennähe bevorzugte, eine der wichtigsten Handelsstraßen des Mittelmeers. Die viermal täglich ihre Richtung wechselnde Strömung in diesem Sund war ein im Altertum vielbestauntes Naturwunder.

Die Geschichte der Stadt reicht bis in das 2. Jt. v. Chr. zurück. Ihre größte Blüte erlebte sie jedoch im 7. und 6. Jh. v. Chr. Zahlreiche Koloniegründungen gingen von ihr aus. So trägt die von hier aus besiedelte Chalkidike ihren Namen. Das in Chalkis ausgebildete Alphabet ging über ihre Tochterstadt Cumae in Unteritalien auf die Römer über und ist somit eine Vorform des unseren.

Außer dem Handel verdankt die Stadt ihren Reichtum der Metallverarbeitung – *chalkos*, das griech. Wort für Kupfer, hat von ihr seinen Namen –, der Töpferei und der Purpurherstellung sowie ihrem ausgedehnten Landbesitz im S. Diese fruchtbare Lelantische Ebene wurde ihr allerdings immer wieder von ihrer Rivalin Eretria streitig gemacht.

506 v. Chr. unterlag Chalkis im Kampf gegen Athen und mußte die Ansiedlung von 4000 Athenern auf seinem Territorium hinnehmen, die erst 490 v. Chr. wieder abzogen. Dennoch blieb die Stadt unter attischem Einfluß, den sie in erfolglosen Aufständen (446 und 411 v. Chr.) abzuschütteln suchte.

In hellenist. Zeit wurde Chalkis unter makedonischer Herrschaft zu einer der stärksten Festungen ausgebaut.

Von der antiken Stadt ist kaum etwas erhalten. Die Polygonalmauern auf dem Hügel östlich der modernen dürften aus dem 4. Jh. v. Chr. stammen.
Das **Museum** enthält Funde aus allen Teilen der Insel, u. a. einige reizvolle Statuen kleiner Mädchen aus dem frühen 3. Jh. v. Chr.

Eretria (Ἐρέτρια) H 8

Im 8. Jh. v. Chr. wurde die Stadt an der Stelle der heutigen gegründet. Im 8. und 7. Jh. v. Chr. spielte sie eine bedeutende Rolle bei der Gründung griech. Kolonien, von denen Neapel, Messina und Catania zu den bekanntesten zählen. In dieser Zeit war Eretria in einen nicht genau datierbaren Krieg um einen Teil seines Territoriums verwickelt, in den sich Staaten außerhalb Euböas einmischten.
Die Stadt griff in den ionischen Aufstand gegen die Perser ein und wurde von diesen daher 490 v. Chr. zerstört. Zwar wurden von seinen Einwohnern 780 nach Mesopotamien verschleppt, doch hatte der größte Teil der Bevölkerung sich retten können und nahm mit einem stattlichen Aufgebot an den Schlachten von Salamis (480 v. Chr.) und Plataä (479 v. Chr.) teil. Eretria trat darauf dem Delisch-Attischen Seebund bei. Ein Aufstand gegen die wachsende Unterdrückung durch Athen wurde 446 v. Chr. niedergeschlagen und brachte die Stadt in noch größere Abhängigkeit. Erst während des Peloponnesischen Krieges konnte sie sich mit spartanischer Hilfe aus dem Bündnis lösen, schloß sich 394 v. Chr. jedoch wieder an Athen an und war 377–357 v. Chr. Mitglied des 2. Attischen Seebundes.
In hellenist. Zeit stand Eretria meist unter makedonischer Vorherrschaft. 198 v. Chr. wurde es von den Römern zerstört, konnte sich von diesem Schlag aber noch einmal erholen. Als es sich 87 v. Chr. dem Aufstand des Mithridates anschloß, wurde es offenbar wiederum von einem röm. Heer zerstört und danach allmählich verlassen.
Erst nach 1830 wurde die Stadt neu gegründet, mit einem fächerförmigen Straßensystem, dessen großzügiger Plan in merkwürdigem Gegensatz zu den dürftigen Häusern des Dorfes steht.

Das **Museum** mit den Funden der Ausgrabungen bewahrt v. a. die Giebelskulpturen des Apollon-Tempels aus dem

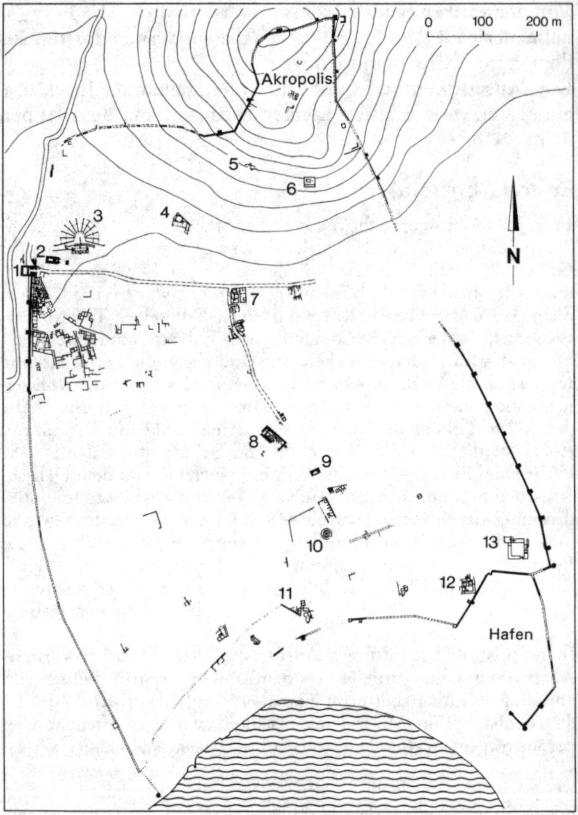

Euböa. Eretria. Antike Stadt. Übersichtsplan

Zu nebenstehendem Plan:

1 Westtor
2 Dionysos(?)-Tempel
3 Theater
4 Gymnasium
5 Tesmophorion
6 Artemis-Olympia(?)-Heiligtum
7 Römische Häuser
8 Apollon-Daphnephoros-Tempel
9 Brunnen
10 Rundbau
11 Bäder
12 Isis-Heiligtum
13 Gymnasium

---

frühen 5. Jh. v. Chr. mit der Darstellung des Kampfes der Griechen und Amazonen und dem Raub der Amazonenkönigin Antiope durch Theseus. Sie geben die Beziehungen zur gleichzeitigen Kunst Attikas zu erkennen. In der dramatischen Bewegung und der flüssigen Modellierung lassen sie bereits den Stil der frühen Klassik erahnen.

In der Nähe verläuft die um 400 v. Chr. errichtete **W-Mauer** der Stadt mit dem **W-Tor** [1] am N-Ende des ausgegrabenen Abschnitts. Nördlich des Tores verlief außerhalb der Stadt eine **Gräberstraße**. Innerhalb der Stadtmauer wurden die Fundamente von 2 größeren **Häusern** freigelegt, deren Räume sich um ausgedehnte Säulenhöfe gruppierten. Sie stammen aus dem 2. und 3. Jh. v. Chr., doch gingen dem nördlichen von ihnen hoch- und spätklassische Bauten voraus.

Weiter nördlich liegen die Fundamente eines vermutlich dem Dionysos geweihten dorischen **Peripteros** [2] des 4. Jh. v. Chr. Mit 6 × 11 Säulen hatte er eine in dieser Zeit übliche Proportion. Ein Opisthodom fehlt, doch sind dafür Pronaos und Umgang an der Frontseite ungewöhnlich tief.

Östlich des Dionysos-Tempels ist das im wesentlichen im 4. Jh. v. Chr. errichtete und nach der Zerstörung im Jahre 198 v. Chr. erneuerte **Theater** [3] in den Hang eingebettet. Von seinem Vorgänger des 5. Jh. v. Chr. blieben Teile des Bühnengebäudes erhalten, vor das man im 4. Jh. v. Chr., als man die Anlage nach N verschob, einen neuen Bühnenbau setzte.

Das nur teilweise ausgegrabene **Gymnasium** [4] 150 m wei-

ter östlich war im 4. Jh. v. Chr. als ein von Säulenhallen eingefaßter Hof errichtet worden. 198 v. Chr. zerstört, hat man es dann auf höherem Niveau neu erbaut. Zu der hellenist. Anlage gehört ein quadratisch ummantelter Rundbau im N, der vielleicht als Schwitzbad diente.
200 m nordöstlich des Gymnasiums liegen am Abhang der Akropolis die Mauern des **Thesmophorions** [5], eines Heiligtums der Persephone aus dem 3. Jh. v. Chr. Eine von Flügelbauten flankierte Freitreppe führte zu der zentralen Cella mit den Basen für 2 Kultbilder.
Ein 80 m weiter östlich gelegenes **Heiligtum** [6] war vielleicht der nach dem Olymp benannten **Artemis Olympia** geweiht, kann aber auch als weiteres Thesmophorion gedeutet werden. Mit seiner Umfassungsmauer und der einfachen Cella geht die Anlage im wesentlichen auf das 5. Jh. v. Chr. zurück. 198 v. Chr. wurde das Heiligtum zerstört und dann nicht wieder aufgebaut.
Weiter südlich wurde am Rand der Küstenebene eine Straße mit **röm. Häusern** [7] ausgegraben.
Den Mittelpunkt der Stadt bildete der **Tempel des Apollon Daphnephoros** (von *daphne*, ›Lorbeer‹, der Apollon heilig war; [8]) aus dem frühen 5. Jh. v. Chr. Außer den Fundamenten blieben nur wenige Architekturglieder erhalten, die gleichwohl die Rekonstruktion ermöglichen. Es handelte sich um einen relativ langgestreckten Bau mit 6 × 14 Säulen. Der Umgang war wie üblich einen Säulenabstand breit. Nur an der Eingangsseite war er auf fast das Doppelte erweitert. Pronaos und Opisthodom waren verhältnismäßig kurz. Den Cellaraum gliederten 2 Säulenreihen in 3 Schiffe. Die meisten Giebelskulpturen sind im örtlichen Museum ausgestellt. Eine Amazone fand jedoch bereits in der Antike den Weg nach Rom (dort im Konservatorenpalast).
Innerhalb der Fundamente haben sich Spuren eines Vorläufers aus früharchaischer Zeit erhalten. Auch er war offenbar bereits ein Peripteros. Für ihn war eine eigene Terrasse angeschüttet worden, die einen natürlichen Hügel überhöhte.

Unter diesen Anschüttungen fanden sich Reste eines noch älteren Baues mit apsidialem Grundriß im NW sowie anderer geometrischer Gebäude des 8. Jh. v. Chr.
50 m südöstlich des Apollon-Tempels ist der Unterbau eines **Brunnens** [9] erhalten. Etwa 150 m südlich von ihm liegen am Rand des zentralen Platzes, der offenbar den W der antiken **Agora** einnimmt, Reste eines **Rundbaus** [10], der als Heroon oder als Amtslokal eines Beamtenkollegiums gedeutet wird. – Die Fundamente 100 m weiter südwestlich gehörten zu **Bädern** [11].
300 m östlich von hier wurde das um 300 v. Chr. erbaute, 198 v. Chr. zerstörte und danach wiederaufgebaute **Isis-Heiligtum** [12] ausgegraben. Es umfaßte einen kleinen Antentempel, an den sich im N ein Trakt mit verschiedenen Räumen anschloß.
Das in mehreren Phasen von spätarchaischer Zeit bis um 400 v. Chr. erbaute, 198 v. Chr. zerstörte und danach nochmals restaurierte **Gymnasium** [13] 100 m weiter östlich bestand aus einem an 2 Seiten von Säulenhallen umgebenen Innenhof mit einer Laufhalle im N.
Östlich des Gymnasiums stößt man wieder auf die Fundamente der um 400 v. Chr. errichteten **Stadtmauer**, deren aufgehende Architektur aus ungebrannten, luftgetrockneten Lehmziegeln bestanden haben dürfte. Sie verlief von hier aus nach N zum Gipfel der **Akropolis** und von dort den Geländeformen folgend nach SW.
Nordwestlich der Stadt bedeckt ein mit Zypressen bewachsener Hügel ein **makedonisches Kammergrab** mit steinernen Thronen und Totenbetten aus dem 3. Jh. v. Chr. Ein ähnliches **Grab** liegt unmittelbar links der Straße nach Amarynthos, 5 km hinter Eretria.

Das N-Kap der Insel wurde durch die Seeschlacht berühmt, in der sich 480 v. Chr. die griech. Flotte der persischen stellte. Bei dem Ort ARTEMISION (Ἀρτεμίσιον) wurde der G6
Tempel der Artemis identifiziert. Im Meer entdeckte man

die berühmte frühklassische Bronzestatue eines Zeus oder Poseidon (Athen, Nat.-Mus.).

H8 An der O-Seite des Sees südlich des Ortes DYSTOS (Δύστος) liegen bedeutende Reste der antiken Stadt dieses Namens mit dem **Mauerring**, der **Agora** und den Terrassen der **Häuser** aus dem 5. Jh. v. Chr.

I9 Von dem bereits von Homer erwähnten antiken KARYSTOS (Κάρυστος) sind 3 km landeinwärts von der heutigen Siedlung in PALEOCHORA (Παλαιοχώρα) kaum mehr als ein paar Quadern in einem mittelalterlichen Turm erhalten.

F7 In LICHAS (Λιχάς) an der NW-Spitze Euböas, am heutigen Kap Lithada, bestand ein bereits von Homer bezeugtes Heiligtum des Zeus, der hier in einem offenen Hain verehrt wurde. In hellenist. Zeit hat man den Ort mit einer Mauer befestigt.

Wegen der Heilkraft seiner Schwefelquellen war die Stadt
G7 AIDEPSOS (heute LUTRA AIDIPSU [Λουτρά Αἰδηψοῦ]) schon im Altertum berühmt. Zu ihren Gästen zählten Sulla, Kaiser Hadrian und Kaiser Konstantin. Die antiken **Thermen** lagen 3 km nördlich des heutigen Ortes bei Ag. Anargyros.

L 9/10 Ikaria

(Ἰκαρία – Samos / Ägäische Inseln)

Der Sage nach hat die Insel der Südlichen Sporaden ihren Namen von Ikaros, der auf der Flucht aus Kreta mit seinen aus Federn und Wachs gefertigten Flügeln der Sonne zu nahe kam und hier ins Meer stürzte.

L9 Bei THERMA (Θέρμα), dem antiken THERMAI, sind Reste von **Badeanlagen** erhalten. – Von hier aus erreicht man in etwa 1 Stunde bei dem Dorf KATAPHYGION (Καταφύγιον)

eine als **Kastro** bekannte Akropolis archaischer Zeit. – Bei L9
NAS (Νάς) in der Nähe von PERDIKI (Περδίκι) wurde das L9
Fundament des **Tempels der Artemis** festgestellt.

Ithaka

BC 7/8

(Ιθάκη – Kefallinia / Ionische Inseln)

Der Palast des Odysseus mag auf dem seit dem späten 3. Jt. v. Chr. besiedelten Hügel **Pelikata** nördlich von STAVROS B7
(Σταυρός) gelegen haben. Die Tropfsteinhöhle (Marmaro- B8
spilea) im SW von Ithaka bei der Bucht von DEXIA (Δεξία) ist dann mit der von Homer erwähnten Nymphengrotte gleichzusetzen. Ebenso könnten die von mykenischer Zeit bis in das 1. Jh. v. Chr. bewohnte Stadt an der Landenge in der Mitte der Insel auf dem Berg **Aetos**, wo in geschichtlicher Zeit die Stadt ALALKOMENAI lag, oder eine Siedlung B7/8
bei POLIS (Πόλις) als Heimatort des Odysseus gelten, der B7
jedenfalls zusammen mit den Nymphen in der **Loisos-Grotte** unterhalb der Akropolis von Polis verehrt wurde (Funde im Museum von Stavros).
Ein bei den Einheimischen als »Schule Homers« bekannter **Rundturm** nördlich von Pelikata, bei der Kapelle des Ag. Athanasios, stammt aus dem 6. Jh. v. Chr.

Keos

I 9/10

(Κέα, amtl. Kea, sonst meist Zia – Kykladen / Ägäische Inseln)

Der Hauptort CHORA (amtl. KEA) liegt an der Stelle der an- I9
tiken Stadt IULIS (Ἰουλίς), deren **Stadtmauer** aus dem 4. Jh. v. Chr. teilweise in das venezianische Kastell integriert ist.

Am N-Hang sind hier nahe der Kirche Ag. Sophia Bauglieder vom **Heiligtum des Apollon Sminthios** aus dem 5. Jh. v. Chr. eingemauert. Ein aus dem Schiefer gehauener, 6 m langer, gelagerter *Löwe* aus dem 6. Jh. v. Chr. gehörte vermutlich zu einem Nymphenheiligtum.

I9 Von KORESSIA (Κορησσία), dem Hafen von Iulis, stammen Reste eines archaischen **Tempels** und der **Stadtmauer** etwas westlich der modernen Siedlung. – Auf der nahen Halbinsel **Agia Irini** eine **bronzezeitliche Siedlung**, mit starken kretischen Einflüssen.

I10 Von der antiken Stadt KARTHAIA (Καρθαία) sind im SO der Insel an der Bucht von POLES Reste der **Stadtmauer**, des **Theaters** und von 3 **Tempeln** erhalten.

Im Innern der Insel steht bei dem Kloster Ag. Marina ein wohlgefügter, 3stöckiger hellenist. **Wachturm**, wie es ihn ähnlich auch sonst auf Keos gibt.

BC 7/8 Kephallinia

(Κεφαλληνία – Kefallinia / Ionische Inseln)

B8 Von SAME (Σάμη), der ehemals größten Stadt, sind bei dem gleichnamigen Ort Teile der **Stadtmauer** erhalten. Die als »Rakospiti« (›Lumpenhaus‹) bekannten Ruinen gehörten zu einer **Therme** mit Mosaiken des 3. Jh. v. Chr. An der Georgskirche wurde ein klassischer **Tempel** ausgegraben.

B8 Am SO-Ende der Bucht von ARGOSTOLION (Ἀργοστόλιον) lag das antike KRANE mit z. T. erhaltenem **Mauerring**.

Im SO blieben von der Stadt PRONNOI Teile der **Stadt-**
B8 **mauer** (unterhalb von TSANATA [Τσανάτα]). Hier wurde
BC8 bei SKALA (Σκάλα) eine **röm. Villa** mit großen Mosaiken ausgegraben. Nahebei sind auf KAP GIORGOS in der Kirche Säulen und ein Kapitell des 6. Jh. v. Chr. verbaut.

Kerkyra AB 4/5

(Κέρκυρα – Korfu / Ionische Inseln)

Die frühesten Funde auf der Insel reichen in neolithische Zeit zurück. Bereits im Altertum wurde sie mit *Scheria*, der Insel der Phäaken, gleichgesetzt, als deren aus Rache für die Heimführung des Odysseus in Stein verwandeltes Schiff das Inselchen vor der Stadt
(heute PONTIKONISI [Ποντικονῆσι]) galt. Obwohl die ersten A5
griech. Kolonisten aus Eretria stammten, wurde die Stadt Kerkyra 734 v. Chr. von Korinth aus gegründet. Weitere Stadtgründungen an der Küste des gegenüberliegenden Festlandes und auf anderen ionischen Inseln gingen von hier aus. Im 7. Jh. v. Chr. war Kerkyra zumindest zeitweise von Korinth abhängig. Der Streit um die gemeinsame Kolonie Epidamnos (an der albanischen Küste), den innere Spannungen zwischen Demokraten und Aristokraten verschärften, war einer der Anlässe des Peloponnesischen Krieges und führte zum Eingreifen der korinthischen und der athenischen Flotte (435, 433 und 410 v. Chr.). 410 v. Chr. wurde das Bündnis mit Athen aufgelöst, doch trat Kerkyra 375 v. Chr. dem 2. Attischen Seebund bei. In frühhellenist. Zeit wechselte die Stadt mehrfach ihren Herrn. 228 v. Chr. wurde sie von illyrischen Seeräubern eingenommen und schloß sich dann als freie Stadt Rom an.

Die Hauptstadt der Insel (heute **PALEOPOLIS** [Παλαιόπο- A5
λις]) nahm bis zum 9.–10. Jh. n. Chr. die Halbinsel südlich
des heutigen **KERKYRA** ein. Bei dem Vorort **ANEMOMYLOS** A5
(Ἀνεμόμυλος) wurde sie durch eine **Mauer** abgeriegelt, von der v. a. bei der Kirche der Panagia Neranzicha Partien aus hellenist. Zeit erhalten sind.

Der um 600 v. Chr. errichtete und danach mehrfach restaurierte **Tempel der Artemis**, dessen Fundamente zu Füßen des Klosters Ag. Theodoros ausgegraben wurden, gehört zu den frühesten Beispielen griech. Steinarchitektur. Die langgestreckte, schmale Cella wurde durch 2 Säulenreihen in 3 Schiffe aufgeteilt. An die Cella schlossen sich im O und W Pronaos und Opisthodom mit je 2 Säulen zwischen den Anten an. Um diesen Kernbau zog sich ein ungewöhnlich breiter Umgang mit einer Weite von 2 Säulenabständen. Dies führte zu je 8 Säulen an den Schmalseiten, denen je 17 an den Langseiten entsprachen. Die gedrungenen, 6,30 m

Kerkyra. Artemis-Tempel. Rekonstruktion der Westfront

hohen (= ca. das 5fache des unteren Durchmessers) Säulen drängen sich auffallend eng zusammen, so daß sie zwischen sich kaum mehr Abstand lassen, als die Schäfte dick sind. Ihre dichte Reihe schließt den geräumigen Umgang somit sicher ab. Architrav und Fries umfassen bereits die für die dorische Ordnung kanonischen Elemente. Das zunächst mit Terrakotta verkleidete Dach erhielt um 520 v. Chr. marmorne Gesimse. Neben wesentlichen Teilen der aufgehenden Architektur blieb v. a. das Tympanonrelief erhalten (Museum).
Von der O-Seite des Tempels führte eine Rampe zu dem breit gelagerten **Altar**, dessen N-Hälfte bis zu einer Höhe von 95 cm in der Klostermauer erhalten blieb.

Von einem spätarchaischen dorischen **Tempel** mit 6 Säulen an der Schmalseite und unbekannter Länge ist in dem Garten der ehemals königlichen Villa **Mon Repos** der hintere Teil mit der Kultbildbasis erhalten.

Kerkyra. Museum. Tympanonrelief

An der Uferpromenade und der Ausfallstraße der antiken Stadt liegt das um 600 v. Chr. errichtete **Denkmal des Menekrates,** ein von einem 6schichtigen Steinsockel eingefaßter Grabhügel. Die Inschrift besagt, daß Menekrates aus Oiantheia (einer Stadt am Golf von Korinth) Kerkyräer gastlich aufgenommen habe und dafür mit dem Titel eines Proxenos (Konsul) von Kerkyra ausgezeichnet wurde. Als er auf See umkam, beteiligte sich das Volk von Kerkyra am Bau des von seinem Bruder Praximenes errichteten Monuments.

Das **Archäologische Museum** enthält Funde von verschiedenen Grabungsplätzen auf der Insel. Neben Kleinfunden ist die Skulptur eines Löwen des späten 7. Jh. v. Chr. hervorzuheben, der, bei dem Monument des Menekrates gefunden, ebenfalls zu einem Grabmal gehört haben dürfte.

Der Hauptraum ist den Giebelreliefs des Artemis-Tempels

vorbehalten, die in Sturzlage vor dessen Fundament zutage kamen. In der Mitte erscheint die Gorgo mit ihren Kindern, dem Pegasos, von dem nur ein Vorderlauf erhalten ist, und dem menschengestaltigen Chrysaor. Es folgen beiderseits Löwenpanther und darauf je eine Zweiergruppe: Rechts stürmt mit dem Blitz in der erhobenen Rechten Zeus auf eine riesige Gestalt im Knielaufschema, vermutlich sein Vater Kronos, ein. Links ist von einer entsprechenden Figur noch die Lanze erhalten, mit der diese eine sitzende Gestalt bedroht; analog zur Gegenseite könnten Poseidon und Rhea, die Mutter der beiden Olympier, gemeint sein.

MN 11 Kos

(Κῶς – Dodekanes / Ägäische Inseln)

Die schon in der Bronzezeit, seit dem 17./16. Jh. v. Chr. kretisch besiedelte Insel wurde von Epidauros aus kolonisiert. Im späten 6. Jh. v. Chr. stand sie unter der Herrschaft des Skytes, dessen Sohn Kadmos die Tyrannis freiwillig niederlegte. Im 5. und im 4. Jh. v. Chr. gehörte Kos zum Delisch-Attischen Seebund, unterhielt in hellenist. Zeit zunächst enge Beziehungen zum ptolemäischen Ägypten und stand dann meist auf der Seite Roms, zu dessen Provinz Asia die Insel 32 v. Chr. geschlagen wurde.

N 11 Kos

Die urspr. Stadt wurde 366 v. Chr. aufgegeben und an der Stelle der heutigen wiedergegründet. 142 v. Chr. von einem Erdbeben zerstört, ist sie danach noch glanzvoller wiederaufgebaut worden.

In der **Johanniterburg** des 14. Jh. sind zahlreiche antike Architekturglieder verbaut. Innerhalb ihrer Mauern hat man Mosaiken und andere Funde von verschiedenen Grabungsplätzen zusammengetragen.

Südlich der Festung erstreckt sich ein größeres Grabungs-

areal. Im N des Geländes liegt außerhalb der antiken **Stadtmauer** eine **Halle** des 4.–3. Jh. v. Chr., auf deren Fundamenten 8 Säulen wiederaufgerichtet wurden.
Es folgen weiter westlich die Reste eines **Heiligtums**, vielleicht der Aphrodite, mit einem dorischen Säulenhof und 2 Tempeln des 2. Jh. v. Chr.
Der S-Teil des Geländes entspricht dem N der antiken Stadt mit ihren Häuservierteln und Läden. In seinem W lag die antike **Agora**, die sich an die N-Mauer der Stadt anlehnte und von einer eigenen Mauer umgeben war, an die innen im 2. Jh. v. Chr. eine dorische Säulenhalle angebaut wurde. In röm. Zeit stürzte die Mauer ein und wurde unter Kaiser Antoninus Pius mit einem monumentalen Prunktor wiederaufgebaut.
Im S erstreckte sich die Anlage bis zu dem jenseits der modernen Häuser gelegenen **Heiligtum des Dionysos** mit einem dorischen Tempel und einem Altar des 2. Jh. v. Chr.
Nahe der SW-Seite des Hafenbeckens liegen die dürftigen Reste einer **Thermenanlage** des 3. Jh. n. Chr. und, in die Hügelsenke eingebettet, das **Stadion**, ein recht einfacher Travertinbau des 2. Jh. v. Chr., der in röm. Zeit prunkvoller ausgestaltet wurde. Interessant v. a. die Startanlage.
Weiter südlich schließt sich ein ausgedehnter Komplex mit einem **Gymnasium** des 2. Jh. v. Chr. an. Daneben erstreckt sich eine große, nach einem Erdbeben im Jahre 469 n. Chr. teilweise in eine Basilika umgebaute **Thermenanlage**. Im O grenzen die Thermen an den Cardo Maximus, eine der Achsen der Stadt, die von **Häusern** gesäumt wurden, in denen zahlreiche Mosaiken und Skulpturen zutage kamen. An der Straße blieb ein Teil einer **Säulenhalle** des 4.–3. Jh. v. Chr. erhalten und südlich davon eine öffentliche **Latrine**. Im S stößt der Cardo Maximus auf die zweite Achse der Stadt, den Decumanus Maximus. Bei ihrem Schnittpunkt liegen am Fuß der Akropolis die Reste des **»Hauses des Europa-Mosaiks«**, das mit seinem trapezförmigen Grundriß ein ganzes Straßengeviert einnahm.

Weiter südlich folgt das z. T. rekonstruierte **Odeion**, 3. Jh. v. Chr., dessen Zuschauerränge von Gewölben getragen werden, in denen zahlreiche Skulpturen gefunden wurden.
Noch weiter südlich ist das noch nicht völlig freigelegte **Theater** aus dem 3. Jh. v. Chr. mit halbkreisförmiger Orchestra in den Abhang eingebettet.
An der S-Seite des Decumanus wurden mehrere **Häuser** mit zahlreichen röm. Mosaiken ausgegraben, u. a. die zum Schutz seiner Mosaiken weitgehend wiederaufgebaute **»Casa Romana«**.

Museum. Die Sammlung umfaßt v. a. Skulpturen verschiedener Epochen. Aus archaischer Zeit u. a. ein thematisch ausgefallenes, kraftvolles Relief mit einer Gelage-Szene, an der auch Hetären teilnehmen. Den Hauptteil machen hellenist. und röm. Skulpturen aus, die zur Ausstattung von Privathäusern gehörten. Am Übergang von der Klassik zum Hellenismus steht der sog. »Hippokrates«, eine von einem attischen Künstler geschaffene Grabstatue.
Ein Teil der Funde aus Kos ist im Großmeisterpalais von Rhodos ausgestellt.

N 11 **Asklepieion**

Das etwa 4 km südwestlich der Hauptstadt gelegene Heiligtum war neben dem von Epidauros die berühmteste Kultstätte des Asklepios. Hier lag urspr. ein dem Apollon heiliger Zypressenhain, in dem man im 4. Jh. v. Chr. dem Asklepios einen Altar errichtete. Dieser wurde zur Keimzelle eines Heiligtums, das sich im Laufe des 2. Jh. v. Chr. über mehrere Terrassen ausdehnte. Es war Sitz der berühmten Ärzteschule, an deren Anfang Hippokrates (460–380 v. Chr.) gestanden hatte. Asklepios heilte hier nicht durch Suggestion. Vielmehr griffen die Ärzte mit Medikamenten ein und gaben ihre Erfahrungen an ihre Schüler weiter.
Das Heiligtum wurde im 3. Jh. v. Chr. durch die Ptolemäer, dann durch die Pergamener gefördert. Sein Asylrecht bestätigte 23 n. Chr. der röm. Kaiser Tiberius. Der von Kos stammende Leibarzt des Kaisers Claudius, Xenophon, erreichte für seine Heimat sogar Steuerfreiheit. Erst 554 n. Chr. zerstörte ein Erdbeben das Heiligtum, das später die Kreuzritter als Steinbruch ausplünderten.

Vom Eingang zum Grabungsgelände aus gelangt man zunächst zu den kleineren **röm. Bädern**, die von einem größeren **Thermengebäude** [1] des 3.Jh. n.Chr. überragt werden. Diese sind mit einer großen, im 2. Jh. v. Chr. angelegten Terrasse [2] verbunden, die an 3 Seiten von dorischen **Säulenhallen** umgeben war. Hinter ihnen lagen zahlreiche Räume, vermutlich Unterkünfte für die Kranken. Ein großer **Torbau** [3] am Kopf einer breiten **Freitreppe** empfing den Besucher. Ihm gegenüber wird die Hangseite durch eine in Nischen gegliederte (weitgehend rekonstruierte) Stützmauer abgeschlossen. Zwischen 2 **Brunnen** hindurch führt eine breite **Treppe** [4] zu einer 2. Terrasse mit dem eigentlichen **Heiligtum**.

Hier stand seit dem 4.Jh. v.Chr. ein kleiner ionischer **Antentempel** [5] mit quadratischem Pronaos und einer ebensolchen Cella, vor deren Rückwand die Statuen des Asklepios und seiner Kinder aufgestellt waren. In ihm befand sich auch der »Thesauros«, der Tresor für die der Gottheit anvertrauten Gelder. Der Tempel war mit Gemälden des Apelles, u. a. seiner berühmten »Aphrodite Anadyomene« (›aus dem Meer auftauchend‹), geschmückt. Die Existenz des »Thesauros« ist für das frühe 3.Jh. v.Chr. gesichert. Da die eleganten Bauglieder eher ein Jahrhundert später zu datieren sind, scheint man den Tempel im frühen 2.Jh. v.Chr. restauriert zu haben.

Ebenso wurde der **Altar** [6] des 4. oder frühen 3.Jh. v.Chr. im 2.Jh. v.Chr. erweitert und prächtiger umgestaltet. Er bestand aus einem mit Marmor umkleideten Sockel, in dem der Vorgänger teilweise erhalten blieb. Auf diesem Sockel erhob sich eine ionische Säulengalerie, in der von den Söhnen des großen attischen Bildhauers Praxiteles im frühen 3.Jh. v.Chr. geschaffene Darstellungen der Sippe des Asklepios neu aufgestellt wurden. Der Säulenkranz öffnete sich zum Tempel hin. Eine Freitreppe führte zu dem eigentlichen Opfertisch empor. Die Gestalt des Altars mit einem auf einen Sockel gestellten Säulenhof erinnert an Altarbau-

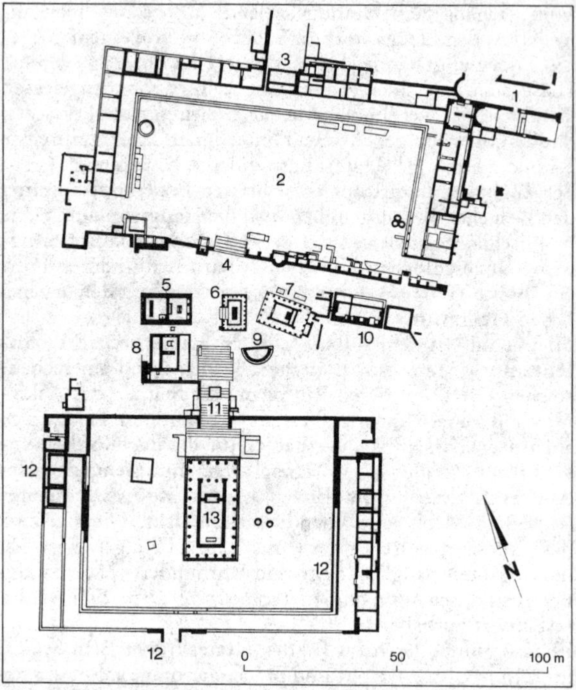

Kos. Asklepios-Heiligtum. Übersichtsplan

ten in Kleinasien (Ephesos, Magnesia am Mäander, Priene und v. a. den Pergamon-Altar).

Im 2. Jh. n. Chr. kam östlich des Altars ein weiterer **Tempel** [7] hinzu, von dem einige Säulen wiederaufgerichtet sind. Es handelt sich um einen ionischen Peripteros mit 6×9 Säulen, für den ältere Bauglieder wiederverwendet wurden und

Zu nebenstehendem Plan:

1 Thermen	6 Altar	10 Halle für Weihgeschenke
2 Terrasse	7 Tempel	11 Freitreppe
3 Torbau	8 Gebäude für Heilschlaftherapie (?)	12 Hallen
4 Treppe	9 Sitzbank	13 Asklepios-Tempel
5 Antentempel		

---

der vermutlich dem Kult der röm. Kaiser diente. Unter dem Tempel wurden Spuren älterer Bauten festgestellt.
Unmittelbar südlich des Asklepios-Tempels liegen die in röm. Zeit überbauten Fundamente eines Gebäudes des 3. Jh. v. Chr. [8], in dem sich möglicherweise in der Nachbarschaft des Gottes Kranke zum Heilschlaf niederlegten. Östlich von ihr steht jenseits der Treppe eine halbrunde **Sitzbank** [9] mit Nischen für Statuenweihungen. Im O der Terrasse entstand um 300 v. Chr. ferner eine **Halle** [10] für statuarische Weihgeschenke.
Wie bei früheren archaischen oder klassischen Heiligtümern gruppieren sich die Gebäude und Monumente auf dieser Terrasse frei und locker. Ihre Lage und Zuordnung resultiert aus ihrer Funktion und inhaltlichen Beziehung, zielt aber, im Gegensatz zu der Anlage der oberen Terrasse, nicht auf eine einheitliche architektonische Wirkung ab.
Eine große **Freitreppe** [11] mit 2 Treppenabsätzen, der untere mit einem **Torbau**, führt zu einem weiteren Bezirk des Asklepios empor, der den krönenden Abschluß der Anlage bildete. Bereits um die Mitte des 3. Jh. v. Chr. war hier eine 3. Terrasse angeschüttet worden, die in der 1. Hälfte des 2. Jh. v. Chr., als das Heiligtum die Förderung des pergamenischen Königs Eumenes II. (197–159 v. Chr.) genoß, neu gestaltet wurde. An 3 Seiten wurde der rechteckige Platz von dorischen **Marmorhallen** [12] umfangen, während nach N die Terrassenmauer den Bezirk begrenzte und über seine Umgebung erhob. Genau in der Mitte des Platzes, am Endpunkt der großen Freitreppe, die axial auf ihn ausgerichtet ist, erbaute man dem Asklepios einen neuen **Tempel**

Kos. Asklepios-Heiligtum. Rekonstruktion

[13], einen dorischen Peripteros, dessen Grundriß dem des 2 Jahrhunderte älteren Asklepios-Tempels in Epidauros entspricht. Die Autarkie des klassischen Peripteros ist hier allerdings aufgehoben. Der Tempel steht vielmehr in einem neuen und größeren architektonischen Zusammenhang. Er korrespondiert mit den ihn umgebenden Hallen. Mit der axialen Bindung an den Treppenaufgang ist die formale Gleichberechtigung der 4 Seiten aufgegeben. Der Bau erhält eine älteren Ringhallentempeln fremde Frontalität. – Die Anlage des 2. Jh. v. Chr. war nicht die erste an dieser Stelle. Bereits im 3. Jh. v. Chr. stand hier ein von Hallen mit Holzstützen umgebener Kalksteinbau.

Mit dem Bau der unteren Terrasse (s. o.) war nach der Mitte des 2. Jh. v. Chr. das Heiligtum zu einem architektonisch geschlossenen Ensemble geworden, dessen Achse die in mehreren Etappen durchlaufende Treppenanlage bildete. Die obere wie die untere Terrasse öffnen sich zu der mittleren hin, wo der alte Tempel und der Altar des Asklepios weiterhin das Zentrum des Kultes bildeten.

Das Wasser des Heiligtums kam aus einer 230 m höher und

ca. 45 Minuten entfernt gelegenen Quelle, der **»Burinna«**, einem 7 m hohen Kuppelbau mit einem 3 m tiefen Brunnenschacht.

In PYLI (Πυλί) steht die Kapelle südlich des Dorfes auf einem Gewölbe des 4. Jh. v. Chr., das volkstümlich als **Heroon des Charmylos**, eines Lokalheros, bezeichnet wird. In der Kapelle sind Glieder verschiedener antiker Monumente verbaut. – Zwischen Pyli und Asfendiu liegt ein **Heiligtum der Demeter** mit Resten eines kleinen hellenist. **Tempels.** N11

In KARDAMENA (Καρδάμαινα) Reste eines hellenist. **Theaters.** – In der Umgebung bei der Ruine der Kirche des Ag. Theodotos Reste eines **Apollon-Heiligtums.** N11

KEPHALOS (Κέφαλος). Etwa 20 Minuten südlich einer neolithischen Grotte liegen die Reste eines dorischen **Tempels** und 10 Minuten weiter das **Heiligtum der Demeter** und ein **Theater** des 4. Jh. v. Chr. – In der Kirche der Panagia Palatiane steckt eine Polygonalmauer, die zu ASTYPALEA, der Hauptstadt der Insel vor der Gründung der neuen Stadt, gehört haben dürfte. M11

Kreta

(Κρήτη – Kreta) G–L 14/15

Zu Geschichte und Kultur des minoischen Kreta vgl. S. 22–25.
Die Unruhe und Unsicherheit nach der »Dorischen Wanderung« zeigt die Lage der Städte auf schwer zugänglichen Bergen an. Der Ackerbau in den Niederungen brachte diesen allmählich einen gewissen Wohlstand, den der Handel, v. a. mit dem Orient, mehrte. In Sichtweite zur Küste liegende Städte gründeten daher von ihnen abhängige Hafenorte, während die im Innern die Verbindungsstraßen zu kontrollieren suchten.
Der Kult wahrte die Erinnerung an die Vorzeit. Jahrhundertelang

hielt man die vorgriech. Sprache, das »Eteokretische«, im Gedächtnis, und Kultgrotten, wie die am Ida, blieben Stätten der Verehrung.
Künstlerisch hatte Kreta im 7. Jh. v. Chr. entscheidenden Anteil an der Entwicklung der Großplastik. Die Blüte dauerte im 6. Jh. v. Chr. jedoch nicht an. Mehr und mehr stand die Insel abseits der großen Ereignisse. Weder kämpften die Kreter bei den Perserkriegen mit, noch schlossen sie sich dem Attischen Seebund oder dem Peloponnesischen Bund an.
Mit der Ausweitung der griech. Welt in der Zeit des Hellenismus wurde die Insel zum Schnittpunkt wichtiger Seewege. Auswärtige Mächte suchten deshalb hier Stützpunkte anzulegen oder sich durch Verträge mit kretischen Städten Einfluß zu sichern. Sie griffen daher auch in Auseinandersetzungen unter kretischen Städten ein, die sich besonders am Hegemoniestreben von Knossos entzündeten. Auch ein loser Bund brachte der Insel keinen dauerhaften Frieden. Mehrere Städte wurden zerstört, und viele heimatlos gewordene Kreter mußten in fremden Heeren als Söldner ihr Auskommen suchen, während die zurückgebliebenen sich nicht selten auf Piraterie verlegten. Um der Seeräuberplage Herr zu werden, eroberten die Römer 69–67 v. Chr. die Insel. Unter Augustus wurde Kreta mit der Kyrenaika zu einer Provinz vereint und Gortyn deren Hauptstadt.

115 **Agia Triada** (Ἁγία Τριάδα – Iraklion)

Palast und Siedlung. Etwa 3 km westlich von Phaistos an der S-Küste Kretas wurde bei Grabungen eine Fülle von Gebäudefundamenten und Kunstgegenständen entdeckt, die zum Schluß führte, daß es sich trotz der Kleinheit der Anlage um einen Fürstensitz der Zeit um 1600 v. Chr. handeln muß. Sein Name ist unbekannt. Mit Phaistos war der Platz wahrscheinlich durch eine gepflasterte Straße verbunden, so daß ein Zusammenhang zwischen dem größeren und dem kleineren Palast bestanden haben muß. Auch ist die Anlage nach NW ausgerichtet, von wo die kühlenden Meereswinde kommen, an einem steil nach N abfallenden Hang, mit offenen Räumen, Terrassen und Treppenfluchten. Das führte zu der Vermutung, dieser Palast sei ein Sommersitz der Herrscher von Phaistos gewesen. Beide Pa-

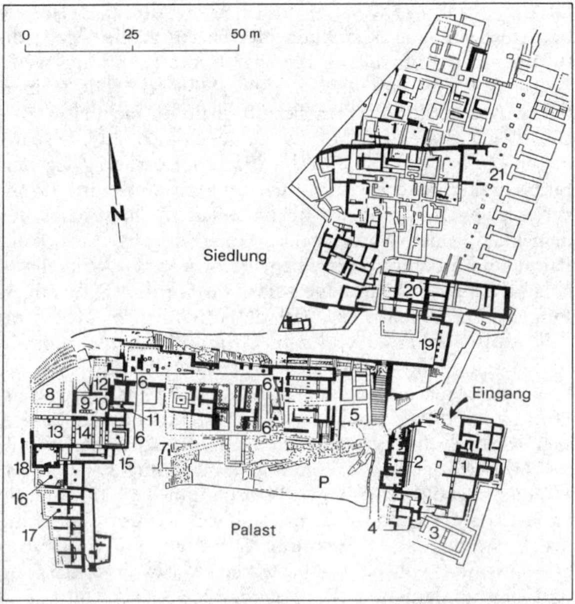

1 Haus	9 Archivraum	15 Wohnraum
2 Magazin	10 Raum mit Wandmalereien	16 Wirtschafts-räume
3 Heiligtum	11 Magazin	17 Magazine
4 Straße	12 Hof	18 Straße
5 Portikus	13 Wohnraum (?)	19 Portikus
6 Megaron	14 Portikus	20 Bastion (?)
7 Loggia		21 »Agora«
8 Hof		

Kreta. Agia Triada. Palast und Siedlung. Übersichtsplan

läste gingen um 1450 v. Chr. unter. Aber Mitte ds 14. Jh. erbauten die nun mykenischen Herren ein großes Megaron [6] über den Ruinen und die sog. Agora [21]. Die zweite Zerstörung muß um 1200 v. Chr. erfolgt sein. Die Ruinen beider Anlagen überlagern sich, weshalb die sichtbaren Reste schwer zu »lesen« sind. Es fehlt auch nicht an Überbauungen bis in das 14. Jh. v. Chr. Nach der östlich gelegenen Dreifaltigkeitskirche (Ag. Triada), die zu einem im 19. Jh. verlassenen Dorf gehörte, gaben die italienischen Ausgräber dem Platz seinen Namen.

Palast und Siedlung liegen beinahe im rechten Winkel zueinander. Die **Palastanlage** selbst liegt mit 2 L-förmigen Flügeln um einen Platz [P] als öffentlichem Zentrum, weicht also völlig ab von dem Grundriß der um zentrale Höfe 4seitig und geschlossen angelegten Paläste Knossos, Phaistos, Malia und Kato Zakro. Der N-Flügel wurde im 14. Jh. v. Chr. überbaut [5, 6, 7]. Im Archivraum [2] fanden sich Tontafeln mit Schriftzeichen der Linear-A-Schrift (vgl. Iraklion, Museum), in Raum [10] Wandmalereien (u. a. »Katzenfresko«), in einem Magazinraum [11] 19 Kupferbarren, nun alle im Museum Iraklion. Einen guten Eindruck minoischer Wohnkultur vermittelt ein Wohnraum [15] mit seiner wiederhergestellten Alabasterverkleidung und einer umlaufenden Bank an den Wänden.

In der **Siedlung** bemerkenswert die **»Agora«** [21] des 14. Jh. v. Chr.: 8 gleich große Räume und davor ein Portikus mit wechselnden Pfeilern und Säulen lassen an eine Art Stoa wie später die des Attalos in Athen denken.

K15 **Agios Nikolaos** (Ἅγιος Νικόλαος – Lasithion)

Archäologisches Museum. Das 1970 eröffnete Museum dient zur Aufnahme der Neufunde aus Ostkreta, die bis dahin nach Iraklion gebracht worden waren. Vom Neolithikum bis in die röm. Kaiserzeit reicht der Bestand. Zwei Schwerpunkte bilden die frühbronzezeitlichen, stark von

der Kykladenkultur beeinflußten Fundkomplexe der Siedlung von Myrtos (ca. 2400–2200 v. Chr.) und der Nekropole von Agia Fotia bei Sitia (ab ca. 2700 v. Chr.).
Die sog. »Göttin von Myrtos« (Raum 2) ist ein kultisches Spendegefäß in Gestalt einer weiblichen Gottheit. Grabvotivbeigaben aus dem Bergheiligtum Prinias südlich von Sitia – männliche und weibliche Idole, Stiere und Stierköpfe, Idole eines Käfers (*copris hispanus*) u. a. – stammen vom Ende der Vorpalastära, aus einer Zeit, als man begann, Gottheiten auf Berggipfeln zu verehren (Raum 2, Vitrine 12, 13). Aus der Zeit der Neuen Paläste Fundstücke aus der Villa von Makrygialos an der S-Küste östlich von Ierapetra, die 1450 v. Chr. zerstört wurde: ein Marmorkelch, wahrscheinlich aus Knossos importierte »Meeresstil«-Keramik (vgl. Iraklion); außerdem Siegel und eine goldene Nadel mit Linear-A-Schriftzeichen. Ein Sarkophag aus Praisos zeigt eine merkwürdige Symbiose von Oktopus und Stier: Der Kopf hat stierhornartige Auswüchse. Die Statuette eines weiblichen Adoranten zeigt den für spätminoische Idole charakteristischen tonnenförmigen Unterleib (alle Raum 3). Ein Grabpithos mit Skelett und einer ihn umgebenden Steinpackung ist so ausgestellt, wie er gefunden wurde (11. bis 10. Jh. v. Chr.). Unter der Keramik eine schöne orientalisierende Hydria (7. Jh. v. Chr.) mit dem Bild einer Biene (Raum 4). Im Schädel eines jungen Athleten, der einen Siegerkranz aus Goldblättern trägt, fand sich eine silberne Tetradrachmen-Münze der Stadt Polyrrinia (Westkreta) aus der Zeit des röm. Kaisers Tiberius (14–37 n. Chr.); sie war ihm als Fährgeld für Charon mitgegeben worden, der die Toten über den Styx oder Acheron in den Hades fährt.

Amnisos (Ἀμνισός – Iraklion) J 15

Die minoische Stadt, laut antiken Autoren, wie Strabon, der Hafen von Knossos, lag ca. 7,5 km östlich von Iraklion. Nach Homer erzählte Odysseus der Penelope, hier habe er vor Stürmen Zuflucht und Gastfreundschaft gefunden (*Odyssee*, 19, 186 ff.). Die von ihm erwähnte, in neolithischer Zeit bewohnte, in minoischer Zeit als Kultplatz dienende **Höhle der Eileithyia** (63 m lang, 3–4 m hoch) liegt ca. 1 km südlich, unterhalb der Straße von Episkopi.

Die wichtigsten Architekturreste der bis 2000 v. Chr. zurückverfolgbaren Siedlung liegen beiderseits des **Paleochora**-Hügels: am O-Hang die der um 1500 v. Chr. zerstörten **»Lilienvilla«**, so genannt wegen der hier gefundenen Wandgemälde mit Lilien und Iris (Museum Iraklion), am W-Hang die eines großen Quaderbaus, in archaischer Zeit zum **Heiligtum des Zeus Thenatas** umgebaut und noch bis in röm. Zeit Kultbau.

J 15 **Archanes** (Ἀρχάνες – Iraklion)

Die Besiedlung des Platzes am Fuß des Berges Juchtas läßt sich bis in das mittlere 3. Jt. v. Chr. zurückverfolgen.

Reste eines **Palastes** der Jüngeren Palastzeit sind an verschiedenen Stellen unter dem modernen Ort aufgedeckt worden. Mehrere bedeutende Ausgrabungen sind in der Umgebung zu besichtigen; eine Auswahl der Funde ist im neuen lokalen Museum ausgestellt.

Die **Nekropole** auf dem Hügel **Phurni**, nordwestlich des heutigen Dorfes, ist mit ihren reichen Funden und dem einzigartigen Nebeneinander verschiedenster Grabtypen als eine der bedeutendsten Nekropolen der griech. Bronzezeit zu bezeichnen. Beim heutigen Zugang, der wahrscheinlich auch dem antiken entspricht, liegt ein Gebäude aus der Zeit um ca. 1500 v. Chr. Da keine einzige Bestattung darin gefunden wurde, ist es als ein **Wärterhaus** mit Werkstätten zu interpretieren. Die ältesten **Grabanlagen** liegen im Zentrum und im S der Nekropole. Ein Rundgrab im S ist das älteste des gesamten Friedhofs und war zwischen ca. 2500 und 2000 v. Chr. in Gebrauch. Das südlich folgende kleine Tholosgrab ist wesentlich jünger. Es enthielt die um die Mitte des 14. Jh. v. Chr. erfolgte Bestattung einer mit reichen Beigaben (Schmuck, Siegelringe [jetzt Iraklion, Museum, Saal VI, Vitr. 88]) versehenen Frau, die ausgestreckt auf einer Bahre lag und vor dem Gesicht einen Bronzespiegel hielt. Weiter nördlich liegen 2 rechteckige Grabbauten der Älteren Palastzeit (ca. 2000–1700 v. Chr.). Das Rundgrab im S des zentralen Komplexes wurde um 2200 v. Chr. erbaut. Seine Mauern sind noch bis zu einer Höhe von 2,50 m erhalten. Im Innern des einst von einer Steinkuppel überwölbten Grabes wurden 11 Tonsarkophage aufgedeckt. Die Beigaben, von denen eine Auswahl im Museum von Iraklion (Saal I, Vitr. 18A) ausgestellt ist, zeigten, daß hier Mitglieder einer auf Kreta lebenden wohlhabenden kykladischen Volksgruppe beigesetzt wurden. Der Komplex mit rechteckigen Räumen zwischen diesem und dem weiter nördlich gelegenen Rundgrab wurde von der Vorpalastzeit bis in das 14. Jh. v. Chr. kontinuierlich für Bestattungen benutzt und häufig umgebaut. Auch das kurz vor 2000 v. Chr. erbaute Rundgrab im N erfuhr im 14. Jh. v. Chr. einige Umbauten. In einer aus 3 langgestreckten Kompartimenten bestehenden Osteothek im W wurden ca. 100 Schädel gefunden. Im N des Grabungsgebiets liegt ein großes Tholosgrab aus der 1. Hälfte des 14. Jh. v. Chr. Es ist aus grob behauenen Felssteinen in konzentrischen Lagen errichtet. In ihrer Seitenkammer blieb die Bestattung einer adligen Dame vollständig erhalten, in der Tholos selbst eine Pferdebestattung (jetzt Iraklion, Museum, Saal VI, Vitr. 75A). Der in einem dekorierten Tonsarkophag beigesetzten Dame hatte man insgesamt 169 Gegenstände in das Grab mitgegeben, darunter goldene Siegelringe, Halsketten aus Gold, Sardonyx, Bergkristall, zahlreiche Bronzegefäße und einen reliefverzierten Schemel aus Elfenbein (Auswahl der Funde in Iraklion, Museum, Saal VI, Vitr. 75, 88). Bei diesem Tholosgrab wurden die Reste eines vorpalastzeitlichen Grabhauses freigelegt. Weiter im N liegt eine Gruppe von 7 Schachtgräbern, etwa aus der gleichen Zeit wie die südlich benachbarte Tholos. Eine Grube nordwestlich der Anlage diente dazu, im Rahmen des Totenkults Trankspenden aufzunehmen. Die nächsten Parallelen für diese Schachtgräberanlage bilden die – allerdings um mehr als ein Jahrhundert älteren – Schachtgräberrunde von Mykene.

In der Flur **Anemospilia** (= Windhöhlen) am N-Hang des Juchtas, etwa 3 km nordwestlich von Archanes, wurde 1979 ein Gebäude freigelegt, das die griech. Ausgräber als **minoischen Tempel** interpretierten. Die Keramikfunde waren hier außerordentlich reich – insgesamt über 400 Tongefäße; sie datieren die Zerstörung gleichzeitig mit der Katastrophe der Älteren Paläste um 1700 v. Chr. In der mittleren Kammer wurden 2 lebensgroße Terrakotta-Füße gefunden, die nach der Meinung der Ausgräber zu einer nicht erhaltenen hölzernen Kultstatue (Xoanon) gehörten, die jedoch auch Votivgaben sein könnten. Geradezu als sensationell ist der Fund von 4 menschlichen Skeletten zu bezeichnen. Das eines Mannes, der im letzten Augenblick versucht hatte, der Katastrophe zu entfliehen, wurde in der Mitte des Korridors gefunden. Die 3 anderen Skelette entdeckte man im nördlichsten Raum: In der SW-Ecke lag das einer jungen Frau, in der Mitte das eines Mannes, der wichtige Rangabzeichen trug (Siegel am Handgelenk, eiserner Ring am kleinen Finger der linken Hand) und als Priester interpretiert wird. Neben ihm wurde das Skelett eines jungen Mannes von ca. 18 Jahren auf einer flachen, altarartigen Konstruktion liegend aufgedeckt; auf seinen Überresten lag ein Bronzedolch. Nach Deutung der Ausgräber wurden der Priester und seine Assistentin bei der Erdbebenzerstörung des Tempels von herabstürzenden Trümmern niedergeschmettert, als sie versuchten, die Katastrophe im letzten Moment durch ein Menschenopfer zu verhindern. So wurde ihnen dasselbe Erdbeben zum Verhängnis, welches auch den Untergang der Älteren Paläste Kretas herbeiführte.

In minoischer Zeit verband eine von Knossos kommende Straße das Heiligtum von Anemospilia mit dem Gipfel des **Juchtas**. Dieser Berg zeigt, von Iraklion aus betrachtet, das Profil eines liegenden bärtigen Hauptes; in ihm wurde von alters her das Haupt des kretischen Zeus gesehen, der nach einem vorgriech. Mythos auf dem Juchtas begraben liegt. Dieser Mythos vom Tod eines Gottes läßt an einen minoischen Vegetationsgott denken, der in griech. Zeit mit dem indogermanischen Gott Zeus verbunden wurde. – Das **Bergheiligtum** auf dem 811 m hohen Gipfel des Juchtas liegt direkt neben der weithin sichtbaren Sendestation. Seine Erbauungszeit ist um 2000 v. Chr. anzusetzen. Den Kern bilden 2 von S her über eine Rampe zugängliche Terrassen. An ihrem Fuß fanden sich Fragmente von Kulthörnern, die einst den Terrassenrand zierten. Im W-Teil der oberen Terrasse befinden sich die Reste eines gestuften Altars. Zwischen der oberen und der unteren Terrasse öffnet sich ein natürlicher, über 10 m tiefer Schacht. Um 1500 v. Chr. wurde das Heiligtum im O um eine tiefer gelegene dritte Terrasse erweitert. Im Gegensatz zu den beiden offenen oberen Terrassen erbaute man hier eine Gruppe von 5 gedeckten Räumen. – Eine **»kyklopische« Mauer**, welche einst den ganzen Gipfel in einem weiten Ring umgab, beeindruckte die Reisenden des 19. Jh.; heute ist sie nur noch im N relativ gut erhalten. Sie wurde wahrscheinlich gleichzeitig mit dem Bergheiligtum errichtet und diente als Fluchtburg in Notzeiten.

Die **minoische Villa** von VATHYPETRO liegt etwa 4 km südlich von Archanes inmitten von Weinbergen, wie wohl auch schon in antiker Zeit: Die Hauptsehenswürdigkeit ist eine vollständig erhaltene Weinpresse. Für die landwirtschaftliche Bedeutung dieses bald nach 1600 v. Chr. errichteten und schon um 1500 zerstörten Gebäudes sprechen auch die gut erhaltenen Pithoi in einem modern überdachten Magazin. Westlich und östlich des wichtigsten und größten Raumes der Villa befanden sich Kultanlagen. Ein kleines Hausheiligtum war durch einen Korridor erreichbar. Nach O öffnete sich der Hauptraum mit 3 Säulen auf einen kleinen Hof, der auf seiner O-Seite von einer 3teiligen Kultfassade abgeschlossen wurde, wie wir sie von minoischen Fresko- und Reliefdarstellungen her kennen (s. z. B. Iraklion, Museum, Saal VIII, Vitr. 111, Rhyton aus Kato Zakro; Saal XV, Nr. 2, Fresko aus Knossos).

I 15 **Armeni** (Ἀρμένοι – Rethymnon)

Die eindrucksvolle und bisher größte **Nekropole** spätminoischer Felskammergräber (über 200) liegt ca. 8 km südlich von Rethymnon direkt westlich der Durchgangsstraße nach Spili und Agia Galini vor dem Dorf Armeni. Nirgendwo sonst auf Kreta kann man so gut erhaltene Gräber dieses für die spätminoische Zeit so charakteristischen Typus besichtigen, der gleichzeitig auch auf dem griech. Festland vorherrschend war. Die in den weichen Kalkstein gehauenen Gräber stammen aus dem 14. und 13. Jh. v. Chr. Eine Besonderheit stellen die gestuften Dromoi dar, die zu den Grabkammern hinabführen. Diese waren entweder durch Bruchsteinmauerwerk oder durch große Steinplatten verschlossen, die bei den üblichen Nachbestattungen jeweils zur Seite geräumt werden mußten. Bis zu 10 Bestattungen wurden in den einzelnen Gräbern gefunden. Die meisten Grabkammern sind rechteckig, besonders reich gestaltete besitzen aus dem Stein gehauene Wandbänke und Mittelpfeiler. Eine Auswahl der reichen Funde ist im Archäologischen Museum von Rethymnon zu sehen.

L 15 **Chandras** (Χανδράς – Lasithion)

Nördlich des Dorfes liegen auf 2 durch einen Sattel verbun-
L 15 denen Hügeln die Ruinen der antiken Stadt PRAISOS. Sie war an der Stelle älterer Siedlungen verschiedener Epochen

im 4. Jh. v. Chr. gegründet worden und wurde bereits im 2. Jh. v. Chr. von Hierapytna zerstört.
Die **Befestigungen** schlossen ein Gebiet von ca. 100000 m^2 ein. Auf einem der Hügel sind noch Reste eines **Tempels** erhalten, während sich sonst überall Terrassen und Mauern abzeichnen. Auf dem Sattel lag die Agora.

Die Stadt erhielt ihr Wasser von einer ca. 3 km südlich gelegenen **Quelle**, über der ein kleiner **Tempel** stand.

Chania (Χανιά – Chania) H14

Archäologisches Museum. Zu den bedeutendsten Funden aus der Jüngeren Palastzeit gehört innerhalb dieser Sammlung (in der 1595 erstmals erwähnten, später mehrfach umgebauten und als Moschee benutzten venezianischen Kirche S. Francesco) ein Archiv mit Linear-A-Tafeln und Siegelabdrücken. Die Keramik, Fundgut seit neolithischer Zeit, stammt sonst zu großen Teilen aus Höhlen der Umgebung. Darunter sind Importe vom Festland oder von den Kykladen. Für Chania, welches auch um die Mitte des 15. Jh. v. Chr. zerstört worden, aber im 13. Jh. noch einmal als Handelszentrum bedeutend und in griech. Zeit bis zur Eroberung durch die Römer eine selbständige Stadt war, ist in der Zeit zwischen ca. 1400 und 1200 v. Chr. eine Ware aus gelblich-weißem Ton charakteristisch.
3 röm. Mosaiken der Kaiserzeit aus Häusern in Chania zeigen u. a. Dionysos und Ariadne (?), Neptun und Amymone. In der Apsis der Kirche die röm. Statue eines Rhetors aus der gleichen Epoche, an den Pfeilern weitere röm. Statuen verschiedener Herkunft. Glasfunde aus Tarrha bezeugen die Existenz einer bedeutenden röm. Manufaktur.

Die minoische Siedlung Chanias, des antiken **KYDONIA**, liegt unter den neuzeitlichen Häusern. Daher ist nur die Ausgrabung auf dem **Agia-Ekaterini-Platz** sehenswert. Sie zeigt einen Ausschnitt der um 1450 v. Chr. zerstörten Stadt, ein größeres Haus und 2 Straßenabschnitte. Im 2. Viertel des

14. Jh. v. Chr. wurde über den Ruinen dieses reichen Stadthauses ein Megaron des festländisch-mykenischen Typus mit zentralem Rundherd im Hauptraum errichtet – ein Hinweis auf den mykenischen Einfluß in Kreta seit dem 14. Jh. (abgeräumt zur Erforschung des tieferen Gebäudes).

J 15 **Gortyn** (Γόρτυνα, Γόρτυς – Iraklion)

Die bereits von Homer erwähnte Stadt wurde an der Stelle einer prähistorischen Siedlung vermutlich im 8. Jh. v. Chr. gegründet. Im 3. Jh. v. Chr. stieg sie mit der Eroberung von Phaistos und Matala zu einer der stärksten Kretas auf. 221 v. Chr. brach in der Stadt ein Bürgerkrieg zwischen einer für und einer gegen Knossos eingestellten Partei aus. Es folgte eine Periode andauernder Rivalität mit Knossos, die erst 68 v. Chr. mit der röm. Eroberung endete. Knossos wurde zerstört und das mit Rom verbündete Gortyn Hauptstadt der Provinz Kreta-Kyrene. Als Konstantin die Kyrenaika von Kreta trennte, blieb Gortyn die Hauptstadt Kretas. 374 n. Chr. wurde sie von einem Erdbeben heimgesucht und 824 von den Arabern zerstört.

Nahe der das Stadtgebiet durchschneidenden Landstraße erheben sich die Ruinen der im 6. Jh. n. Chr. errichteten **Titus-Kirche** [1]. Nördlich der Kirche erstreckte sich die Agora, an deren N-Rand ein kleines **Odeion** [2] liegt. Dieses wurde um 100 n. Chr. errichtet und im 3. oder 4. Jh. n. Chr. erneuert. Mehrere Gebäude gingen ihm an derselben Stelle voraus. So ein quadratischer Bau unbekannter Bestimmung aus hellenist. Zeit, dessen Spuren neben dem Umgang noch zu erkennen sind. Im Umgang des Odeions sind, von einem modernen Gewölbe geschützt, Blöcke eines älteren Rundbaus wiederverwendet, in die im 5. Jh. v. Chr. die berühmten

---

Zu nebenstehendem Plan:

1 Titus-Kirche
2 Odeion
3 Theater
4 Aquädukt
5 Akropolis
6 Heiligtum der ägyptischen Götter
7 Pythion
8 Prätorium
9 Nymphäum
10 Amphitheater
11 Circus
12 »Megali Porta«
13 Museum

Gesetzestexte von Gortyn, eine der wichtigsten Quellen zur griech. Rechtsgeschichte, eingemeißelt wurden. Diese legen den juristischen Status der verschiedenen Bevölkerungsschichten fest, regeln Erbschafts- und Übereignungsfragen und geben Strafen für Gesetzesübertretungen an.
Jenseits eines Baches zeichnet sich am Abhang der Akro-

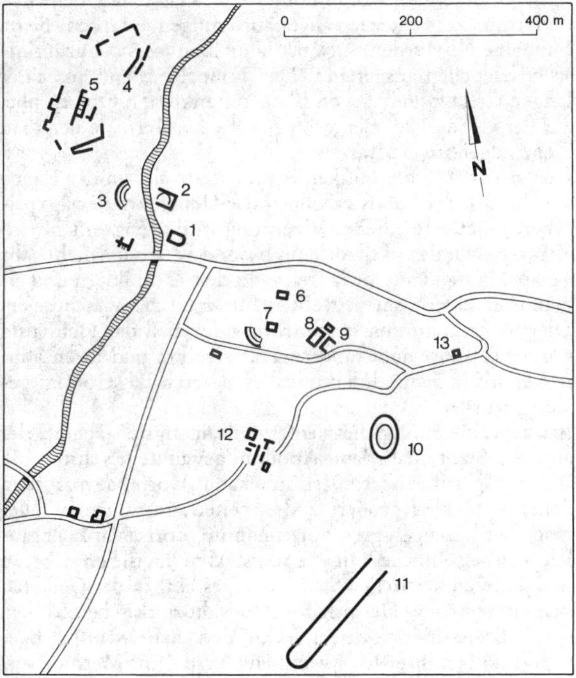

Kreta. Gortyn. Übersichtsplan

polis der Umriß des **Theaters** [3] ab. Den Hügel entlang ziehen sich die Ruinen eines **Aquädukts** [4], der Wasser vom Ida zum Prätorium (s. u.) leitete.

Die Befestigungen der **Akropolis** [5] sind in röm., byzantinischer und arabischer Zeit aus Blöcken älterer Bauten errichtet worden. Sie trug den **Haupttempel** der Stadt. Dieser war an der Stelle einer Siedlung des 15. Jh. v. Chr. im 8. bis 7. Jh. v. Chr. erbaut worden und hat in klassischer, hellenist. und röm. Zeit mehrfach Restaurierungen erfahren. Seine Fundamente wurden teilweise zum Bau von 2 byzantinischen Kapellen ausgeraubt. Der Tempel bestand aus einer langen Cella mit einer von Bänken flankierten Opfergrube. An der O-Seite des Berges liegt auf einer Terrasse der 13 m lange zugehörige **Altar**.

Der größte Teil der antiken Stadt dehnte sich in der Ebene aus. Nächst der Landstraße liegt das **Heiligtum der ägyptischen Götter** [6], deren Verehrung in der eng mit Nordafrika verbundenen Stadt eine besondere Rolle spielte. Ihr Tempel bestand aus einer Cella mit den Kultbildern und einem Anbau mit einem Becken für kultische Waschungen. Die Inschrift auf dem Architrav besagt, daß das Heiligtum von einer sonst unbekannten Flavia Filyra und ihren Söhnen Isis, Serapis und den mit diesen verehrten Göttern geweiht wurde.

Etwas weiter südlich liegt einer der wichtigsten Tempel der antiken Stadt, das dem Apollon geweihte **Pythion** [7]. Wann es gestiftet wurde, ist unbekannt, doch hat man es in hellenist. Zeit vergrößert und erweitert. In seiner in hellenist. Zeit hinzugefügten Vorhalle mit 6 dorischen Halbsäulen wurden Blöcke mit Vertragstexten zwischen Gortyn und anderen kretischen Städten aufgestellt. In der Cella hat man unter röm. Herrschaft mittels korinthischer Säulen, deren Basen hier noch zu sehen sind, Seitenschiffe abgetrennt und an ihrer Rückwand eine urspr. mit Marmor verkleidete Apsis angefügt. In ihr stand bei der Ausgrabung noch die Statue des Apollon, eine röm. Kopie eines klassischen Vorbilds. In der NO-Ecke der Cella war für den Tempelschatz ein Schacht eingelassen.

Vor dem Tempel erstreckte sich ein gepflasterter Platz mit dem gut erhaltenen röm. **Stufenaltar** und einem Opferbassin. Nördlich des Altars wurde im 3. Jh. v. Chr. ein kleines **Heroon** mit rechteckigem Grundriß errichtet.

Etwa 100 m weiter östlich erstrecken sich die ausgedehnten Ruinen des **Prätoriums** [8], des Palastes des Provinzstatthalters und damit des Verwaltungszentrums von Kreta und der Kyrenaika. Die im 2. Jh. n. Chr. errichtete und im 4. Jh. n. Chr. vermutlich nach dem Erdbeben von 374 erneuerte Anlage wurde im Mittelalter mit einem Kloster überbaut. Vom Prätorium sind v. a. im O noch Partien zu erkennen. Im N zeichnet sich der große Saal einer **Thermenanlage** ab, an den sich ein Säulenhof anschloß. Südlich von diesem lag ein Raum für warme Bäder mit 3 Apsiden, von denen 2, bei der Erneuerung des 4. Jh. abgetragen, nur noch in Fundamenten zu erkennen sind. Das Prätorium des 4. Jh. ist von dem älteren Bau durch eine Mauer aus Ziegeln und Steinen getrennt. Eine weite Halle wurde von einem Dach überspannt, das einerseits auf dieser Mauer ruhte und anderseits von Säulen getragen wurde, deren Basen noch zu sehen sind. An der W-Seite sind Sockel für Ehrenstatuen aufgereiht.

Neben dem Prätorium steht ein gegen Ende des 2. Jh. n. Chr. errichtetes und in byzantinischer Zeit in eine Zisterne umgewandeltes **Nymphäum** [9]. Der Bau war mit ionischen Säulen und Pilastern geschmückt. In seinen Nischen standen Statuen.

Südlich des Prätoriums liegt das im 2. Jh. n. Chr. errichtete **Amphitheater** [10], das, eigentlich für Kampfspiele bestimmt, nachträglich für Theateraufführungen hergerichtet wurde. Seine Außenseite war mit Kaiserstatuen geschmückt.

Noch weiter südlich zeichnet sich die Rennbahn des **Circus** [11] mit den Substruktionen für die Zuschauerränge im Gelände ab, und westlich liegen die von den Einheimischen als »**Megali Porta**« (›großes Tor‹; [12]) bezeichneten stattlichen Ruinen eines Gebäudes unbekannter Bestimmung, vielleicht von Thermen.

J 15 Ein kleines **Museum** [13] in dem Ort AGIOI DEKA enthält die Funde der Ausgrabungen, soweit sie nicht in das Museum von Iraklion gelangten, v. a. Architekturteile und Inschriften.

K 15 **Gurnia** (Γουρνιά – Lasithion)

Da außer der kleinen Siedlung auf der Insel Psira, die im Golf von Mirabello Gurnia gegenüberliegt, keine andere Stadt minoischer Zeit so vollständig ausgegraben wurde, fällt Gurnia – der antike Name ist unbekannt – eine besondere Bedeutung zu. Keramikfunde zeigen, daß der flache Hügel (rechts der Straße nach Sitia) schon seit frühminoischer Zeit kontinuierlich besiedelt war. Aus dem Beginn der mittelminoischen Epoche um 2000 v. Chr. stammen die Reste zweier **Grabhäuser** am N-Hang [1], an dem zu dieser Zeit wohl die zur Siedlung gehörige Nekropole lag. Der weitgehend auf Ostkreta beschränkte Grabtypus war von der frühminoischen bis zum Beginn der mittelminoischen Epoche in Gebrauch und diente, wie die gleichzeitigen Rundgräber, zur Bestattung ganzer Sippen.
Eindrucksvoll ist die Anlage der Stadt in spätminoischer Zeit. Auf der Kuppe des Hügels und zugleich im Zentrum liegt der Palast mit dem ihm südlich vorgelagerten Hauptplatz [3]. 2 Ringstraßen folgen den Höhenlinien des Hügels. Kleinere Querstraßen und Treppenwege verbinden sie untereinander. Die dicht aneinander gebauten **Wohnhäuser** waren zumeist 2stöckig, wie viele gefundene Treppen zeigen. Über den heute sichtbaren Steinsockeln bestanden die Mauern aus Lehmziegeln. Erhalten sind nur die Erdgeschosse, die zumeist ausschließlich Vorrats- und Werkstatträume enthielten, manchmal wohl auch Läden. Bei einigen

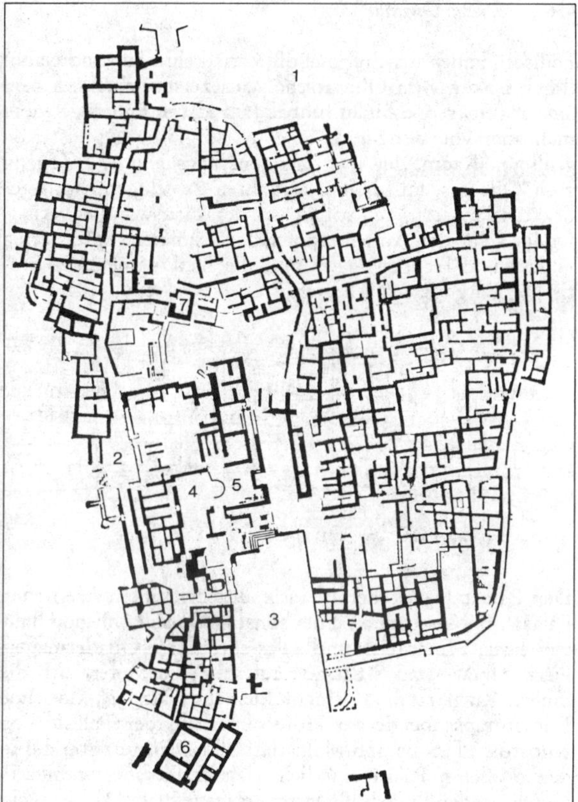

1 Nordhang
2 Straßenplatz
3 Zentralplatz
4 Palast, Haupthalle
5 Palast, Lichthof
6 Megaron-Bau
7 Schrein

Kreta. Gurnia. Minoische Siedlung. Übersichtsplan

Häusern haben die Erdgeschoßräume keine Tür und waren durch Luken vom Obergeschoß aus zu erreichen, zu dem eine Außentreppe hinaufführte. In anderen Fällen gelangte man aber von der Straße in einen sorgfältig gepflasterten größeren Raum, der wohl als Empfangshalle und Zugang zum Obergeschoß diente. Mit ihren 2stöckigen, flach gedeckten Häusern, den parallel zu den Hauswänden verlaufenden schmalen Außentreppen, den schmalen gepflasterten Gassen und Treppenwegen, muß die Siedlung heutigen kretischen Bergdörfern sehr ähnlich gewesen sein.

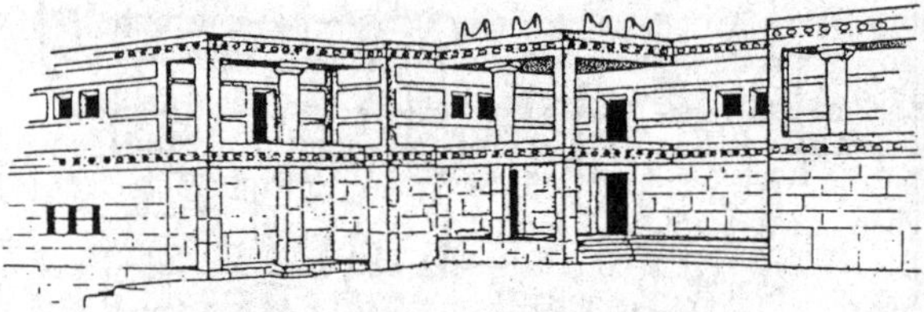

Kreta. Gurnia. Palast. Rekonstruktion der Südfassade

Der **Palast** [4] ist der kleinste der bekannten kretischen Paläste. Im Gegensatz zu der sonst in Gurnia üblichen Bauweise aus Bruchsteinen fällt das sorgfältige Quadermauerwerk der W- und S-Fassade auf. Im W erweitert sich die innere Ringstraße zu einem kleinen Platz [2], der eine Miniaturausgabe der W-Höfe außerhalb der Paläste von Knossos, Phaistos und Malia darstellt. Die Funktion des in den größeren Palästen üblichen Zentralhofs hatte hier in Gurnia der südlich des Palastes gelegene Platz [3], der wohl zugleich auch als Marktplatz der Stadt diente (vgl. die ›Agora‹ in Malia, S. 474). Wie die Zentralhöfe der Paläste war er aber auch der Schauplatz von Kulthandlungen. Ein schmaler Portikus mit 3 Pfeilern öffnete sich auf die NW-Ecke des Platzes. Allem Anschein nach handelte es sich um die Kultfassade eines »Dreiteiligen Schreins«, wie er z. B.

auch von der Mitte des Zentralhofs im Palast von Knossos (s. S. 458) bekannt ist. Der nördlichste Teil des Palastes ist stark zerstört, seine Raumaufteilung nicht rekonstruierbar. Der westl. Teil der L-förmigen Eingangstreppe führt zu Räumen, die sicher kultische Bedeutung hatten. Im Bodenpflaster fällt eine gewaltige Steinplatte auf, die bei ihrer SW-Ecke mit einem großen Loch durchbohrt ist, unter dem sich ein steinerner Auffangbehälter befindet. An dieser Stelle wurden Trank-, möglicherweise auch Tieropfer dargebracht.

Nach der Brandzerstörung der Siedlung und des Palastes um 1450 v. Chr. war die Stadt verlassen. Nur an der Peripherie wurden um die Mitte des 14. Jh. v. Chr. einige neue Häuser errichtet. Unter ihnen fällt ein **Megaron-Bau** [6] des festländischen Typus auf, der wie die entsprechende Anlage in Agia Triada auf die Anwesenheit mykenischer Griechen auf Kreta zu dieser Zeit hinweist (vgl. S. 422).

Bis in das 13. Jh. v. Chr. war der nur 3×4 m messende kleine **Schrein** [7] in Verwendung, zu dem nördlich des Palastes ein gepflasterter Weg hinaufführt. In ihm wurden Tonstatuetten von Göttinnen mit erhobenen Armen und Ständer für Opfergaben gefunden. Ob das Heiligtum schon zur Blütezeit der Stadt bestand oder erst in der Spätzeit inmitten der Ruinen errichtet wurde, läßt sich nicht mit Sicherheit sagen.

Ierapetra (Ἱεράπετρα – Lasithion) K15

Bei dem Ort lag das antike HIERAPYTNA, eine dorische Gründung, die v. a. seit dem 3. Jh. v. Chr. an Bedeutung gewann. Im 2. Jh. v. Chr. dehnte Hierapytna sein Territorium stark aus. Die Stadt war die letzte, die sich 68/67 v. Chr. der röm. Eroberung widersetzte. Aber auch unter röm. Herrschaft stand sie weiter in Blüte.

Auf röm. Zeit gehen die **Kaianlagen** zurück. Im O des Stadtgebiets sind außerdem die noch nicht ausreichend untersuchten Ruinen eines **Theaters** und eines **Amphitheaters** zu erkennen.

Archäologisches Museum. Unter den Ausstellungsstücken sticht einer der interessantesten minoischen Sarkophage mit reichem, in eindrucksvoll-naiver Weise aufgemaltem Figurenschmuck hervor. Er stammt aus der Nekropole von Episkopi, das etwa auf der Mitte des Isthmos von Ierapetra liegt, aus dem 13. Jh. v. Chr. und zeigt den häufigsten Typus dieser Zeit, der mit Paneelen und Rahmenwerk hölzerne Truhen nachahmt. Der Deckel hat die Gestalt eines Walmdachs. Das eine Ende des Firstbalkens ist als plastischer Stierkopf gebildet; am anderen befindet sich ein kleines weibliches Figürchen, dessen ausgestreckte Gestalt die Deutung der Darstellung als Stiersprung in abgekürzter Form nahelegt. Auf der einen Langseite erkennt man links eine Prozession zu Ehren des Toten. Auf dem von einem Pferd gezogenen Wagen, unter dem sich ein stilisierter Oktopus als Füllmotiv befindet, stehen 3 Menschen, die Standarten halten. Von 3 weiteren Figuren im Hintergrund tragen 2 Trinkgefäße, sog. Kylikes, wie der Mensch auf dem rechten Bildfeld, ebenfalls mit Standarte, der ein Opfertier, wohl eine Kuh, heranführt. (Am Grab wurden zu Ehren des Toten Symposia abgehalten, wie häufig in den Dromoi gefundene Scherben von Kylikes bezeugen.) Die anderen Seiten des Sarkophags und der Deckel zeigen v. a. Jagdszenen wohl symbolischen Charakters, in denen mit Lanzen bewaffnete und von Hunden begleitete Jäger kretische Wildziegen (sog. Kri-Kris) erlegen. Neben dem berühmten Sarkophag von Agia Triada stellt der von Episkopi die wichtigste Quelle für unsere Vorstellung von den spätminoischen Totenriten dar.

In der Sammlung röm. Bildwerke herausragend eine 1984 auf freiem Feld beim Pflügen gefundene und als Bild der Demeter gedeutete Statue nach einem griech. Original des 4. Jh. v. Chr., mit einem Altar und 2 Schlangen auf dem Haupt. Ferner Kleinfunde griech., hellenist. und röm. Zeit aus Ierapetra, dem antiken Hierapytna.

Iraklion (Heraklion; Ἡράκλειον – Iraklion) J 14/15

Das Wirtschaftszentrum Kretas, mit Flughafen, zugleich Ausgangspunkt für die Besichtigung der minoischen Paläste in Knossos, Phaistos und Agia Triada, besitzt die reichhaltigste Sammlung minoischer Kunst in seinem

Archäologischen Nationalmuseum.

Die Bestände in dem Bau von 1937 (Erweiterung nach 1960) sind in den mit röm. Ziffern gekennzeichneten Sälen chronologisch geordnet, die Vitrinen durch arabische Ziffern bezeichnet und die Exponate durch mehrsprachige Aufschriften erklärt. Sie umfassen Zeugnisse von der neolithischen Kultur bis in die Zeit der Römer. Zentrale Bestände gruppieren sich aus Hauptfundstätten der Zeit der Alten Paläste, wie Phaistos, und aus den Neuen Palästen in Knossos, Phaistos, Malia und Kato Zakro.

Die ersten ständigen Bewohner Kretas wanderten im 7. Jt. v. Chr. aus dem westlichen Kleinasien ein und gründeten eine Siedlung in Knossos, wie die ältesten Fundstücke des Museums belegen. Um 2800 v. Chr. scheint die Bearbeitung von Metall auf Kreta eingesetzt zu haben. Hohe schwarze Becher mit einpolierten Mustern (sog. Pyrgos-Stil) und mit Strichlinien bemalte Gefäße (sog. Agios-Onouphrios-Stil) kennzeichnen die Keramik der Vorpalastzeit, ebenso der sog. Vassiliki-Stil mit seinem gefleckten, durch gezielt ungleichmäßigen Brand der Tonware hervorgerufenen Dekorationen. Am Ende der vorpalatialen Ära stehen die Gefäße des sog. Barbotine-Stils, an denen aus der Oberfläche des noch weichen Tons plastische Verzierungen mit den Fingerkuppen gezogen wurden. Idole aus verschiedenen Materialien bezeugen den kykladischen Einfluß. Kultgefäße in Stierformen, wie in Mesara gefunden, hängen mit Kleinasiatischem zusammen: Die Bedeutung des Stiers als Träger von Fruchtbarkeit, Kraft, Heiligkeit und damit Macht ist durch Funde bei Çatal Hüyük in Ostanatolien bereits für das 6. und 5. Jt. v. Chr. gesichert. Der Mythos spiegelt sich in griech. Zeit noch in den Sagen von der Entführung der Europa durch Zeus in Stiergestalt und von der Minos-Gattin Pasiphae, die einen Stier liebte und ihm den Minotauros gebar.

Aus der Zeit der Älteren Paläste, bis zu ihrer Zerstörung durch Erdbeben um 1700 v. Chr., bietet das Museum Beispiele der herausragenden künstlerischen Leistung des minoischen Handwerks in Fülle: Tongefäße der nach einem Fundort bei Phaistos, einer Höhle im Ida-Gebirge, als Kamares-Ware bezeichneten Gattung. Es sind polychrome Keramiken in Hell-Dunkel-Technik, d. h., der Gefäßkörper

Kreta. Iraklion
Archäologisches Nationalmuseum
Kamares-Gefäß aus Knossos

wurde erst mit schwarz-dunklem Tonschlicker bedeckt, dann mit roten und weißen Schmuckmotiven bemalt. Sie zeigen eine frappierende Vielfalt der Gefäßformen und Dekorationsmotive, in denen sich ornamentale, pflanzliche und tierische Elemente in starker Bewegung mischen. Besonders beliebt wurde das Motiv der Krake mit ihren Fangarmen. Technische Voraussetzungen für die äußerst feinwandigen Gefäße (sog. Eierschalenware von einer Stärke bis zu 1 mm) waren die drehbare Töpferscheibe, die im Orient seit ca. 3500 v. Chr. bekannt war, und eine verfeinerte Qualität des geschlämmten Tones. Votivstatuetten im Gebetsgestus mit vorgestreckten oder vor die Brust gelegten Armen sind aufschlußreich für die Mode der Zeit: Die Männer tra-

Kreta. Iraklion. Archäologisches Nationalmuseum
Diskos von Phaistos

gen nur einen Schurz und Dolche am Gürtel, die Frauen weite Röcke und kunstvolle Frisuren bzw. Kopfbedeckungen. Ein »Stadtmosaik« aus Knossos (Saal III) gibt 2- bis 3stöckige minoische Häuser wieder, meist in Fachwerk, seltener in Quadersteintechnik erbaut. Die »Laternen« auf den Dächern bezeichnen Lichtschächte. Im gleichen Saal der rätselhafte sog. Diskos von Phaistos, eine nur 2 cm starke Tonscheibe aus dem Palast von Phaistos, um 1700 v. Chr. Beide

Seiten enthalten je eine spiralförmige Inschrift mit 45 Zeichen, die mit Holzstempeln in den feuchten Ton gedrückt wurden. Die – vermutete – Silbenschrift ist noch nicht entziffert.
Inschriften in der ebenfalls noch nicht entzifferten sog. Linear-A-Silbenschrift, die sich über Kreta hinaus auf den ägäischen Inseln verbreitete, weisen Vasen des 15. und 16. Jh. v. Chr. auf, im Museum (Saal IV) die ersten Zeugnisse der Zeit der Jüngeren Paläste (Knossos, Phaistos, Malia). In dieser Epoche verlagerte sich das künstlerische Schwergewicht von der Vasenmalerei zur Wandmalerei (s. u.), wenngleich die Keramik des sog. Meeresstils aus der 1. Hälfte des 15. Jh. v. Chr. mit Motiven der Meeresfauna und -flora qualitativ hinter der Kamares-Ware oft nicht zurücksteht. Berühmt sind die Statuetten der sog. Schlangengöttinnen in der typischen Frauenmode der Jüngeren Palastzeit: ein die Brüste freilassendes eng geschnürtes Miederjäckchen, Volantrock und »Schürze«; dazu eine tiaraähnliche Kopfbedeckung. Ein Meisterwerk ist das aus Chlorit gefertigte Stierkopf-Rhyton aus Knossos (Saal IV, Vitrine 51), mit eingelegtem Auge aus Bergkristall, Augenlid aus Jaspis und Perlmutt um Nüstern und Maul (die linke Seite ist nicht original). Auf ein Stierspiel deutet, wie ein Fresko aus Knossos (s. u.), die Elfenbeinfigur eines Mannes, die wohl über dem Bild eines Stieres aufgehängt war, über den der Springer voltigierte (Vitrine 56). Die Haare waren aus Bronze oder Golddraht.
Der Zeitpunkt, zu dem Kreta von der Katastrophe getroffen wurde, die zum Untergang der Jüngeren Paläste und Siedlungen führte, ist umstritten (meist: »um 1450«). Ebenso die Frage, ob der Knossos-Palast dieser Katastrophe entging und erst um 1400 v. Chr. zerstört wurde, wie in der Ausstellung des Museums angenommen, oder sogar bis um 1200 existiert habe. Eine wichtige Rolle spielt in dieser Diskussion die Datierung der sog. Linear-B-Schrift (Tontafeln in Vitrine 69 des Saales V). Ihre Zeichen sind zum großen Teil aus Linear A entwickelt. Die Sprache ist indessen

Kreta. Iraklion. Archäologisches Nationalmuseum
Elfenbeinfigur eines Stierspringers

als protogriech., »mykenischer« Dialekt identifiziert worden. Die Tafeln bezeichnen Inventare von Gegenständen, Waren und Bediensteten, die zum Palast von Knossos gehörten. Die Objekte sind neben dem Text durch sog. Ideogramme, skizzenartige Darstellungen, verdeutlicht (Pferdeköpfe, Wagen, Waffen usw.). Diesen bei einem Palastbrand unfreiwillig gehärteten Tafeln entnimmt man, daß zu ihrer

Zeit Mykener in Knossos geherrscht haben. Die Evans folgende Datierung der Tafeln in die Zeit um 1400 v. Chr. geht von der Annahme einer mykenischen Invasion um 1450 aus; andere Forscher setzen die Tafeln in die Zeit um 1200, aus der alle anderen Zeugnisse der Linear-B-Schrift stammen, und vermuten eine Eroberung erst in der 1. Hälfte des 14. Jh.

Waffen als Grabbeigaben aus der 2. Hälfte des 15. Jh. v. Chr. (Saal VI) wurden zur Annahme einer mykenischen Aristokratie auf Kreta herangezogen und als Zeichen eines Wandels von einer pazifistischen kretischen zu einer kriegerisch gesinnten mykenischen Macht gedeutet. Nachdem sich aber schon in Gräbern der Vorpalast- und Älteren Palastzeit Dolche als charakteristische Beigaben fanden, wird diese Theorie fraglich. Das seinerzeit von Evans entworfene Bild der friedfertigen minoischen Kultur erscheint im Vergleich mit den anderen gleichzeitigen Hochkulturen des östlichen Mittelmeerraumes und Vorderasiens unrealistisch. Der älteste in Europa bekannte Bronzehelm stammt aus einem knossischen »Kriegergrab« der Zeit um 1450 (Vitrine 85).

Wohl wichtigstes kretisches Kultsymbol war die Doppelaxt (*labrys*, daraus *labyrinthos*, ›Halle der Doppeläxte‹); die Beispiele sind z. T. aus Gold. Blattgoldauflagen besaßen urspr. die als Meisterwerke gerühmten Reliefs auf Steingefäßen aus der Villa in Agia Triada (Saal VII, Vitrinen 94–98). Bedeutendster Goldschmuck ist der Anhänger mit den 2 Bienen, die einer Königinzelle einen Tropfen Futtersaft zuführen, noch aus der Älteren Palastzeit (Vitrine 101).

Eine erneute wirtschaftliche Blüte erlebte Kreta in der Nachpalastzeit, ca. 1400–1100 v. Chr. (Die Bezeichnung »Nachpalastzeit« erscheint manchen Wissenschaftlern falsch, da der Palast von Knossos bis gegen 1200 weiter als Residenz mykenischer Herrscher diente.) Die lange vorwaltende Beurteilung dieser Epoche als Zeit des Niedergangs beruht auf einer ästhetischen Geringschätzung ihrer Kunsterzeugnisse. Die Keramik dieser Zeit – vorherrschend ist die Form der

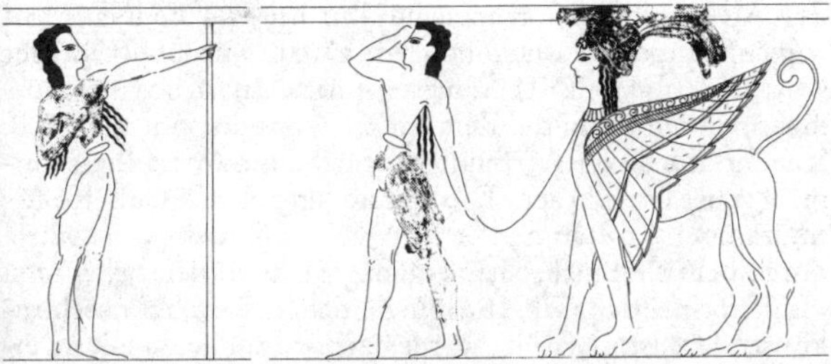

Kreta. Iraklion
Rekonstruktion des »Lilienprinzen« nach W.-D. Niemeier

Bügelkanne – zeigt stark stilisierte Naturmotive und enge Verwandtschaft zur mykenischen Keramik des griech. Festlandes (Saal X).

Die folgenden Erdgeschoßsäle dokumentieren die subminoische bis protogeometrische (Saal XI) und die geometrische bis orientalisierende Zeit (Saal XII); dort auch Funde aus dem bedeutenden ostkretischen Heiligtum von Kato Symi. In Saal XIII eine Sammlung minoischer Sarkophage. Saal XIX zeigt »dädalische« und archaische Kunst, von der besonders der Skulpturenschmuck des Tempels von Prinias, die mit Reliefschmuck in teilweise orientalischem Stil verzierten Votivschilde aus der Idäischen Grotte und die aus getriebenen Bronzeblechen bestehende Götter-Trias (Apollon, Artemis, Leto) aus dem Tempel von Dreros hervorstechen. In Saal XX Plastik der griech. klassischen, hellenist. und röm. Zeit.

Mit der Errichtung der Jüngeren Paläste wurde die Wandmalerei die führende Gattung der minoischen Kunst. Waren zuvor in den Älteren Palästen nur ornamentale Bemalungen der Wand gefunden worden, so gab es nun in den Jüngeren vorzügliche figürliche Malereien, ausgeführt in Fresko- und Temperatechnik. Leider sind sie nur in kümmerlichen Resten (aus Knossos, Amnisos, Agia Triada) erhalten, die nach

der Ausgrabung im frühen 20. Jh. mit viel Fantasie und manchmal nachweislich falsch ergänzt wurden (Obergeschoß, Saal XIV–XVI). Soweit sie nicht aus Knossos stammen, werden sie in die Zeit vor 1450 datiert.
Der Eindruck von Tafelbildern, wie ihn die Ausstellung vermittelt, ist irreführend. Die Darstellungen liefen als Kontinuum über die Raumecken hinweg. Außerdem wurden sie durch bemalte Stuckreliefs ergänzt wie z. B. den bekannten »Lilienprinzen« (Saal XIV, Nr. 8), der im übrigen falsch rekonstruiert ist: der Oberkörper gehört zur Darstellung eines Gottes mit gebietendem Gestus, die Federkrone zu einer Sphinx. Berühmt das Stierspringerbild aus dem Palast von Knossos (Nr. 15): Eine Frau – an der weißen Hautfarbe kenntlich; Männer sind immer braun wiedergegeben – ergreift die Hörner eines herangaloppierenden Stieres, um sich über ihn zu schwingen; ein Mann schlägt einen Salto über den Stier, und eine zweite Frau ist beim Aufsprung hinter dem Tier gezeigt. – Eine hochbedeutende Bildquelle für den minoischen Götter- und den Totenkult stellt die Malerei an einem Kalksteinsarkophag aus Agia Triada dar (Saal XIV, Mitte). Auf der einen Langseite ist die Schächtung eines Stieres in einem Heiligtum gezeigt: Von links nähert sich eine Prozession von Frauen in langen Gewändern dem Opfertisch in der Mitte, auf den der geopferte Stier gebunden ist. Sein Blut rinnt in ein Rhyton im Boden. Unter dem Tisch 2 weitere Opfertiere, Wildziegen. Dahinter steht ein flöteblasender Priester. Eine Priesterin im Fellrock opfert auf einem Altar Früchte und Wein in Korb und Kanne. Ganz rechts der mit einer von Kulthörnern bekrönten Mauer umgebene heilige Baum als Kern des Heiligtums. Auf der hohen Doppelaxt sitzt ein Vogel, Symbol der Gottheit. Die anschließende Schmalseite zeigt einen von Greifen gezogenen Wagen, auf dem 2 weibliche Gottheiten stehen. Wieder erscheint ein Vogel als göttliches Attribut. Auf der anderen Langseite links wieder das Heiligtum (Doppeläxte und Vögel). 2 Priesterinnen bringen, von einem Lyra-Spie-

ler begleitet, Trankopfer dar. Rechts, auf andersfarbigem Grund, eine neue Szene. 3 mit Fellröcken bekleidete Männer bringen Stiere bzw. Stierfiguren und ein Brot (für die Fahrt ins Jenseits, wie in Ägypten?) einem vor seinem Grab stehenden Toten dar. Auf der zweiten Schmalseite 2 Frauen in einem von Wildziegen gezogenen Wagen; darüber eine Männerprozession.
Bei den Wandbildern aus Knossos ist die Datierung schwierig. Wenn der Palast wirklich bis ca. 1200 v. Chr. bestand, ergibt sich ein langer Zeitraum, da die Gemälde jahrhundertelang an den Wänden überdauern. Ungewöhnlich gut erhalten ist die von den Grabungsarbeitern so genannte »Kleine Pariserin«, das Fragment einer Priesterin, die einen »Kultknoten« am Nacken trägt (Saal XV).

Kato Zakro (Κάτω Ζάκρος – Lasithion) L 15

Die Reste des minoischen Ortes vermitteln eine klarere Vorstellung von dem engen Nebeneinander der Paläste und Siedlungen als die meisten anderen. Die Funde waren hier außerordentlich reich, da der Palast nach seiner Zerstörung um 1450 v. Chr. nicht geplündert worden war.
Anders als der moderne Eingang in die Grabung (im S) lag der alte Hauptzugang zum **Palast** im O. Vor dem Palast selbst fällt dort linker Hand eine modern überdachte Anlage mit 4 in eine Grube mündenden kleinen Kanälen ins Auge [1], die man zunächst für einen Metallschmelzofen hielt, die aber nach anderen Parallelen auf Kreta eher ein **Töpferofen** war. Links von der gepflasterten, in flachen Stufen von der Hafenstraße in den Palast führenden **Rampe** [2] liegen Fundamente, die Reste eines Vorgängerbaus der Älteren Palastzeit. – Das Zentrum des Palastes bildet wiederum der charakteristische **Mittelhof**, welcher mit 30 × 12 m aber wesentlich kleiner ist als in den anderen Palästen. Er war auch nicht gepflastert, sondern bestand aus gestampftem Lehm. Im O-Flügel befand sich ein Trakt repräsentativer **Wohn-**

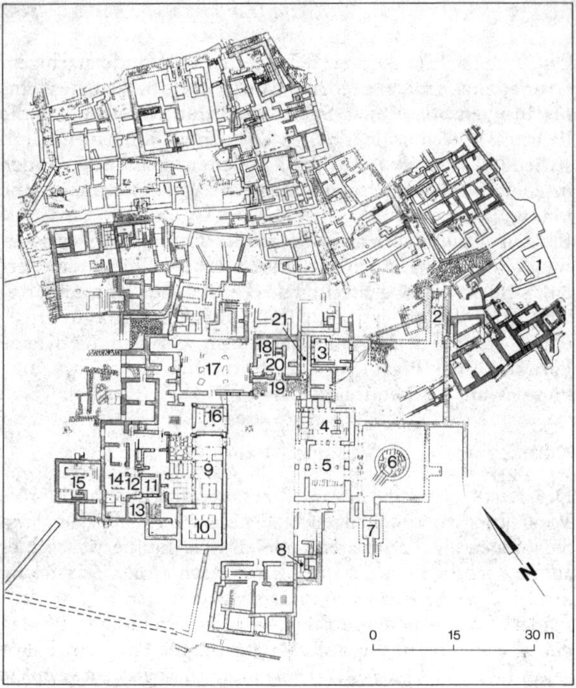

1 Töpferofen (?)
2 Rampe
3 Badezimmer (?)
4, 5 Räume mit Polythyra
6 Hof mit Becken
7 Becken
8 Brunnen
9 »Zeremonienhalle«
10 »Bankettsaal«
11, 12 Kulträume
13 Schatzkammer
14 Archivraum
15 Werkstätten
16 Treppe
17 Küche und Speisesaal
18 Küchengeräteraum
19 Portikus
20 Treppenhaus
21 Rampe

Kreta. Kato Zakro. Palast. Übersichtsplan

räume. Das ganz im N liegende »Lustralbassin« war wahrscheinlich das zugehörige **Badezimmer** [3]. Weiter südlich liegen die Reste zweier großer Räume mit Polythyra [4, 5], denen zum Zentralhof hin ein Säulenportikus vorgelagert war. Vom größeren Raum [5] gelangte man durch einen Portikus in einen ungefähr quadratischen, offenen Hof, in dessen Mitte ein kreisrundes **Becken** [6] liegt, in das 8 Stufen hinabführen. Die großen Blöcke waren mit Stuck verkleidet. Vielleicht diente es als Schwimmbecken oder aber für kultische Zwecke. In der SO-Ecke des Palastes führt eine gewinkelte Treppe zu einem runden **Brunnen** [8] hinab, in den kurz vor der Zerstörung Opfergaben niedergelegt worden waren. Es fanden sich viele kleine Tonvasen, von denen eine mit Oliven gefüllt war. Die Räume südlich des Zentralhofes dienten als **Werkstätten** für Stein, Elfenbein und Fayence. Der westlich angrenzende Korridor verband den S-Eingang des Palastes mit dem Zentralhof. Im W-Flügel liegen **Repräsentations- und Kulträume**. Der als **»Zeremonienhalle«** bezeichnete Raum mit mittlerer Säulenstellung [9] besaß in seiner NW-Ecke einen gepflasterten Lichthof. Ein Polythyron führt im S in den **»Bankettsaal«** [10], so benannt nach den vielen hier gefundenen Weinamphoren. Die Wände des Saales schmückte ein umlaufender plastischer, bemalter Spiralfries (rekonstruiert in Saal VIII des Museums von Iraklion). Die rechteckigen Felder in den Böden dieser Räume waren mit verschiedenfarbigem Stuck gefüllt. Hinter diesen Repräsentationsräumen lagen Räume mit kultischer Funktion [11, 12]. Im **Archivraum** des Palastes [14] fand man eine Anzahl von Tontafeln mit Linear-A-Inschriften. – Im NW des Palastes liegen ein Trakt von **Magazinräumen**, in denen viele Pithoi gefunden wurden.

Knossos (Κνωσός – Iraklion) J 15

Die bedeutendste Ausgrabungsstätte von Kreta war schon in der Jungsteinzeit, ca. 6000 v. Chr., besiedelt, von Einwanderern aus Kleinasien. Sie steht auf einem 6,5 bis 8 m hohen Stratum neolithischen und chalkolithischen Wohnschutts, einer der höchsten im gesamten Mittelmeerraum gemessenen Kulturschicht.

Palast

Schon der um 2000 v. Chr. entstandene, nur in Spuren erhaltene erste »Palast« trug Merkmale des minoischen Anlagesystems: ein Mittelhof bildete das Zentrum, um das Raumkomplexe in recht freier Disposition asymmetrisch gefügt waren. Im 17. Jh. v. Chr. wurde er wie alle alten Paläste der Insel durch Erdbeben zerstört.
Eine Neuanlage stand um 1600. Der Herrscher von Knossos, der vielleicht den Titel Minos führte, war nun anscheinend als ein »König der Könige« den Herrschern der anderen Paläste übergeordnet.
Die Katastrophe von ca. 1450 v. Chr., in der alle anderen kretischen Paläste im Brand zugrunde gingen, verschonte den von Knossos. Eher als an eine mykenische Invasion von außen ist daher an innerkretische Auseinandersetzungen zu denken, die wahrscheinlich von Erdbeben ausgelöst oder begleitet wurden und in denen Knossos die rivalisierenden Paläste unterwarf. Wie die griech. Sprache der hier gefundenen Linear-B-Tafeln zeigt (s. Iraklion, Museum), muß Knossos in der Spätzeit unter der Herrschaft mykenischer Griechen gestanden haben. Einen Streitpunkt der Wissenschaften stellt die Datierung der endgültigen Zerstörung des Palastes dar, bei welcher die Tafeln gebrannt wurden. Eine Partei datiert diese Zerstörung, dem Ausgräber Evans folgend, um oder bald nach 1400 v. Chr., die andere gleichzeitig mit den Zerstörungen der mykenischen Burgen des griech. Festlandes um 1200 v. Chr.
Der Nachfolger des bronzezeitlichen Knossos war ein dorischer Stadtstaat gleichen Namens, der schon in geometrischer Zeit seit dem 9. Jh. v. Chr. wieder florierte. Knossos blieb die führende Stadt Kretas bis zur röm. Eroberung 69–67 v. Chr. Da es sich dieser widersetzt hatte, wurde an seiner Statt nun Gortyn zur Hauptstadt der Insel. Später war Knossos ein wichtiges frühchristliches Zentrum, verlor aber in der venezianischen und türkischen Zeit vollkommen seine Bedeutung.
Auf dem immer sagenumwobenen, damals »tu tselévi i kefála« (›Kopf des Herrn‹) genannten Hügel führte zuerst der einheimische Kaufmann Minos Kalokerinos im Jahre 1878 eine kleinere Grabung

durch. 1886 besuchte Heinrich Schliemann Knossos. Seine Grabungsabsichten scheiterten an den zu hohen Forderungen des Grundbesitzers und an den schwierigen politischen Verhältnissen auf Kreta in jener Zeit der zu Ende gehenden Türkenherrschaft. So blieb es dem Engländer Arthur Evans vorbehalten, nach der Unabhängigkeit Kretas vom Frühjahr 1900 an die Ausgrabung des Palastes von Knossos zu seinem Lebenswerk zu machen. Über 25 Jahre hielt sich Evans regelmäßig in Knossos auf und ließ nach den Grabungen umfangreiche Restaurierungen und Rekonstruktionen durchführen. Diese waren z. T. aus Gründen der Konservierung notwendig und vermögen – wo sie gesichert sind – mit den in Zement ergänzten Holzsäulen und -pfeilern Raumvorstellungen wie kein anderer der kretischen Paläste zu vermitteln, v. a. im Wohnquartier des O-Flügels. Nachweislich falsche Rekonstruktionen an anderen Stellen sowie Evans' nach heutigen Maßstäben rigorose Grabungsmethode, bei der er alles, was er als nicht zu seinem Minos-Palast der Blütezeit zugehörig betrachtete, ohne ausreichende Dokumentation abräumen ließ, hat den Palast von Knossos zum problematischsten und meistdiskutierten Denkmal der minoischen Kultur gemacht.

Knossos ist der größte der kretischen Paläste. Mit seinen ca. 20000 m^2 Grundfläche besitzt er ungefähr die doppelte Größe von Phaistos und Malia, die vierfache von Kato Zakro und die siebenfache des kleinen Palastes in Gurnia. Etwa 800 Räume wurden freigelegt. Da der Palast aber urspr. bis zu 4 Stockwerke besaß (s. das Holzmodell in Saal XIII des Iraklion-Museums), wird die originale Raumzahl auf ca. 1300 geschätzt. Die verwirrende Gliederung macht die Gleichsetzung des Palastes von Knossos mit dem Labyrinth des Minotauros in der Theseus-Sage begreiflich. Sprachwissenschaftler haben ›Labyrinth‹ von dem vorgriech. Wort *labrys* abgeleitet, das ›Doppelaxt‹ bedeutet. Die Doppelaxt aber war eines der wichtigsten minoischen Kultsymbole und findet sich vielfach an den Mauern von Knossos als Steinmetzzeichen. Eine der knossischen Linear-B-Tafeln benennt die Göttin als »Herrin des Labyrinths«. Die urspr. Bedeutung von ›Labyrinth‹ war daher ›Haus der Doppeläxte‹.

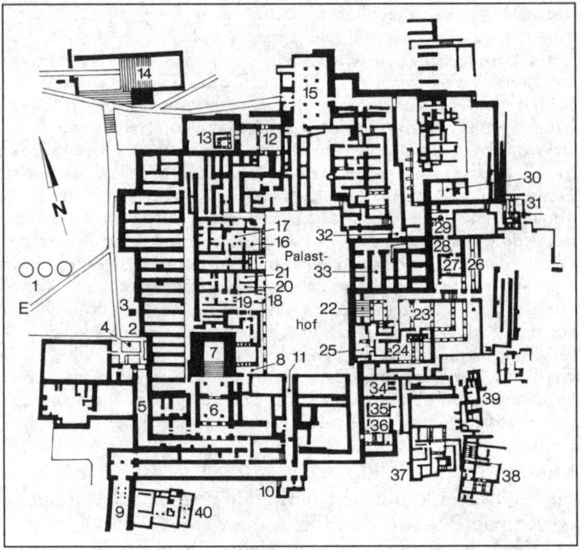

Kreta. Knossos. Palast. Grundriß

Der moderne Zugang [E] zum Palast überquert den urspr. Einschnitt zwischen dem Palasthügel und der W-Seite des Tales. Daher führte in der minoischen Zeit eine Rampe zum Westhof hinaus, deren Reste im Einschnitt neben dem modernen Pfad sichtbar sind. Im Pflaster des Westhofes fallen aus rechtwinkligen Platten gelegte, erhöhte Pfade auf. Diese sind ein Charakteristikum minoischer Hofanlagen und dienten wahrscheinlich als Prozessionswege bei Kulthandlungen. Die 3 runden, ausgemauerten **Gruben** [1] waren Zisternen oder Vorratsräume für Getreide. Auf ihrem Grund sind Reste von Häusern der Vorpalastzeit zu sehen, die bei der Planierung für die Anlage des Westhofes um 1800

Zu nebenstehendem Plan:

E Moderner Zugang
1 Zisternen oder Vorratsräume
2 Fassadenblöcke des Älteren Palastes
3 Altar
4 Eingangshalle
5 »Prozessionskorridor«
6 »Südpropylon«
7 Freitreppe
8 Fundraum von Linear-B-Tafeln
9 Treppenportikus
10 Eingang
11 »Lilienprinz«
12 Nordwestportikus
13 »Lustralbassin«
14 »Theater-Areal«
15 Halle
16 Vorraum des »Thronraums«
17 »Thronraum«
18 Schrein
19 Vorraum der Pfeilerkrypten
20, 21 Vorratsräume
22 Treppenhaus
23 »Halle der Doppeläxte«
24 »Megaron der Königin«
25 Klosett (?)
26 Ostportikus
27 Steinvasenwerkstatt
28 Töpferwerkstatt
29 Hof
30 Magazin des Älteren Palasts
31 Ostbastion
32 Korridor
33 Magazin
34 Baderaum
35 »Schrein der Doppeläxte«
36 Lustralbassin
37 »Haus der Chorschranke«
38 »Südosthaus«
39 Raum mit monolithischen Pfeilern
40 »Südhaus«

---

v. Chr. überdeckt wurden. Ungefähr 2m vor der W-Fassade ist eine Linie von großen Blöcken im Pflaster des Hofes zu erkennen [2], die zur **Fassade des Älteren Palastes** gehörten. Zwischen ihnen und der zurückversetzten Fassade des Jüngeren Palastes die Reste eines **Altars** [3].
Von der **W-Fassade des Jüngeren Palastes** hat sich nur der Sockel erhalten. Auf einer Ausgleichsschicht aus Kalkstein liegen 2 Reihen von Alabasterblöcken, die nur auf den Außenseiten geglättet und mit Holzbalken verbunden wurden, deren Einlaßspuren noch sichtbar sind. Der Zwischenraum wurde mit Bruchsteinmauerwerk in Lehmverband gefüllt, das mit einem Holzgerüst im Innern auch das aufgehende Mauerwerk bildete. Diese Technik bot die wegen der nicht seltenen Erdbeben notwendige Elastizität. Im Obergeschoß müssen wir uns an den Stellen der flachen Mauerrücksprünge Fenster und Loggien vorstellen, so daß die W-Fassade einen repräsentativen Eindruck auf den Besucher

machte. Dieser wurde verstärkt durch den monumentalsten der 4 Palasteingänge im SO des Westhofes [4]. Auf der runden Steinbasis in seiner Mitte stand eine hohe Holzsäule. Die O-Seite der Eingangshalle schmückte ein großes Wandbild mit der Darstellung eines Stiersprungs.
Daneben öffnet sich der sog. **»Prozessionskorridor«** [5], so benannt nach den Resten des »Prozessionsfreskos«, die hier z.T. noch an den Wänden gefunden wurden (jetzt Iraklion, Museum, Saal XIV, Nr. 2–5). Urspr. knickte er nach ca. 24m rechtwinklig ab und führte über den erhaltenen Kellerräumen nach O. Nach ca. 52 m bog er wiederum nach N, um dort, wo heute eine (falsche) Rekonstruktion des »Lilienprinzen« angebracht ist [11], in den Zentralhof zu münden. Nach Evans' Meinung öffnete sich der »Prozessionskorridor« aber auch auf ein monumentales Zugangssystem zu den Repräsentativräumen des Obergeschosses, das wir heute in ebenso eindrucksvoller wie nachweislich falscher Rekonstruktion sehen. Vom **»Südpropylon«** [6] fanden sich bei der Ausgrabung nur Reste der westl. und östl. Außenmauern sowie die beiden Säulenbasen im S. Der Rest ist frei ergänzt. Sicher ist nur, daß der Komplex um 1200 v.Chr. als Magazin diente, wie die hier gefundenen und noch zu sehenden Pithoi zeigen. Auch die große **Freitreppe** im N [7] ist frei erfunden. Linear-B-Tafeln, welche die Tonlarnax in einem nahe gelegenen Raum [8] enthielt, nennen Weihungen von Öl u.a. an verschiedene Gottheiten. Diese Weihgaben wurden wahrscheinlich in den Pithoi des »Südpropylons« aufbewahrt. Folglich hatte der ganze Komplex damals anscheinend eine kultische Funktion.
Im S gab es 2 Zugänge zum Palast. Von der sog. **Karawanserei**, einem Empfangsgebäude an der von S kommenden Hauptstraße, erreichte man über einen Aquädukt und einen ca. 80 m langen, zweimal rechtwinklig gebrochenen **Treppenportikus** [9] sowie einen Korridor einen weiteren **Eingang** [10] zum Zentralhof hinauf.
Wenn auch die Freitreppe nördlich des »Südpropylons«

nicht authentisch ist – es lohnt sich, sie hinaufzusteigen. Von hier oben gewinnt man einen Überblick über eine Gruppe der an einem langen Nordsüdkorridor aufgereihten **Westmagazine**, deren Pithoi noch an ihrem originalen Platz stehen. Die mit Steinplatten ausgelegten, kistenartigen Hohlräume konnten weitere Vorräte aufnehmen. Die Grundrisse im Obergeschoß wurden sehr phantasievoll von Evans ergänzt. Da nur die erhaltenen Mauern des Sokkelgeschosses einige Anhaltspunkte für die Disposition der Räume des von Evans »Piano Nobile« genannten Obergeschosses geben konnten, sollte man die Rekonstruktionen nicht allzu wörtlich nehmen. Hier gefundene Reste von Wandmalerei und Palaststilamphoren zeigen, daß die Räume einst repräsentativen Zwecken dienten. Für die Spätzeit des Palastes ist aber eine radikale Funktionsänderung zu konstatieren. Wie die bei der Zerstörung in die Westmagazine hinabgefallenen Linear-B-Tafeln zeigen, befanden sich nun im Obergeschoß Büros, in denen die in darunter liegenden Magazinen aufbewahrten Gegenstände registriert wurden: Kleider, Stoffe, Gewürze, Honig. Im NO befindet sich über dem »Thronraum« [17] ein rekonstruierter Raum, in dem Nachbildungen von Wandgemälden zu sehen sind (Originale im Museum von Iraklion).
Eine Wendeltreppe führt wieder in das Erdgeschoß hinab. Ihre gerundete Außenwand ist noch ein Relikt des Älteren Palastes. Man wendet sich nun am besten nach links und erreicht über eine gewinkelte Rampe hinabsteigend den **Nordwestportikus** [12]. Rechts der Rampe liegen jetzt durch Gitterroste abgedeckte unterirdische Räume des Älteren Palastes, die tief in die neolithischen Schichten eingegraben worden waren und von Evans als Gefängnis bezeichnet wurden. Es handelt sich aber wahrscheinlich um Vorratsräume, welche man bei der Errichtung des Neuen Palastes überbaute. Westlich des Nordwestportikus liegt eine von Evans **»Lustralbassin«** genannte Anlage [13], wie sie noch mehrfach im Palast von Knossos und häufig auch

in den anderen Palästen vorkommt. Ihr Zweck konnte noch nicht erschlossen werden. Nach Evans' Annahme dienten sie für rituelle Waschungen; nach einer anderen Theorie sind sie als architektonische Imitation von natürlichen Kultgrotten zu interpretieren.

Weiter nördlich liegt außerhalb des Palastes das sog. **»Theater-Areal«** [14], 2 rechtwinklig aufeinander treffende Schautreppen mit einer Bastion, die wahrscheinlich als königliche Loge diente. Wie ein knossisches Miniaturfresko zeigt, wurden hier kultische Tänze vor einer großen Zuschauermenge aufgeführt (in Iraklion, Museum, Saal XV, Nr. 1). Nach W überblickt man von hier die sog. **»Königliche Straße«**, die den Palast von Knossos mit dem ca. 230 m entfernten »Kleinen Palast« (s. u.) verband. Man muß sie sich nicht als einsame Landstraße vorstellen, sondern als Hauptstraße mitten in einer geschäftigen Stadt, in deren Zentrum der Palast lag. Die Einwohnerzahl der bronzezeitlichen Stadt wird auf 70 000 bis 100 000 geschätzt. Südlich der Straße wurden die Reste eines großen, parallel zu ihr verlaufenden Podiums freigelegt. Dieser Befund könnte darauf hinweisen, daß nicht, wie vielfach angenommen, der Zentralhof, sondern die »Königliche Straße« der Schauplatz der Stiersprünge gewesen ist. Die im Vasallenverhältnis zu den Kretern stehenden Festlandgriechen mußten, so interpretierte man die Stiersprung-Darstellungen, Jünglinge und Jungfrauen entsenden, die hier gegen wilde Stiere um ihr Leben kämpften. Die heutige Forschung deutet indessen den Stiersprung eher als Initiationsritus der aristokratischen Jugend Kretas.

Als N-Zugang folgen eine **Pfeilerhalle** [15] und eine zum Zentralhof führende Rampe (dort auch die Rekonstruktion eines Stierreliefs).

Der bedeutendste Raumkomplex im Erdgeschoß des W-Flügels ist das »Thronraum-Areal« im NO. 4 Treppenstufen führen in den **Vorraum** [16] hinab. Die in seiner Mitte aufgestellte Porphyrschale wurde im nördlich angrenzenden

Kreta. Knossos. Palast. Nordeingang

Korridor gefunden. An der Stelle des nachgebildeten Holzthrones fanden sich verkohlte Holzreste. Das Zentrum des Komplexes bildet der **»Thronraum«** [17] selbst. Schon in den ersten Tagen seiner Ausgrabungen im Jahre 1900 stieß Evans nur wenige Zentimeter unter der Oberfläche auf den berühmten Alabaster-Thron. Der Raum diente nicht als Thronsaal im landläufigen Sinn, sondern als Kultraum, wie nicht nur die für minoische Kulträume charakteristischen umlaufenden Wandbänke in Vor- und Thronraum anzeigen, sondern auch die im Augenblick der Katastrophe zurückgelassenen Kultgefäße, welche die Ausgräber hier fanden (Iraklion, Museum, Saal V, Vitr. 66). Da Greifen auf Siegelbildern die Göttin flankieren wie auf dem rekonstruierten Wandgemälde den Thron, ist anzunehmen, daß bei Kulthandlungen eine Priesterin als Stellvertreterin der Göttin

auf dem Thron Platz nahm. Das »Lustralbassin« im S muß bei diesen Kulthandlungen eine Rolle gespielt haben. – Südlich des Thronraum-Areals führt eine Treppe zum Obergeschoß hinauf.
Anschließend eine Gruppe von Räumen, die urspr. kultischen Zwecken dienten, aber in der Spätzeit profaniert wurden. Zum Hof hin lag als zentrales Heiligtum des Palastes der 3teilige **Schrein** [18], von dem sich nur wenige Spuren erhalten haben, der aber anhand der Darstellung auf einem Miniaturfresko (Iraklion, Museum, Saal XV, Nr. 2) gut rekonstruierbar ist. Daneben führen einige Stufen in einen **Vorraum** [19] hinab, von dem man nach W 2 **Pfeilerkrypten** erreicht, charakteristische Kulträume, wie man sie in allen minoischen Palästen findet. Nach N zu liegen 2 zum Heiligtum gehörende **Vorratsräume**. Im ersten [20] steht ein vollständig erhaltener Pithos in situ; die kistenartigen Vertiefungen im zweiten [21] bargen wichtige Kultgegenstände, u. a. die berühmten Schlangengöttinnen (s. Iraklion, Museum, Saal VI, Vitr. 50). In der Spätzeit – die Kisten waren längst überbaut – diente der Komplex profanen Zwekken: Der Schrein existierte nicht mehr, und in dem hinter ihm liegenden Vorraum wurde das ein- und ausgehende Öl der Westmagazine auf Linear-B-Tafeln registriert.
Der ca. 50 × 25 m große **Palasthof**, der wenig von seiner einstigen Pracht bewahrt hat, war auf allen 4 Seiten von prächtigen Fassaden umschlossen; Reste seines Pflasters finden sich beim Thronraum.
Das große **Treppenhaus** im O-Flügel [22] ist ausgezeichnet erhalten. Nur das verkohlte Holz der Säulen mußte durch Beton ersetzt werden. Da die Palastarchitekten hier die Hanglage für eine terrassenartige Anlage nutzten, führen die 4 erhaltenen breiten Treppenläufe aus Alabasterstufen 2 Stockwerke unter das Hofniveau hinab, über dem wir uns 2 weitere Stockwerke vorstellen müssen. Hinabsteigend erreicht man im 1. Stockwerk eine **Halle**, die samt ihrer Dekoration mit großen 8-förmigen Schilden und wie die an-

Kreta. Knossos. Palast. Westfassade des Palasthofs. Rekonstruktion

grenzenden Räume vollständig von Evans rekonstruiert wurde. Fragmente eines Schildfreskos (Iraklion, Museum, Saal XIV, Nr.7) wurden unten auf dem Boden des **Lichthofes** gefunden. Dieser Lichthof wird von einer Säulenhalle umgeben, von der sich 2 Ausgänge nach O und S öffnen.
Durch den O-Ausgang betritt man einen Korridor, auf dessen S-Seite eine Tür in die **»Halle der Doppeläxte«** [23] führt. Die Ausgräber benannten sie so nach den Doppeläxten, die auf der W-Seite des Lichthofes im W in die Quaderblöcke der Wand eingeritzt sind, und deuteten sie als Privatgemach des Königs. In ihrer Wiederherstellung vermag die »Halle der Doppeläxte« die Raffinesse minoischer Architektur zu verdeutlichen: Der Lichthof im W und die Veranda, auf die sich der Raum im O öffnet, spenden Licht und bei dem heißen Klima angenehme Luftbewegung. In der kälteren Jahreszeit konnten die zwischen den Pfeilerstellungen angebrachten Türen verschlossen werden. Die

Reste aus Gips an der N-Wand im O-Teil gehörten zu einem Thron; der Holzthron im W-Teil ist frei ergänzt. Die Pfeilerstellungen des W-Teils öffnen sich auf einen Säulenportikus und eine Veranda dahinter, von wo man auf die Palastgärten im Kairatos-Tal hinabschauen konnte.
Eine kurze, doppelt gebrochene Passage führt vom O-Teil der »Halle der Doppeläxte« in den kleineren südl. Teil des Wohnkomplexes, den von Evans **»Megaron der Königin«** genannten Raum [24]. Er öffnete sich nicht nach außen wie der größere Raum, sondern auf 2 Lichthöfe im O und S. Neben dem Zugang auf der N-Seite führte eine schmale Treppe zum Obergeschoß hinauf. Im W liegt ein durch eine Balustrade vom Hauptraum getrennter **Alkoven**, der wahrscheinlich als Schlafgemach gedient hatte. Die Reste der hier aufgestellten Wanne wurden im östl. Lichthof gefunden, ebenso die Fragmente des »Delphin-Freskos« und der Tänzerin, von denen jetzt Rekonstruktionen an den Wänden angebracht sind (Originale: Iraklion, Museum, Saal XIV, Nr. 11, XVI, Nr. 4). In der Spätzeit hatte das »Megaron der Königin« nicht mehr als Wohnraum gedient; es war zur Werkstatt eines Gipsstukkateurs geworden. Die Ausgräber fanden den Alkoven und einen in seinem Eingang stehenden Pithos (jetzt im Portikus des östl. Lichthofes) voller Stuck. Ein dunkler Korridor führt nach W in einen Raum [25], der das berühmte **Klosett** mit Wasserspülung enthält, dessen Funktion aber neuerdings angezweifelt wird. In dem nördlich gelegenen Korridor sind Teile des Kanalisationssystems zu sehen, das in den Bach des Kairatos-Tals führte.
Ein gewinkelter Korridor führt vorbei an einer Dienerschaftstreppe wieder in das große Treppenhaus zurück. Von hier folgt man am besten dem nach O führenden Korridor am Eingang zur »Halle der Doppeläxte« vorbei und erreicht den **Ostportikus** [26], eine Aussichtsterrasse. – Ansonsten lagen im NO-Viertel des Palastes v. a. **Werkstätten**. Im Vorratsraum einer **Steinvasenwerkstatt** [27] sind noch Rohlinge von grünem Basalt zu sehen, der aus Sparta im-

portiert wurde und in der späteren Antike unter dem Namen *lapis lacedaemonius* berühmt war. Die Werkstatt selbst lag im Obergeschoß, wie 2 von dort herabgefallene unfertige Steinvasen zeigten. Im nördlich angrenzenden Raum [28] befand sich eine **Töpferwerkstatt**. – Es folgt ein **Hof** [29], in den eine Wasserleitung mündet, die Regenwasser vom Dach einer hier zu rekonstruierenden großen Halle in einen unterirdischen Kanal leitete. – Das gegenüber liegende **Magazin** mit den gewaltigen Pithoi [30] ist ein Überbleibsel des Älteren Palastes, aus dessen nördlich von hier gelegenen weiteren Resten die meisten Beispiele der Kamares-Keramik von Knossos geborgen wurden. – Die Räume des O-Teils waren, wie die sehr große Mauerstärke ausweist, lediglich (unzugängliche) Substruktionen. Im SO-Viertel des Palastes ist in einer kleinen Kammer noch eine Badewanne an ihrer originalen Fundstelle zu sehen [34]. – Der kleine **»Schrein der Doppeläxte«** [35] stammt aus der Spätzeit des Palastes im 13. Jh. v. Chr. Bei der Ausgrabung wurden auf der Bank an seiner Rückseite Votivgaben gefunden: Miniatur-Kulthörner, Tonstatuetten.

Im südl. Bereich des Grabungsgeländes liegen die interessanten Reste einiger **Häuser der bronzezeitlichen Stadt**, die auch von hier bis an den Palast heranreichte. Der Hauptraum des **»Südosthauses«** [38] besitzt ein qualitätvolles Quadermauerwerk und ein Alabasterpflaster. Licht erhielt er von dem Peristylhof im S, auf den sich von W ein weiterer Raum öffnete. – Nördlich vom »Südosthaus« liegen die Reste von Gebäuden der Älteren Palastzeit, darunter ein bemerkenswerter Raum mit monolithischen Pfeilern [39]. – Am besten ist das um 1450 v. Chr. zerstörte **»Südhaus«** [40] mit Hauptraum, Vorhalle und Lichthof zu erkennen. Der Haupteingang führte vielleicht in den Lichthof. Eine 3flügelige Tür verbindet den Hauptraum mit einem Treppenhaus und einem »Lustralbassin«. Im Zentrum des Gebäudes liegt ein quadratischer Raum, von dem sich nach S 3 Türen auf eine von Evans über einer Pfeilerkrypta

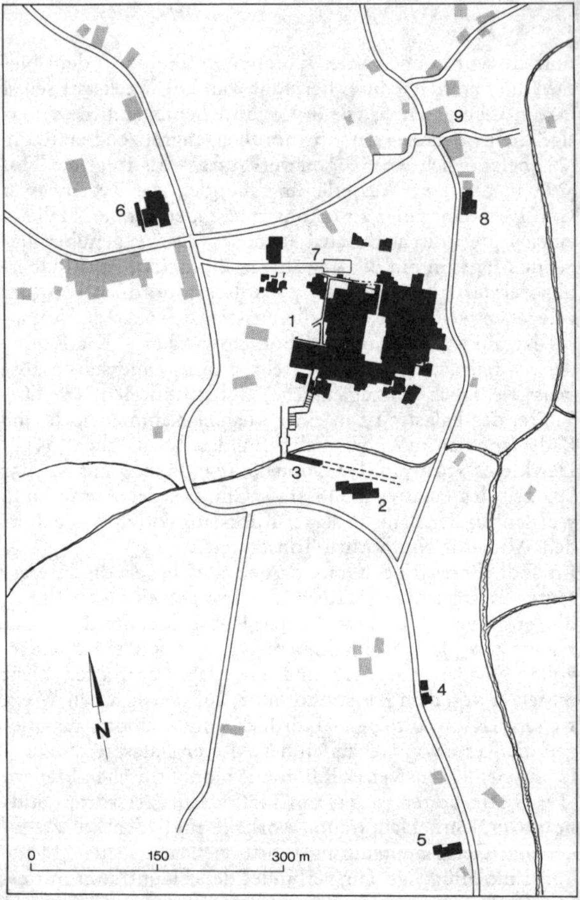

Kreta. Knossos. Umgebung des Palastes

im Kellergeschoß rekonstruierte Säulenhalle öffnen. Nach N führt eine Tür in einen Nebenraum und eine Toilette, nach W in einen Kultraum mit Mittelpfeiler (Ständer für Doppelaxt). Zu einem (rekonstruierten) Raum gleicher Gestalt im Obergeschoß führt eine gesonderte Treppe.

Umgebung des Palastes

Von der Straße nach Archanes führt ein Pfad zu der südlich vom Palast gelegenen sog. **»Karawanserei«** [2] hinab, einem Empfangsbau für die Besucher, die Knossos von der S-Küste kommend erreichten. Der Hauptraum trug einen (wieder rekonstruierten) gemalten Wandschmuck, der einen Pfeilersaal nachahmte. Über den Pfeilern befand sich der »Rebhuhn-Fries« (Iraklion, Museum, Saal XIV, Nr. 14). Der Raum öffnet sich nach N, und die hier rastenden Besucher müssen einen imposanten Blick auf die gegenüber liegende S-Fassade des Palastes gehabt haben. Westlich schließt sich ein kleiner Raum mit seitlichen Bänken an, dessen Mitte ein Becken für Fußwaschungen einnimmt. Weiter im W liegt eine kleine Brunnenstube. Sie war aus dem Felsen herausgearbeitet und mit Alabasterplatten verkleidet. An ihrer Rückseite und in der zentralen Nische wurden Weihgeschenke aus der Spätzeit um 1200 v. Chr. gefunden, die zeigen, daß hier die Stätte eines Wasserkultes war.
Von hier führte die minoische Straße zu einem **Viadukt** [3] hinab, von dem 4 gewaltige Pfeiler erhalten sind.
Weiter im S liegen östlich der modernen Straße die Reste des sog. **»Hauses des Hohenpriesters«** [4]. Erhalten ist hier eine Balustrade ähnlich der im »Haus der Chorschranke«

Zu nebenstehendem Plan:

1 Palast
2 »Karawanserei«
3 Viadukt
4 »Haus des Hohenpriesters«
5 »Tempelgrab«
6 Kleiner Palast und »Unerforschtes Haus«
7 »Königliche Straße«
8 »Königliche Villa«
9 Dorf Makritichos

[Palast-Plan 37], hinter der ein Altar steht. – Einige Minuten südlich von hier befindet sich auf der anderen Seite der Straße das sog. **»Tempelgrab«** [5], eine wahrscheinlich königliche Grabanlage der Jüngeren Palastzeit, die leider schon in der Antike weitgehend ausgeraubt wurde. Im Vorhof fanden wahrscheinlich Totenkulthandlungen statt. Durch eine von 2 Bastionen flankierte Tür, die von innen

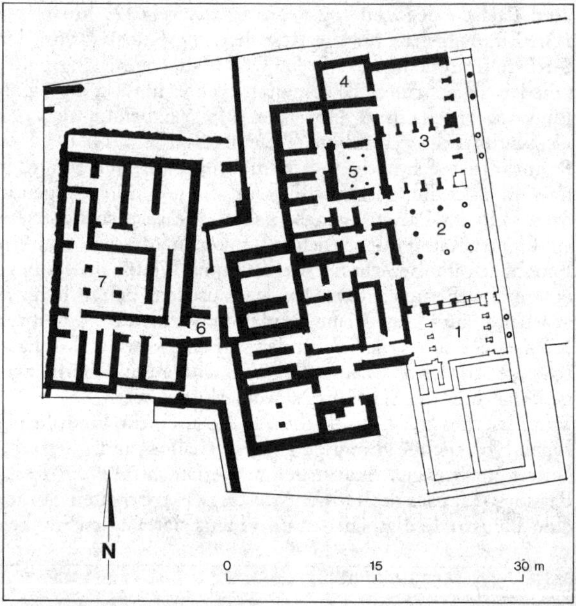

1 Eingangshalle
2 Peristylhof
3 Große Halle
4 Toilette
5 »Fetischschrein«
6 Brücke
7 »Unerforschtes Haus«, Pfeilerhalle

Kreta. Knossos. Kleiner Palast und »Unerforschtes Haus«. Grundriß

verschlossen wurde (Einlaßspuren für Riegel) betritt man die »Innere Halle«, hinter der eine Pfeilerkrypta liegt. Von dieser ist die in den Fels gehauene, ca. 4×4 m große und mit Alabasterplatten gepflasterte Grabkammer zugänglich, in deren Mitte ein monolither Alabasterpfeiler die ehemals (als Imitation des Himmels?) blau bemalte Felsdecke stützt. Im S der »Inneren Halle« öffnet sich eine Tür auf eine Treppe, die zu einer Säulenhalle im Obergeschoß führt. Die Anlage erinnert sehr an das von Diodoros Siculus beschriebene Grab des Minos in Sizilien.

Der **»Kleine Palast«** [6] liegt im NW gegenüber dem großen Palast auf der anderen Seite der modernen Straße. In minoischer Zeit waren die beiden Komplexe durch die »Königliche Straße« [7] direkt miteinander verbunden. Die O-Seite dieses zweitgrößten Gebäudes in Knossos (45 × 28 m) ist sehr schlecht erhalten. Sein sog. »Fetischschrein« war urspr. ein »Lustralbassin«, dessen Balustrade im 13. Jh. v. Chr. mit einer Lehmziegelmauer verschlossen wurde. Abdrücke der älteren (kannelierten!) Holzsäulen haben sich in ihr erhalten. Man verehrte hier natürliche Steingebilde, die an menschliche Gestalten erinnern. – Eine von 2 Stützen getragene Brücke verband den »Kleinen Palast« mit dem westlich von ihm gelegenen **»Unerforschten Haus«**, das Evans so nannte, da er nur seine O-Fassade freigelegt hatte. Das 25×15 m messende Gebäude ist jetzt ausgegraben. In seinem Zentrum liegt eine Halle mit 4 Pfeilern; im N und S befinden sich Magazinräume. Im Gegensatz zum »Kleinen Palast«, der bis gegen 1200 v. Chr. bewohnt wurde, lag das »Unerforschte Haus« nach seiner Zerstörung in der 2. Hälfte des 15. Jh. v. Chr. weitgehend verlassen. Zuvor muß es in enger Verbindung zum »Kleinen Palast« gestanden haben. Möglicherweise befand sich in seinem Obergeschoß ein Bankcttsaal.

Die sog. **»Königliche Villa«** [8] aus dem 13. Jh. v. Chr. liegt nordöstlich des großen Palastes und ist vom Dorf Makritichos [9] aus zu erreichen.

115 **Kommos** (Κομμός – Iraklion)

Das (noch nicht allgemein zugängliche) Grabungsgelände der historischen Hafenstadt ist über einen Feldweg zu erreichen, der von der Straße, die Phaistos und Matala verbindet, bald nach dem Dorf Pitsidia nach W abzweigt.

Die minoische Besiedlung begann nach Keramikfunden zu Beginn der frühminoischen Periode um ca. 3000 v. Chr. und wurde um ca. 1200 v. Chr. aufgegeben. Der antike Name des Platzes ist unbekannt. Neben bedeutenden Überresten aus der minoischen Epoche und einem phönikischen Heiligtum des 9./8. Jh. v. Chr. konnte auch ein griech. Heiligtum des 4. Jh. v. Chr. ergraben werden, dessen Ursprung bis in das 10. Jh. v. Chr. zurückzuverfolgen ist und das bis in das 1. Jh. n. Chr. in Gebrauch war.

Bisher wurden an 3 Stellen größere Gebäudekomplexe freigelegt. Auf der Hügelkuppe befinden sich einige **spätminoische Häuser**, die um 1500 v. Chr. errichtet wurden und ohne wesentliche Unterbrechung bis ca. 1200 v. Chr. bewohnt waren. Für die Spätzeit charakteristisch ist, daß viele Türen zugemauert und Räume durch eingezogene Mauern geteilt wurden. Besonders bemerkenswert ist hier die steinerne Weinpresse in der NW-Ecke eines größeren Raumes. Am S-Hang des Hügels befindet sich ein großes, ebenfalls zwischen ca. 1500 und 1200 v. Chr. bewohntes Haus. Im O und S von ihm wurden die von einer späteren Überbauung weitgehend verschont gebliebenen Reste zweier Häuser von ca. 1600 v. Chr. freigelegt. Weiter südlich liegen die imposantesten Überreste der minoischen Epoche: die Ruinen eines um 1500 v. Chr. aus großen Quaderblöcken errichteten Gebäudes mit Zentralhof und eine etwas ältere gepflasterte **Straße**, die einst zum Hafen führte. Straßen einer entsprechenden Breite (2,85 m) sind im minoischen Kreta nur in Zusammenhang mit Palästen zu finden. Auch das Quadermauerwerk des monumentalen Gebäudes läßt an Palastarchitektur denken. Im SO folgen nur teilweise freigelegte **Schiffshäuser** des 14. Jh. v. Chr., die die wichtige Rolle von Kommos im spätbronzezeitlichen Seehandel belegen.

Die sichtbaren Reste des **Heiligtums** stammen aus der Zeit um 350 v. Chr. Um einen offenen Platz mit 4 z.T. älteren Altären reiht sich eine Anzahl von Gebäuden. Die Bestimmung zweier im O liegender und bisher nur teilweise freigelegter Bauten ist noch unbekannt, ebenso die eines merkwürdigen Rundbaus im N. Der Raum im O des westlich folgenden Rechteckbaus diente als Küche, der im W als Speiseraum. Der westlich angrenzende Raum mit umlaufender Wandbank und großem Herd in der Mitte findet seine nächste Parallele im Prytaneion von Lato. Ob es sich auch hier in Kommos um ein Prytaneion oder aber um einen Bau mir rein kultischer Funktion handelt, läßt sich noch nicht entscheiden. Südlich schließt sich der Tempel an. In seiner Gestaltung als einfacher Rechteckbau mit 2 Innensäulen und einem Herd zwischen diesen bewahrt er sehr viel ältere Bauformen. – Bei Sondagen unter dem Tempel konnten 2 **Vorgängerbauten** festgestellt werden. Der ältere wurde um ca. 925 v. Chr., d. h. in der protogeometrischen Epoche, errichtet und stellt damit den ältesten uns bekannten griech. Tempel auf Kreta dar. Sein im 8. Jh. v. Chr. erbauter Nachfolger besaß bereits einen festen Herd und wies interessante auswärtige Verbindungen auf: Ein 3-Säulen-Schrein findet seine nächsten Parallelen in der phönikisch-punischen Kultur Nordafrikas. Bei ihm gefundene Fayence-Figuren sind ägyptische Importstücke.

Lato (Λατώ – Lasithion) K 15

Der Name des Ortes erscheint bereits auf Tontäfelchen des 2. Jt. v. Chr., doch gehen nur wenige Funde bis in diese Zeit zurück. Offenbar erst im 7. Jh. v. Chr. haben Dorer die Stadt neu besiedelt. In klassischer und hellenist. Zeit wurde sie allmählich von ihrem Hafenort Kamarai, dem heutigen Agios Nikolaos, überflügelt und im 2. Jh. v. Chr. ganz verlassen.

Trotz der bis in das 3. Jh. v. Chr. herabreichenden Bebauung hat die **Stadt** in der Anlage ihrer Straßen, Plätze und öffentlichen Gebäude den Charakter einer archaischen Landstadt

beibehalten. Nur in ihrem Zentrum begann man um 300 v.Chr. einen einheitlicheren und großzügigeren Bebauungsplan durchzusetzen. Einzelne **Häuser** waren zu kleinen Burgen innerhalb der Stadt ausgebaut, wohl als Herrensitze sich befehdender Adelsfamilien.
Vom Ende des Fahrwegs gelangt man zunächst zu der **Agora**, einem kleinen, unregelmäßigen Platz, in dessen Mitte sich ein kleiner **Tempel** erhob. Vor ihm lag eine **Zisterne**, deren Dach von Säulen getragen wurde. Im S des Platzes stand eine **Exedra** (Sitzanlage), auf deren S-Teil sich heute eine Tenne breitgemacht hat. Den N des Platzes nimmt eine **Stufenanlage** (des 7. Jh. v. Chr.?) ein, von der aus man öffentlichen Veranstaltungen auf der Agora beiwohnen konnte. 2 Gelasse links der Stufen werden als Boxen für Opfertiere interpretiert. In dem Gebäude (Prytaneion) oberhalb der Stufen mit einem Säulenhof und einem von Bänken eingefaßten Saal trat der Rat der Stadt zusammen, der hier auch die Mahlzeiten gemeinsam einnahm.
Die Mauern der Häuser und Terrassen dehnen sich weit über die Abhänge des Berges aus. Von der Agora aus führt eine Treppenstraße, die rechts von den Mauern der **Akropolis** und links von **Werkstätten** gesäumt wird, zu einem kleinen Platz, von dem aus ein Tor ins Freie entläßt.
Nach S führt von der Agora eine gewundene Straße zum **Haupttempel** der Stadt, der aus Pronaos und Cella bestand. Wem er geweiht war, ist unbekannt. – Die Tempelterrasse wird von einer sorgfältig gearbeiteten, 40 m langen Polygonalmauer getragen. An ihrem Fuß bildete ein interessanter Komplex mit gerade durchgezogenen Stufen und einer rechteckigen, sorgsam gefügten Exedra eine Art ländliches Theater, von dem jedoch nicht bekannt ist, ob es religiöse oder politische Bestimmung hatte.

J 15 **Lendas** (Λέντας – Iraklion)

Bei dem Ort lag in der Bucht von Leonta das antike LEBENA, der im 4. Jh. v. Chr. gegründete Hafenort von Gortyn.

Von mehreren Gebäuden sind noch Reste zu sehen. Die Hafenbucht beherrschte der im 2. Jh. v. Chr. errichtete und im 2. Jh. n. Chr. umgestaltete **Tempel des Asklepios**, von dem v. a. der reich geschmückte Fußboden, der Altar und vor ihm 2 Säulen erhalten sind. Daneben erstreckte sich ein Gebäude des 2.–1. Jh. v. Chr., das als **Schatzhaus** gilt. Zu ihm führte eine breite Freitreppe. In spitzem Winkel stößt auf diese Treppe eine **Halle**, auf die im O der **Tempel der Nymphen** folgt. Der ganze Komplex gruppiert sich um die **Heilige Quelle**, von deren wundersamer Heilkraft zahlreiche Inschriften berichten. 2 **Bäder** im S dienten für Heilbäder. – Näher der Küste sind weitere Gebäude zu erkennen, v. a. ein langgezogener, in einzelne Räume unterteilter Trakt, in dem vielleicht Fremde einquartiert wurden.

In der Umgebung des antiken Lebena wurden 5 **Rundgräber** aus dem mittleren 3. Jt. v. Chr. freigelegt, das interessanteste an der **Ierokambos** genannten Stelle an der Straße nach Kali Limenes, mit 2 runden Grabkammern, deren eine, von 5 m Durchmesser, eine Steinkuppel trug.

Limin Chersonisu (Λιμήν Χερσόνησου – Iraklion) K 15

Das antike CHERSONESOS war als Hafenort von Lyttos gegründet worden und wurde vermutlich im 4. oder 3. Jh. v. Chr. selbständig.

Die Ruinen der röm. Stadt erstrecken sich über ein weites Gelände im S und W der Halbinsel. Am eindrucksvollsten sind die **röm. Kais**, die 330 m Anlegefläche boten. Nahe dem W-Teil haben sich Mauern **röm. Häuser** erhalten, und nur wenig landeinwärts liegt ein **Brunnenhaus** mit Mosaiken.

Lyttos (Λύττος – Iraklion) K 15

Die angeblich älteste dorische Stadt Kretas widersetzte sich 221–219 v. Chr. der Expansion von Knossos, das sie daher zerstörte. Sie wurde zwar sogleich wiederaufgebaut, leistete aber auch der röm. Eroberung Widerstand und wurde deshalb aufs neue eingenommen.

Die Stadt erstreckte sich auf einem Hügel mit 3 Gipfeln K15 nahe der Straße von AVDU (Ἀβδού) nach KASTELLI. Der höchste Gipfel bildete die Akropolis. Am westlichen haben sich Mauern erhalten, die wohl zu einem **Tempel** gehörten.

K15 **Malia** (Μάλια – Iraklion)

Der drittgrößte und weniger reich ausgestattete **Palast** auf Kreta – er war ganz ohne Alabasterschmuck und Wandgemälde – liegt 34 km östlich von Iraklion inmitten einer sehr fruchtbaren Küstenlandschaft.

Da der Name des Palastes unbekannt blieb, nannten ihn die französischen Ausgräber nach dem 4 km entfernten Nachbardorf. Im 17. Jh. v. Chr. erbaut, fiel auch er um 1450 v. Chr. einer Katastrophe zum Opfer. Über den Vorgängerbau aus der Älteren Palastzeit ist wenig bekannt.

Im S des **Westhofes** des Palastes liegen 8 kreisrunde **Getreidesilos** [1] mit zentralen Pfeilern, welche die Dächer stützten. An einem nur von außen zugänglichen Raumkomplex [2] vorbei, der ein **Heiligtum** beherbergte, erreicht man den ehemals recht monumentalen **S-Eingang** des Palastes [3]. Auf der Terrasse gleich links hinter dem Eingang befindet sich, tief in den plattenbelegten Boden eingelassen, der berühmte **Rundstein** [4] noch in situ. Wofür er mit seinen 34 konkaven Vertiefungen an der Peripherie diente, ist noch heute umstritten. Nach einer profanen Deutung handelt es sich um ein Spielbrett, das zur Unterhaltung der Palastbewohner und der Wächter an diesem Eingang bestimmt war.

Zu nebenstehendem Plan:

1 Getreidesilos am Westhof
2 Heiligtum
3 Südeingang
4 Rundstein
5 Schautreppe
6 Südosteingang
7 Magazine
8 Zentralhof, Altar
9 Treppe
10 Halle
11 Pfeilerkrypta
12 Korridor
13 »Loggia«, Kultraum
14 Fundort des Leopardenzepters
15 Pfeilersaal (Küche?)
16 Schrein am Nordhof
17 Vasenmagazine
18 Große Halle
19 Kleine Halle
20 Nordeingang
21 Magazine

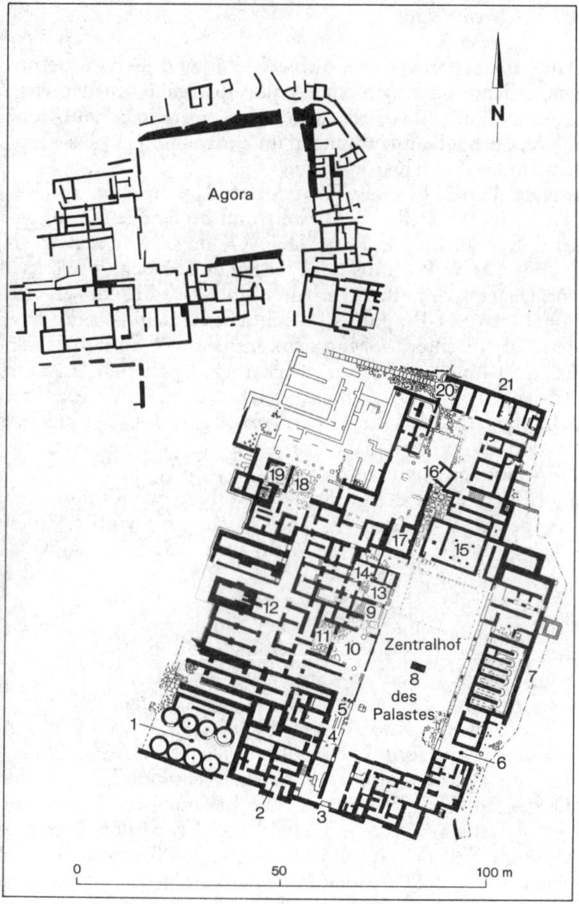

Kreta. Malia. Palast und Agora. Grundriß

Andere sehen in dem Stein einen Altar, in dessen Vertiefungen Früchte oder ihre Samen als Opfergaben niedergelegt wurden. Nach N schließt sich eine 8 m breite **Schautreppe** [5] an, die bei Kulthandlungen im Zentralhof oder bei Empfängen die Zuschauer aufnahm.
Der ca. 48 × 22 m große **Zentralhof** [8] wurde nur an einigen wichtigen Stellen gepflastert und bestand sonst aus gestampfter weißlicher Erde. Dem O-Flügel war zum Zentralhof hin ein Portikus mit Pfeilern und Säulen im Wechsel vorgelagert, deren Basen erhalten sind. Nördlich des einfach gestalteten **SO-Eingangs** [6] schließt sich ein – heute modern überdachter – **Magazinkomplex** [7] an, in dessen Estrich Rinnen und Sammelbecken eingetieft sind, die zum Auffangen von Öl dienten, welches beim Einfüllen oder Schöpfen aus den Pithoi überfloß. – Den Hof überquerend passiert man in dessen Zentrum einen eingetieften **Altar** [8] mit 4 Stützen aus Lehmziegeln.
Zu beiden Seiten der großen, zum Obergeschoß führenden **Treppe des W-Flügels** [9] lagen, auch von ihr über Stufen zugänglich, die wichtigsten **Kulträume** des Palastes. Westlich dieser Kulträume liegt – wie in Knossos – ein großer **Magazintrakt**. Der große **Korridor** [12] wurde nachträglich aus unbekannten Gründen durch eine Lehmziegelmauer blockiert, welche den Komplex zweiteilte.
Vom Zentralhof führen 4 Stufen zur sog. **»Loggia«** [13], einem sorgfältig gepflasterten Raum, dessen Lage der des sog. »Thronsaals« in Knossos entspricht; er war wie dieser ein wichtiger Kultraum. Die beiden in der O-W-Achse liegenden, im Pflaster hervorgehobenen rechtwinkligen Blöcke dienten als Basen für Altäre. Die bekanntesten Funde aus dem Palast, das Zepter in Gestalt eines Leoparden (Iraklion, Museum, Saal IV, Vitr. 47) und die beiden Bronzeschwerter (ebenda, Vitr. 52), wurden in einem zum gleichen Komplex gehörenden Raum [14] aufgedeckt, dessen tiefer gelegenes, mit Kieseln gepflastertes Bodenniveau aus der Älteren Palastzeit stammt.

Ein großer **Pfeilersaal** [15] an der N-Seite des Zentralhofes enthielt, wie die entsprechende Anlage in Kato Zakro zeigt, höchstwahrscheinlich die Palastküche.

Kreta. Malia. Palast von Nordwesten. Rekonstruktion

Eine gepflasterte **Passage** verbindet den Zentral- mit dem **Nordhof**. Der Zugang zu diesem ist durch ein kleines rechtwinkliges Gebäude [16] fast ganz verstellt, das später als der Palast ist. Ob es noch am Ende der Bronzezeit oder aber erst im 1. Jt. v. Chr. errichtet wurde, ist unbekannt. Wahrscheinlich diente es als **Schrein**. Im S schließt sich ein rechteckiger Hof an, auf dessen S-Seite ein aus großen, fast kyklopisch zu nennenden Blöcken erbauter Raumkomplex [17] liegt, der **Vasenmagazine** enthielt. Auch verkohlte Linsen wurden hier gefunden.

Weiter im W liegen die repräsentativen **Wohnräume** des Palastes. Die **große Halle** [18] wiederholt mit ihrem Lichthof im S und dem unterteilenden Polythyron in anderer Orientierung die Anlage der »Halle der Doppeläxte« in Knossos. Eine **kleinere Halle** [19] schließt sich westlich an; auf ihrer S-Seite liegt ein **Badezimmer**. – Nach N zu ist die-

sen Räumen eine Veranda mit Säulenportikus vorgelegt, die sich ehemals auf den Garten öffnete.
Vom **N-Eingang** [20] führt ein gepflasterter Weg zum N des Westhofes. Im Vorbeigehen kann man einen großen Pithos der Älteren Palastzeit bewundern, der mehr als eine Tonne Olivenöl faßte.

Umgebung des Palastes

Nordwestlich des Palastes liegt ein großer, 30 × 40 m messender **Platz**, auf den mehrere Straßen der minoischen Stadt von Malia mündeten. Die französischen Ausgräber sehen in ihm einen Vorgänger der späteren Agora griech. Städte. – Von den Gebäuden, die den Platz umgaben, sind nur noch wenige Reste zu sehen. Im SW aber liegt ein gut erhaltener und interessanter Raumkomplex. Es handelt sich um eine Reihe unterirdischer Räume, die über eine Treppe im W zu erreichen waren und als **»Hypostyle Krypta«** bezeichnet werden. Umlaufende Wandbänke weisen auf eine Verwendung als Versammlungsräume hin. – Im SO liegt – über ein paar Stufen von der »Hypostylen Krypta« aus zugänglich – eine Reihe von **Magazinen**. Ihr Stuckfußboden zeigt Rinnen und Auffangbecken für übergeflossenes Öl. Dieses Nebeneinander von Versammlungsraum und Magazin an einer »Agora« ließ die Ausgräber den Komplex als Vorgänger der Prytaneia griech. Zeit interpretieren.

Der Palast und die Agora waren von einer ausgedehnten und wohlhabenden **Siedlung** umgeben, die sich von der heutigen Straße bis zur Küste erstreckte. Einige Wohnquartiere und ein kleines Heiligtum wurden freigelegt und von den Ausgräbern mit Buchstaben des griech. Alphabets benannt.

Nahe der Küste ist der interessante **Grabkomplex** von **Chrysolakkos** (= Goldgrube) aus der Älteren Palastzeit noch zugänglich. Seinen neuzeitlichen Namen erhielt er von hier gefundenen goldenen Schmuckstücken, darunter eines der schönsten Ausstellungsstücke des Museums von Iraklion, der berühmte Bienenanhänger (Saal VII, Vitr. 101). Dem rechteckigen, 39 × 30 m messenden Komplex war im O eine Pfeilerhalle vorgelagert. Von ihr betrat man einen Raum für den Totenkult, in dem noch ein Altar steht. Das Innere des Komplexes ist in kleine rechteckige Kompartimente aufgeteilt, die nur von oben zugänglich waren und in denen man die Toten bestattete. – Weiter westlich liegen an der Küste die schlecht erhaltenen Reste des Wohnquartiers und die Ruinen einer frühchristlichen Basilika.

Neapolis (Νεάπολις – Lasithion) K15

Vom Ort aus führt ein Saumpfad in einer guten halben Stunde zu der antiken Stadt DREROS. Im Zentrum des Rui- K15
nengeländes, mit zahlreichen Mauern von **Häusern** und **Terrassen**, erkennt man u. a. die ehem. **Agora**, einen 40 × 30 m großen Platz mit Stützmauern. An dessen SW-Ecke führen einige Stufen zu dem Mauersockel eines frühgriech. **Tempels** der 1. Hälfte des 7. Jh. v. Chr. mit Vorhalle, Altären und einer Bank für Weihgeschenke, in dem die einzigartigen Sphyrelata von Dreros, 3 aus Bronzeblech getriebene Götterbilder (im Museum von Iraklion), gefunden wurden. Ein Gebäude mit mehreren Zimmern südlich des Tempels wird als **Prytaneion** gedeutet. Gegenüber dem Tempel hat man in hellenist. Zeit eine **Zisterne** tief in den Felsen gehauen.

Niru Chani (τὸ Χάνι τοῦ Νῖρου – Iraklion) J15

12 km östlich von Iraklion liegt rechts der alten Straße nach Agios Nikolaos das **minoische Herrenhaus** von Niru Chani. In seiner Nähe wurden an der Küste die Reste eines kleinen Hafens festgestellt, der zur Villa und der sie umgebenden, noch nicht erforschten Siedlung gehörte. Die Villa wurde um 1600 v. Chr. gebaut und um 1450 v. Chr. durch Brand zerstört. Mit 2 vorgelagerten Höfen – einer mit Altar

– verbindet die Anlage Wohn-, Kult- und Magazinräume. Die Ansammlung von Kultgeräten in 4 Magazinräumen brachte den Ausgräber dazu, die Villa als Sitz eines Hohenpriesters zu interpretieren. Es spricht jedoch nichts dafür, daß hier die religiösen Elemente stärker als allgemein im Minoischen üblich waren.

115 **Phaistos** (Φαιστός – Iraklion)

Der **Palast** von Phaistos liegt auf dem abgetreppten Ende eines langgestreckten Bergrückens, der eines der schönsten Landschaftspanoramen Kretas bietet. Die topographische Situation ist einzigartig unter den kretischen Palästen. Die komplizierte architektonische Geschichte des Komplexes macht man sich am besten im Überblick von der dem Touristenpavillon östlich vorgelagerten Terrasse klar.

Phaistos (neugriech. Aussprache: Festós) hat wie Knossos seinen antiken, schon in den knossischen Linear-B-Tafeln und von Homer erwähnten Namen bewahrt. Die ersten Siedler ließen sich auf der ihre Umgebung beherrschenden Anhöhe ganz am Ende des Neolithikums, etwa um 3000 v. Chr., nieder. – Um 2000 v. Chr. wurde inmitten einer ausgedehnten Siedlung, die sich ringsum am Hang und bis in die Ebene erstreckte, die erste Palastanlage errichtet. Die Fassade des Ältesten Palastes liegt 6 m tiefer als das Niveau des späteren gepflasterten Westhofes auf einer Terrasse im SW und ist jetzt teilweise durch ein Kunststoffdach geschützt. Nach Erdbebenschäden um 1800 v. Chr. erneuerte man in einer zweiten Bauphase die Anlage und erweiterte sie bald darauf in einer dritten Phase nach N auf die obere Terrasse und legte nun auch den gepflasterten Westhof an. Im 17. Jh. v. Chr. wurde der Ältere Palast durch eine gewaltige Erdbebenkatastrophe zerstört. – Um 1600 v. Chr. planierte man das Gelände und errichtete auf 1 m höherem Niveau den Jüngeren Palast, dessen W-Fassade gegenüber dem Älteren um 8 m nach O verlegt wurde. So konnten die italienischen Ausgräber die Sockelzone und den gepflasterten Westhof der letzten Phase des Älteren Palastes freilegen. Das Niveau des mit Stuck gepflasterten Westhofes der Jüngeren Palastzeit ist noch zwischen dieser Sockelzone und der Fassade des Jüngeren Palastes mit seiner großen Freitreppe zu er-

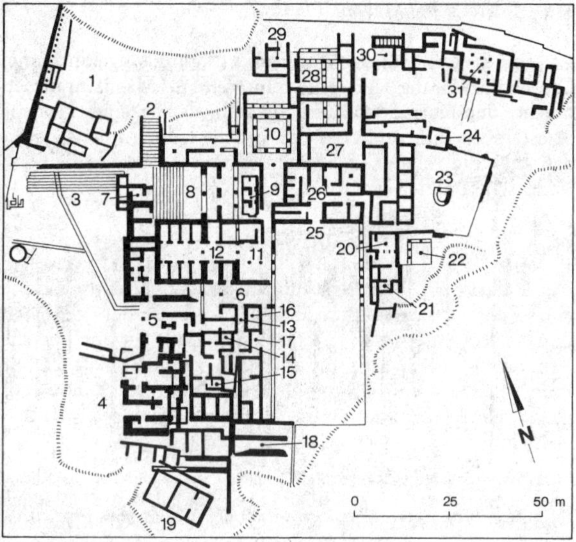

1 Nordhof
2 Treppe
3 Westhof
4 Unterer Hof
5 Westeingang
6 Korridor
7 Heiligtum der Älteren Palastzeit
8 Freitreppe
9 Lichthof
10 Peristyl
11 Raum mit 2 Säulenbasen
12 Korridor vor den Westmagazinen
13 Korridor
14, 15 »Lustralbassins«
16, 17 Exedren
18 Korridor
19 Tempel aus griechischer Zeit
20 Wohnraum
21 Bad
22 Portikus
23 Osthof
24 Wächterkammer
25 Nordeingang zum Zentralhof
26 Nordsüdkorridor
27 Nordhof
28 Saal
29 Raum mit Badezimmer
30 Fundort des »Diskos von Phaistos«
31 Halle

Kreta. Phaistos. Palast. Grundriß

kennen. Die Katastrophe von ca. 1450 v. Chr. brachte auch dem Palast von Phaistos den Untergang. – In griech. Zeit wurde im SW ein griech. Tempel [19] gebaut.

Kreta. Phaistos. Palast. Rekonstruktion der Westfassade

Vom Touristenpavillon herabkommend erreicht man zuerst den **Nordhof** [1]. Vor der Stützmauer auf seiner W-Seite ist eine Reihe runder Löcher zu erkennen, die einst die Holzsäulen eines Portikus aufnahmen. Im S liegen **Häuser** hellenist. Zeit, im O frühchristliche, mit Platten gedeckte **Gräber**. Eine **Treppe** [2] führt zum **Westhof** [3] hinab. Auf dessen N-Seite liegt eine monumentale Terrassenmauer, an die sich eine an das »Theater-Areal« in Knossos erinnernde **Treppenanlage** lehnt, welche die Zuschauer bei Kulthandlungen im Westhof aufnahm. Ein erhöhter **Prozessionsweg** setzt sich in der Treppe fort und führt dort vielleicht zu einem Thron oder Altar. Im SW des Westhofes liegen 4 runde gemauerte **Zisternen**. Im **Unteren Hof** [4] sind die Reste von einigen auf höherem Niveau (Betonsockel) liegenden geometrischen **Häusern** zu erkennen. Der Platz wurde gleichzeitig mit der **Fassade des Ältesten Palastes** auf seiner

O-Seite errichtet. Von dieser ist die Sockelzone mit Euthynterie und Orthostaten sowie einem getreppten Eingang gut erhalten, ebenso die Innenwände aus Mörtelwerk. Bei der Erweiterung des Palastes nach N in der dritten Bauphase der Älteren Palastzeit legte man auch einen imposanten **W-Eingang** [5] an, der an den W-Eingang in Knossos erinnert. Wie dort befindet sich in seiner Mitte eine große Säulenbasis. In der NO-Ecke des Westhofes liegen die Räume eines **Heiligtums** der Älteren Palastzeit offen [7]. Sie enthalten Wandbänke und Bassins zur Aufnahme von Opfergaben.

Die **W-Fassade des Jüngeren Palastes** ist im erhaltenen unteren Teil sorgfältig aus Kalksteinquadern gebaut. Eine fast 14 m breite **Freitreppe** [8], die von hier in flachen Stufen zum **Propylon** hinaufführt, diente sicherlich auch als Zuschauertribüne für Kulthandlungen im Westhof. Die imposante Treppe mündet auf einer Plattform. In der Mitte des Eingangs stand eine hohe Säule zwischen 2 Anten. 2 Türen führten von hier in einen weiteren schmalen Raum, auf dessen O-Seite 3 Säulenbasen zu erkennen sind, die ihn gegen den **Lichthof** [9] im O abgrenzen. Für den modernen Besucher überraschend: Diese Achse wird nicht konsequent fortgesetzt; nur je eine schmale Tür führt nach N zu den Wohnräumen und nach O auf eine Treppe, die den Zentralhof mit einem **Peristyl** [10] verbindet. Das Ganze muß einst eine prächtige Anlage gewesen sein. Durch eine Treppe auf seiner O-Seite war das Peristyl eng mit den königlichen **Wohnräumen** [28, 29] verbunden. Die Treppe zum Zentralhof hinabsteigend, erreicht man einen großen Raum [11] mit 2 Säulenbasen, der sich mit einer weiteren Säule (ungewöhnliche ovale Basenform) zwischen 2 Pfeilern auf den Zentralhof öffnete. Hier befand sich wahrscheinlich das Büro für die von hier aus zugänglichen Westmagazine. Eine schmale Passage führt nach N, wo unter dem Lichthof [9] des Propylons überbaute **Magazine des Älteren Palastes** zu sehen sind, in denen die im Kamares-Stil bemalten Pithoi noch in situ stehen. Die **Westmagazine** sind beiderseits eines zentralen **Korridors** [12] mit Mittelpfeiler aufgereiht. In ihnen befinden sich noch hier gefundene Handmühlen, Mörser und Ölpressen aus Stein. Im letzten Magazin rechts (im NW) kann man eine Auffangvorrichtung für Öl und einen tönernen Hocker sehen, auf dem stehend man leichter den Inhalt der Pithoi erreichen konnte.

Vor der gesamten W-Front des **Zentralhofes** hat man die Basen einer **Pfeilerhalle** aus der letzten Bauphase des Älteren Palastes freigelegt. Auch in der Jüngeren Palastzeit war der nun etwas anders orientierte, 51 × 22 m messende Hof auf beiden Langseiten von Pfeilerhallen gesäumt. Der S- und der südl. Teil des O-Flügels sind mit dem Berghang durch Erosion weggebrochen. So schaut man jetzt von der S-Seite des Zentralhofes in die Ebene und dort auf einen ausgegrabenen Teil der minoischen Stadt hinab; nach N blickt man über das Pflaster auf die symmetrische N-Fassade und den darüber sich erhebenden »Hörnerberg« des Ida. An der nördl. O-Seite des Zentralhofes liegt eine vornehme **Wohnung** [20, 21], vor deren **Portikus** [22] sich eine Terrasse mit weitem Blick auf die Mesara-Ebene öffnet. Erst in hellenist. Zeit nimmt die Architektur wieder in vergleichbarer Weise auf die Landschaft Bezug! Inmitten des nördlich von hier gelegenen **Osthofes** [23] befinden sich die Reste eines Töpferofens. Deutlich zu erkennen ist die durch große Hitze entstandene glasflußartige grünliche Schlacke.

Zum Zentralhof zurückkehrend, steht man vor dessen ehemals sehr eindrucksvoller **N-Fassade**. Der prächtige Eingang [25] mit vorgelagerten Halbsäulen und seitlichen Nischen ist einzigartig in der minoischen Architektur und erinnert in seiner Symmetrie an die spätere Fassade des »Atreus-Schatzhauses« in Mykene. In der NW-Ecke des Zentralhofes liegt ein über Stufen zugängliches **Podium**, wahrscheinlich ein Altar. Die Zapflöcher für die Türangeln zeigen im Eingang zum **N-S-Korridor** [26], daß dieser durch ein 2flügeliges Tor verschlossen werden konnte. Die

Nischen beiderseits des Tores und innerhalb auf der linken Seite dienten wahrscheinlich als Schilderhäuser. Dieser Korridor mit seinem Kanal für Regenwasser führt auf den **Nordhof** [27] und die nördlich von diesem anliegenden repräsentativen **Wohnräume**. Der große **Saal** im N [28] erinnert in Lage und Konzeption an die »Halle der Doppeläxte« in Knossos. Er ist wie diese durch ein Polythyron zweigeteilt. Im O öffnet er sich mit 2 Säulen auf einen Lichthof, nach N durch ein zweites Polythyron auf eine offene Veranda, deren herrlicher Ausblick auf das Ida-Massiv heute durch Bäume verstellt ist, welche die Ausgräber pflanzten. Wie das »Megaron der Königin« in Knossos von der »Halle der Doppeläxte«, so ist auch hier ein kleinerer Raum [29] durch einen gewinkelten Korridor zu erreichen. Auf der S-Seite des Raumes liegt ein **Badezimmer.**

Östlich dieses Wohnbereichs befindet sich noch eine Anzahl von Räumen aus der letzten Phase des Älteren Palastes. Der erste [30] enthält eine Reihe von Behältern aus Lehmziegeln. In ihnen wurde der berühmte Diskos (Iraklion, Museum, Saal III, Vitr. 41; Abb. S. 441) gefunden. Weiter im O liegt eine große, ehemals von Pfeilern und Säulen getragene **Halle** [31].

Prinias (Πρινιάς – Iraklion) J 15

Oberhalb des Dorfes ragt, nur von W zugänglich, ein Felsplateau auf, das seine schroffen Abhänge zur natürlichen Festung machen. Die Stätte war schon in minoischer Zeit besiedelt, doch stammen die wichtigsten Funde von einer archaischen Stadt (**RHIZENIA** oder **APOLLONIA?**). Neben J 15
zahlreichen Hausfundamenten wurden im O der Stadt die Grundmauern von 2 Tempeln des 7. Jh. v. Chr. ausgegraben.

Der **nördl. Tempel** hatte eine rechteckige Cella und eine Vorhalle mit 2 Säulen zwischen vorgezogenen Seitenwänden. In der Mitte der Cella lag eine kultische Feuerstelle;

davor und dahinter stand je eine vermutlich hölzerne Säule. Von dem Bau sind Relieffriese und Figuren sitzender Frauen erhalten (im Museum von Iraklion), doch ist unsicher, wo und wie sie hier angebracht waren.
Der längere **südl. Tempel** besaß außerdem noch einen hinteren Raum, in dem Vorratsgefäße aufbewahrt wurden. An der Rückwand der Cella sind ein Opfertisch und eine Opfergrube zu erkennen.

Weiter westlich wurde in hellenist. Zeit eine **Festung** errichtet, ein durch vorspringende Türme verstärktes Mauerviereck, in dem viele frühe Inschriften und Grabreliefs verbaut waren.

114 **Rethymnon** (Ρέθυμνον – Rethymnon)

Die Stelle von Rethymnon, dem antiken **Rithymna**, war schon in minoischer Zeit besiedelt. Dies bezeugen spätminoische Kammergräber, die im Stadtteil **Mastaba** südöstlich des Stadtparks freigelegt wurden. Die hier gefundenen Tonsarkophage sind jetzt in dem kleinen Museum ausgestellt. Wegen der späteren Überbauung konnte man die zugehörige Siedlung noch nicht identifizieren. Es ist jedoch anzunehmen, daß diese – in ähnlicher Lage wie die minoische Siedlung von Chania – auf der jetzt von der venezianischen Festung eingenommenen Halbinsel lag. An deren N-Hang wurden sogar neolithische Keramikfragmente gefunden.

Archäologisches Museum (im ehem. Gefängnis vor dem Eingang zum venezianischen Kastell). Das Museum beherbergt Funde von der neolithischen bis röm. Epoche aus dem Bezirk von Rethymnon. Besonders sehenswert sind ein Terrakotta-Hausmodell des 18.Jh.v.Chr. aus der altpalastzeitlichen Siedlung von Monastiraki, in der auch viele tönerne Versiegelungen mit Siegelabdrücken gefunden wurden, sowie die z.T. polychrom bemalten Tonsarkophage aus der großen Kammergrab-Nekropole von Armeni des 14.–13. Jh. v. Chr. Ihre Dekorationen, Stiere, Jagdszenen u. a., wirken gegenüber dem »minoischen Naturalismus« der Blütezeit im 16./15. Jh. v. Chr. etwas naiv, beeindrucken aber durch ihre Lebendigkeit.

Sitia (Σητία – Lasithion) L15

Die von Sitia aus nach S (Lithines) führende Straße durchschneidet 2 km südlich der Stadt die Reste einer **minoischen Villa,** welche bei der Anlage der Straße entdeckt wurden. Erhalten sind Magazinräume, die als Substruktionen dienten, und wegen der Hanglage notwendige verbindende Treppen.

Archäologisches Museum. Das Museum enthält Funde frühminorischer bis röm. Zeit aus dem Bezirk von Sitia. Einzigartig ist die in der ersten Vitrine ausgestellte, 40 cm hohe spätminoische (um 1500 v. Chr.) Elfenbeinstatuette eines Jünglings mit goldenen Sandalen aus Palekastro, die als Darstellung eines Adoranten oder jungen Gottes interpretiert wird. Aus dem Palast von Zakros sind neben vielen keramischen Objekten auch Linear-A-Schrifttafeln ausgestellt.

Tylissos (Τύλισσος – Iraklion) J15

Der Ort hat seinen vorgriech. Namen bis heute bewahrt. Die Siedlungsspuren reichen hier bis in das späte 3. Jt. v. Chr. zurück. Von der Siedlung der Jüngeren Palastzeit konnten am Rande des Dorfes drei Häuser freigelegt werden, zwei vornehme und ein einfacheres. Sie wurden bei der kretischen Katastrophe von ca. 1450 v. Chr. zerstört. In der 1. Hälfte des 14. Jh. v. Chr. errichtete man ca. 1 m über den Ruinen einen Hauskomplex, in dessen Zentrum wahrscheinlich, wie in Agia Triada, ein Megaron mykenischen Typus' lag, ein weiteres Indiz für die Machtübernahme durch Mykener auf Kreta zu dieser Zeit. In der griech. Epoche war Tylissos eine autonome Stadt mit eigener Münzprägung.

Haus B, im W, nächst dem Eingang, hat einen einfachen, rechteckigen Grundriß und besitzt keine durch Größe oder Ausstattung hervorgehobenen Räume. Möglicherweise diente es nicht als Wohnhaus, sondern enthielt nur Werkstätten und Magazinräume. Zwischen Haus B und dem östlich angrenzenden Haus A sind Mauerreste der Älteren Palastzeit zu erkennen. – **Haus A** ist das größte der drei Gebäude und besonders sehenswert, da es Quadermauerwerk von sehr guter Qualität besitzt und hier viele Fenster erhalten sind. Es weist eine deutliche Teilung in zwei Raumkomplexe auf, zwischen denen es nur an einer Stelle eine interne Verbindung gibt. Im N-Teil liegen die Nebenräume (Magazine, Werkstätten), im S-Teil die Haupträume (Wohn- und Kulträume). – Über **Haus C** im N des Grabungsgeländes sind ca. 1 m höher Reste eines Hauses aus der 1. Hälfte des 14. Jh. v. Chr. enthalten, bei dessen Errichtung die Wände des älteren Gebäudes als Fundamente genutzt wurden. Zu dieser späteren Anlage gehören auch die runde Zisterne im NO mit ihren Zuleitungen und die nördlich von ihr liegenden Mauern, wahrscheinlich von einem Megaronbau. Die Reste einer Säulenportikus am nordwestl. Ende des Grabungsgeländes stammen dagegen erst aus griech. Zeit. Wie Haus A besteht auch Haus C aus zwei Teilen. Der Wohnteil liegt hier im N.

F 12/13

Kythera

(Κύθηρα – Piräus / Insel südl. der Peloponnes)

Neben der Purpurfischerei blühte hier schon früh ein weitgespannter Handel, wie der Fund eines ägyptischen Marmorgefäßes aus der Mitte des 3. Jt. v. Chr. belegt. Die der Peloponnes südlich vorgelagerte Insel gehörte zeitweise zu Argos und seit der Mitte des 6. Jh. v. Chr. meist zu Sparta, für das sie von besonderer strategischer Bedeutung war.

Auf der Halbinsel **Kastri** im O gab es seit dem mittleren 3. Jt. v. Chr. eine minoische Kolonie. Auf dem Berg **Agios Georgios** wurden Reste eines minoischen **Bergheiligtums** (mit vielen Bronzestatuetten von Adoranten) ausgegraben.

Von dem weitberühmten **Heiligtum der Aphrodite**, dem ältesten in Griechenland, stammen vielleicht die dorischen Kapitelle, die in der **Kirche des Ag. Kosmas** in PALEOKA- F12
STRO (Παλαιόκαστρο), an der Stelle der alten Stadt KYTHERA, verbaut sind.

Ein kleines **Museum** im heutigen Hauptort CHORA (amtl. KYTHERA) enthält lokale Funde. F13

Lemnos

JK 4/5

(Λῆμνος – Lesbos / Ägäische Inseln)

Als Bewohner der Insel nennt Homer Thraker. Später erfahren wir von Pelasgern und Tyrrhenern, die hier siedelten und von denen der berühmte, bei Kaminia gefundene Inschriftstein (im Epigraphischen Museum in Athen) stammen könnte, dessen der etruskischen verwandte Schrift die Überlieferung von der östlichen Herkunft der Etrusker stützt. 513 v. Chr. fiel die Insel an die Perser, war dann Mitglied des Attischen Seebundes und blieb mit Unterbrechungen bis um 200 n. Chr. von Athen abhängig.

Bei der Hauptstadt MYRINA (Μύρινα) steht die mittelalter- J 4
liche **Ummauerung** des felsigen Vorgebirges auf antiken Fundamenten. Sein **Museum** beherbergt Funde aus der ganzen Insel.

An der NO-Seite der Insel liegen die Ruinen der Stadt
HEPHAISTEIA mit einem im 4. Jh. v. Chr. angelegten und in K 4
röm. Zeit umgebauten **Theater**. – Auf dem gegenüberliegenden, die Einfahrt in die Bucht beherrschenden Vorgebirge reichen bei CHLOE (Χλόαι) die Funde in dem im 4. Jh. v. Chr. umgestalteten **Heiligtum der Kabiren** bis in prähistorische Zeit zurück.

K–M 6 **Lesbos**

(Λέσβος – Lesbos / Ägäische Inseln)

Die Insel wird nur durch einen schmalen Sund vom kleinasiatischen Festland getrennt. So war ihre Geschichte immer eng mit der Westanatoliens verbunden.

Die ältesten Siedlungsspuren reichen bis in das 3. Jt. v. Chr. zurück. Gegen Ende des 2. Jt. wurde die Insel von Griechen besiedelt, die sich von hier aus auf der gegenüberliegenden Küste Kleinasiens bis zur Bucht von Izmir ausbreiteten und ein Gebiet besetzt hielten, das als Äolien bezeichnet wurde. Die Führung hatte das Geschlecht der Penteliden inne, bis der letzte dieses Hauses 659 v. Chr. ermordet wurde.

Bereits im 7. Jh. v. Chr. bezeugen die Chorlyriker Terpander und Arion eine hohe kulturelle Blüte, die mit den Lyrikern Sappho und Alkaios weiteren Glanz erhielt. Gleichzeitig wüteten heftige Auseinandersetzungen zwischen einzelnen Adelscliquen, doch konnte der später zu den Sieben Weisen gezählte Tyrann Pittakos 589 bis 579 v. Chr. eine Periode wirtschaftlicher und kultureller Prosperität einleiten. 527 v. Chr. wurde Lesbos dem Perserreich einverleibt und nahm 499 v. Chr. am Aufstand gegen dieses teil. Nach der unglücklichen Seeschlacht bei Lade (494 v. Chr.) blieb die Insel bis 479 v. Chr. persisch und schloß sich dann dem Attischen Seebund an.

In der Folge trat die Rivalität zwischen den Städten der Insel, besonders zwischen Mytilene und Methymna, immer stärker hervor. Als Mytilene 428 v. Chr. den Seebund verlassen wollte, fand daher Athen in Methymna seinen natürlichen Verbündeten, mit dessen Hilfe Mytilene erobert werden konnte. 3000 attische Siedler setzten sich daraufhin in Mytilene fest. 406 v. Chr. eroberten die Spartaner die Stadt. Seit 403 wieder selbständig, schloß sich diese dem 2. Attischen Seebund (378–351 v. Chr.) an. Dann bemächtigten sich die Perser eines Teils der Insel. Nach deren Niederlage in der Schlacht von Issos (333 v. Chr.) fanden sich die Städte zu einem lockeren Verband zusammen.

Im 1. Jh. v. Chr. besetzte Mithridates von Pontos die Insel, von der ihn die Römer wieder vertrieben. Beim Sturm der röm. Truppen auf Mytilene soll sich Caesar erstmals militärisch ausgezeichnet haben.

Die Stadt wurde von Pompeius begünstigt, der ihr die Autonomie verlieh, die Kaiser Vespasian 70 n. Chr. widerrief, Kaiser Hadrian aber erneuerte.

Im Altertum war der Berg, der heute das 1373 gegründete Genueser-Kastell von MYTILENE (Μυτιλήνη) trägt, vom M6
Festland durch einen schmalen, 2 Hafenbecken miteinander verbindenden Sund getrennt. Die Festlandsseite war durch **Mauern** abgeschnürt, die auf dem Hügel gegenüber dem Kastell zusammenliefen. Reste davon sind auf dem Friedhof Ag. Kyriaki rechts der Straße nach Thermi erhalten. – Links der Straße wurde das **Theater** aus dem 3.–2. Jh. v. Chr. mit seinen Ehrensitzen in den unteren Reihen ausgegraben, das Pompeius als Vorbild für sein Theater auf dem Marsfeld in Rom gedient haben soll. Die kreisrunde Orchestra wurde in röm. Zeit für Tierspiele umgebaut.

Unterhalb des Ortes AGIASSOS (Ἀγιάσος) liegen auf Kap L6
Phokas am W-Ende des Badestrandes die Reste des **Tempels des Dionysos Bresages**, dessen Name in dem kleinen Ort
BRISA (Βρίσα) weiterlebt. Der kleine dorische Bau stammt L6
aus späthellenist. Zeit.

Der Badeort SKALA ERESU (Σκάλα Ἐρεσοῦ) nimmt die
Stelle der antiken Stadt ERESSOS ein, in der die Lyrikerin L6
Sappho und der Philosoph Theophrast zur Welt kamen. Das felsige Vorgebirge am O-Ende des Sandstrandes war die **Akropolis**, von deren Ummauerung Teile erhalten blieben.

Auf dem Gelände des Limon-Klosters auf dem Weg nach
Ag. Paraskevi nordöstlich von KALLONI (Καλλονή) wurden L6
2 **Tempel** ergraben, die zu ARISBA gehörten. Dessen **Akro-** L6
polis liegt gleichfalls nordöstlich von Kalloni im N des Dorfes NEA ARISBI (Νέα Ἀρίσβη), während die Trümmer des **Tempels der Aphrodite** bei der Flur Messa in der Küstenebene des Golfes 1,5 km von der Küste von Kalloni festgestellt wurden.

L6 Vom antiken METHYMNA (Μήθυμνα) sind in MOLYVOS (Μόλυβος) Reste der **Stadtmauer**, eines archaischen **Tempels** und eines röm. **Aquädukts** erhalten.

L6 Etwa 5 Minuten oberhalb des Ortes MORIA (Μόρια) wird eine Schlucht durch den Bogen eines **Aquädukts** überfangen, der zu einer 26km langen Wasserleitung nach Mytilene gehörte.

Nordwestlich des Ortes SKALOCHORION (Σκαλοχώριον) liegen an der Küste nahe dem genuesischen Kastell Ruinen
L6 der 168 v. Chr. zerstörten Stadt ANTISSA.

BC 7 Leukas / Lefkas

(Λευκάς / Λεφκάς – Leukas / Ionische Inseln)

Die Insel hat ihren Namen (*leukos*, ›weiß‹) von ihrer weiß leuchtenden S-Spitze, dem Kap Leukatas mit dem **Tempel des Apollon** (bei dem heutigen Leuchtturm). Von dem 70 m hohen Felsen hat man Verbrecher gestürzt, wobei der Ausgang als Gottesurteil galt, das sogar von unglücklich Liebenden (angeblich auch Sappho) gesucht wurde.
Die Insel war mit dem Festland urspr. durch einen Isthmos verbunden, den die korinthischen Kolonisten bei der Gründung der Stadt um 640 v. Chr. mit einem Kanal durchstießen. Im 5.–3. Jh. v. Chr. war Leukas selbständig und wechselte in hellenist. Zeit mehrfach seinen Herrn. Augustus, der den Kanal erneuern und mit einer Brücke überspannen ließ, teilte die Insel der Provinz Achaia zu.

Von dem antiken Hauptort im NO der Insel, 1,5km südlich des heutigen, sind Teile der polygonalen **Stadtmauer** und Reste des **Theaters** erhalten.

Wilhelm Dörpfeld, der hier auf Leukas lebte und 1940 starb, grub in der Ebene von **Nidri** frühbronzezeitliche **Tumulusgräber** aus (Funde im Museum von Leukas).

Melos

(Μῆλος – Kykladen / Ägäische Inseln) I 11/12

Da sie von Sparta aus besiedelt worden war, schloß sich die Insel im 5.Jh. v.Chr. nicht dem Attischen Seebund an. 416 v.Chr. entsandten die Athener daher ihre Flotte nach Melos, welche die Stadt unter großem Aufwand einnehmen konnte. Die Männer wurden niedergemacht, die Frauen und Kinder versklavt. Die moralische Fragwürdigkeit dieses Vorgehens wird in dem berühmten »Melier-Dialog« des zeitgenössischen attischen Historikers Thukydides diskutiert.
Die berühmte »Venus von Milo« (im Pariser Louvre) wurde 1820 bei Klima zufällig gefunden und von dem französischen Botschafter bei der Hohen Pforte für Ludwig XVIII. erworben.

Von der antiken Hauptstadt, oberhalb der heutigen, sind Teile der **Stadtmauer** und ein im 4.Jh. v.Chr. errichtetes, in röm. Zeit umgestaltetes **Theater** erhalten. Daran schlossen sich ein **Stadion** oder **Gymnasion** an. Am Hafen wurde ein **Heiligtum des Poseidon** ausgegraben.

7km östlich der Hauptstadt liegen die Überreste der bronzezeitlichen Siedlung **PHYLAKOPI**, in 3 Schichten übereinander. I 11
Bekanntester Fund ist die sog. »Lady of Phylakopi«, eine Terrakotta-Statue (im Museum der Stadt) aus einem mykenischen Heiligtum (späthelladisch III).

Naxos

(Νάξος – Kykladen / Ägäische Inseln) K 10/11

Die wasserreiche und fruchtbare Insel war bereits im 3.Jt. v.Chr. ein Zentrum der Kykladenkultur. Um die Wende zum 1. Jt. v. Chr. wurde Naxos von Attika aus neu kolonisiert und erreichte im 7.–6.Jh. v.Chr. seine größte Blüte. 538 v.Chr. verhalf der athenische

Tyrann Peisistratos dem Naxier Lygdamis zur Herrschaft über die Insel, der seine Macht auch über die Nachbarinseln ausdehnen konnte.
490 v. Chr. wurde Naxos von den Persern zerstört und seine Bevölkerung versklavt. Die naxischen Schiffe innerhalb der persischen Flotte wechselten noch vor der Schlacht von Salamis (480 v. Chr.) die Seite. Die Insel schloß sich dann dem Attischen Seebund an, dem sie auch im 4. Jh. v. Chr. angehörte. In hellenist. Zeit geriet sie nacheinander unter ptolemäische, makedonische und rhodische Vorherrschaft, blieb innerhalb des Röm. Reiches aber autonom.

K11 Die heutige Hauptstadt **NAXOS** liegt an der Stelle ihrer antiken Vorgängerin. – Auf der kleinen, bereits im Altertum durch eine Mole erschlossenen Insel am N-Ende der Hafenbucht erhebt sich als Rest eines **Tempels des Apollon** ein gewaltiges Marmortor. Hebebossen zeigen an, daß der Bau nie vollendet worden ist. Geplant war, den Fundamenten nach zu schließen, ein Peripteros von 6×12 Säulen. An den Schmalseiten waren doppelte Säulenstellungen vorgesehen. Bauglieder dieses Tempels sind in der Stadt verschiedentlich eingemauert. Ihre Ähnlichkeit zu solchen auf Paros läßt vermuten, daß der Tempel zu einer Zeit entstand, als beide Inseln unter der Herrschaft des Lygdamis standen. Mit dessen Ende (524 v. Chr.) war wohl auch der Abbruch der Bauarbeiten verbunden. In christlicher Zeit wurde der noch immer unvollendete Tempel zu einer Basilika umgebaut und dazu die hohe Schwelle des Tores abgearbeitet.
Reste hellenist. **Säulenhallen** wurden bei der orthodoxen Kathedrale ausgegraben.
Das **Museum** in dem ehem. Konvikt bei der katholischen Kathedrale enthält eine reiche Sammlung prähistorischer Funde und bedeutende Skulpturen insbesondere aus archaischer Zeit.

3 km südlich von Naxos liegen bei einer Kapelle des Ag. Giorgos die Fundamente eines ionischen **Amphiprostylos** des 2. Viertels des 6. Jh. an der Stelle eines geometrischen. – Ein weiterer archaischer **Tempel** mit ungewöhnlicher, quer-

gelagerter Cella wurde bei SANGRI (Σαγκρί) ausgegraben. K11

Von PHILOTI (Φιλότι) aus führt ein 3–4stündiger Marsch K11 zu dem gut erhaltenen hellenist. **Wachturm** von CHIMARRU (Χιμάρρου). K11

Im N der Insel liegt oberhalb des Fischer- und Badeortes APOLLONA (Απόλλωνα) in einem antiken Steinbruch die K10 unvollendete spätarchaische **Kolossalstatue** eines bärtigen Gottes, vielleicht des Dionysos.

In den **Steinbrüchen** von MELANES (Μέλανες) zwischen K11 den Dörfern POTAMIA (Ποταμιά) und MYLI (Μύλοι) stößt man mehrfach auf behauene, aber liegen gebliebene Marmorblöcke und 2 unvollendete kolossale **Kuroi**.

Paros

J 10/11

(Πάρος – Kykladen / Ägäische Inseln)

Die für ihren reinen, weißen Marmor berühmte Insel war im 3. und 2. Jt. v. Chr. ein wichtiges Zentrum der Kykladenkultur. Um 1000 v. Chr. wurde sie von Attika aus neu besiedelt. Im 8. Jh. v. Chr. spielte Paros eine wichtige politische Rolle und hatte seit dem 7. Jh. v. Chr. wesentlichen Anteil an der griech. Kolonisation. In dieser Zeit wurde hier der Dichter Archilochos geboren. Im 6. Jh. v. Chr. geriet Paros zeitweise in die Gewalt des naxischen Tyrannen Lygdamis.

Im 5. Jh. v. Chr. versuchte der athenische Feldherr Miltiades vergeblich, die Insel einzunehmen, die sich dann aber dem Attischen Seebund anschloß. In hellenist. Zeit stand sie unter makedonischer oder ptolemäischer Vorherrschaft und wurde im 1. Jh. v. Chr. dem Röm. Reich eingegliedert.

Innerhalb des antiken und modernen Hauptorts PAROS J11 (PARIKIA) blieb bei der Kirche des Ag. Konstantinos der W-Abschnitt der Fundamente eines spätarchaischen **Tempels**

der Athena erhalten, während die O-Partie ins Meer abgestürzt ist. Von seiner aufgehenden Architektur sind bei der Kirche Christos Kastru größere Teile in der um 1260 errichteten fränkischen **Festung** verbaut. Der Tempel war offenbar ein Zwilling jenes in Naxos. Beide gehen wohl auf den Tyrannen Lygdamis zurück, und wie auf Naxos blieben auch auf Paros die Bauarbeiten vermutlich nach dessen Sturz (524 v. Chr.) liegen. Daneben enthält die Festungsmauer Teile weiterer antiker Gebäude, u. a. eines hellenist. Rundbaus und einer Halle.

Am SW-Rand der Stadt ist bei der Kirche der Ag. Anna von einem **Bezirk des Apollon** ein Teil der Terrassenmauer erhalten. – Unterhalb des Pythions lag das **Heiligtum des Asklepios** mit 2 Quellen, der rechteckigen Einfassung des Heiligen Bezirks, Resten von Säulenhallen und einem Altar.

Auf dem Hügel nördlich der Hafenbucht sind von einem weiteren Apollon-Heiligtum, dem **Delion**, Teile der Einfassung und eines kleinen dorischen Tempels des 5. Jh. v. Chr. zu erkennen.

Im **Museum** steht ein hocharchaisches Kapitell von dem Heroon des Lyrikers Archilochos mit klassischer Inschrift. Neben weiteren Baugliedern sind dort Teile des berühmten »Marmor Parium« (andere im Museum in Oxford), einer bis in die Frühzeit zurückgehenden, 264/263 v. Chr. abgefaßten Chronik, zu sehen. Skulpturen, u. a. die überlebensgroße Kultstatue aus dem Delion, der Torso einer Nike oder ein Relief mit einem Totenmahl, bezeugen den hohen Rang der parischen Bildhauerkunst in klassischer Zeit.

Gut 1 Stunde östlich von Parikia liegen in dem Hochtal beim Kloster des Ag. Minas die **Marmorbrüche**, in denen der berühmte Lychnit (von *lychnos*, ›Fackel‹) teilweise unter Tage abgebaut wurde. 2 schräg angelegte Stollen führen in die Tiefe, davon einer mit einem Weihrelief an die Nymphen am Eingang.

Poros G10

(Πόρος – Piräus / Insel im Saronischen Golf)

Die ehem. Halbinsel KALAURIA (Καλαύρεια) wurde erst in nachantiker Zeit, als der Meeresspiegel anstieg, vom Festland getrennt. Sie war bereits in mykenischer Zeit besiedelt und gehörte, bis auf eine kurze Phase der Selbständigkeit in hellenist. Zeit, meist zu Troizen. Berühmt war sie v.a. für ihr Poseidon-Heiligtum, in dem sich, obwohl es Asylrecht besaß, der athenische Redner Demosthenes 322 v. Chr. auf der Flucht vor den makedonischen Häschern Antipaters das Leben nahm.

Das **Poseidon-Heiligtum**, von dessen Bauten allerdings nur noch die Grundmauern zu erkennen sind, liegt etwa 40 Minuten von der heutigen Stadt Poros entfernt im Innern der Insel. An einer langen **Halle** vorbei gelangte man zu einem **Propylon**, hinter dem sich ein von 4 zwischen 420 und 320 v.Chr. erbauten **Hallen** flankierter Platz nach O, zum **Tempel** hin, erweiterte. Dieser, ein um 520 v.Chr. errichteter dorischer Peripteros mit 6×12 Säulen, war von einer eigenen Umfassungsmauer umgeben.

Rhenia J10

(Ῥήνεια – Kykladen / Ägäische Inseln)

Die von Delos durch einen schmalen Sund getrennte Insel ist heute unbewohnt und wird als solche schon in röm. Zeit bezeichnet. Im 5.Jh. v.Chr. war die gleichnamige Stadt im W der Insel selbständiges Mitglied des Attischen Seebundes. Die Insel diente seit klassischer Zeit als Begräbnisstätte für die Einwohner von Delos, dessen heiliger Boden von keinem Toten befleckt werden durfte.

Nahe der Küste gegenüber von Delos sind zahlreiche **Einzelgräber**, aber auch umfangreiche **Familiengrabstätten** zu erkennen. Außerdem Fundamente von **Häusern** und ein hellenist. **Heiligtum**.

OP 12/13

Rhodos

(Ῥόδος – Dodekanes / Ägäische Inseln)

Die bereits in mykenischer Zeit griechisch besiedelte Insel wurde im 10. Jh. v. Chr. von Dorern neu kolonisiert. An der Schlacht von Salamis nahmen rhodische Schiffe noch auf persischer Seite teil, doch traten ihre Hauptstädte Ialysos, Kamiros und Lindos dem Attischen Seebund bei.

P 12

Ialysos (Ἰάλυσος)

Auf dem Berg **Philerimos**, der Akropolis von Ialysos, gab es seit dem frühen 2. Jt. v. Chr. eine minoische Kolonie, die im 17./16. Jh. v. Chr. in die Ebene von Trianda verlegt wurde.

Die Befestigungen auf der **Burg** der bis 408 v. Chr. selbständigen Stadt wurden von mykenischer Zeit bis zum Mittelalter immer wieder erneuert. Auf der Akropolis liegen vor der Kirche die Fundamente und Säulentrümmer des **Tempels des Zeus und der Athena Polias**, eines dorischen Baues des 3. Jh. v. Chr., dem ein archaischer Tempel vorausging.

Neben dem Eingang zum archäologischen Gelände führt ein Fußweg zu einem **Brunnenhaus** des 4. Jh. v. Chr. mit weitgehend restaurierter dorischer Säulenfront.

O 12

Kamiros (Κάμειρος)

Die nach 408 v. Chr. weiterhin bewohnte, kleinste der alten Städte von Rhodos vermittelt einen guten Eindruck von der Anlage einer griech. Polis. Man gelangt zunächst zu dem

Bezirk des Apollon, mit dürftigen Resten eines dorischen Tempels des 3. Jh. v. Chr., an den sich im O ein weiterer mit Altären verschiedener Gottheiten anschließt. Dahinter verläuft die Hauptstraße mit **Wohnhäusern**, deren Räume auf Innenhöfe ausgerichtet waren.

Oberhalb der Stadt stand eine dorische **Säulenhalle** des 3. Jh. v. Chr. Diese war mit Läden verbunden und durchschnitt eine ältere, archaische Zisterne. Oberhalb der Halle liegen die wenigen Überreste des **Tempels der Athena Kameiris**, eines dorischen Peripteros des 6.–5. Jh. v. Chr.

Lindos (Λίνδος) O 13

Wegen ihrer günstigen Lage mit dem geschützten Hafen, der von dem steilen Felsen mit dem **Heiligtum der Athena Lindia** überragt wird, stand die Stadt auch nach der Gründung von Rhodos weiterhin in Blüte. Der erhaltene Tempel hatte wenigstens 2 Vorläufer, von denen jedoch nichts Sicheres mehr festzustellen ist. Der Überlieferung zufolge hatte bereits der Tyrann Kleobulos im 6. Jh. v. Chr. hier einen Tempel errichtet. Die glänzende Entwicklung des Heiligtums begann im 4. Jh. v. Chr. und war im 2. Jh. v. Chr. im wesentlichen abgeschlossen. Im Mittelalter wurde der Felsen von den Johannitern neu befestigt.

Der Aufgang zur Burg führt an einem in den Felsen gehauenen Schiffsrelief vorbei, das an einen rhodischen Seesieg des frühen 2. Jh. v. Chr. erinnert. Rechts liegen dann die Ruinen des Palastes des mittelalterlichen Burgkommandanten und bei der südl. Mauer die Reste einer byzantinischen Kirche.

Auf dem Felsplateau wird der Besucher von einem teilweise rekonstruierten **Hallenbau** [1] des späten 3. Jh. v. Chr. empfangen, dessen vorgezogene Flügel eine Terrasse einfassen. Ihr gegenüber liegen die Fundamente eines röm., wohl für den Kaiserkult bestimmten **Tempels** [2]. In die Mitte der Halle schiebt sich eine **Treppe**, die zu einem etwas älteren **Torbau** [3] der 1. Hälfte des 3. Jh. v. Chr. hinanführt. Auch hier springen seitlich Flügelbauten vor, die mit Giebeln

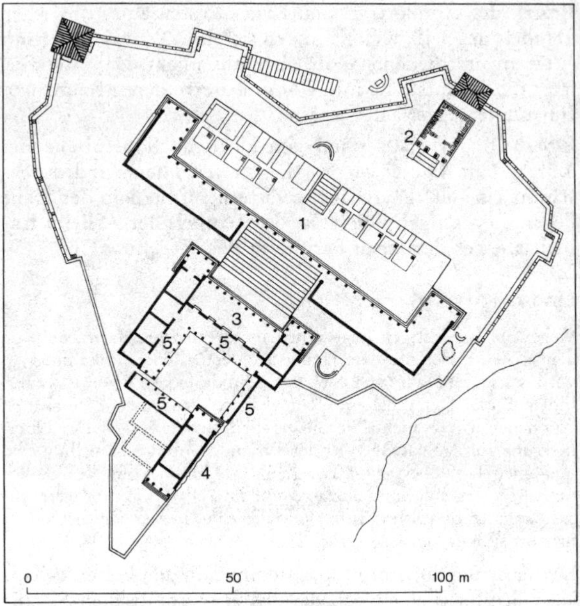

1 Halle
2 Römischer Tempel
3 Torbau
4 Athena-Tempel
5 Säulen-hallen

Rhodos. Lindos. Akropolis. Übersichtsplan

tempelartig ausgebildet waren. Hinter der Säulenreihe am Kopf der Treppe folgte eine Türwand mit 5 Durchgängen. Dann erst erreicht man das eigentliche Heiligtum mit dem hart an den Felsabsturz gerückten (teilweise restaurierten) **Tempel der Athena** [4], der die äußerste S-Ecke des Geländes einnimmt.

Gleichzeitig mit dem Bau des Tores wurden die NO- und

Rhodos. Lindos. Akropolis. Torbau des 3. Jh. v. Chr.

NW-Seite des Bezirks mit **Säulenhallen** [5] eingefaßt und, um den Hof allseitig zu umfangen, schloß man im 2. Jh. v. Chr. an die N-Front des Tempels 2 weitere Säulenhallen an.

Der Tempel selbst war bereits im 4. Jh. v. Chr. nach einem Brand im Jahre 342 v. Chr. errichtet worden. Es ist ein auffallend langgestreckter ionischer Amphiprostylos. Gleichsam über dem Abgrund schwebend, zog der Marmorbau, in dem ein Kultbild der Athena aus Gold und Elfenbein stand, von weitem die Blicke auf sich, während der Besucher des Heiligtums, nachdem er ihn von der Ferne erspäht hatte, den Tempel als krönenden Abschluß einer architektonischen Sequenz von Treppen und Hallen empfand, deren einzige Aufgabe es war, die Wirkung des bis zum letzten

Augenblick den Augen entzogenen Bauwerks zu steigern.
Etwa 200 m südlich der Burg ist am O-Rand des Ortes ein **Theater** in den Abhang eingebettet. – Am S-Rand des Ortes wurde ein **Säulenhof** des 2. Jh. v. Chr. ausgegraben, und auf dem NO-Kap des großen Hafens liegt das sog. **Grab des Kleobulos**, eines der Sieben Weisen der Antike, ein mykenischer, im Mittelalter in eine Kapelle des Ag. Milianos umgewandelter Rundbau.

P 12 Rhodos (Ῥόδος)

408/407 v. Chr. wurde an ihrer heutigen Stelle eine neue Hauptstadt gegründet. In hellenist. Zeit stieg Rhodos, meist eng mit Rom verbündet, zu einer der stärksten Seemächte der Ägäis auf.
An der Einfahrt zum Hafen wurde 307/306 v. Chr. nach der glücklichen Abwehr einer Belagerung durch Demetrios Poliorketes der berühmte »Koloß von Rhodos«, eine etwa 30 m hohe Bronzestatue des Helios, aufgestellt, die zu den Sieben Weltwundern zählte. 227/226 v. Chr. stürzte sie bei einem Erdbeben um. Ihre Trümmer wurden 663 n. Chr. verkauft und eingeschmolzen.

Die antike **Akropolis** lag auf dem Plateau südwestlich der mittelalterlichen Stadt (Mount Smith). Hier sind auf hellenist. Substruktionen 3 Säulen des **Apollon-Tempels** wiederaufgestellt. Etwas östlich von ihm erstreckt sich das stark restaurierte, 200 m lange **Stadion** mit einer theaterartigen, weitgehend rekonstruierten Anlage an seiner N-Seite, die vielleicht als Vortragssaal für 800–1000 Zuhörer diente.
Weiter nördlich sind die unscheinbaren Reste des **Zeus-Tempels** und eines **Heiligtums der Athena** ausgegraben worden. Unterhalb des Zeus-Tempels ist in hellenist. Zeit eine natürliche **Grotte** so erweitert worden, daß sie große Skulpturen aufnehmen konnte und mit Statuen mythologisch belebt erschien.
Im **Museum** v. a. Skulpturen aus archaischer bis röm. Zeit. – Im **Großmeisterpalast** röm. Mosaiken und hellenist. bis röm. Statuenfunde aus Kos.

Salamis G9

(Σαλαμίς – Piräus / Insel im Saronischen Golf)

Die Heimat des Homerischen Helden Aias war in der Frühzeit zwischen Athen und Megara umkämpft, bis sie von Solon oder Peisistratos endgültig für Athen gewonnen wurde.
Berühmt wurde die Insel durch die Seeschlacht, in der 480 v. Chr. die Griechen die Flotte der Perser schlugen. Die Griechen hatten sich in der Bucht festgesetzt, nachdem ihnen die Perser vergeblich die Schlacht angeboten hatten. Als man auf griech. Seite bereits erwog, zur Peloponnes abzuziehen, ließ der Perserkönig Xerxes seine Schiffe vor dem Sund von Salamis am O-Ausgang der Bucht auffahren. Am Morgen brachen die Griechen hervor und überfielen die Perser, die in dem engen Fahrwasser ihre Stärke nicht entfalten konnten.
Besonders dramatisch war das von Aischylos in seinen »Persern« beschriebene Schicksal einer persischen Elitetruppe, die auf dem Salamis östlich vorgelagerten Inselchen PSYTTALEIA (Ψυττάλεια) G9
abgesetzt worden war mit dem Auftrag, schiffbrüchige Griechen niederzumachen und den eigenen beizustehen, und die, nachdem die Niederlage besiegelt war, hier abgeschnitten ihrem Ende entgegensah.

Der **Grabhügel** für die gefallenen Griechen erhebt sich auf der nach O vorkragenden, schmalen Halbinsel von KYNOSURA (Κυνοσούρα; bei einer Schiffswerft).

Bei dem Ort AMBELAKIA (Ἀμπελάκια) liegt ein kleines **Museum** mit mykenischen Funden und klassischen Grabreliefs.

MN 9 **Samos**

(Σάμος – Samos / Ägäische Inseln)

Vom 3. Jt. v. Chr. an war Samos von einer anatolischen Bevölkerung bewohnt. Um 1000 v. Chr. wurde die Insel von Ioniern besiedelt, die um 700 v. Chr. auch auf das benachbarte Festland übergriffen.
Wie vielerorts in Griechenland konnten sich im 6. Jh. v. Chr. auch hier Tyrannen die Macht aneignen. Der berühmteste von ihnen war Polykrates. 522 v. Chr. gelang es dem persischen Satrapen Oroites, diesen nach Magnesia am Mäander zu locken, wo er ihn kreuzigen ließ.
Samos nahm zunächst am ionischen Aufstand teil, ging aber bald zu den Persern über, die die Insel daraufhin schonten. Nach der Schlacht von Salamis (480 v. Chr.) trat Samos dem Attischen Seebund bei, in dem es zunächst eine einflußreiche Stellung behauptete. 440 v. Chr. trat es jedoch nach inneren Parteikämpfen aus dem Seebund aus. Als daraufhin Perikles Samos angriff, mußte es nach 8monatiger Belagerung kapitulieren. Erst als Athen im Peloponnesischen Krieg selbst in Bedrängnis geriet, war es bereit, Samos wieder als Partner anzuerkennen und den Samioten sogar das attische Bürgerrecht zu verleihen. 405 v. Chr. wurde die Stadt von dem spartanischen Admiral Lysander eingenommen, der ein aristokratisches Regime unter seiner Leitung einsetzte. 394 v. Chr. verdrängte die athenische Flotte unter Konon die Spartaner wieder von der Insel, die sich 4 Jahre später die Macht jedoch nochmals aneignen konnten. Erst 365 v. Chr. gelang den Athenern die Rückeroberung.
Im 3. Jh. v. Chr. stand Samos unter der Vorherrschaft der Ptolemäer. 188 v. Chr. wurde es zunächst frei und dann der Provinz Asia zugeschlagen, bis Kaiser Augustus im Jahre 20/19 v. Chr. die Insel nochmals für frei erklärte.

Die antike Hauptstadt lag im SO der Insel bei dem heutigen Ort TIGANI (Τηγάνι, amtl. PYTHAGORION [Πυθαγόρειον]) (M9). Die Stadt war von einem starken, auf den Tyrannen Polykrates zurückgehenden, aber mehrfach erneuerten und ausgebesserten **Mauerring** umschlossen. Ebenfalls unter Polykrates wurde der Hafen durch eine Mole etwa an der

Stelle der heutigen und durch einen starken, von der S-Mole weg ins Meer getriebenen Damm gesichert.

Polykrates war es auch, der – eine der erstaunlichsten Ingenieurleistungen der archaischen Zeit – einen mehr als 1 km langen Tunnel durch den Berg treiben ließ, durch den das Wasser einer außerhalb gelegenen Quelle in die Stadt geleitet wurde. Nach seinem Architekten Eupalinos von Megara wird das Bauwerk als **Eupalinion** bezeichnet. Die Arbeiten setzten an beiden Seiten des Berges gleichzeitig ein. Die Stollen wurden zunächst gerade vorangetrieben, und erst dort, wo die Schächte sich einander näherten, kam es zu Kurven, in denen sie schließlich zusammentrafen. Neben dem waagerechten Tunnel verläuft der Wasserkanal, der für das nötige Gefälle zum Ausgang hin immer weiter eingetieft ist.

Im heutigen Ort wurde unterhalb der 1833 errichteten Kirche der Metamorphosis eine **röm. Basilika** ausgegraben. Über ihren Mauern liegen die einer **Basilika des 5. Jh. n. Chr.**

Westlich der Stadt ragen 3 von den Einheimischen als *Dontia* (›Zähne‹) bezeichnete Pfeiler einer **Halle** des 6. Jh. n. Chr. auf. Bei diesen liegen auch die Ruinen der **röm. Thermen** aus dem 3. Jh. n. Chr., deren Hallen für kalte und warme Bäder mit einer großen Palästra verbunden waren. Spätere Einbauten, u. a. ein Baptisterium, stammen aus dem 6.–7. Jh. n. Chr.

Das **Museum** verwahrt u. a. die Statue des Aiakes, vielleicht eines Nachfahren oder Neffen des Polykrates aus dem 6. Jh. v. Chr., Grabreliefs des 5. Jh. v. Chr., hellenist. Skulpturen und röm. Porträts, u. a. ein Bildnis des Kaisers Augustus.

Heraion M9

Das 6 km westlich der einstigen Hauptstadt gelegene Heiligtum war nicht nur das wichtigste der Insel, sondern eines der berühmtesten ganz Griechenlands.

An der Mündung des Imbrasos-Baches hatte es bereits im 3. Jt. v. Chr. eine Siedlung gegeben. Funde im Heraion (und in Tigani) belegen minoische Präsenz im 2. Jt. v. Chr., wahrscheinlich bereits mit Kult im späteren Heraion. Als die Ionier um 1000 v. Chr. die Insel in Besitz nahmen, stifteten sie der Göttin Hera eine Kultstätte. Örtlicher Überlieferung zufolge war die Göttin hier unter einem Lygos (Keuschlamm-Strauch) geboren worden, hatte hier ihre Kindheit verbracht und sich hier mit Zeus vermählt. An diesem Ort sollen die Umwohner ein Stück Holz gefunden haben, in dem sie die Gestalt der Göttin erkannten.

Der Rundgang durch das Heiligtum führt an dem Grabungshaus mit dem Depot für die nicht nach Samos/Vathy überführten Funde vorbei zu der Stelle des sog. **Südbaus** [1], möglicherweise eines Tempels des Hermes und der Aphrodite, der nach der Mitte des 6. Jh. v. Chr. vielleicht von Polykrates errichtet worden war. Von ihm konnten nur die Fundamentgräben und geringe Teile der Fundamentierung freigelegt werden.

Dieser Bau verdrängte die 70 m lange, um 650 v. Chr. errichtete sog. **Südhalle** [2], die älteste freistehende Halle, die wir bisher aus einem griech. Heiligtum kennen. Sie ist somit der erste Zeuge einer Architekturform, die in späteren Jahrhunderten zu einer der bedeutendsten wurde. In dieser Halle wurden möglicherweise die Gewänder der Gottheit gereinigt und rituelle Waschungen vollzogen.

Nordwestlich hiervon liegen die Mauern des riesigen **Tempels der Hera** [3], nach deren einziger noch aufrecht stehender Säule die Gegend auch den Namen »Colonna« trägt. Er war das Zentrum des Heiligtums und barg das ehrwürdige Kultbild der Göttermutter.

Bereits im frühen 1. Jt. v. Chr. stand hier ein Kultschrein und davor eine Basis, auf der das Götterbild bei Opfern und anderen religiösen Riten ausgestellt war.

Im 8. Jh. v. Chr. wurde dieser Schrein durch den »Hekatompedos« ersetzt, einen »100 Fuß langen« Tempel, dessen Cella eine Stützenreihe in 2 Schiffe unterteilte. Um 700 v. Chr. hat man diesen Bau mit einer Ringhalle aus hölzer-

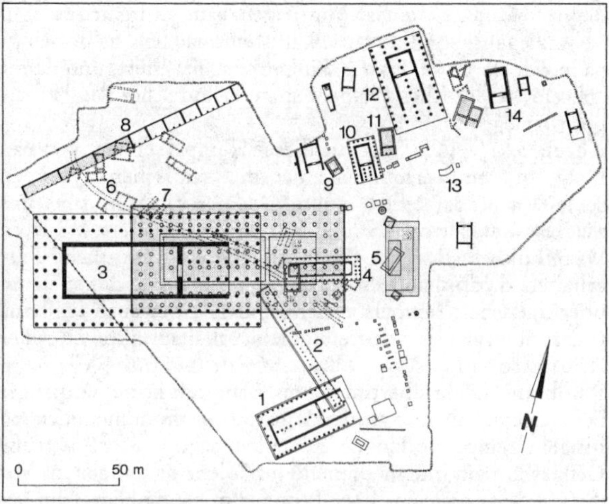

1 Südbau (Hermes-und-Aphrodite-Tempel?)
2 Südhalle
3 Hera-Tempel des Polykrates über dem Tempel von Rhoikos und Theodoros
4 Peripteros
5 Altar
6 Ringwall und prähistorische Siedlung
7 Mykenisches Grab
8 Nordhalle
9 Antentempel D, E
10 Aphrodite-Tempel
11 Hermes-Tempel
12 Apollon-und-Artemis-Tempel
13 Statuenbasis
14 Schatzhäuser

Samos. Heraion. Übersichtsplan

nen Stützen umgeben. Von diesem Hekatompedos haben sich nur geringe Reste der 55 cm starken Mauern und der Sockel für die Stützen gefunden.
Besser überliefert ist ein gegen die Mitte des 7. Jh. v. Chr. errichteter 2. Hekatompedos. Auch er war 100 Fuß lang, aber etwas breiter als der Vorläufer. Auf Innenstützen wurde nunmehr verzichtet. Auch bestanden seine Mauern nicht

mehr wie jene seines Vorgängers aus luftgetrockneten Lehmziegeln, sondern aus Kalksteinquadern. Seine Ringhalle war im O um eine 2. Säulenreihe erweitert; und damit war ein wesentliches Element späterer ionischer Riesentempel vorweggenommen.

Gegen 570 v. Chr. machte dieser Tempel einem Neubau Platz, in dem vermutlich einer der samischen Tyrannen seine Macht darstellen wollte. Als Architekten sind uns zwei Samier, Theodoros und Rhoikos, überliefert. V.a. vom W-Teil dieses »Rhoikos-Tempels« blieben wesentliche Teile erhalten, da dort seine Steinlagen im Stufenbau des späteren polykratischen Tempels verschwanden. Aber auch für seine O-Front ergaben sich genügend Anhaltspunkte zu einer Rekonstruktion.

Schon an Größe übertraf dieses Bauwerk seine Vorgänger bei weitem. Mit ihm ist der Schritt zum monumentalen ionischen Tempel vollzogen. Die allein schon 26×78 m große Cella war von einem doppelten Säulenring umgeben. Vor ihre O-Seite war ein tiefer Pronaos mit 2 Säulenreihen gelegt. So entstand an der Eingangsseite ein Säulenwald, den man wohl nicht umsonst mit einem Labyrinth verglichen hat. Um ihn lichter erscheinen zu lassen, waren die mittleren Interkolumnien besonders weit auseinandergezogen. Gleichzeitig konnten somit die mittleren Säulen auf die des Pronaos ausgerichtet werden. Im W hat man darauf verzichtet und die gleichen Säulenabstände wie bei den Langseiten beibehalten. Die W-Front wird daher von 9 Säulen gebildet gegenüber 8 im O.

Um 550–530 v.Chr. begann der Tyrann Polykrates mit dem Bau eines neuen Tempels, der gegenüber dem »Rhoikos-Tempel« um 42 m nach W verrückt war. Man gewann so Raum für einen Festplatz zwischen Tempel und Altar.

Der Bau ist der größte Tempel Griechenlands überhaupt. Verschiedene Elemente des Vorgängers, v.a. die Auflichtung der O-Seite, wurden übernommen. An den Schmalseiten ist die Zahl der hintereinander gestaffelten Säulenreihen jedoch

auf 3 erhöht und damit der Eindruck eines Säulenwaldes gesteigert, eine Neuerung, für die der kurz zuvor begonnene Artemis-Tempel in Ephesos das Vorbild abgegeben haben dürfte.
Von dem Bauwerk sind v. a. die Fundamente erhalten, die wegen des sumpfigen Baugrundes in 13 Schichten 2,75 m tief gegründet waren. Die Säulen standen auf Basen, die sich, wie auch bei dem Vorgängerbau, aus einer mit Riefen überzogenen Scheibe, der »Spira«, und einem Wulst, dem »Torus«, zusammensetzten. Die Säulenschäfte hatten 36 Kanneluren gegenüber 24, die später Regel wurden. Die Schäfte endeten oben in einem Zierfries aus Ranken und Palmetten, die mit Lotosblättern alternierten. Darüber lagen bei den Außensäulen ionische Kapitelle, während innen einfachere Abschlußplatten aufgesetzt waren. Die Wände der Cella und des Pronaos endeten zunächst nur innen mit Relieffriesen. Erst zu Anfang des 5. Jh. v. Chr. wurde auch die Außenwand mit solchen geschmückt.
Der Riesenbau ist nie vollendet worden. Zu Lebzeiten des Polykrates wurde wohl nur sein Kern errichtet. Gegen Ende des 6. Jh. v. Chr. waren an der O-Seite die inneren Säulen aufgestellt, und zu Beginn des 5. Jh. v. Chr. gelang es, die gesamte O-Seite in Marmor zu vollenden. Aus einer weiteren, in das mittlere 4. Jh. v. Chr. zu datierenden Bauphase stammt die zur Hälfte aufrecht stehende Säule der Langseite, die ohne Kanneluren geblieben ist.
In röm. Zeit legte man vor die O-Front eine von Springbrunnen flankierte **Marmortreppe**.
Als man damals den Gedanken, das Riesenwerk abzuschließen, aufgab, errichtete man vor der O-Seite des polykratischen Baues für das Kultbild in ionisch-dorischen Mischformen einen kleinen **Peripteros** [4].
Dieser jüngste der 5 Tempel der Hera reicht fast unmittelbar an den **Altar** [5] heran. Sein urspr. schlichter Opfertisch ist mehrfach vergrößert und ummantelt worden. Als Rhoikos und Theodoros in der 1. Hälfte des 6. Jh. v. Chr. den

Samos. Heraion. Rundkapitell und Basen vom Hera-Tempel des Polykrates

Hera-Tempel neu erbauten, haben sie auch den Altar in ihre Planung einbezogen und ihn nach dem Tempel orientiert. Wie bei dem Tempel wurden auch die Dimensionen des Altars auf ein Vielfaches gesteigert. An 3 Seiten wurde er mit Mauern eingefaßt, die Tierfriese trugen. Ein großer Blattkranz bildete das Gesims, und an den Stirnseiten waren Voluten mehrfach übereinandergesetzt. Von der offenen W-Seite stieg der Priester zum eigentlichen Opfertisch empor, um den sich die Opferasche von Jahrhunderten allmählich zu einem riesigen Kegel häufte.
Südlich des Altars endete der dicht mit Weihgeschenken gesäumte **Prozessionsweg**. An der N-Seite begann dagegen die **Heilige Straße** nach Samos. Auch hier finden sich mehrere **Statuenbasen**, darunter für die vielfigurige Weihung des Geneleos (s. u.).
Nördlich des polykratischen Tempels wurden die **Mauern** und ein Teil des **Ringwalls** [6] einer prähistorischen Siedlung sowie ein **Grab** aus mykenischer Zeit [7] ausgegraben.

In dieser Region war schon zu Rhoikos' Zeit eine lange Halle, die sog. **Nordhalle** [8], errichtet worden, die man unter Polykrates wesentlich nach O erweiterte. Sie mag Pilgern Schatten und empfindlicheren Weihgeschenken Schutz geboten haben.
Aus der Zeit des Polykrates stammen einige kleinere Bauten im N des Festplatzes und der Heiligen Straße. So die kleinen **Antentempel D** und **E** [9] und weiter östlich der **Tempel der Aphrodite** [10]. Dieser stand dicht neben dem **Hermes-Tempel** [11], einem kleinen Antentempel aus der Mitte des 6. Jh. v. Chr. Der **Tempel des Apollon und der Artemis** [12] ist in der Mitte des 6. Jh. v. Chr. als Peripteros mit doppelten Säulenreihen an den Schmalseiten errichtet worden und wird mit 2schiffiger Cella rekonstruiert, wobei die Zweiteilung des Innenraums wohl aus dem Doppelkult der Geschwistergottheiten resultierte.
Ihm liegt jenseits der Heiligen Straße eine runde **Statuenbasis** [13] gegenüber, die wohl von dem frühklassischen Bildhauer Myron geschaffene Statuen trug. Einige weiter östlich gelegene Gebäude werden als **Schatzhäuser** [14] interpretiert.

Die wichtigsten Funde aus dem Heiligtum sind in dem **Museum** der Inselhauptstadt VATHY (Βαθύ, amtl. SAMOS M 9
[Σάμος]) zu sehen. – Das Selbstgefühl der samischen Aristokratie spricht aus den Kuros-Statuen, von denen einige monumentale Größe erreichen. In der »Geneleos-Gruppe« haben sich ein Liegender, eine Sitzende und 4 Stehende ein Denkmal gesetzt. – Aus klassischer Zeit stammt ein vorzügliches Relieffragment mit einem stehenden Jüngling und Resten einer Sitzenden, das attischen Einfluß verrät. – Die Sammlung an Kleinfunden zeugt davon, daß Samos v. a. in archaischer Zeit ein bedeutendes Zentrum der Erzgießerei und ein wichtiger Umschlagort für Importe aus dem Orient und aus Ägypten war.

K3
Samothrake

(Σαμοθράκη – Evros / Insel in der Nordägäis)

Die Insel war schon in neolithischer Zeit besiedelt. In frühgeschichtlicher Zeit thrakisch, wurde sie um 700 v. Chr. von Griechen besetzt, welche die einheimische Bevölkerung nicht völlig vertrieben. Im 5. und im 4. Jh. v. Chr. gehörte sie zum Attischen Seebund und wurde dann makedonisch. Nach wechselnden Abhängigkeitsverhältnissen erhielt Samothrake in röm. Zeit die Selbständigkeit.

Heiligtum der »Großen Götter«

Samothrakes Ruhm ging von dem Heiligtum der »Großen Götter« aus, deren Kult schon im Altertum von Geheimnissen umwittert war, die der Gebrauch einer ungriechischen, thrakischen Kultsprache steigerte. Von den Griechen wurden die »Großen Götter« mit Demeter, Hades und Persephone gleichgesetzt, die hier aber mit ihren thrakischen Namen Axieros, Axiokersos und Axiokersa angerufen wurden. Ihr Kult weist Ähnlichkeit mit dem der Kabiren bei Theben auf. Sie galten als Retter in Seenot. Darauf beziehen sich wenigstens die meisten hier gefundenen Weihinschriften. Ihre Mysten trugen Eisenringe und bildeten auch in ihren Heimatstädten Vereinigungen der »Großen Götter von Samothrake«. Das Heiligtum reicht bis in das 7. Jh. v. Chr. zurück. Um 340 v. Chr. setzte eine umfassende Erneuerung ein, die bis in die röm. Kaiserzeit fortschritt.

Man gelangt zunächst zu dem um 500 v. Chr. errichteten, aber mehrfach umgebauten **Anaktoron** [1], dem Saal für die Einweihung der Mysten. Von einer Terrasse im W des Gebäudes führen 3 Türen in den Hauptraum, dessen N-Teil durch eine Holzwand abgetrennt war. Hier standen Bronzestatuen, deren Inschriften jedem Nichteingeweihten den Zutritt verboten. Im Zentrum war eine hölzerne Plattform für Kulttänze und in der SO-Ecke eine Vertiefung für Spendeopfer.

An die S-Seite des Anaktorons schließt sich die sog. **Sakristei** [2] an, die um 285 v. Chr. einen älteren Bau ersetzte und

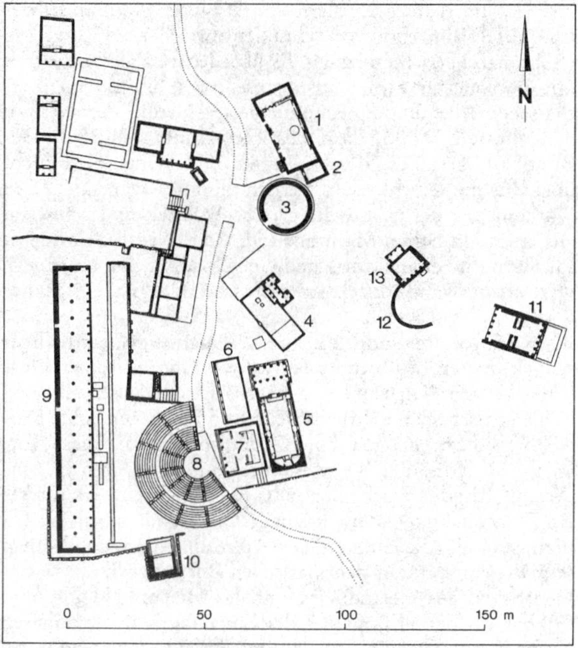

1 Anaktoron	6 Halle für Weihgeschenke	10 Wasseranlage (Fundort der Nike)
2 »Sakristei«	7 Altarhof	11 Ptolemaion
3 Arsinoeion	8 Theater	12 Festplatz
4 Temenos	9 Halle	13 Alexander-Denkmal
5 Hieron		

Samothrake. Heiligtum der »Großen Götter«. Übersichtsplan

vielleicht mit der inschriftlich bezeugten »Hiera Oikos« (›Heiliges Haus‹) identisch ist.

Sie grenzt unmittelbar an das **Arsinoeion** [3], das Arsinoe II., die spätere Königin von Ägypten, während ihrer Ehe mit Lysimachos von Thrakien zwischen 289 und 280 v. Chr. hatte errichten lassen. Es überdeckte 2 ältere Bezirke mit ummauerten Höfen aus dem 5. Jh. v. Chr. mit einem archaischen Altar und einer ummauerten Grube, die wohl zu den ältesten Denkmälern des Heiligtums gehörten. Der Rundbau Arsinoes, dessen Funktion bislang noch nicht überzeugend erschlossen werden konnte, war mit 20 m Durchmesser der größte der griech. Architektur. Er bestand aus einer 7 m hohen Marmorwand, auf der eine Galerie mit Pilastern und einem dorischen Gebälk aufwuchs. Im Innern war diese Wand durch korinthische Halbsäulen gegliedert.

Etwa 25 m weiter südlich liegt ein **Temenos** [4], ein heiliger Bezirk mit einem Torbau des 4. Jh. v. Chr. an seiner NO-Seite. Vor der Türwand mit ihren 3 Durchgängen erhoben sich 6 ionische Säulen. Beiderseits sind Flügel um einen Säulenabstand vorgezogen, eine Grundrißform, die diese Toranlage als Vorläufer der wesentlich aufwendigeren in Lindos auf Rhodos erscheinen läßt. Die Innenseite schmückte ein Festzug junger Mädchen in archaisierendem Stil. Im Innern standen die Statuen der Aphrodite und des Pothos (des Begehrens) von dem parischen Bildhauer Skopas.

Den S-Teil des Geländes nimmt das **Hieron** (›Heiligtum‹; [5]) ein, das den »Epopteia«, der Einweihung in die höheren Riten, diente. Der Bau, auf dessen Vorläufer aus dem 6. bis 5. Jh. v. Chr. Feldsteinfundamente hinweisen, wurde bereits gegen Ende des 4. Jh. v. Chr. begonnen, im 2. Jh. v. Chr. fortgeführt und in röm. Zeit stark restauriert. Seine Besonderheiten erklären sich wohl aus kultischen Eigentümlichkeiten, von denen jedoch wenig bekannt ist. 14 dorische Säulen (5 davon wieder aufgerichtet) bilden eine tiefe Vorhalle, durch die man in die durch keinerlei Säulen oder Stützen gegliederte Cella trat. Nur durch Schranken, die man in röm. Zeit durch Mauern ersetzte, waren Seitenschiffe abgetrennt, in denen die hellenist. Marmorbänke in röm. Zeit erneuert wurden. Im Mittelschiff stand der Kultherd. Den Abschluß des Raumes bildete eine Apsis, die durch 2 Stufenreihen eingefaßt war. Sie wie auch der Fußboden stammen von der röm. Erneuerung.

Außerhalb des Tempels liegen an dessen O-Seite 2 Steinblöcke, die Fackelhalter flankieren. Vielleicht nahm hier der Priester die Sündenbekenntnisse der Mysten entgegen.

In röm. Zeit wurde auch die Verehrung der Kybele in Samothrake eingeführt. Für deren Riten wurde die »Krypta«, die Vertiefung in der Mitte der Apsis des Hierons, ausgehoben.

Von den Giebelskulpturen aus der Mitte des 2. Jh. v. Chr. sind große Teile erhalten (die meisten im Kunsthistorischen Museum in Wien), jedoch noch nicht erschöpfend gedeutet. Vermutlich spielten sie in mythologischem Gewand auf die heiligen Riten an.

Unmittelbar westlich des Hierons liegen 2 Gebäude, deren nördliches um 540 v. Chr. als **Halle für Weihgeschenke** [6] errichtet worden war und, immer wieder restauriert, über ein Jahrtausend lang fortbestand. Die nach W gewandte Front bildeten 6 dorische Kalksteinsäulen.

Besser erhalten ist der **Altarhof** [7], den der in Fragmenten erhaltenen Weihinschrift zufolge Alexander Arrhidaios, der Halbbruder Alexanders d. Gr., gestiftet hat. Mit 4 dorischen Säulen öffnete er sich nach W zum Theater hin.

Von dem um 200 v. Chr. errichteten **Theater** [8] ist nur mehr die in den Abhang eingebettete Höhlung zu erkennen, da bis auf 2 sämtliche Sitzreihen 1927–37 zerstört worden sind.

Vom Theater aus führt ein Pfad zum westl. Hügel hinan, auf dem im Mittelalter mit antikem Steinmaterial aus dem Heiligtum eine Festung errichtet wurde. Südlich von ihr liegen oberhalb des Theaters die Ruinen einer **Halle** [9] des 3. Jh. v. Chr. mit ionischen und dorischen Säulen.

Oberhalb des Theaters stand eine kleine **Wasseranlage** [10] mit 2 Becken. Im unteren stellen Felsblöcke eine Meeresklippe dar. Darüber ragte auf einem steinernen Schiffsbug die »Nike von Samothrake« (heute im Pariser Louvre) als Denkmal für einen rhodischen Seesieg im 1. Viertel des 2. Jh. v. Chr. auf.

Der Pfad überquert den Bachlauf und führt zu einem Hügel mit **Grabstätten** des 6. Jh. v. Chr. bis 2. Jh. n. Chr. sowie zum **Ptolemaion** [11], dem großen Torbau des Heiligtums, der den »Großen Göttern« von Ptolemaios II. Philadelphos nach 280 v. Chr. geweiht worden war. Der Türwand waren an beiden Seiten ionische Hallen vorgelagert.
Daran schließen sich ein runder **Festplatz** [12] und ein **Denkmal** [13] in dorischen Bauformen an, das Alexander d. Gr. von dessen Nachfolgern gestiftet worden war.

Museum. Die Sammlung enthält Bauglieder verschiedener Anlagen des Heiligtums sowie deren Bauplastik. Überdies zahlreiche Weihgaben aus dem Heiligtum und Funde aus der Nekropole.

Von der **antiken Stadt** am W-Rand der N-Küste sind v. a. die **Mauern** gut erhalten.

IJ 2/3 **Thasos**

(Θάσος – Kavala / Insel in der Nordägäis)

Die Insel war zunächst von Thrakern besiedelt. Ihnen folgten die Phöniker und Anfang des 7. Jh. v. Chr. auf Weisung des Orakels von Delphi griech. Kolonisten aus Paros, die an der Stelle des heutigen Hauptortes eine Stadt gründeten. Diese hielt nach allen Seiten, vom 6. Jh. v. Chr. an aber v. a. mit Athen, enge Verbindung. 491 und 480 v. Chr. unterwarf sich Thasos den Persern; nach der Schlacht von Salamis schloß es sich dem Attischen Seebund an. Im 1. Drittel des 5. Jh. v. Chr. erlebte die Stadt den Höhepunkt ihrer Macht, der auf den Erträgen der Silberminen auf dem gegenüberliegenden Festland beruhte. Athen suchte diese jedoch unmittelbar zu kontrollieren.

Die Thasier leisteten Widerstand. Zur See geschlagen, hielten sie noch einer 2jährigen Belagerung stand, mußten sich dann aber ergeben und mit allen Besitzungen auf dem Festland auch auf die Silberminen verzichten.
Bis 411 v. Chr. blieb Thasos unter athenischer Kontrolle, trat dann nach einem oligarchischen Umsturz aus dem Attischen Seebund aus, wurde 407 v. Chr. von den Athenern im Bund mit verbannten Thasiern wieder eingenommen, die bald darauf den Spartanern weichen mußten.
377 v. Chr. trat Thasos dem 2. Attischen Seebund bei, geriet um die Mitte des 4. Jh. v. Chr. aber mehr und mehr in Abhängigkeit von Makedonien, obwohl es als wichtiger Umschlagort formal seine Unabhängigkeit behauptete. Schon früh trat Thasos an die Seite Roms, das die Insel als »civitas libera« (Freistaat) respektierte.

Der heutige **Hafen** von THASOS ist der ehem. Kriegshafen, 12
der durch Molen gesichert war.

Südlich von ihm lag das Herz der antiken Stadt, die nach allen 4 Seiten von Hallen umgebene **Agora** [1]. Ihren Abschluß zur Seeseite hin bildete die zu Beginn des 3. Jh. v. Chr. errichtete **Nordweststoa**, die sich mit einer Reihe von 35 dorischen Säulen nach SO öffnete. Beiderseits der Halle boten kleinere Durchgänge Zutritt zum Platz. Obwohl die Halle mit 14 m vergleichsweise tief war, hat man auf Innensäulen verzichtet. Vor der Halle waren Statuen und Altäre aufgereiht.
Die NW-Ecke der Agora nimmt ein kleineres, im 4.–3. Jh. v. Chr. errichtetes Gebäude ein, das vermutlich die **Aufsichtsbehörde** beherbergte und das an 3 Seiten aus Poros, an der dem Markt zugewandten Schauseite aber aus Marmor bestand.
Die Mitte der NO-Seite des Platzes nahm im 4. Jh. v. Chr. ein ganz in Marmor errichtetes Gebäude mit seitlich vorgezogenen Flügeln und 12 dorischen Säulen an der Frontseite ein. Das Gebäude war vielleicht **Sitz des Rates** der Stadt und hat jedenfalls als eines der wichtigsten der ganzen Anlage zu gelten. In seine Mauern wurden die Namen von Beamten sowie Urkunden eingemeißelt. Zum Bau einer bis in

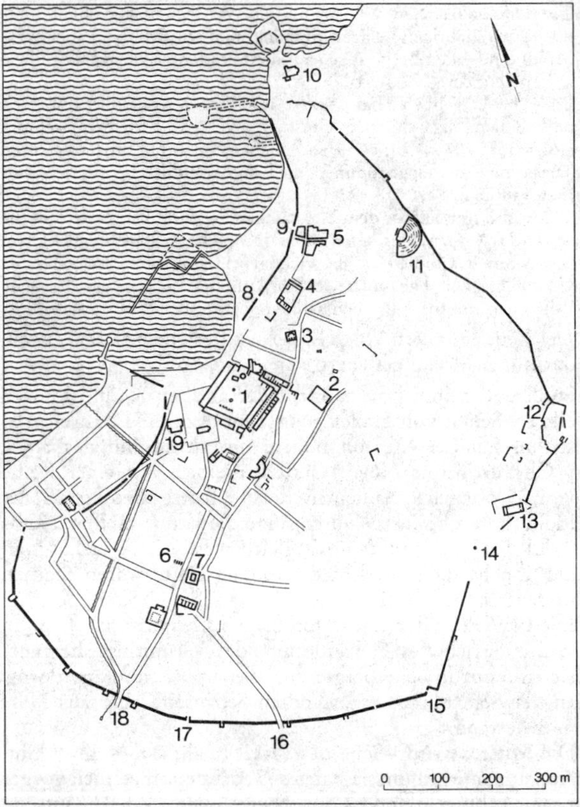

Thasos. Antike Stadt. Übersichtsplan

Zu nebenstehendem Plan:

1 Agora
2 Artemision
3 Dionysion
4 Poseidon-Heiligtum
5 Wohnhäuser
6 Caracalla-Bogen
7 Herakles-Heiligtum
8 Artemis-und-Hermes(?)-Tor
9 Hermes-und-Chariten(?)-Tor
10 Heiligtum des Zeus, der Artemis, der Athena, der Kore und der Nymphen
11 Theater
12 Pythion (Burg der Genueser)
13 Athena-Heiligtum
14 Pan-Felsenheiligtum
15 Ausfallpforte
16 Silen-Tor
17 Herakles-Tor
18 Zeus-und-Hera-Tor
19 Museum

---

seine Grundfläche hereinragenden byzantinischen Basilika wurden seine Mauern teilweise bis in die Fundamente ausgeraubt. – Den südöstl. Teil der NO-Seite schloß die **Halle des Theodektes** ab, die dieser reiche Thasier im 2. Jh. v. Chr. seiner Heimatstadt stiftete. Mit 11 monolithen Säulen öffnete sie sich zur Agora hin, während Läden ihren rückwärtigen Teil einnahmen.

Den SO der Agora begrenzte eine langgestreckte **Halle** des 1. Jh. n. Chr. mit 31 monolithen Säulen. Hinter ihrem offenen Säulengang lag ein großer Saal, den 16 Pfeiler in 2 Schiffe gliederten und der über Türen und Fenster mit der Wandelhalle verbunden war. Das NO-Ende dieser Halle überdeckte das **»Grab des Glaukos«**, eines jener Parier, die im 7. Jh. v. Chr. die Insel in Besitz genommen hatten.

Eine **4. Säulenhalle** schloß schließlich den Platz nach SW ab. Die Brüder Euphrillos und Mikas hatten sie ebenfalls im 1. Jh. n. Chr. gestiftet.

Südöstlich der Agora liegt, bereits am langsam ansteigenden Fuß des Hanges und daher von der Erosion stärker mitgenommen, auf einer künstlichen Terrasse das **Artemision** [2]. Seine hellenist. Umfassungsmauer umschließt ein etwa 33 m großes, etwa quadratisches Areal. Eine Mauer des frühen 6. Jh. v. Chr. in der Mitte der Terrasse ist der einzige archi-

tektonische Zeuge einer früheren Anlage, doch erlaubten Keramik-, Bronze- und Elfenbeinfunde, die Geschichte des Heiligtums bis in die Mitte des 7. Jh. v. Chr. zurückzuverfolgen. – Im SO der Anlage wurden einige Ehrenstatuen (heute im Archäologischen Museum in Istanbul) und Statuenbasen ausgegraben, von denen eine die Signatur des hellenist. Bildhauers Philiskos aus Rhodos trägt.
Etwa 100 m weiter nördlich erreicht man die Stätte des **Dionysions** [3]. Der Bezirk war mit einer Umfassungsmauer des 4. Jh. v. Chr. umgeben. Die Reste seines Tempels vermutet man unter einigen modernen Häusern. – Auf dem Gelände fand man 2 **»choregische Monumente«**, Denkmäler für Siege bei musischen Wettkämpfen. Von ihnen stammen die Statuen des Dionysos und einer Muse aus dem 2. Jh. v. Chr. (im Museum). Von dem zweiten in der NO-Ecke ist an Ort und Stelle der Aufbau erhalten geblieben. Es handelt sich um ein kleines Podium mit einem 4stufigen Unterbau vor der Fassade im NW. Hinter dieser Fassade mit ihren 4 dorischen Säulen lag ein 3seitig geschlossener Schrein mit einer gerundeten Basis, welche die überlebensgroße Statue des Dionysos, umgeben von 8 kleineren Figuren, trug. Wir kennen die Namen derer auf der rechten Seite, welche verschiedene Gattungen der Dichtkunst – Tragödie, Komödie, Dithyrambus und Nykterinos (Serenade) – verkörpern. Von den Skulpturen sind (im Museum) der Kopf des Dionysos, der Torso der Komödie und als Attribut der Tragödie eine tragische Maske erhalten, die stilistisch in das 2. Jh. v. Chr. zu datieren sind. – Unmittelbar vor dem Monument lagen 2 **Altäre**, von denen der eine mit einer Inschrift des 4. Jh. v. Chr. bis in archaische Zeit zurückreichen dürfte, während der zweite wohl von der Wende vom 5. zum 4. Jh. v. Chr. stammt.
Weiter nördlich wurden Teile der Umfassungsmauer des **Heiligtums des Poseidon** [4] ausgegraben. Diese umschreibt zu Füßen eines Felsabbruchs ein unregelmäßiges Viereck. Der Eingang der Anlage lag, dem Hafen zuge-

wandt, im W. Bei ihm fanden sich 2 Basen des 4. Jh. v. Chr. mit Weihinschriften an Poseidon.
Etwa 100m nordöstlich des Poseidon-Heiligtums wurde ein **Stadtviertel** [5] ausgegraben, dessen Besiedlung über 10 Jahrhunderte, von hocharchaischer Zeit bis in die Spätantike, zu verfolgen war.
Wandte man sich von der Agora nach SW, gelangte man auf der Hauptstraße, welche die Stadt durchquerte, zu dem zu Ehren des röm. Kaisers (211–217 n. Chr.) errichteten **Caracalla-Bogen** [6]. 4 Pfeiler trugen 3 Rundbogen mit einem Attikageschoß als Abschluß. Darauf stand die Statue des Kaisers als Herakles mit dem Nemeischen Löwen. – Zu Füßen des Monuments wurden einige Basen des 3. Jh. v. Chr. für Ehrenstatuen gefunden.
In unmittelbarer Nachbarschaft des Bogens liegt das **Heiligtum des Herakles** [7], des Schirmherrn der Stadt, dessen Stiftung nach Angabe des griech. Historikers Herodot bereits auf die Phöniker zurückgehen soll. Auf der zur Straße hin gerichteten Seite wird eine Treppe von einem Torbau unterbrochen, den nach außen und innen Fassaden in dorischer Ordnung schmückten. Dahinter erstreckt sich ein gepflasterter Platz mit Fundamentresten eines Altars. Hier feierte man die »Herakleia«, das wichtigste Fest der Stadt, bei dem die Bevölkerung zu Wettkämpfen und Gelagen zusammenkam. Diesen Banketten diente vielleicht auch das Gebäude rechts des Eingangs mit seinen 5 langgestreckten Räumen hinter einer ionischen Säulenhalle des 5. Jh. v. Chr., welche die Reste eines Tempels des 6. Jh. v. Chr. überlagerte. – Gegenüber dem Eingang erstreckte sich eine lange Galerie des 5. Jh. v. Chr., von der etwa 50 m freigelegt wurden. Zu dem Schmuck seiner Fassade gehörte das Vorderteil eines Pegasos, eines geflügelten Pferdes (im Museum). Links vom Eingang erhob sich der im 5. Jh. v. Chr. erbaute Tempel mit einer ungewöhnlich weiten ionischen Säulenhalle.
Die im wesentlichen im 5. Jh. v. Chr. errichtete **Stadtmauer**

ist eine der eindrucksvollsten Griechenlands. Wie viele griech. Befestigungen umfaßt sie ein Gebiet, das wesentlich größer ist als die eigentliche Siedlung, dafür aber die strategisch wichtigen Punkte einschließt und die auf dem offenen Lande wohnende Bevölkerung mit ihrer beweglichen Habe in Kriegszeiten aufnehmen konnte.

Östlich des Kriegshafens wurde nahe dem Heiligtum des Poseidon (s. o.) an der modernen Straße ein **Tor** [8] ausgegraben mit dem Relief einer Göttin, vielleicht Artemis, die auf einem von einem bärtigen Mann, möglicherweise Hermes, geführten Pferdewagen die Stadt verläßt.

Das Relief eines weiteren **Tores** [9] 150 m weiter nordöstlich zeigt einen mit einem Mäntelchen bekleideten Mann, der sich nach 3 Frauen zurückwendet, aller Wahrscheinlichkeit nach Hermes mit den Chariten, den Göttinnen der Anmut.

Etwa 200 m weiter nördlich ist der Rest einer **antiken Mole** auszumachen. Das N-Kap der Bucht nahm eine **Bastion** ein. Hinter ihr liegen auf einer kleinen Terrasse die Fundamente einer **Basilika** des 5. Jh. n. Chr., in deren Mittelschiff heute eine Kapelle der Ag. Apostoli steht. An gleicher Stelle lag in archaischer und klassischer Zeit ein **Heiligtum des Zeus, der Artemis, der Athena, der Kore und der Nymphen** [10]. Im 3. Jh. v. Chr. wurde es erweitert und mit einer zum Meer hin offenen Halle ausgestattet.

Folgt man der Stadtmauer nach S, gelangt man zu dem in eine natürliche Mulde eingebetteten **Theater** [11]. Dieses muß bereits im 5. Jh. v. Chr. bestanden haben, doch ist von dem urspr. Bau nichts mehr zu sehen. Die eindrucksvollsten Reste stammen vielmehr von einem im frühen 3. Jh. v. Chr. von dem Thasier Lysistratos dem Dionysos geweihten Szenengebäude mit einer Marmorfassade von 12 Säulen zwischen Pilastern und einem reliefgeschmückten, dorischen Fries (Archäologisches Museum in Istanbul), welche eine hölzerne Bühne und eine kleinere Säulenstellung trug. Die Sitzreihen für die Zuschauer stammen dagegen erst aus röm.

Zeit. Sie waren durch Treppenaufgänge in 4 Abschnitte unterteilt. Viele Sitze tragen die Namen von Familien, die vermutlich aufgrund von Stiftungen ihre Stammplätze hatten. Im 1. Jh. n. Chr. wurde die Orchestra für Tier- und Gladiatorenspiele umgebaut und das Szenengebäude verändert.

Die Mauer steigt weiter an bis zur **Burg der Genueser**, welche die Stelle des ehem. **Pythions** [12] einnimmt. Hier verehrten bereits die parischen Siedler den pythischen Apoll, dessen Orakelspruch sie hierher geführt hatte. Erhalten haben sich von dem antiken Heiligtum in der Burg verbaute Quadern, Inschriften und ein Relief mit der Darstellung eines Totenmahls.

Der Weg führt von hier aus durch die Ruinen eines mittelalterl. Dorfes zu einer etwas niedrigeren Erhebung, die das **Heiligtum der Athena** [13] trug. In ihm stand ein 38 m langer Tempel des 5. Jh. v. Chr. mit Pronaos und Opisthodom, aber ohne Ringhalle, dessen Quadern zum Bau der Burg bis in die Fundamente ausgeraubt wurden. Mauerreste und Fundamentbettungen zeugen innerhalb des klassischen Baues von einem archaischen Vorläufer, von dem einige Dachterrakotten gefunden wurden.

An der NO-Flanke der dritten und höchsten Erhebung liegt ein kleines **Felsheiligtum des Pan** [14], des Patrons der Herden, eine kleine, künstliche Grotte mit einem Relief des Gottes.

Von dem Gipfel oberhalb der Pan-Grotte zieht sich die **Mauer** noch über 200 m nach SW. Dann springt sie zurück. Kurz vor dem Knick sind in einen herabgestürzten Block 2 gewaltige Augen und eine Nase als magische, das Unheil abwehrende Zeichen eingemeißelt. Etwas weiter unterhalb trägt ein Block die Signatur des Steinmetzen Parmenion. Es folgt eine kleine **Ausfallpforte** [15].

250 m weiter westlich wird die Mauer von einem größeren **Tor** [16] mit dem Relief eines ithyphallischen Silens unterbrochen, vor dem eine kleine Nische für Opfergaben bestimmt war.

Das folgende **Tor** [17] stand unter dem Schutz des Stadtpatrons Herakles, dessen Heiligtum 200 m nördlich von hier liegt. Der Reliefschmuck des Tores (im Archäologischen Museum in Istanbul) zeigt einen bogenschießenden Herakles.
Ein weiteres monumentales **Tor** [18] erhob sich 150 m weiter nordwestlich. Auf seinem Türgewände erscheint Hera, die mit der Rechten den Schleier hebt und in der Linken als Zeichen der Herrschaft das Zepter trägt. Vor ihr steht die geflügelte Götterbotin Iris. Das Relief gegenüber zeigt entsprechend Zeus mit Hermes. Wie die Reliefs der übrigen Tore sind auch diese in der 1. Hälfte des 5. Jh. v. Chr. entstanden, zeigen u. a. im Faltenstil aber deutliche Reminiszenzen an archaische Vorbilder.
In der Ebene westlich dieses Tores lag der antike **Friedhof**. Bei ihm steht noch heute der Sarkophag des Poliades aus dem 3. Jh. n. Chr. (andere Reliefs und Sarkophage im Museum).

Museum [19]. Zwischen 1902 und 1913 wurden die Funde überwiegend in das Archäologische Museum in Istanbul überführt, danach blieben sie am Ort. – Aus archaischer Zeit stammen v. a. ein monumentaler Widderträger und andere Fragmente von Kuroi und Koren. Aus dem frühen 5. Jh. v. Chr. das Vorderteil eines Pegasos. Hervorragend sind ferner einige hellenist. Skulpturen. Das Museum besitzt überdies eine reiche Sammlung röm. Porträts und röm. Kopien klassischer Vorbilder.

Thera K12

(Θήρα, volkstüml. Santorini – Kykladen / Ägäische Inseln)

Die Insel, der Rest eines Vulkankraters, war bereits im 3. Jt. v. Chr. besiedelt und erlebte in der 1. Hälfte des 2. Jt. eine Blütezeit, die um die Mitte des 16. Jh. oder schon im Jahr 1628 v. Chr. durch einen Vulkanausbruch jäh unterbrochen wurde. Erst im 13. und 12. Jh. v. Chr. ließen sich hier wieder Bewohner nieder, die enge Verbindungen zu den mykenischen Zentren unterhielten. Im 10. Jh. v. Chr. wurde die Insel von Dorern, vielleicht zusammen mit Böotern, neu besiedelt. 631 v. Chr. ging von hier die Gründung von Kyrene in Nordafrika aus. Zu Beginn des Peloponnesischen Krieges und dann wieder im 4. Jh. v. Chr. trat Thera dem Attischen Seebund bei. In hellenist. Zeit unterhielten die Ptolemäer hier einen wichtigen Flottenstützpunkt.

PHIRA (amtl. THERA [Θήρα]), der größtenteils im 19. Jh. entstandene heutige Hauptort, besitzt ein **Museum** mit Funden aus der ganzen Insel. K12

Die **antike Stadt** liegt auf einem felsigen Ausläufer des Elias-Berges an der SO-Küste. Siedlungsspuren reichen zwar bis in das 9. Jh. v. Chr. zurück, doch stammen die sichtbaren Mauern überwiegend von hellenist. und röm. Gebäuden. K12

Vom Einlaß aus führt der Weg zunächst zu der Kapelle des Ag. Stephanos, die auf den Fundamenten einer **Basilika** des 5. Jh. n. Chr. steht. Nach weiteren 200 m gelangt man zum **Bezirk des Artemidoros von Perge** [1]. Das von diesem ägyptischen Admiral gestiftete Heiligtum enthält einen Altar der Eintracht und auf den Mauern Reliefs mit dem Adler des Zeus, einem Löwen, dem Delphin des Poseidon und ein Relief des Stifters.

Ein Stufenweg führt empor zur Kaserne und dem Sitz des Kommandanten der ptolemäischen **Garnison** [2] auf der Höhe des Berges mit einem 164–160 v. Chr. erbauten **Gymnasium** [3] als Übungsstätte.

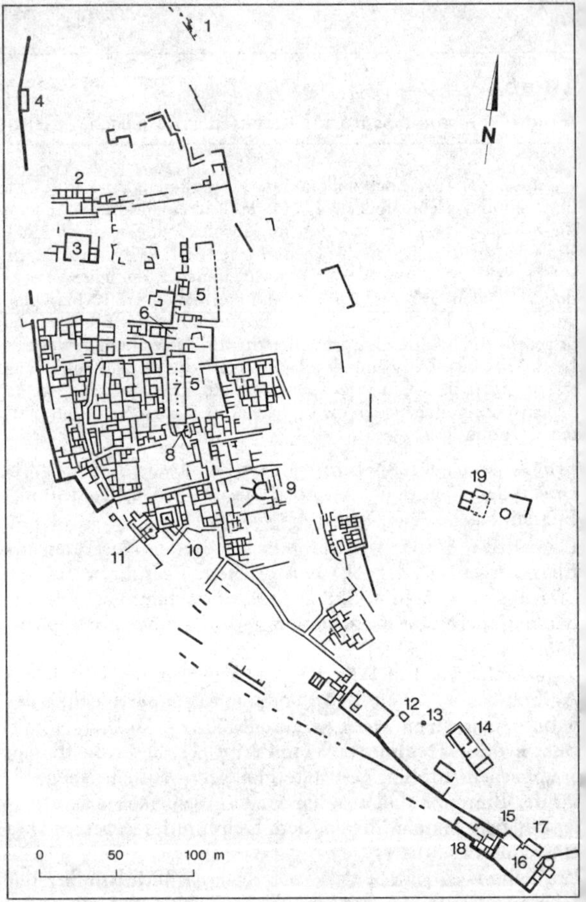

Thera. Antike Stadt. Übersichtsplan

Zu nebenstehendem Plan:

1	Bezirk des Artemidoros von Perge	11	Heiligtum der ägyptischen Gottheiten
2	Kommandantur der Garnison	12	Tempel des Ptolemaios III.
3	Gymnasium	13	Artemis-Säule
4	Höhle	14	Apollon-Karneios-Heiligtum
5	Agora	15	Festplatz
6	Dionysos-Tempel	16	Gymnasium der Epheben
7	Basilike Stoa	17	Grotte
8	Thermen	18	Römische Bäder
9	Theater	19	Heroon / Evangelismos-Kapelle
10	Haus der Basilistai		

Etwas nördlich des Beginns des Stufenweges liegt ein christliches Grottenheiligtum und noch weiter nördlich eine Kultnische der Demeter und Kore mit einem in den Felsen gehauenen Thron am Eingang einer großen **Höhle** [4].
Nach S führt die Hauptstraße zur **Agora** [5], einem über 100 m langen Platz, von dem verschiedene Straßen ausgehen. Unterhalb der Agora liegt eine stattliche, wohl hellenist. Terrassenmauer unbekannter Bestimmung. An der W-Seite des nördl. Teils der Agora standen einige **Läden** und darüber, auf einer von wohlgefügten Mauern gestützten Terrasse, der **Tempel des Dionysos** aus hellenist. Zeit und ein **Altar** des ägyptischen Königs Ptolemaios Philometor aus der Mitte des 2. Jh. v. Chr. [6].
An der W-Seite des S-Teils der Agora erstreckte sich die **Basilike Stoa** [7], die Königshalle, ein allseitig geschlossener Saal mit einer dorischen Säulenstellung im Innern. Die Halle geht vermutlich auf eine Stiftung der Ptolemäer zurück, wurde in röm. Zeit aber mehrfach erneuert und ihr N-Teil abgetrennt. Hier stellte man um die Mitte des 2. Jh. n. Chr. die Statuen der kaiserlichen Familie auf (Funde im Museum).
Zu beiden Seiten der Agora schließen sich **Wohnviertel** an, mit Häusern, deren Räume wie üblich auf einen Innenhof ausgerichtet waren.
Am S-Ende der Agora liegen die **Thermen** [8]. – Auf der

linken Seite der Hauptstraße folgt dann, in das rechtwinklige Straßensystem eingepaßt, das unter den Ptolemäern errichtete und in röm. Zeit erneuerte **Theater** [9].
Jenseits der Hauptstraße liegt das **Haus der Basilistai** [10], einer Vereinigung zu Ehren des ptolemäischen Königshauses. – Weiter südlich folgt (bei der Ruine einer byzantinischen Kirche, welche die Stelle eines Tempels des Apollon einnimmt) das **Heiligtum der ägyptischen Gottheiten** [11], der Isis, des Anubis und des Serapis, die in dieser von den Ptolemäern beherrschten Stadt besondere Verehrung genossen.
Südlich des Theaters geht die Hauptstraße in die Heilige Straße über. An einem kleinen **Tempel des Ptolemaios III.** [12] aus dem 3. Jh. v. Chr. und der zur Hälfte aus dem Felsen gehauenen **Säule der Artemis** [13] vorbei führt sie zum **Heiligtum des Apollon Karneios** [14], dem bedeutendsten Heiligtum der Stadt. Sein im 6. Jh. v. Chr. errichteter Tempel erhob sich auf einem aus dem Felsen gehauenen Sockel. Durch ein Tor im SW gelangte man in einen Hof mit einer Zisterne und dann in die gepflasterte Vorhalle und die Cella, an die sich 2 in den Felsen gehauene Kammern anschlossen.
Oberhalb des Tempels liegt auf einer künstlichen Terrasse des 6. Jh. v. Chr. der **Festplatz** [15] mit in den Felsen gehauenen Inschriften, die z. T. bis in das 7. Jh. v. Chr. zurückreichen und in altertümlicher Schrift abgefaßt sind.
Das SO-Ende des Felsrückens nimmt das **Gymnasium der Epheben** [16] aus dem 2. Jh. v. Chr. ein, mit einem großen Hof, Sälen und einem Rundbau in der O-Ecke sowie Baderäumen. – Eine **Grotte** [17] im N ist Hermes und Herakles, den Beschützern und Vorbildern der Epheben, geweiht. Darüber in der Felswand wiederum frühe Inschriften.

K 12 EMBORIO (Ἐμπόριο). Außerhalb des Ortes ist links der Straße nach Megalochori die **Kapelle des Ag. Nikolaos Marmarinos** ein urspr. der Thea Basileia, der königlichen

Göttin, geweihter **Tempel** des 3. Jh. v. Chr., mit Marmordecke, Türgewände und Nische für das Kultbild fast vollständig erhalten.

AKROTIRI (Ακρωτήρι). Im S der Insel, auf der Kreta zugewandten Seite, brachten Grabungen beim Dorf Akrotiri seit 1967 unter hohen Bimssteinlagen eine **Stadt der spätminoischen Epoche I** (nach ca. 1580) zutage. Sie liegt über einer älteren Siedlung aus früh- und mittelkykladischer Zeit, d. h. seit dem 3. Jt. v. Chr. Die Lehm-Stein-Bauten der 2stöckigen, in einem Fall bis zu 3 Geschosse hohen Häuser sind teilweise mit Holzpfosten und -stürzen von Türen und Fenstern erhalten. Sie bargen im Erdgeschoß Vorratsräume mit – klimabedingt – kleinen Fenstern und Werkstätten. Die Wohnräume darüber enthielten Wandmalereien, die den Ruhm dieser Fundstätte ausmachen. Es sind in Fresko- und Seccotechniken gemalte Dekorationen, die mit Figuren, Pflanzen- und Landschaftsmotiven in oft die Räume rhythmisch durchgestaltender Ordnung die enge Verbindung zur kretischen Malerei bezeugen (alle abgenommen und in das Nationalmuseum Athen verbracht). An Ort und Stelle verbliebenes Inventar besteht hauptsächlich aus Vorratsgefäßen. Jedes Haus war mittels Tonröhren an ein unterirdisches Kanalisationsnetz angeschlossen. K 12

Tinos

J 9/10

(Τήνος – Kykladen / Ägäische Inseln)

Die Insel war bereits im 3. Jt. v. Chr. bewohnt, wurde jedoch um 1000 v. Chr. von Ioniern neu besiedelt. Im 8. und 7. Jh. v. Chr. war sie von Eretria abhängig. Um 490 v. Chr. wurde sie von den Persern unterworfen, ging aber noch vor der Schlacht von Salamis auf die griech. Seite über und wurde Mitglied des Attischen Seebundes; auch dem 2. Attischen Seebund war die Insel ab 376 v. Chr.

zugehörig. 315 v. Chr. wurde ihr Poseidon-Heiligtum Zentrum des Bundes der Nesioten (Inselbewohner), dessen politische Führung bald Rhodos an sich zog.

J10 Der heutige Hauptort CHORA (amtl. TINOS), mit einem **Museum** für Funde von der ganzen Insel, liegt an der Stelle der **antiken Stadt**, von der v. a. Teile der **Stadtmauer** (bei der Evangelistria-Kirche) zu sehen sind.

J10 4 km nordwestlich des Hauptortes liegt in der Flur Kionia (›Säulen‹) das **Heiligtum des Poseidon und der Amphitrite**. Von der Küste aus führte eine 150 m lange Straße zunächst zu einem **Torbau**. Dahinter sind die Reste eines **Altars** zu erkennen, der wie der zugehörige **Tempel**, ein dorischer Peripteros mit 6 × 8 Säulen und annähernd quadratischer Cella, in hellenist. Zeit anstelle älterer Bauten errichtet wurde. Beim Strand wurde ferner eine 170 m lange **Halle** ausgegraben.

J10 EXOBURGO (Ἐξομπούργο). Am Fuße des 533 m hohen Berges ist ein **Verteidigungsring** des 8.–7. Jh. v. Chr. erhalten. An seinem N-Ende wurde ein **antiker Friedhof** ausgegraben.

Anhang

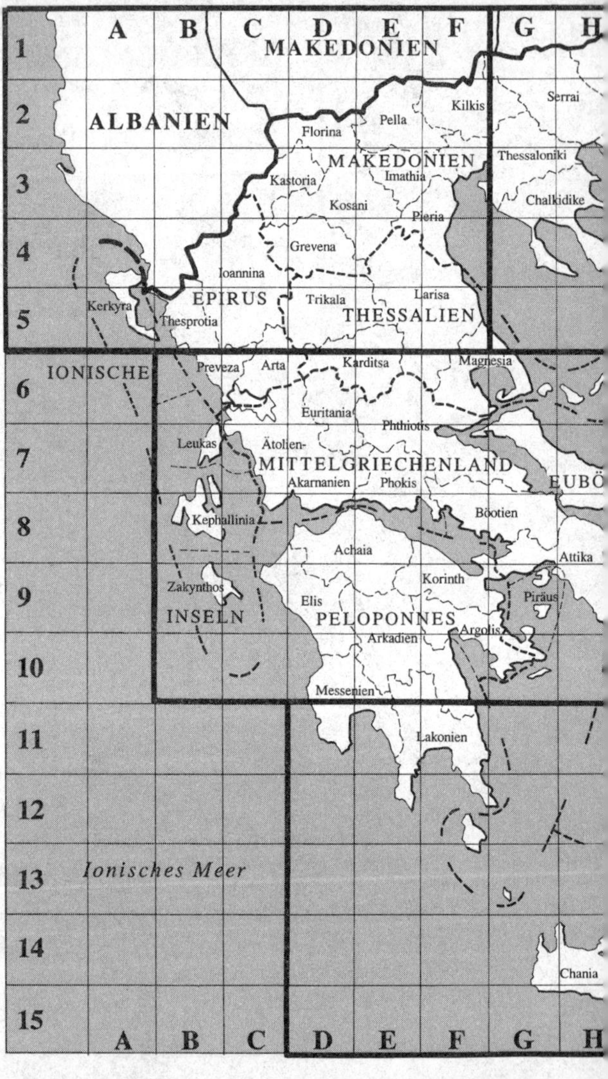

A B C D E F G H
1 2 3 4 5 6 7 8 9 10 11 12 13 14 15
MAKEDONIEN
ALBANIEN
Kilkis
Serrai
Pella
Florina
MAKEDONIEN
Thessaloniki
Kastoria
Imathia
Chalkidike
Kosani
Pieria
Grevena
Ioannina
EPIRUS
Trikala
Larisa
Kerkyra
THESSALIEN
Thesprotia
IONISCHE
Preveza
Arta
Karditsa
Magnesia
Euritania
Phthiotis
Leukas
Ätolien-
MITTELGRIECHENLAND
Akarnanien
Phokis
EUBÖ
Kephallinia
Böotien
Achaia
Attika
Korinth
Zakynthos
Piräus
Elis
INSELN
PELOPONNES
Argolis
Arkadien
Messenien
Lakonien
Ionisches Meer
Chania

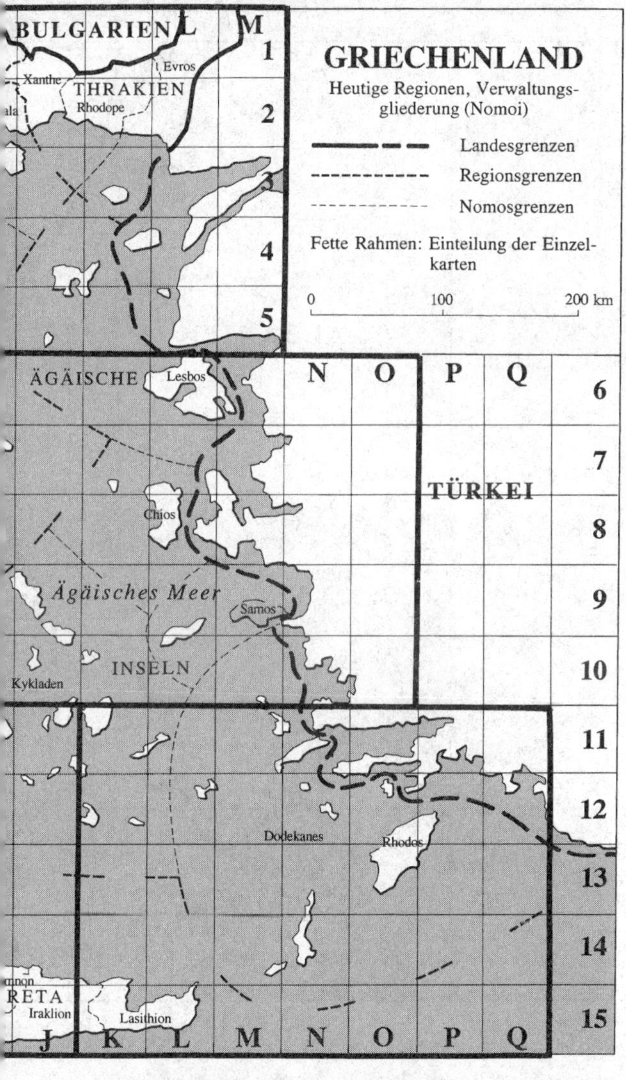

GRIECHENLAND
Heutige Regionen, Verwaltungsgliederung (Nomoi)
Landesgrenzen
Regionsgrenzen
Nomosgrenzen
Fette Rahmen: Einteilung der Einzelkarten
0
100
200 km
BULGARIEN
THRAKIEN
Evros
Xanthe
Rhodope
ÄGÄISCHE
Lesbos
Chios
Ägäisches Meer
Samos
INSELN
Kykladen
TÜRKEI
Dodekanes
Rhodos
RETA
Iraklion
Lasithion
L M N O P Q
1 2 3 4 5 6 7 8 9 10 11 12 13 14 15
J K L M N O P Q

A
B
1
2
3
4
5
ALBANIEN
Ochrid
Aoos
Ioanni
Mega Gard
Rhodotopion
Grammenon
Ioannin
Kast
Paleopolis
Kerkyra
Kerkyra
Pontikonisi
Igumenitsa
Thesprotia
EPIRU
Ionisches Meer

D
E
F
MAKEDONIEN
Axios
Kilkis
Kilkis
Pella
espaseen
Florina
Edessa
Florina
Vegoritissee
Pella
Levkadia
Thessaloniki
Imathia
Kastoria
Kastoriasee
Veria
Vergina
astoria
MAKEDONIEN
Balla
Kosani
Aliakmon
Pydna
Kosani
Katerini
Pieria
Grevena
Dion
Thermaischer
Golf
Grevena
Peneios
Larisa
Trikala
Trikala
Larisa
THESSALIEN
rta
Karditsa

Nestos
Drama
Xan
Serrai
Drama
Serrai
Xa
Strymon
Philippi
Kavala
MAKEDONIEN
Kavala
Amphipolis
Thessaloniki
Thasos
Koroniasee
Volvisee
Thasos
Strymonischer Golf
Chalkidike
Polygyros
Karyai
Thermaischer Golf
Athos
Ägäisches Meer
G
H
I

BULGARIEN
Evros
Rhodope
Komotini
THRAKIEN
Alexandrupolis
TÜRKEI
Samothrake
Samothrake
GÄISCHE
mnos
Hephaisteia
rina
NSELN
1
2
3
4
5
K
L
M

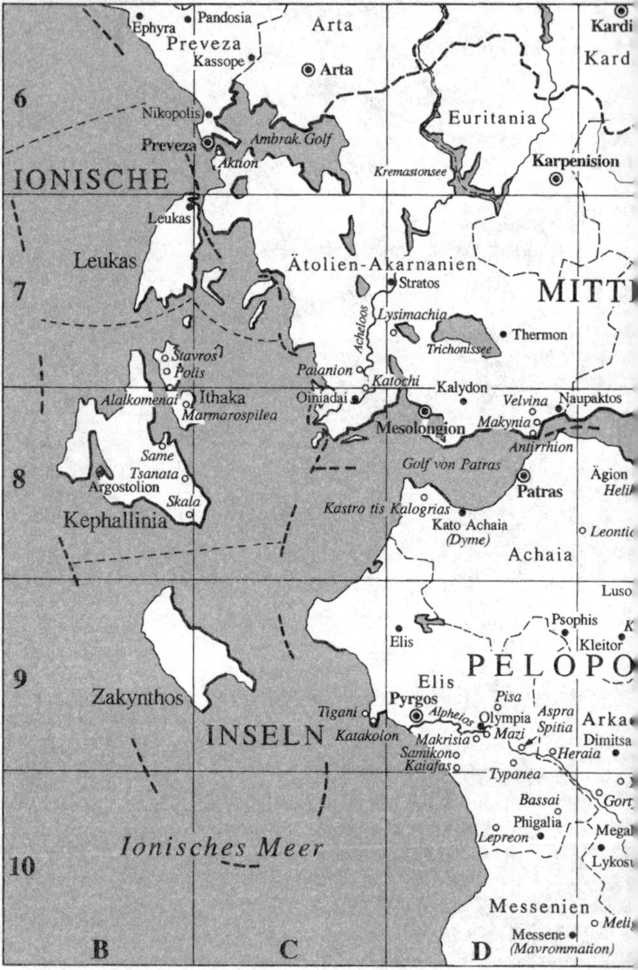
Ephyra
Pandosia
Arta
Preveza
Kassope
Arta
Kardi
Kard
6
Nikopolis
Euritania
Preveza
Ambrak. Golf
Aktion
Karpenision
IONISCHE
Kremastonsee
Leukas
Leukas
Ätolien-Akarnanien
Stratos
7
MITT
Acheloos
Lysimachia
Thermon
Trichonissee
Stavros
Polis
Paianion
Katochi
Kalydon
Alalkomenai
Ithaka
Oiniadai
Velvina
Naupaktos
Marmarospilea
Mesolongion
Makynia
Antirrhion
Same
Golf von Patras
8
Tsanata
Argostolion
Ägion
Patras
Skala
Kastro tis Kalogrias
Kephallinia
Kato Achaia
(Dyme)
Leontio
Achaia
Luso
Psophis
Elis
Kleitor
PELOPO
9
Elis
Zakynthos
Pisa
Pyrgos
Aspra Spitia
Tigani
Alpheios
Olympia
Arka
INSELN
Katakolon
Makrisia
Mazi
Dimitsa
Samikon
Heraia
Kaiafas
Typanea
Bassai
Phigalia
Lepreon
Ionisches Meer
10
Lykosu
Messenien
Messene
(Mavrommation)
B
C
D

Velestinon
Sesklo
Orminion
Larisa
Dimini
Volos
Goritsa
Nördl. Sporaden
Pyrasos
Mikrothebai
Pagasai
Demetrias
Nea Anchialos
Magnesia
Artemision
Ägäisches Meer
Lamia
Lichas
Aidepsos
Thermopylen
Euböa
Lilaia
EUBÖA
Korykische Höhle
Physkeis
Delphi
Chaironeia
Orchomenos
Ptoion
Akraiphiai
Chalkis
Kephisos
Mykalessos
Eretria
Galaxidion
Levadia
Hylikesee
Koroneia
Aulis
Dystos
Theben
Böotien
Tanagra
Oropos
Kabirion
Asopos
Amphiareion
Golf von Korinth
Platää
Eleutherai
Rhamnus
Panakton
Attika
Marathon
Oinoe
Phyle
Aigosthena
Oinoe
Dema
Dionysos
Vathichoria
Kiphissia
Heraion
Eleusis
Daphni
Perachora
Megara
Sikyon
Chalandrion
Nisaia
Stavros
Korinth
Isthmos
Salamis
Lechaion
ATHEN
Lutsa
Phlius
Psyttaleia
Piräus
Brauron
Korinth
Kenchreai
Salamis
Vari
Kleonai
Nemea
Piräus
Porto Rafti
Alea
Palaia Epidauros
Vuliagmeni
Aigina
Aphaia-Hlgt.
Thorikos
Mykene
Oros
Laurion
Heraion
Sunion
Argos
Ligurion
Tiryns
Ägina
Kephalarion
Nauplion
Epidauros
Saronischer Golf
Tegea
Lerna
Asine
Argolis
Alea
Poros
Troizen
Poros
Argolischer Golf
Doliana
Sellasia
F
G
H

Molyvos (Methymna)
Antissa
Eressos
Nördl. Sporaden
ÄGÄISCHE
Skyros
Langada
Vrontados
Chios
Chios
Ägäisches Meer
Ag. Pantes
Embo
Euböa
Karystos
Ag. Petros
Andros
Andros
Paleopolis
Koressia
Keos (Kea)
Kea (Iulis)
Karthaia
Tinos
INSELN
Kykladen
Kionia
Exoburgo
Tinos
(Chora)
Mikonos
Rhenia
Delos
Kythnos
Syros
Seriphos
I
Paros
J
Naxos
Apollona
K

esbos
Moria
Mytilene
assos
6
TÜRKEI
7
8
Samos
Samos
Tigani
Heraion
9
Perdiki
herma
Südl. Sporaden
10
Patmos
Leros
M
N
O

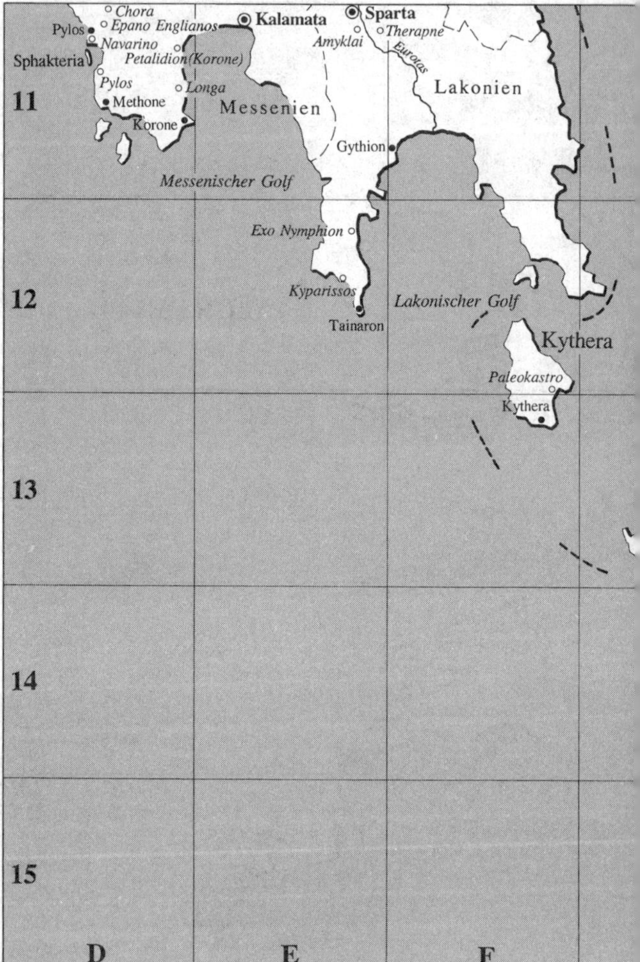

Chora
Pylos
Epano Englianos
Kalamata
Sparta
Therapne
Amyklai
Navarino
Sphakteria
Petalidion(Korone)
Eurotas
Pylos
Longa
Lakonien
Methone
Messenien
Korone
Gythion
Messenischer Golf
Exo Nymphion
Kyparissos
Lakonischer Golf
Tainaron
Kythera
Paleokastro
Kythera
11
12
13
14
15
D
E
F

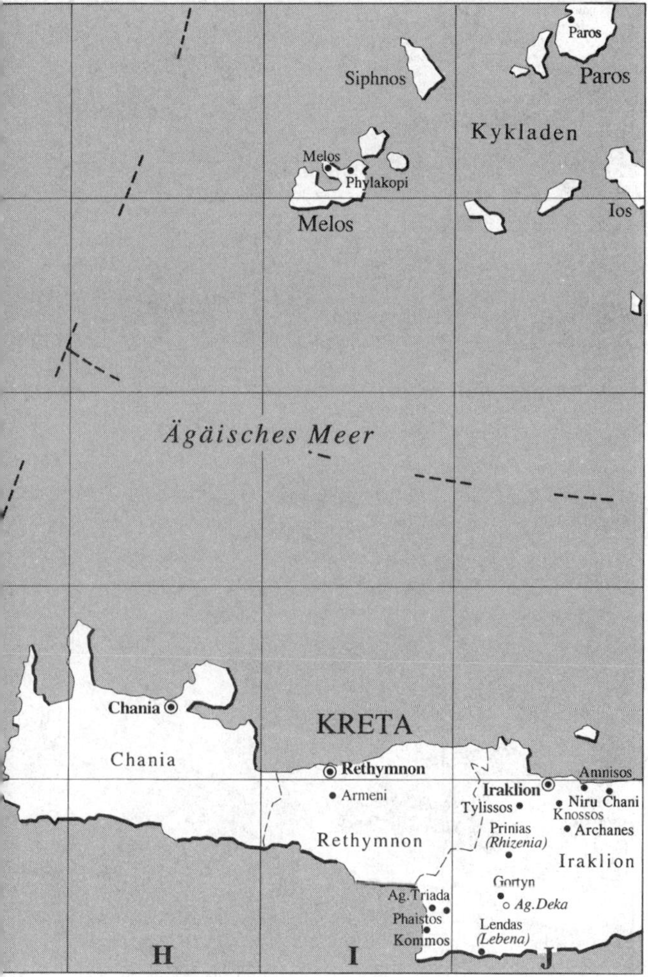

Paros
Siphnos
Paros
Kykladen
Melos
Phylakopi
Melos
Ios
Ägäisches Meer
Chania
KRETA
Chania
Rethymnon
Armeni
Iraklion
Amnisos
Tylissos
Niru Chani
Knossos
Prinias
(Rhizenia)
Archanes
Rethymnon
Iraklion
Gortyn
Ag. Triada
Ag. Deka
Phaistos
Lendas
(Lebena)
Kommos
H
I
J

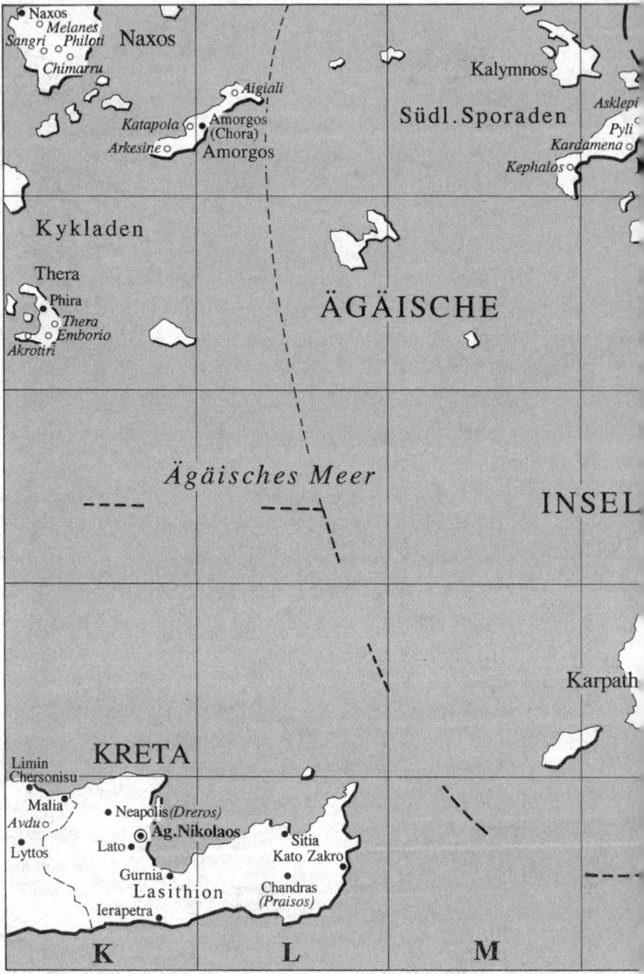

Naxos
Melanes
Sangri
Philoti
Naxos
Chimarru
Aigiali
Katapola
Amorgos
(Chora)
Arkesine
Amorgos
Kalymnos
Südl. Sporaden
Asklepi
Pyli
Kardamena
Kephalos
Kykladen
Thera
Phira
Thera
Emborio
Akrotiri
ÄGÄISCHE
Ägäisches Meer
INSEL
Karpath
KRETA
Limin
Chersonisu
Malia
Avdu
Lyttos
Neapolis (Dreros)
Ag. Nikolaos
Lato
Sitia
Kato Zakro
Gurnia
Lasithion
Chandras
(Praisos)
Ierapetra
K
L
M

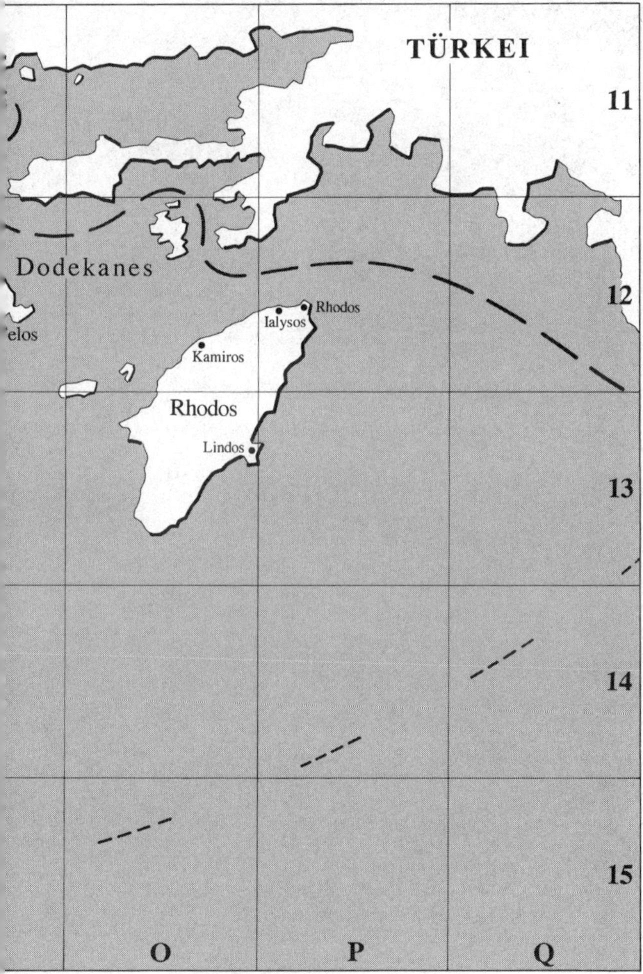

TÜRKEI
11
Dodekanes
12
Rhodos
Ialysos
elos
Kamiros
Rhodos
Lindos
13
14
15
O
P
Q

Abbildungsnachweis

Klaus Fräßle, Kornwestheim: Umschlag, 235, 337, 374

Konrad Helbig, Wiesbaden: 307

A. F. Kersting, London: 85, 94, 125, 139, 147, 175, 213, 259, 319, 350, 457, 497

Angelika Mugler, München: 507

Theodor Schwarz, Urbach: 68, 72, 76, 80/81, 86, 122, 142, 148, 170, 176, 184, 185, 198, 202, 210, 220, 223, 230, 247, 250, 255, 258, 262, 270, 278, 303, 312, 320, 325, 328, 333, 336, 346, 348, 352, 358, 365, 367, 375, 380, 382, 391, 393, 402, 416, 421, 431, 435, 448, 452, 462, 464, 471, 477, 497, 503, 509, 514, 522, 528–541

Verfasser- und Verlagsarchive: 107, 144, 155, 189, 215, 261, 266, 281, 297, 308, 309, 321, 341, 342, 389, 410, 411, 418, 436 (nach J. F. Solos), 440, 441, 443, 445, 459 (nach A. J. Evans), 473 (nach J. W. Graham), 478

Namenregister

Historische Personen und *mythologische Gestalten*. (D) = Darstellung (Statue, Relief, Denkmal usw.), (K) = Kultstätte (Tempel, Altar usw.)

Ortsregister

Hauptstellen sind **halbfett** eingetragen. Ist (in der Klammer) ein Planquadrat angegeben, bezeichnet es die Lage des Ortes auf den Übersichtskarten S. 528–541. – »F« s. a. »Ph«; »J« vgl. »I«.

Inhaltsverzeichnis